A CIÊNCIA JURÍDICA ADMINISTRATIVA
Noções Fundamentais

LUÍS FILIPE COLAÇO ANTUNES
Professor Catedrático da Faculdade de Direito
da Universidade do Porto

A CIÊNCIA JURÍDICA ADMINISTRATIVA
Noções Fundamentais

5ª Reimpressão da edição de Setembro de 2012

Com a colaboração de
JULIANA FERRAZ COUTINHO

A CIÊNCIA JURÍDICA ADMINISTRATIVA
Noções Fundamentais
AUTOR
Luís Filipe Colaço Antunes
EDITOR
EDIÇÕES ALMEDINA, S.A.
Rua Fernandes Tomás, n.ᵒˢ 76, 78, 80
3000-167 Coimbra
Tel.: 239 851 904 · Fax: 239 851 901
www.almedina.net · editora@almedina.net
DESIGN DE CAPA
FBA.
PRÉ-IMPRESSÃO
Paulo Martins
IMPRESSÃO | ACABAMENTO
DPS - DIGITAL PRINTING SERVICES, LDA

Setembro, 2020
DEPÓSITO LEGAL
347855/12

Apesar do cuidado e rigor colocados na elaboração da presente obra, devem os diplomas legais dela constantes ser sempre objecto de confirmação com as publicações oficiais.
Toda a reprodução desta obra, por fotocópia ou outro qualquer processo, sem prévia autorização escrita do Editor, é ilícita e passível de procedimento judicial contra o infractor.

BIBLIOTECA NACIONAL DE PORTUGAL – CATALOGAÇÃO NA PUBLICAÇÃO
ANTUNES, Luís Filipe Colaço
A ciência jurídica administrativa : noções fundamentais. – (Manuais universitários)
ISBN 978-972-40-4905-2
CDU 342

Ao jurista, para quem o suficiente é insuficiente.

"Quando secam os oásis dogmáticos, estende-se um deserto de banalidade e de descritividade".

C. A.

"... E todos estes momentos andarão perdidos no tempo... como lágrimas na chuva."

Blade Runner, RIDLEY SCOTT

NOTA PRÉVIA

As reflexões recolhidas neste livro, ainda que tenham sido concebidas separadamente e em tempos diferentes, mas não longínquos, correspondem a uma lógica comum.

Solicitado amavelmente a reuni-las em veste de lições, procurámos conferir-lhe uma ordem que melhor correspondesse a uma arquitetura unitária. Como se observa facilmente, em todos os estudos prevalece uma preocupação constante, precisamente a de tratar problemas com vistas novas, sem ceder à tentação de abordar aqueles temas mais solicitados ou tratados pela doutrina recente.

Em todos eles, sejam de índole substantiva ou processual, prevalece o papel decisivo atribuído à dogmática, tanto mais necessário quando se impõe abrir caminhos novos no direito administrativo sem esquecer ou desmerecer o passado, enfim a sua rica memória.

Outro aspeto relevante deste trabalho tem a ver com a preocupação de tratar temas clássicos e essenciais, e não tanto de trabalhar assuntos novos, que os há e relevantes. A novidade doutrinária, quando demiurga, está sobretudo na renovação dos trilhos dogmáticos em temas estruturantes da nossa disciplina, como é visível em vários capítulos deste livro.

Alguns dos textos têm uma roupagem bibliográfica mais pobre ou aparecem impudicamente nus porque quisemos manter e preservar a respiração da temática tratada em várias conferências ou aulas por nós proferidas no país e no estrangeiro. Quisemos ver pelos nossos próprios olhos, daí a *nota biquini*.

Há uma outra razão, a nossa autonomia discursiva e conceptual permite-nos agora o privilégio de alguma soberania teorética, o que nos leva a pensar que é chegado o momento de estar só, absolutamente só, ainda que bem acompanhado.

Procurámos sobretudo não ser expositivos ou descritivos, que nada acrescenta à ciência jurídica administrativa.

Sabemos hoje mais e mais coisas, mas cada vez menos importantes. Não foi esse o nosso caminho.

O leitor ajuizará se fomos bem sucedidos.

Ao Dr. Paulo Martins, que me acompanha há longos anos nestas andanças académicas, o meu sincero agradecimento pela amizade e extrema sensibilidade.

A publicação desta obra beneficiou da diligente, eficaz e elegante colaboração da Assistente, Dr.ª Juliana Ferraz Coutinho, que prepara agora o Doutoramento sob a nossa orientação.

Por isso, o meu contentamento e agradecimento à vida e ao futuro.

Abraveia, maio de 2012.

COLAÇO ANTUNES

ABREVIATURAS E SIGLAS

AöR	*Archiv des öffentlichen Rechts*
APA	*Administrastive Procedure Act*
BFDUC	*Boletim da Faculdade de Direito da Universidade de Coimbra*
BVerfG	*Bundesverfassungsgericht* (Tribunal Constitucional Federal Alemão)
BVerwG	*Bundesverwaltungsgericht* (Supremo Tribunal Administrativo Alemão)
CCP	*Código dos Contratos Públicos* (aprovado pelo Decreto-Lei n.º 18/2008, de 29 de janeiro, última alteração pela Lei n.º 64-B/2011, de 30 de dezembro)
CE	*Código das Expropriações* (aprovado pela Lei n.º 168/99, de 18 de setembro, última alteração pela Lei n.º 56/2008, de 4 de setembro)
CJA	*Cadernos de Justiça Administrativa*
CMVM	*Comissão do Mercado de Valores Imobiliários*
Coord.	*Coordenador*
CPA	*Código do Procedimento Administrativo* (aprovado pelo Decreto-Lei n.º 442/91, de 15 de novembro, última alteração pelo Decreto-Lei n.º 18/2008, de 29 de janeiro)
CPC	*Código de Processo Civil* (aprovado pelo Decreto-Lei n.º 44129, de 28 de dezembro de 1961, última alteração pela Lei n.º 63/2011, de 14 de dezembro)
CPTA	*Código de Processo nos Tribunais Administrativos* (aprovado pela Lei n.º 15/2007, de 22 de fevereiro, última alteração pela Lei n.º 63/2011, de 14 de dezembro)
CRP	*Constituição da República Portuguesa* de 2 de abril de 1976 (na versão da Lei Constitucional n.º 1/2005, de 12 de agosto)

DL	*Decreto-Lei*
DöV	*Die öffentliche Verwaltung*
ERSE	*Entidade Reguladora dos Serviços Energéticos*
esp.	*especialmente*
ETAF	*Estatuto dos Tribunais Administrativos e Fiscais* (aprovado pela Lei n.º 13/2002, de 19 de fevereiro, última alteração pela Lei n.º 20/2012, de 14 maio)
JOUE	*Jornal Oficial da União Europeia*
JZ	*Juristenzeitung*
n.º	*número*
NJW	*Neue Juristische Wochenschrift*
NVwZ	*Neue Zeitschrift für Verwaltungsrecht*
PDM	*Plano Diretor Municipal*
PP	*Plano de Pormenor*
PU	*Plano de Urbanização*
RAP	*Revista de Administración Pública*
reimp.	*reimpressão*
RFDUP	*Revista da Faculdade de Direito da Universidade do Porto*
RJIGT	*Regime Jurídico dos Instrumentos de Gestão Territorial* (aprovado pelo Decreto-Lei n.º 380/99, de 22 de setembro, última alteração pelo Decreto-Lei n.º 2/2011, de 6 de janeiro)
RLJ	*Revista de Legislação e Jurisprudência*
RMP	*Revista do Ministério Público*
RTDP	*Rivista trimestrale di diritto pubblico*
ss.	*seguintes*
STA	*Supremo Tribunal Administrativo*
STJ	*Supremo Tribunal de Justiça*
TAF	*Tribunal Administrativo e Fiscal*
TC	*Tribunal Constitucional*
TCA Norte	*Tribunal Central Administrativo Norte*
TCA Sul	*Tribunal Central Administrativo Sul*
TFUE	*Tratado Sobre o Funcionamento da União Europeia*
TJUE	*Tribunal de Justiça da União Europeia*

TUE   *Tratado da União Europeia*
VerwArch   *Verwaltungsarchiv*
vol.   *volume*
VVDStRL   *Veröffentlichungen der Vereinigung der Deutschen Staatsrechtslehrer* (publicação da reunião da Associação Alemã de Professores de Direito Público)
VwGO   *Verwaltungsgerichtsordnung* (Lei alemã da jurisdição administrativa)
VwVfG   *Verwaltungsverfahrensgesetz* (Lei alemã de procedimento administrativo)

INTRODUÇÃO

Este volume nasce da longa experiência do ensino de Direito Administrativo ao 1.º Ciclo e da experiência de ensino, mais recente e problematizante, ao 2.º Ciclo, o que antes designávamos por Mestrado, na Faculdade de Direito da Universidade do Porto.

O modo tradicional de ensinar Direito baseado na aula *ex cathedra*, seguindo a estrutura do clássico manual e destinada a comunicar e ilustrar uma ciência jurídica administrativa que se supõe coerente e completa, está hoje claramente superado. Ao invés, quer nos cursos de Direito Administrativo I e de Direito Administrativo II (1.º Ciclo), como nos de Direito Administrativo e Direito Administrativo Europeu (2.º Ciclo), temos procurado ensinar os conceitos e os institutos fundamentais, fazendo, gradualmente, apelo ao *porquê* e não apenas ao *como,* sem esquecer o respetivo enquadramento histórico, apelando entusiasticamente ao espírito crítico e reflexivo dos alunos.

Uma disciplina científica assim pensada e organizada é mais cansativa e pode esbarrar com algumas incompreensões dos estudantes que aspiram a dispor de um *set* mais ou menos completo de perguntas e respostas, através do qual preparam, aliás, os respetivos exames.

Mas aí está um método a evitar, por ser um método preguiçoso e acrítico, uma forma de propagar o erro.

Diga-se, em abono da verdade, que não é tarefa fácil, pelo que exige ao professor e ao estudante, dificuldade acrescida por uma turbulência considerável do ordenamento jurídico como até dos planos de estudo. O regime semestral de Bolonha também não ajuda a conferir unidade e compreensibilidade a uma disciplina que passa por profundas transformações. A diversidade de planos de estudo nas diversas Faculdades de Direito públicas (3+2, 4+1 ou 4+2) dificulta a resposta à pergunta do tipo de jurista que a Universidade deve formar.

O método sugerido neste livro é o de combinar a aprendizagem dos conceitos e dos institutos fundamentais com o estudo dos problemas, de modo a despertar uma visão crítica e reflexiva do estudante. Naturalmente que o acentuar mais o estudo dos institutos e categorias jurídicas do direito administrativo ou os seus problemas tem a ver com o nível do ensino (1.º ou 2.º Ciclo).

A perda de autosuficiência do Estado, a projeção transnacional da Administração e dos seus atos, as formas inéditas de hibridização entre direito público e direito privado, a privatização (pelo menos) formal da Administração e do seu Direito são apenas alguns dos desenvolvimentos que tornam o ensino irrealista através do clássico manual.

Há também o risco de ver o novo através de óculos antigos ou o risco ainda maior de abordar as novidades sem atender à velha biblioteca ou de não perceber que se trata de aspetos conjunturais ou provisórios ou até uma variação de um tema já conhecido. Se assim se proceder, o ensino do direito administrativo perde uma visão sistemática e de orientação da realidade social, rendendo-se ao eterno presente que não conhece o *antes* nem o *depois* e, portanto, está fora da história.

Outro perigo não desprezível é o do ensino de um *direito administrativo imaginário* [1] que não se interroga,

---

[1] Por exemplo, uma das características atuais do direito administrativo é a sua dimensão supranacional e internacional, o *jus*

que não colhe as contradições, afinal o chão da vida. Numa palavra, confunde-se o ensino de uma disciplina científica, que passa pela transmissão de conhecimentos, com uma incessante transmissão de informação, tantas vezes mediatizada, que faz as delícias do professor e do aluno que vamos tendo. Ora, o Direito é um objeto de conhecimento e não um objeto de informação. Não por acaso, depois do exame, o aluno esquece quase tudo, repetindo-se no 2.º Ciclo um esforço em torno do essencial que já deveria estar adquirido, com a consequente perda de especialidade que lhe deveria presidir.

A escolha feita por nós foi a de eleger questões e temas fundamentais, numa ordenação estrutural que não segue a dos manuais, consubstanciando umas lições sobre problemas e categorias jurídicas fundamentais. A par disso, procurou-se dar atenção a figuras novas que vão adquirindo cada vez maior centralidade num direito administrativo crescentemente desnacionalizado, como a do mútuo reconhecimento ou o ato administrativo transterritorial (transnacional).

Mais uma vez, o método empregue foi o de compreender e discutir os temas ou os problemas e não tanto descrevê-los, combinando a disciplina normativa com a dogmática administrativa. Em suma, procurou-se ressaltar os aspetos problemáticos sobre que deve refletir a doutrina e a jurisprudência.

Não deixámos de tratar figuras jurídicas aparentemente assentes, como a anulação ou a nulidade administrativas, ou questões sempre abertas como a do mérito e da discricionaridade administrativa. A tentativa foi a de

---

commune administrativum. O Direito da União Europeia foi o motor desta alteração, num processo que tem sido definido como *cross fertilization*.

as analisar *in vivo* e não *in vitro*, dando conta das variações propiciadas pela complexidade e riqueza do ordenamento jurídico.

Uma advertência, não se procurou ser exaustivo mas sobretudo ser analítico e problematizante na procura do *porquê* e não do *como*.

A formação do jurista passa por uma nova atitude tanto do professor como do estudante. Refiro-me à atitude daquele que, depois de estudar e compreender a norma e as suas circunstâncias, aprende a aplicá-la e a operar com ela, se questiona e questiona os problemas e, sobretudo, faz perguntas essenciais do porquê e para que serve. Uma delas tem a ver com os limites (atuais) do direito administrativo.

Numa palavra, o que é e para onde vai o direito administrativo? [2]

Pretendemos aqui dar resposta a esta pergunta, mas só aqui, porque não sabemos se vale a pena continuar a escrever numa época em que o *Defluxus* de SANTO AGOSTINHO se atualizou tragicamente. Espero que a jovem

---

[2] Premonitoriamente, OTTO BACHOF, no Congresso de constitucionalistas de 1971, advertia para a possibilidade de uma dogmática comum europeia, entendida como catarse das dogmáticas nacionais mais relevantes (alemã, francesa e italiana).

A nosso ver, o desafio não se coloca tanto a nível dogmático como na necessidade de criar um direito administrativo conceptual (europeu), que responda às vertiginosas mutações do nosso tempo.

Um dos perigos está na mania dos *atalhos* feitos pelo legislador, sobretudo dos atalhos privatísticos, como salientava já GIUCCIARDI; outra doença deste tempo é o *slogan,* que tanta confusão lança na cabeça das pessoas, mesmo das mais pensantes. A simplificação administrativa e a liberalização criam frequentemente a ideia de que a Administração pode "bypassar" a sua responsabilidade na direção e consumação dos procedimentos administrativos.

É tempo de *stop time* para os operadores jurídicos, em particular para a doutrina iuspublicista.

promessa de direito público que ajudou a preparar este volume o faça e o faça melhor do que nós. Um génio antes de o ser. A condição humana pós-subjetiva criou um jurista que tem a forma da água, um jurista líquido que toma a forma das circunstâncias e das sucessivas máscaras. Para quem, como nós, entende que a juridicidade começa no modo de ser do jurista, o desassossego começa a ser insuportável. O jurista atual é uma espécie de terceiro de si mesmo, um ser líquido, um fingidor. Como se pode ensinar rodeado de cadáveres felizes?

A arte do ser líquido parece insuperável, o efémero e insignificante substituiu, com êxito, a autenticidade de um perguntar-pensar originário. A profundidade da superficialidade está aí e parece de uma beleza incombustível.

A Universidade que eu vou (des)conhecendo é um lugar pouco estimulante, um não-lugar, em que o jurista, tal como o vento, não sabe ler. Uma Universidade que se esqueceu da pessoa ávida de dever-ser e de saber-ser.

O trabalho é composto fundamentalmente de três partes.

Na primeira, dá-se conta de algumas relevantes metamorfoses por que tem passado o direito administrativo, com especial relevo para a organização administrativa, em que se procuram equacionar algumas angústias dogmáticas e conceptuais por que passa atualmente a nossa disciplina. A par disso dão-se a público novas figuras jurídico--administrativas num contexto marcado pela globalização.

A segunda parte é essencialmente dogmática e problematizante, oferecendo ao leitor-estudioso uma leitura nova de categorias jurídicas fundamentais do direito administrativo.

Na terceira parte, a nossa atenção vai para o direito processual administrativo, analisando institutos processuais que, em regra, escapam ao olhar da doutrina administrativa mas não aos processualistas.

Para concluir, uma palavra de alento ao jurista e ao estudante-jurista. Vivemos uma época apaixonante que apela a um esforço exegético esgotante se quisermos refundar uma nova ordem jurídica. É evidente que é mais fácil e cómodo nadar numa piscina do que numa corrente rápida e vertiginosa. Mas os músculos saem muito mais retemperados desta última experiência. O jurista português e europeu deve tomar nota de uma verdade elementar, que nos diz que *cada coisa tem o seu tempo e cada tempo tem as suas coisas.*

Por esta razão, estamos obrigados a responder, com galhardia, a todas as perguntas e desafios que coloca o nosso tempo, tarefa certamente nada fácil. Nada fácil porque se trata de um tempo de transição para algo de que ainda não conhecemos os contornos essenciais.

Ora, este esforço exige um jurista de caráter, um jurista lucidamente ético e corajoso. E até um jurista que não renuncie à *utopia imperfeita,* a um futuro concreto. Esta utopia operativa é, aliás, típica do Direito e da ciência jurídica. Não serão as noções de democracia procedimental, o direito à felicidade ou os direitos das futuras gerações utopias imperfeitas?

A utopia imperfeita, talvez mais do que a utopia perfeita (que se move abstratamente no tempo futuro e ahistórico), é uma ferramenta indispensável do jurista que não se resigna a uma visão contemplativa do presente, de um presente prisioneiro do tubo digestivo da economia e das finanças.

A utopia imperfeita é indispensável a uma ciência jurídica que queira conservar a dimensão sistemática do discurso jurídico sem com isso o tornar excessivamente seletivo e impermeável a quanto emerge de uma realidade multiforme e multipolar. As utopias imperfeitas prestam-se particularmente bem a conjugar estas duas exigências e, por isso, o jurista não as pode ignorar. Por um lado, são portadoras de valores gerais indispensáveis a uma visão não-atomística do universo jurídico; por outro, as utopias imperfeitas abrem continuamente o sistema jurídico, evitando a sua petrificação e esclerose.

No fundo, estamos a falar das condições de existência e operatividade do sistema jurídico, da própria ideia de Direito como sistema.

O sistema jurídico não é concebível como um universo simbólico fechado, completo e harmonioso, mas como uma entidade aberta e hipotética que se perde e se recria de episódio em episódio, num perpétuo devir.

Se ao jurista lhe cabe ditar e interpretar as regras jurídicas do mundo presente, não lhe cabe menos sonhar segundo o Direito, isto é, repropor e reconstruir as normas jurídicas e o seu significado através da ideia de utopia imperfeita.

Não é isso que se pede ao jurista com a circularidade hermenêutica que se instaura entre a interpretação e a aplicação do Direito?

Ao jurista pede-se mais. Face à alienação técnica dos dias de hoje, o jurista deve seguir a sua consciência e sondar a *estratégia da alma* [3].

Ao publicista pede-se ainda mais, a recodificação axiológico-normativa da ciência jurídica administrativa. Foi o que tentámos fazer com lucidez e perseverança.

Com esta obra, não se pretendeu substituir o velho manual, mas oferecer um Curso sobre as categorias jurídicas centrais do direito administrativo.

---

[3] A expressão dá título a um livro de P. BARCELLONA, *La strategia dell'anima*, Roma, 2003.

Um livro assim, com este método e propósito, que saibamos, nunca tinha sido escrito entre nós. Em edições posteriores, tentaremos dar-lhe outra completude, sabendo, como dizia um crítico de arte, em 1909, em relação a uma exposição de CLAUDE MONET, "que não há mais terra, não há mais céu, não há mais limites".

PARTE I

METAMORFOSES DO DIREITO ADMINISTRATIVO

1. À procura de um conceito operativo de direito administrativo

Na fase atual, o direito administrativo parece ser marcado por algumas características que o individualizam de períodos anteriores.

Nota-se imediatamente um reforço da tutela dos direitos dos particulares, sobretudo a nível jurisdicional. Coabitando com a expansão dos direitos e das garantias dos particulares contra a Administração, avança uma crescente e preocupante desarticulação do poder administrativo, motivada, entre outros fatores, pela enfatização do direito privado e pela abertura ao ordenamento jurídico comunitário-europeu e, mais recentemente, pelo fenómeno da globalização do Direito.

A manutenção do modelo estatutário do direito administrativo, por um lado, e a aceitação de propostas e soluções de origem europeia ou mesmo mundial, por outro, aceitação e receção na maioria dos casos acrítica, tem conduzido a um resultado esquizofrénico de exceção, fuga ou mesmo rutura do referido modelo.

A consequência mais grave deste estado de coisas tem sido a perda, por parte do direito administrativo, da sua capacidade de ser um Direito de orientação dos fenómenos sociais.

Em vez do tratamento e estudo de assuntos centrais do direito administrativo, o que se tem verificado é uma abordagem sectorializada que, em muitos casos, não passa de mero comentário às incessantes transformações legislativas.

Parece-nos que a doutrina deve tomar consciência da centralidade do direito administrativo geral, de modo a integrar de forma sistemática toda a panóplia de soluções ou propostas emergentes, em vez de as adicionar pura e simplesmente como se tem feito.

Em poucas palavras, é indispensável a reforma do direito administrativo, reforma do edifício dogmático que deve ser um objetivo de todos e não de esforços isolados, sob pena de o que se ensina nas Faculdades de Direito ser um direito pretérito.

Antes de mais, impõe-se dar uma resposta sistemático-teorética ao triângulo mágico constituído pela multiplicação de direitos, privatização e desarticulação do direito administrativo, especialmente ao nível da sua dimensão orgânico-organizativa. Referimo-nos às mutações brutais que tem sofrido a Administração pública através do seu elemento principal – a pessoa coletiva de direito público.

A tentativa de modernizar o direito administrativo, baseada numa relação demasiado rígida com o direito constitucional, só tem reforçado o modelo estatutário sem conseguir a almejada renovação do edifício dogmático. Uma das consequências mais vistosas deste entendimento do direito administrativo tem sido o de uma incessante luta pela submissão do poder administrativo ao Direito, como é visível no tratamento de matérias como a discricionaridade administrativa ou dos conceitos jurídicos indeterminados, vistos como formas de imunidade administrativa a abater, sem deixar, paradoxalmente, de reforçar o referido modelo.

Quanto ao fenómeno da desarticulação do poder administrativo e da preferência pelas orientações favoráveis ao direito privado, as razões são múltiplas, desde a inovação tecnológica até a velocidade das relações, pondo em questão as noções de tempo e de espaço sobre que se fundou o conceito institucional-organizativo de direito administrativo.

O mercado e a sua economia globalizaram-se, fugindo à possibilidade de controlo dos entes territoriais, a começar pelo Estado. A erosão das suas funções-atribuições deslocou-se para níveis supranacionais ou então para níveis infraestaduais. Daí a crise das pessoas coletivas públicas territoriais e não apenas dos entes menores ou subordinados.

Curiosamente, também no domínio da privatização formal e material do direito administrativo se verifica um fenómeno paradoxal – o aumento de organismos administrativos, a maioria deles atípicos, como as fundações públicas de direito privado e as entidades administrativas independentes [4].

O retorno ao mercado e a sua difusão global, a par da multiplicação de direitos, determinaram na doutrina administrativa uma orientação dominante favorável ao mercado e às privatizações, com a inevitável redução do âmbito dos poderes públicos, em particular nos domínios de gestão mas também na utilização de instrumentos privatísticos no exercício de funções administrativas. Este fenómeno foi batizado como fuga do direito administrativo para o direito privado, sendo que seria mais adequado designá-lo por enfatização do direito privado no âmbito da função administrativa.

---

[4] Está subjacente a este movimento de ideias, a noção de *Estado mínimo*. A Administração de prestações dá lugar à Administração de regulação. Cfr. P. BADURA, *Witrschaftsverfassung und Wirtschaftsverwaltung*, Tübingen, 2005, p. 106 e ss.

Por outro lado, o processo de objetivação do direito administrativo, que prescinde da natureza pública dos sujeitos que fazem parte da Administração, levou muitos autores a negar qualquer relevância aos aspetos subjetivos da organização administrativa e até ao conceito chave de personalidade jurídica (pública). Numa palavra, para este entendimento, a natureza pública do sujeito não comporta qualquer consequência jurídica relevante. Todavia, *res sunt nomina rerum,* pelo que há que estabelecer a preferência por um critério essencialista (valorizando o sujeito) ou por um critério *funcionalista* (atribuindo relevância decisiva ao fim prosseguido pelo sujeito jurídico, independentemente da sua natureza). Se nos fosse perguntado, diríamos que optamos por um critério ontológico em vez de um critério ôntico.

Se tentarmos perscrutar mais fundo as origens da crise do direito administrativo, poderemos constatar que a raiz do problema não está apenas no mercado global. Referimo-nos à crise de racionalidade ou à perda de segurança jurídica numa sociedade de risco. Este fenómeno de fragmentação toca todas as outras ciências. Na filosofia e na arquitetura tem-se afirmado o desconstrutivismo, na pintura o abstracionismo, enquanto a matemática tem abandonado o método dedutivo e adotou uma aproximação probabilística. Já o estruturalismo perdeu fôlego nas ciências sociais.

Ora, também a ciência jurídica administrativa não escapa ao fenómeno da desconstrução e da fragmentação [5].

---

[5] Os publicistas de hoje são como o *flâneur* de WALTER BENJAMIN. O ordenamento jurídico, na sua enorme fragmentação, oferece ao jurista que não queira renunciar a si mesmo a possibilidade de passear entre as fontes do Direito como o *flâneur* passeia pelas ruas de uma cidade em permanente mutação. Enfim, o jurista pode navegar muito para além do mar territorial.

Basta olhar para os mega-conceitos desta disciplina, como o de pessoa coletiva de direito público ou de contrato administrativo para detetarmos a confusão reinante na doutrina. Para não falar na distinção entre o direito público e o direito privado, que sofre com a erosão das noções jurídicas típicas de ambos os lados do hemisfério jurídico.

O direito público e, em particular, o direito administrativo é o mais exposto às transformações operadas no mundo económico e político. Com efeito, a globalização da economia preclude aos Estados a possibilidade de controlarem os fluxos económico-financeiros ou até a tutela do ambiente, que é frequentemente deteriorado por motivos estranhos ao seu território (por exemplo, as chuvas ácidas).

A verdade é que os Estados perderam autossuficiência (completa), que era uma das suas principais características. O conceito de soberania deu lugar à divisibilidade da *puissance publique* [6]. O que temos agora é um Estado sem território ou, para ser mais preciso, um território sem Estado.

Neste sentido, podemos afirmar, sem margem para dúvidas, que um dos fenómenos mais perturbadores do direito administrativo dos nossos dias é a crise das pessoas coletivas públicas territoriais, a começar pelo Estado. Isto é assim porque é notório o desalinhamento entre os âmbitos territoriais destas pessoas coletivas públicas e os fenómenos que deveriam ser dirigidos ou tutelados por elas (como os aspetos financeiros ou ambientais).

Trata-se, no fundo, de um problema de adequação, o que significa que, quando esta não se verifica, o sistema administrativo entra em crise por autoinsuficiência. A

---

[6] COLAÇO ANTUNES, *O Direito Administrativo sem Estado, – Crise ou Fim de um Paradigma?*, Coimbra, 2008, p. 33.

supranacionalidade é a tentativa atual de repor a adequação administrativa a níveis territoriais (autossuficientes). Este fenómeno deteta-se também a níveis infraestaduais, de que são exemplos as áreas metropolitanas.

Depois desta breve exposição sobre as perturbações que marcam o direito administrativo, é chegado o momento de oferecer uma noção operativa.

O direito administrativo será então *o conjunto de normas e princípios jurídicos vinculantes de direito público que regulam a atividade de toda e qualquer entidade, independentemente da sua natureza jurídica, que se proponha realizar fins de interesse público sob a direção ou controlo de uma pessoa coletiva pública.*

Optámos, como se vê, por uma noção simples, mas aberta, de direito administrativo, que deixa já insinuar que a ciência jurídica administrativa deve afrontar o problema metodológico se quiser empreender uma reforma digna desse nome. Parece evidente a insuficiência e desadequação de aproximações meramente dedutivas ou a mera exposição ou comentário das novidades legislativas.

Porventura, a procura de novos parâmetros teorético-reconstrutivos não pode fundar-se na mera ampliação acrítica do aparelho conceptual precedente e estabelecido, que, divorciando-se da realidade, se tornam cada vez mais evanescentes.

Será adequado estender a noção de procedimento administrativo à atividade material da Administração ou às suas atuações privadas, como alguns procuram fazer?

A mesma observação pode ser feita à noção de relação jurídico-administrativa, de tal forma ampla que se torna inconsistente e desadequada. O direito administrativo já não é (apenas) o direito da Administração, mas também não é o Direito de uma relação jurídica sem qualquer nota de administratividade.

Perguntamos ainda se não faltará uma teoria jurídico-pública dos bens comuns em que a natureza do direito prevaleça sobre a natureza jurídica do bem?

O método a seguir pode ser o utilizado noutras disciplinas científicas, que consiste na identificação do problema, na decomposição analítica, na sua forma mais simples ou básica, dos dados, e na sucessiva recomposição dos conceitos e das noções mais elementares. Por outras palavras, o estudo de qualquer coisa ou objeto deve começar pelo mais elementar para, gradualmente, chegar aos elementos mais difíceis ou complexos. No fundo, apoiar todo o edifício dogmático sobre noções ou elementos fundamentais, que, é verdade, nem sempre são os mais simples, como será o caso da pessoa coletiva pública no que à organização administrativa diz respeito [7].

O estudioso não deve temer o anátema da simplicidade, porque elevar a ciência jurídica à visão mais simples requer um esforço que só está ao alcance de alguns-poucos. De resto, as obras de arte mais perfeitas são aquelas que têm a marca da simplicidade.

Em extrema síntese, o método para renovar o direito administrativo deve ser um método essencialista e gradual, capaz de apreender o mínimo denominador comum de hipóteses diversas, sem se limitar a registar as desarticulações ou exceções ao modelo. O jurista não é um mero notário de novidades e de exceções normativas.

É claro, no entanto, que o método assim desenhado deve saber conviver com noções estruturantes do pensamento, como a de sistema jurídico. Este conceito é imprescindível num contexto de desmaterialização e fragmen-

---

[7] Para maiores desenvolvimentos, COLAÇO ANTUNES, *Direito Público do Ambiente (Diagnose e prognose da tutela processual da paisagem)*, Coimbra, 2008, p. 195 e ss., esp. p. 199 e ss.

tação do ordenamento jurídico como critério ordenador das interrelações entre figuras, eventos e soluções jurídicas.

Uma ideia final. É imperativo proceder a uma radical desideologização do tecido argumentativo, seja da jurisprudência, seja da doutrina. É preciso dar voz à ciência dos factos.

2. Novos e velhos modos de ser do direito administrativo

2.1. Introdução

O que parece caracterizar o direito administrativo nos dias inquietantes que vivemos é uma profunda metaestabilidade. Da autosuficência (aristotélica) do Estado, o direito administrativo anda agora à procura de um novo Senhor.

Depois de abandonar a mãe-Igreja, o direito administrativo foi viver com o pai-Estado, que abandonou para ir viver para uma nova casa, a União Europeia.

Agora parece percorrer os caminhos do mundo, no que se vem designando imperfeitamente por direito administrativo global. Não será estranho tanta inquietude num ramo de direito público tão jovem?

Parece que voltámos à meninice, à época dos porquês. Um direito administrativo sem casa-território, sem pai, sem mãe? Que direito administrativo é este? Crepúsculo deste ramo do Direito ou o regresso a casa por portas travessas?

Depois de tantas perguntas impõe-se mostrar o caminho percorrido e tentar mostrar o futuro do direito administrativo, nem que esteja escondido nos bosques do passado.

2. 2. As extraordinárias origens do direito administrativo

Como já antecipámos, o direito administrativo surge quando o Estado assume a forma histórica de um ordenamento jurídico de fins gerais. Isso sucede primeiro na Inglaterra e nos Estados Unidos e, depois, em França, com a sua gloriosa Revolução de 1789. É com este modelo de Estado e de ordenamento jurídico que se criam as bases, de todos conhecidas, para o nascimento do direito administrativo, com realce para o princípio da legalidade qual princípio ontológico. Numa palavra, o direito administrativo surgiu quando a norma jurídica aplicada ao poder do Estado-Administração tornou o seu exercício típico e previsível.

Já a construção da ciência jurídica administrativa é sobretudo obra da iuspublicística alemã, com destaque para GERBER, LABAND e GEORG JELLINEK (e mais tarde OTTO MAYER), ao elevar o Estado à categoria de ente público por excelência, como pessoa coletiva de direito público de fins gerais, portadora do próprio ordenamento jurídico [8].

Sem contraditar o que escrevemos antes e o que dissemos agora, o que queremos pôr de manifesto nesta fase do trabalho é o que poderíamos designar por arqueologia do direito administrativo. Não no sentido de pedras mortas mas, ao invés, de pedras vivas que ajudam e explicam não só a emergência do direito administrativo como do sujeito que lhe deu origem, o Estado. Referimo-nos à revolução papal de Gregório VII, nos séculos XI e XII, cuja experiência tem ainda o mérito de nos ajudar a compreender a evolução recente do direito administrativo quando este se projeta para além do Estado.

---

[8] COLAÇO ANTUNES, *O Direito Administrativo sem Estado*, op. cit., p. 30.

É mérito de HAROLD BERMAN [9] ter iluminado algumas das principais causas da civilização e juridificação do poder. Antes das Revoluções liberais, que plasmaram na época moderna as estruturas políticas ocidentais do Estado de Direito, deve reconhecer-se um papel decisivo à revolução papal na criação da civilização jurídica europeia.

BERMAN atribuiu a esta revolução a criação, ainda que indireta, da ordem jurídico-política mais estável que a humanidade algum dia conheceu – o Estado de Direito. Também a constitucionalização do poder político começou por aí, como, aliás, lhe é devida também a elaboração do conceito de instituição (muito antes de HAURIOU), por obra e graça da doutrina canonista, que depois se projetou na doutrina publicística; como também não lhe é alheia a noção de órgão, património atual da iuspublicística.

Com efeito, a primeira grande revolução jurídico-institucional da Europa foi levada a cabo pela Igreja do ocidente, a partir dos séculos XI e XII, cujo resultado extraordinário e paradoxal foi o da criação das bases jurídico-filosóficas para o surgimento do Estado de Direito.

Fruto da luta pelas investiduras e do processo de civilização-contenção da forma política imperial, o resultado paradoxal desta extraordinária experiência — a da tentativa de afirmar a superioridade do Papado sobre o Império — foi a criação de um novo sujeito jurídico-político, o Estado.

A Igreja, com a revolução gregoriana, com o seu *Dictatus Papae*, tornou-se no laboratório perfeito do Estado moderno. Senão vejamos: a) apesar do modelo apontar para uma estrutura político-administrativa centralista, estabelecem-se simultaneamente limites ao absolutismo papal (inerentes à complexidade e à articulação interna do

---

[9] H. J. BERMAN, *Law and Revolution: The Formation of the Western Legal Tradition*, Cambridge, 1983.

sistema de governo da Igreja) [10]; b) a invenção da primeira legislatura europeia [11]; c) a institucionalização de um poder judiciário autónomo, centralizado, é certo, mas com várias secções e instâncias de recurso [12]; d) a construção de um ordenamento jurídico que antecipa os elementos estruturais dos ordenamentos nacionais e, depois, os ordenamentos supranacionais, a par de um instrumentário jurídico-conceptual da maior relevância. A inovação vem pela mão do direito canónico, que funcionará, nos séculos sucessivos, como modelo para o direito constitucional e o direito administrativo.

Até finais do século XI pairava uma situação de endémica incerteza do Direito. Com efeito, o direito canónico fornece, pela primeira vez, a certeza do direito sob bases positivas (direito positivo) [13]. Entre as suas principais características podemos destacar as seguintes:

1. A formulação do Direito através de normas gerais e abstratas, o que equivale a dizer a criação do moderno conceito de lei; se o século XIII é um século de grandes codificações isso deve-se ao direito canónico e à revolução gregoriana;
2. O nascimento do direito positivo como direito escrito: a dicotomia direito natural-direito positivo tem as suas raízes no século XII, com a revolução gregoriana, concentrando-se os autores na elaboração de um sistema de normas positivas e não, como seria expectável, na elaboração de um sistema de normas de direito natural;

---

[10] H. J. BERMAN, *Law and Revolution*, op. cit., p. 130.
[11] H. J. BERMAN, *Law and Revolution*, op. cit., p. 246.
[12] H. J. BERMAN, *Law and Revolution*, op. cit., p. 250.
[13] H. J. BERMAN, *Law and Revolution*, op. cit., p. 251.

3. A consagração do princípio da irretroatividade da lei, ou pelo menos a limitação da retroatividade das normas, aquisição do direito romano recebida no *Liber Extra* do Papa Gregório IX e difundida graças à obra de BERNARDO DI PAVIA.

Se bem que haja uma clara prefiguração do ordenamento jurídico estadual, que virá mais tarde, parece-nos que seria redutor não ver o alcance supranacional, portanto atual, da experiência jurídica da Igreja dos séculos XI e XII. Curiosamente, a Igreja, através do Direito, opera uma obra extraordinária de secularização da sociedade que ultrapassa os muros que os Estados nacionais virão a construir séculos mais tarde com base num determinado território [14]. O modelo da Igreja de construir uma Administração racional ligada ao Direito é de extrema importância para a estabilização das expetativas dos particulares e potencia a *vida ativa*, que o humanismo e a Reforma ajudarão a desenvolver, antes mesmo da entrada do Estado de Direito no palco da história.

Pela primeira vez, a Administração é composta por juristas, o que contribui de forma manifesta para a sua juridificação.

2. 3. Continuidade e descontinuidade do direito administrativo

Todo e qualquer processo evolutivo se desenvolve por etapas, fenómeno que é possível detetar com algum grau

---

[14] J. HALL, *Powers and Liberties. The Causes and Consequences of the Rise of the West*, Oxford, 1985, p. 137.

de aproximação e de certeza. Com efeito, em todos os Estados de direito administrativo, sem omitir as suas particularidades, são individualizáveis três fases na evolução do direito administrativo e na respetiva elaboração dogmática.

Procuraremos evidenciar apenas alguns aspetos menos visíveis ou menos referidos ou simplesmente descrever de forma diferente um tema de todos conhecido.

A etapa inicial do direito administrativo, com o arranque da era constitucional (Estado de Direito), caracteriza-se pelas primeiras tentativas de juridicação do poder administrativo através da afirmação de alguns princípios ontológicos que marcaram um antes e um depois a respeito da conceção e das formas de administrar anteriores.

A primeira pedra angular da construção do direito administrativo foi a elaboração do Estado como pessoa jurídica e centro de imputação maior de outras formas de organização administrativa e de toda e qualquer posição jurídica subjetiva ativa ou passiva [15]. A formalização da relação jurídico-administrativa caracteriza-se, inicialmente, como uma relação jurídica desigual, com predomínio da Administração pública. O direito Administrativo funcionava então como direito de garantia da Administração [16].

Depois do princípio da estadualidade normativamente entendida, aparece-nos o princípio ontológico do direito administrativo, o princípio da legalidade. Numa palavra, o primado da lei sobre a Administração e consequente juridificação da relação jurídico-administrativa. O princípio da

---

[15] COLAÇO ANTUNES, *Para um Direito Administrativo de Garantia do Cidadão e da Administração*, Coimbra, 2000, p. 50 e ss.

[16] COLAÇO ANTUNES, *Para um Direito Administrativo de Garantia...*, op. cit., p. 52 e ss.

legalidade, assente nos subprincípios da reserva de lei e do primado da lei, representava o ponto de equilíbrio entre o privilégio-especialidade da Administração e a garantia das posições jurídicas dos particulares.

Nesta fase do direito administrativo a sua especialidade revelava-se simultaneamente como privilégio (da Administração) e garantia (do particular), segundo as modalidades de atividade administrativa. A passagem de um direito de garantia e privilégio da Administração para um direito administrativo de garantia do cidadão implica a juridificação do poder discricionário (no começo um poder originário), e o alargamento dos direitos dos particulares, o que só acontece mais tarde [17].

Outra característica essencial do direito administrativo nesta fase é a afirmação da tutela jurisdicional do particular contra atos administrativos ilegais. Começa por ser uma tutela jurisdicional objetivo-anulatória até gradualmente se tornar uma tutela judicial efetiva e plena, como sucede na segunda fase do direito administrativo de que falaremos mais adiante.

Ainda nesta fase, a forma de atuação principal (e quase exclusiva) da Administração era o ato administrativo. Um ato administrativo autoritário que permanece eficaz, ainda que inválido, até à respetiva anulação contenciosa. O ato administrativo só conhece praticamente a anulabilidade como forma de invalidade, em obséquio ao *imperium* do interesse (público) da Administração.

A proteção dos direitos dos particulares era particularmente débil, uma vez que uma leitura rígida do princípio da separação dos poderes impedia que qualquer dos

---

[17] COLAÇO ANTUNES, *Para um Direito Administrativo de Garantia...*, op. cit., pp. 52 e 53.

poderes pudesse invadir a esfera dos outros poderes. Assim sendo, os tribunais administrativos, e esta é também uma das marcas da especialidade e da distintividade do direito administrativo [18], limitavam-se a conhecer os vícios do ato em relação ao objeto deduzido em juízo. O ato administrativo só poderia ser impugnado contenciosamente depois de ter sido reapreciado necessariamente pelo superior hierárquico.

Era tão forte a ideia de que o poder administrativo prevalecia sobre os direitos dos particulares que, se os particulares se atrasassem na impugnação administrativa, o juiz ficava impedido de declarar a invalidade do ato administrativo por mais grave que fosse o vício de que este padecesse. O ato convalidava-se com o decurso do tempo. É também desta fase a elaboração da figura do interesse legítimo, quando a norma jurídica não tivesse por objetivo tutelar a situação subjetiva do particular mas impedir a ilegalidade da atividade administrativa dirigida à prossecução do interesse público. Só reflexamente a posição jurídica do particular vinha tutelada judicialmente, adquirindo nesta fase uma importância sobretudo processual. A dimensão substantiva favorável que hoje caracteriza o interesse legalmente protegido não tinha praticamente relevo naquela altura.

Não estava ainda amadurecida a ideia de que o particular pudesse opor-se frontalmente ao poder público. O que ele podia fazer era alegar perante um juiz administrativo o uso ilegítimo do poder administrativo e, nos limi-

---

[18] A configuração do juiz administrativo como juiz especial (França, Alemanha, Portugal e Itália, com particularidades neste caso) ou a atribuição a uma secção especializada dos tribunais comuns (Espanha) é outro elemento fundamental da autonomia do direito administrativo do direito privado.

tes em que fosse reconhecida a ilegalidade do ato, obter uma tutela judicial indireta.

O controlo jurisdicional do ato administrativo tinha uma natureza formal, destinado a verificar apenas a sua conformidade ao estabelecido na lei [19]. O juiz não podia fazer um controlo judicial mais intenso, como hoje sucede, e ainda menos apreciar o mérito do ato. A discricionariedade administrativa era reserva absoluta da Administração, insindicável pelo juiz especial.

Os poucos serviços públicos são organizados segundo o modelo da função pública *stricto sensu*, sendo os serviços (destinados aos cidadãos) qualificados juridicamente como prestações administrativas e a admissão ao serviço público um ato administrativo.

De forma mais geral, a organização administrativa do Estado apresenta uma estrutura ministerial, segundo um modelo hierárquico bastante rígido, no topo do qual está o ministro. A Administração pública assentava exclusivamente na pessoa coletiva de direito público e era através desta que o particular estabelecia a sua relação administrativa com a Administração. Pontificavam especialmente as pessoas coletivas públicas territoriais de fins gerais, designadas pessoas jurídicas primárias ou necessárias. Tenha-se presente que o Estado liberal tinha funções muito modestas por comparação com as que viria a assumir no chamado Estado Social.

O direito administrativo era claramente um direito estatutário, todo feito de normas de direito público e daí também a natureza pública dos sujeitos que compunham a

---

[19] O controlo jurisdicional era originariamente limitado à legalidade externa do ato administrativo (*recours pour excès de pouvoir*). Só mais tarde se alarga aos aspetos internos e finalistas do ato. Cfr. J. RIVERO / J. WALINE, *Droit Administratif*, Paris, 2006, p. 553.

organização administrativa. As primeiras aulas de direito administrativo, bem como os primeiros textos desta disciplina são do início do século XIX. Na segunda metade deste século, a doutrina alemã, com destaque para GERBER, LABAND e OTTO MAYER criam as categorias dogmáticas do direito administrativo, enquanto a doutrina francesa, sobretudo HAURIOU e DUGUIT, centram os seus esforços nos conceitos de instituição e de serviço público, respetivamente, mantendo o modelo o tom autoritário e unilateral da atuação da Administração.

Em suma, nesta primeira fase, poder-se-ia dizer que o direito administrativo é o direito da Administração, o que manifestamente se tornou obsoleto na segunda etapa da nossa disciplina. Ou seja, a convicção de que a Administração era um poder, o poder executivo por excelência, ao qual era indispensável conferir um *status* particular, tanto do ponto de vista do direito substantivo como no plano processual [20].

A sua configuração como direito de garantia da Administração (e até de privilégio) era em grande medida conformada pela natureza do poder discricionário, visto então como qualidade ontológica da Administração e do seu poder, o que obviamente dificultava a tutela judicial dos direitos dos particulares.

A especialidade do direito administrativo passava especialmente pela garantia-privilégio da Administração e dos seus funcionários [21].

---

[20] COLAÇO ANTUNES, *Para um Direito Administrativo de Garantia...*, op. cit., p. 52.

[21] A título anedótico, recorda-se o episódio de Frederico, o Grande da Prússia que, depois de ter abolido a servidão da glebe, foi constrangido a revogar o decreto, em virtude da pressão manifestada pelos funcionários do Reich. Ainda que com anterioridade à era consti-

É importante, no entanto, sublinhar os perigos de uma excessiva simplificação que não atende às particularidades de cada ordenamento jurídico ou à força jurídica irradiante do princípio do Estado de Direito e aos poderosos instrumentos jurídicos que lhe são próprios. Estes argumentos servem para demonstrar que, apesar das referidas limitações normativas, se foi estabelecendo paulatinamente um certo equilíbrio entre as razões que presidem ao direito administrativo como garantia da Administração e aquelas outras que tutelam as posições jurídicas dos particulares e configuram também um direito administrativo de garantia dos cidadãos.

O próprio caráter garantístico revestido pela máxima formalização do direito administrativo se ajuda a compreender a Administração como estrutura formal do Estado de Direito dotada de certas margens de autonomia, ajuda também a reforçar as garantias administrativas e contenciosas dos particulares. Note-se que o princípio da legalidade, na forma originária de primado da lei, era frequentemente chamado a um papel de conformação preventiva dos poderes administrativos.

A segunda fase do direito administrativo caracteriza-se essencialmente pelo alargamento das tarefas da Administração e pelo reforço e alargamento dos direitos e da tutela jurisdicional dos particulares.

Avançando na caracterização da segunda etapa do direito administrativo e respetiva evolução, diríamos que ela passa por uma certa descontinuidade, quer a nível da organização administrativa, quer ao nível dos instrumentos de tutela preventiva e sucessiva (procedimento e processo administrativos).

---

tucional, pretende-se chamar a atenção para a *força das coisas,* que frequentemente precede e conforma o ordenamento jurídico.

Uma das principais novidades desta fase, que se pode, com *grano salis*, conjugar com o Estado Social de Direito, é a emergência de uma nova Administração prestacional dotada de uma estrutura procedimental, com refracções ao nível da atividade administrativa e das suas principais manifestações (ato, regulamento e contrato administrativo), mas também no plano da própria organização administrativa [22]. Numa Administração desconcentrada e sobretudo descentralizada, o procedimento administrativo torna-se a sede natural da articulação das competências de órgãos distribuídos pelas mesmas ou diferentes pessoas coletivas públicas.

A especialidade do direito administrativo ganha agora novos contornos, que vão desde a organização administrativa ao procedimento e processo administrativos. Desde logo, uma lei (Código) do procedimento administrativo constitui *uma decisão sobre as principais formas jurídicas da decisão administrativa* [23]. Se, acompanhando

---

[22] Cfr. P. BADURA, *Witrschaftsverfassung und Wirtschaftsverwaltung, op. cit.*, p. 15 e ss. A paternidade da ideia de Administração de prestações pertence a ERNST FORSTHOFF (*Die Verwaltung als Leistungsträger*, 1938). Nesta obra, o Autor expõe o (seu) célebre conceito de *Daseinvorsorge*, entendido como conceito-princípio orientador (*Leitbegriff*), que, numa versão inicial, tendia a uma menorização dos direitos fundamentais.

[23] COLAÇO ANTUNES, *Para um Direito Administrativo de Garantia..., op. cit.*, p. 56. Este foi o modelo germânico, com a Lei de 1976. Com efeito, as grandes alterações do processo administrativo (em sentido garantístico) não podiam deixar de lado o procedimento administrativo. A lei (alemã) sobre o procedimento administrativo é concebida como *Kernstück des allgemeinen Verwaltungsrecht*, como núcleo essencial do direito administrativo geral, ao invés do que sucedeu com a lei austríaca de 1925. Mais especificamente, a lei alemã do procedimento administrativo é pensada como *Kernstück*, invólucro, no âmbito do qual se deveria desenvolver a atividade administrativa, toda a atividade da Administração. Para além de configurar toda uma série de

FORSTHOFF [24], a Constituição representa a decisão e o processo sobre as formas de decisão política, o procedimento, mais exatamente o justo procedimento administrativo, não é apenas a decisão sobre a forma das principais manifestações da atividade administrativa, é também a principal garantia administrativa do particular no que respeita ao processo de tomada de decisões justas e legais. Isto é tanto assim quanto compreendamos que, apesar dos avanços da justiça administrativa, o juiz intervém, em regra, no

---

garantias procedimentais dos particulares, a lei alemã sobre o procedimento administrativo reflete também exigências de eficiência administrativa. Estabelece que o procedimento deve ser *einfach, zweckmäßig und zügig*, isto é, deve ser simples, adequado e rápido (cfr. P. STELKENS / H. BONK / M. SACHS, *Verwaltungsverfahrensgessetz*, München, 2008, p. 345 e ss).

Mas isto não nos impede de recordar a primazia da lei austríaca sobre o procedimento administrativo, de 1925, porque se trata, de facto, da mãe de todas as leis que vieram posteriormente disciplinar a atividade administrativa. Pela primeira vez, e muito antes da tese de F. WERNER ("Verwaltungsrecht als konkretisiertes Verfassungsrecht", in *Deutsches Verwaltungsblatt*, 1959, p. 527 e ss.), a lei austríaca sobre o procedimento administrativo vem afirmar o direito administrativo como concretização do direito constitucional, com uma superlativa explicitação do princípio da legalidade.

Um outro objetivo desta lei, confecionada numa perspetiva jurídico-política muito diferente da lei alemã, numa lógica jurisdicionalizante, foi o de reforçar o controlo jurisdicional da atividade administrativa. Foi justamente sublinhado que "Das österreische Verwaltungsverfahren enthält daher auch ein besonderes ausgebildetes Rectsschutzverfahren" (assim, W. ANTONIOLLI / F. KOJA, *Allgemeines Verwaltungsrecht*, Wien, 1996, p. 458).

Esta lei foi enformada por duas ideias fundamentais: como lei geral da atividade da Administração pública, de toda a Administração, e como lugar próprio para o exercício dos direitos dos cidadãos e dos particulares no exercício do poder administrativo.

[24] E. FORSTHOFF, *Lehrbuch des Verwaltungsrecht*, München, Berlin, 1966, p. 55.

momento patológico, quando o dano já se produziu na esfera jurídica do particular.

O terreno eletivo e temporalmente adequado da tutela jurídica dos direitos do particular é o procedimento administrativo, como antecâmara do processo administrativo e de uma tutela judicial efetiva e efetivada quando o juiz conhece de todo o procedimento e não apenas o seu resultado, o ato administrativo ou outra forma de atividade administrativa. Creio, aliás, que o instituto procedimental se tem revelado um dos obstáculos mais eficazes à privatização do direito administrativo, que, com a sua intensidade patológica, caracteriza mais a terceira fase do direito administrativo.

A explosão da democracia procedimental e da colegialidade administrativas são carateres essenciais do moderno direito administrativo. Uma das suas notas mais características é a perda de unilateralidade (procedimental) do ato administrativo, se excetuarmos a decisão final, e a perda de imperatividade do ato. É no procedimento administrativo que o particular melhor expressa a sua visão do mundo e que a Administração melhor se sujeita ao princípio da legalidade.

No plano da tutela processual, verificou-se igualmente uma revolução, primeiro na Alemanha, a partir dos anos sessenta [25], e depois noutros países, como aconteceu entre nós com a recente reforma da justiça administrativa, muito embalada pelas revisões constitucionais, especial-

---

[25] Cfr., entre muitos, F. HUFFEN, *Verwaltungsprozessrecht*, 2008, p. 245 e ss. A nova lei do processo administrativo, que tanto inspirou o nosso legislador, baseia-se na lei provisória de 1944 redigida por WALTER JELLINEK. Como diz BADURA, trata-se de uma lei própria de uma *sociedade de indivíduos*. Cfr. P. BADURA, *Staatsrecht*, München, 2010, p. 95 e ss.

mente as de 82, 89 e 97 do século passado. Falamos de um contencioso de plena jurisdição no qual o juiz deixou de ter apenas poderes anulatórios para passar a ter também poderes condenatórios; tudo à luz de um princípio infinito — o da tutela jurisdicional efetiva —, que se revela na tutela declarativa e executiva, mas também na tutela cautelar.

Ao reforço da tutela jurisdicional não foi alheia uma nova compreensão do princípio da legalidade-juridicidade, que, incorporando um novo subprincípio, o da precedência da lei, se aliou aos princípios fundamentais da atividade administrativa (artigo 266.º da CRP), com destaque para os princípios da igualdade material e da proporcionalidade em sentido amplo.

A prestação de serviços assume progressivamente natureza contratual, substituindo-se ao ato administrativo, sendo igualmente prestadas por particulares no exercício de funções públicas. Formula-se, assim, uma noção objetiva de serviço público que valoriza menos o sujeito que a desenvolve e mais a sua finalidade.

A juridicação da Administração é também objeto de estudo por parte da doutrina.

Em virtude do princípio da precedência da lei, o poder discricionário é agora um poder jurídico, que, exercitado no seio do procedimento administrativo, enquanto modo normal de exercício do poder administrativo, se submete ao controlo do juiz administrativo com uma intensidade e amplitude anteriormente desconhecidas.

A circunstância do ato administrativo manter a sua eficácia, ainda que inválido (anulável) e se tornar inopugnável depois de ter expirado o prazo de caducidade para a sua impugnação, sofre uma forte limitação com a tipicidade dos atos nulos, primeiro, e, depois, com a queda deste princípio-limite, com a ampliação (porventura excessiva) da nulidade (artigos 133.º-134.º do CPA).

Há ainda um claro reforço das posições jurídicas substantivas favoráveis dos particulares com a noção de interesse legalmente protegido a aproximar-se da figura do direito subjetivo (público) [26].

2. 4. A parábola terminal do Estado e o direito administrativo atual

O novo e atual direito administrativo é marcado pela parábola do Estado. Como temos vindo a sustentar, o conceito de Estado normativamente entendido reflete uma determinada historicidade. O Estado não é apenas limitado no espaço, é-o também no tempo. Ainda que se tenha começado a desenhar por volta dos séculos XV-XVI, o Estado como pessoa jurídica pública de fins gerais é uma criação da era constitucional e do Estado de Direito oitocentista [27]. Essencial para a construção jurídica do Estado foi o contributo dos juristas. Como observámos recentemente e afirma FORSTHOFF, o Estado é um produto dos juristas: "der moderne Flächenstaat ist eine Hervorbringung des Juristen. Die Juristen haben ihn im 16 Yahrhundert geschaffen, die Juristen haben ihn auf seinem Wege bebleitet" [28].

---

[26] Cfr., criticamente, COLAÇO ANTUNES, "Constituição, Administração e interesse público. O eterno retorno ao momento originante ou o Estado contra a Administração", in *Nos 25 Anos da Constituição da República Portuguesa de 1976*, Lisboa, 2001, p. 40.

[27] COLAÇO ANTUNES, *O Direito Administrativo sem Estado*, op. cit., p. 29 e ss.

[28] E. FORSTHOFF, *Rechtsstaat im Wandel*, Stuttgart, 1964, p. 77.

O problema do Estado, que é também a sua essência, é um problema de imputação. Imputar uma atividade ao Estado, como pessoa jurídica pública por excelência, significa referir tal atividade a um órgão do Estado-Administração, na unidade do ordenamento jurídico que predispõe e disciplina a ação. O Estado como pessoa jurídica não é nada mais do que a personificação do ordenamento jurídico (de fins gerais) e da sua unidade. Dito de outra forma, o Estado é a forma histórica de um ordenamento jurídico de fins gerais, a penúltima forma [29]. Naturalmente, como nunca ninguém viu uma pessoa jurídica, o Estado atua através das pessoas físicas que compõem, enquanto membros, um determinado órgão, dispondo, para o efeito, das respetivas competências. Competências que são poderes funcionais atribuídos pela lei a um órgão para que este possa realizar os fins, as atribuições da pessoa coletiva pública em que está inserido (princípio da especialidade). É aqui que entra a teoria da imputação, para assegurar que a atividade levada a cabo por um órgão (um contrato administrativo, um ato, etc.) seja referida ao Estado [30].

O problema atual do ordenamento jurídico administrativo resulta do facto do Estado já não ser uma pessoa coletiva pública primária [31]. O Estado, na fase atual, já não personifica um ordenamento jurídico de fins gerais, pelo que a doutrina, inclusive administrativista, teve que ir à procura de um novo centro de imputação – a União Europeia. Até há pouco tempo parecia inverosímil sus-

---

[29] COLAÇO ANTUNES, *O Direito Administrativo sem Estado*, op. cit., pp. 21-22.

[30] O mesmo se poderia dizer relativamente a outras pessoas coletivas públicas menores.

[31] Para utilizar uma expressão dos antropólogos que os juristas receberam.

tentar conceptualmente que o Estado, tal como foi prefigurado, já não serve para quase nada, se não for mesmo um estorvo.

Na verdade, o conceito de Estado já não é um fator de unidade do ordenamento jurídico de fins gerais. Não serve sequer para garantir a neutralidade-imparcialidade da atividade administrativa na realização do interesse público.

Em conclusão, o Estado é apenas um *nome* que serve para designar uma forma histórica de poder público que já não existe ou que não existe como personificação histórica da unidade de um ordenamento jurídico de fins gerais.

A trágica realidade que nos cabe viver, a que chamam crise fiscal-financeira, é apenas uma manifestação grosseira de um fenómeno que a doutrina já vinha detetando há algum tempo [32]. O Estado, tal como pensado pela juspublicística moderna, já não serve para cumprir o escopo que o legitimou. É apenas um pequeno mercado de interesses em conflito nas mãos de uma "clientela" feita de grupos e de interesses egoístas que esbulham e retêm prisioneiras as entidades públicas.

Se quiséssemos ser otimistas, o Estado de Direito parece querer renascer num patamar cosmopolita. A fortuna da dogmática jurídica em torno da personalidade jurídica do Estado deveu-se à sua capacidade, numa determinada época histórica, para realizar a unidade do sistema jurídico e de satisfazer o equilíbrio, o limite e a garantia da relação autoridade-liberdade [33]. Quando estas condições deixam de existir, só podemos falar de *Estado de Direito*

---

[32] COLAÇO ANTUNES, *O Direito Administrativo sem Estado*, op. cit., p. 27 e ss.

[33] Cfr. a ambiciosa síntese de O. HÖFFE, *Demokratie im zeitalter der Globalisierung*, München, 1999, p. 239 e ss.

sem Estado (soberano), de um "Estado" que já não é capaz de interesse público.

A fase contemporânea do direito administrativo identifica-se temporal e historicamente com as últimas décadas do século passado até aos dias de hoje. É uma fase contraditória, marcada pela descontinuidade, uma vez que, por um lado, temos o reforço da juridicação do poder administrativo e da tutela judicial e, por outro, deteta-se um fenómeno de desarticulação da Administração e do seu Direito, marcado inexoravelmente pela preferência da utilização de instrumentos jurídicos de direito privado (civil comercial, trabalho). Esta dimensão última é muito preocupante porque a morte do direito administrativo profetizada por alguns só pode ser invocada seriamente se se puser em causa o essencial da Administração, a pessoa coletiva pública como (seu) elemento constituinte e definitório. Não imaginamos que seja possível um direito administrativo sem Administração ou uma Administração sem direito administrativo.

Esta terceira e hodierna etapa do direito administrativo é também marcada pela emergência do que a doutrina tem vindo a designar direito administrativo europeu (comunitário) e pela forma como este responde ao fenómeno conhecido por fuga do direito administrativo para o direito privado [34]. Este fenómeno tem vindo a assumir formas cada vez mais preocupantes com a privatização formal e substancial não só da atividade administrativa mas sobretudo com a privatização das suas formas de organização administrativa. Uma outra manifestação está no crescente desempenho de funções públicas por particulares.

---

[34] COLAÇO ANTUNES, *O Direito Administrativo sem Estado*, *op. cit.*, p. 36. Para maiores desenvolvimentos teoréticos e bibliográficos cfr. a obra citada.

A este fenómeno tem correspondido paradoxalmente um aumento ou criação de novos organismos administrativos independentes ou, talvez melhor, semi-independentes, bem como um aumento dos direitos dos particulares diretamente proporcional à desadministrativização da Administração.

À difusão do mercado e dos seus interesses, com a consequente orientação favorável da doutrina e do legislador pelos instrumentos jurídicos privatísticos, tem respondido o direito administrativo europeu com um processo de objetivação que prescinde da natureza jurídica dos sujeitos que constituem a Administração pública ou a relega para um papel secundário (por exemplo, a figura do organismo de direito público).

É igualmente a emergência da Administração de resultados (de direito privado) que parece querer substituir a Administração de garantia das prestações sociais. Um novo direito administrativo de garantia de prestações no âmbito do qual alguns privados podem ser mais iguais do que outros?

Mas a novidade maior da fase atual está na desnacionalização dos direitos administrativos nacionais, em benefício de um direito administrativo europeu comum aos vários Estados-membros. Fala-se, a este propósito, de uma Constituição sem Estado [35]. Embora esta expressão ou fórmula verbal incorra num jogo de espelhos e outras tantas aporias, ela tem sobretudo em vista uma ideia de ordem jurídico-constitucional compósita como a do ordenamento europeu, segundo a qual o Estado é um sujeito parcial de uma Constituição mais vasta. Ou ainda a ideia de não excluir um papel de reserva e integrativo dos Estados no

---

[35] L. TORCHIA, "Una Costituzione senza Stato", in *Dir. Pubbl.*, 2001, p. 405 e ss.

contexto global. Um direito administrativo europeu uniforme e de integração, ainda que não unitário.

Prevalecendo algumas especificidades e diferenças dos direitos administrativos nacionais, é um facto indesmentível que as fontes do direito administrativo são hoje especialmente conformadas qualitativa e quantitativamente pelas normas administrativas comunitárias, tanto primárias como secundárias.

Para além da europeização do direito administrativo, temos ainda o patamar da globalização do direito administrativo. Uma *probatio diabolica* para o direito administrativo que conhecemos, a que procuramos dar resposta na fase final da primeira parte desta obra.

3. A circulação da consciência dogmática no direito administrativo: a revelação originária do contrato

3. 1. Introdução

Um dos problemas mais interessantes para o iuspublicista está em tentar deslindar algum equívoco que a circulação da consciência dogmática tenha eventualmente originado. Referimo-nos, em particular, à importância do contrato administrativo e da pessoa jurídica pública na formação do direito administrativo e à forma como o tempo não soube ler, desconstruindo, esta realidade.

Como tentaremos demonstrar, este esquecimento pode criar, e tem criado, a ilusão de se estar perante um fenómeno recente ou novo, obscurecendo, por isso, os perigos jurídico-constitucionais e jurídico-administrativos que um neocontratualismo (público?) excessivo pode comportar. Desde logo, quais as consequências para o princípio da legalidade como princípio ontológico ou metafísico do direito administrativo? Quais os efeitos sobre a organização administrativa e a realização do interesse público? Se cai o princípio da legalidade cai também o direito administrativo, porque aquele é a regra fundamental da atividade administrativa. Cai, inclusive, o direito à última palavra do juiz administrativo, como cai o direito à primeira palavra do Parlamento. Caem, em suma, as garantias jurídicas dos cidadãos [36].

Não precisamos de filosofar muito para intuir riscos e tensões entre este neocontratualismo específico e múltiplo e o contratualismo único e profundo que de ESPINOSA a HEGEL está na base do Estado de Direito democrático. Como diria KANT, um Estado do povo, em que toda a lei deve ser entendida como vontade do povo todo.

3. 2. Imagens: o modelo e a realidade

No imaginário iuspublicista oitocentista, Administração pública e contrato parecem configurar dois universos jurídicos claramente contrapostos, quase inconciliáveis. Por um lado, a Administração com o seu *ius imperii* e a sua autoridade unilateral e executória expressa no ato administrativo, por outro, o contrato como símbolo do universo jurídico privado.

Poder-se-ia dizer que a vontade individual não só tinha eficácia na determinação originária da relação jurídica como também nas regras que a regiam.

---

[36] Um aviso aos leitores deste trabalho: o autor é manifestamente um *conservador constitucional*. No momento em que escrevemos, tempo de *subprime,* a nossa Constituição é uma profunda irrealidade, feita de uma dramática derrota contra o passado e o presente. Os vencedores são os jovens e ex-jovens publicistas do revisionismo constitucional formal e material. Ganhámos o direito de empobrecer legalmente, mas não constitucionalmente.

Pode acontecer que a solidão destrua o homem, como aconteceu com PASCAL, HÖLDERLIN ou NIETZSCHE. Talvez por isso, estes Autores salvaram o destino que governa a sua obra. Talvez por isso os valores constitucionais sobrevivam no futuro.

A partir das últimas décadas do século XIX, os publicistas procuraram sobretudo a construção de um *System der rechtsgeschäftlichen Staatsakte* [37], o momento em que o ato administrativo (*"nicht ganz Urteil, nicht ganz Rechtsgeschäft"*) [38] se transforma no ato jurídico típico da atividade administrativa. É também a fase de máxima distância entre o mundo público e o mundo privado, segundo uma dicotomia modelar que assume absoluta centralidade dogmática [39].

Curiosamente, apesar desta distância entre os dois pólos, tal não impediu uma formidável circulação dogmática, oriunda do direito civil, que permitiu, sobretudo aos publicistas influenciados pela pandectística, a adoção de convergentes critérios e classificações dogmáticas ou mesmo de análogos institutos [40].

Mesmo assim, o contrato era, pelo menos aparentemente, ignorado. Os esforços dogmáticos centravam-se na formalização e estruturação da Administração estadual. A figura contratual era vista como incompatível com o exercício do poder administrativo e com a natureza do bem jurídico que a ação administrativa devia prosseguir e realizar — o interesse público. O ato administrativo torna-se, assim, no ato jurídico típico e praticamente exclusivo da atividade administrativa.

Como recorda a longa e dura disputa que se abriu na Alemanha e noutros países europeus sobre a possibilidade

---

[37] É este, precisamente, o título da célebre obra de KARL KORMANN, Berlin, 1910. Utilizamos aqui a versão-edição de 1962.

[38] OTTO MAYER, *Deutsches Verwaltungsrecht*, vol. I, 3.ª ed., Berlin, 1924.

[39] H. KELSEN, *Hauptproblem der Staatsrechtslehre*, Tübingen, 1911, p. 567 e ss.

[40] FRANÇOIS BURDEAU, *Histoire du Droit Administratif*, Paris, 1995, pp. 61 e 62.

(ou não) de uma *verwaltungsrechtlicher Vertrag*, os estreitos parâmetros teoréticos continuavam a inviabilizar a admissibilidade do contrato no exercício da atividade administrativa, apesar de sinais eloquentes da sua necessidade e até realidade. É neste sulco que a doutrina alemã elabora teorias dogmáticas complexas e até contraditórias, como acontece com o ato administrativo condicionado ao assentimento do destinatário [41]. Mais tarde, é por esta brecha teorética que surge no panorama iuspublicista o ato de concessão e, depois, o contrato de concessão (de obras e de serviços públicos).

Em extrema síntese, as imagens da Administração e do seu direito continuavam a excluir o contrato como elemento típico ou essencial da atividade administrativa.

No plano jurisdicional, como é notório na experiência fundacional francesa, o edifício dogmático culmina com um contencioso de legalidade eminentemente demolitório ou anulatório [42], pondo limites férreos ao emergente contencioso contratual, classificado, depois, por LAFERRIÈRE, como *contencioso de plena jurisdição*, contencioso que incluía também as ações de responsabilidade [43].

Se estas são as imagens dominantes oferecidas pela doutrina, julgamos que é possível alguma desconstrução construtiva do modelo, por forma a admitir que a separação entre a autoridade e a liberdade, entre o poder administrativo e as posições jurídicas subjetivas substantivas

---

[41] OTTO MAYER, *Deutsches Verwaltungsrecht*, op. cit., pp. 227 e ss. e 309 e ss.

[42] Cfr. ROGER BONNARD, *Le Contrôle Juridictionnel de l'Administration (Étude de droit administratif comparé)*, Paris, 1934. Existe uma reedição de 2006 com uma introdução de BERNARD PACTEAU.

[43] E. LAFERRIÈRE, *Traité de la Juridiction Administrative et des Recours Contentieux*, Paris, 1896, p. 15 e ss.

(favoráveis) e entre o direito público e o direito privado não foi assim tão cortante.

Com efeito, é nossa opinião (que procuraremos demonstrar mais adiante com a experiência administrativa francesa originária) que se removermos um pouco os estereótipos rígidos do modelo estaremos em condições de (re)descobrir um conjunto importante e frequente de relações entre os dois universos jurídicos aparentemente antinómicos: a Administração e o contrato [44]. Podemos então espreitar e ver não só uma Administração que contrata e que procura o acordo dos particulares, como também visualizar a vários níveis, institucionais e teórico-reconstrutivos, como o contrato interseta o mundo da Administração e até os seus equilíbrios orgânicos.

Curiosamente, no início da era constitucional, prevaleceu uma conceção *objetiva de Administração*, importando mais a natureza das funções que esta desempenhava do que propriamente a natureza subjetiva dos sujeitos-Administração. Creio que é esta indistinção no plano dos sujeitos, que se prolongava na atividade da Administração, que explica a presença (nesta fase) da figura contratual.

Com a crescente afirmação da especialidade do direito administrativo e dos seus instrumentos típicos, assiste-se, no entanto, ao obscurecimento da figura do contrato, a que não é alheia a passagem para uma Administração em *sentido subjetivo*. Isto foi possível devido ao reconhecimento e individualização das pessoas coletivas públicas (por contraposição às pessoas coletivas privadas), com particular destaque para o Estado como pessoa coletiva pública

---

[44] L. MANNORI / B. SORDI, *Storia del diritto amministrativo*, Roma-Bari, 2006, p. 386 e ss. Estes autores falam em ostracismo do contrato, mas referem-se à segunda metade do século XIX, fase de afirmação da especialidade do direito administrativo.

por natureza e em relação à qual os outros entes públicos moldavam (com maior ou menor autonomia) a sua razão de ser e a sua legitimidade [45]. Falamos, naturalmente, da personalidade pública das pessoas jurídicas, fruto da elaboração da pandectística, com relevo para autores como GERBER que levou a cabo a plena subjetivação jurídica do Estado [46].

---

[45] Cfr. COLAÇO ANTUNES, *O Direito Administrativo sem Estado*, op. cit., p. 19 e ss. É do reconhecimento do Estado como pessoa jurídica pública de fins gerais que deriva a construção (alemã) dos direitos subjetivos públicos. Sem personalidade jurídica (pública) o Estado não só não podia cumprir os seus fins como não era possível a relação jurídico-administrativa e a consequente tutela das posições jurídicas dos cidadãos. Em suma, não era possível o direito administrativo.

[46] Esta dogmática foi depois magistralmente sistematizada por OTTO MAYER, influenciado igualmente pela doutrina francesa. Cfr. OTTO MAYER, *Theorie des französischen Verwaltungsrechts*, Strasbourg, 1886, p. 434 e ss. Cfr. ainda OTTO MAYER, *Deutsches Verwaltungsrecht*, op. cit., p. 599, onde chama a atenção, criticamente, para a equiparação do conceito (alemão) de *Anstalt* ao conceito (francês) de *établissement public*.

O instituto da *öffentliche Anstalt*, criado por MAYER, integra as pessoas coletivas de direito público propriamente ditas, superando o binómio redutor *Körperschaft-Stifung*. Para MAYER, o Estado vem configurado como *öffentlicher Unternehmer*, o que permite subjetivar em formas jurídico-administrativas as pessoas coletivas públicas menores ou instrumentais.

No Estado, concebido como *öffentliches Unternehmen*, o *Anstalt* vem qualificado como forma organizacional constituída por pessoas, património e competências para a prossecução do *Gemeinwohl*. A atribuição de personalidade jurídica ao *Anstalt* tem uma relevância decisiva (a par da sua tipicidade organizativa e funcional), sujeito, todavia, ao controlo da Administração principal sob a forma de *Dienstanweisung* (cfr. OTTO MAYER, *Deutsches Verwaltungsrecht*, op. cit., pp. 472 e 473).

A este construtor de catedrais não escapa também a figura do particular no exercício de funções públicas, sob a forma (pública) de *Nutzungsverhältnis* (cfr. op. cit., p. 475).

3. 3. A Administração como *legislateur au petit pied* na experiência francesa e italiana

Tentaremos, primeiramente, fazendo um pouco o papel de historiador, ver através da experiência (fundacional) francesa o papel e a presença do contrato nas origens do direito administrativo, para depois analisar a importância da teoria do "órgão indireto" na doutrina italiana fundamental [47]. É nossa convicção que a ligação entre estas duas construções está na base de importantes desenvolvimentos do direito administrativo.

3. 3. 1. Como é sabido, a Revolução de 1789 produziu uma forte concentração do poder e, em particular, do poder administrativo. Com efeito, foram "expropriadas" as competências e as prerrogativas dos organismos medievais e corporativos, bem como a abolição de privilégios, inclusive a autonomia municipal. Tudo a favor de uma nova e geométrica ordenação administrativa do território [48].

Esta geométrica uniformidade e divisão de poderes realizada pela revolucionária Assembleia Constituinte será depois materializada pelo legislador napoleónico através de notabilíssimos atos normativos, criando o que veio a chamar-se o *bon système d'administration*. São as célebres reformas do ano VIII, com as quais se procurava dar força e prontidão à Administração para a boa execução da lei e,

---

[47] Ignoramos, deliberadamente, a experiência alemã, por não nos parecer decisiva nesta matéria, exceto quanto ao Estado como pessoa jurídica pública de fins gerais. Salvo melhor opinião, o debate sobre a organização administrativa e o contrato não é, no início, particularmente articulado. Cfr. E. FORSTHOFF, *Die öffentliche Körperschaft im Bundesstaat*, Tübingen, 1931, p. 31 e ss.

[48] F. BURDEAU, Histoire du Droit Administratif, *op. cit.*, p. 61 e ss.

ao mesmo tempo, assegurar progressivamente a tutela das posições jurídicas substantivas dos particulares. Estava, em suma, desenhada com punho firme a reserva da Administração, o seu *domaine propre*.

O princípio da separação de poderes, na sua interpretação rígida, é posto ao serviço (desde a sua primeira e solene proclamação na Declaração dos Direitos do Homem e do Cidadão de 1789 até à sua aplicação concreta na lei de 16-24 de agosto de 1790 sobre a organização judiciária [49]) da autonomia e da independência do poder administrativo [50].

A especificidade das normas de direito administrativo que regulam e disciplinam a nova Administração francesa começa a manifestar-se de forma evidente. A especialidade respeita à Administração, à sua organização e atividade, como também ao contencioso, com a subtração à jurisdição comum das controvérsias entre a Administração e os cidadãos. A única exceção refere-se ao contencioso da expropriação de utilidade pública, em matéria de indemnização litigiosa, visto entender-se desde muito cedo que o juiz comum é o natural guardião da propriedade privada. O "mérito" cabe ao legislador napoleónico.

Curiosamente, esta especialidade [51] faz-se também notar no âmbito da atividade contratual, com incidências nos procedimentos pré-contratuais e em matéria de responsabilidade (administrativa) [52]; nesta fase, enfatiza-se,

---

[49] Cfr. o artigo 16.º da Declaração dos Direitos do Homem e do Cidadão de 26 de agosto de 1789.

[50] F. BURDEAU, *Histoire du Droit Administratif*, op. cit., p. 281 e ss.

[51] M. CORMENIN, *Questions de Droit Administratif*, Paris, 1823, p. 367. A figura do *fait du Prince* é particularmente emblemática.

[52] Repare-se que a doutrina dos atos destacáveis começa por se afirmar em França como forma de abrir a legitimidade processual a terceiros sem quebra da unidade do contrato administrativo. Neste

particularmente, como já deixámos insinuado, a especialidade e o privilégio do foro, especialidade afirmada com crescente contundência [53].

Com a lei de 6-7 de setembro de 1790 (artigo 3.º), todo o contencioso dos contratos de obras públicas vem subtraído ao juiz ordinário e confiado à cognição e decisão de órgãos administrativos independentes (é a chamada fase da Administração-juiz) [54].

Uns anos mais tarde, no período termidoriano, depois de várias vicissitudes, o Diretório [55] tem a oportunidade de afirmar o princípio, já proclamado pela Convenção, do *État débiteur* [56]. Porém, o direito de reivindicar um direito de crédito da Administração não pode, de modo algum, caber ao juiz comum e deve ser dirimido em sede contencioso-administrativa.

Ao que parece, o tema da jurisdição está no centro dos debates da doutrina oitocentista, pelo que a contraposição ou diversidade das diversas tipologias de atividade

---

sentido, A. DE LAUBADÈRE / F. MODERNE / P. DEVOLVÉ, *Traité des Contrats Administratifs*, vol. II, Paris, 1984, p. 1035 e ss. Esta construção foi, aliás, decisiva para afirmar a especialidade dos contratos administrativos, com os respetivos poderes exorbitantes dos poderes públicos, e daí também a existência de atos administrativos unilaterais, cujo exercício e conteúdo típico se legitimam, no essencial, pela prossecução do interesse público previamente posto pela lei.

[53] M. CORMENIN, *Questions de Droit Administratif, op. cit.*, p. 402.

[54] Cfr. A. DE LAUBADÈRE / F. MODERNE / P. DEVOLVÉ, *Traité des Contrats Administratifs*, vol. I, 2.ª ed., Paris, 1983, p. 259 e ss.

[55] F. BURDEAU, *Histoire du Droit Administratif, op. cit.*, p. 61; cfr. ainda J. M. AUBY / R. DRAGO, *Droit du Contentieux Administratif*, Paris, 12.ª ed., 2006, p. 295.

[56] F. BURDEAU, *Histoire du Droit Administratif, op. cit.*, pp. 128-129. No mesmo sentido, L. MANNORI / B. SORDI, *Storia del diritto amministrativo, op. cit.*, p. 344.

administrativa (públicas e privadas, atos administrativos ou contratos) não mereciam grande atenção ou preocupação. A Administração utiliza, alternadamente e sem qualquer dramatismo, tanto instrumentos contratuais como autoritários e unilaterais, sendo que em ambos os casos a atividade administrativa resulta insindicável pela jurisdição comum [57].

O resultado mais vistoso e relevante desta situação é, a nosso ver, uma noção extremamente ampla de ato administrativo, como resulta da construção teórica de MERLIN [58]. Construção que vê a Administração como um *bon père de famille* que trata de *gré à gré* com os cidadãos, servindo-se, inclusive, de módulos consensuais [59]. Por outras palavras, a Administração ora estabelece com os cidadãos relações mais ou menos paritárias ora atua como um *législateur au petit pied*, no pressuposto irrenunciável de que a sua ação seja subtraída ao controlo jurisdicional do juiz do *Code Civil*.

Uma vez que a relação entre a Administração e a jurisdição se definia por uma cortante separação e autonomia, as relações contratuais da Administração não pareciam assumir qualquer conflitualidade. Todavia, salvo melhor juízo, a sublimação destas aparentes contradições só era possível através da já referida noção ampla, e ao que parece unitária, de ato administrativo (que abrigava, assim, tanto os momentos contratuais como os momentos unilaterais da atuação administrativa).

---

[57] F. BURDEAU, *Histoire du Droit Administratif*, op. cit., p. 127.

[58] PH. A. MERLIN, *Questions de Droit,* Bruxelles, 1825, p. 148 e ss. Para este autor, o ato administrativo é " une décision de l'autorité administrative, ou une action..., qui a rapport à ses fonctions".

[59] F. BURDEAU, *Histoire du Droit Administratif*, op. cit., p. 128.

Em extrema síntese, protegida a Administração, como sujeito público, das investidas da jurisdição comum, bem como uma noção amplíssima de ato administrativo, negavam qualquer argumento jurídico-constitucional ou mesmo dogmático que impedisse a Administração de atuar normalmente pela via contratual.

Seguindo de perto MERLIN [60], poderíamos mesmo concluir (sem grandes riscos teoréticos) que a primeira classificação de atos jurídicos subjetivamente administrativos coube aos contratos estipulados pela Administração (francesa), ainda que "travestidos" da noção ampla de ato administrativo [61] [62].

Em resumo, o contrato administrativo surge como uma figura intermédia entre o ato administrativo e o negócio jurídico. A venda de bens públicos, cujas irregularidades teriam sido facilmente detetadas pelos tribunais comuns, ajuda a explicar a especialidade do contrato administrativo e a sua sujeição aos tribunais administrativos [63].

Nesta perspetiva, por detrás destes contratos da Administração está um ato administrativo que, no fundo, justifica o controlo jurisdicional especial (administrativo).

---

[60] PH. A. MERLIN, *Questions de Droit, op. cit.*, p. 149.

[61] N. COUMAROS, na sua tese de doutoramento, *Le Rôle de la Volonté dans l'Acte Juridique,* Bordeaux, 1931, p. 179 e ss., salienta, com veemência, um aspeto importante dos atos jurídicos da Administração. Refere-se ao papel da vontade (humana) na conformação dos atos jurídicos e nos seus efeitos.

[62] É também por aqui, com as teorias causalistas, que se começa por desenhar o ato administrativo como negócio jurídico de direito público. Cfr. COLAÇO ANTUNES, *O Direito Administrativo e a sua Justiça no Início do Século XXI – Algumas Questões*, Coimbra, 2001, p. 47 e ss.

[63] Cfr., a este propósito, M. CORMENIN, *Questions de Droit Administratif, op. cit.*, p. 375 e ss., esp. pp. 397 e 398.

É também esta configuração doutrinal que está na origem da distinção entre atos de autoridade e atos de gestão, sendo que os contratos administrativos entrarão a fazer a parte desta última categoria [64].

Como sustentou HAURIOU, tratava-se de verdadeiros contratos administrativos, com regras e jurisdição especiais ditadas pelos poderes exorbitantes da Administração [65]. Daí também a explicação, segundo creio, para a ausência de contestação dos modelos consensuais, se bem que, também por isso, não houvesse na altura plena consciência da relevância ou centralidade das relações contratuais no mundo jurídico da atuação administrativa.

Se não estivermos a lavrar em erro, uma ideia sobressai com notável força: nem mesmo nos momentos revolucionário-napoleónicos a Administração se privou dos instrumentos contratuais.

Ora, é porventura esta realidade, mitigada pelo modelo teórico, que obscurece a notável importância do contrato administrativo, com as suas cláusulas especiais e rígidas [66], nas primeiras formulações substantivas e na própria configuração do contencioso administrativo. Especialmente da justiça administrativa propriamente dita, aquela que EDOUARD LAFERRIÈRE classificou, e bem, como contencioso de plena jurisdição [67].

Se o núcleo duro do contencioso administrativo está na base da mais nítida e cortante separação entre a Admi-

---

[64] Cfr. E. GARCÍA DE ENTERRÍA, "La figura del contrato administrativo", in *RAP*, n.º 41, 1963, p. 104 e ss.

[65] Assim, A. DE LAUBADÈRE / F. MODERNE / P. DEVOLVÉ, *Traité des Contrats Administratifs*, vol. I, op. cit., p. 144 e ss.

[66] F. BURDEAU, *Histoire du Droit Administratif*, op. cit., p. 283 e ss.

[67] Cfr. P. SANDEVOIR, *Études sur le Recours de Pleine Juridiction*, Paris, 1964, p. 141 e ss.

nistração ativa e a "Administração contenciosa" — sobretudo os atos discricionários —, já a relação jurídica contratual cabe plenamente no âmbito da plena justiciabilidade. Note-se que os direitos subjetivos (lesados) dizem respeito essencialmente à atividade contratual da Administração. Para o efeito, a dogmática administrativa francesa socorre-se da figura dos direitos adquiridos [68], que se convolam, assim, em objeto de cognição e de decisão do juiz administrativo.

É interessante notar que um autor como ROGER BONNARD [69] sustente, não por acaso, a existência de *dois tipos de contencioso subjetivo*, para concluir que apenas o contencioso penal é verdadeiramente objetivo.

Os dois contenciosos subjetivistas (como hoje se diria) são o contencioso de legalidade dos atos administrativos e o contencioso das execuções materiais. São ambos contenciosos subjetivos, porque em ambos os casos existe um direito subjetivo (à legalidade dos atos e das execuções materiais) [70].

Este Autor abrange no contencioso de *legalidade dos atos jurídicos* tanto o contrato administrativo como o ato administrativo [71]. Com esta particularidade, apenas no contencioso contratual a Administração assume o papel de

---

[68] E. LAFERRIÈRE, *Cours de Droit Public et Administratif*, Paris, 1841-46, p. 599.

[69] ROGER BONNARD, *Le Contrôle Juridictionnel de l'Administration*, op. cit., p. 66.

[70] No mesmo sentido, M. JOSEPH BARTHÉLÉMY, *Essai d'une Théorie des droits Subjectifs des Administrés dans le Droit Administratif Français* (tese de doutoramento), Paris, 1899, p. 66, que afirmava a existência de um direito subjetivo à legalidade dos atos administrativos.

[71] ROGER BONNARD, *Le Contrôle Juridictionnel de l'Administration*, op. cit., pp. 68 e 69.

parte, seguindo a terminologia alemã, *Parteistreitigkeit*; só neste tipo de contencioso existe um *litige entre parties*.

Também não por acaso, um jurista da talha de VIVIEN [72] afirma que a justiça administrativa se compõe não apenas dos recursos fundados nos deveres impostos à Administração pelas leis ou normas regulamentares que disciplinam a sua atividade, como também as obrigações decorrentes dos contratos subscritos pela Administração [73].

Continuando com VIVIEN, este Autor afirmava que a liberdade de ação da Administração não deve ser garantida apenas quando esta exercita poderes autoritários e unilaterais mas também quando contrata [74].

Uma vez que o ordenamento jurídico francês pós-revolucionário reconhecia, ao contrário de outros ordenamentos, um núcleo de *contrats administratifs*, subtraídos à jurisdição comum, somos de opinião que as relações contratuais são das que melhor definem e explicam a ambivalência típica da especialidade do direito administrativo. Se, de um lado, constituem o núcleo originário e principal da verdadeira justiça administrativa, com todas as potencialidades de aperfeiçoamento e evolução das garantias e tutela contenciosas, por outro, comportam, através do privilégio do foro e das cláusulas que configuram a sua especialidade administrativa, uma enorme complexidade no

---

[72] A. F. VIVIEN, *Études Administratives*, I, Paris, 1852, p. 125.

[73] A expectativa de ver os contratos de concessão de obras públicas ou de serviços públicos sujeitos à interpretação do juiz ordinário não teve, então, qualquer hipótese de acolhimento.

[74] A. F. VIVIEN, *Études Administratives*, op. cit., p. 12. Diz o Autor, "quand il s'agit, par exemple, des biens qui appartiennent à l'État, des marchés à passer, des fournitures à faire, l'intérêt public serait compromis par une législation soupçonneuse, qui garrottant l'administration, lui refuserait la liberté de se mouvoir".

que tange ao estatuto da pessoa jurídica pública, com importantes refrações sobre a própria organização administrativa.

Se quiséssemos exemplificar esta realidade, recorreríamos à figura da concessão de serviço público, figura que apresentava um problema dogmático difícil e contraditório, tendo em consideração, ora a sua unilateralidade, ora a sua bilateralidade, conforme o ângulo de análise mais actício ou contratual. Dito de outra forma, a natureza publicística da atividade desenvolvida pelo concessionário parece conflituar com a bilateralidade própria do contrato de concessão; a estabilidade da relação contratual com a possibilidade de rescisão por motivos supervenientes de interesse público, com a inevitável interpretação extensiva da cláusula *rebus sic standibus* por parte da Administração.

Na verdade, em França, a publicização do contrato e a sua sindicância pelo juiz administrativo, na esteira da difusão da teoria do *service public*, não sacrificou, ainda que no quadro de uma certa especialidade, os aspetos contratuais típicos do ato jurídico concessório [75]. A este propósito é significativa a posição de JÈZE. Segundo este insigne Autor, "o contrato em que intervêm a Administração e o concessionário é um contrato administrativo no sentido próprio da palavra. Com efeito, o funcionamento do serviço industrial organizado como serviço público implica sempre a aplicação de normas exorbitantes do direito civil. *Il suite de là*, todos os contratos de concessão de serviço público são contratos administrativos" [76].

---

[75] R. DRAGO, "Le contrat administratif aujourd'hui", in *Droits*, n.º 12, 1990, p. 117 e ss.

[76] Cfr. G. JÈZE, *Les Principes Généraux du Droit Administratif*, III, 3.ª ed., Paris, 1926, p. 348.

É certo, com a figura da concessão de obras públicas e de serviços públicos, estava-se perante uma contratualidade nova e até instrumental, em boa medida pelo seu conteúdo e significado social e económico.

Se assim é, talvez se possa dizer que a concessão (nas suas variadas formas) representou, complexamente, o início de uma construção dogmática que aponta criticamente para a imperatividade do ato administrativo como (sua) característica essencial.

3. 3. 2. Dando entrada à doutrina italiana, é também por aqui, segundo julgo, que começa a desenhar-se a noção de Administração indireta. Ainda que inicialmente de forma nebulosa, o contributo nesta matéria da doutrina italiana clássica parece-me decisiva, daí a nossa atenção. Refiro-me especialmente a ZANOBINI, MIELE e GIANNINI, embora, à exceção do último Autor, a doutrina utilize (impropriamente?) a expressão *órgão indireto* da Administração quando se refere ao concessionário [77].

Note-se que a abordagem da doutrina italiana é também pertinente sob outro ponto de vista extremamente relevante. Refiro-me à possibilidade dogmática, muito debatida desde o nascimento do direito administrativo, dos atos praticados pelos concessionários se poderem qualificar como atos administrativos. Estava em causa a natureza jurídica do concessionário (pessoa coletiva privada) e o objeto de direito público prosseguido pela sua atividade.

---

[77] Naturalmente que primariamente estão Autores como ORLANDO, SANTI ROMANO ou mesmo RANELLETTI e CAMMEO, mas não são estes autores que aqui interessam fundamentalmente, até porque as suas intuições, embora fundamentais, são posteriormente desenvolvidas e sistematizadas pelos Autores que elegemos. Trata-se, em boa verdade, de uma nótula sobre este assunto.

Se não estamos equivocados, esta diferente perspetiva da doutrina italiana (em relação à doutrina e experiência francesas) poderá dever-se ao facto de na experiência transalpina, com origem na fase pré-unitária, o quadro das atribuições contenciosas permanecer essencialmente contratual.

É a partir desta problemática, da dificuldade em admitir que os concessionários pudessem praticar atos administrativos (ainda que limitadamente no exercício de funções públicas), que se vem a confecionar a referida figura do *órgão indireto*. O primeiro Autor italiano, como reconhece GIANNINI [78], a utilizar a expressão de órgão indireto, referindo-a aos concessionários (privados), foi ZANOBINI [79], enquadrando-os no exercício privado de serviços públicos de limitada consistência.

GUIDO ZANOBINI não chega imediatamente à definição do concessionário como *órgão indireto*, como se constata dos primeiros capítulos da monografia anteriormente mencionada, em que utiliza preferencialmente a expressão *órgãos impróprios*. Quer o substantivo órgão, quer o adjetivo indireto são sujeitos a aprofundamentos nas várias edições do seu *Corso di diritto amministrativo* [80], sendo que o

---

[78] M. S. GIANNINI, *Corso di diritto amministrativo*, II, Milano, 1965, p. 281.

[79] Referimo-nos à célebre monografia, *L'esercizio privato delle funzioni e dei servizi pubblici*, de 1920, publicada na íntegra no *Trattato di diritto amministrativo*, dirigido por V. E. ORLANDO, vol. II, parte III, Milano, 1920.

Nesta obra, ZANOBINI põe em relevo a normalidade e a generalidade da aplicação do instituto do exercício privado de funções públicas. Ainda hoje, apesar das profundas alterações legislativas, este estudo continua a ser uma referência fundamental da doutrina italiana sobre a matéria.

[80] G. ZANOBINI, *Corso di diritto amministrativo*, 2.ª ed., Milano, 1939, p. 276, sustenta que "Tra i soggetti della pubblica amministra-

substantivo vem utilizado em sentido próprio e impróprio. Estas oscilações explicam-se, segundo julgo, porque os concessionários exercem, neste contexto, funções públicas embora não sejam "órgãos" da Administração. Quanto ao *adjetivo*, ZANOBINI procura esclarecer a dicotomia direto--indireto com base no critério da personalidade jurídica, pública ou privada [81], sendo que na última hipótese o concessionário atua em nome e com meios próprios ao serviço de um escopo público.

Naturalmente, também ZANOBINI se debate com os limites da concessão, tal como já tinha acontecido com SANTI ROMANO, CAMMEO ou RANELLETTI [82].

Ao que sabemos, cumpre destacar o grande contributo de GIOVANNI MIELE, retomado e aperfeiçoado por MASSIMO SEVERO GIANNINI, que foi o de ter introduzido o conceito de substituição para explicar o papel dos concessionários no exercício de funções públicas [83]. Constatando que sujeito auxiliar ou instrumental do Estado e ente público nem sempre coincidem [84], e partindo da distinção entre titularidade e exercício (privado) de funções

---

zione rientrano anche i privati, nei casi in cui agiscono come organi indiretti di enti pubblici".

[81] G. ZANOBINI, *Corso di diritto amministrativo*, vol. III, 6.ª ed., Milano, 1958, p. 387.

[82] G. ZANOBINI, *Corso di diritto amministrativo*, vol. I, 8.ª ed., Milano, 1958, p. 245.

[83] G. MIELE, "La distinzione tra ente pubblico e privato", in *Scriti giuridici*, Milano, 1987, p. 421 e ss.; G. MIELE, *Principi di diritto amministrativo*, 2.ª ed., Padova, 1953, p. 70 e ss.

[84] G. MIELE, *La manifestazione di volontà del privato nel diritto amministrativo*, Roma, 1931, p. 26.

G. MIELE, nos seus *Principi di diritto amministrativo, op. cit.*, p. 70 e ss., ao definir os sujeitos de direito distingue três tipos de personalidade jurídica: material, instrumental e material-instrumental (como acontece normalmente com as pessoas físicas).

públicas [85], MIELE propõe para os concessionários a categoria de Administração de substituição e, consequentemente, a possibilidade de praticarem atos administrativos.

Em suma, MIELE propõe transformar a categoria de exercício privado de funções públicas em exercício de funções públicas, incluindo desta forma as pessoas coletivas públicas a que seja reconhecido ou concedido o exercício de um poder não próprio.

O contributo mais relevante cabe, mais uma vez, ao discípulo de GUIDO ZANOBINI, MASSIMO SEVERO GIANNINI, contributo, aliás, complexo e disperso por vários estudos [86], que torna difícil a sua compreensão (pelo menos imediata). Uma coisa parece certa, a *teoria da substituição* de MIELE é fundamental na construção dogmática de GIANNINI, sendo através dela, segundo penso, que o nosso Autor chega à noção moderna de Administração indireta, construção que a doutrina anterior não tinha atingido.

Resumidamente, GIANNINI ao tratar do fenómeno do exercício privado de funções públicas parte da noção de *munus* [87] (incluindo quer o exercício de funções públicas,

---

[85] É notória, se não erramos, a influência, numa primeira fase, de WINDSCHEID e, num segundo momento, das teorias organicistas de GIERKE (a quem se deve a conceção jurídica de órgão) e de ROSIN e, claro, de SANTI ROMANO para explicar a imputação não só dos efeitos como também do ato à pessoa (jurídica) coletiva pública.

[86] Basta recordar os artigos "Attività ed atto amministrativo" e "Organi", in *Enc. dir.*, XXXI, 1981, p. 37 e ss., ou as *Lezioni di diritto amministrativo* de 1950 e de 1960, ou ainda o seu *Diritto amministrativo*, Milano, 1970, com edições sucessivas em 1988 e 1993.

[87] M. S. GIANNINI, *Lezioni di diritto amministrativo ano 1959//1960*, Roma, 1960, p. 118 e ss., mas já na suas *Lezioni di diritto amministrativo*, Milano, 1950, p. 125, se encontrava a reconstrução, agora reelaborada, do termo *munus*, que aponta para três significados: benefício (*munus – dono, munificus*), defesa (*munio, munitio*) e serviço

quer o exercício de serviços públicos), para, num segundo momento, construir uma noção mais restrita daquela figura, reservando-a apenas para as concessões de funções públicas.

Seguindo a via dogmática aberta por MIELE, GIANNINI reconduz a relação entre a Administração estadual e o titular do *munus* a uma relação de substituição, propondo, consequentemente, a denominação de "exercício por substituição de atividades públicas" para o fenómeno do exercício privado de funções públicas [88].

Desta perspetiva resulta a superação da tese reticente exposta no estudo "Atto amministrativo", de 1959, para chegar à admissibilidade de atos administrativos praticados por sujeitos privados no desempenho de tarefas administrativas [89].

Em extrema síntese, pelas razões históricas já aduzidas, o contributo da doutrina italiana, quando aborda a figura do concessionário, centra-se não tanto no contrato mas no ato administrativo (em sentido amplo), o que contém implicações muito importantes na organização administrativa, como acabámos de ver.

(*munificis milites*). A expressão *munus* é de extração medieval, sendo que no direito romano indicava uma categoria de tarefas públicas menores.

[88] O ilustre Autor, *Lezioni...1959/1960*, op. cit., p. 121, distingue o *munus* público do *munus* privado, ao afirmar que no *munus* público, ao invés do privado, "manca un altro soggetto, che si presenta come soggetto nel senso autentico del termine, a cui referire atti od effetti".

[89] Cfr. M. S. GIANNINI, *Diritto amministrativo*, vol. I, Mlano, 1993, p. 298, onde afirma, referindo-se à noção de ato administrativo, que "rimangono categorie incerte, come per es. gli atti promananti dagli investiti di *munera* privati".

3. 4. Atualizações dogmáticas: equívocos eloquentes e a tentativa de os superar

3. 4. 1. A relevância da doutrina do *órgão indireto* é notória e por isso a trouxemos à colação, ainda que esquematicamente, alargando o eixo dogmático do estudo para compreender a sua eventual atualidade e pertinência (a que não é alheia a *questão contratual*) para enquadrar o fenómeno atualíssimo da privatização orgânica e funcional da Administração pública.

Estes Autores oferecem-nos, pelo menos, uma enorme lição de método quando nos confrontamos hoje com a complexa definição de Administração em sentido subjetivo. Hoje por hoje, a par da desconstrução do princípio da legalidade, *a categoria fundacional do direito administrativo mais debilitada e, porventura, mais contestada é a pessoa coletiva de direito público.*

Esta temática pode constituir um princípio de resposta ao problema das pessoas coletivas de natureza jurídica indefinível ou até das chamadas entidades administrativas de direito privado. Qual a sua personalidade jurídica?

Poder-se-ia, desde logo, perguntar se é juridicamente admissível, no quadro da Constituição — fundada no direito à personalidade (e, portanto, no direito à identidade subjetiva e nos princípios da legalidade e da igualdade) —, a pessoa jurídica coletiva da qual não se saiba, com segurança, a sua natureza jurídica (pública ou privada)? [90].

---

[90] O critério misto da personalidade pública de FREITAS DO AMARAL, *Curso de Direito Administrativo*, I, 3.ª ed., Coimbra, 2007, p. 753 e ss. (criação, fim e capacidade jurídica) não me parece que resolva hoje o problema, face à complexidade do tema e às muitas exceções e particularidades deixadas em aberto pelo legislador.

A doutrina do "órgão indireto" para os sujeitos privados no exercício de funções administrativas (que hoje não se resume ao velho concessionário) pode, com esforço dogmático, ser a chave para o problema das pessoas coletivas de identidade jurídica indefinível.

Como já sustentámos anteriormente [91], o critério discriminante da "privacidade" ou "publicidade" da personalidade jurídica do ente está na natureza do interesse prosseguido (público ou privado), interesse esse previamente definido pelo legislador.

O princípio do Estado de Direito e um ordenamento de direito administrativo regido pelo princípio da legalidade exigem que a pessoa coletiva "pública" e a sua atividade sejam definidas pela lei [92].

Atualmente, não nos parece que o critério fundamental da distinção entre a pessoa coletiva pública e a pessoa coletiva privada seja o da personalidade jurídica do ente mas o da natureza pública ou privada do fim prosse-

---

Outros autores, utilizando igualmente um critério misto, põem o acento na iniciativa pública e nos poderes de autoridade, o que é ainda mais claudicante do ponto de vista dogmático. Bastará recordar a questão da *publicidade passiva,* para esclarecer que um sujeito público não detém necessariamente poderes administrativos (em concreto). Neste sentido, G. MIELE, "Ente pubblico e concessione di servizi pubblici", in *Riv. trim. dir. comm.,* 1942, agora in *Scritti giuridici,* I, *op. cit.,* p. 832.

[91] COLAÇO ANTUNES, *O Direito Administrativo e a sua Justiça, op. cit.,* p. 47 e ss., esp. p. 49.

[92] U. ALLEGRETTI, *L'imparzialità amministrativa,* Padova, 1965, pp. 137 e 138, sustenta que a atividade administrativa de direito privado é também ela dirigida à prossecução do interesse público e não menos pontualmente do que se tratasse de atividade de direito público propriamente dita. No fim de contas, o que releva para o ilustre Autor é a natureza pública do fim, o que nos leva a concluir que a atividade de direito privado é atividade verdadeiramente administrativa e, portanto, sujeita aos seus princípios fundamentais (art. 2.º/5 do CPA).

guido [93], o que releva objetivamente (através da lei) da atividade desenvolvida, independentemente da personalidade jurídica do ente ou (até) do regime jurídico dos (seus) atos.

Esta construção dogmática assentaria no fim prosseguido e na publicidade da atividade desenvolvida pelo ente como elementos descritivos e qualificatórios da pessoa coletiva pública, com a vantagem de colocar em crise a tendência obsessiva para a privatização da Administração e do seu Direito [94]. Mais uma vez, o antídoto à privatização da Administração vem pela mão do Direito da União Europeia, como resulta claramente da figura comunitária do *organismo de direito público* [95].

---

[93] Neste sentido, G. TIMSIT, *Le Role de la Notion de Fonction Administrative en Droit Administratif Français*, Paris, 1963, p. 75 e ss. Este Autor é, porventura, o primeiro a colocar, de forma sistemática, a tese da possibilidade de reconstruir a noção de Administração pública na base da ideia de função, entendida como fim, relegando para segundo plano os sujeitos.

[94] O *nomen* "transformação" indica uma pluralidade de mutações das pessoas coletivas de direito público insuscetível de uma redução conceptual unívoca e unitária.

Não destacaria, por isso, tanto a transformação de sujeitos públicos em sujeitos privados, mas a transformação de pessoas jurídicas públicas em sujeitos públicos ou semipúblicos. Uma coisa é a privatização formal de entes públicos, outra a despublicização destes. A despublicização, entendida como perda do vínculo de interesse público do ente, não é inevitável, nem do ponto de vista lógico, nem de uma perspetiva axiológico-dogmática.

[95] COLAÇO ANTUNES, "Um tratado francês lido em alemão? O acto administrativo no direito comunitário e na sua jurisprudência", in COLAÇO ANTUNES / SÁINZ MORENO, *Colóquio Luso-Espanhol, O Acto no Contencioso Administrativo – Tradição e Reforma*, Coimbra, 2005, p. 81 e ss. Sempre se poderá colocar o problema da identidade da pessoa coletiva pública com a figura do organismo de direito público, uma vez que os critérios classificatórios não são de todo coincidentes e a figura comunitária é de aplicação sectorial. Deve notar-se, para ser mais preciso, que a qualificação dos atos materialmente administra-

É extremamente curioso notar que a reposição e o alargamento do princípio da legalidade, tal como sucedeu no início do Estado de Direito, incida sobre a figura contratual, com a consequência, também idêntica, do regresso a uma conceção objetiva de Administração pública.

Segundo a nossa construção, a *ratio* da referida *privatização formal* [96] não seria tanto a *despublicização* (subtração ou alteração do vínculo do interesse público) da entidade administrativa ou da sua atividade, mas apenas a da utilização de um regime jurídico diverso (privado), de modo a consentir (apenas) uma melhor realização do interesse público [97].

---

tivos não pode resultar, por princípio, senão de uma norma sobre a organização pública e não de uma norma sobre a jurisdição. Uma coisa é o ato (materialmente administrativo) para efeitos contenciosos, outra a noção substantiva e dogmática de ato administrativo como momento autoritário de exercício do poder tipificado pela lei (princípio da legalidade). A Administração pública, enquanto organização (administrativa) de poderes funcionais à realização do ordenamento jurídico, é sempre tipificada, como tipificadas são as competências dos órgãos e os atos administrativos. De outra forma podemos cair na tese da dupla personalidade (pública e privada), de antiga memória. Cfr. O. RANELLETTI, "Concetto delle persone giuridiche pubbliche amministrative", in *Riv. dir. pubbl.*, n.º 1, 1916, p. 339 e ss.

[96] Não por acaso, a doutrina alemã articula o fenómeno das privatizações com a tutela dos direitos fundamentais, especialmente em setores que envolvem os direitos de liberdade e a segurança pessoal. Cfr., neste sentido, C. GUSY, "Rechtsguterschutz als Staatsaufgabe", in *DöV*, 1996, p. 573.

[97] Daí, talvez, a necessidade de uma lei sobre o estatuto jurídico da pessoa coletiva pública, mas isso fica para outro estudo de próxima elaboração. De todo o modo, face ao contraditório e complexo quadro jurídico, não parece provável que as posições doutrinais e jurisprudenciais (apesar da sua relevância) possam dar uma solução cabal ao problema posto — criar uma disciplina jurídica homogénea para toda a atividade de direito administrativo (pública ou privada).

Na ausência de uma definição legal da pessoa coletiva pública, sempre discutível, seria desejável, na perspetiva das garantias dos particulares, a possibilidade de uma *disciplina homogénea da atividade pública das pessoas jurídicas*. Disciplina essa que deveria contemplar alguns aspetos fundamentais (legalidade, imparcialidade, igualdade, transparência, responsabilidade e justiciabilidade), por forma a que no plano substantivo não se constatem diversidades ou diferenças ditadas pela natureza pública ou privada da pessoa jurídica e dos respetivos atos [98].

Do ensinamento desta insigne doutrina podemos retirar outros ensinamentos, ainda que problemáticos.

O primeiro é o de que os sujeitos privados, como os sujeitos públicos, podem ser parcialmente sujeitos a um regime de direito público, sem com isso mudarem de natureza e sem que possa falar-se de alterações de *tipo*.

O segundo ensinamento, que parece deduzir-se do primeiro, é o de que não se pode deixar de questionar a clássica afirmação segundo a qual a personalidade jurídica privada, ao invés da de direito público, exprimiria, univocamente, um núcleo axiológico único, indeclinável e irredutível.

Como também se questiona a (velha) ideia de que a personificação das entidades públicas constitua um mero expediente técnico, axiologicamente neutro. Não é assim, porque as pessoas coletivas públicas dispõem de poderes de autoridade próprios que as pessoas coletivas privadas não têm. Diríamos mesmo que a personalidade jurídica, enquanto tal, é única, e não de direito privado ou de direito

---

[98] Face à complexidade atual, o regime posto pelo artigo 2.º/5 do CPA é manifestamente insuficiente. Impõe-se, como ficou dito, uma disciplina positiva autónoma e homogénea.

público [99] [100]. É esta unicidade, a par do *fim*, que explica, a nosso ver, a duplicidade da capacidade jurídica (pública e privada) das pessoas jurídicas públicas [101]. O mesmo pode dizer-se sobre *certas* pessoas coletivas privadas, como vimos. O que define o sujeito público é a sua autonomia genética e funcional, o fim. É por esta razão que a capacidade jurídica de direito privado da pessoa coletiva pública é também ela limitada pelo fim a prosseguir pela Administração, com a consequência do princípio dominante ser aqui o princípio *ultra vires*. Fora do limite-vínculo do interesse público, o direito privado não pode ser um componente ou um instrumento do *Gemeinwohl*.

---

[99] Neste sentido, G. MIELE, *Principi di diritto amministrativo*, op. cit., p. 82. Primariamente, CANNADA-BARTOLI, *L'inapplicabilità*, Milano, 1950, p. 93, para quem a personalidade jurídica não é mensurável ou graduável, divergindo, portanto, de Miele, que sustentava que a "medida" da personalidade era dada pela capacidade jurídica.

[100] Mantém-se válida a tese pandectística, segundo a qual a personalidade jurídica tem a sua origem na normação positiva. Não existem pessoas jurídicas através de conotações metajurídicas.

Já não podemos seguir esta escola de pensamento jurídico quando sustenta um super conceito de personalidade jurídica, no pressuposto de que toda e qualquer solução comportaria a adoção de um conceito único ou unitário.

É certo que os Autores que se têm dedicado ao tema da pessoa jurídica numa perspetiva unilateral (teoria da ficção, do escopo, da realidade, da norma...) acabaram, em geral, por cair no mesmo erro através de uma construção dogmática piramidal (assente na prevalência definitória de um dos elementos do conceito).

[101] Posição não muito diferente é a de MARQUES GUEDES, *A Concessão*, vol. I, p. 135, citado por MARCELLO CAETANO, *Manual de Direito Administrativo*, vol. I, 10.ª ed., Coimbra, 1980, pp. 183 e 184, nota n.º 2. Neste último Autor pode ver-se a influência da doutrina francesa e italiana quanto à delicada questão da personalidade pública.

O quarto é o de que nas *fundações públicas de direito privado* [102], como entidades administrativas de direito privado (?) [103], o *munus* público não está apenas no sujeito mas também na sua atividade (ainda que em veste privada), pela sua vinculação ao fim público e até devido à natureza da sua organização, embora a sua forma jurídica seja privada. Estas entidades, quer quanto à sua organização, quer quanto à sua atividade, estão, inevitavelmente, ligadas a uma disciplina pública [104]. Para além dos limites de direito administrativo constitucional (artigos 17.º, 18.º, 266.º e 267.º da CRP e artigo 2.º/5 do CPA), tal atividade não poderá deixar de ser (em boa parte) materialmente administrativa e, nessa medida, senão *in toto*, pelo menos parcialmente sujeita à jurisdição administrativa [105].

---

[102] Não se pode olvidar que o modelo fundacional é visto, no início, como um fenómeno publicístico. Não acidentalmente, o Código Civil napoleónico, bem como outros Códigos Civis europeus oitocentistas, não contempla(m) a figura da fundação.

Salvo melhor opinião, o sucesso atual deste instituto está na conjugação do substrato materialmente público com a forma jurídica privada.

[103] Cfr., mais adiante, o n.º 4, "Da belle époque à mauvaise époque. A propósito das neofundações legislativas", p. 99 e ss. Provavelmente, a melhor qualificação destes entes será, apesar das suas limitações, a de organismo de direito público.

[104] Como é manifesto nas Universidades públicas que sigam este modelo, trata-se de entes com alma e corpo públicos, *malgré* a sua "personalidade jurídica" privada, que não descortinamos.

[105] Uma coisa são as fundações universitárias, outra a Universidade-fundação. Não é impossível que esta passagem de monta não possa dar lugar à figura da carência de poder com a consequência jurídica que lhe é própria: nulidade por natureza (artigo 133.º/1 do CPA).

Trata-se, com efeito, de uma solução ideológica de duvidosa constitucionalidade. Este processo de fusão de elites políticas, económico-financeiras e académicas pode ser um passo virtuoso em contextos como os de Barcelona, Paris, Boston ou outros do mesmo tipo.

Em suma, em homenagem ao princípio da legalidade (em sentido substancial) [106], estas pessoas jurídicas estão legitimadas para o exercício de poderes administrativos, em sentido técnico, e, portanto, submetidas ao contencioso administrativo. Uma boa parte da sua atuação não poderá deixar de ser classificada materialmente como ato administrativo [107], embora com o efeito relevante de verem atenuada a sua discricionaridade [108]. Acresce outra conse-

---

Num contexto sócio-económico como o nosso, marcado por pequenas e médias empresas, é difícil imaginar uma dinâmica sustentável.

Temos mesmo sérias dúvidas que as nossas empresas disponham, atualmente, do capital necessário para uma investigação e ensino de "excelência", sendo que estes investimentos têm alguns riscos e o retorno dos resultados é tudo menos imediato.

Há ainda outro problema relacionado com o Tratado de Lisboa, que passa a exigir aos países-membros da União Europeia um financiamento público das Universidades de 3% do seu produto interno bruto. Como se poderão cumprir as exigências comunitárias, quando estamos manifestamente abaixo daquela percentagem e o modelo fundacional não ajuda ao financiamento público?

Para além da constitucionalidade e sustentabilidade do modelo fundacional, há ainda o problema tributário que poderá vir a colocar-se e que pode ter repercussões severas na estabilidade financeira das Universidades-fundação.

[106] Sobre o modo como a relação contrastante entre uma legalidade substancial e uma legalidade formal se transferiu do direito constitucional para o direito administrativo e a conformação material pelo direito da União Europeia, cfr., recentemente, M. ANDERHEIDEN, *Gemeinwohl in Republik und Union*, Tübingen, 2006, p. 78 e ss.

[107] Neste sentido, S. CASSESE, *Le basi del diritto amministrativo*, Milano, 2000, p. 46. Para este Autor, a cisão entre o sujeito e a atividade comporta, entre outras consequências, que o ato administrativo não é apenas o proveniente da Administração, mas também o que resulta do exercício de uma função administrativa, seja qual for a natureza jurídica do sujeito que o pratica.

[108] Sobre esta questão, cfr. COLAÇO ANTUNES, *A Teoria do Acto e a Justiça Administrativa*, Coimbra, 2006, p. 130 e ss., esp. p. 133. Há

quência jurídica extremamente relevante, o regime da nulidade dos atos administrativos, se não passa a ser a regra, acentua-se.

Num contexto normativo marcado pela contradição entre o *nomen iuris* e a disciplina jurídica, creio que o elemento dirimente deve ser o regime jurídico, o que coloca um importante problema constitucional. Será possível configurar uma pessoa coletiva pública sujeita apenas a um regime de direito privado ou capacidade jurídica privada sem lesar o seu direito constitucional à personalidade, porque privada da imprescindível autonomia pública própria de todos os sujeitos públicos? [109]

Concluindo, o *proprium* da "personalidade pública" é hoje incompreensível se não se tiver em consideração a desconstrução do princípio da legalidade [110] e a parábola

---

um outro resultado jurídico importante: a transformação do interesse legítimo em direito subjetivo.

Este tipo de atos deve ser, também por isso, plenamente sindicável, na medida em que não são expressão de discricionariedade administrativa, sob pena de se manter um controlo indireto — via desvio de poder — e, inevitavelmente, uma tutela jurisdicional deficitária. Os atos *rationae materiae* não são fruto da reserva de poder que caracteriza a função administrativa propriamente dita e, nessa medida, devem ser objeto de um controlo jurisdicional pleno e direto. Em síntese, uma deficiente conceptualização dos atos materialmente administrativos praticados por particulares no exercício de funções públicas não nos deve conduzir à conclusão errada de que tais "atos" gozam dos mesmos predicados do ato administrativo (discricionário) em sentido técnico-jurídico.

[109] Contra a presunção *iuris et iure* de publicidade ou privaticidade da pessoa jurídica, em consequência da respetiva qualificação legislativa, cabe recordar o brocardo — *nomina non sunt substantia rerum*. Seria, aliás, um critério excessivamente formalístico e contraditório no plano lógico-jurídico. O problema é de teoria geral, segundo julgo.

[110] Sem um ordenamento jurídico de fins gerais, o princípio da legalidade perde a sua razão de ser, a tipificação do poder adminis-

terminal do Estado como penúltima forma histórica do ordenamento jurídico de fins gerais [111].

Em extrema síntese, a Administração entre publicidade passiva e publicidade ativa.

3. 4. 2. Regressando à problemática francesa, é nossa opinião que a obscuridade dogmática da figura contratual não é explicável se não compreendermos a centralidade de um conceito fundamental do direito administrativo. Referimo-nos à figura da *décision exécutoire* de HAURIOU. Com efeito, depois deste Autor, não será possível analisar o ato administrativo sem recorrer à noção de *décision exécutoire*, expressão que tanta confusão lançou entre nós. É que para esta doutrina, mais distante das reconstruções pandectísticas, a causa do ato administrativo deixa de coincidir (ou integrar) a causa substitutiva do contrato [112].

O problema que se coloca aos construtores do direito administrativo francês, ao invés do que se passou do lado transalpino, foi a necessidade não tanto de uma sistematização teórica, como de uma *fundação dogmática*, uma vez que se passou a pensar em termos de *sujeitos* e não de *funções*, como até então acontecia.

---

trativo e dos seus atos. O novo príncipe é *legibus solutus*, transformando em direito e legalidade tudo em que toca, *ad absurdum*. Regressámos ao *Doppelstaat* em que o Governo, através de advertências (*öffentliche Warnungen*), nos vai avisando contra grupos profissionais perigosos (juízes, professores...), praticando, num exercício abusivo dos seus poderes implícitos, não verdadeiros atos, mas *Realakte*. O efeito não é tanto jurídico como político-prático.

[111] Sobre esta questão, cfr. COLAÇO ANTUNES, *O Direito Administrativo sem Estado, op. cit.*, esp. p. 19 e ss.

[112] Parafraseando MAQUIAVEL, o contrato adaptou-se superficialmente ao inimigo, o ato administrativo.

Um outro aspeto não menos relevante foi a passagem do *século da lei* (XIX) para o *século do direito* (XX), que se tivesse sido tomado em conta pela doutrina sucessiva (a HAURIOU) teria, provavelmente, evitado o que nós chamamos equívocos eloquentes sobre as categorias fundacionais em análise. Com efeito, nas primeiras elaborações doutrinais, HAURIOU parece atribuir à referida noção o significado mais relevante do ato administrativo. Assim, em 1892, na primeira edição do seu *Précis de Droit Administratif* afirma que "l'acte administratif est une décision exécutoire prise au nom d'une personne administrative par un représentant légal en vue de produire un effet de droit" [113].

Em edições sucessivas, HAURIOU elabora uma verdadeira teoria da *décision exécutoire*, de tal modo que este conceito se converte no elemento central do seu estudo das prerrogativas da Administração ou, mais exatamente, do que virá a apelidar de *procédure d'action d'office*.

A partir da décima edição do seu *Précis de Droit Administratif*, HAURIOU estabelece claramente uma relação entre a *décision exécutoire* e a *procédure de l'action ou de l'exécution d'office* [114].

Esta noção de *exécution* ou *d'action d'office* é o resultado da sua perceção da autoridade administrativa sob a forma de *puissance publique*. Poder *d'action d'office* que vem definido como "action juridique autonome résultant de décisions administratives exécutoires, exécutées administrativement sans intervention préalable du juge" [115].

---

[113] M. HAURIOU, *Précis de Droit Administratif*, 1.ª ed., Paris, 1892, p. 160.

[114] M. HAURIOU, *Précis de Droit Administratif*, 10.ª ed., Paris, 1921, p. 395.

[115] M. HAURIOU, *Précis de Droit Administratif*, 7.ª ed., *op. cit.*, p. 373.

Tal prerrogativa funda-se juridicamente no "princípio" da presunção de legalidade do ato administrativo [116].

Note-se, porém, que o conceito de *action d'office* não é imune a uma certa ambiguidade semântica, tal como o de *décision exécutoire*. Certas passagens (do seu *Précis*...) parecem indicar que o primeiro conceito designa o poder da Administração executar por via administrativa os seus atos sem recurso prévio à chancela do juiz. Já noutros momentos pretende identificar o poder de impor deveres a terceiros sem necessidade do seu consentimento.

O professor de Toulouse parece, em suma, ter construído a expressão *pouvoir d'action directe ou d'office* sob a inspiração da noção de *contrainte directe*, conhecida do direito alemão através de OTTO MAYER.

É nossa opinião que HAURIOU, ao cultivar uma certa ambiguidade ou plasticidade semântica em torno destas expressões fundacionais do direito administrativo, não fazia mais do que expressar a dificuldade de captar conceptualmente um instituto ainda mal conhecido — o ato administrativo.

Curiosamente, a referida plasticidade conceptual (em torno das referidas noções) não desapareceu totalmente na doutrina francesa *atual*. Na verdade, a maioria dos Autores continuam a fazer referência, com maior ou menor intensidade, à *décision exécutoire*.

Só para referir alguma doutrina mais significativa, RENÉ CHAPUS continua a recorrer à noção, ainda que não lhe atribua uma importância particular. A sua atenção incide sobretudo sobre o conceito de ato administrativo unilateral com caráter decisório (ato administrativo propriamente dito), que define como toda a manifestação de

---

[116] M. HAURIOU, *Précis de Droit Administratif*, 7.ª ed., *op. cit.*, p. 23.

vontade da Administração que se traduz numa alteração do ordenamento jurídico [117].

CHARLES DEBBASCH consagra todo um capítulo à *décision exécutoire*, precisando que se trata de uma categoria de atos administrativos, a saber, aqueles que "confèrent des droits aux administrés ou mettent des obligations à leur charge" ou de atos que "modifient l'ordonnancement juridique" [118].

JACQUELINE MORAND-DEVILLER apresenta a *décision exécutoire* como "un acte administratif faisant grief et comme emportant le privilège du préalable" [119].

Para GUY BRAIBANT, o *privilège du préalable* e a *décision exécutoire* são simplesmente sinónimos [120].

Já JEAN RIVERO e JEAN WALINE não só reservam um capítulo inteiro à *décision exécutoire* como definem este conceito como o ato através do qual a Administração modifica unilateralmente as situações jurídicas do particular [121].

Por sua vez, YVES GAUDEMET e JEAN-CLAUDE VENEZIA continuam fiéis ao ensino de ANDRÉ DE LAUBADÈRE nas sucessivas atualizações do seu Tratado [122]. Como BONNARD, seu mestre, LAUBADÈRE distingue *le privilège du préalable*

---

[117] R. CHAPUS, *Droit Administratif Géneral*, I, 15.ª ed., Paris, 2001, pp. 450 e 451-452.

[118] CH. DEBBASCH, *Institutions et Droit Administratif*, II, 4.ª ed., Paris, 1998, p. 205 e ss.

[119] J. MORAND-DEVILLER, *Cours de Droit Administratif*, 3.ª ed., Paris, 1993, p. 282.

[120] G. BRAIBANT, *Le Droit Administratif Français*, 3.ª ed., Paris, 1992, p. 171 e ss.

[121] J. RIVERO / J. WALINE, *Précis de Droit Administratif*, 18.ª ed., Paris, 2004, p. 79 e ss.

[122] A. DE LAUBADÈRE / J.-C. VENEZIA / YVES GAUDEMET, *Traité de Droit Administratif*, I, 17.ª ed., Paris, 2002, p. 721 e ss.

du privilège de l'exécution d'office administrativa, ainda que os considere complementares [123].

Por último, JEAN-MARIE AUBY (tal como GEORGES DUPUIS) não recorre à noção de *décision exécutoire*, utilizando antes a de decisão administrativa ou de ato administrativo unilateral [124].

Mais críticos se revelaram CHARLES EISENMANN [125] e FRANCIS-PAUL BÉNOIT [126], sendo o primeiro Autor particularmente cáustico quando afirma textualmente "que la théorie de la décision exécutoire disparaisse purement et simplement de la doctrine administrative où elle n'a fait qu'introduire confusions et idées fausses" [127].

Que ilações retirar?

Antes de mais, MAURICE HAURIOU sistematizou a noção de *décision exécutoire* sem a dissociar das noções de *privilège du préalable* e de *exécution forcée*. Importando tal noção do direito civil, HAURIOU pretende captar a essência do ato administrativo, conceito ainda não totalmente apreendido pela doutrina e pela jurisprudência.

Em segundo lugar, trata-se de um conceito mágico e polissémico — *décision exécutoire* — que recebeu da doutrina sentidos diversos: *acte administratif, décision obligatoire, décision qui modifie l'ordonnancement juridique, décision qui fait grief, décision exécutable mais non encore*

---

[123] A. DE LAUBADÈRE, *Manuel de Droit Administratif Spécial*, Paris, 1958, esp. p. 18.

[124] J.-M. AUBY, *Droit Administratif Spécial*, 4.ª ed., Paris, 1983, p. 20. Cfr. ainda J.-M. AUBY, *Institutions Administratives*, 6.ª ed., Paris, 1991, p. 274.

[125] *Cours de Droit Administratif*, II, Paris, 1983, p. 743 e ss.

[126] *Le Droit Administratif Français*, Paris, 1968, p. 527 e ss.

[127] CH. EISENMANN, *Cours de Droit Administratif, op. cit.*, p. 284.

opposable e, por fim, *décision qui peut être exécutée par la voie administrative*.

Em terceiro lugar, creio que se deve abandonar a expressão *privilégios da Administração*, de extração civilista. Trata-se, ao invés, de poderes administrativos necessários à boa realização do interesse público confiado por lei à Administração, sem que isso signifique qualquer divórcio da tutela das posições jurídicas dos particulares.

Em quarto lugar, se o ato administrativo pode ser executado, inclusive de forma coerciva e sem recurso prévio ao juiz administrativo, entendemos, todavia, que não se deve utilizar tal expressão para designar este poder da Administração. Basta referir a eficácia do ato, em conjugação com o poder de autotutela administrativa.

Impõe-se, assim, separar o conceito de executoriedade do ato do conceito de eficácia do ato, sendo este um pressuposto daquele, com a precisão de que nem todos os atos administrativos eficazes são suscetíveis de execução coativa pela Administração.

Depois, não se deve confundir a executoriedade do ato com o "princípio" da presunção da legalidade do ato, por sua vez (mal) associado ao regime da anulabilidade do ato administrativo e, consequentemente, ao caso decidido [128].

Acresce que a executoriedade do ato não tem aplicação geral, antes se resumindo aos atos imperativos que impõem deveres e encargos (artigos 149.º/2, 155.º e 157.º/3 do CPA) e, nessa medida, necessitados da colaboração dos particulares.

---

[128] Trata-se, tão-só, na esteira de ROGÉRIO SOARES e de VIEIRA DE ANDRADE, de evitar a paralisia da atividade administrativa pela simples invocação de uma ilegalidade do ato.

Não advogamos, portanto, a solução hoje em voga *du tout au juge*, sendo, porventura, mais avisado abandonar o mau-olhado sobre as prerrogativas tradicionais da Administração, cuja razão de ser está no interesse público.

Por último, os "magníficos equívocos" que vão poluindo a doutrina devem-se ao retorno a uma conceção do direito administrativo como disciplina derrogatória do direito privado, visto como direito comum.

Como o célebre comissário JEAN ROMIEU, poderíamos concluir que *les deux systèmes (de l'exécution judiciaire et celui de l'exécution administrative) peuvent se défendre par des arguments excellents, et l'on conçoit que suivant les traditions, les mœurs politiques, les habitudes juridiques d'un pays, l'un ou l'autre puisse être adopté.*

Porém, no momento atual do nosso ordenamento jurídico-administrativo, o primeiro sistema não é exequível nem provavelmente desejável, se bem que já não permanecem as diferenças cortantes entre os dois sistemas.

Um passado semântico demasiado carregado simbolicamente não nos deve fazer cair no equívoco de trocar a árvore pela floresta. À velha ideia do direito privado como direito comum da atividade administrativa, nós opomos a seguinte metáfora: o direito administrativo é como alguns rios metafísicos... *aussitôt disparu, aussitôt réapparu.*

Basta regressar ao princípio, à fenomenologia do princípio da legalidade, pondo limites razoáveis ao princípio da substituibilidade na unidade do fim (*Gemeinwohl*). O problema é o de saber se o legislador é realmente livre de criar direito privado através da deformação do direito público em direito privado especial [129]. O problema do pro-

---

[129] Em democracia a nossa resposta seria negativa, mas na pós-democracia em que vivemos a resposta não pode deixar de ser positiva.

blema é que a legalidade dos pós-modernos é a negação da legalidade dos antigos e da legalidade dos modernos.

3. 5. Moral da história

Tentando vencer a surpresa e alguma perplexidade pelas ideias que fomos desenvolvendo ao longo desta pequena viagem pelas fontes dogmáticas do direito administrativo, não podemos, no entanto, deixar de reconhecer alguma dificuldade no momento em que procuramos retirar algumas reflexões finais.

Recuperando algumas ideias que antecipavam as nossas conclusões, creio poder afirmar-se, apesar da força e sedução cénica do modelo teorético, que nunca a doutrina do século XIX negou que a Administração gozasse de capacidade jurídica de direito privado. Em palavras clássicas, que a Administração desenvolvesse uma atividade através da qual se poderiam, inclusive, estipular contratos de concessão de obras públicas ou de concessão de serviços públicos ou mesmo de fornecimentos.

Tratava-se, com efeito, de atividades contratuais relevantes do ponto de vista económico, mas talvez demasiado instrumentais em relação à tipologia dominante de realização do interesse público confiado à Administração.

Lendo e relendo a doutrina iuspublicista fundacional do direito administrativo, somos levados a concluir que o que esta negava com rotundidade era que a atividade de gestão privada pudesse modelar a verdadeira face da Administração e do seu Direito que, ao invés, era marcada pelas expressões de manifestação de poder e de autoridade pública.

Esta poderá ser a explicação para o facto das grandes sínteses dogmáticas terem marginalizado, desde o início, a importância do contrato para a Administração pública e para a construção do direito administrativo (e até do seu direito processual).

Confessamos que para além do *véu da ignorância* das grandes construções sistemático-dogmáticas, nos é difícil encontrar outras explicações.

É extremamente curioso que no momento em que o Estado se assume normativamente como forma histórica de um ordenamento jurídico de fins gerais, o contrato, na sua especialidade publicística, não assuma ou não possa deixar de assumir uma relevância capital na conformação do direito administrativo desde a sua sedimentação franco-fundacional.

Outra pista poderá ser a ambivalência da legalidade, do princípio da legalidade: princípio da legalidade especial (pública) e princípio da legalidade comum [130].

Esta rígida divisão talvez tenha impedido a doutrina de tomar consciência daquilo que permanecia comum, a mesma matriz positiva, que no fim de contas significava que toda a ordem jurídica era filha de uma única e indiscutível soberania legislativa. Numa palavra, o *direito público é o fundamento do direito privado* [131].

A última tentativa para explicar a obscuridade do contrato na construção (inicial) do direito administrativo deveu-se, segundo creio, ao peso simbólico da noção de *décision exécutoire* elaborada por HAURIOU, reforçando a

---

[130] COLAÇO ANTUNES, "Provedor de Justiça, ilustração e crise da legalidade especial", in *Provedor de Justiça, Estudos (30 Anos na Defesa do Cidadão)*, Lisboa, 2006, p. 71 e ss.

[131] Como é sabido, as Constituições definem hoje os princípios e as normas fundamentais que devem presidir a todo ramo de direito público ou privado. Basta ler a Constituição portuguesa para ver que assim é.

autoridade do ato administrativo como principal expressão da atividade administrativa dotada de imperatividade e vinculatividade.

Como vimos, foi também a *sombra* do contrato administrativo e a sua especialidade que esteve na base da construção da noção de Administração indireta pela doutrina italiana. Este filão dogmático é igualmente fundamental para perceber a atual desconstrução da pessoa coletiva pública e a (re)definição de critérios teleológicos e substantivos, inclusive em sede comunitária (organismo de direito público), para a sua distinção em relação às pessoas jurídicas privadas.

Neste sentido, o conceito de *publicidade passiva* é de grande serventia para analisar o fenómeno da privatização formal da Administração, sem que isso signifique uma verdadeira despublicização dos entes públicos e dos seus fins [132].

A correspondência entre o fim e o resultado é decisiva, porque nos dá a medida da transformação introduzida pelo legislador na natureza da pessoa coletiva pública e dos limites dessa transformação. Um dos elementos constitutivos da autonomia pública não pode deixar de ser a organização administrativa (por mais abalos que sofra), na medida em que é o instrumento técnico através do qual a previsão de uma função se torna operativa e se traduz em atividade administrativa.

---

[132] A par deste fenómeno, emerge também a inclusão de pessoas jurídicas privadas na Administração pública. Esta tendência tende a generalizar-se em praticamente todos os ordenamentos jurídicos europeus. É assim, por exemplo, com a lei francesa n.º 321 de 2000 ou até no ordenamento britânico. Cfr. D. OLIVER, "Common Values in Public and Private Law and the Public/Private Divide", in *Public Law*, 1997, p. 630. Veja-se, expressamente, o artigo 6.º/3/b) do *Human Rights Act* de 1998.

Enquanto a autonomia privada permite ao indivíduo *desdobrar-se a si próprio*, no direito público a autonomia do sujeito é a resultante de uma determinação normativa. Apesar do direito público contemplar serviços ou organismos despersonalizados, tal não significa que admita entes públicos *de facto*. Daí que o momento genético constitua um elemento diferenciador entre a autonomia pública e a autonomia privada.

A figura contratual ajuda também a compreender que a noção (subjetiva) de Administração não se pode hoje construir exclusivamente sobre a noção de sujeito público, ignorando a função entendida como fim.

Mesmo para quem eleve a níveis extremos a cisão — natureza do sujeito-natureza da atividade —, pode hipotizar-se a possibilidade do ato administrativo passar a ser também o resultado do exercício da função administrativa, independentemente da natureza da pessoa jurídica que o pratica [133].

O *proprium* da pessoa coletiva pública já não está na sua instrumentalidade em relação ao Estado, que já não existe, mas no fim a prosseguir. O problema e a solução está no fim. Qual fim, o do Estado? Não, o fim corresponde agora à forma histórica atual do ordenamento jurídico de fins gerais, a União Europeia [134].

---

[133] Cfr. S. CASSESE, *Le basi del diritto amministrativo*, op. cit., p. 46 e ss. Alguns autores falam de uma nova objetividade de tipo funcional, evocando a formação de uma noção transversal de Administração que engloba tanto pessoas jurídicas públicas como pessoas jurídicas privadas. Assim, B. BERTI, *Publlica amministrazione e modelli privatistici*, Bologna, 1993, p. 13.

[134] A especificidade publicística, que nasceu de uma complexa relação entre o poder estadual e o direito, adquire hoje formas institucionais e dogmáticas totalmente novas. O primado da Administração, como organização e sujeito público, em relação à Administração como atividade, tende a esvanecer-se ou mesmo a inverter-se. Assim, preci-

Na verdade, a noção jurídica de pessoa coletiva pública designa, nos nossos dias, apenas uma das formas possíveis de prosseguir o interesse público, não a forma exclusiva. O seu termo antitético parece residir menos na pessoa coletiva privada e mais na "pessoa jurídica de direito comum" [135].

No fundo, o problema das pessoas jurídicas deve ser posto como um problema histórico e linguístico [136]. Parece ouvir-se a voz premonitória do grande jurista holandês do século XVII, ULRICH HUBER: "facilius species inveniuntur universitatum, quam definitio".

O problema da pessoa jurídica foi o de ter sido sempre debatida no leito de *Procustes* [137].

Trazendo, mais uma vez, os ensinamentos aprendidos para os nossos dias, a vocação do nosso tempo não é, ao contrário do que parece, a legislação, como defendia

---

samente, U. ALLEGRETTI, *Amministrazione pubblica e Costituzione*, Padova, 1996, p. 21 e ss. O facto de a organização no direito administrativo deixar de se destacar da atividade (e das suas regras), perdendo o sujeito público o predomínio que lhe permitia projetar as suas prerrogativas sobre a atividade administrativa, é bem demonstrativo de que o direito administrativo vive uma fase nova, ex-Estadual.

[135] Neste sentido, F. GALGANO, "Pubblico e privato nella qualificazione della persona giuridica", in *Riv. trim. dir. pubbl.*, 1966, p. 283.

[136] Neste sentido, SCARPELLI, *Contributo alla semantica del linguaggio normativo*, Torino, 1955, p. 66.

[137] Parece-me que GIANNINI tem, mais uma vez, razão, ao pôr limites ao conceito de pessoa jurídica, quando afirma que a pessoa humana é o sujeito jurídico que criou o mundo jurídico para ser ela própria e não outra coisa.

Na verdade, impõe-se lembrar que se trata de uma multiplicidade de situações diversas que não é possível reduzir à unicidade conceptual de uma fórmula única. Este aspeto é importante e fecundo para compreender uma ciência jurídica que queira ser consciente de si mesma e das noções com que opera.

SAVIGNY. Esta, apesar da sua inovação, não está hoje em condições de, por si só, definir e oferecer uma solução jurídica aos problemas da atual vida de relação.

Talvez isto ajude a compreender o aparente insucesso inicial do contrato no direito administrativo e o seu não menos aparente triunfo no direito público dos nossos dias.

Utilizando uma fenomenologia hermenêutica, o contrato administrativo era o *fenómeno* através da aparição. *Aparição como não manifestar-se*, como manifestação de si mesmo, do objeto contratual. A fenomenologia do contrato pode ser reconhecível com a famosa expressão husserliana formulada por HEIDEGGER (*zu den Sachen selbst*). Recorrendo à semiótica clínica, é como se os sintomas nos reenviassem para uma doença que ainda não se manifestou.

A *tendência do nosso tempo* é andar além do Estado no direito público e além do Código Civil no direito privado. Para dizê-lo com GIANNINI, pelo menos para o direito público, o Estado é substituído pelos poderes públicos supranacionais. Para o direito privado, o Código Civil é substituído por sistemas de legislação especial.

Não sabemos se a atual *comercialização* do direito administrativo não se deve a (mais) um equívoco da circulação da consciência dogmática no direito público.

Depois de VASSEUR, em França, e BARCELLONA e GALGANO, em Itália, terem vaticinado, como privatistas, a morte do contrato, os publicistas redescobrem-no depois desta figura jurídica ter estado na fundação do direito administrativo como acabámos de ver.

Curioso!

Eu diria tão-só que a subjetividade jurídica sempre foi um conceito interlocutório e fluído. A leitura da personalidade jurídica coletiva como "privilégio" não é de hoje, mas não iremos tão longe como VAN DEN HEUVEL, para quem aquele conceito era uma legenda inútil e uma soma de "privilégios" para fintar a responsabilidade pessoal [138].

Sem concluir que a morte do sujeito se relaciona com a morte do contrato, diria que a perspetiva dogmática mais adequada é aquela que parte de uma conceção *objetiva* do ordenamento jurídico, para daí derivar direta ou indiretamente os vínculos (públicos e privados) a que estão sujeitas as pessoas jurídicas.

Em suma, uma visão do ordenamento jurídico como fator de reconhecimento e de derivação da autonomia pública sem se divorciar da autonomia privada.

O que nos deixa perplexos e preocupados é a miopia do legislador quando ignora, na sua obsessão privatizadora, a importância do princípio da legalidade, deixando ao intérprete a resolução do problema da natureza da pessoa jurídica. Com a agravante do legislador, ao disciplinar os novos sujeitos públicos, semipúblicos ou semiprivados, não atender à repartição ou reordenamento das funções administrativas. A reordenação de funções deveria ser, em matéria administrativa, o primeiro dos problemas que um legislador digno desse nome deveria resolver, em vez de soluções contingentes, precipitadas e aleatórias.

Não será possível opor ou contrapor à imparável (ao que parece) descodificação dos sujeitos uma recodificação axiológica do princípio da legalidade num ordenamento jurídico de fins gerais que já não se expressa no Estado?

---

[138] VAN DEN HEUVEL, *De la Situation Légale des Associations sans But Lucratif,* Bruxelles, 1884, p. 24 e ss. Assim também FERRARA, *Teoria delle persone giuridiche,* Napoli, Torino, 1932, p. 272 e ss., que nos recorda as teses crítico-ficcionais de JHERING sobre a personalidade jurídica.

Em nossa opinião, a doutrina deve fazer como PICASSO no retrato de GERTRUDE STEIN, impondo ao modelo o dever-ser de se parecer com o quadro.

Quem vence, a morfologia ou a dogmática?

O que faz falta é ver tão claro e tão modestamente.

O leitor não precisará de nos lembrar que este trabalho seria perfeito se, numa tácita homenagem a MALLARMÉ, os espaços em branco fechassem o estudo, mas isso depende da liberdade criadora do impressor.

Um tempo que não quer saber que nos espera
um tempo eterno.

4. Da *belle époque* à *mauvaise époque*. A propósito das neofundações legislativas

4. 1. Este pequeno texto, de sabor provisório, é ditado pela urgência de uma resposta à patologia e despotismo mórbido do legislador. Refiro-me, em particular, à anunciada proposta de lei sobre o que passo a designar por *fundações centauro-universitárias*.

Seguindo WITTGENSTEIN, voltemos um pouco atrás, para depois podermos começar pelo início.

É pacífica a afirmação de que a civilização ocidental é marcada, *in primis*, pelo princípio da legalidade-juridicidade em matéria penal mas também e necessariamente em matéria administrativa. Como é igualmente óbvio que a violação sistemática deste princípio cardeal do Estado de Direito abana os alicerces das instituições democráticas.

Afirmações inúteis, dir-se-á, não fosse o estranho e factual esquecimento de que os princípios da legalidade e da separação dos poderes são necessariamente coessenciais e coconstitutivos da *ideia* de Estado de Direito. O nosso "escritor", que é também um artesão, não se diverte com palavras inúteis, procurando apenas chamar a atenção para aqueles ("três") leitores a que todo o honesto jurista tem direito. Aqueles mesmos de STHENDAL.

Ora, verifica-se, atualmente, um fenómeno tão patológico como inadvertido. Sabíamos que a Lei é feita pelo Parlamento, mas "não sabíamos" que o Parlamento tem hoje o apetite despótico de se substituir aos outros poderes legítimos e à própria Administração pública.

O problema tornou-se evidente com a última lei do orçamento do Estado. Devendo distribuir recursos tornados escassos pelo pacto de estabilidade comunitário, o Parlamento cedeu à tentação das *leggi provvedimento* [139]; ou seja, o Parlamento destina diretamente recursos, "contornando" a mediação da Administração e os princípios que regem a sua atividade, especialmente o princípio da imparcialidade.

É a separação de poderes de que falava MONTESQUIEU? Se a lei não dita regras jurídicas mas atos administrativos, ressurge o que o princípio da separação de poderes tende a evitar, o despotismo. Na verdade, não estamos, em muitos casos, perante normas jurídicas, mas perante atos administrativos em prol do amigo-inimigo do momento. Extraordinária inovação legislativa: o *ato administrativo como fonte objetiva do Direito.*

4. 2. Uma outra forma de despotismo do legislador está na forma pouco iluminada como dita a reforma para a Administração pública, sem uma teoria racional e jurídica da reforma administrativa [140]. Constrangido a privatizar por motivos análogos aos que é obrigado a respeitar o pacto de estabilidade, o Parlamento cria uma espécie de direito privado especial, que não é mais do que uma

---

[139] C. MORTATI, *Le leggi provvedimento*, Milano, 1968, esp. p. 75 e ss.

[140] Cfr. F. MONNIER / G. THUILLIER, "Pour une théorie de la réforme", in *Rev. admin.*, n.º 349, 2006, p. 13 e ss. Basta ler este texto para se concluir que o legislador não tem a mais pequena ideia do que seja a *reforma administrativa.*

reserva de poder público dissimulada pelas cores da autonomia da vontade. Direito privado especial que permite ao legislador atuar discricionariamente a todo o tempo, introduzindo as alterações oportunamente convenientes.

Confundindo autonomia privada com a "soberania" que ainda resta, procura-se convencer que se a Administração utilizar o direito privado em vez do direito administrativo, isto é, aquele ramo do Direito que é filho do princípio da legalidade, o cidadão não só deixará de estar subordinado à Administração pública como será cotitular do exercício do Poder.

Trata-se, naturalmente, de um sofisma para exercitar o Poder sem regras, para consentir a apropriação privada de bens públicos por parte de interesses privados eletivos e iludir o direito comunitário (União Europeia).

Alguma doutrina [141] vem em auxílio do legislador despótico, inventando de tudo: confunde-se o contraditório com a contratualização da atividade administrativa; distingue-se artificialmente entre atos de autoridade de interesse público e atos não autoritários de interesse público, para concluir que o princípio da legalidade servia apenas para os primeiros e não para os segundos, fingindo ignorar que o princípio da legalidade serve sobretudo para tipificar os atos da Administração pública. Não foi esta a grande descoberta dos revolucionários franceses de 1789?

Ignora-se que à legalidade formal imposta pela lei atributiva do Poder se acrescentou, depois de um longo caminho doutrinal e jurisprudencial, a legalidade substancial do Estado de Direito, que consiste numa série de princípios e de normas de reconhecimento constitucional (artigos 266.º e 267.º da CRP).

---

[141] Há sempre uma raça especial em cada época.

Note-se, não há juridicidade sem um juiz administrativo, que, se não a cria *in toto*, a completa magistralmente.

O limite essencial ao desvario do legislador é posto hoje pelo direito comunitário e pelo seu juiz. Com efeito, o Tribunal de Justiça, ao criar um "direito comum", faz uso de princípios que penetram e conformam intensamente as ordens jurídicas dos Estados-membros, acabando por integrar a legalidade formal e substancial; por outro lado, as diretivas comunitárias, para realizar a homogeneidade da tipicidade administrativa, a essência da legalidade administrativa, criaram noções e entes como o *organismo de direito público* com o fito de capturar a legalidade material das Administrações nacionais, aplicando o direito administrativo e o princípio da legalidade a entidades que fingem não ser Administração pública [142].

Por outras palavras, *o legislador nacional privatiza e o legislador comunitário publiciza*.

4. 3. Depois, somos ainda confrontados com uma nova legalidade chamada *regulação*, para distingui-la daquela que tipifica o exercício do poder administrativo na prossecução de um fim de interesse público. Esta nova "legalidade" das autoridades administrativas independentes dá lugar, ainda que disfarçada de "discricionaridade técnica", ao ato administrativo arbitrário por falta de uma norma tipificadora [143].

---

[142] COLAÇO ANTUNES, "Um tratado francês lido em alemão? O acto administrativo no direito comunitário e na sua jurisprudência", *op. cit.*, p. 81 e ss.

[143] Cfr. J.-B. AUBY, "Régulation et droit administratif", in *Études en l'Honneur de Gérard Timsit*, Bruxelles, 2004, p. 218 e ss. O autor sustenta, todavia, a tese otimista de que o direito administrativo não só não se deixa destruir pelo mercado como se apropria das suas virtudes.

4. 4. Por último, temos a mais notável invenção legislativa: as *fundações centauro* para as Universidades públicas (e privadas) [144].

Simplesmente, o legislador ignora a possibilidade de uma reserva constitucional de Administração pública e do seu Direito. A *Constituição administrativa* desaparece sem deixar rasto e o artigo 266.º dá-se por não escrito? Estamos com os que pensam que esta disposição constitucional (artigo 266.º/1), quando afirma que a *Administração se submete à lei e à Constituição*, se está referindo ao direito administrativo. Em nossa opinião, a Constituição sujeita a Administração a princípios jurídicos que não se encontram em nenhum outro setor do ordenamento jurídico, que são conaturais ao regime jurídico-administrativo e que só este regime, e os procedimentos que comporta, é capaz de garantir.

A Constituição estabelece, pois, uma necessária correlação entre a atividade da Administração, o regime jurídico-administrativo e a jurisdição contencioso-administrativa (artigos 266.º, 267.º, 268.º e 212.º/3 da CRP). Por outras palavras, uma reserva constitucional de direito administrativo e de jurisdição contencioso-administrativa que coloca limites jurídicos à desadministrativização e à privatização do direito administrativo [145].

Podemos então concluir que o direito administrativo goza de uma garantia institucional, porquanto a Constituição recolhe em diversos preceitos (artigos 266.º a 272.º, entre outros) a existência de um regime de direito administrativo e de uma jurisdição administrativa que controla a

---

[144] Cfr. o artigo 9.º do Regime Jurídico das Instituições de Ensino Superior, aprovado pela Lei n.º 62/2007, de 10 de setembro.
[145] Neste sentido, D. VAIANO, *La riserva di funzione amministrativa*, Milano, 1996, p. 103 e ss.

aplicação do direito público. Preceitos estes que ficariam sem sentido e sem aplicação se se admitisse que as entidades administrativas podem atuar indiscriminadamente através do direito privado ou deixar de ser (livremente) pessoas coletivas de direito público. A liberdade constitutiva do legislador não pode ir, constitucionalmente, tão longe.

Em extrema síntese, somos levados a concluir pela inconstitucionalidade de muitos regimes de direito privado postos pelo legislador, sobretudo das *leges fugitivae*, como acontece com as fundações universitárias, fora de qualquer lógica de coordenação sistemática [146].

Mas há mais. Como se sabe, não basta que o legislador qualifique explicitamente uma pessoa jurídica como pública ou privada para o intérprete ficar vinculado a essa definição. Coloca-se aqui uma questão interessante. Trata-se de saber se prevalece a *definição* legislativa ou a *disciplina* legislativa, no caso de desacordo entre ambas.

Contra a tese da presunção *iuris et de iure* da natureza pública ou privada do ente resultante da qualificação jurídica, destaca-se, desde logo, a exceção fundada sobre o notório e atual princípio assumido na expressão latina *nomina non sunt substantia rerum*. Depois, ocorre ainda o estridente contraste lógico-jurídico-constitucional entre a definição e a disciplina legislativa. Acrescem ainda mais dificuldades, uma vez que é constitucionalmente relevante sob vários aspetos (natureza dos atos jurídicos, responsabilidade civil, jurisdição competente, etc.) a distinção jurídica entre as pessoas coletivas públicas e as pessoas coletivas privadas [147].

---

[146] Cfr. F. MERUSI, "La privatizzazione per fondazioni tra pubblico e privato", in *Dir. amm.*, 2004, p. 447 e ss.

[147] E. FRENI, *Le trasformazioni degli enti pubblici*, Torino, 2004, p. 255 e ss.

Em suma, a qualificação legislativa da pessoa jurídica não pode ser considerada dirimente ou prevalecente em relação à disciplina legislativa. Cai o *nomen iuris*.

Se é verdade que a Constituição tutela o direito de personalidade da pessoa jurídica, não é menos verdade que tutela também o direito à subjetividade jurídica típica, pública [148]; na medida em que a Lei fundamental proíbe toda ou qualquer discriminação, põe a nu também a inconstitucionalidade de um *status* jurídico incerto ou duvidoso.

Por outras palavras, se a Constituição consagra o direito à identidade subjetiva, pode admitir-se a criação *ex lege* de uma pessoa coletiva da qual não se saiba, com segurança, a sua natureza jurídica (pública ou privada)? É constitucionalmente admissível um *tertium genus* de pessoa coletiva, isto é, de um sujeito que não é público nem privado? Qual a natureza dos atos jurídicos que pratica? [149]

Creio que quando o legislador pretenda (como agora acontece com as Universidades Públicas) transformar entidades público-administrativas em pessoas coletivas privadas, porque formalmente é isso que acontece [150], pode aplicar uma disciplina privatística desde que se cumpram

---

[148] Neste sentido, GOMES CANOTILHO / VITAL MOREIRA, *Constituição da República Portuguesa Anotada*, 3.ª ed. revista, Coimbra, 1993, p. 921 e ss., ainda que não excluam a atividade privada da Administração. Na mesma linha de pensamento e mais recentemente, mas agora em anotação ao artigo 18.º da CRP, JORGE MIRANDA / RUI MEDEIROS, *Constituição Portuguesa Anotada*, Tomo I, Coimbra, 2005, pp. 154 e 155.

[149] As nossas objeções fundam-se, mais uma vez, em E. FRENI, *Le trasformazioni degli enti pubblici, op. cit.*, p. 255 e ss.

[150] Perpassa por toda esta política legislativa uma claríssima *subjetividade de direito privado*.

alguns requisitos indispensáveis. Primeiro, que a entidade pública tenha características que tornam legítima tal transformação; segundo, a nova entidade privada deve apresentar no aspeto financeiro meios de proveniência própria (privada); no aspeto organizativo, órgãos de extração privada; e, funcionalmente, uma atividade de âmbito privatístico.

No fundo, trata-se de características opostas àquelas que, vice-versa, permitam a transformação de entidades privadas em entidades públicas.

A máscara da definição-qualificação pública das fundações universitárias esconde a sua efetiva privatização, de pouco valendo o argumento de que o regime privatístico visa apenas a melhor realização do interesse público [151]. O interesse público pode servir-se do direito privado, é certo, mas não pode pedir ao direito privado mais do que este pode dar e deve aceitar do direito privado aquilo que lhe é essencial.

O problema posto aqui é, afinal, o da personalidade pública e o da reserva constitucional das entidades público-administrativas.

Não por acaso, com a morte do "Estado-princípio de todas as coisas", se venha agora utilizar a figura de fundação como monumento estéril e mórbido.

Nem se diga, por óbvio que é, que a mera atribuição de capacidade jurídica privada constitua um elemento decisório da sua definição, uma vez que tal capacidade é também ela própria das pessoas coletivas de direito público.

Todavia, cabe aqui uma pontualização importante. Uma conceção como esta consiste, basicamente, numa habilitação com reserva de proibição, logo uma suposta

---

[151] F. MERUSI, "La privatizzazione per fondazioni tra pubblico e privato", *op. cit.*, p. 495.

liberdade de eleição de capacidade jurídico-privada por parte da Administração pública, salvo expressa proibição legal. Sendo mais exato, trata-se de saber se as referidas disposições legais configuram uma habilitação legal de alcance geral ou se se trata de uma norma de receção, em si mesma não habilitante, e, portanto, necessitada de atualização pelas normas administrativo-estatutárias.

Se situarmos o debate a nível mais amplo e superior, temos sérias dúvidas sobre a propriedade constitucional das referidas normas quando estendidas ao dogma de liberdade de eleição da forma jurídica privada, uma vez que parece violentado o sistema constitucional de organização administrativa.

Só com evidente fraude poderia o legislador subtrair a atuação (constitucional) própria da Administração ao direito constitucional administrativo, com o frouxo argumento que este só seria aplicável às entidades que se configurem formalmente como Administração, mas já não quando os poderes públicos, para levar a cabo as mesmas funções, criassem instrumentos organizacionais previstos pelo ordenamento jurídico para os sujeitos privados.

Poder-se-ia ainda questionar, em boa companhia [152], se a Administração detém outra capacidade que não seja a de direito público, na qual se integrariam, quando necessário, as respetivas habilitações para praticar atos ao abrigo do direito privado.

Em extrema síntese, por muito que a capacidade jurídica venha dada pelo legislador, este não é absolutamente livre quanto à sua disposição ao estar vinculado pelas exigências constitucionais que configuram os elementos básicos do Direito Administrativo. Por maioria de razão, a

---

[152] PAREJO ALFONSO, *Eficacia y Administración. Tres Estudios*, Madrid, 1995, p. 80.

Administração tão pouco goza da referida faculdade, pois a capacidade jurídica que possa atribuir-se aos entes públicos não inclui o poder de autodisposição.

Significa isto, por força do princípio da legalidade, que seria absurdo admitir que uma pessoa coletiva pública de capacidade circunscrita e caracterizada pela vinculação ao princípio da legalidade (como são as Universidades) pudesse agir livremente no que tange aos limites da sua própria capacidade.

Por outras palavras, o poder de autodisposição da Administração nunca poderá legitimamente incluir uma competência para a sua autoredefinição, ampliação ou, mais exatamente, fragmentação (das Universidades).

A problemática das fundações universitárias levanta também a velha questão-distinção entre a *atividade administrativa de direito privado* e a *atividade privada da Administração pública* [153].

Em extrema síntese, estamos perante uma Lei que, sendo de duvidosa constitucionalidade, privatiza formalmente a Universidade na sua essência caracterizante.

Mas se se entender que assim não é, que se trata de fundações instrumentais e funcionais aos princípios da boa administração e do interesse público, então desaparece a dúvida (discutida pela doutrina) quanto à "arrumação" das Universidades na Administração indireta do Estado, com a inevitável consequência da perda da sua autonomia [154].

As restrições à autonomia estatutária das Universidades,

---

[153] Sobre esta matéria, cfr. as lúcidas páginas de A. AMORTH, "Osservazioni sui limiti all'attività amministrativa di diritto privato", in *ADP*, vol. III, 1936, p. 455 e ss.

[154] Recorde-se que, constitucionalmente (artigo 76.º), as Universidades gozam de garantia institucional como entidades autónomas, não podendo ser transformadas em serviços diretos do Estado.

garantida constitucionalmente (artigo 76.º/2 da CRP), resultam agora mais pregnantes se se considerar a alteração das suas características tipológicas, com a agravante de se tratar do resultado de uma vontade legislativa imposta heteronomamente.

Se a Constituição não impõe uma reserva exclusiva de direito público, como ressaltam os nossos mais ilustres constitucionalistas [155], mais nitidamente se opõe à criação de monopólios privados que excluam a iniciativa pública.

A palavra aos constitucionalistas, cujo contributo é aqui essencial. O Tribunal Constitucional, quando confrontado, não pode, pelo menos, ser indiferente ao princípio da constitucionalidade da Administração pública e ao princípio da proporcionalidade.

Repare-se que a fundação é, pela sua natureza, a pessoa jurídica de direito privado mais eficaz para reduzir a esfera pública [156].

Em poucas palavras, a *privatização fria* da Universidade pública através das *fundações centauro*. A privatização através de sociedades por ações verificada até aqui na área económica é apenas uma privatização tépida (isto é, uma pessoa jurídica só formalmente privada) comparada com esta "originalidade legislativa" de inspiração berlusconiana [157].

---

[155] Cfr. a nota n.º 148.

[156] Veja-se a intervenção de M. HEINTZEN / A. VOSSKUHLE, "Beteiligung Privater an der Wahrnehmung öffentlicher Aufgaben und staatliche Verantwortung", in *Veröffentlichungen der Vereinigung der Deutschen Staatsrechtsleherer*, Berlin, 2003, p. 225 e ss., esp. p. 237.

[157] Sobre o modelo italiano, cfr. D. MARCHETTA, "Le nuove fondazioni universitarie", in *Gior. dir. amm.*, 2001, p. 764 e ss. Não creio que o modelo fundacional tenha sido o da Bélgica (*institutions universitaires*, criado pela *loi d'expansion universitaire* de 1971), nem

A fundação, além da sua natural vocação de perseguir finalidades não lucrativas, tem ainda o *mérito* de ser um instrumento de privatização efetiva e substancial. Uma vez transformado o ente público em fundação, a nova pessoa coletiva semiprivada (ou semipública) perde toda e qualquer relação com a Administração, tornando-se um instrumento de redução do espaço público juridicamente entendido.

Parece, aliás, atenuar-se a tradicional contraposição entre *universitas personarum*, que representaria o caráter peculiar das associações, e *universitas bonorum*, que, ao invés, caracterizaria o instituto das fundações. Outra questão muito debatida na doutrina (sobretudo privatista) é a de saber se o escopo da fundação deve perseguir necessariamente fins de utilidade pública. Embora a tese dominante vá neste sentido, alguns afirmam que o escopo pode prosseguir fins de utilidade pública como de utilidade privada [158].

No silêncio ou ambiguidade da "lei", outro perigo pode espreitar, o chamado *outsourcing*, com recurso a profissionais exteriores à Universidade em relação a eventuais prestações do foro consultivo ou mesmo académico. Por sua vez, o caráter patrimonial da fundação pode

---

o do *supporting foundations* (distintas das *private foundations*), de extração fiscal.

[158] F. GALGANO, "Delle persone giuridiche", in *Foro it.*, 1969, p. 182 e ss. Cfr. também KAHN, "La reconnaissance d'utilité publique des fondations", in G. ALPA, *Le fondazioni: tradizione e modernità*, Padova, 1988, p. 55 e ss. Ao invés da doutrina francesa, que assinala um escopo e um interesse coletivo à fundação, a doutrina alemã admite, com algumas exceções, que as fundações podem prosseguir qualquer escopo, desde que lícito.

Entre nós, o artigo 157.º do Código Civil parece admitir apenas as fundações para fins altruístas de interesse social.

constituir um meio expedito para a empresarialização da Universidade, desnaturando os seus fins públicos clássicos e incontornáveis.

Repare-se que a fundação não é apenas património destinado ao escopo; é também a organização coletiva, formada por pessoas, que se serve do património para realizar o escopo. O nosso receio é tanto maior quanto, face às vertiginosas alterações do tecido económico-social, o instituto das fundações tende igualmente a albergar novas figuras que apresentam fortes analogias de tipo societário [159].

Outro problema, aparentemente paradoxal, é o da reversibilidade (constitucional) desta solução, isto é, do regresso à natureza pública das Universidades, atendendo, nomeadamente, a princípios como o da proporcionalidade ou da proteção da confiança legítima.

O Código Civil e até a Constituição parecem não ser capazes de conter esta legislação especial.

O *Estado de mercado* dá lugar à *Universidade de mercado* e à sua ideologia invisível, travestida de banalidades de base enfáticas: rigor, eficiência, celeridade... O modelo do legislador parece ser o da *West Point*, mas, no fundo, é o do *low cost*.

Como salienta, aliás, a melhor doutrina [160], o património tende a deixar de ser considerado um elemento necessário e adequado para a realização do escopo fundacional, sem prejuízo de constituir um elemento necessariamente prodrómico ao reconhecimento da personalidade jurídica.

---

[159] Cfr., recentemente, entre muitos outros, SOUSA RIBEIRO, "Fundações: uma espécie em vias de extensão", in *Comemorações dos 35 Anos do Código Civil e dos 25 Anos da Reforma de 1977*, Coimbra, 2006, p. 253 e ss.

[160] F. GALGANO, "Delle persone giuridiche", *op. cit.*, p. 197.

Começa a desenhar-se uma importante novidade: um ordenamento administrativo separado do criado pelo legislador.

Se se regressar, como parece ser da natureza das coisas [161] (do capital), ao direito privado, à verdadeira autonomia privada, regressa-se também ao Estado absoluto, *absolutus* no sentido próprio da palavra. Note-se que é precisamente no período do Estado entendido como fisco (*Fiskotheorie*), ou seja, na época da máxima consideração do poder estadual como "privado", que o sistema político--constitucional então vigente se apoia sobre o princípio do absolutismo régio.

A ideia e o imaginário do Poder parece ter regressado, na sua pendularidade ideológica, às conceções privatísticas mais radicais.

Confessamos que, enquanto estudiosos do direito administrativo, nos invade um sentimento de desencanto e de pessimismo à LAMPEDUSA.

Ao querer explicar-introduzir os alunos na compreensibilidade do que seja a Administração pública, temos por hábito percorrer os gestos de cada um ao longo do dia, desde o levantar ao regresso a casa. Creio que é imediatamente percetível ao aluno, que antes de pôr os pés na Faculdade (cuja natureza jurídica também explicamos) já tinha entrado em contacto com uma série de entidades administrativas e respetivas atividades.

Poderemos continuar com esta ideia e com este exemplo quando confrontados com um legislador despoticamente motorizado? [162]

---

[161] Sobre esta expressão, cfr. F. MÜLLER, *Strukturierende Rechtslehre*, Berlin, 1984, p. 176 e ss.

[162] A expressão é de CARL SCHMITT.

Receamos que, nos dias que correm, só possamos dar uma noção de Administração pública (e do seu Direito) de geometria variável e conceptual. Nada mais.

O princípio da legalidade-juridicidade, enquanto princípio da razão do direito administrativo, está hoje sujeito a uma expropriação urgente do legislador nacional, a que só o direito comunitário pode pôr limites razoáveis.

Os *Holzwege* do direito administrativo, cobertos pela erva daninha do legislador, precisam da mão sábia e prudente da doutrina e da jurisprudência, de uma mão que saiba encontrar o sentido e o fim do caminho, de forma a permitir que a Administração pública e o seu Direito *ad ultimum finem per suam operationem pertingit*.

A grande ingenuidade do legislador é a de pensar que conhecendo o presente já conhece o futuro. Como o Poder não lê os poetas, não sabe que T. S. ELIOT dizia que o tempo futuro está contido no tempo passado, de forma que a única forma de "dominar" o futuro é "dominar" o passado. Com um pouco de ironia, diríamos que o problema maior do legislador não é o futuro, que parece conhecer de cor, mas o *passado que está sempre a mudar*.

Talvez, para usar uma expressão muito ao gosto de MICHEL DE MONTAIGNE, o legislador tenha descoberto "inconscientemente" (em sentido freudiano), sob o nome de fundação, uma pessoa coletiva típica da legislação anterior a 1974. A contradição ou o paradoxo é apenas aparente. A única novidade relevante é a de que a *conceção privatística* do Poder nunca foi tão grande, nem mesmo no *Ancien Régime*. Só um despotismo sem iluminismo pode gerar tanta aclamação. Afinal, a história repete-se, ainda que sob a forma de tragicomédia.

O que é patético, como na fábula, é que o regresso (ao passado) não foi voluntário nem compreendido, mas determinado por um acidente de todo (im)previsto: a "morte" da pessoa coletiva de direito público por excelência.

O *government* deu lugar à *governance*. *Entre Rome et Genève je suis neutre* ou a moderna forma de "neutralização" do Estado de Direito e do seu valor fundante e ordenador — o *Nomos* — o primado da lei sobre a atividade da Administração pública.

O *Spielraum* do legislador pode, ao que parece, criar um *quadro fantástico* de direito público, a que só o juiz comunitário pode pôr termo ou limites. A Constituição deixou de ser a garantia do Estado de Direito.

O "nome da rosa" é apenas o título de um belo livro sobre a perfídia e opacidade do Poder [163], o que hoje chamamos *transparência* ou *Estado aberto* [164]. Não será indispensável um mínimo de intersubjetividade pública como modo de orientação na *weite Welt* da pós-modernidade?

Só com uma generosa interpretação ortopédica poderemos continuar a chamar Administração pública ao que antes pacificamente considerávamos como tal.

Em extrema síntese, quanto às "fundações legislativas" universitárias, poderemos recompor a sua natureza jurídica (privada) socorrendo-nos, apesar da sua sectorialidade, da noção jurídico-comunitária de *organismo de direito público*, convertendo uma privatização fria numa privatização tépida. Mesmo que o regime especial da fundação supere o exame dos "requisitos do organismo de direito público", isso não significa que seja constitucional-

---

[163] "Só está o vento agreste onde estava a rosa / a chuva fria onde estava a erva verdejante / o silêncio onde estava a esperança / o ninho onde estavam os pássaros / o absurdo onde estava o sonho".

[164] DI FABIO, *Das Recht offener Staaten*, Tübingen, 1998, esp. p. 47 e ss.

mente legítima. Este fenómeno comporta um limite extremo para o legislador do direito privado especial: a) a autonomia e a natureza (pública) da pessoa jurídica não pode ser substituída pelo arbítrio do legislador; b) a organização da fundação universitária deve estar em plena sintonia com os seus fins; c) sempre que uma norma legislativa especial se preste a uma pluralidade de interpretações, deve prevalecer a mais conforme à lógica jurídico-constitucional da pessoa coletiva pública, porque é nesta que a Constituição pensa quando fala de Administração pública, em consonância com o princípio da natureza das coisas; d) só esta interpretação se harmoniza com o direito primário e derivado da União Europeia, sendo que este é o limite último e decisivo para o legislador nacional.

Metodicamente, julgamos mais acertado que o problema da (in)constitucionalidade *ex* direito privado da legislação especial se coloque depois de se ter apurado, em sede interpretativa, que não se trata de uma entidade pública segundo os critérios (substanciais) da ordem jurídica comunitária.

No mínimo, capturada a sua natureza jurídica pública através do direito comunitário, estas inovadoras fundações públicas de direito privado ou entidades administrativas aparentemente substanciais, não poderão deixar de respeitar os princípios fundamentais da Administração pública e da sua atividade, nomeadamente a vinculação aos direitos fundamentais e os princípios da legalidade, imparcialidade e proporcionalidade (artigos 18.º/1, 266.º/2, 267.º/6 da CRP e artigo 2.º/5 do CPA).

Wo bleibt die Politik?

Como antes insinuámos, a fantasiosa e arrogante ignorância do legislador manda pela janela inteiras bibliotecas que haviam entrado serena e reflectidamente pela porta.

A perda do Centro, a força incontrolável da *lex mercatoria* da globalização e um cidadão-consumidor estéril e idiotizado constituem o novo quadro em que temos de pensar tragicamente o Direito, a Universidade e a Vida.

Le droit (administratif) au-dessous des lois? Peut-être. Por outras palavras, *"l'heureuse" impuissance publique et l'absolutisme du moi.*

Virão mais anos maus se não nos fizermos menos cegos.

5. Existe um critério para a pessoa coletiva pública? O paraíso perdido do direito administrativo

5.1. A doutrina administrativa está hoje confrontada com um enorme desafio. Quem vence, a morfologia ou a dogmática?

Se tivéssemos de eleger um dos problemas fundamentais da dogmática administrativa atual, seria precisamente o da desconstrução de uma das categorias fundacionais do direito administrativo, a *pessoa coletiva de direito público* [165].

Há longos anos, temos por método pedagógico, para explicar aos nossos estudantes o que é a Administração pública, percorrer os gestos de cada um desde o levantar até chegar à Faculdade. Antes de sair de casa não há gesto, por mais simples que seja, que não entre em contacto com os serviços públicos prestados pela Administração. Saindo de casa utilizamos o elevador, cuja construção e manutenção está sujeita a normas técnicas ditadas pela

---

[165] O problema não é de agora como se sabe. Com efeito, JEAN RIVERO, no seu célebre estudo "Existe-il un critère du droit administratif?", in *Revue de droit public*, 1953, p. 279 e ss., abre, no seguimento do ensino de M. HAURIOU (que foi, porventura, o primeiro Autor a aventurar-se pelos novos campos de batalha que a organização e a atividade administrativas começavam a colocar, *La Gestion Administrative. Étude Théorique de Droit Administratif*, Paris, 1899, p. 81), a chamada crise da noção de *service public*.

Administração, que, aliás, verifica da sua observância. Depois utilizamos os transportes públicos sem descurar que o tráfego rodoviário ou a iluminação pública são igualmente disciplinados pela Administração ou indiretamente por empresas públicas que também são Administração, ainda que indireta. Chegados à Universidade deparávamos com uma pessoa coletiva de direito público, mais propriamente um instituto público. Se prolongarmos o exemplo pelo âmbito de uma vida a demonstração torna-se ainda mais evidente.

Não sabemos ainda nada sobre a Administração pública, mas o que ficou dito é suficiente para que o aluno perceba que a Administração é uma realidade complexa e extensa que está presente na nossa vida, condicionando muitos dos nossos comportamentos.

Até há dez-vinte anos atrás oferecíamos tranquilamente, no início do curso de direito administrativo, este exemplo para uma primeira compreensibilidade da Administração. Atualmente, confessamos, invade-nos alguma angústia conceptual e dogmática, tantas e tão profundas foram as alterações que se verificaram na morfologia da Administração pública. A título de exemplo, a Universidade do Porto é hoje uma Fundação pública de direito privado. Qual a sua natureza jurídica? Qual o regime jurídico que se lhe aplica? [166]

Como se *identifica* hoje um ente público? A procura de um critério qualificatório não deve ser visto como a procura de um critério para a sua *definição*, mas saber

---

[166] Sobre a temática fundacional, cfr. E. GARCÍA DE ENTERRÍA, "Constitución, fundaciones y sociedad civil", in *RAP*, n.º 122, 1990, p. 237 e ss., salienta um núcleo indisponível pelo legislador, núcleo esse que passa pela garantia institucional e pelo respeito do conteúdo essencial dos direitos fundamentais.

como *reconhecer* uma pessoa coletiva pública, isto é, quais são as notas ou marcas decisivas para a sua identificação. Até há pouco tempo o critério fundamental era o da personalidade jurídica de direito público. Sê-lo-á ainda hoje e em que termos é o que tentaremos perceber com esta breve suspensão reflexiva.

A Administração pública é tradicionalmente representada nas suas relações com os particulares por pessoas coletivas de direito público, que constituem o seu elemento principal e constituinte. São elas que gozam de personalidade e capacidade jurídicas, incluindo a capacidade de contratar, para responder pelos danos causados pela sua ação ou omissão, para demandar e ser demandado judicialmente. Na relação jurídico-administrativa, pelo menos um dos sujeitos é, em regra, uma pessoa coletiva pública [167].

No início da era constitucional, quando o Estado se assumiu como a forma histórica de um ordenamento jurídico de fins gerais, quando o Estado era a medida de todas as coisas em direito público, as pessoas coletivas de direito público identificavam-se fundamentalmente com as pessoas coletivas públicas territoriais, em que o Estado pontificava como a pessoa coletiva pública por excelência (ou por natureza), resultando essa qualificação diretamente da Constituição e da lei. É o momento da afirmação plena da conceção subjetiva da Administração Pública.

O problema da identificação da personalidade pública começou, entretanto, a colocar-se para as pessoas coletivas derivadas ou secundárias, ou seja, para aquelas entidades criadas pelas entidades administrativas primárias, sendo que o problema foi resolvido, de uma forma ou de outra,

---

[167] E. GARCÍA DE ENTERRÍA / T. RAMÓN FERNÁNDEZ, *Curso de Derecho Administrativo*, vol. I, 10.ª ed., Madrid, 2000, pp. 30 e 34.

pela sua relação-imputação à pessoa coletiva pública primária — o Estado.

Sendo certo que o problema não é de agora, ele começou a colocar-se com mais agudeza a partir da segunda metade do século passado, quando as entidades públicas primárias começaram a criar entes públicos instrumentais que só parcialmente detinham os predicados da publicidade, a par da criação de pessoas coletivas típicas de direito privado (associações, fundações, sociedades comerciais), começando a desenhar-se a privatização da Administração nas suas formas de organização; parece, aliás, atenuar-se, cada vez mais, a tradicional contraposição entre *universitas personarum*, que representaria o caráter peculiar das associações, e *universitas bonorum*, que, ao invés, caracterizaria o instituto fundacional [168]; por outro lado, a lei começou a cometer tarefas públicas a entes formados por pessoas jurídicas privadas ou de composição mista (público-privada), sujeitando-as a um regime mais ou menos publicístico, sem que resultasse da lei se se tratava de pessoas jurídicas públicas ou privadas. A criação pelo Estado de pessoas coletivas de direito privado, a admissibilidade de entidades privadas dotadas de funções públicas, a emergência de vários formatos organizatórios mistos, quer quanto à composição, quer quanto ao regime jurídico (empresas de capitais mistos, consórcios mistos ou associações mistas) vieram perturbar os antigos critérios de distinção entre as pessoas coletivas públicas e as pessoas coletivas privadas, gerando mesmo a dúvida sobre a validade desta distinção, tão clássica como essencial. O mundo separado

---

[168] Cfr. F. GALGANO, "Delle personne giuridiche", *op. cit.*, p. 182 e ss.; *supra*, n.º 4, "Da *belle époque* à *mauvaise époque*. A propósito das neofundações legislativas", pp. 104 e 105.

das pessoas coletivas públicas e o mundo jurídico dos sujeitos privados desvaneceu-se.

O interesse principal da distinção e dos respetivos critérios classificatórios da publicidade do ente encontra--se na identificação do regime jurídico aplicável e da jurisdição competente, uma vez que começou a desaparecer a identificação entre personalidade pública e regime jurídico-público: as pessoas coletivas públicas já não atuam somente sob a égide do direito público, nem detêm apenas capacidade jurídica pública [169]. O direito ordenador da atividade administrativa passou a ser crescentemente o direito privado, dando lugar a uma capacidade jurídica privada da Administração com outros contornos e desenvolvimentos. A publicidade passiva dos entes públicos passou a ser determinante. É o momento da plena afirmação da Administração em sentido objetivo. Em síntese, a "partir de certa altura", à qualificação como pública ou privada de uma determinada entidade passou a não corresponder, necessariamente, um regime jurídico correspetivo em toda a sua extensão (público ou privado, conforme os casos) [170]. Os desvios à clássica equação público-privado passaram a ser constantes, verificando-se que podem existir pessoas coletivas públicas (de direito público) com substrato de natureza privada (por exemplo, as ordens profissionais), bem como pessoas coletivas privadas (de direito privado) com substrato de natureza pública (caso das sociedades de capitais públicos, das fundações e consórcios de direito privado criados por entidades públicas). Igual discrepância se pode observar relativamente aos regimes

---

[169] E. GARCÍA DE ENTERRÍA / T. RAMÓN FERNÁNDEZ, *Curso de Derecho Administrativo*, op. cit., p. 421 e ss.

[170] VITAL MOREIRA, *Administração Autónoma e Associações Públicas*, Coimbra, 1997, p. 263.

jurídicos. Pode, inclusive, haver pessoas coletivas públicas com um regime essencialmente de direito privado (entidades públicas empresariais) e pessoas coletivas privadas sujeitas a um regime parcialmente de direito público (entidades privadas que exercem poderes públicos) [171].

Daí que tenham sido apresentados pela doutrina uma multiplicidade de critérios para o efeito, desde o critério da *iniciativa* para a sua criação (são públicas as pessoas jurídicas criadas por ato do Estado ou das Autarquias Locais), da sua *finalidade* (são públicas as pessoas coletivas que têm por finalidade satisfazer interesses públicos) e da *capacidade jurídica* (são públicas as pessoas jurídicas dotadas de poderes de autoridade). A dificuldade tem sido de tal ordem que a doutrina abandonou cada um dos critérios individualmente considerados, pela sua insuficiência, optando por critérios mistos (conjugando dois ou mais dos elementos enunciados anteriormente) [172]. A personalidade pública do ente resultaria então de um critério misto: iniciativa pública, fim público e poderes exorbitantes [173]. A nosso ver, só a iniciativa e o fim públicos são decisivos,

---

[171] VITAL MOREIRA, *Administração Autónoma e Associações Públicas, op. cit.*, p. 257 e ss.

[172] FREITAS DO AMARAL, *Curso de Direito Administrativo*, vol. I, *op. cit.*, p. 753 e ss.

[173] No atual contexto, são igualmente pertinentes teorias como a de MIELE, segundo a qual a personalidade jurídica é única, nem de direito privado nem de direito público, salientando a capacidade jurídica como critério derimente de distinção público-privado. Cfr. G. MIELE, *Principi di diritto amministrativo, op. cit.*, p. 82. Se tem sentido que a noção de capacidade jurídica pode contribuir para definir o conceito de personalidade pública, de que é uma projeção dinâmica, talvez seja excessivo pedir-lhe que funcione como critério de distinção entre as pessoas coletivas públicas e as pessoas coletivas privadas.

visto que a Administração ao atuar frequentemente sob a veste privada retira importância ao último critério.

Cabe aqui e agora perguntar se a personalidade (coletiva) de direito público é de geometria variável quanto à capacidade jurídica envolvida, podendo haver formas de personalidade jurídica parcial ou incompleta (por exemplo, só capacidade contratual), admitindo-se, ao invés, que a personalidade jurídica privada exprimiria, univocamente, um núcleo axiológico indeclinável e irredutível. Será assim?

5. 2. Quando o Estado deixou de ser a medida de todas as coisas

A figura da pessoa coletiva pública complicou-se notavelmente com a perda de centralidade ou mesmo a parábola terminal da pessoa coletiva pública por excelência, o Estado. Até à última década do século passado, a qualificação da pessoa coletiva pública não oferecia dificuldades intransponíveis, apesar da fragmentação da Administração, na medida em que a publicidade dos entes instrumentais resultava, de uma forma ou de outra, da sua imputação-derivação em relação ao Estado [174].

Quando o Estado deixa de personificar um ordenamento jurídico de fins gerais, os modelos descritivos da doutrina começam a evidenciar fadiga e incapacidade para decantar a distinção entre as pessoas jurídicas públicas e as pessoas coletivas privadas. Já não é suficiente a Escola de Viena com a kelseniana Administração direta e Administração indireta, como também não basta a reflexão de ERNST FORSTHOFF, discípulo eletivo de CARL SCHMIDT, com

---

[174] Nesta matéria seguimos de perto COLAÇO ANTUNES, *O Direito Administrativo sem Estado, op. cit.*, p. 46 e ss., esp. p. 56 e ss.

a sua Administração de prestações (*Leistungsverwaltung* e *Leistungsträger*). O Estado de Direito keynesiano é apenas uma agradável recordação. O administrativista já não está em condições de reelaborar atualmente o *Dasein* de HEIDEGGER ao nível dos ordenamentos jurídicos nacionais. É nossa opinião que a privatização da Administração vem pela mão do legislador nacional, sendo que a resposta publicista nos chega do legislador comunitário através da figura do *organismo de direito público* [175].

Antes de abordarmos esta figura é decisivo dar resposta a uma pergunta.

Por que razão o legislador nacional privatiza enquanto o legislador comunitário publiciza?

A resposta a esta pergunta tem a ver com o facto da União Europeia ser nos dias de hoje a forma histórica de um ordenamento jurídico de fins gerais. Tudo começou nos finais do século XX com o Acto Único Europeu e o Tratado de Maastricht. Para além de existirem todas as características próprias do ordenamento jurídico geral, a democraticidade e politicidade têm agora outra densidade. Os fins deixaram de ser limitados para alcançarem um nível geral; o indivíduo é um verdadeiro sujeito jurídico e um cidadão europeu, titular de direitos fundamentais, atingindo a justa promoção de sujeito *optimo jure* do ordenamento jurídico europeu. Apesar da alienação semântica dos primeiros anos da CEE, só a partir das sucessivas revisões do Tratado de Roma se pode falar corretamente de ordenamento jurídico de fins gerais.

Apesar dos pais fundadores da CEE apontarem já para escopos gerais, é com o Tratado de *Maastricht* (depois

---

[175] COLAÇO ANTUNES, *O Direito Administrativo sem Estado*, op. cit., p. 36.

do Acto Único Europeu) que se verifica uma clara ampliação de funções e atribuições, de modo a podermos falar hoje de um ordenamento jurídico geral, em claro "prejuízo" dos ordenamentos nacionais. Esta evolução deu-se gradualmente, culminando com o efetivo reconhecimento formal da figura da cidadania europeia e da plurisubjectividade jurídica [176].

Reconhecida a natureza de ordenamento jurídico geral ao ordenamento comunitário, só então estamos em condições de abordar a existência do direito administrativo comunitário. Sem este tipo de ordenamento jurídico não pode haver verdadeiros sujeitos jurídicos, públicos e privados, nem atos administrativos e, portanto, direito administrativo europeu. *Estes são os factos estruturantes do direito administrativo comunitário* [177].

Nesta linha de pensamento, descortina-se um outro *elemento constitutivo* do direito administrativo europeu e da pessoa coletiva de direito público a nível supranacional — o interesse público comunitário. A procura de uma tal noção pode surpreender se tivermos em conta uma ordem jurídica não estadual, mas é absolutamente decisiva. Decisiva, porque só a existência do interesse público comu-

---

[176] O TUE, ao alterar o Tratado da CE, introduziu o instituto da cidadania europeia. Cfr. os artigos 20.º a 25.º do TFUE (na versão consolidada resultante do Tratado de Lisboa).

[177] Em relação ao cidadão, como verdadeiro sujeito de direito do ordenamento comunitário, enquanto titular de posições jurídicas subjetivas, nomeadamente direitos subjetivos, recorde-se a originante sentença *Van Gend & Loos* do Tribunal de Justiça, que já anunciava que "o ordenamento comunitário reconhece como sujeitos não apenas os Estados mas também os seus cidadãos". O que não existia era uma norma positiva escrita. Mais tarde vem o pleno reconhecimento de direitos subjetivos aos particulares, a par das respetivas obrigações e deveres.

nitário legitima a intervenção normativa e actícia (executiva) das entidades administrativas comunitárias [178].

Como a União Europeia deixou de se reger pelo princípio da especialidade (finalidade essencialmente económica), a noção de interesse público de fins múltiplos foi-se afirmando como fundamento e limite de atuação dos poderes públicos comunitários. É este o critério essencial que preside à definição de organismo de direito público. Ao invés do Tratado CECA, que indicava expressamente (artigo 3.º) a referência ao interesse comum, o Tratado de Roma não consagrava tal noção, o que veio a suceder mais tarde através de revisões sucessivas do Tratado [179].

O interesse público comunitário joga, assim, duas funções principais: a de limitar os poderes estaduais e de fonte de legitimação da criação e atuação de entidades públicas comunitárias.

A noção de interesse público comunitário é uma noção jurídica que se impõe às instituições e respetivos órgãos comunitários e aos Estados-membros, sob o controlo atento do TJ, perdendo, definitivamente, a sua natureza especializada e sectorial [180]. Interesse público comunitário que é igualmente consubstancial à legitimação de poderes públicos exorbitantes do direito privado. O interesse público passa a constituir o fundamento e o limite da Administração europeia e da sua atividade, *maxime* discricionária.

---

[178] Cfr. N. BASSI, *Principio di legalità e poteri amministrativi impliciti*, Milano, 2001, p. 64. O autor salienta a relação entre o princípio da legalidade (comunitário) e a expansão das atribuições comunitárias.

[179] Cfr., entre outros, os artigos 121.º/1 e 247.º/4 do TFUE, assim designado depois do Tratado de Lisboa. Outra questão é o sentido da noção de interesse comum ou de interesse geral, expressões (estas) utilizadas pelo legislador comunitário.

[180] Cfr. o artigo 4.º do TFUE.

O interesse público comunitário confere ainda uma profunda legitimidade à atividade pública comunitária, que repousa não tanto sobre a constituição do poder mas sobre a sua justificação, que se afirmou sobretudo pela mão da jurisprudência comunitária.

Os fundamentos constitucionais do interesse público europeu foram inicialmente afirmados pelo TJ, particularmente no Processo *Les Verts v. Parlement européen* (1986) [181], onde se afirma textualmente que o "Tratado CE constitui a Carta Constitucional de uma Comunidade de Direito" (incluindo a proteção dos direitos e liberdades fundamentais) [182]. O processo de constitucionalização pressupõe um intérprete incontestado da norma, o TJ, que adquire, por efeito da exegese, um valor constitucional [183].

No fundo, só a prova dos elementos estruturais do direito administrativo pode legitimar a existência do direito administrativo europeu. Um desses fatores é naturalmente a pessoa coletiva de direito público.

Há ainda um outro *fator decisivo* para a emergência do direito administrativo europeu. Este fator inovador radica na dupla natureza constitucional e administrativa do TJ. Seguindo SHAPIRO [184], somos levados a sustentar que os tribunais que desenvolvem funções de controlo de

---

[181] COLAÇO ANTUNES, "Um tratado francês lido em alemão? O acto administrativo no direito comunitário e na sua jurisprudência", *op. cit.*, p. 93.

[182] CHARLOTTE DENIZEAU, *L'Idée de Puissance Publique à L'Épreuve de L'Union Européenne*, Paris, 2004, pp. 561 e 562.

[183] O problema da ausência de uma Constituição formal; outra coisa é saber se os Tratados podem ser considerados uma espécie de Constituição material ou formal.

[184] M. SHAPIRO, "The Institutionalization of European Administrative Space", in STONE / SANDHOLTZ / FLIGSTEIN, *The Institutionalization of Europe*, Oxford, 2001, p. 94.

constitucionalidade e de jurisdição administrativa (como é o caso) têm tendência (como acontece nos Estados Unidos) a ser mais exigentes no controlo jurisdicional que desenvolvem. Creio que é também este elemento, por força dos princípios (características) do ordenamento comunitário criados pelo Tribunal de Justiça e da sua jurisprudência (primado e efeito direto), a explicar que a integração (e homogeneidade) dos direitos administrativos nacionais a nível supranacional comporte uma *alteração da natureza* (e, porventura, das funções) das entidades administrativas objeto de desagregação (nacional) e integração (comunitária). Repare-se na teoria dos poderes implícitos (artigo 352.º do TFUE, anteriormente artigo 235.º) desenvolvida pelo Tribunal de Justiça, na esteira da jurisprudência desenvolvida pelo Supremo Tribunal norte-americano [185].

Com efeito, se olharmos mais de perto a integração europeia, verificamos que cada setor administrativo desagregado do ordenamento nacional nem sempre encontra um paralelismo funcional na nova forma de integração a nível comunitário [186]. Por exemplo, as características de uniformidade e homogeneidade ou o efeito útil do direito comunitário (a cargo da Comissão, como guardiã dos Tratados) faz com que a Administração local, quando aplique o direito comunitário, se transforme em Administração

---

[185] Estranhamente, ou talvez não, a Alemanha só recentemente viu publicado o primeiro Manual de Direito Constitucional Europeu, duas décadas depois do Manual de Direito Administrativo Europeu de SCHWARZE. Este dado, tão curioso como estranho, poderá ajudar a explicar a convicção, discutível como todas as convicções, que induz à separação do direito constitucional europeu do seu irmão gémeo, o direito administrativo europeu.

[186] Esta tese é de SABINO CASSESE e pode ler-se na sua obra *La Globalización Jurídica*, tr. esp., Madrid, 2006, esp. p. 175 e ss., com apresentação de LUÍS ORTEGA.

periférica da União Europeia e perca a natureza de Administração autónoma (local). Por sua vez, a Administração direta do Estado convola-se em Administração indireta da administração comunitária. O artigo 182.º da CRP exige agora uma releitura [187] quando afirma que o Governo é "o órgão superior da Administração pública". Releitura a que não é indiferente a nova *Administração de sistemas comuns* ou Administração composta [188].

Isto quer dizer que a inovação e a complexidade da normação positiva comunitária pode implicar alterações ao nível dos principais institutos jurídico-administrativos.

O exemplo das associações públicas (Administração autónoma não territorial, segundo o direito administrativo português) é significativo, mais exatamente, o das ordens profissionais. Segundo jurisprudência comunitária recente [189] estas entidades são associações de empresas.

Outra implicação (transitória) pode ver-se no fenómeno da concorrência e transnacionalidade dos ordenamentos jurídicos nacionais — princípio da equivalência funcional. Estes competem ou concorrem agora com a mesma intensidade das suas economias. Em suma, o direito administrativo europeu como um direito especial, construtivo e cumulativo.

Creio que a *publicidade* das entidades administrativas passa hoje pela sua relação especial e qualificada (autonomia pública) com o ordenamento jurídico, mais exata-

---

[187] Cai o mito da Escola Histórica alemã, segundo a qual as prescrições do direito positivo podiam mudar sem alterar a natureza e a função dos institutos jurídicos.

[188] Cfr. COLAÇO ANTUNES, *O Direito Administrativo sem Estado*, op. cit., p. 77 e ss.

[189] Cfr. os Acórdãos do TJCE, de 19 de fevereiro de 2002, Processos n.os C-35/99 e C-309/99, Processos *Arduino* e *Wouters*.

mente com um ordenamento composto (em que o direito da União Europeia integra e uniformiza os ordenamentos nacionais), e não já pela sua relação-derivação do *Estado, que é apenas a penúltima forma histórica de um ordenamento jurídico de fins gerais* [190].

A principal revolução jurídica do século XX foi a parábola terminal do Estado como pessoa coletiva pública de fins gerais.

5. 3. *Semel publica administratio, semper publica administratio:* o paradigma supranacional do organismo de direito público

É neste novo contexto normativo que temos de encontrar os critérios de administratividade e de publicidade da pessoa coletiva pública. Se a figura do organismo de direito público é inicialmente de aplicação sectorial-contratual, é nossa opinião que, apelando a uma conceção substancial do princípio da legalidade, é suscetível de ter capacidade irradiante para todo o ordenamento jurídico geral comunitário.

Creio que o elemento unificador da pluralidade de manifestações jurídico-organizativas da Administração pode passar, como observa uma monumental e recente monografia alemã [191], pela relação entre uma legalidade formal e uma legalidade material construída ao nível da jurisprudência e do ordenamento jurídico comunitário, com base na cláusula semifederal da primazia do direito

---

[190] COLAÇO ANTUNES, *O Direito Administrativo sem Estado*, op. cit., p. 31.

[191] Cfr. M. ANDERHEIDEN, *Gemeinwohl in Republik und Union*, op. cit., esp. p. 173 e ss.

da União Europeia sobre os ordenamentos jurídicos nacionais.

O organismo de direito público constitui uma manifestação genuína desta simbiose entre a legalidade material e a legalidade formal. Deste processo de integração entre os dois tipos de juridicidade várias têm sido as explicações da teoria geral. Para a doutrina alemã o fenómeno interno e comunitário seria reconduzível ao princípio de unidade sistémica para que tende todo e qualquer ordenamento jurídico, princípio que se desdobraria numa série de subprincípios, destacando-se entre eles os princípios da certeza do direito (*Rechtssicherheit*) e da proteção da confiança legítima (*Vertrauensschutz*) [192].

Independentemente da validade destas explicações teoréticas, a verdade é que esta técnica de interpretação--aplicação do direito positivo através de princípios gerais reelaborados e aplicados pela jurisprudência comunitária tem sido utilizada pelos órgãos da União Europeia para construir um ordenamento jurídico compósito de fins gerais e unitário, ainda que não totalmente uniforme. Os resultados desta integração entre a legalidade formal e a legalidade material são visíveis na própria noção de pessoa coletiva pública e, portanto, na própria noção de Administração pública [193].

Consciente da variedade organizativa e do regime jurídico da Administração pública nos ordenamentos nacionais, com a finalidade de contornar as disposições comuni-

---

[192] Cfr., entre muitos, K.-A. SCHWARZ, *Vertrauensschutz als Verfassungsprinzip*, Baden-Baden, 2001, pp. 26 e ss. e 395 e ss.

[193] Para uma primeira aproximação da figura de organismo de direito público, COLAÇO ANTUNES, "Um tratado francês lido em alemão? O acto administrativo no direito comunitário e na sua jurisprudência", *op. cit.*, p. 81 e ss.

tárias em matéria de contratação pública, o legislador comunitário recorreu a uma noção objetiva e material de pessoa coletiva pública através da figura do organismo de direito público. Tal noção de Administração tem capacidade expansiva e pode ser válida igualmente para outros setores do ordenamento jurídico-administrativo (como, por exemplo, as ajudas dos Estados), valendo o critério material de identificação da pessoa coletiva pública, *semel publica administratio, semper publica administratio*. Outro campo de aplicação pode ser o das fundações públicas de direito privado, recuperando-se, desta forma, a publicidade da pessoa coletiva pública qualquer que seja a forma jurídica declarada, inclusive a forma jurídica privada. Como pode deixar de ter natureza pública uma entidade de criação pública, função pública, controlo público e financiamento público?

Uma vistosa consequência deste critério finalista, teleológico e material é o de converter aparentes negócios jurídicos em atos administrativos plenamente sindicáveis pelos tribunais administrativos. Diria até que o controlo jurisdicional da atividade administrativa discricionária é mais intenso (pleno e direto) quando a personalidade jurídica pública é mais débil, na medida em que a Administração não está, nesses casos, munida de poderes de autoridade tão fortes, inclusive de poderes discricionários [194].

Em suma, estamos confrontados com uma nova e sugestiva fase de evolução do direito administrativo. Esta revolução pacífica do direito administrativo de inspiração comunitária não pode ignorar, como sucede em todas as revoluções, que há sempre uma contrarrevolução. Daí uma certa inquietude e confusão na doutrina, porque nem sem-

---

[194] COLAÇO ANTUNES, *A Teoria do Acto e a Justiça Administrativa, op. cit.*, p. 130 e ss.

pre é fácil compreender e distinguir o fenómeno revolucionário do fenómeno contrarrevolucionário.

Como temos vindo a sustentar, o critério derimente deve ser o princípio da legalidade, que tem sido objeto de fortíssima desconstrução por parte do legislador nacional. A ideia de que a Administração pública e o seu elemento estruturante essencial, a pessoa coletiva de direito público, abandonasse, quer na forma de organização, quer na forma de atividade, o direito administrativo pelo direito privado tem sido avançada por uma parte da doutrina. Ao invés, a nossa opinião é a de que o direito privado como direito ordenador da organização e da atividade administrativas não pode ser uma manifestação do princípio da legalidade especial que caracteriza a relação jurídico-administrativa porque, por definição, não pode ser um componente do *Gemeinwohl*, na medida em que o privado só se representa a si mesmo, enquanto a Administração, através da pessoa coletiva pública, representa os interesses públicos e a coletividade de cidadãos.

Por que razão se invoca tão furiosamente o direito privado em vez do direito público? A nosso ver, para fugir à aplicabilidade do princípio da legalidade e dos seus efeitos colaterais – jurisdição administrativa, controlos internos e externos do ente, responsabilidade administrativa extracontratual por atos de gestão pública...

A parábola terminal do Estado como pessoa coletiva pública primária, pacientemente elaborada pela doutrina alemã (BERGER, LABAND e OTTO MAYER), deu lugar ao regresso do Estado patrimonial (*Fiskustheorie*), de que a camaralística foi possivelmente a mais elevada expressão ideal e dogmática [195].

---

[195] Para maiores desenvolvimentos, COLAÇO ANTUNES, *O Direito Administrativo sem Estado, op. cit.*, p. 19 e ss.

Importa, por outro lado, questionar e indagar a relação do princípio da legalidade com o direito privado. Antes de mais, é de afastar a ideia avançada pela manualística, e ainda hoje repetida pela doutrina, de que a Administração pública goza de uma capacidade jurídica privada geral, no que acompanhamos, na doutrina espanhola, PAREJO ALFONSO [196]. A nosso ver, a capacidade jurídica de direito privado quando existe (e só pode existir quando uma norma jurídica a preveja — princípio da precedência da lei) é sempre limitada pelo fim, ou seja, pelo interesse público previamente definido e qualificado pela lei. A Administração não goza do poder de determinar os fins que regem a sua atividade, antes esses fins lhe são impostos pelo legislador e a que a Administração está vinculada de forma inalienável e imprescritível, o que ajuda a explicar a irrenunciabilidade da competência, sob pena de nulidade (artigo 29.º do CPA).

Naturalmente que não advogamos que a Administração não possa utilizar o direito privado (como, aliás, sempre aconteceu), mas apenas que o deve usar quando ele se revele mais eficaz para a prossecução do interesse público. Como ouvimos, inclusive de privatistas ilustres, é precisamente o princípio da legalidade que põe limites ao direito privado. A autonomia privada é, assim, substituída pela tipicidade administrativa, com consequências análogas às da disciplina do poder administrativo.

Não será por acaso que é precisamente o princípio da legalidade, através da tipicidade do exercício do poder administrativo, a explicar a capacidade do direito comunitário para harmonizar sistemas jurídicos diversos e a jus-

---

[196] H. RUPP, *Grunfragen der heutigen Verwaltungsrechtslehre*, 2.ª ed., 1991, p. 81 e ss. Na doutrina do país vizinho, igualmente crítico, PAREJO ALFONSO, *Eficacia y Administración...*, op. cit., p. 80.

tificar a eleição do direito administrativo como *Sonderweg* da construção jurídica da União Europeia.

5. 4. Uma hipótese merecedora de toda a atenção: a questão da legitimidade jurídico--constitucional do poder organizativo da Administração

Para quem defenda uma solução ao nível dos ordenamentos nacionais, vale a pena mais um esforço teorético.

De todo o modo, o critério principal é o mesmo — a constitucionalidade e a legalidade da Administração e das suas formas organizatórias.

As dificuldades, que se vêm multiplicando em relação à noção de Administração pública, não são indiferentes à ausência de uma teoria jurídico-pública do poder organizatório e do seu regime jurídico-constitucional [197]. Referimo--nos especificamente ao direito constitucional organizativo (artigos 198.º, 164.º, 165.º, 266.º e segs. da CRP). Põe-se a questão de saber em que medida o princípio da constitucionalidade disciplina e obriga o poder público e, em particular, a Administração, levantando o véu da personalidade pública, quando aquele poder procede à repartição de atribuições e competências por várias entidades e órgãos administrativos [198]. Por outras palavras, o legislador ordi-

---

[197] Sobre o conceito de poder de organização e respetiva evolução, cfr. E. W. BÖCKENFÖRDE, *Die Organisationsgewalt im Bereich der Regierung. Eine Untersuchung zum Staatsrecht der Bunndesrepublik Deutschland*, 2.ª ed., 1998, p. 22 e ss.

[198] PAREJO ALFONSO, *Organización y Poder de Organización*, Madrid, 2009, pp. 74 e 75, sustenta que a criação de novas pessoas jurídicas públicas requer a forma de lei ou a existência de norma habilitante.

nário não é, constitucionalmente, livre de criar pessoas coletivas e de disciplinar a sua organização *ad intra* e *ad extra* [199].

Se a Constituição não consagra uma reserva material absoluta de Administração pública, a verdade é que ela não prescreve a pessoa coletiva de direito público apenas como modelo indicativo.

A recuperação da relação entre o direito organizativo--administrativo e o direito substantivo e procedimental permite ver melhor que o direito administrativo organizatório, embora não regule diretamente os direitos e liberdades fundamentais dos particulares, modela o seu exercício de uma maneira não despicienda [200]. De outra forma não se compreenderia a preocupação do legislador constitucional em desenhar com tanta amplitude e profundidade a estrutura constitucional da Administração pública.

Em extrema síntese, para o direito constitucional administrativo nacional, o Estado-Administração é a pessoa coletiva pública por excelência, em relação ao qual direta ou indiretamente todas as pessoas coletivas públicas menores se referem e legitimam [201]. Se é certo que do ponto de vista da afirmação e desenvolvimento do direito administrativo esta construção foi essencial, na medida em que elevou o Estado-Administração a sujeito principal da relação jurídica-administrativa, também não é menos

---

[199] De forma crítica, *supra*, "Da belle époque à mauvaise époque. A propósito das neofundações legislativas", p. 99 e ss.

[200] Neste sentido, F. E. SCHNAPP, "Dogmatische Überlegungen zu einer Theorie des Organisationsrechts", in *AöR*, n.º 105, 2008, p. 265.

[201] Mesmo as Autarquias Locais dependem, embora em grau inferior, do Estado, quer quanto à sua existência (artigo 164.º/n) da CRP), quer quanto à sua atividade (tutela administrativa, artigo 242.º da CRP).

verdade que a questão organizativa tem sido desvalorizada ou, quando isso não acontece, é porque ela (organização administrativa) é vista na perspetiva da relação jurídico-administrativa.

Embora, em nossa opinião, o Estado-Administração já não seja a pessoa coletiva pública por excelência (como se deduz do artigo 182.º da CRP), creio que a noção de personalidade jurídica (pública) permitiu, desde muito cedo, defender a dupla capacidade jurídica (pública e privada) da Administração [202]. É também esta tese que está na base da visão do poder organizativo como um poder mais ou menos implícito do executivo de que a Constituição portuguesa, de certo modo, faz eco no artigo 198.º/2. Todavia, numa leitura sistemática, a Constituição parece distribuir o poder organizativo pelo poder executivo e pelo poder legislativo, *maxime* da Assembleia da República (artigos 164.º, alíneas d), m), n) e 165.º, alíneas q), s), u)).

É certo que o problema entre nós é mais complexo em virtude dos abundantes poderes legislativos conferidos pelo sistema constitucional ao Governo (cfr. artigo 198.º da CRP).

Neste sentido, podemos perspetivar normas fundamentais de organização (constitucionais), normas legislativas de organização primária (através da lei ou decreto-lei) e normas de organização secundária (normas regulamentares ou administrativas).

A organização administrativa cobra, no essencial, a sua legitimidade no princípio da legalidade (reserva de lei, primado e precedência da lei), constituindo com o procedimento administrativo uma das garantias dos cidadãos,

---

[202] Cfr. E. GARCÍA DE ENTERRÍA / T. RAMÓN FERNÁNDEZ, *Curso de Derecho Administrativo*, op. cit., pp. 33 e 42 e ss.

uma vez que a organização administrativa é o pressuposto da atividade administrativa e, nessa medida, conforma o exercício dos direitos e liberdades fundamentais dos particulares [203].

Apesar da recente redescoberta dogmática da teoria jurídica da organização administrativa e, particularmente, do poder organizativo, o ensinamento de SANTI ROMANO permaneceu, em grande medida, esquecido [204]. A ser assim, e julgamos que é, está aqui, na desatenção da doutrina sobre a legitimidade constitucional do poder organizativo, uma das explicações para a atual discricionaridade legislativa e administrativa em relação à privatização das formas de organização. Penso que este ponto é importante para explicar uma liberdade constitutiva que o legislador ordinário constitucionalmente não tem em matéria de organização administrativa [205].

Referimo-nos ao dramático descuido da doutrina administrativa ao concentrar a sua atenção na relação jurídica, em prejuízo de uma teoria jurídico-constitucional da organização administrativa congruente com os fins a que a Administração está constitucionalmente vinculada de forma inalienável e imprescritível (artigo 266.º/1 da CRP) [206].

---

[203] F. E. SCHNAPP, "Dogmatische Überlegungen...", op. cit., p. 253.

[204] SANTI ROMANO, L'ordinamento giuridico, Firenze, 1951, esp. p. 127 e ss.

[205] Já F. CAMMEO, Corso di diritto amministrativo (reimpressão), vol. II, Padova, 1992, p. 853 e ss., defendia que a organização constituía o principal elemento distintivo do Estado como pessoa coletiva pública.

[206] O n.º 1 do artigo 266.º da Constituição diz que "A Administração Pública visa a prossecução do interesse público, no respeito pelos direitos e interesses legalmente protegidos dos cidadãos".

Ora, como vimos, a questão jurídica central em matéria de legitimidade do poder de organização administrativa está na distribuição constitucional da competência legislativa pelo Parlamento e pelo Governo (no exercício da função legislativa). Este ponto é decisivo porque tem sérias repercussões na atividade administrativa.

Creio que a raiz do problema vem da conceção do Estado de Direito liberal, em que o único parâmetro externo da ação administrativa era constituído pela lei em sentido formal, lei do Parlamento, e onde a própria Constituição estava sob reserva de lei [207]. Daí que o princípio da legalidade, sob a forma de reserva de lei, se restringisse aos direitos e liberdades fundamentais, nomeadamente o direito de propriedade, com a admissibilidade somente das chamadas expropriações legislativas (*Legalenteignung*) [208]. Desta construção resultava que o poder organizatório caísse naturalmente na esfera do poder executivo, o que explica que o direito da organização fosse cultivado sobretudo pelo direito administrativo. Por outras palavras, o direito da organização era visto como uma dimensão *interna* do *Staatsrecht* [209]. Daí também a teoria de que o poder organizativo pertence à Administração. Ora as coisas não são bem assim, discutindo-se hoje o âmbito e a legitimidade do referido poder e os seus limites.

---

[207] Cfr. R. GROSS, "Organisationsgewalt und Organisationsverordungen", in *DöV*, n.º 2, 1963, p. 53 e ss. Entendia-se que a Constituição não era vinculativa por si mesma, mas apenas por mediação ou concreção legislativa.

[208] Veja-se o artigo 6.º da Constituição de 1822 que tem como inspiração e fonte principal a Constituição espanhola de Cádiz de 1812. A expropriação por utilidade pública só podia ser declarada diretamente pela lei em execução de uma norma constitucional.

[209] PAREJO ALFONSO, *Organización y Poder...*, *op. cit*, pp. 66 a 68, nota 91.

A distinção entre normas organizativas (que não incidiam diretamente nos direitos e nos deveres dos cidadãos) e normas jurídicas (propriamente ditas) acompanhou a evolução do Estado de Direito, até à atual distribuição do poder organizativo entre a Constituição, a lei e os regulamentos, no âmbito da chamada *Organisationsgewalt*, entendida como uma faculdade dada *ipso iure* pelo poder do Estado [210]. É preciso, no entanto, acrescentar que a Constituição não se assume hoje apenas como um limite do poder estatal mas como o fundamento do poder, de todo o poder, inclusive da sua organização e exercício.

Nos nossos dias não cabe dúvida de que o poder organizativo tem uma relevância primária e, portanto, constitucional, sendo a Lei Fundamental a estabelecer a reserva a favor da lei, de modo que a regra geral é a do seu exercício e titularidade pertencer aos órgãos legiferantes, *maxime* ao Parlamento, ainda que possa ser atribuído, através de delegação, a outros órgãos do Estado. Já o exercício do poder organizativo pelo Governo, no exercício da função administrativa (artigo 199.º da CRP), traduz-se na feitura de normas administrativas (enquanto normas jurídicas), mesmo que o seu objeto se esgote nas relações especiais de direito administrativo.

A Constituição portuguesa exclui a existência de um poder organizatório do poder executivo desvinculado dos princípios da legalidade e da constitucionalidade, como resulta da conjugação dos artigos 1.º e 2.º com o artigo 198.º/2 [211]. Esta posição da Constituição é importante para

---

[210] PAREJO ALFONSO, *Organización y Poder...*, op. cit, p. 76, que cita FORSTHOFF.

[211] JORGE MIRANDA / RUI MEDEIROS, *Constituição Portuguesa Anotada*, Tomo II, Coimbra, 2006, p. 703 e ss., salientam a natureza

fundar o poder organizatório nos princípios da constitucionalidade e da legalidade da Administração e da sua atividade, ainda que com densidades normativas diversas (artigos 164.º e 165.º da CRP). As vinculações constitucionais são muito relevantes nesta matéria, na medida em que vêm questionar a natureza executiva do poder organizatório e, por outro lado, vêm afirmar que todo o poder de organização deve ter uma legitimação constitucional e legislativa suficiente. Esta exigência é válida não só para a criação de novas pessoas coletivas públicas mas também, e isto é decisivo, para a criação de criaturas cuja natureza jurídica ou personalidade é incerta. Veja-se, mais uma vez, o caso das fundações públicas de direito privado e mesmo aí como forma de habilitação com reserva de proibição.

Em extrema síntese, o princípio da legalidade-fundamento [212] está na base de todo o poder organizativo público, sob a forma de tensão entre o legislativo e o executivo [213]. Queremos com isto dizer que o poder organizatório não constitui um poder unitário mas antes um poder determi-

---

controversa do âmbito da competência legislativa exclusiva do Governo respeitante à sua própria organização. Salientam ainda estes Autores a dificuldade, numa ordem constitucional que eleva a matéria da organização e funcionamento do Governo ao domínio da reserva de lei e que integra na reserva absoluta de competência legislativa da Assembleia da República a criação, extinção e modificação de autarquias locais (artigo 164.º, alínea n)), de qualificar a criação em concreto de institutos públicos (em geral, Administração indireta) como uma atividade integrada na função administrativa (p. 704).

Somos, assim, de opinião que se deve interpretar restritivamente a competência legislativa exclusiva do Governo prevista no n.º 2 do artigo 198.º (da CRP), limitando-a à sua própria organização e funcionamento.

[212] E. GARCÍA DE ENTERRÍA / T. RAMÓN FERNÁNDEZ, *Curso de Derecho Administrativo, op. cit.*, p. 413.

[213] Cfr. N. ACHTERBERG, *Allgemeines Verwaltungsrecht*, Heidelberg, 1988, pp. 63 e 159 e ss.

nado pelo seu objeto, distribuído pelo Governo e pela Assembleia da República, enquanto órgãos legiferantes.

É preciso notar que a organização é, simultaneamente, pressuposto e possibilidade do desenvolvimento e cumprimento das atividades jurídicas e materiais do Estado, inclusive administrativas. O Estado não é apenas um sistema de normas mas também um conjunto de organizações político-administrativas que só pode agir através da organização. A legitimação da organização e, especificamente, da organização administrativa obedece ao critério de distribuição constitucional de atribuições e competências e, assim sendo, conforma todo o poder executivo-administrativo.

5. 5. Princípio da legalidade e autonomia pública

Em jeito de conclusão, o método ou o critério fundamental para enquadrar e classificar as formas emergentes de organização administrativa deve ser o princípio da legalidade, o que revela o caráter decisivo da *autonomia pública* na classificação da pessoa coletiva pública e do fim a prosseguir pela Administração, o interesse público.

Não vemos outra forma de contrapor à imparável (ao que parece) descodificação dos sujeitos (de direito público), senão uma recodificação axiológica do princípio da legalidade num ordenamento jurídico de fins gerais que hoje se expressa para além do Estado — a União Europeia.

A ideia categorial de personalidade jurídica [214] está em crise e não apenas no direito público, pelo que só uma

---

[214] Sobre as dificuldades desta noção capital para o Direito, cfr. o clássico estudo de R. ORESTANO, *Il problema delle persone giuridiche in diritto romano*, Torino, 1968, esp. pp. 57-74.

recuperação formal-substancial do princípio da legalidade-
-juridicidade pode pôr termo à desfiguração da pessoa
coletiva pública, o que porventura passará por *uma disciplina jurídica comum da atividade público-administrativa, qualquer que seja a veste ou a natureza jurídica da pessoa jurídica*[215]. A publicidade da pessoa coletiva (derivada ou secundária) já não está na sua relação com o Estado-pessoa jurídica, mas na relação com o ordenamento jurídico-público objetivamente entendido. Só que agora o ordenamento jurídico-público derivante já não é originário do Estado, que passou a ser um ordenamento jurídico derivado da União Europeia e do seu Direito.

O grande desafio que se coloca à doutrina e ao legislador, qualquer que ele seja, é o de que a repartição das funções administrativas deve ser o primeiro elemento que se deve ter presente ao disciplinar os sujeitos e as regras organizativas. É este o problema dos problemas com que a doutrina administrativa se confronta e que um legislador digno desse nome deveria ajudar a resolver, fundando-se e orientando-se pelo princípio da constitucionalidade da Administração pública. De outra forma assistimos ao que temos assistido, ou seja, a soluções contingentes, precipitadas e aleatórias, deixando ao intérprete a árdua tarefa de deslindar o sexo dos anjos.

O direito administrativo abandonou definitivamente o Estado, que é agora um artefacto do passado, o paraíso perdido.

---

[215] *Supra*, n.º 3, "A circulação da consciência dogmática no direito administrativo", p. 55 e ss. Com efeito, já não basta, face às transformações da Administração, o n.º 5 do artigo 2.º do CPA que diz o seguinte: "Os princípios gerais da atividade administrativa constantes do presente Código e as normas que concretizam preceitos constitucionais são aplicáveis a toda e qualquer atuação da Administração Pública, ainda que meramente técnica ou de gestão privada".

É no ordenamento jurídico compósito da União Europeia que se devem procurar os critérios iluminantes em relação às categorias fundantes do direito administrativo. *Se quisermos estudar este ramo de direito público para ver o futuro temos que olhar para lá do Estado.*

Repetimos a pergunta que formulámos no início desta breve reflexão. Quem vence, a morfologia ou a dogmática do direito administrativo? Por outras palavras, os factos como regras das normas ou as normas como regras dos factos?

Também a separação (*Trennung*) traumática entre o direito processual e o direito substantivo, por um lado, e a separação entre o direito substantivo e o direito organizativo, por outro, não é alheia à perda de especificidade do direito administrativo e das suas categorias fundamentais.

Não vemos como seja possível o direito administrativo sem Administração ou a Administração sem o direito administrativo. Regressámos ao início do direito administrativo, quando a Administração se definia pela função e não pela natureza jurídica do sujeito? [216]

Em extrema síntese, o ordenamento jurídico-público contempla hoje duas distintas noções de pessoa coletiva pública e, portanto, de Administração. Uma, na qual os princípios publicísticos são conaturais à própria existência do sujeito público, e que poderíamos continuar a qualificar como Administração em sentido subjetivo ou orgânico; a outra, que poderíamos definir como objetiva, é caracterizada pela *autonomia pública*, entendendo com esta expressão ou critério *a sujeição qualificada de uma pessoa jurí-*

---

[216] *Supra*, "A circulação da consciência dogmática no direito administrativo", p. 55 e ss.

dica a um vínculo de natureza finalístico-teleológico com o ordenamento jurídico [217].

A efetividade deste vínculo era e é concretizada pelo princípio da legalidade-juridicidade. Agora, a personalidade pública da Administração resulta da autonomia pública dos sujeitos, independentemente da tipologia organizativa ou da sua natureza jurídica. O caráter finalístico e funcional da *autonomia* (pública) justifica-se pela densidade do princípio da legalidade [218], que funciona como critério unificante entre o sujeito, que pode ser público ou privado, e a função público-administrativa [219]. Por outras palavras, independentemente da natureza jurídica do sujeito e da sua atividade, o princípio da legalidade conforma e conecta a razão de ser do ente com o fim de interesse público. Desta forma, exprime-se a ideia que o princípio da legalidade opera como critério de ligação entre o modo de ser do sujeito e a qualidade final da sua atividade.

Estamos, assim, confrontados com uma fronteira subtil entre um núcleo de pessoas coletivas públicas por natureza (pessoas coletivas públicas territoriais) e um conjunto crescente de entidades administrativas de direito privado vinculadas pelo princípio da legalidade a um fim de interesse público [220] [221]. Neste último sentido, poder-se-ia falar

---

[217] Utilizamos aqui a noção de autonomia de M. S. GIANNINI, "Autonomia (saggio sui concetti di autonomia)", in *Riv. dir. pubbl.*, 1951, p. 881.

[218] Neste sentido, a doutrina mais recente fala de um *bloco de legalidade* que disciplina e vincula a Administração como organização e atividade administrativas.

[219] *Supra*, "A circulação da consciência dogmática no direito administrativo", p. 55 e ss.

[220] E. GARCÍA DE ENTERRÍA / T. RAMÓN FERNÁNDEZ, *Curso de Derecho Administrativo, op. cit.*, p. 59.

[221] Veja-se, a título de exemplo, o Acórdão do STA (Pleno), de 20 de maio de 2010, Processo 01113/09, in *CJA*, n.º 84, 2010, p. 14 e ss.

de um retorno à noção de Administração executiva, atenuando ou excluindo o exercício do poder discricionário. Daí, como dissemos antes, um controlo jurisdicional mais intenso nestes casos.

Creio que a utilidade desta distinção está na compatibilidade das recentes evoluções do ordenamento jurídico-administrativo com a noção constitucional de Administração. Porventura, isso exigirá uma interpretação hábil e elástica da *Constituição administrativa* mas não ao ponto de privar a Administração da sua autonomia funcional ou finalística ou de privar os particulares das respetivas garantias procedimentais e processuais.

Este limite constitucional (artigo 266.º) é inultrapassável pelo legislador ordinário quando pretende dissociar as funções e a atividade do estatuto jurídico-público do sujeito e da Administração, designadamente através do exercício da (sua) capacidade jurídica privada.

Finalmente, a individualização das funções administrativas que devem permanecer públicas cabe, no respeito pela Constituição, na liberdade constitutiva do legislador, mas não à própria Administração.

Se a Lei Fundamental não for capaz, como não tem sido, porque carece do Estado, de suster a privatização formal da Administração, ou mesmo a sua despublicização, o intérprete deve socorrer-se dos limites postos pelo Direito constitucional e administrativo da União Europeia, recorrendo, nomeadamente, à figura do organismo de direito público.

Embora o Acórdão tenha o mérito de colocar o verdadeiro problema — a natureza jurídica do ente —, a solução encontrada não é satisfatória. Com efeito, trata-se de uma solução pontual que não enfrenta a questão dogmática e teorética com que estamos hoje confrontados, como tentámos demonstrar nas páginas antecedentes.

Em última instância, a autonomia pública da pessoa coletiva radicará no conceito de Constituição composta (*Verfassungsverbund*), incluindo no bloco constitucional o direito originário ou primário da União Europeia e o direito constitucional nacional.

Em suma, o princípio constitucional da legalidade administrativa entendido em sentido material e compósito, como critério decisivo de aproximação das noções subjetiva e objetiva de Administração. Por outras palavras, o critério da *autonomia pública* da Administração como fórmula unitária da "subjetividade" administrativa através da qual a posição ou natureza jurídica do ente (sujeito) é substancialmente indiferente relativamente aos fins postos pela lei.

As recentes e profundas alterações do sistema administrativo não eliminaram nem simplificaram a distinção (ainda necessária) entre as pessoas coletivas de direito público e as pessoas coletivas de direito privado. Tornaram-na, isso sim, mais difícil e complexa e, sendo assim, num tremendo desafio para a doutrina iuspublicista.

É nossa convicção que, superada a atual metaestabilidade jurídica, haverá um regresso às velhas fronteiras da grande dicotomia público-privado, mas agora sob a forma de um novo e consolidado ordenamento jurídico de fins gerais.

A dúvida está em saber se este novo ordenamento jurídico geral se situará mais a nível regional (União Europeia) ou mais a nível global.

6. Da Administração transnacional ao ato administrativo transterritorial

6.1. Enquadramento geral

A União Europeia é a atual forma histórica de um ordenamento jurídico de fins gerais, em substituição do Estado como *penúltima* personalização (histórica) de um ordenamento jurídico geral [222].

O ordenamento jurídico da União Europeia é um ordenamento compósito, que integra os ordenamentos nacionais com base nos princípios fundamentais do primado e do efeito direto, de criação jurisprudencial (Tribunal de Justiça da União Europeia - TJUE). Esta unidade jurídica ganha mesmo expressão a nível constitucional com a chamada "Constituição composta ou integrada" (*Verfassungsverbund*). Isto significa que as Constituições e os ordenamentos jurídicos dos Estados-membros se inserem numa estrutura normativa complexa a vários níveis. Esta ligação é inclusive estabelecida pelas próprias Constituições nacionais (artigos 7.º e 8.º da CRP). Nas Constituições italiana e alemã são, respetivamente, os artigos 117.º e 23.º que integram os ordenamentos nacionais no ordenamento jurídico europeu (comunitário). No topo das fontes do Direito está o direito constitucional europeu, tradicional-

---

[222] Para maiores desenvolvimentos, cfr. COLAÇO ANTUNES, *O Direito Administrativo sem Estado, op. cit.*, p. 19 e ss.

mente designado por direito comunitário originário ou primário (constituído pelos Tratados institutivos da Comunidade Europeia e da União Europeia) que prevalece, em regra, sobre os Direitos nacionais, *maxime* a nível constitucional [223].

A natureza composta e multinível do ordenamento jurídico europeu (comunitário) implica a necessidade de colaboração entre as Administrações nacionais e a Administração comunitária (integração vertical) e uma crescente colaboração transnacional entre as várias Administrações dos Estados-membros da União Europeia (integração horizontal). Numa palavra, a esta estrutura jurídico--constitucional corresponde uma Administração composta (*Verwaltungsverbund*) que designa dois aspetos muito importantes. Primeiro, a integração das Administrações nacionais na Administração comunitária implica que aquelas passam a atuar em função comunitária. Depois, a integração das Administrações nacionais na Administração comunitária impõe a alteração da natureza e das funções das várias pessoas coletivas públicas que compõem tradicionalmente a Administração nacional (um exemplo: as Autarquias Locais quando atuam em função comunitária deixam de ser Administração autónoma local).

A confeção de uma Administração comum ou composta pressupõe o abandono da tradicional distinção entre execução direta e execução indireta (em que a Administração comunitária, que era pequena, *fazia fazer* às Administrações nacionais) a favor de formas de colaboração comum entre a Administração comunitária e as Administrações nacionais. Comporta, inclusive, e isto é muito importante,

---

[223] Neste sentido, há lugar a uma reordenação das fontes do direito administrativo. Atualmente, é pueril a discussão sobre a primazia das Constituições nacionais sobre o direito da União Europeia.

não só uma abertura horizontal dos ordenamentos nacionais como das respetivas Administrações. Daí a expressão *Administração transnacional* e a sua consequência jurídica mais relevante: o ato administrativo transnacional. Em poucas palavras, a jurisprudência do Tribunal de Justiça e, depois, o direito comunitário (primário e derivado) instituíram uma *passerelle* entre os ordenamentos nacionais (e respetivas Administrações) dos vários Estados-membros através do qual transitam normas, procedimentos e atos administrativos com os respetivos efeitos jurídicos externos. Os instrumentos utilizados são os procedimentos administrativos compostos.

6. 2. O conceito de ato administrativo transterritorial

O Direito Administrativo da União Europeia não trouxe apenas alterações às funções e natureza das entidades público-administrativas, trouxe também alterações ao nível dos principais institutos administrativos. Dizer que um ato praticado por um órgão administrativo sofre de vício de incompetência relativa (e, portanto, anulável) quando este viola os limites territoriais da sua atuação já não é de todo correto como se poderia pensar até há pouco tempo. Como também não parece exato sustentar a identificação do âmbito de eficácia da norma habilitante com o âmbito de eficácia do ato que aplica aquela norma jurídica [224].

---

[224] Para uma primeira aproximação conceptual, cfr. R. BOCANEGRA / G.-LUENGO, "Los atos administrativos transnacionales", in *RAP*, n.º 7, 2008, p. 11.

É indiscutível constatar que, frequentemente, os atos administrativos são eficazes em âmbitos territoriais mais amplos ou mais acanhados em comparação com o âmbito de vigência das normas que aplicam, podendo, inclusive, a eficácia de um ato ditado por um órgão de uma Administração nacional ultrapassar a "fronteira" e projetar-se noutros ordenamentos nacionais. Esta realidade comunitária explica o nascimento de uma nova figura: o ato administrativo transnacional. Esta figura pressupõe, em larga medida, um *ius comune* europeu (da União Europeia), que explica a abertura horizontal do ordenamento jurídico do Estado-membro e a eficácia do ato administrativo com efeitos jurídicos transterritoriais. Este ato administrativo com eficácia jurídica plena em ordenamentos jurídicos nacionais distintos daquele donde foi emanado constitui o ato administrativo transnacional, sendo que tal raciocínio é extensível a outras figuras, como por exemplo, o contrato sobre poderes administrativos. Como parece óbvio, esta figura exige uma crescente uniformização e homogeneidade do direito administrativo europeu [225].

O aspeto mais vistoso e relevante do ato administrativo transterritorial [226] é constituído pelo facto de produzir efeitos jurídicos que se projetam para além do âmbito territorial do órgão da Administração do Estado que o

---

[225] M. RUFFERT, "Der transnationale Verwaltungsakt", in *Die Verwaltung*, 2001, p. 436 e ss. Note-se que o direito comunitário é um direito uniforme mas não unitário.

[226] Embora possam ser utilizados como sinónimos, preferimos a designação de "ato administrativo transterritorial", para evitar o estigma tradicional e impróprio da noção de Estado como até há pouco tempo a conhecemos. Vivemos num território sem Estado ou num Estado sem território.

praticou [227]. A sua eficácia estende-se também, com frequência, para fora do âmbito de vigência da norma jurídico-administrativa aplicada, sendo que esta característica nem sempre se verifica. A sua nota definitória é a eficácia internacional, ainda que esta seja variável em função do grau de uniformização e harmonização do direito comunitário. Ora, isto quer dizer que há atos administrativos transterritoriais (em sentido estrito) que têm eficácia automática noutros ordenamentos jurídicos (mútuo reconhecimento perfeito) e outros que exigem um controlo (também variável) por parte da Administração do Estado recetor dos efeitos jurídicos do ato administrativo transnacional (mútuo reconhecimento ativo ou condicionado, conforme as várias sensibilidades da doutrina). Neste caso, não se constata uma grande harmonização do direito comunitário, o que explica o controlo das consequências jurídicas do ato transnacional por parte do Estado hospedeiro. Existem ainda situações em que, por estarem em causa relevantes interesses públicos (ambiente, saúde pública), o ato administrativo transterritorial não possui eficácia automática no ordenamento jurídico de um terceiro Estado [228].

Com efeito, uma vez que o ato administrativo foi praticado no âmbito de um ordenamento jurídico, as normas comuns de Direito internacional ou comunitário que reconhecem o ato administrativo transterritorial em sentido puro (estrito) impõem o reconhecimento automático dos seus efeitos, sem que a Administração recetora possa con-

---

[227] J. BAST, "Transnationale Verwaltung des europäischen Migrationsraums. Zur horizontalen Öffnung der Eu-Mitgliedstaaten", in *Der Staat*, 2007, p. 5 e ss.

[228] R. BOCANEGRA / G.-LUENGO, "Los atos administrativos transnacionales", *op. cit.*, p. 15.

trolar sequer a sua conformidade com o ordenamento comum que o justifica e legitima [229].

Como dissemos anteriormente, esta é apenas uma das hipóteses de ato administrativo transnacional, a mais pura ou extrema; outras há em que a Administração hospedeira (recetora) do ato tem o poder de verificar a sua conformidade com a norma comum aplicável e até com a salvaguarda de superiores interesses públicos (nacionais) que lhe compete defender e prosseguir. A justificação desta nova figura assenta na necessidade de satisfação plena das quatro liberdades fundamentais da União Europeia (livre circulação de pessoas, bens, serviços e capitais). Exemplificando, se a norma jurídica aplicável à autorização de novos alimentos ou ingredientes alimentares é a mesma para os 27 Estados-membros da União Europeia, resultava incompreensível que, no mercado interno, uma empresa que produza tais bens e os queira pôr em circulação tivesse de obter 27 autorizações.

Também em relação a esta figura foi pioneiro o TJUE, com o *leading case Cassis di Dijon* (sentença de 20 de fevereiro de 1978), jurisprudência que inspirou mais tarde o legislador comunitário [230].

Como já se insinuou, há toda uma tipologia de ato administrativo transnacional. Temos, assim, atos administrativos com eficácia transnacional automática (por exemplo, as cartas de condução), atos que são objeto de decisões comuns (por exemplo, autorização de comercialização de novos produtos alimentares) e ainda atos sujeitos a

---

[229] Cfr. J. BECKER, "Der transnationale Verwaltungsakt", in *Deutsches Verwaltungsblatt*, 2001, p. 865 e ss.

[230] COLAÇO ANTUNES, "Um tratado francês lido em alemão? O acto administrativo no direito comunitário e na sua jurisprudência", *op. cit.*, p. 89 e ss.

(mútuo) reconhecimento (por exemplo, o reconhecimento, em regra, passivo, de títulos académicos de outros Estados através de um ato de equivalência). A situação é diferente quando o título de legitimação é uma norma ou tratado internacional, o que implica do Estado recetor um ato de homologação do título académico.

Há autores que apontam para uma tipologia diferente de ato administrativo transnacional. Para dar um exemplo, que tem relação com a matéria ambiental, a transnacionalidade do ato administrativo resultaria da eficácia internacional dos seus efeitos, mas também do destinatário residir noutro Estado. Referimo-nos aos atos autorizativos de transporte de resíduos perigosos. Obviamente que este tipo de atos transnacionais pressupõe o consentimento ativo dos Estados potencialmente afetados pelo transporte de resíduos perigosos.

6. 3. O problema dos atos autorizativos poligonais com efeitos ambientais transfronteiriços

Estamos agora perante uma relação jurídica administrativa poligonal, na qual o ato administrativo transnacional pode constituir, modificar e extinguir a posição jurídica de uma multiplicidade mais ou menos indefinida de terceiros, inclusive de titulares de direitos de um país vizinho. Falamos daqueles atos autorizativos de obras (procedimentos administrativos complexos) que, potencialmente, podem causar danos ambientais significativos e que, por isso, estão sujeitos a um procedimento administrativo prévio de avaliação de impacto ambiental (artigo 7.º da Diretiva n.º 85/337, de 27 de junho, sucessivamente alterada e atualmente transposta para o ordenamento jurídico pelo Decreto-Lei n.º 69/2000, de 3 de maio, sucessivamente alterado). Podem também estar sujeitos a avaliação de impacto ambiental estratégica (artigo 7.º da Diretiva n.º 42/2001, de 26 de maio, transposta pelo DL n.º 232/2007, de 15 de agosto, sucessivamente alterado) programas e planos (urbanísticos inclusive), cujos efeitos também eles se podem repercutir no território dos Estados confinantes e, consequentemente, na esfera jurídica dos seus cidadãos [231].

Quer nos procedimentos de avaliação de impacto ambiental de projetos singulares públicos e privados (artigo 7.º da Diretiva n.º 85/337), quer nos procedimentos relativos à avaliação de impacto ambiental estratégica (de planos e programas) suscetíveis de ter efeitos significativos no ambiente de outro Estado-membro (artigo 8.º da Diretiva n.º 42/2001), o direito comunitário (derivado) reconhece a possibilidade das entidades administrativas do Estado confinante e dos respetivos cidadãos afetados poderem participar de modo adequado e em prazos razoáveis nos procedimentos de avaliação de impacto ambiental desencadeados no país onde se vai realizar a obra ou o plano (ou programa) em causa [232]. Dito de outra forma, para eliminar ou pelo menos mitigar a potencial lesão (impacto) ambiental conexa à realização da obra no território, o Estado em que se realiza o projeto e, portanto, com competência para emitir o ato de licenciamento não o pode fazer sem

---

[231] Se se entender que os planos urbanísticos devem ser qualificados como regulamentos administrativos, tratar-se-á de transnacionalidade de normas.

[232] Não creio que a participação de entidades administrativas de outros Estados dê lugar a uma espécie de ato complexo. Em sentido oposto, K. LADEUR / C. MÖLLERS, "Der europäische Regulierungsverbund der Telekommunikation in deutschen Verwaltungsrecht", in *Deutsches Verwaltungsblatt*, 2005, p. 527 e ss.

ouvir previamente os sujeitos públicos e privados de ordenamentos diversos.

Estamos assim, perante uma modalidade, porventura atípica de ato administrativo transnacional, uma vez que os seus efeitos irradiam para terceiros ordenamentos jurídicos nacionais (do Estado ou Estados vizinhos). Bem entendido, o ato administrativo transnacional não é a decisão que conclui subprocedimento de avaliação de impacto ambiental, mas sim o ato autorizativo que fecha o procedimento administrativo principal — o ato de licenciamento da obra em questão.

Como parece óbvio, é o ato autorizativo (ou de licenciamento) que produz verdadeiramente a modificação da situação jurídica dos particulares residentes no país do ordenamento jurídico confinante ou afetado. Ultrapassada a fase participativa do subprocedimento de avaliação de impacto ambiental, a Administração do Estado vizinho não dispõe de competência decisória ou até de controlo da eficácia do ato transnacional.

De resto, o Estado vizinho não está sequer em condições de oferecer tutela jurisdicional aos particulares afetados pela obra, já que é regra assente pela jurisprudência comunitária (do TJUE) que os pedidos impugnatórios ou cautelares contra o ato autorizativo devem ser dirigidos ao Tribunal administrativo competente do Estado que emitiu o ato de licenciamento (princípio da imunidade jurisdicional típico do direito internacional).

Assente que o ato administrativo regulador é o ato autorizativo, ato que tem eficácia internacional, é justo salientar que o subprocedimento de avaliação de impacto ambiental, ao envolver a colaboração de entidades administrativas de ambos os Estados, reforça a ideia de que estamos em presença de um ato administrativo transnacional. Outra coisa é saber se também podem ser impugnados contenciosamente os atos endoprocedimentais (instrumentais) e, em especial, a decisão que conclui o subprocedimento especial de avaliação ambiental. A nossa resposta é positiva para os recorrentes nacionais [233], mas já não estamos tão seguros da procedibilidade dos pedidos apresentados pelos terceiros estrangeiros (cidadãos do país vizinho), o que exigiria um profundo conhecimento do ordenamento jurídico-administrativo do Estado em que se realiza a obra em causa.

6. 4. Ato administrativo transterritorial e défice da tutela jurisdicional do terceiro (estrangeiro). Uma via hermenêutica

Como a regra jurisprudencial é aquela que enunciámos, a da impugnação contenciosa por terceiros potencialmente lesados ter de ser feita na jurisdição do Estado que emitiu o ato com efeitos transnacionais, coloca-se, como é óbvio, um problema sério de acesso ao Direito e ao tribunal. Em suma, um problema de tutela jurisdicional efetiva.

Como nos compete ser sintéticos e objetivos, limitar-me-ei a propor uma hipótese hermenêutica que submeto ao escrutínio crítico do leitor-ouvinte.

Retomando uma tese que sustentámos noutro estudo [234], deve, em primeiro lugar, proceder-se à distinção entre o ato administrativo e os seus efeitos. O ato é efé-

---

[233] COLAÇO ANTUNES, *O Procedimento Administrativo de Avaliação de Impacto Ambiental – Para uma Tutela Preventiva do Ambiente*, Coimbra, 1998, p. 700 e ss.

[234] Cfr. COLAÇO ANTUNES, "Anulação administrativa ou *nulla annullatio sine juditio?*", in *CJA*, n.º 79, 2010, p. 3 e ss.

mero, esgotando-se no momento em que é ditado pelo órgão competente. O que prevalece são os efeitos jurídicos do ato e não propriamente o ato administrativo. Se assim é, talvez fosse possível abrir um caminho mais adequado para a tutela judicial efetiva das legítimas pretensões dos terceiros (estrangeiros) lesados por um ato administrativo com efeitos jurídicos transnacionais.

Antes de continuarmos, numa breve suspensão reflexiva, é muito difícil ao terceiro lesado (estrangeiro) conhecer do ato atempadamente para efeitos contenciosos, como exige uma familiaridade do direito substantivo e processual do Estado que praticou o ato só ao alcance de poucos, de muito poucos. Numa palavra, nestas condições, é praticamente impossível o acesso ao Direito e à jurisdição, que consubstancia, no ordenamento jurídico-constitucional dos Estados europeus (Portugal incluído, artigos 20.º e 268.º/4 da CRP), um direito fundamental de primeiríssimo plano. Estamos a falar de valores constitucionais fundamentais e irrenunciáveis, pelo que a tutela jurisdicional não pode ser percebida como uma mera técnica processual de tipo instrumental. Se assim é, o efeito útil do Direito comunitário, neste caso sob a forma de circulação internacional dos efeitos do ato administrativo, não pode sobrepor-se, de forma desproporcionada, ao princípio da tutela jurisdicional efetiva que é também património do Direito da União Europeia. Este princípio (da tutela judicial efetiva) não pode, salvo melhor opinião, ser sacrificado no altar do *princípio de direito internacional da imunidade jurisdicional* [235].

---

[235] É ainda a persistência do mito do Estado como pessoa coletiva pública primária. Cfr. COLAÇO ANTUNES, *O Direito Administrativo sem Estado, op. cit.*, p. 19 e ss.

Depois desta nota reflexiva, retomando a separação do ato administrativo dos seus efeitos jurídicos, deve ser possível, desde logo, ao juiz do Estado recetor dos efeitos do ato transnacional conhecer, pelo menos, dos vícios mais graves geradores de nulidade do ato, desaplicando-o. Como o que está em causa são os efeitos jurídicos e não o ato propriamente dito (o que circula não é o ato mas os seus efeitos), seria igualmente possível a propositura do que nós designamos em Portugal por ação administrativa comum. Os pedidos processuais que se podem formular ao abrigo desta ação são vários, sempre que não esteja em causa um ato ou uma norma administrativa. Esta forma de processo tem ainda a vantagem, atendendo à dificuldade de tutela em análise, de, em regra, poder ser proposta a todo o tempo (artigo 41.º/1 do CPTA). Enfim, afastava-se o perigo, aliás frequente, do ato administrativo transnacional se tornar facilmente inopugnável pelo decurso do prazo de caducidade, em regra relativamente curto (em Portugal, 3 meses, artigo 58.º/2/b) do CPTA), sendo que noutros países é ainda mais curto, 2 meses). Se este perigo é real, então importa pôr-lhe cobro, sob pena dos particulares ficarem sem qualquer tutela jurisdicional. Ora, se o objeto da ação administrativa não é o ato transnacional mas simplesmente os seus efeitos, nada obstaria que o juiz do Estado hospedeiro (ou, na pior das hipóteses, do Estado que emitiu o ato) pudesse conhecer dos seus vícios a todo o tempo, permitindo, desta forma, uma tutela judicial efetiva temporalmente adequada.

Por outro lado, creio ser este o sentido do instituto do *mútuo reconhecimento*, isto é, o que verdadeiramente transita através das fronteiras dos Estados-membros da União Europeia não é o ato administrativo mas os seus efeitos jurídicos, bem como a posição jurídica de vantagem do destinatário do ato administrativo [236]. É apenas isto (os efeitos do ato) que circula por todo o território da União Europeia. Se esta é a verdadeira substância da figura do mútuo reconhecimento, não surpreende que, nos casos de reconhecimento condicionado ou ativo, a Administração do Estado-membro de destinação do ato seja chamada, no âmbito de um procedimento de controlo legitimado por normas comunitárias, a eliminar os efeitos mais gravosos que possam lesar interesses públicos nacionais de natureza imperativa. Concedendo, o que a Administração recetora do ato não pode fazer é substituir a sua vontade à vontade da Administração do Estado emissor do ato ou reexaminar o procedimento seguido.

Apesar do ato administrativo transnacional não estar sujeito, enquanto tal, em princípio, ao controlo preventivo das autoridades nacionais do Estado hospedeiro, estas podem, portanto, impedir o ato de produzir efeitos nocivos no seu território sempre que estejam em causa a violação de superiores interesses públicos nacionais. Se isto é verdade para a figura do reconhecimento automático, já o reconhecimento condicionado permite que a erradicação dos efeitos do ato administrativo transnacional passe por um procedimento de controlo levado a cabo pela Administração de destinação do ato [237].

Sendo importante e necessário sublinhar que a circulação diz respeito aos efeitos do ato e não ao ato administrativo propriamente dito, contudo isso não é suficiente. Importa ainda salientar que a circulação dos efeitos do ato não se prende com qualquer característica estrutural deste

---

[236] Para maiores desenvolvimentos sobre este princípio, cfr. N. BASSI, *Mutuo riconoscimento e tutela giurisdizionale*, Milano, 2008, p. 7 e ss.

[237] N. BASSI, *Mutuo riconoscimento...*, op. cit., p. 82 e ss.

ou com uma qualquer relação especial entre o Estado emissor e o Estado recetor, mas antes com o título jurídico que legitima a circulação dos efeitos do ato administrativo. Título jurídico constituído pelo ordenamento comunitário (mais ou menos harmonizado).

Numa palavra, o direito comunitário constitui não só o fundamento como o limite da possível eficácia transnacional do ato administrativo adotado pela Administração de um Estado.

Ainda sobre a tutela jurisdicional do ato administrativo transnacional, importa referir que, tal como uma porta precisa da chave adequada para ser aberta, o mesmo sucede com a tutela jurídica [238].

---

[238] Tomamos a ousadia de apresentar uma outra via, ainda que incidental, de controlo jurisdicional.

Referimo-nos àquelas situações em que não estão reunidos os pressupostos para a transmigração dos efeitos do ato administrativo. Objeto de apreciação do juiz nacional de destinação não seria o ato e a sua conformidade com o direito comunitário aplicável, mas tão só a aderência dos efeitos do ato à norma europeia que permite a sua circulação. Como não cabe, em regra, à Administração fiscalizar a legalidade e a constitucionalidade das normas jurídicas que mais diretamente disciplinam a sua atividade, só o juiz o pode fazer, por força do princípio da precedência da lei (artigo 204.º da CRP).

Nestes casos, o juiz nacional pode suscitar, através de reenvio prejudicial (para o TJUE), a inconstitucionalidade da norma comunitária que constitui o título jurídico da circulação dos efeitos (jurídicos) do ato transnacional e, desta forma, emitir uma pronúncia que, inspirada na sentença do juiz comunitário, impeça temporariamente a disposição em causa de produzir efeitos, suspendendo a eficácia do ato que a concretiza.

Concluindo, não parecem existir obstáculos dogmáticos e positivos que possam impedir o juiz administrativo nacional de suspender a eficácia do ato transnacional (estrangeiro) ao constatar que não está em conformidade com as normas comunitárias que legitimam a transmigração dos efeitos do ato no espaço jurídico sob sua jurisdição.

Em resumo, o ato administrativo transnacional, na sua variada tipologia, não apresenta uma forma homogénea. Desde atos com eficácia automática (mútuo reconhecimento perfeito ou passivo) até ao ato com eficácia condicionada (mútuo reconhecimento ativo ou condicionado). Esta realidade fenomenológica do ato administrativo transterritorial implica, por sua vez, uma tutela jurisdicional diferenciada no que respeita à sua efetividade.

A tutela jurisdicional efetiva constitui o seu calcanhar de Aquiles, uma vez que o legislador comunitário optou claramente (até ao presente) por valorizar ao máximo a exigência de uma rápida e eficaz circulação dos efeitos do ato e do direito subjetivo do beneficiário do ato.

Numa palavra, o legislador comunitário optou pelas liberdades fundamentais do mercado único (liberdade de circulação de pessoas, bens, serviços e capitais), em prejuízo de uma tutela jurisdicional plena das posições jurídicas do terceiro.

É certo que na ausência de normas comunitárias harmonizadoras, estando em causa interesses públicos primários do Estado hospedeiro do ato, como o ambiente, este terá o poder e a legitimidade de sujeitar as liberdades fundamentais a controlo administrativo dirigido a garantir os referidos interesse públicos imperativos.

Na ausência de normas comunitárias de harmonização dos diferentes ordenamentos nacionais, o instituto do mútuo reconhecimento (ativo) tem uma função determinante, na medida em que os Estados podem verificar da equivalência funcional dos procedimentos administrativos entre os vários Estados [239]. Nestas situações, o recurso aos princípios do mútuo reconhecimento e da equivalência

---

[239] COLAÇO ANTUNES, *O Direito Administrativo sem Estado*, op. cit., p. 122 e ss.

funcional permite às Administrações nacionais os respetivos controlos administrativos, ainda que a lógica seja a de facilitar a circulação de normas, contratos ou mesmo de atos administrativos (trans)nacionais [240].

Dito de outra forma, os princípios enunciados servem para governar (disciplinar) as diferenças entre os sistemas jurídicos nacionais, de modo a favorecer a consideração unitária e global do espaço jurídico-económico europeu comum.

Como o desiderato que se pretende atingir é este, tem prevalecido um entendimento jurisprudencial restritivo dos controlos administrativos dos Estados de destinação do ato transnacional, impedindo-os de duplicar os atos autorizativos e os controlos administrativos já efetuados no ordenamento de origem. Numa palavra, infungibilidade dos procedimentos administrativos. Todavia, a *desaplicação* das normas administrativas nacionais pelo Estado de destinação do ato pode ser afastada, se houver lesão dos interesses públicos primários, anulando os efeitos ilegais do ato transnacional.

Havendo normas de harmonização, a atividade administrativa do Estado recetor do ato é reduzida, para não dizer nula (mútuo reconhecimento passivo), uma vez que a equivalência entre os ordenamentos jurídicos nacionais foi concretizada previamente pelo direito comunitário derivado (normalmente através de uma Diretiva). É óbvio que, nesta segunda hipótese, é mais nítida a europeização do ato administrativo transnacional, o que não é indiferente para efeitos de tutela jurisdicional. Em ambos os casos, as Administrações nacionais (do Estado emissor e do recetor do ato) atuam em função comunitária e não em função

---

[240] N. BASSI, *Mutuo riconoscimento...*, op. cit., p. 87 e ss.

nacional. Isto é, atuam como entidades administrativas da Administração comunitária.

Para clareza do leitor-ouvinte, há sempre que distinguir o papel da Administração do papel do juiz administrativo do Estado de destinação. Se a ação da Administração varia em função do grau de harmonização do (e com o) direito comunitário, já o papel do juiz é invariável (sempre que se remova e ultrapasse o princípio da imunidade jurisdicional, ou seja, a competência exclusiva do tribunal da Administração que praticou o ato — Estado de origem).

Problemas idênticos aos que acabamos de observar em relação ao ato administrativo transnacional se podem suscitar no âmbito dos Estados federais ou compostos (ou ainda em Estados complexos, como a República Popular da China), sendo que agora o problema da tutela jurisdicional é muito menos impressivo, em virtude da existência do mesmo sistema jurisdicional e de normas procedimentais e processuais semelhantes, quando não idênticas.

7. O direito administrativo no espaço jurídico global

7. 1. Esboço do quadro

Todas as respostas vão no sentido da globalização do direito administrativo. Mas o problema não é esse, o que é facilmente verificável de forma empírica. O problema é outro, o de saber o que esta nova realidade significa para a ciência jurídica administrativa. Já não estamos apenas a falar e a discutir a eventual descaracterização do direito civil quando este vem utilizado de forma maciça pelas pessoas coletivas públicas. Falamos de outra coisa, da desterritorialização e deslocalização do direito administrativo e, sobretudo, das suas consequências e implicações.

Coloca-se, antes de mais, a questão de saber quais são as suas fontes jurídicas, os centros de produção jurídica, num contexto que pode ser descrito de seguinte maneira:

– declínio do *nomos* da terra;
– crise do princípio da legalidade;
– explosão de direitos fundamentais;
– alteração do tempo jurídico;
– rutura do sistema de fontes;
– globalização *versus* universalidade.

Dizia CARL SCHMITT na abertura do *Nomos da Terra* que a terra é a mãe do Direito. Ora, o tempo que vivemos parece regido pelo princípio oposto, a desterritorialização do Direito, já anunciada profeticamente pelo Autor na referida obra [241].

Os limites do território jacobino desaparecem, sendo que o problema já não é o da *subdivisão do espaço* mas o da tentativa de unificar um espaço diverso, o espaço jurídico global, onde as formas de poder e de domínio são tudo menos públicas e visíveis. As velhas tecnologias tinham uma vantagem, eram visíveis, o que não acontece com as novas tecnologias. Projetados no *cyberespaço*, tudo assume, inclusive a pessoa, uma natureza irreal e imaterial. A esta desmaterialização da pessoa e das suas necessidades responde-se com uma explosão de direitos fundamentais, a que se juntam direitos relacionados com as novas tecnologias. Estamos agora perante pessoas eletrónicas criadas pelos mercados de acordo com as suas necessidades.

Um conjunto de pessoas, acontecimentos e factos, antes ligados a um determinado espaço territorial, com uma única autoridade, o Estado, deu lugar a uma expansão global, seja na sua dimensão real, a economia-mundo, seja numa dimensão virtual, o *cyberespaço*. É neste espaço e naquela realidade, definida como *mixed-reality*, que se projeta a pessoa esvaída de qualquer individualidade e corporalidade.

Quanto ao problema da soberania basta ler o que KELSEN escrevia na véspera da 1.ª Guerra Mundial para perceber o que estamos a viver hoje. Como podem existir Estados soberanos quando estes perderam um dos elementos essenciais, o território? Para colher todos os sinais, não apenas premonitórios, é preciso ter em atenção a alteração das noções de tempo e de espaço. Estes são agora globais e virtuais. Os protagonistas principais do mundo atual são

---

[241] C. SCHMITT, *Das Nomos der Erde im Volkerrecht der Jus Publicum Europeum*, Berlin, 1950, esp. p. 28 e ss.

três: uma superpotência imperial, empresas multinacionais e sistemas de comunicações que nos oferecem uma universalidade virtual.

Quanto aos centros de produção de Direito a nível global, o quadro pode ser exposto da seguinte forma:

– tratados e convenções internacionais;
– regras provenientes de instituições internacionais;
– normas oriundas de autoridades independentes supranacionais;
– modelos contratuais uniformes [242];
– códigos de conduta internacional;
– *standards* de normalização técnica.

Excluímos, intencionalmente, o Direito da União Europeia, pela sua especificidade e regionalidade, e o Direito de origem estadual porque quisemos privilegiar as fontes de natureza planetária. Repare-se que, em regra, estamos perante o chamado *soft law*, que nós definiríamos com a expressão de *metanormatividade* para explicar a construção e a evolução da norma na ausência de um autoridade central [243].

Aproximadamente, pode dizer-se que a metanorma é o mecanismo que suporta a norma. O que é relevante é que este mecanismo seja ativado por quem considere existir um dano maior se a violação da norma não for punida.

---

[242] Cfr. o primeiro estudo de S. MACAULAY, "Non-contractual relations in business: a preliminary study", in *Amer. Soc. Rev.*, n.º 28, 1963, pp. 55-66.

[243] Segundo F. OST, "Le temps virtuel des lois postmodernes ou comment le droit se traite dans la société de l'information", in J. CLAM / G. MARTIN, *Les Transformations de la Régulation Juridique*, Paris, 1998, p. 425, "le droit s'est mis à courir".

Não estamos apenas perante uma empresa técnica, mas perante uma alteração política, que se resolve na criação de um novo circuito de produção do Direito, realizado sobretudo na forma de modelos contratuais uniformes. Esta técnica domina a cena jurídica global ao substituir-se, inclusive, às Convenções internacionais de direito uniforme e aos regulamentos e diretivas comunitárias. Quem cria este "Direito"? A resposta é simples. São as grandes sociedades de advogados ao serviço de multinacionais. É o chamado *direito advogatício*. Todavia, o papel destas sociedades de advogados internacionais não se esgota no momento de criação de regras, manifestando-se igualmente e de forma capilar no momento da sua aplicação, zelando pela sua uniformidade.

É nossa convicção que esta forma de *privatização do direito privado* é a mesma que está na base da privatização e despublicização do direito administrativo a nível global. Numa palavra, são os *poderes privados* os novos depositários de um poder político capaz de estabelecer esta metanormatividade internacional.

Um dos ensinamentos ou ilações é o de que a privatização não atinge apenas o direito público, atinge também e paradoxalmente o direito privado, na sua forma mais grave: a produção de normas de direito privado deixa de ser feita por um ente público (o Estado) para passar a ser feita por entes privados.

7. 2. O modelo gótico do "direito administrativo global"

Há fases da história em que parece prevalecer uma certa ingovernabilidade, incerteza do Direito, tendências fragmentárias, a par de uma extraordinária turbulência económico-financeira. É precisamente esta realidade com que estamos hoje confrontados, num contexto já não apenas estadual ou supranacional mas global.

Na história europeia, o modelo gótico começou por ser definido para aludir ao período feudal, com a sua dispersão dramática e a prevalência do momento pessoal sobre o momento institucional no exercício do poder. O conceito dá ainda conta de uma certa dispersão e pluralidade de fontes jurídicas, num espaço político caracterizado pelo seu espírito particularístico-federalístico. Estamos numa fase histórica em que não estão ainda reunidas as condições políticas e jurídicas para estabelecer a fronteira entre o direito público e o direito privado, tal como hoje acontece. O encontro entre o mundo cristão, direito romano e liberdades germânicas produziu uma fenomenologia institucional nova, dramaticamente dispersa, em que coabitam estruturas protodemocráticas e patrimoniais, direito e exclusividade estatutária, poder temporal e poder espiritual.

Esta realidade histórica é o laboratório de múltiplas experiências político-jurídicas, inclusive constitucionais. A primeira delas foi a Constituição inglesa. Um dos paradoxos mais vistosos da história das instituições europeias está no facto da mais gótica das Constituições se ter elevado no século XVIII a paradigma do constitucionalismo europeu [244].

Mas, salvo melhor opinião, o paradigma de uma realidade político-institucional de moldura gótica está precisamente na forma de organização política do Sacro Império Romano-Germânico, o mais enigmático entre os sujeitos da história institucional europeia. Quando no fim da Idade Média, finais do século XV, a expressão se começa a

---

[244] G. SCHMIDT, *Geschiste des alten Reiches. Staat und Nation in der Frühen Neuzeit 1495-1806*, München, 1999, p. 10.

impor, não é claro o que ela designa, embora o termo se utilize de forma a englobar o Império ocidental com vocação universal, que parece coincidir com a cristandade organizada juridicamente e com o *Reichslehensverband* hierarquicamente organizado em torno do *Reich* dos territórios alemães e não alemães (aliás, não engloba todos os territórios germânicos). Há mesmo uma certa indefinição territorial do designado império romano-germânico, o que historicamente teve consequências trágicas no século passado.

A configuração do império romano-germânico, com o seu acervo de direitos e entidades, feudos e domínios, dissimula, em boa verdade, a fragmentação territorial, social e confessional que impediu a formação de um núcleo de estadualidade moderna [245]. Por outro lado, o *Reich*, embora não ofereça a imagem de unidade, tem, contudo, uma dimensão federal, ou melhor, foi capaz de gerar uma espécie de federalismo que nasce da transformação do Império e da agregação de entidades locais e de pequenos "Estados", numa simbiose de matriz imperial e democrática. Nas palavras agudas de um observador excecional como MONTESQUIEU, a Germânia constituía uma república federativa [246]. A unidade era garantida através da via pactícia, numa lógica hierárquica.

Como nota ALTHUSIUS, com o seu sofisticado aparelho conceptual [247], entre o Estado (unitário) e a confederação existe um outro sujeito, o *Reich*, que tem uma natureza

---

[245] Isto explica o tardio nascimento do Estado no espaço jurídico-cultural germânico e da respetiva revolução liberal.

[246] Cfr. C. MÖLLERS, *Gewaltengliederung. Legitimation und Dogmatik im nationalen und internationalen Rechtsvergleich*, Tübingen, 2005, p. 253 e ss. Cfr. D. ELAZAR, *Constitutionalizing Globalization. The Postmodern Revival of Condefederal Arrangements*, Lanham, 1998, p. 114.

[247] *Consociatio symbiotica, communicatio, politeuma e politia.*

particular. É hoje claro que não era possível a síntese de partes tão heterogéneas, de modo que, a partir do século XVII, começaram a prevalecer as leituras que punham a nu os defeitos de construção desta complexa agregação institucional.

No tratado *De statu imperii germanici* (1667), publicado sob o pseudónimo de *Severimus*, PUFENDORF desenvolve uma crítica profunda à "publicística" contemporânea, salientando que aquela realidade não se deixava capturar e explicar com recurso a categorias epistemológicas tradicionais de inspiração aristotélica ou de categorias mais modernas como a de "monarquia limitada" [248]. Ainda segundo PUFENDORF, que vai buscar provavelmente a BARTOLO a metáfora do monstro, o *Reich* não é nenhuma destas coisas ou sequer um Estado, mas uma realidade anfíbia, um *Mittelding*, que permanecia imperscrutável a uma abordagem científica.

Provavelmente estas palavras tiveram eco, mais de um século depois, em HEGEL, precisamente na sua obra *Verfassung Deutschlands*, onde expressa a ideia de que o direito constitucional alemão não é uma ciência que repouse sobre princípios, mas um registo dos mais variados direitos públicos adquiridos segundo os modos ou as formas do direito privado [249].

Em suma, a tentativa de uma ambiciosa síntese entre princípios de organização política tão heterogéneos só poderia ser definido como um monumental ecletismo barroco. À luz da sua humilhante dissolução, prevaleceu a

---

[248] S. VON PUFENDORF, "Über die Verfassung des deutschen Reiches", in N. HAMMERSTEIN, *Staatslehre der frühen Neuzeit*, Frankfurt am Main, 1995, pp. 567-932.

[249] H. HELLER, *La sovranità ed altri scritti sulla dottrina del diritto e dello Stato*, trad. it., Milano, 1987, p. 244.

ideia e a imagem (na linha de PUFENDORF, HEGEL e MARX) de um conjunto de poderes de senhoria em conflito permanente, incapaz de levar a bom termo a obra da unidade jurídico-política.

Tragicamente, depois da catástrofe do Estado alemão em 1933-1945, começou a surgir de novo a ideia de *Reich--Renaissance*, ideia esta sujeita a interpretações diferentes e até contrapostas. Uma leitura sublinha o caráter nacional-estatal do *Reich* e uma outra enaltece a alteridade e a modernidade. Daí que haja autores que vejam no *Reich* um *Sonderweg* que pode ser reconhecido como o modelo genético da União Europeia, antecipando a vistosa assimetria entre a debilidade da centralidade política e a exuberante juridificação do edifício comunitário. Tal como o *Reich*, também a União Europeia é um ordenamento jurídico compósito e supraestadual, em que prevalece um certo grau de flexibilidade das formas decisionais, ainda que os procedimentos sejam por vezes bastante rígidos.

Enquanto os Estados têm uma organização rígida e compacta, hierarquicamente ordenados e concentrados, os ordenamentos compostos registam alguma instabilidade e fluidez organizativa. Num estudo recente, CASSESE, referindo-se à União Europeia, dá conta da existência de 1400 comités de natureza diversa e composta ao serviço da especialização e da integração comunitária [250].

Sem dúvida que, no momento em que escrevemos (caracterizado por uma crise económico-financeira sem precedentes), o modelo do império romano-germânico é bastante sugestivo, tendo em consideração a labiríntica

---

[250] Curiosamente, o ilustre Autor dá como modelo inspirador da União Europeia o império espanhol. Cfr. S. CASSESE, *Lo spazio giuridico globale*, Roma-Bari, 2003, pp. 73-76.

complexidade da hodierna construção europeia e até do fenómeno da globalização. O tema do monstro jurídico e a referência a PUFENDORF acompanha com regularidade o debate contemporâneo sobre a Europa e o mundo global.

Se o mundo gótico é definível como um espaço jurídico de alta fragmentação, fortemente exposto a pulsações desordenadas e centrífugas, propício à decomposição de comunidades tradicionais, então as arquiteturas góticas bem podem constituir o horizonte de evolução institucional de um mundo esquizofrenicamente globalizado.

Se não nos equivocamos, o globalismo só pode ter uma resposta constitucional, o constitucionalismo gótico. O problema é o de saber se isso é possível, se, para utilizar as palavras de DIETER GRIMM, o mundo global é capaz de criar uma entidade capaz de Constituição (*konstitutionsfähiges Gebilde*) quando a União Europeia não foi capaz de o fazer [251].

Avançar, no plano internacional, com a juridificação é um caminho possível, mas não creio que estejam reunidas as condições políticas e culturais para operar o salto de qualidade que implicaria o constitucionalismo global, salvo se, como alguns teorizam (por exemplo, OTFRIED HÖFFE), for possível uma *república universal*. No estado atual das coisas faltam os pressupostos de uma capacidade constitucional efetiva, porque a juridificação do global é marcada pela sectorialidade e pela fragmentação, inclusive institucional.

---

[251] Como parece confirmá-lo o processo da chamada Constituição europeia. Cfr. DIETER GRIMM, "Die Verfassung im Prozess der Entstaatlichung", in AAVV, *Der Staat des Grundgesetzes. Kontinuität und Wandel*, Tübingen, 2004, p. 167.

Um constitucionalismo cosmopolita?! Mas então a hierarquia das normas seria subvertida por uma hierarquia de relação de forças reais. Ou então o resultado do processo constitucional poderia transformar-se no agregado acidental de normas primárias de que falava HEGEL no seu escrito sobre o projeto de reforma da monarquia de *Württemberg*.

Salvo melhor e mais fundamentada opinião, não vemos, por agora, que seja possível um constitucionalismo sem Estado, uma espécie de Estado de Direito sem Estado. Como afirma DIETER GRIMM num estudo recente (*Die Verfassung im Prozess der Entstaatlichung*), a Constituição não está ameaçada apenas pela dissolução do Estado, mas também pela dissolução do direito público no direito privado [252]. O declínio da lei é apenas o primeiro indicador, mas não o único, do declínio da forma jurídica.

Em suma, o desenvolvimento do direito transnacional coincide fatalmente com a relativização da Constituição. No contexto da globalização constata-se um processo de juridificação que tem dois pólos: o direito económico e os direitos fundamentais, mas isso não significa que esteja em curso um processo integrado de constitucionalização. O que há é um liberalismo económico que se disfarça com outro liberalismo, o liberalismo constitucional. Aliás, o processo de juridificação transnacional, ao coincidir com a produção de normas de garantia dos direitos fundamentais, cria a ilusão de estarmos perante um processo de constitucionalização cosmopolita. Mas só isso. Mesmo que assim fosse, e não é, tal processo de constitucionalização relega para o puro empirismo o *instrument of government*.

---

[252] Cfr. DIETER GRIMM, "Die Verfassung im Prozess der Entstaatlichung", *op. cit.*, p. 171 e ss.

7. 3. Uma tentativa de resposta. Um *usus hodiernus Pandectarum?*

Qual o papel da ciência jurídica nos dias globalizados que vivemos? O que é este novo ordenamento jurídico global [253]? Como pode existir um ordenamento global sem ciência jurídica?

Depois do Direito e da ciência jurídica terem sido decisivos na criação do Estado de Direito e da União Europeia, o Direito parece assumir um papel sofrível no mundo global. Trata-se de uma mudança radical que importa perceber.

O jurista só diz palavras. *Words, words, words!* O jurista não cria absolutamente nada. Porquê? Talvez porque, como em nenhuma outra fase histórica, a vida-mundo seja regida pelos interesses (privados), mas também porque o papel do jurista deixou de ser intelectual. Atualmente, a intervenção do jurista é um risco e um caso, resumindo-se a uma função notarial e servil. O dono do ordenamento jurídico global é invisível, sem qualquer traça de público e de publicidade.

A juridicidade começa no modo-de-ser e de dever-ser do jurista, ora isto não existe hoje ou existe escassamente. Nem sequer dá esperança, a esperança de deixar um mundo melhor, esperança de outros poderem vir a ter um mundo bom.

O que é o Direito? O problema fundamental do Direito é hoje como conhecer e interpretar o Direito.

Creio que é um erro, como faz o Direito pós-moderno, regressar à *iuris prudentia* dos romanos. Por uma simples razão, é um mito e um erro dizer que o direito europeu (continental) é romanístico. Sem dúvida que os impera-

---

[253] Já respondemos a esta pergunta por diversas vezes.

dores romano-germânicos tinham um sonho. Mas é justamente na Alemanha, como fazia notar HEGEL, que mais tarde surgiu o Estado moderno [254].

Quanto aos sistemas de direito civil emergentes na Europa a partir do século XVII eles só têm do direito romano uma falsa aparência. Na verdade, a escola moderna de direito natural e a ciência jurídica alemã do século XIX oferecem apenas uma caricatura do direito romano; como também o conceito moderno de propriedade não é de origem romana, mas de origem teológico-cristã. Outra coisa é a teoria se ter tornado historicamente individualista, transformando o *dominium* geral do Homem em direito próprio do particular, uma espécie de *Oberbegriff*.

Afastada a hipótese hermenêutico-dogmática do direito romano, é tempo de lançar no debate a nossa proposta: o retorno à racionalidade lógico-metodológica da pandectísitica.

Não sem antes dar conta de um tremendo paradoxo. Provavelmente a teoria romanista da jurisprudência ou a noção romana de *proprietas* são mais adaptáveis aos dias globalizados de hoje do que aos dias sociais que preencheram boa parte do século XX.

Mas voltemos à nossa proposta, lembrando o que escreveu LOUIS BOYER [255]: "Le nouveau n'est progressif que dans la mesure où il se greffe sur le passé, comme le passé ne demeure vivant que lorsqu'il demeure créateur".

A ideia é a seguinte, a pandectística, com as necessárias adaptações, foi e é um elemento constitutivo e transcendente da ciência e da experiência jurídicas. Na verdade, a *Pandektenwissenschaft* imprimiu um traço indelével

---

[254] Cfr. BARRET-KRIEGEL, *Les Chemins de l'État*, Paris, 1986, esp. p. 112 e ss.

[255] *Le Fils Eternel*, Paris, 1978, p. 78.

aos ordenamentos jurídicos do mundo ocidental, contribuindo de forma decisiva para a construção do sistema de *civil law* e dos vários saberes jurídicos que o integram. O que procuramos indagar é se o seu paradigma científico, de grande influência e autoridade, faz hoje sentido. A nosso ver, não só faz sentido como provavelmente é a resposta da ciência jurídica mais capaz de responder à dispersão e fragmentação do Direito atual.

Quais são os elementos fundamentais deste paradigma?

Tentando ser sintético, diríamos que são os seguintes:

1 - toda e qualquer decisão jurídica é a aplicação de um princípio jurídico abstrato a uma hipótese concreta;
2 - que, para toda e qualquer hipótese concreta, deve ser possível encontrar uma decisão adequada com base na lógica jurídica e nos princípios jurídicos abstratos em vigor;
3 - que o direito objetivo vigente deve ser, pelo menos de forma latente, um sistema jurídico sem lacunas ou, em função da aplicação do Direito, como se o fosse;
4 - que aquilo que não é suscetível de uma construção técnico-jurídica é irrelevante para o Direito;
5 - que todo o agir humano deve ser interpretado como aplicação ou execução do Direito ou, ao invés, como violação ou desaplicação do Direito;
6 - um sistema jurídico assim configurado não vive apenas para o presente mas também para o futuro.

O sistema savignyano é lido, portanto, como um sistema capaz de, nos dias de hoje, representar os elementos necessários a uma rutura epistemológica e ao nascimento de uma nova metodologia capaz de interpretar e exprimir as transformações profundas da sociedade contemporânea, tal como o fez no período oitocentista. Neste sentido, a doutrina e a ciência jurídica não podem ficar prisioneiros da contraditória tensão entre um *Quellenpurismus* e a abstração filosófica, entre um *mystisches Vergangenheitskult* e um ilusório e pacóvio desconstrutivismo [256].

A proposta de SAVIGNY de uma ciência jurídica capaz de garantir a certeza jurídica, porque kantianamente fundada numa formalização do seu horizonte discursivo, assim como na construção dos seus elementos num sistema jurídico transcendente, oferecia um itinerário difícil mas fascinante e sobretudo necessário aos desafios do seu tempo [257]. Como agora, como é nossa convicção. Apesar das críticas, inclusive de contemporâneos, o sistema de SAVIGNY soube, apesar do tradicional *System-Denken* alemão, encontrar o caminho e o método do *selbständiges Dasein* do Direito sem o sobrepor aos seus desenvolvimentos, (re)descobrindo-o na *innere Notwendigkeit* do nexo entre passado e futuro, entre necessidade e liberdade [258].

A noção savignyana de sistema jurídico, como forma científica da unidade de princípios jurídicos ligados entre si nos modos historicamente determinados da indissolubilidade entre passado e presente, soube contrapor-se quer

---

[256] Cfr. H. MITTERIS LIEBERICH, *Deutsche Rechtsgeschichte*, Tübingen, 1981, p. 406 e ss.

[257] Para uma exaustiva exposição das interpretações do pensamento de SAVIGNY, cfr. J. RÜCKERT, *Idealismus, Jurisprudenz und Politik bei Friedrich Carl von Savigny*, Ebelsbach, 1984, esp. p. 147 e ss.

[258] E. W. BÖCKENFÖRDE, "Die Historische Rechtschule und das Problem der Geschichtlichkeit des Recht", in *Collegium philosophicum. Studien J. Ritter*, Basel-Stuttgard, 1965, p. 19 e ss.

à noção de *Fechwerk* de THIBAUT [259], quer à de GUSTAV HUGO, que se inclinava a entendê-lo como um conjunto de sinais capaz de traduzir a realidade das coisas numa transparente linguagem artificial [260]. A sabedoria de SAVIGNY foi a de converter este Autor na figura inócua de precursor da nova escola.

SAVIGNY não se limitou a atualizar a distinção, já presente nos *wolffianos*, de *sistema* como *inventio* ou como *disposito*. Na teoria de SAVIGNY, a noção ideal de sistema jurídico assumia a função de *a priori* da consciência e do conhecimento, permitindo uma leitura dinâmica das fontes através do modelo construção-reconstrução da verdade (jurídica).

De resto, o seu pensamento metodológico permitia-lhe recolher elementos e conteúdos de proveniência diversa, adaptando-se e adaptando-os sem romper o equilíbrio do sistema. Até a aversão anticodicista do jovem SAVIGNY tem hoje sentido. Codificar o quê e para quê? Codificar o genocídio cultural do Estado imperial, do Império?

É claro que este esforço titânico de repensar o Direito não pode ser levado a cabo pelos práticos, porque seria trágico.

O que propomos, do ponto de vista teorético, não é o regresso à ciência jurídica privatística, como metodologia da dogmática, mas a sua apropriação pela ciência do direito público. Os privatistas e a sua obra maior, o Código, não falam ao coração das pessoas. Isso é mérito do direito público, em especial o Direito constitucional e o Direito administrativo.

---

[259] A expressão é do próprio SAVIGNY.
[260] E. W. BÖCKENFÖRDE, "Die Historische Rechtschule...", *op. cit.*, p. 18.

Se a parábola da pandectística coincide (historicamente) com a emergência da *soziale Frage*, porque não reinventá-la [261].

Não nos desanima sequer o facto de alguns entenderem que a pandectística cumpriu, no campo do Direito, uma tarefa análoga à dos economistas clássicos em relação ao mercado. O que nos anima a propor o regresso atual a SAVIGNY é a sua racionalidade lógico-metodológica, capaz de fixar um campo de tensões bem circunscrito no qual podem operar, segundo uma metodologia refinada, postulados e axiomas destinados a durar além da própria pandectística.

A tendência do nosso tempo não é a tendência do tempo de SAVIGNY. Agora, a tendência é uma legislação frenética e uma pluralidade anárquica de fontes. Se assim é, talvez fosse útil recuperar a racionalidade lógico-metodológica da pandecta, temperada por um pensamento jurídico axiologicamente orientado em sentido publicístico.

Em suma, recuperar os valores jurídicos e deitá-los sobre as plantas da humanidade.

---

[261] Para uma síntese eficaz, cfr. DIETER GRIMM, "Bürgerlichkeit im Recht", in *Bürger und Bürgerlichkeit im 19. Jahrhundert*, J. *Kocka*, Göttingen, 1987, p. 149 e ss.

8. A conformação global do direito administrativo: um exemplo (in)salubre

8.1. Entrada na matéria

Os economistas afirmam correntemente que a liberalização das trocas comerciais, obtida através de uma gradual redução das tarifas e de outros obstáculos ao comércio internacional, não só enriquecem as economias nacionais como beneficiam os cidadãos. Estamos longe de partilhar este otimismo unilateral. Em nossa opinião, estas eventuais vantagens económicas, em consequência da globalização do comércio de bens e serviços, devem ser ponderadas e confrontadas com outros direitos e interesses igualmente relevantes ou mesmo mais relevantes. Entre estes bens jurídicos podem indicar-se a proteção da saúde humana (ou mesmo animal) e a proteção do ambiente e da paisagem.

O processo de globalização assume formas jurídicas complexas, inclusive procedimentais, como são os sistemas de regulação global do comércio internacional. O Tratado de Marrakesch, de 1994, que instituiu a *World Trade Organization* (WTO) contempla, entre outros aspetos, o *Agreement on the Application of Sanitary and Phitosanitary Measures* (SPS) [262] [263]. Este Acordo visa temperar e conju-

---

[262] Por medida sanitária ou fitosanitária entende-se qualquer prescrição ou procedimento que possa incidir sobre a alteração de pro-

gar a liberdade das trocas comerciais com as medidas protecionistas de natureza sanitária e fitosanitária adotadas pelas Administrações nacionais, medidas essas destinadas a proteger a saúde das pessoas e dos animais e a proteger o ambiente (flora). Numa palavra, o objetivo que se propõe no Acordo é o de evitar que o comércio de bens e serviços possa ser limitado por instrumentos de tipo sanitário ou outras técnicas utilizáveis pelas Administrações nacionais com o fito de favorecer a (sua) produção nacional e, assim, impedir a importação de bens oriundos de outros países.

Trata-se, com efeito, de uma regulação destinada a garantir a liberalização das trocas comerciais (de bens e serviços), de modo que este processo não possa ser travado por medidas sanitárias que sejam, neste entendimento, um obstáculo ao comércio internacional. Por esta razão, as autoridades nacionais vêm a regulação global impor limites aos direitos administrativos nacionais, na medida que as autoridades administrativas nacionais perdem, em boa medida, a possibilidade de fixar tais medidas, como também são obrigadas a demonstrar a necessidade de fixar tais limites ou a provar que estes não constituem "a means of arbitrary or unjustifiable discrimination between Members where the same conditions prevail or a disguised restriction on international trade" (§ 2 do preâmbulo do Acordo SPS).

---

dutos agroalimentares, como, por exemplo, os relativos às características dos produtos, métodos de produção ou de certificação.

[263] O *Agreement* que instituiu a *World Trade Organization* foi firmado em Marrakesch, em 1994, e entrou em vigor no primeiro dia de janeiro de 1995. Para além de disciplinar o funcionamento da Organização, contém uma série de disciplinas setoriais contidas em quatro Anexos, nomeadamente o Acordo específico SPS.

O problema está como judicar arbitrário, discriminatório ou injustificado um procedimento dirigido a impedir o acesso ao mercado nacional de produtos considerados perigosos para a saúde pública. A resposta oferecida pela regulação global (SPS) é de tipo procedimental, mais de tipo formal que substantivo. Com efeito, o Acordo SPS não prefigura uma norma global válida para todos os Estados membros, capaz de se substituir aos instrumentos jurídicos nacionais. Ao invés, impõe um modelo procedimental, no âmbito do qual a autoridade nacional é chamada a participar e a provar-justificar que as medidas nacionais *trade-restrictive* são indispensáveis à tutela da saúde das pessoas, prova essa que se deve louvar em técnicas científicas capazes de demonstrar pelo menos um risco grave para a saúde pública. Fica claro, portanto, que o ónus da prova pertence às autoridades nacionais, que ficam, assim, obrigadas a demonstrar cientificamente os malefícios de determinados bens para a saúde dos seus nacionais.

Quer dizer, os contactos e os limites dos direitos administrativos nacionais são impostos externamente por organismos internacionais. Antes de mais, as autoridades administrativas nacionais são constrangidas a adotar procedimentos administrativos de caráter internacional, que obviamente condicionam a sua liberdade decisória, subordinando-a a um severo ónus da prova. Em segundo lugar, este comportamento deve-se, em grande medida, à crescente transnacionalidade das Administrações nacionais e dos seus atos administrativos [264], no sentido de que, neste processo relacional de interferências recíprocas, a regulação nacional, por exemplo, em matéria aduaneira, se projeta também na esfera de particulares residentes noutros

---

[264] Como já ficou demonstrado num capítulo anterior da Parte I deste trabalho.

países. Em terceiro lugar, a autoridade administrativa nacional pode igualmente decidir adequar a sua atuação à regulação internacional, privando-se antecipadamente de uma disciplina autónoma, confiando-se a um *standard--setting body*, que, no caso alimentar, é a *Codex Alimentarius Commission*.

Estas tendências vêm todas elas previstas no *SPS Agreement*. Nesta medida, este constitui um banco de prova para medir as cedências ou as resistências dos direitos administrativos nacionais em relação à disciplina global que tende a desnacionalizar aqueles [265].

8. 2. Alguns aspetos do regime procedimental

O *SPS Agreement* coloca à cabeça um limite de caráter geral às *policies* nacionais, as quais ficam obrigadas a verificar *suitability test, necessity test and porportionality test*, por forma a não constituírem obstáculos ilegítimos à liberdade de trocas comerciais a nível internacional. O Acordo não deixa de reconhecer aos Estados *the right to regulate*, isto é, a competência para adotar as medidas que julguem necessárias e apropriadas para proteger a saúde humana e animal.

O Acordo contém cinco tipos de disposições relativas à transparência, harmonização, equivalência, consulta e vinculação aos procedimentos administrativos de controlo. Para garantir o princípio da transparência, dispõe-se que as Administrações nacionais devem publicitar antecipadamente as suas medidas, de modo a torná-las conhecidas

---

[265] Cfr. G. DELLA CANANEA, "Legittimazione e accountability nell'organizzazione mondiale del commercio", in *Riv. trim. dir. pubbl.*, 2003, p. 745.

pelas autoridades internacionais e interessados. Para assegurar o princípio da harmonização, estabelece-se que as autoridades nacionais devem conformar as suas medidas por *standards*, diretivas e recomendações fixadas por organizações internacionais, às quais devem ser comunicadas. Para garantir o princípio da equivalência (funcional) está previsto que todo e qualquer Estado pode aceitar medidas (equivalentes) de outros Estados, desde que estes demonstrem objetivamente que tais medidas cumprem com os referidos *standards*, recomendações e diretivas ou que atinjam o nível de proteção exigido pelo Estado importador.

Se inexistirem estes *standards* ou diretivas internacionais ou se a medida proposta não estiver em conformidade com aqueles, o Estado respetivo deve aplicar o procedimento de *notice and comment*. Em suma, os procedimentos de controlo nacionais devem respeitar os princípios procedimentais fixados pelas organizações internacionais.

Do que ficou dito extraem-se inevitavelmente algumas consequências-limites a que ficam condicionados os Estados: em primeiro lugar, as decisões das Administrações nacionais devem respeitar pelo menos o conteúdo mínimo imposto pelos *standards* fixados pelo *Codex Alimentarius Commission* [266]; em segundo lugar, as Administrações

---

[266] A Comissão é um organismo intergovernamental a quem cabe o procedimento de formação e de aprovação dos *standards* em matéria de segurança alimentar. Segundo o artigo 2.º/2, a Comissão para o *Codex Alimentarius* é um organismo internacional de segunda geração instituído em 1963 (embora a disciplina venha já de 1962 e tenha sido por várias vezes alterada), não através de um Tratado internacional mas de uma resolução conjunta de duas organizações internacionais, FAO e WHO, com o fim de dar aplicação ao *Joint Food Standards Programme*.

nacionais devem cumprir certos procedimentos para poderem introduzir regras mais restritivas, isto é, quando pretendam estabelecer um nível de proteção mais elevado do que o fixado em sede global; em terceiro lugar, as Administrações domésticas devem respeitar e cumprir particulares deveres procedimentais regulados a nível global, porque só assim cumprirão o *SPS Agreement*; por último, o conteúdo da medida adotada pelas Administrações nacionais está sujeito ao controlo do "juiz global" [267].

Vejamos agora, ainda que sinteticamente, o sentido e alcance de alguns princípios. Uma das principais notas salientes do princípio da participação é a sua ambivalência, ao constituir simultaneamente uma garantia e um vínculo para os Estados. Uma garantia, na medida em que se admite e se determina uma ampliação de possibilidades para as Administrações nacionais; um vínculo, na medida em que estas ficam sujeitas a vínculos determinados heteronomamente por organizações internacionais.

Desenvolvendo um pouco mais as ideias anteriormente sugeridas, podemos dizer que o princípio da participação constitui uma garantia para as Administrações domésticas no momento em que são chamadas a participar (previamente) nos procedimentos destinados a formular os *standards* que são posteriormente fixados pelos comités da *Codex Alimentarius Commission*. Com efeito, o *SPS Agreement* prevê uma forma de participação vertical através de um procedimento administrativo de *notice and comment*, bem como uma participação orgânica que permite eleger os membros das Administrações nacionais para os

---

[267] Sobre o "juiz global", cfr., entre outros, J. ALLARD / A. GARAPIN, *Les Juges dans la Mondialisation. La Nouvelle Révolution du Droit*, Paris, 2007, esp. p. 107 e ss.

órgãos colegiais competentes para a formulação de *guidelines* [268].

O princípio da participação constitui, por sua vez, um vínculo para as Administrações nacionais sempre que estas pretendam emanar medidas mais restritivas relativamente aos *standards* internacionais. Nestes casos, as autoridades nacionais têm o dever de garantir o acesso ao "processo" administrativo (documentos) por parte de outros Estados membros do Acordo, bem como enviar o respetivo projeto de decisão, devendo ainda informá-los das alterações feitas depois do período de consulta [269].

Naturalmente que nos podemos interrogar sobre a efetividade do princípio da participação nas vertentes analisadas. Em abono da verdade, não é fácil fazer esta apreciação-teste de efetividade porque faltam normas jurídicas sobre o princípio da participação, particularmente a nível global, como também não se constata uma jurisprudência minimamente consolidada sobre o princípio da participação por parte do "juiz global".

Como resulta do exposto, não se nota uma presença digna desse nome por parte dos particulares interessados, sendo que os sujeitos procedimentais são praticamente os

---

[268] Cfr. o Anexo B do Acordo, para que remete o artigo 7.º (*Transparency*), que prevê uma obrigação de transparência e de publicidade a cargo dos Estados que emanem medidas SPS que constituam uma garantia a favor de todos os outros membros e dos particulares interessados, sejam cidadãos do Estado de origem ou estrangeiros--destinatários indiretos ("Members shall ensure that all sanitary and phitosanitary regulations which have been adopted are published promptly in such a manner as to enable interested Members to become acquainted with them").

[269] Sobre a participação no sistema WTO, cfr. G. SCHAFFER, "The World Trade Organization under Challenge: Democracy and the Law and Politics of the WTO's Treatment of Trade and Environment Matters", in *Harvard Environmental Review*, 2001, p. 5 e ss.

Estados. Os privados, ao que julgamos, marcam apenas presença na fase nacional dos referidos procedimentos administrativos. Este dado revela um défice de participação pouco compreensível nesta matéria, tanto mais que outros Acordos, como por exemplo o *The Agreement on a Technical Barriers to Trade*, admitem uma participação dos particulares mais ampla [270]. Tal pode ficar a dever-se, entre outras razões, ao facto de no âmbito do *TBT Agreement* operar há algum tempo uma instituição como o ISO (*International Organization for Standardization*) que engloba já os particulares, os quais puderam eventualmente exercer a sua influência, a começar pela redação do texto do Acordo.

Quanto ao princípio do *judicial review*, regulado no artigo 11.º do Acordo SPS, é de notar uma certa ligação entre o procedimento e o processo, de modo que nos sugere uma certa processualização do procedimento administrativo. O *judicial review* surge como um limite à atividade das Administrações e, em particular, aos atos jurídicos que concluem o procedimento, seja qual for a sua natureza jurídica. Objeto de controlo são todo o tipo de decisões nacionais, independentemente da natureza do ato a que elas se reportem, que pode ser indiferentemente uma lei, um regulamento administrativo ou um ato administrativo. Em suma, a função de controlo abrange todo este tipo de atos jurídicos, apesar das respetivas diferenças quanto ao seu conteúdo, natureza e eficácia jurídica [271].

Têm legitimidade processual para recorrer ao "juiz global" principalmente os Estados, mas é permitido aos

---

[270] Cfr. o § 3 do referido Acordo.

[271] Cfr., por exemplo, J. M. SMITH, "Three Model of Judicial Institution in International Organization: The European Union, the United Nation and the World Trade Organizations", in *Tulsa Journal of Comparative Law and International Law*, 2002, p. 125 e ss.

particulares ou a entes representativos de interesses coletivos e difusos intervir, como amigos *briefs*, num processo já instaurado. O processo tem caráter impugnatório, cabendo às partes provar a ilegalidade do ato jurídico em questão, aferida à luz dos parâmetros postos pelo Acordo SPS.

Um aspeto importante tem a ver com a natureza e intensidade do controlo jurisdicional, para usar uma linguagem doméstica compreensível. A este nível, parece perpassar pela "jurisprudência global" a *hard look doctrine* dos tribunais norte-americanos [272], na medida em que a sindicabilidade dos atos nacionais pelo "juiz global" se socorre intensamente dos princípios fundamentais da atividade administrativa, como o princípio da proporcionalidade. Nalguns casos, o "juiz global" vai mesmo mais longe, substituindo-se às Administrações nacionais na determinação do nível de proteção, invadindo desta forma uma esfera reservada dos Estados e das suas Administrações.

O "tribunal global" parece também não se deter perante aqueles casos designados tradicionalmente de discricionaridade técnica. Na ordem jurídica global, o juiz, para garantir a efetividade das regras globais, não hesita em autolegitimar-se e a munir-se de meios que lhe permitam um controlo interno (e não meramente externo) de medidas estaduais de caráter discricionário. Tal como o juiz comunitário, também o "juiz global" parece apelar a uma jurisprudência teleológica de resultado, ajudando, desta forma, a criar uma ordem jurídica global [273].

---

[272] Cfr. COLAÇO ANTUNES, "Interesse público, proporcionalidade e mérito: relevância e autonomia processual do princípio da proporcionalidade", in *Estudos em Homenagem à Professora Doutora Isabel de Magalhães Collaço*, vol. II, Coimbra, 2002, esp. p. 565 e ss.

[273] Sobre a figura do *amicus curiae,* cfr. D. HOLLIS, "Private Actors in Public International Law: Amicus Curiae and the Case for

Onde os poderes do "juiz global", como seria de esperar, são mais claudicantes, é precisamente em matéria de execução das sentenças, para dizer, mais uma vez, as coisas numa linguagem compreensível ao jurista doméstico. Com efeito, os "órgãos judiciários globais" remetem o cumprimento da sentença para a disponibilidade das Administrações nacionais, até por não disporem diretamente de poderes sancionatórios.

8. 3. Os limites globais aos direitos administrativos nacionais

O objetivo agora é perceber e explicar de forma sintética e em coerência com o que ficou dito, o impacto e penetração do *SPS Agreement* sobre os direitos administrativos nacionais, condicionando-os por essa via. Vejamos o problema mais de perto, apresentando algumas reflexões pertinentes.

Em primeiro lugar, operam, do ponto de vista subjetivo, vários órgãos reguladores globais com funções diversas. Desde logo, o *Committee on Sanitary and Phitosanitary Measures* fixa os *standards* a que os Estados devem conformar-se e, como resulta do texto anterior, constituem um limite externo à atividade das Administrações nacionais. Em segundo lugar, ao lado desta entidade, opera a *Codex Alimentarius Commission*, que desenvolve não só funções de Administração direta, mas também de normação secundária, incidente, aliás, sobre as normas procedimentais nacionais. Em terceiro lugar, os comités (especializados e setoriais) compostos por membros das Adminis-

---

the Retention of State", in *Boston College International Law and Comparative Law Review*, 2002, p. 253 e ss., esp. p. 241 e ss.

trações nacionais têm um papel decisivo na fase preparatória do procedimento decisório tendente à elaboração e formulação dos referidos *standards*. Como se vê, há aqui uma transnacionalidade horizontal das Administrações nacionais. Em quarto lugar, os Estados constituem departamentos de cooperação horizontal, cuja função é controlada internacionalmente. Esta cooperação pode adquirir a forma de troca de informações, de experiências ou de normas e de procedimentos relativos à segurança alimentar.

No que diz respeito aos mecanismos e formas de intervenção nos ordenamentos nacionais, a regulação global tanto pode ser vertical como horizontal, aproximando-se neste aspeto à natureza do Direito da União Europeia. A disciplina global impõe-se em sentido vertical aos Estados quando penetra nos ordenamentos nacionais, modelando a sua legislação e dirigindo-se diretamente às respetivas Administrações públicas e indiretamente a entidades privadas. A regulação global produz também um efeito horizontal (transnacional), vinculando os Estados a procedimentos administrativos de mútuo reconhecimento e a respeitar os *standards* estabelecidos a nível internacional, empenhando, inclusive, as Administrações nacionais no âmbito de órgãos colegiais compósitos [274].

Da existência e combinação de diversos organismos reguladores globais com os respetivos mecanismos de intervenção, parece emergir um quadro suficientemente claro de numerosas interferências e conformação do espaço jurídico global nas ordens jurídico-administrativas nacionais.

---

[274] Cfr. M. REIMANN, "Beyond National Systems: a Comparative Law for the International Age", in *Tulane Law Review*, n.º 75, 2000-2001, p. 1105 e ss.

Neste regime regulatório global, o Estado apresenta uma *facies* de menoridade e até de desagregação, chamando a colaborar com o Direito global mais estruturas administrativas específicas do que propriamente o Estado (entendido como pessoa coletiva pública de fins gerais). Depois, parecem decisivas as vinculações de caráter procedimental, como acontece com o já mencionado procedimento de *notice and comment*. Também a disciplina substantiva contida nas *guidelines, disciplines* ou *standards*, ainda que tenham natureza de *soft law*, não deixam de conformar intensamente as Administrações nacionais, inclusive o respetivo poder discricionário. A ausência de *hard law* é, de certo modo, contrabalançada através de procedimentos de monitoragem, sob a orientação das chamadas *guidelines*; acresce, por outro lado, a circunstância de existirem mecanismos de resolução de litígios, estruturados segundo uma lógica de independência de acordo com o modelo de *Appellate Body* da Organização Mundial do Comércio, mecanismos que parecem permitir assegurar a tutela de direitos emergentes da regulação posta pelos organismos internacionais competentes.

Por último, e em resumo, privilegia-se também a nível global a técnica e o procedimento de mútuo reconhecimento ou, talvez melhor, da equivalência funcional como meio de aproximação da legislação dos diversos Estados, ainda que entendido como forma voluntária e, portanto, alternativa à harmonização obrigatória, como sucede a nível regional com a União Europeia.

Como já tínhamos referido anteriormente, também a nível global emerge uma Administração transnacional, cujo resultado ou produto mais vistoso é o que apelidamos de ato administrativo extraterritorial (transnacional, na designação mais corrente).

Já a consistência e adequação das medidas nacionais mais protecionistas são sindicadas à luz dos princípios da razoabilidade e da proporcionalidade pelo que se vem designando de "juízes globais".

8. 4. Paradigma de civilidade normativa ou imperialismo jurídico?

Se olharmos acriticamente, como é habitual, diríamos que o princípio procedimental com as suas garantias (procedimentais) é uma prova de maturação da cultura jurídica administrativa ocidental. Mais, poderíamos ver no procedimento administrativo, incluindo os seus subprincípios, o germe de um direito administrativo geral e comum ou, para usar os conceitos elaborados por CARL SCHMITT [275], um *jus publicum* global, num direito internacional concebido *"sahred habits and common culture of civilized nations"* [276]. Uma possibilidade que pode ser defendida não só em tese, mas também como hipótese. Em tese, porque as garantias procedimentais, embora tenham um berço nacional, não apresentam hoje grandes diferenças de ordenamento jurídico para ordenamento; como hipótese, porque a atenção pelas garantias procedimentais, ainda que de extração ocidental, tende a universalizar-se e a materializar-se em múltiplos procedimentos administrativos, inclusive internacionais.

---

[275] C. SCHMITT, *Das Nomos der Erde im Völkerrecht der Jus Publicum Europaeum*, op. cit.

[276] Cfr. M. KOSKENNIEMI, *The Gentle Civilizer of Nations. The Rise and Fall of International Law*, Cambridge, 2002, p. 288.

Todavia, é pertinente a dúvida posta por alguns autores [277] se a sua imposição a nível global não constituiria uma nova forma de imperialismo jurídico. A questão é pertinente, se tivermos em conta que a redescoberta (mais ou menos eufórica) do modelo procedimental a nível internacional-global esconde a ideologia dos interesses privados mais fortes, que estariam agora em condições de se impor aos próprios Estados (pelo menos aos menos poderosos). Esta ideia parece-nos interessante, mesmo sabendo que as conceções neomarxistas são atualmente reputadas de *old-fashioned*. Os factos, sobretudo quando se trata de factos económicos, moldam demasiado os valores e as ideias, ao ponto de se tornam absolutamente unidimensionais. É certo também que o véu da incerteza e da ignorância de uma sociedade chamada de risco se tem mostrado um campo fértil para a otimização do modelo procedimental e das suas garantias. O que de resto, sem absolutismos, não está mal, desde que se veja para lá do tal véu de ignorância, como aconteceu com a garantia procedimental de *Creonte* aplicada a *Medeia* (o direito de ser ouvida previamente).

Como conta magistralmente JÚLIO VERNE, na Índia vitoriana era admitido um suicídio ritual, abolido em 1829. Do ponto de vista ocidental, não cabe dúvida que a decisão do governo britânico é indiscutível, mas já não o será se for vista como uma forma de coerção do poder imperial sobre os usos locais. Como também o *sati*, o suicídio ritual de uma viúva no altar do cônjuge defunto, pode merecer leituras contraditórias. O estratagema utilizado pelo personagem de VERNE, *Phileas Fogg*, é compre-

---

[277] Por exemplo, C. HARLOW, "Global Administrative Law: the Quest for Principles and Values", in *Eur. Jour. of Int. Law*, n.º 19, 2008, p. 169.

ensível se utilizarmos o cânone ocidental de que não se tratava de uma escolha livre e consciente. Mas o elefante invisível do Outro pode também aqui ser superado, se deixarmos de lado o "preconceito" (ocidental) da autonomia individual e respeitarmos a cultura e o sentimento de outras pessoas e civilizações. O que para nós constitui uma barbaridade, para outros pode ser uma prova de amor. Será que poderemos compreender isto?

Uma coisa é a evolução das leis civis, de que falava MONTESQUIEU, outra muito diferente é a tentativa de impor aos outros o nosso modelo de civilidade jurídica.

PARTE II

INTERPRETAÇÃO E DOGMÁTICA
NO DIREITO ADMINISTRATIVO

1. A interpretação no direito administrativo

A humanidade, isto é, cada um de nós, autores e destinatários, participantes daquela história infinitamente incerta feita de casos e de acontecimentos irreversíveis que é a vida e a própria essência do Direito.

O Direito é incerteza e risco e nisto reside a sua fragilidade e a sua grandeza. O jurista deve aspirar à certeza jurídica, sabendo que a incerteza faz parte do ADN do Direito. A contínua luta pela verdade jurídica não é senão a luta contra a incerteza e, por isso, o Direito é a procura incessante da verdade; tanto é assim que não podendo chegar a uma certeza absoluta, o jurista cria artificialmente tal certeza, afirmando-se que, na conclusão de um procedimento, como pode ser o procedimento judiciário, a palavra *fim* equivale à verdade: assim, na sentença *res iudicata pro veritate hebtur*. Numa palavra, substitui-se a incerteza do absoluto pela certeza artificial (verdade) do relativo, criando-se temporalmente um evento irreversível: o efeito de novidade da lei ou a imutabilidade da sentença. Uma coisa é o rigor do método e da interpretação jurídica, outra a (in)discutibilidade dos resultados.

O legislador e o intérprete raramente precedem a história e mesmo quando isso sucede a sua ação e a sua obra depende de um evento que está fora de si e do seu alcance, como está fora do alcance do operador jurídico o tempo, a temporalidade. O Direito depende sempre do caso e da vida.

Tudo isto parece certo, mas há algo de essencial que está na disponibilidade do jurista: a necessidade de uma formulação precisa e rigorosa das disposições normativas. No direito administrativo, uma normação administrativa confusa e tecnicamente defeituosa pode permitir ao intérprete individualizar arbitrariamente uma pretensa norma jurídica ou até uma lacuna.

A interpretação no direito administrativo, talvez mais do que qualquer outro ramo do Direito, exige que se pondere a distinção precisa entre *norma* jurídica e *disposição* jurídica [278]. Trata-se, com efeito, de uma problemática que diz respeito à forma e à substância dos atos jurídico-administrativos. No direito administrativo, a temática da forma assume uma importância própria porque, tal como no direito privado, ela é modo de manifestação da "vontade" da Administração e requisito de validade do ato, mas também, como no direito penal, a forma é ação e evento. Importa, por isso, saber de que falamos quando utilizamos as expressões *norma* e *disposição* e qual a relação entre elas, para efeitos de uma correta interpretação jurídica.

O problema principal respeita, como já insinuámos, à distinção entre *disposição* e *norma*, o que constitui um dos dogmas jurídicos contemporâneos.

Poderíamos começar por dizer que a disposição é o aspeto formal, a veste exterior, o invólucro da norma, o que vem positivado pelo legislador, a letra (da lei) contraposta ao espírito, à *ratio* da norma. Numa palavra, a disposição como aspeto formal da norma jurídica.

A norma seria, por sua vez, o conteúdo da lei, o núcleo da disposição que contém o comando jurídico, o

---

[278] Cfr. R. GUASTINI, *Teoria e dogmatica delle fonti*, Milano, 1998, p. 15 e ss.

preceito que vem embalado na disposição jurídica. Neste sentido, a norma significará o coração da lei, a sua essência. Para esta conceção, os princípios gerais de Direito só podem ser dedutíveis da norma e não da disposição jurídica. A interpretação sistemática é feita no âmbito das normas jurídicas, tal como a interpretação-aplicação analógica, e não no limbo das disposições jurídicas [279].

Resumindo, na contraposição entre forma e conteúdo, a norma exprime o conteúdo da lei e a disposição a respetiva forma [280].

O problema está em saber se a referida distinção se mantém operativa no nosso tempo. A dúvida é pertinente porque o sistema legislativo atual é profundamente distinto dos sistemas legislativos do passado, caracterizados pelas grandes codificações. Mesmo nos códigos que se vão elaborando, inclusive no direito administrativo, a norma não apresenta os requisitos de generalidade e abstração, pelo menos como foram concebidos no passado. Trata-se sobretudo de disposições, na maioria dos casos de caráter especial, que respeitam a uma ou outra categoria de sujeitos e de matérias [281].

A formulação da lei exprime atualmente uma tendência para as disposições especiais. Mesmo as chamadas leis-quadro, para além da sua construção-inspiração pictórica, não representam, em muitos casos, mais do que a soma de várias disposições especiais sobre algumas matérias:

---

[279] Cfr., por todos, F. MÜLLER, *Strukturierende Rechtslehre*, op. cit., p. 70 e ss.

[280] É nossa convicção que a distinção entre norma e disposição vai buscar a sua inspiração noutras disciplinas, inclusive artísticas. Por exemplo, KANDISKY afirma que a forma é a expressão externa do conteúdo (interno).

[281] Veja-se, a título de exemplo, o CCP.

nomina (non) sunt consequentia rerum. Digamos que, hoje por hoje, a lei é formulada em termos de disposições especiais articuladas e setoriais, constituindo a parte essencial da lei.

O problema da interpretação jurídica complica-se se se adotar um conceito fluído e transcendente de norma, numa espécie de contraposição entre legislador e intérprete que nos afasta de uma das exigências fundamentais da regra jurídica, isto é, a precisão, a certeza da normação. Uma conceção deste tipo de norma jurídica, como algo distinto das palavras em que se exprime, significa reconhecer ao intérprete uma elevada taxa de discricionaridade hermenêutica que é preciso sujeitar ao crivo da exegese crítica.

Antes de mais, a norma, no significado que exprime e tal como é normalmente entendida, parece responder a uma necessidade específica da codificação, ou seja, como válvula de escape de interpretação e aplicação da lei, consentindo-lhe uma elasticidade que as normas gerais inseridas num Código em regra não possuem. Com a agravante de, com o passar do tempo, a norma e a sua elasticidade se transformarem numa espécie de mito, convertendo-se a norma no núcleo essencial da regra jurídica [282].

Por outro lado, a norma, nascida como instrumento de adaptação das regras jurídicas, torna-se sucessivamente autónoma e autosuficiente. Ficção que se consuma quando pretende conter e exprimir um *espírito* no campo jurídico, não sendo inabitual contrapor a *letra* da lei ao *espírito* da lei. Espírito que vive debaixo das palavras, das pedras, como acontece com os princípios gerais que vêm correntemente lidos como *normas das normas*.

---

[282] Cfr. F. MÜLLER, *Strukturierende Rechtslehre*, op. cit., p. 87.

Embora sugestiva a ideia de que a disposição é o invólucro formal da norma, não podemos ignorar a dificuldade de ser tudo menos clara e unívoca a distinção entre disposição e norma.

O círculo de dificuldades e perplexidades fecha-se quando a norma é vista e concebida como um instrumento de criação do Direito e dos modos de criação do Direito. Em suma, a norma cria praticamente o Direito *ex nihilo*. Se não esquecermos as palavras de BECCARIA, segundo as quais o *espírito da lei*, a *ratio* e os princípios (gerais) são um "argine rotto al torrente delle opinioni", notamos que estamos confrontados com um problema quase insolúvel, no que à interpretação diz respeito [283].

E voltamos ao princípio, à contraposição entre disposição e norma, como contraposição entre legislador e intérprete, lembrando, mais uma vez, que o método legislativo e da interpretação jurídica mudaram muito.

Vejamos um exemplo maior. O método e os critérios de interpretação estabelecidos no artigo 9.º do Código Civil são hoje dificilmente aplicáveis às leis especiais, estaduais e da União Europeia, que constituem a maioria das leis do nosso tempo. Com efeito, o legislador tende a substituir os *responsa prudentium* e assume este novo papel com as leis especiais, com disposições particulares e complexas cheias de detalhes que são, de per si, leis interpretativas e, portanto, vinculantes de todo e qualquer intérprete.

Como temos vindo a assinalar há algum tempo, a *forma* da lei, a *disposição*, assume uma crescente importância. Coloquemos um outro exemplo: os atuais contratos de trabalho em funções públicas têm *corpo* de contrato e alma (espírito) de lei. Como diz BAUDELAIRE, a extrema

---

[283] Cfr. K. LARENZ, "Fall, Norm, Typus", in W. RITZEL, *Festgabe für H. und M. Glockner*, Bonn, 1966, p. 150 e ss.

salvação através da forma, como resposta ao nihilismo e à discricionaridade do intérprete [284].

Não vemos, no entanto, a forma e o seu formalismo como expressão de conservadorismo e de imobilismo. A forma vem aqui assumida como uma entidade capaz de exprimir a essência própria do Direito, o (seu) ser e querer-ser do nosso tempo. A forma é a única realidade segura porque goza de uma sensibilidade objetiva.

Na incerteza do nosso tempo, o jurista agarra-se à forma como o náufrago se agarra desesperadamente à boia de salvação. O moderno formalismo respeita ao objeto e ao seu constituir-se. O Direito, ao perder a racionalidade do conteúdo, recupera-o através da racionalidade axiológica da forma [285].

No nosso tempo, o jurista deve valorar o aspeto formal, isto é, a disposição normativa assume um relevo particular que não pode ser ignorado, sob pena do domínio do Direito se converter em domínio sobre o Direito, ou seja, sobre o legislador (democrático).

Poder-se-ia argumentar, com NIETZSCHE, que, assim sendo, faltaria o fim, faltaria a resposta ao porquê. Mas só assim será se a disposição continuar a ser vista e compreendida como a forma externa da norma. Já não será assim se a forma for percebida como o último e único centro, em torno do qual pode recolher-se o mundo do Direito.

O que está por detrás da Constituição? Para nós é o Direito na sua forma-de-ser e sobretudo de-dever-ser. As habitações do céu estão vazias e os deuses silenciosos, resta-nos o Direito como forma de uma humanidade

---

[284] Neste sentido, R. GUASTINI, "Fragments of a Theory of Legal Source", in *Ratio Juris*, n.º 9, 1996, p. 365 e ss. De forma ainda mais pregnante, N. IRTI, *Il salvagente della forma*, Roma-Bari, 2007, p. 27.

[285] N. IRTI, *Il salvagente della forma*, op. cit., pp. 6 e 7.

trágica que não sabe sobreviver à contradição do ser e não-ser.

Se a norma pode ser e não-ser, permanece a forma, permanece a estabilidade da disposição como lugar da essência do Direito e da salvação através do Direito. Numa frase, a magnífica solicitude da forma como forma da solicitude do Direito [286].

A forma como metafísica entendida não tanto como arquétipo da física, mas como física do arquétipo, isto é, como conceção do que para o homem deve ser racional e justo porque orientada por um arquétipo que para a humanidade é a sua responsabilidade moral.

A sombra do nada acompanha todas as normas. Não existe, não se vê uma saída segura se não se puser no centro do Direito a forma. Não é o objeto que determina o método mas a forma.

Entendamo-nos, não a forma de qualquer conteúdo, não a forma de qualquer procedimento, não a forma como uma espécie de iusnaturalismo frustrado, mas a forma como essência do Direito, como meio de revelação do dever-ser de todos e cada um de nós.

Onde está a *verdade* da revelação divina senão na forma?

---

[286] N. IRTI, *Il salvagente della forma, op. cit.*, p. 17 e ss.

2. A competência administrativa, o ser e o tempo

2. 1. O contributo surpreendente e original de GEORG JELLINEK. A competência como elemento de construção do Estado como pessoa coletiva pública

Pode parecer surpreendente e até paradoxal que o construtor da teoria dos direitos subjetivos públicos seja um Autor originante e decisivo na conceptualização do conceito de competência administrativa, que obedece a uma ideia marcadamente objetivante.

A verdade é que a demonstração que GEORG JELLINEK efetua numa das suas principais obras [287], constitui um legado à posteridade sobre o conceito de competência administrativa, ligando, de forma convincente, a noção de competência à de órgão público. Na obra referida, JELLINEK aborda o problema da competência no capítulo sobre "Os órgãos do Estado" (Capítulo 16), mais exatamente no terceiro parágrafo consagrado à "Condição jurídica dos órgãos do Estado" [288], o que parece configurar uma forma indireta de tratar a competência administrativa. Para compreender corretamente a doutrina de JELLINEK, é necessário recordar que, na primeira parte do livro, dedicada à natu-

---

[287] GEORG JELLINEK, *Allgemeine Staatslehre*, reed., Athenäum, 1976.
[288] G. JELLINEK, *Allgemeine Staatslehre, op. cit.*, p. 558 e ss.

reza do Estado (*Wesen des Staates*), o nosso Autor afirma que a figura do Estado deve ser compreendida como um *sujeito de direito* e não como um *objeto do direito*. O Autor parte da ideia de que o Estado é uma "corporação", tradução jurídica da ideia segundo a qual o Estado deve ser considerado como um *Verband*. Dito de outra forma, JELLINEK admite a necessidade da imputação da vontade do agente ou titular do órgão a um ente público que ele designa como *Verband*, isto é, como pessoa jurídica pública. Esta é a base do seu raciocínio jurídico.

JELLINEK enuncia três tipos de figuras jurídicas ou "seres": o Estado como pessoa coletiva de direito público, o órgão (*das Organ*) como centro de imputação da competência (*Kompetenz* ou *Zuständigkeit*) e o que poderíamos traduzir por agente ou titular do órgão administrativo. Se entendemos bem [289], para JELLINEK, a distinção entre órgão administrativo e *Organträger* radica na separação artificial entre o indivíduo *stricto sensu* e o agente ou titular do órgão administrativo, sendo que a vontade deste último é imputada ao órgão da pessoa coletiva pública em que está inserido.

Todavia, não é ainda clara a razão e a explicação da emergência da questão da competência a propósito da análise sobre a "condição jurídica dos órgãos do Estado". Com efeito, o Autor, depois de ter desenvolvido a tese da imputação jurídica dos órgãos ao Estado, introduz a noção de competência numa passagem não de todo clara, mas que insinua já o princípio da especialidade da legalidade da competência: "O órgão representa o Estado, mas apenas nos limites de uma certa competência (*innerhalb einer*

---

[289] G. JELLINEK utiliza as palavras *pessoa* e *órgão* de forma algo confusa e contraditória, o que torna difícil a sua interpretação.

gewissen Zuständigkeit). As diversas competências dos órgãos podem, inclusive, opor-se umas às outras" [290].

Deste modo, JELLINEK invoca a regra geral da diversidade de competências dos vários órgãos em prol da realização das atribuições da pessoa coletiva pública de que fazem parte [291].

O contributo de JELLINEK é decisivo para distinguir *atribuições* de *competências*, ao permitir compreender os interesses públicos que a lei atribui a uma pessoa coletiva pública e os meios e poderes jurídicos que são atribuídos legalmente aos órgãos para a prossecução das atribuições das pessoas coletivas públicas. Esta distinção é capital também para perceber os diferentes tipos de vícios e de invalidades da atuação da Administração. Quando os atos administrativos praticados por um órgão são estranhos às atribuições das pessoas coletivas públicas em que se integram a consequência jurídica é mais grave (nulidade).

---

[290] G. JELLINEK, *Allgemeine Staatslehre*, op. cit., p. 560.

[291] Dizemos regra geral, porque no caso da pessoa coletiva pública Estado as coisas passam-se de modo diverso. Com efeito, no caso do Estado a questão é mais complexa. Dada a repartição horizontal do Governo (artigos 182.º e 199.º da CRP) em ministérios relativamente independentes, estes funcionam para certos efeitos como entidades administrativas separadas, ao receberem de forma repartida as atribuições do Estado, prosseguindo, por isso, cada um os seus próprios interesses públicos (fins). Daí o regime previsto no artigo 133.º/2/b) do CPA. Ao invés da generalidade das pessoas coletivas públicas (onde os diversos órgãos têm competências diferentes para prosseguir as mesmas atribuições da pessoa coletiva pública em que estão inseridas), no Estado os vários ministros têm competências idênticas para prosseguirem atribuições diferentes (dos Ministérios). Neste caso, são as próprias atribuições que se encontram repartidas pelos vários Ministérios (finanças, agricultura, ambiente, saúde, justiça, etc.), enquanto os ministros possuem competências idênticas (autorizar, contratar, punir...).

Vem igualmente insinuado, pelo menos de forma implícita, o reconhecimento aos órgãos administrativos da qualidade de partes processuais (*Parteirolle*) [292], como acontece nos casos em que é permitida uma ação de um órgão contra outro órgão da mesma pessoa coletiva (artigos 10.º/6 e 55.º/1/d) do CPTA), o que no pensamento de *Jellinek* não equivale ao reconhecimento de personalidade jurídica ao órgão administrativo. Em resumo, é clara no pensamento de JELLINEK a ideia de que a personalidade jurídica pertence à pessoa coletiva de direito público. Só depois desta precisão, o Autor propõe a distinção entre "competências de direito público" e "direitos subjetivos públicos", afirmando claramente que os órgãos têm exclusivamente competências [293]. O reconhecimento de direitos subjetivos romperia a unidade da relação entre o órgão e a pessoa coletiva pública Estado, sem prejuízo de virem reconhecidos aos titulares de órgãos administrativos direitos subjetivos, denominados *Individualrechte*, nomeadamente

---

[292] Mas isso jamais dá aos órgãos a natureza de pessoas jurídicas. Todos os litígios que possam surgir entre os diferentes órgãos são litígios relativos à competência (*Zuständigkeitsstreite*) entre órgãos do mesmo sujeito de direito. Cfr. G. JELLINEK, *Allgemeine Staatslehre, op. cit.*, pp. 560-561. Acrescentaríamos que, segundo a nossa justiça administrativa (artigos 4.º/1/j) do ETAF e 51.º/1, 55.º/1/d) e 10.º/6 do CPTA), os conflitos entre órgãos da mesma pessoa coletiva pública só são jurisdicionalizáveis quando se trate de órgãos autónomos e representativos ou que estejam numa relação de subordinação funcional limitada, como sucede entre a câmara municipal e a assembleia municipal. A não ser assim, tem de existir uma relação triangular em que um órgão pratica um ato administrativo dirigido a um terceiro que toca (invade) a competência de outro órgão da mesma pessoa coletiva, sob pena de se alargar-desfigurar excessivamente a noção de ato para efeitos contenciosos (artigo 55.º/1 do CPTA).

[293] G. JELLINEK, *Allgemeine Staatslehre, op. cit.*, pp. 561-562.

o direito de investidura [294]. Para o eminente jurista, o recurso ao *Individualrecht* permite fundar a distinção entre órgão (*Organ*) e titular da função administrativa atribuída ao membro órgão (*Organträger*), de modo que a este corresponde um direito subjetivo à titularidade do órgão.

Bem vistas as coisas, a construção do autor austríaco está também na base do princípio da irrenunciabilidade da competência, reconhecida em vários ordenamentos jurídico-administrativos, ao apontar para uma teoria impessoal da competência [295].

Em extrema síntese, na teoria geral do Estado de JELLINEK, a competência vem, pela primeira vez, associada à teoria do órgão administrativo. Provavelmente o sentido mais profundo desta teoria é o de atribuir à competência uma qualidade objetiva, numa nítida superação do Estado (absoluto) patrimonial.

2. 2. O princípio da legalidade da competência e a sua especialidade

A competência está sujeita ao princípio da legalidade, só podendo ser conferida, delimitada ou retirada por lei. Nos termos do artigo 29.º do CPA, a competência não se presume, é imodificável, irrenunciável e inalienável, ressalvando que na delegação de poderes o que se transmite é

---

[294] Como se vê, é também com JELLINEK que se inicia a tese do membro do órgão poder impugnar deliberações ou omissões que ofendam direitos que compõem o (seu) *estatuto* de membro do órgão colegial, alegando para o efeito um interesse direto e pessoal. Já se estiver em causa a defesa da legalidade administrativa não parece que gozem de legitimidade processual para a propositura de ações deste tipo (artigo 14.º/4 do CPA).

[295] G. JELLINEK, *Allgemeine Staatslehre, op. cit.*, p. 564.

o exercício da competência e não a competência propriamente dita (artigos 35.º e segs. do CPA, em especial o artigo 39.º) [296].

---

[296] O ato de delegação de poderes cria apenas na esfera do órgão delegado uma qualidade e uma qualificação que lhe permite exercer em nome próprio uma competência alheia, competência que é do órgão delegante, de modo que não configura qualquer irrenunciabilidade da competência.
Outra situação jurídica que levanta dúvidas é a autovinculação da Administração quando esta exercita poderes discricionários. Também aqui não estamos perante uma renúncia à competência em sentido próprio. Com efeito, deve entender-se que a autovinculação não implica a renúncia à competência, constituindo, isso sim, uma auto-obrigação de exercer o poder discricionário de um modo predeterminado, ainda que alguma doutrina suscite a ideia de violação do princípio da legalidade ao permitir à Administração autovinculada uma espécie de *détournement de procédure* (Assim, C. BLUMANN, *La Renonciation en Droit Administratif Français*, Paris, 1974, p. 263). Já em nossa opinião, o que se passa com a autolimitação é apenas uma forma particular de exercício do poder discricionário, que, em regra, é tanto vantajosa para a Administração como para o particular. Na verdade, com a renúncia ao poder administrativo assiste-se a um completo abandono dos poderes competenciais, pondo-se, no entanto, o problema da manifestação de vontade abdicativa não constituir em si mesma uma forma de exercício do poder.
Outra hipótese que suscita alguma perplexidade é aquela que se prende com a caducidade do prazo (perentório) para o órgão administrativo decidir, competência em razão do tempo, que abordaremos mais adiante.
Já no que se refere à inércia, a resposta pode passar pela relevância jurídica a atribuir à manifestação de vontade ou à falta dela. Se a inércia negativa foi sanada pelo CPTA (artigo 66.º e ss), pelo que estamos confrontados com um mero facto, quanto à inércia positiva (ato silente positivo) o problema é diferente e mais complexo, uma vez que parece existir aqui uma manifestação implícita (tácita) de vontade positiva, com a consequente perda de poder do órgão administrativo. Pensamos, no entanto, que o problema mais grave não se materializa com o silêncio ou inércia mas com a recusa expressa de praticar o ato ou de apreciar o pedido e haja dever de o fazer (artigo 9.º do CPA). Poderíamos, talvez, sustentar que também aqui não há renúncia em

Dentro destes corolários do princípio da legalidade, o mais complexo é o da irrenunciabilidade da competência, que assenta na velha ideia de que o direito público é dominado pelo princípio da legalidade, deixando uma margem muito reduzida (para não dizer nenhuma) à autonomia dos sujeitos públicos e aos respetivos órgãos. Numa palavra, a ideia de fundo desta tese, dominante entre nós, mas não argumentada, é a de que o poder dos órgãos administrativos é irrenunciável, na medida em que são conferidos pela lei para a satisfação dos interesses públicos da pessoa coletiva pública que integram.

No campo da teoria geral, o problema é discutível, sem que se possa omitir que o fenómeno da renúncia é distinto no direito privado e no direito público. A diferença está precisamente em que no direito público se discutem competências, poderes, e não direitos subjetivos, como acontece no direito privado. Ora, isto quer dizer que não pode haver uma teoria unitária de renúncia.

O problema fundamental da irrenunciabilidade do poder no direito público está em saber se basta dizer que a competência é irrenunciável porque atribuída pela lei. O que ocorre perceber e interpretar é se o exercício da competência é sempre tocado pela deverosidade; se a vantagem ou o fim conexo ao exercício do poder pelo órgão administrativo não será possível de atingir senão desta forma.

Outra dúvida relacionada com a irrenunciabilidade da competência é a que se prende com a indisponibilidade

---

sentido próprio, mas de um ato que obsta à prática de outro ato administrativo.

A recusa seria, em suma, um ato de exercício negativo do poder de que está investido o órgão administrativo. A recusa consubstanciaria, assim, um ato que extingue o dever de decidir e, nessa medida, constitui exercício de poder que se materializa no ato recusado.

da mesma (competência). A questão que gostaríamos de colocar é se a irrenunciabilidade da competência é sempre uma consequência da supremacia do interesse público sobre as posições jurídicas privadas ou se é (sobretudo) o resultado da presença de um dever (distinto do direito), fixado pelo ordenamento administrativo, em vista de um interesse heterónemo ao titular do órgão. Se se assume, em geral, que a competência é intransmissível e imprescritível, ela não pode ser objeto de um ato de renúncia, o que talvez não exclua que um modo particular de exercício da competência possa ser objeto de um ato de renúncia quando este constitua um pressuposto do exercício do poder.

Creio que esta hipótese não deveria ser descartada, nem sequer quando pensamos que o poder público é inesgotável e irrenunciável [297]. Se no direito privado a vontade do particular é um elemento do *Tatbestand* extintivo do direito ou da relação jurídica, já no direito administrativo a vontade do ente é uma mera metáfora, sob pena da "vontade" da Administração se convolar numa espécie de substituto da renúncia da competência.

Outra questão delicada e apaixonante é se não estamos a confundir a noção de renúncia com o seu objeto, no sentido em que no conceito de renúncia não pode reter-se ínsita a correlação ao direito-poder a que se renuncia [298].

A tese muito afirmada (mas não demonstrada) entre nós e pelo legislador (artigo 29.º do CPA) da natureza irrenunciável e inalienável da competência tem a sua inspiração doutrinal em BLUMANN [299], segundo a qual a Admi-

---

[297] C. BLUMANN, *La Renonciation...*, op. cit., p. 241 e ss., esp. p. 254.

[298] G. TREVES, "Il problema della rinuncia nel diritto amministrativo", in *Studi in onore di Guido Zanobini*, II, Milano, 1964, p. 375.

[299] C. BLUMANN, *La Renonciation...*, op. cit., p. 257.

nistração não é dona das competências, não podendo, em caso algum, os órgãos administrativos renunciar aos seus poderes ou transmiti-los para outros órgãos da Administração, sob pena, dizemos nós, de nulidade (artigo 29.º/2 do CPA). Para o autor francês, é o princípio da legalidade e da impessoalidade da competência que se opõe à sua renúncia, na medida em que aquela é um dado exterior ao titular do órgão e que, portanto, este não pode desatender ou modificar.

Sinceramente, o mais perturbador na figura da "irrenunciabilidade da competência" é o de ela aparecer aos olhos do legislador e do jurista como um princípio evidente e indiscutível. Pensamos que esta convicção radica na ideia (a um nível abstrato) de que parece logicamente impossível que uma norma de habilitação possa autorizar um sujeito público a produzir uma norma relativa à norma habilitante. Daí o caráter indisponível e irrenunciável da competência, qual enunciado analítico em que a verdade é indiscutível e até independente da solução adotada pelo ordenamento jurídico.

Mas, seguindo ROSS [300], não se tratará do paradoxo da autorreferência? O vício da autorreferência deteta-se quando se pretende exprimir numa frase um significado que se refere ao sentido da própria frase.

Em resumo, parece-nos tautológica e pouco explicativa a fórmula da irrenunciabilidade da competência. Ela parece fundar-se na ideia de que os órgãos administrativos não devem utilizar as suas competências de forma imprópria. Assim, o princípio da irrenunciabilidade da compe-

---

[300] A. ROSS, "À propos de l'autoréférence et d'une énigme du droit constitutionnel", in *Introduction à L'Empirisme Juridique. Textes Théoriques*", Paris, 2004, p. 205 e ss.

tência significaria que toda a autoridade investida de uma competência deve exercer, salvo disposição em contrário, ela própria a competência respetiva. Numa palavra, a fórmula da irrenunciabilidade da competência reflete uma determinada mentalidade do jurista e um estádio do direito administrativo. Proclamação de contornos metafísicos que convida os órgãos administrativos a utilizar os seus poderes com atenção e proporciona ao juiz um controlo vigilante.

Salvo melhor opinião, é também isto que explica o princípio da especialidade da competência, segundo o qual qualquer órgão administrativo depara com uma dupla limitação: por um lado, está confinado à sua própria competência, não podendo, por isso, invadir a esfera dos poderes jurídicos de outros órgãos de mesma pessoa coletiva; por outro lado, o órgão está também limitado pelas atribuições da pessoa coletiva pública de que faz parte, não podendo praticar quaisquer atos administrativos estranhos às respetivas atribuições. Numa palavra, atribuições e competências limitam-se reciprocamente, uma vez que nenhum órgão administrativo pode prosseguir as atribuições da pessoa coletiva pública a que pertence por intermédio de competências que não sejam as suas, como também não pode utilizar os seus poderes funcionais para realizar interesses públicos alheios à pessoa coletiva em cujo nome atua.

2. 3. A competência e o tempo

A competência *ratione temporis* repousa na ideia banal de que o tempo tem uma incidência sobre a existência ou o direito do órgão usar a sua competência. A trilogia constituída pela competência em razão da matéria, do território e do tempo parece ter-se tornado numa evidência pouco evidente. Já vimos, a propósito do ato administrativo transnacional, que a competência em razão do território está longe de ser um critério geral, para não dizer que é hoje um critério residual. Tem, aliás, todo o sentido falar de uma competência internacional do órgão administrativo [301].

Continua a insistir-se em identificar como situação de incompetência temporal quando o titular do órgão pretende exercer a competência antes da sua investidura ou depois de ter expirado o seu mandato ou por limite de idade, sendo que estas hipóteses se enquadram melhor na (in)competência *ratione materiae*. Quanto a nós, a (in)competência *ratione temporis* configura uma situação de erro no exercício da competência e não uma situação de falta de competência [302]. Claro que, nos exemplos dados, o órgão não é ainda (ou deixou de ser) competente para a prática do ato, sendo que o problema da competência temporal se coloca apropriadamente quando o órgão está legalmente sujeito a um prazo para o exercício da sua competência.

Com efeito, a competência temporal move-se, como tentaremos demonstrar, entre causa e explicação da (in)competência. No caso do prazo para o *exercício* da competência, o único relevante (nos exemplos anteriores o problema é de *existência* ou não da competência), do que se trata é de um vício procedimental e não propriamente de (in)competência temporal. Depois há que distinguir entre

---

[301] Cfr. *supra* o que ficou dito sobre o "ato administrativo transnacional".

[302] Cfr. J.-M. AUBY, "L'incompétence *ratione temporis*. Recherches sur l'application des actes administratives dans le temps", in *Rev. droit pubbl.*, 1953, p. 5 e ss.

prazos perentórios, aliás, raros, e prazos ordenadores ou indicativos, porque só nos primeiros se configura a violação de uma formalidade essencial e, portanto, a invalidade do ato administrativo. Já a inobservância dos segundos não incide na juridicidade do ato, tratando-se de uma mera irregularidade [303]. Repita-se, *a contrario*, as soluções previstas na lei relevam da teoria do ato administrativo e não da competência do órgão [304].

De resto, o Direito faz uma utilização do tempo extremamente sumária e instantânea. Desde ARISTÓTELES a SANTO AGOSTINHO ou de KANT a HEGEL há um abismo de dúvidas e de perguntas. Como perguntou SANTO AGOSTINHO, o que é o tempo? Se ninguém nos fizer a pergunta, sabemos muito bem o que é o tempo, mas se a pergunta nos for feita não saberemos responder ou explicar o que é o mistério do tempo [305].

É verdade que o direito administrativo prevê inúmeros prazos para a Administração agir que, em nosso entender, pouco têm a ver com a competência e mais, muito mais, com a formação do ato administrativo. De facto, a competência *ratione temporis*, desde que sujeita a uma análise atenta e rigorosa, evapora-se rapidamente porque o órgão continua a dispor da sua competência para além do prazo de caducidade [306].

---

[303] É necessário, portanto, interpretar para este efeito qual a finalidade do legislador com a imposição do prazo para a prática de um ato ou de certa formalidade.

[304] Cfr. ainda J.-M. AUBY, "L'incompétence *ratione temporis*...", *op. cit.*, p. 9.

[305] Cfr., por todos, A. SCHNELL (coord.), *Le Temps*, Paris, 2007.

[306] Com efeito, a Administração mantém, em regra, a possibilidade de praticar o ato para além do prazo, enquanto o particular perde, em princípio, o direito de o praticar.

Mas vamos por partes, tentando precisar e redefinir os conceitos utilizados: o *poder*, a *competência* e o *tempo*. O *poder* será o que habitualmente se designa por competência, como conjunto de poderes funcionais que a lei confere aos órgãos das pessoas coletivas públicas para a prossecução das suas atribuições. O poder ou o conjunto de poderes designa o órgão administrativo; em segundo lugar, o poder designa o objeto da função administrativa, a esfera de atividade no âmbito da qual o órgão se pode mover. O poder reenvia o órgão para uma relação especial com a realização das atribuições da pessoa coletiva pública em que está inserido, utilizando, para o efeito, os instrumentos jurídicos que tem à sua disposição, em particular o ato administrativo [307].

Já quanto à *competência* ela tem uma natureza jurídica diferente, uma vez que não constitui nem uma função nem um meio: é uma regra jurídica destinada aos órgãos das pessoas jurídicas públicas. A competência é o que permite precisar, entre os diversos órgãos que formam parte da entidade administrativa, aquele que tem legitimidade para exercer o poder. A competência é, assim, uma regra que concretiza o princípio da separação e repartição das competências administrativas. Numa palavra, as regras de competência designam, entre os vários órgãos dotados de prerrogativas, aquele que as poderá exercer num caso concreto [308]. A competência é a qualidade do órgão que as normas jurídicas legitimam para exercer concretamente os seus poderes, sendo que esta designação pode ser efetuada em função de diversos critérios: a matéria, o espaço e o tempo, com as limitações já assinaladas anteriormente.

---

[307] P. THÉRY, "Compétence", in *Dictionnaire de la Culture Juridique*, Paris, 2003, p. 249.

[308] P. THÉRY, "Compétence", *op. cit.*, p. 247.

A tese que acabámos de sustentar tem pelo menos o mérito de dissipar as dúvidas e as brumas sobre a (in)competência *ratione temporis*. Se o poder público é irrenunciável, ele não pode deixar de ser imprescritível, pelo que o decurso de um prazo não pode interditar o órgão do exercício dos seus poderes próprios. Não há, portanto, qualquer relação entre o tempo (do prazo) e o exercício do poder administrativo por um órgão, como não há qualquer relação entre a competência e o tempo. Aliás, os prazos previstos no ordenamento jurídico administrativo para os órgãos tomarem as suas decisões dizem mais respeito ao poder de que dispõe um órgão do que à sua competência, tal como a configurámos [309].

Em definitivo, a competência, seja *ratione materiae*, em função das atribuições da pessoa coletiva pública, seja *ratione personae,* não sofre qualquer inibição temporal, tal como o poder do órgão administrativo.

Outra coisa diferente é o reconhecimento da relevância jurídica dos prazos para efeitos de garantia das posições jurídicas substantivas favoráveis dos particulares e até da invalidade dos atos praticados pela Administração.

Mas esta é outra história.

---

[309] Ainda que não totalmente convincente, em virtude de uma noção bastante flutuante de competência, cfr. R. STETTNER, *Grundfragen einer Kompetenzlehre*, Berlin, 1983, p. 115 e ss. Tal como entre nós, também na Alemanha parece faltar uma teoria pública da competência.

3. O princípio da legalidade. Um pessimismo leopardiano

3. 1. O princípio da legalidade passa e o direito administrativo também

Como é sabido, o Direito é baseado em esquemas, o que é particularmente verdadeiro para o direito administrativo, que tarda em dar uma resposta sistemática às vertiginosas transformações do tecido normativo e da realidade institucional.

O nascimento do direito administrativo pressupõe a sujeição do poder público ao Direito, por contraposição à imunidade jurídica própria do Estado absoluto e pré-constitucional. Esta ideia elementar designa-se habitualmente por *princípio da legalidade* da Administração. O princípio da legalidade veio permitir a tipicidade do poder administrativo num duplo aspeto: nas formas da sua atribuição, através da norma que atribui um poder administrativo a um órgão para a prossecução das atribuições da pessoa coletiva onde está inserido; seja quanto ao seu modo de exercício, uma vez que o ato administrativo e agora também o procedimento (administrativo) não podem ser livremente configurados pela Administração [310].

---

[310] O legislador, com o CPA, não introduziu no direito português um modelo rígido de procedimento, segundo o qual os órgãos administrativos devem atuar uniformemente em todas as circunstâncias. Por

O espaço e o tempo do direito administrativo são heteronomamente determinados pela lei, diferentemente do que acontece com a autonomia privada, que, respeitando os limites postos pela lei, goza de uma considerável margem de autodeterminação [311]. É de notar que, atualmente, quando se refere a subordinação da Administração à lei, isto quer dizer que a Administração está sujeita a um bloco normativo composto por normas da União Europeia, normas constitucionais, direito internacional, leis ordinárias e regulamentos. Daí que a doutrina tenha substituído a expressão *princípio da legalidade* (sobrevivência semântica do início da era constitucional, quando a lei, em sentido estrito, era a única norma que se impunha heteronomamente à Administração) pela expressão *princípio da juridicidade*.

A Constituição deixou de estar sob *reserva de lei* como acontecia antes. Nos dias que vivemos, a lei deixou de ser o único (e até o principal) parâmetro normativo regulador-ordenador da Administração. Veja-se que hoje o principal parâmetro normativo da Administração é constituído

---

exemplo, a formalidade de solicitação de provas aos interessados (artigo 89.º do CPA) não significa que ela deva ser sempre observada, mas apenas que se a ela houver lugar se terá de proceder nos termos previstos no CPA. Da mesma forma, o órgão instrutor (do procedimento) dispõe de alguma liberdade quanto à liberdade de dispensar a audiência prévia dos interessados no procedimento do ato administrativo (artigo 103.º/2 do CPA).

Não têm, por isso, razão aqueles autores que se opunham à codificação do procedimento administrativo, alegando que a Administração, ao prosseguir uma multiplicidade de interesses públicos, não pode ficar sujeita a uma tramitação rígida como se fosse possível regular de forma exaustiva a forma da Administração tomar as suas decisões.

[311] O negócio jurídico e a respetiva ilicitude caracterizam-se pela atipicidade, enquanto o ato ou o procedimento são por natureza típicos e nominados.

pelas normas comunitárias (direta ou indiretamente através dos Regulamentos e das Diretivas comunitárias), sendo que, com algumas diferenças, tanto o direito comunitário como o direito internacional fazem parte da (nossa) ordem jurídica em sentido próprio (artigos 7.º e 8.º da CRP).

Em extrema síntese, a Administração está hoje submetida a um extenso bloco normativo que veio alterar as fontes do direito administrativo e até a sua hierarquia. Por conseguinte, a atuação da Administração será ilegal, tanto por violar uma lei em sentido próprio, como por violar uma norma da União Europeia ou uma norma constitucional ou internacional.

No início da era constitucional, o princípio da legalidade, através da tipicidade do poder administrativo, foi o grande fautor do nascimento do direito administrativo ao subordinar a organização e, sobretudo, a atividade administrativa a regras jurídicas, mais exatamente à lei que nessa altura correspondia às normas emanadas pelo Parlamento. Como a Administração passou a obedecer à lei, o princípio da legalidade manifestava-se em dois subprincípios: o princípio da reserva de lei e o princípio do primado da lei. Daí também uma conceção executiva e mecanicista da Administração (enquanto mera executora da lei) [312].

Uma redução da Administração a tarefas executivas comportava, ainda que o âmbito do princípio da reserva de lei fosse limitado (restrições à propriedade e à liberdade dos particulares), a necessidade da lei conter um conjunto crescente de tarefas e funções dirigidas à Administração difícil de prever pelo comando legislativo. Os fatores de

---

[312] Cfr. PAULO OTERO, *Legalidade e Administração Pública. O Sentido da Vinculação Administrativa à Juridicidade*, Coimbra, 2003, p. 137 e ss.

mudança do princípio da legalidade começaram, desde logo, pelo motivo exposto, mas também pela necessidade de configurar e disciplinar em termos novos o poder discricionário que se constituía até aí numa espécie de poder originário que a Administração exercia livremente fora do campo da reserva de lei e sempre que não estivesse limitada por qualquer lei [313].

Existiram outros motivos de alteração do princípio da legalidade como vinha confecionado positivisticamente no início do Estado de Direito. Antes de mais, o processo de transformação da lei, que passou a funcionar não apenas como limite mas também como fundamento de toda e qualquer atividade administrativa, mesmo que discricionária ou prestacional. Na fase do chamado Estado Social, melhor seria dizer Estado de Serviços, verifica-se uma série de alterações, desde a ampliação dos domínios de reserva de lei (incluindo as relações especiais de direito administrativo) até ao reforço e ampliação do subprincípio do primado da lei. Mas a principal alteração consistiu na ideia de que a lei [314] deixou de ser apenas um limite para a Administração (para além da qual era livre de atuar) para passar a ser também um pressuposto e fundamento de toda a atividade administrativa. Passa, assim, a integrar o princípio da legalidade-juridicidade, ao lado da reserva de lei e do primado, um novo princípio, o (sub)princípio da precedência da lei, que se materializa na necessidade e obrigatoriedade de habilitação legal para toda a atividade

---

[313] Cfr. E. HEYEN / OTTO MAYER, *Studien zu den geistigen Grundlagen seiner Verwaltungswissenschaft*, Berlin, 1981, esp. p. 101 e ss.

[314] Cfr., entre outros, H. MAURER, *Allgemeines Verwaltungsrecht*, München, 2009, p. 87 e ss.; cfr. ainda M. REBELO DE SOUSA / / A. SALGADO DE MATOS, *Direito Administrativo*, Tomo I, Lisboa, 2008, p. 169 e ss.

jurídica da Administração (atos, regulamentos e contratos administrativos) [315]. A lei transformou-se em pressuposto obrigatório de toda a atividade administrativa, mesmo quando material. O poder discricionário é agora uma concessão legislativa que só existe quando e na medida em que a lei o confere e nos limites que o confere [316].

Às duas tradicionais fases de evolução do princípio da legalidade poderíamos juntar uma terceira, a atual, que se caracterizaria da seguinte forma. Esta terceira fase, que começou a delinear-se nas duas últimas décadas do século passado, define-se pela perda do monopólio legislativo por parte dos Estados no espaço jurídico europeu, configurando-se como uma legalidade composta em que têm primazia as normas constitucionais supranacionais. À constitucionalidade e legalidade nacionais veio juntar-se uma constitucionalidade e legalidade europeia. Com efeito, o processo de integração comunitária produziu uma sujeição (ainda que não automática e integral) dos ordenamentos jurídicos nacionais ao ordenamento europeu, num diálogo constante entre jurisdições nacionais e jurisdição comunitária e um grau cada vez mais estreito de interpenetração entre fontes nacionais e fontes comunitárias que, de resto, tem assumido caráter geral.

Fenómeno semelhante se vai notando, ainda que com intensidades diferentes e segundo uma perspetiva setorial,

---

[315] PAULO OTERO, *Legalidade e Administração Pública*, op. cit., p. 237.

[316] Podemos dizer que toda a história do direito administrativo e do princípio da legalidade se pode resumir a um avanço lento mas imparável no sentido de um controlo heterónomo da totalidade da atividade administrativa e de um crescente afinamento das técnicas de controlo. Cfr. SÉRVULO CORREIA, *Legalidade e Autonomia Contratual nos Contratos Administrativos*, Coimbra, 1987, p. 179 e ss.

nas relações entre o ordenamento nacional e o designado (ainda que impropriamente) direito administrativo global, com uma multiplicidade de sedes de decisão e de controlo que não deixam de influenciar e regular a atuação da Administração nacional e até da Administração comunitária. Em suma, à legalidade nacional junta-se a legalidade comunitária e global com uma intensidade até há pouco tempo desconhecida ou inexistente. Como se vê, dada a variedade das fontes e da hipotética, mas frequente, contradição entre si, o princípio da legalidade adquire nos dias de hoje uma extrema complexidade que torna muito espinhosa a atuação da Administração e do respetivo controlo jurisdicional [317].

A nova legalidade principialista [318] trazida pela segunda metade do século XX, que se apoia(va) nas garantias procedimentais e processuais de inspiração estadual, sofre agora um forte processo de perturbação com a miscigenação entre direito público e direito privado e o distanciamento crescente das sedes de decisão e das fontes de legitimação da atuação de entidades globais. A pergunta a fazer é se o princípio da legalidade (aberto e plural como vem configurado na terceira fase de evolução) é suficiente para garantir efetiva e plenamente as legítimas pretensões dos interessados, sobretudo das pessoas físicas. A "crise" do princípio da legalidade poderá estar na multiplicidade e contrariedade das fontes a que a Administração e os particulares estão sujeitos, remetendo, ainda mais, a última palavra para o juiz administrativo.

---

[317] COLAÇO ANTUNES, *O Direito Administrativo sem Estado*, op. cit., esp. p. 122 e ss.

[318] Cfr., por todos, R. ALEXY, *Theorie der Grundrechte*, Frankfurt am Main, 1986, p. 93 e ss.

3. 2. A atual complexidade do princípio da legalidade

Um dos novos problemas tem a ver com a amplitude das atribuições e poderes conferidos à Administração e a sua relação com o princípio da legalidade. Referimo-nos à temática dos poderes implícitos que toca o subprincípio da precedência da lei.

Outro problema é o da nova configuração e miscegenação da legalidade entre autonomia pública e autonomia privada, face à interseção entre os dois continentes do Direito.

Só para elencar dois mais, destacaria a crescente contradição entre legalidade procedimental e legalidade material, por virtude da tendência crescente para menorizar os vícios formais-procedimentais e as características da legalidade comunitária e global e respetivas refrações nos ordenamentos jurídicos nacionais. Começamos por aqui, sendo que se trata mais de fazer precisões do que ser descritivo.

3. 2. 1. A legalidade comunitária e global

A primeira questão a colocar é a de saber se o princípio da legalidade vem reconhecido *expressis verbis* no direito europeu. A resposta é negativa, uma vez que nem o Tratado da União Europeia nem o Tratado sobre o Funcionamento da União Europeia (depois do Tratado de Lisboa) lhe fazem referência formalmente. Contudo, a sua existência e reconhecimento não oferecem qualquer dúvida, dado que no artigo 2.º do Tratado da União Europeia se afirma claramente que a União Europeia se baseia nos princípios do Estado de Direito comuns aos Estados-membros e a própria jurisprudência europeia utiliza correntemente a expressão "Comunidade de Direito". O preâmbulo do Tratado da União Europeia faz referência ao princípio do Estado de Direito, ainda que a versão inglesa do Tratado mencione a expressão *rule of law,* que não é inteiramente coincidente com a de Estado de Direito [319].

De todo o modo, tendo o legislador comunitário recorrido a esta expressão, não oferece qualquer dúvida a plena sujeição da atividade administrativa ao princípio da legalidade, isto é, à sua conformidade com o direito comunitário originário ou primário (Tratados) e o direito comunitário derivado (regulamentos e diretivas), incluindo os princípios gerais do Direito e os direitos fundamentais. A prova disso é um conjunto de ações que os interessados podem propor junto do Tribunal de Justiça da União Europeia para sindicar a atuação da Administração comunitária (artigo 263.º e segs. do TFUE) e, desta forma, verem satisfeitas as suas pretensões de origem comunitária, caindo, inclusive, por força das alterações introduzidas pelo Tratado de Lisboa, as limitações que antes se verificavam quanto à extensão da legalidade e da correspondente tutela jurisdicional das pretensões individuais em relação à atividade pertinente ao segundo e terceiro pilares da União Europeia.

A segunda pergunta a colocar tem em vista saber se a legalidade europeia é coincidente com os traços essenciais do princípio da legalidade própria do Estado de Direito [320].

---

[319] Com uma posição interessante e atual sobre a noção de Estado de Direito, cfr. F. HAMON / C. WIENER, *La Loi sous Surveillance*, Paris, 1999, esp. p. 76 e ss.

[320] Segundo J. SCHWARZE, *European Administrative Law*, London, 2006, p. 210, o conceito comunitário de legalidade apresenta mais elasticidade em comparação com a legalidade estadual, louvando-se no facto da Administração comunitária atuar frequentemente sobre matérias económicas, o que exige regras flexíveis.

Para responder certeiramente à questão posta impõe-se uma abordagem trifásica.

Para começar, o princípio da legalidade comunitária não integra (plenamente) o subprincípio da reserva de lei, na medida em que os regulamentos e diretivas não são leis (como se pretendia com o Tratado Constitucional no que se refere ao regulamento) de proveniência parlamentar. Não existe a clássica dialética entre parlamento e governo que funda a lógica democrática do Estado de Direito baseada no princípio da separação de poderes. O entendimento do princípio da legalidade europeia prende-se com a ideia de equilíbrio institucional (e não de separação de poderes, daí a ténue separação entre atos legislativos e atos de natureza administrativa) [321] e, do ponto de vista externo, com o equilíbrio entre os poderes da União Europeia e os poderes dos Estados-membros. Louvando-nos em MAX WEBER, diríamos que o princípio da legalidade (comunitária) tem mais a ver com o estabelecimento de uma regra legal-racional do que com a ideia de representação política.

Em segundo lugar, o princípio da legalidade comunitária apresenta uma dimensão interna e externa à sua Administração. Do ponto de vista interno, o princípio da legalidade serve para delimitar as competências dos vários órgãos comunitários (com reflexos nas competências dos órgãos estaduais) e assegurar o primado das fontes superiores, *maxime* dos Tratados institutivos e a Convenção

---

[321] Cfr. A. MAURER, "The Rule of Law and its Limits", in *Law and Philos*, n.º 1, 2004, p. 5 e ss. Este autor tem um posicionamento original, assinalando, por um lado, que o princípio da legalidade, em chave institucional, visa delimitar o poder administrativo do poder judicial e, por essa via, fixar os limites do controlo da discricionariedade administrativa; por outro, a importância do reconhecimento normativo dos direitos fundamentais.

Europeia dos Direitos do Homem, incluindo as convenções internacionais de que é parte. Também aqui se verifica uma legalidade compósita.

Na vertente externa, o direito administrativo comunitário e o respetivo princípio da legalidade constitui não só um vínculo e um parâmetro normativo para as Administrações nacionais, como também um vínculo e um parâmetro normativo no que respeita às relações jurídicas estabelecidas entre a Administração comunitária e os particulares no espaço europeu.

Esta segunda vertente reflete a natureza composta do ordenamento jurídico comunitário ao integrar os ordenamentos nacionais, de que são um bom instrumento os procedimentos administrativos compostos [322] (nos quais participam de forma coordenada tanto as autoridades comunitárias como as autoridades nacionais em função comunitária), e a natureza composta da Administração comunitária que integra, como vimos, as Administrações nacionais. Assegura-se, de igual modo, aos particulares lesados com eventuais medidas comunitárias, legitimidade e interesse processual para a tutela de direitos ou interesses legal e diretamente protegidos pelas normas comunitárias, tutela que coloca sob o manto judicial as condutas (ilegais) da Administração comunitária.

O facto de prevalecer o primado da norma comunitária em relação à norma nacional, por força de uma jurisprudência teleológica, obriga a Administração nacional a desaplicar a norma interna não conforme com o direito comunitário. A exigência de assegurar a primazia dos interesses públicos comunitários determina inevitavelmente,

---

[322] COLAÇO ANTUNES, *O Direito Administrativo sem Estado*, op. cit., p. 77 e ss.

senão a compressão do princípio da legalidade estadual, pelo menos a sua sujeição ao princípio da legalidade europeia. Ora, se assim é, então deve cair o dogma nacional de que não compete à Administração (nacional) fiscalizar a constitucionalidade e a legalidade das disposições jurídicas que mais diretamente regulam a sua ação. Esta obrigação de desaplicar a norma nacional incompatível com a normação europeia vai ao ponto (aliás muito discutível), segundo a jurisprudência comunitária, [323] de pôr em causa sentenças transitadas em julgado. Já a desaplicação em alguns setores (ajudas do Estado ilegais) se revela mais aceitável. Esta situação é extremamente delicada porque parece colidir com princípios fundamentais, nomeadamente com o princípio da legalidade.

A explicação para este facto reside na conceção material e substancialista do princípio da legalidade comunitária que se rende, por vezes excessivamente, ao princípio do efeito útil do direito comunitário, desencadeando mesmo, no caso de uma sentença transitada em julgado, a responsabilidade civil extracontratual por atos de gestão pública do Estado respetivo [324]. Em extrema síntese, a legalidade comunitária parece iluminada pelo princípio do primado sobre a legalidade estadual.

Por último, é relativamente claro que o princípio da legalidade europeia desempenha, em parte, uma função diversa da prosseguida pelo princípio da legalidade interna (estadual). Se este parece essencialmente ordenado para a defesa das posições jurídicas substantivas dos particulares, já a legalidade europeia parece estar mais ao serviço da realização do superior interesse público comunitário. Naturalmente que tendo como objetivo essencial a

---

[323] Processo C-119/05, caso *Lucchini*.
[324] Processo C-173/03, caso *Traghetti del Mediterraneo*.

tipicidade do poder administrativo, o princípio da legalidade comunitária não se divorcia da tutela das posições jurídicas dos particulares de extração comunitária, ressalvando que havendo antinomia entre o efeito útil (do direito comunitário) e a tutela jurisdicional (dos particulares e até do Estado) tem prevalecido a primeira orientação. Orientação que, todavia, tem vindo a esbater-se na mais recente jurisprudência comunitária [325] e que tenderá a inverter-se com a nova redação dada pelo Tratado de Lisboa aos artigos 263.º e seguintes do TFUE.

Em resumo, o princípio da legalidade comunitária apresenta peculiaridades próprias que a distinguem da legalidade estadual, porque consiste num conjunto de princípios e de regras jurídicas que visam, principalmente, garantir a efetividade do ordenamento comunitário, a certeza jurídica e a sua aplicação, quer a nível supranacional, quer a nível nacional, ainda que de forma não arbitrária ou mesmo discricionária.

Já quanto à *legalidade global* as coisas são algo diferentes, mas de importância crescente. O que caracteriza verdadeiramente a legalidade global são dois traços contraditórios entre si. Por um lado, a *rule of law* global é essencialmente constituída pelo chamado *soft law* [326], regras

---

[325] COLAÇO ANTUNES, *O Direito Administrativo sem Estado*, op. cit., p. 107.

[326] Se as primeiras manifestações de *soft law* se produzem no direito internacional e no direito comunitário, a verdade é que o *soft law* tem vindo a penetrar crescentemente os ordenamentos jurídicos nacionais (cfr. L. SENDEN, *Soft Law in European Community Law*, Oxford, 2004). São disso exemplo, fórmulas como as normas técnicas, acreditações, códigos de conduta ou de boas práticas, bem como uma variada gama de informações, recomendações, instruções...

Ainda que se recupere a distinção entre *soft law ad extra* (com efeitos externos) e *soft law ad intra* (autovinculação), impõem-se uma série de limitações à sua utilização, em homenagem ao princípio da legalidade (*hard law*), desde logo, em relação à delimitação de posições jurídicas subjetivas, em particular às de caráter ablativo.

Creio que a chamada cultura do risco e do pensamento débil não é indiferente a este novo fenómeno em que o Direito deixa nas mãos (e nos pés) dos particulares a realização de atividades perigosas, cuja responsabilidade estes pretendem ver diminuída através do *soft law* (técnicas de autocontolo, auditorias, certificação...). Não deve estranhar, por isso, que a Administração, ao delegar nos particulares uma margem considerável de atuação, consinta a tendência das empresas para recorrer a códigos de conduta ou às melhores técnicas e práticas disponíveis.

Por outro lado, a Administração utiliza, cada vez mais, o *soft law* nas cláusulas acessórias dos atos administrativos. Assim, um ato autorizativo pode conter uma condição resolutiva ou um modo final, cuja determinação se remete para o estabelecido por este *direito débil*. Imaginemos que uma autorização ambiental integrada estabelece a obrigação do beneficiário do ato incorporar condições suplementares à luz da utilização das "melhores técnicas disponíveis"; da mesma forma que o beneficiário de uma subvenção administrativa pode ficar condicionado pelo respeito de determinadas normas (técnicas) que atuam como condições resolutivas. Prosseguindo o nosso esforço imaginativo, ponhamos o exemplo de recomendações emitidas pela CMVM. O problema que se põe é o das repercussões lesivas para o destinatário do ato autorizativo ou da subvenção pública, com a possibilidade de alterar supervenientemente a (in)validade do ato administrativo favorável.

Com efeito, trata-se de uma realidade jurídico-administrativa nova quando as cláusulas acessórias do ato administrativo (artigo 121.º do CPA) acolhem o chamado *soft law*. Isto é particularmente notório no campo ambiental e da regulação de vastos setores económicos, uma vez que é aqui que o direito administrativo convive mais amplamente com o direito débil e com instrumentos de natureza pública e privada. Esta realidade obriga o intérprete a confrontar o *soft law* com o princípio da legalidade, sendo que a sua inclusão nas cláusulas acessórias do ato administrativo não suscita dificuldades do ponto de vista da legalidade, tanto nos atos discricionários como nos atos vinculados. Isto, desde que se cumpram dois limites: uma vinculação material entre a norma jurídica e a cláusula acessória e uma relação entre o efeito favorável do ato administrativo e a restrição da cláusula acessória (cfr. VELASCO CABALLERO, *Las Cláusulas Accesorias del Acto Administrativo*, Madrid, 1996, p. 230 e ss.).

que, em princípio, não têm natureza vinculativa; por outro, a sua extrema eficácia e capacidade conformadora é propulsiva da ação dos atores estaduais e supranacionais, inclusive da União Europeia. Outro dado relevante é o de que a globalização económico-financeira trouxe consigo regras gerais, é certo, mas aplicadas setorialmente (economia, ambiente, finanças...), obrigando, neste âmbito, as Administrações nacionais a dar respostas rápidas e eficazes. Curiosamente, a legalidade global, ao invés da legalidade comunitária, tem sido caracterizada por uma legalidade procedimental, com destaque para o princípio do *procedural due process of law*. Outra das características da legalidade global diz respeito à importância que os prin-

---

É ainda preciso agir com cautela quando falamos de limites ao exercício do *soft law*, nomeadamente a de que a remissão para o *direito débil* deve ser feita de forma expressa e precisa pela norma legislativa. Deste modo, uma remissão, ainda que legítima, para o *soft law* através de uma referência genérica "à melhor tecnologia possível" não pode ser entendida como uma remissão expressa e precisa. Já quanto às normas regulamentares está excluída qualquer discricionaridade, como a permitida ao legislador, sendo apenas admitidas as remissões expressas e precisas, sem prejuízo do teste da legalidade.

O *soft law* pode constituir um limite ao exercício do poder discricionário, sob a forma de autovinculação, no momento de praticar o ato administrativo; outra limitação à discricionaridade reporta-se ao momento de controlo, quando a Administração recorre ao *soft law* como parâmetro da revisão do ato administrativo.

Quanto à tutela judicial do *soft law* as coisas complicam--se, defendendo-se, em tese geral, a inimpugnabilidade deste *direito débil* como causa autónoma de ilegalidade do ato administrativo. Todavia, devemos matizar esta posição ao referir que tal não significa a sua irrelevância para efeitos de interpretação jurídica do *hard law* (por exemplo, conceitos jurídicos indeterminados) ou quando este utiliza uma remissão para o *soft law* em termos precisos e concretos.

cípios gerais de Direito assumem ao nível desta normatividade [327].

É também um dado vistoso da legalidade global uma nova forma de entender a relação entre procedimento e processo, em que este parece ser a continuação do primeiro (do procedimento), lembrando a doutrina tradicional entre nós [328]. Por outras palavras, parece verificar-se uma relação mais íntima do que sucede atualmente na experiência estadual entre o *substantive* e o *procedural due process*.

Trata-se de uma legalidade sobretudo principialista e procedimental com a marca anglo-saxónica.

Outra mutação jurídica respeita à receção interna de normas internacionais que, não se tratando de algo novo, adquire formas mais intensas e simplificadoras sem necessidade de serem recebidas por atos legislativos nacionais. Para dar um exemplo, as Administrações nacionais são chamadas frequentemente a agir para a defesa dos bens culturais nacionais classificados internacionalmente como bens do património cultural da humanidade na base de uma simples resolução do *World Heritage Committee* (que não carece de um procedimento de receção a nível nacional) [329].

Um aspeto de todo relevante, ainda que marginal nos dias que correm, refere-se ao crescente reconhecimento de direitos e garantias aos particulares pela normatividade internacional-global, o que permite aos cidadãos acudir, além dos tribunais nacionais, a jurisdições internacionais

---

[327] G. DELLA CANANEA, *Al di là dei confini staduali. Principi del diritto pubblico global*, Bologna, 2009, p. 67 e ss.

[328] G. DELLA CANANEA, *Al di là dei confini staduali, op. cit.*, p. 153 e ss., esp. p. 172 e ss.

[329] J. BLAKE, "On Defining Cultural Heritage", in *ICLQ*, n.º 19, 2000, p. 69 e ss.

para condenar o Estado que tenha incumprido com as obrigações de origem internacional. É claro que isto só é relevante se existirem verdadeiramente tribunais internacionais com competência para agir no espaço jurídico global. Creio, no entanto, que o que define o espaço judiciário global não são tanto os tribunais em sentido próprio, mas fundamentalmente organismos quase-judiciários ou semicontenciosos, que tentam corresponder da melhor forma às necessidades de tutela de mais de dois mil regimes reguladores globais.

É certo que os tribunais e entes parajudiciais vêm assumindo um papel decisivo na definição das relações entre ordenamentos jurídicos, notando-se, aqui e ali, um certo ativismo judicial de inspiração norte-americana.

Se o direito administrativo global existisse, o que ainda não acontece, como temos vindo a defender [330], aproximar-se-ia da experiência do direito administrativo estadual dos finais do século XIX.

A globalização jurídica veio evidenciar ainda mais um fenómeno emergente a nível comunitário. Referimo-nos à figura do ato administrativo transnacional, que se traduz, como vimos, na ausência de sincronia entre a eficácia territorial da norma habilitante e a eficácia (trans)-territorial do ato administrativo que lhe dá concreção.

3. 3. Poderes implícitos e princípio da legalidade

Acontece, com alguma frequência, a Administração dispor de poderes que não resultam expressos nas corres-

---

[330] COLAÇO ANTUNES, *O Direito Administrativo sem Estado*, op. cit., p. 66.

pondentes disposições normativas, sendo os referidos poderes deduzidos, implicitamente, das normas que regulam a sua atividade.

O problema que aqui se põe é o de conjugar os poderes implícitos com o princípio da legalidade, uma vez que parece faltar, pelo menos diretamente, a terceira dimensão – o subprincípio da precedência da lei. A questão dos poderes implícitos não reconhecidos expressamente na lei é um tema que percorre quase todos os ordenamentos jurídicos, como acontece na Alemanha com a expressão *ungeschriebene Kompetenzen* (poderes previstos ou dedutíveis do ordenamento jurídico mas que não vêm expressa e diretamente atribuídos a um órgão administrativo) [331]. Nos Estados Unidos emprega-se a expressão *implied powers*, em referência aos poderes implícitos em sentido próprio, isto é, poderes não escritos, não previstos pela norma jurídica atributiva de poderes a um órgão da Administração.

A temática também não é estranha ao direito europeu (União Europeia), que reconhece expressamente a figura dos poderes implícitos (atualmente o artigo 352.º do TFUE). Esta norma permitiu, inclusive, um considerável ativismo do Tribunal de Justiça que propiciou um alargamento dos fins a prosseguir pela União Europeia (na designação atual) que vieram posteriormente a ser reconhecidos e plasmados nos Tratados institutivos através das variadas reformas que estes sofreram (Acto Único Europeu, Tratado de Maastricht, Tratado de Amesterdão, Tratado de Nice e, finalmente, Tratado de Lisboa).

---

[331] Cfr. G. MORBIDELLI, "Il principio di legalità e i c.d. poteri impliciti", in *Dir. amm.*, n.º 4, 2007, p. 703 e ss.

Como o princípio da legalidade obriga a que todas as competências sejam reconhecidas por lei [332], os poderes implícitos colocam uma série de dificuldades, tanto à Administração como à tutela efetiva dos direitos e interesses legalmente protegidos dos particulares. À Administração porque é a lei a definir e a qualificar os interesses públicos que a Administração deve prosseguir de forma inalienável e imprescritível, o que pode levantar o véu da discricionaridade dos fins, que parece intolerável. Aos particulares, porque o princípio da legalidade foi desde os primórdios do direito administrativo um bastião e uma garantia dos direitos dos particulares perante intrusões ilegítimas por parte da Administração. O reconhecimento de poderes implícitos à Administração pode fragilizar notoriamente a proteção judicial das pretensões dos particulares [333].

A primeira tentativa do intérprete deve ser o recurso à via hermenêutica, no sentido de tornar claro o que não o é, logo, o título jurídico que legitima o exercício de uma determinada competência pelo órgão administrativo. Para dar um exemplo, poder-se-ia sustentar que a Entidade Reguladora dos Serviços Energéticos (ERSE) tem o poder de limitar a concentração de grupos económicos mesmo que tal poder não lhe seja diretamente atribuído, mas dedutível dos objetivos fixados pela Diretiva n.º 96/1992/CE de abertura do mercado europeu.

---

[332] Isto corresponde ao princípio da *legalidade da competência,* também traduzido na ideia de que a competência é de ordem pública.

Deste princípio decorrem alguns corolários estabelecidos no artigo 29.º do CPA: a) a competência não se presume; b) a competência é imodificável; c) a competência é irrenunciável e inalienável (ressalvadas as situações de delegação de poderes e afins).

[333] Cfr., por todos, N. BASSI, *Principio di legalità...*, op. cit., p. 33 e ss.

Em síntese, não havendo uma norma que proíba o recurso a poderes não especificamente previstos na lei, pode adotar-se uma de duas soluções. Optar por um entendimento estrito e clássico do princípio da legalidade ou então tentar explicar a admissibilidade de poderes implícitos através de uma interpretação extensiva da norma atributiva de poder. Para a primeira tese só seriam admissíveis poderes implícitos em sentido impróprio, isto é, poderes que não atinjam de forma incisiva as posições jurídicas dos particulares [334].

Já para a segunda tese, partindo de uma perspetiva material, os poderes implícitos viriam admitidos na medida em que estejam em conformidade com o ordenamento jurídico (ainda que não expressamente atribuídos por lei a um órgão) e com a regra da especialidade, segundo a qual os órgãos de uma pessoa coletiva pública só podem usar tais poderes na prossecução das respetivas atribuições da pessoa coletiva em que estão inseridas. Mas não basta. É ainda necessário que o poder implícito opere num espaço em que a lei, em virtude do âmbito regulado, remeta para juízos de prognose que exijam uma maior funcionalidade do poder administrativo [335].

É claro que a dicotomia anteriormente referida perde, em parte, sentido, se entendermos, como devemos entender, o princípio da legalidade como princípio de juridicidade, o que equivale por dizer que a Administração está sujeita ao Direito e à Constituição (artigo 3.º/1 do CPA e artigo 266.º/2 da CRP), em suma, ao bloco de juridicidade.

---

[334] Cfr. J. ROCHA DE ALMEIDA, *Legalidade e Poderes Implícitos em Direito Administrativo*, 2010, p. 84 e ss. (Tese de Mestrado, sob nossa orientação) apresentada e defendida na Faculdade de Direito da Universidade do Porto).

[335] G. MORBIDELLI, "Il principio di legalità...", *op. cit.*, p. 725.

Ainda que com a cautela devida, a problemática dos poderes implícitos deve ser situada no conjunto do ordenamento jurídico ou, melhor, no *bloco normativo global*. Nesta perspetiva, não parece demasiado ousado, nestes casos espinhosos, integrar a base legal do poder segundo exigências do ordenamento material, legitimando a Administração a intervir em situações que não se encontram expressamente reconhecidas na lei.

Por outro lado, não podemos confundir a figura dos poderes implícitos com a dos atos implícitos ou com a figura dos poderes concomitantes ou consequenciais aos poderes expressamente conferidos. Relativamente aos atos implícitos, uma figura igualmente controversa, estou mais próximo daqueles [336] que defendem a configuração do ato implícito para as hipóteses em que este disponha de todos os elementos constitutivos do ato, afastando-se, assim, o princípio de inspiração privatista da liberdade de forma [337].

São atos que produzem efeitos posteriores sempre que o ato implícito se possa deduzir de outro ato ou comportamento de uma entidade administrativa por via hermenêutica. Para dar um exemplo, no caso da expropriação urgentíssima (artigo 16.º/1 do Código das Expropriações), a prévia declaração de extrema urgência ou a atividade material de apossamento dos bens pela Administração contém implicitamente a estatuição, isto é, a declaração de utilidade pública de expropriação. A mesma situação se pode constatar com o abate animais doentes ou a destruição de bens alimentares impróprios para consumo executada pelas autoridades sanitárias competentes.

---

[336] M. TUCCI, *L'atto amministrativo implicito*, Milano, 1990, p. 8.

[337] ROGÉRIO SOARES, *Direito Administrativo*, Coimbra, 1978, p. 77.

Como antes dissemos, os atos implícitos constituem uma categoria jurídica controversa, pelo que não surpreende que alguma doutrina [338] reconduza a esta categoria os chamados deferimentos tácitos (silêncio positivo) quando a Administração esteja obrigada normativamente a decidir, reduzindo, desta forma, as diferenças entre ato implícito e ato silente positivo [339].

Figura distinta dos poderes implícitos são os *poderes concomitantes* ou consequenciais às funções expressamente atribuídas. Para dar outro exemplo, o caso em que a lei confere à Administração o poder de autorizar a abertura de um estabelecimento industrial e, paralelamente, a referida entidade dispõe para o efeito de um sistema de sanções administrativas quando se verifique um incumprimento do beneficiário do ato autorizativo. Ou ainda a determinação de posse administrativa (dos bens expropriados), na sequência de uma expropriação urgente (artigo 15.º do CE), que parece constituir uma consequência direta da atribuição do caráter urgente à expropriação.

Se tentássemos dar um pequeno contributo para delimitar o problema dos poderes implícitos, diríamos que o seu campo de atuação se deveria confinar essencialmente aos domínios que se caracterizam pela exigência de competências especializadas, marcadas por uma rápida evolução técnico-científica, impedindo ou dificultando, por isso,

---

[338] M. TUCCI, *L'atto amministrativo implicito, op. cit.*, p. 11.

[339] O silêncio positivo é uma verdadeira aporia que subverte a obrigação subjetiva de uma tempestiva decisão expressa, correndo mesmo o risco de se transformar num princípio geral do nosso ordenamento administrativo quando, curiosamente, desapareceram as premissas para o seu nascimento e desenvolvimento. Atualmente poder-se-ia dizer que o "ato" silente positivo apresenta desvantagens no plano real e benefícios no plano ideal.

a predeterminação normativa dos modos de exercício do poder administrativo. Como se trata (também) de um espaço aberto à utilização pelo legislador de cláusulas gerais e conceitos jurídicos relativamente indeterminados, pressupõe o reconhecimento, ainda implícito, de poderes da Administração, sobretudo das autoridades administrativas independentes, para concretizar corretamente as suas funções. Por exemplo, a ERSE pode tomar medidas, não expressamente previstas na lei, destinadas a assegurar a segurança dos utentes e dos consumidores.

Como nos parece óbvio, se não queremos afastar a existência dos poderes implícitos, importa colocar algumas cautelas e exigências. Antes de mais, as medidas a adotar devem revelar-se necessárias, adequadas e proporcionais, tendo em conta os valores em presença. Em segundo lugar, colhe uma interpretação material do princípio da legalidade-juridicidade que envolve a ideia de que a Administração está sujeita a um bloco normativo geral. Em terceiro lugar, o reforço e densificação das garantias procedimentais e processuais dos particulares, de forma a assegurar uma tutela plena e temporalmente adequada [340].

Como a Administração está hodiernamente sujeita ao Direito e não apenas à lei, isto é, a qualquer norma jurídica independentemente da sua proveniência, tal exige um esforço exegético acrescido por parte do intérprete e sobretudo do juiz administrativo. Como a questão hermenêutica, apesar dos seus riscos, no contexto referido, nos parece muito relevante, tendemos a pensar que os poderes implícitos não constituem uma exceção ou uma compressão do princípio da legalidade. Ao invés, julgamos que estes poderes só aparentemente não vêm reconhecidos pela

---

[340] N. BASSI, *Principio di legalità...*, op. cit., pp. 81 e ss. e 102 e ss.

norma jurídica atributiva da competência, havendo de interpretá-la à luz de um enquadramento sistémico-teleológico do ordenamento jurídico, de todo o ordenamento jurídico.

Se pensarmos, como temos vindo a reafirmar noutros textos, que aplicar uma norma é aplicar todo o sistema jurídico, então a nossa leitura dos poderes implícitos faz algum sentido.

Como se sabe, a técnica expansiva da interpretação de competências não é homogénea, variando, como tentámos insinuar, consoante o tipo de poder que vem exercitado. Neste sentido, impõe-se distinguir entre poderes de *rule-making* e poderes de *decision-making*, sendo que, quando a atividade administrativa se baseia numa norma geral suscetível de aplicação à generalidade dos sujeitos, é natural que a enumeração de poderes seja menos detalhada. Digamos que o intérprete está confrontado com uma tarefa difícil porque, se por um lado, a competência não se presume, por outro, a competência é irrenunciável e inalienável (artigo 29.º do CPA).

Creio que se impõe uma interpretação elástica do primeiro requisito, à luz da submissão da Administração e da sua atividade ao Direito, no sentido de afastar a interpretação de que só há competência quando a lei inequivocamente a confere a um dado órgão. Para além do requisito da necessidade, somos de parecer que há uma limitação inultrapassável, a do respeito pelo órgão competente das atribuições da pessoa coletiva em que está inserido e em cujo nome atua. Numa palavra, o órgão, por força do princípio da especialidade não pode praticar atos sobre matérias estranhas aos fins da pessoa coletiva que integra. Por último, o exercício de poderes implícitos não pode nunca pôr em causa princípios e valores fundamentais como os direitos e liberdades fundamentais dos cidadãos.

De resto, para aduzir um outro argumento favorável aos poderes implícitos, é bom lembrar a experiência comunitária da jurisprudência teleológica do TJ que produziu resultados notavelmente inovadores, ao ponto de se constituir no verdadeiro criador de um ordenamento jurídico supranacional de fins gerais. Note-se, no entanto, que a legitimidade e democraticidade da Administração não está apenas na forma de designação do poder, mas está também, e muito, no modo de exercício do poder administrativo.

3. 4. Princípio da legalidade e autovinculação administrativa

O poder discricionário da Administração pública é concedido pela lei, poder esse que, por sua vez, pode ser limitado pela Administração através de normas administrativas que a autovinculam. No entanto, a Administração só pode desenvolver um processo de autovinculação se a lei lhe permitir, sob pena de serem ilegais as normas pelas quais a Administração se tenha (auto)vinculado.

Discute-se, desde há muito, que a autovinculação só é legítima se mantiver a abertura derivada da norma atributiva de poder discricionário à Administração, por forma a não impedir que o órgão competente disponha de espaço para a ponderação final que a margem de liberdade decisória reivindica [341]. Impõe-se, portanto, uma interpretação da norma atributiva de poder discricionário para verificar se a lei não terá pretendido que a Administração exerça o

---

[341] Cfr. H. LANZ, "Selbstbindung der Verwaltung bei Ermessensausübung", in *NJW*, n.º 13, 1960, p. 1797 e ss.

seu poder administrativo casuisticamente ou se resulta expressa ou implicitamente proibida a autovinculação administrativa ou ainda se esta não viola o disposto na lei.

A normalização, segurança e previsibilidade da atividade administrativa apresenta vantagens para os particulares e para a Administração, mas a autovinculação tem de respeitar os parâmetros estabelecidos pelo legislador.

A autovinculação pode ser feita por via de instruções genéricas internas, no âmbito do poder hierárquico, ou por via regulamentar, sendo que apenas os regulamentos administrativos externos vinculam a Administração e os particulares [342].

Em suma, as vantagens da autovinculação para o particular são várias, a começar pela invalidade da decisão administrativa que se afasta dos critérios a que se (auto)-vinculou, mesmo que tal decisão coubesse dentro da margem de livre decisão que a lei reconhecia ao órgão administrativo.

A autovinculação apoia-se na ideia e na exigência de coerência da atuação da Administração. Mas não basta a sua vontade normativa (louvada numa norma), é necessário ainda um princípio jurídico que legitime a forma como exerce a autovinculação. Os princípios mais importantes são o princípio da igualdade na aplicação da lei e o princípio da boa fé, sem esquecer o princípio da proporcionalidade.

Uma ideia firme parece ser a de que a legalidade constitui um limite ao princípio da igualdade. Não há, em

---

[342] Outra coisa são as normas internas terem refrações no âmbito disciplinar ou até da responsabilidade civil.

princípio, igualdade na ilegalidade [343] (*keine Gleichheit im Unrecht*), o que quer dizer que a igualdade na ilegalidade constitui uma regra de colisão entre o princípio da igualdade e o princípio da legalidade [344].

Só excecionalmente o princípio da igualdade na ilegalidade prevalece, precisamente quando se convoca o princípio da boa fé, mais exatamente o princípio da proteção da confiança legítima. Ora isso só pode suceder quando estiverem reunidos determinados pressupostos cumulativamente apreciados: atuação prévia da Administração geradora de confiança legítima, o que significa a existência de sinais externos concludentes que induzam o interessado a confiar na legalidade da atividade da Administração; natureza objetiva da confiança legítima, que se traduz no comportamento constante da Administração ao decidir aquele tipo de casos; e, por último, a manifestação da confiança, que se expressa na prática de atos e comportamentos do particular com base na convicção de que o ato era legal ou que se obteria a vantagem esperada [345].

Uma observação mais para saber se a autovinculação administrativa implica a famosa redução a zero da discricionaridade. A nosso ver, a resposta é negativa, por duas ordens de razões. Em primeiro lugar, porque a autovinculação não fecha de todo a abertura da estatuição da norma habilitante de poder discricionário, sob pena do princípio da legalidade ficar "de pernas para o ar". Em segundo lugar, o princípio da igualdade não sobrevive fora

---

[343] Assim, W. PAULY, "Gleichheit im Unrecht als Rechtsproblem", in *JZ*, n.º 13, 1997, p. 649.

[344] W. PAULY, "Gleichheit im Unrecht...", *op. cit.*, p. 643.

[345] Cfr. K.-A. SCHWARZ, *Vertrauensschutz als Verfassungsprinzip*, *op. cit.*, p. 39. Por exemplo, o início da obra de construção de uma habitação monofamiliar ou ainda a realização de determinados investimentos.

da legalidade, de forma que a existência de uma situação anterior não constitui uma circunstância de facto capaz de ser combinada com a norma jurídica para estreitar a liberdade decisória da Administração. Acresce que o particular goza de um direito formal à igualdade e não de um direito material que, de resto, os tribunais administrativos teriam dificuldade em controlar judicialmente [346].

É inegável que a autovinculação é um meio de reduzir a discricionaridade administrativa, mas é discutível que implique a sua redução a zero. A nossa interpretação vai no sentido, como vemos, de que a autovinculação não conduz necessariamente a uma redução a zero da discricionaridade administrativa. Se a decisão que se desvia do critério fixado é contrária à norma por que se autovinculou a Administração, tal não significa que a referida decisão seja contrária ao Direito. Salvo melhor opinião, não parece possível sustentar a redução da discricionaridade a zero apenas com base no princípio da igualdade, especialmente quando este colide com o princípio da juridicidade da atividade administrativa [347].

3. 5. O dilema dos vícios formais. Algumas precisões

Visto que já tratámos deste assunto noutro lugar [348], faremos apenas algumas pontualizações.

---

[346] Neste sentido, M. WALLERATH, *Die Selbstbindung der Verwaltung, Freiheit und Gebundheit durch den Gleichheitssatz*, Berlin, 1968, p. 89.

[347] Cfr. P. STELKENS / H. BONK / M. SACHS, *Verwaltungsverfahrensgesetz*, München, 2006, p. 127 e ss.

[348] COLAÇO ANTUNES, *A Teoria do Acto e a Justiça Administrativa, op. cit.*, p. 139 e ss.

Como acabámos de ver, com a temática dos poderes implícitos, pode verificar-se uma certa quebra em determinadas situações da legalidade material, pelo que é necessário contrabalançá-la com uma legalidade procedimental reforçada. Quanto menos é garantida a legalidade material (proibições, limites, obrigações, etc.), tanto maior é a exigência de potenciar e densificar o envolvimento efetivo dos interessados no procedimento administrativo. Com efeito, este instituto jurídico não só permite uma tutela temporalmente adequada do particular como invalida o facto patológico daquele se confrontar com a decisão administrativa desfavorável. Para além de um instrumento de garantia do particular, o procedimento é a sede própria e adequada para a Administração (fase instrutória, sobretudo) adquirir um conhecimento real da situação sobre a qual tem de se pronunciar. Isto é particularmente pregnante naqueles procedimentos administrativos complexos, a envolverem frequentemente alguma prognose da Administração, que beneficiam da participação livre e esclarecida dos interessados. Trata-se também de uma forma essencial de legitimação de exercício do poder administrativo e da sua atividade.

Dito isto, vamos então aos vícios formais dos atos administrativos. Como é sabido, a ilegalidade do ato pode resultar de um vício formal ou de um vício material ou até de ambos, a que se juntam, para utilizar uma categorização tradicional, os vícios orgânicos.

O ressurgimento de velhos e novos mitos como o da simplificação administrativa, do mercado ou da Administração de resultados tem conduzido, isto é indiscutível, a uma queda crescente de densidade da legalidade procedimental-formal. Numa palavra, este tipo de legalidade é neutralizada pelos potenciais efeitos demolitórios da infração cometida, remetendo para o juiz uma tarefa que não lhe cabe, obrigando-o a fazer juízos de prognose de como seria a decisão se se tivessem cumprido os requisitos formais-procedimentais.

O problema da neutralização dos vícios formais e procedimentais tem-se colocado entre nós ao abrigo da teoria do aproveitamento do ato administrativo, nos seguintes termos: a violação de normas de natureza adjetiva ou procedimental, se implicarem apenas a anulabilidade do ato administrativo, não deve conduzir à sua anulação contenciosa quando o seu conteúdo, visto à luz da legalidade substantiva que o conforma, não possa ser outro senão o que ele expressa e contém; acresce ainda que deve tratar-se de atos estritamente vinculados, não valendo para os atos discricionários [349]. Numa palavra, a aplicação do princípio do aproveitamento do ato exige que se trate de atos vinculados e anuláveis (já não vale para os atos nulos e discricionários) e que o seu conteúdo esteja em conformidade com a normatividade substantiva (não valendo para os atos cujo conteúdo seja ilegal), mesmo que se tenham verificado irregularidades quanto à forma e às formalidades [350].

Argumenta-se ainda com a inutilidade da impugnação contenciosa, uma vez que a Administração, em sede de execução da sentença, pode sempre renovar o ato anteriormente praticado, despojado agora dos vícios de que padecia anteriormente. Como é óbvio, o recurso ao princípio do aproveitamento do ato apresenta pelo menos um limite inultrapassável, centrado na tutela jurisdicional efetiva do

---

[349] Posição já criticada por nós na *Teoria do Acto e a Justiça Administrativa, op. cit.*, p. 187 e ss.

[350] Acórdão do STA (2.ª Secção), de 7 de novembro de 2001, Processo 038983, com anotação de MARGARIDA CORTÊS, in *CJA*, n.º 37, p. 26 e ss.

particular, pelo que sempre que este possa retirar algum benefício da anulação do ato administrativo (como muitas vezes sucede, em virtude da natureza não retroativa dos atos renováveis, artigo 128.º/1/b) do CPA) o tribunal deve acolher a pretensão do particular e anular o ato.

Tudo isto, que resulta do entendimento dominante na doutrina e na jurisprudência, está muito certo, mas dá que pensar, sobretudo numa época em que a Administração se dotou de uma estrutura procedimental. Porquê então esta *invalidade não pronunciada*? Em primeiro lugar, de invalidade se trata, uma vez que estamos perante um ato ilegal com refrações ao nível da responsabilidade administrativa e disciplinar. Já quanto à não pronúncia (da ilegalidade) pelo juiz, o problema é mais fundo. A nosso ver, baseia-se numa visão dicotómica que não valora devidamente os aspetos formais como lugar do axiológico-normativo e do conteúdo do ato.

Não iremos repetir os argumentos que sustentámos noutra sede [351] para defender a relevância jurídica dos vícios formais, de modo que nos limitamos a acrescentar uma ou outra ideia. De facto, apesar desta técnica do aproveitamento do ato ser igualmente utilizada noutros ordenamentos jurídicos, como o alemão, não constituirá (para utilizarmos uma expressão conhecida) mais uma fuga do direito administrativo?

E se é assim, por que razão tal acontece, por que motivo se defende esta forma de economia e de simplificação procedimental? Se é a lei que define e qualifica o interesse público e garante os direitos e interesses legalmente protegidos dos particulares, parece que não são estes os benefi-

---

[351] Cfr. COLAÇO ANTUNES, *A Teoria do Acto e a Justiça Administrativa*, op. cit., p. 140 e ss., para o qual remetemos novamente.

ciários, como seria expectável. Então quem beneficia deste instrumentário? A nosso ver, quando está em causa a preclusão e a violação de formalidades essenciais (outro galo cantaria se se tratasse de formalidades não essenciais) só uma ideia mercantilista de Administração de resultados submetida à lógica e à alma do mercado pode justificar um tal atropelo ao princípio da legalidade. Isto é tanto mais grave e incompreensível quando a legalidade procedimental é a forma, por excelência, da legalidade administrativa nos nossos dias.

3. 6. O princípio da legalidade como conjunto da autonomia pública e da autonomia privada?

É comum afirmar-se que o particular pode fazer tudo, exceto o que a lei expressamente proíbe, enquanto à Administração tudo é vedado, exceto o que é expressamente permitido. Todavia, como vimos antes, as coisas não são assim tão simples nem tão dicotómicas. A vida dos sujeitos públicos e privados é mais rica do que a doutrina por regra suspeita.

Se olharmos para o particular e para a respetiva autonomia privada, vemos que a regra de que tudo o que não é proibido é permitido sofre algumas entorses, até pela irradiação dos direitos fundamentais e do próprio princípio da legalidade para o direito privado em defesa de valores constitucionais (artigo 18.º/1 da CRP) [352]. Depois, depende

---

[352] Impõe-se, antes de mais, refutar a conceção clássica do princípio da autonomia da vontade. Convém, depois, articular os direitos fundamentais com o princípio da autonomia da vontade, tendo em consideração a *drittwirkung* dos direitos fundamentais. Cfr. W. RÜFNER,

da natureza do poder exercitado pelo particular (contra outro particular), que pode exigir um respeito mais estrito da lei e da própria Constituição.

Por outro lado, temos o problema da natureza jurídica pública ou privada do sujeito que exerce o poder administrativo não determinar o direito ordenador da respetiva atividade, como pode acontecer com o exercício de funções públicas por particulares (concessionário, delegação de poderes em entes privados e outras situações). Nestas circunstâncias, o particular está sujeito ao princípio da legalidade, aos direitos fundamentais e aos princípios fundamentais que enformam a atividade administrativa (artigo 266.º da CRP e artigo 3.º e segs. do CPA). O que acontece é que o princípio da autonomia privada é temperado pelo princípio da juridicidade. Com efeito, a autonomia privada é condicionada pelo princípio da legalidade sempre que os poderes, mesmo que privados, sejam de tal forma ingerentes que permitam incidir unilateralmente sobre posições jurídicas subjetivas dignas de tutela. Em boa verdade, o princípio da legalidade mantém intacta aqui a sua

---

"Wirkung der Grundrechte im Privatrecht (Drittwirkung)", in J. ISENSEE / P. KIRCHHOF, *Handbuch des Staatsrechts der Bundesrepublik*, V, Heidelberg, 1992, p. 79 e ss.

Mesmo que se admita que o princípio da autonomia da vontade exclui a vinculação direta dos particulares aos direitos fundamentais, sempre caberia a vinculação indireta dos particulares através da dimensão objetiva dos direitos fundamentais. De acordo com este entendimento, não seriam os atos dos particulares que se encontram propriamente sujeitos à influência e conformação dos direitos fundamentais, mas as normas jurídicas que regulam tais atos (dos particulares).

Em todo o caso, somos levados a admitir uma *Drittwirkung* direta (subsidiária) naquelas situações em que o legislador não cumpriu satisfatoriamente o (seu) dever constitucional de proteger os direitos fundamentais.

função de garantia em relação a qualquer tipo de atividade que possa lesar os direitos fundamentais do cidadão ou os interesses públicos, enquanto defende o particular e o interesse público do exercício de um poder que não esteja suficientemente predeterminado por uma norma jurídica, uma vez que não pode existir um poder de todo divorciado da lei [353]. Será que a personalidade jurídica de direito privado, ao contrário da personalidade de direito público, exprime univocamente um núcleo axiológico irredutível e ponderoso? [354]

Há ainda outro fator digno de nota que não tem merecido a devida atenção de publicistas e privatistas. O que acontece ao direito privado quando este vem utilizado por sujeitos públicos como, aliás, acontece frequentemente? Mantém a sua natureza intacta ou transforma-se em sentido publicístico? Eu creio que se verifica uma deformação do direito privado em sentido publicístico, publicizando-se. Não é, portanto, apenas o direito público que se privatiza, mas também o direito privado que se publiciza. Ora, este é um fenómeno novo, relevante e omitido. Dito de outra forma. O problema real, que parece insuperável, atende ao facto de o direito privado utilizado por entes públicos, para além de qualquer enunciação de princípio, se manifestar numa atividade que *subjetivamente* não é expressão de autonomia privada mas de discricionariedade administrativa; que *objetivamente* não atende a situações disponíveis e que *formalmente* deve exprimir-se, sob pena de invalidade, através de negócios jurídicos; por outro lado, trata-se

---

[353] N. BASSI, *Principio di legalità...*, op. cit., pp. 463 3 470.
[354] Já respondemos adequadamente a este problema no n.º 5 da primeira Parte deste trabalho. Cfr., no entanto, COLAÇO ANTUNES, "Existe un criterio para la persona coletiva de derecho público?", in *RAP*, n.º 183, 2010, p. 68 e ss.

de uma atividade que *funcionalmente* deve prosseguir, sob pena de invalidade, o interesse público e que *estruturalmente* é, em regra, acompanhada por um procedimento administrativo.

Interrogamo-nos se o necessário interesse público prosseguido pela entidade administrativa impede ou inquina a aplicação do direito privado, a favor de um direito privado especial, isto é, um direito privado da Administração pública que não é apenas o direito administrativo privado cunhado pela doutrina alemã. Com efeito, o Estado e demais pessoas coletivas públicas encontram-se regularmente numa situação de titulares de situações jurídicas de conteúdo patrimonial (direitos reais, direitos de crédito, por exemplo), com recurso a instrumentos privatísticos (poderes de gestão, contratos de locação, etc). Será que esta realidade é indiferente à doutrina iusprivatista?

Podemos ainda interrogar-nos sobre a função do interesse público no âmbito de contratos atípicos celebrados pela Administração. É possível afirmar simplesmente que a causa do contrato é o interesse público?

O problema de fundo que se põe é o seguinte: há uma evidente comunicabilidade entre autonomia privada e interesse público? Se a autonomia privada é sobretudo o poder de estipular como se quer e nas condições que se quer, não será lícito deduzir que a autonomia privada aparece, nestes casos, de certo modo engessada ou transformada numa autonomia privada especial e publicizada em relação à puridade com que a conhecemos no seu *habitat* natural.

Em suma, parece que no nosso tempo é difícil individualizar um interesse público completamente autónomo do interesse privado e um interesse privado totalmente independente do interesse público. Se assim é, que ressonâncias se podem adivinhar para a dogmática iuspublicística e iusprivatística?

Poder-se-á concluir, como tradicionalmente se afirma, que o princípio da legalidade não tem qualquer serventia quando a Administração utiliza instrumentos de direito privado, porque não há qualquer incisão nas situações jurídicas subjetivas dos destinatários? A nossa resposta é negativa, em coerência com o que temos vindo a defender, mas também porque o princípio da legalidade é bicéfalo: obriga e protege o interesse público e simultaneamente garante as posições jurídicas substantivas dos particulares.

Uma coisa parece certa. Negar a distinção entre direito público e direito privado significa dissolver o Direito: tudo público, expressão de força e de poder; tudo privado, sem força, com liberdade, mas sem solidariedade para com os outros. Quanto mais aguda é a crise no campo do Direito, mais se torna premente regressar à grande divisão entre público e privado [355]. Daí que nos venha afligindo há algum tempo o desmoronamento da figura da pessoa coletiva de direito público e a sua (in)distinção da pessoa coletiva de direito privado.

Pensamos que não basta, para este efeito, uma aproximação finalístico-teleológica, preferindo antes um critério *essencialista* que revele o ser do ente público por contraposição ao ente privado. A exigência desta distinção capital só pode ser feita em relação ao Direito como ordenamento e síntese dinâmica e necessária dos dois termos que, na sua relação, constituem uma unidade vital.

Numa palavra, a distinção entre pessoa coletiva pública e pessoa coletiva privada reconduz-se à própria essência do sistema jurídico, sendo que o público será

---

[355] S. PUGLIATTI, "Diritto pubblico e diritto privato", in *Enc. dir.*, XII, Milano, 1964, p. 696.

sempre a forma histórica de um ordenamento de fins gerais. Foi o Estado, que está a deixar de sê-lo, para passar a ser a União Europeia, mas será sempre uma forma pública se excetuarmos o paraíso. Isto leva-nos a pensar que a distinção entre o que é público e o que é privado será sempre de índole qualitativa e não quantitativa. Outra ilação é a indispensabilidade de um critério subjetivista e não apenas objetivo-teleológico, o que nos leva a defender, ainda que com algumas oscilações, o paradigma do sujeito, público ou privado, consoante a sua natureza jurídica.

Como temos vindo a sustentar, o modo de ser do ordenamento jurídico e o princípio da legalidade são capitais [356].

3. 7. O crepúsculo do princípio da legalidade?

Não creio que haja o perigo de assistirmos ao crepúsculo do princípio da legalidade. O que acontece é que a Administração não está hoje sujeita apenas à lei entendida como único parâmetro normativo, mas a um bloco normativo geral. O problema está em que vivemos numa fase de metaestabilidade normativo-paradigmática, daí que se suscitem alguns receios e naturalmente dúvidas.

Um deles será o de privilegiar a certeza jurídica em prejuízo da justiça e da democraticidade da decisão pública. Outro perigo, não despiciendo, é o da discricionaridade do juiz e do consequente desvio de poder jurisdicional. Outra ameaça pode vir do *soft law* global com a sua imensa força propulsiva, por vezes maior que o *hard law,* fazendo decair o princípio da juridicidade e as garantias dos

---

[356] COLAÇO ANTUNES, "Existe un criterio para la persona coletiva de derecho público?", *op. cit.*, p. 51 e ss.

particulares, sobretudo as contenciosas. Aspetos a ter em conta são a menorização dos vícios formais, em favor de uma legalidade material de resultados ou a tendência crescente (como se vê nas sucessivas Leis do Orçamento do Estado) para o Parlamento assumir uma função administrativa (praticando atos administrativos travestidos de normas jurídicas) que não lhe corresponde, em manifesta violação dos direitos dos particulares e das suas garantias procedimentais e contenciosas. Reclama-se, por isso, uma crescente atenção do Tribunal Constitucional e dos Tribunais Administrativos.

Se a lei não adota normas jurídicas mas atos administrativos, ressurge o que o princípio da separação de poderes pretende evitar, o despotismo. Não se trata de normas mas de atos administrativos pró ou contra o amigo-inimigo do momento.

Como podemos silenciar contenciosamente uma monumental usurpação de poderes?

4. O princípio da legalidade faz parte do Direito Urbanístico?

4. 1. JEAN RIVÉRO observava justamente que, para responder aos seus fins, o Estado de Direito depende, em larga medida, da qualidade do direito em vigor. Por sua vez, VEDEL afirmava que o Estado de Direito não é senão a dose jurídica que a sociedade pode suportar sem asfixiar. Perguntamos nós qual a dose de legalidade suportável pelo Direito Urbanístico? Que legalidade é essa? Para início das "hostilidades", a resposta depende, obviamente, da conceção que tenhamos do Estado de Direito e do princípio da legalidade e, bem assim, da opção por uma conceção formal-procedimental ou por uma conceção material deste princípio. E a escolha não é fácil. Servirá melhor o Direito Urbanístico uma legalidade limite, que é uma legalidade mínima, de compatibilidades, materialmente debilitada e, por isso, necessariamente, descentralizada; ou uma legalidade fundamento, que complementa a primeira com exigências de maior abrangência, densidade e seletividade normativas que toma todo o Direito como pressuposto da atividade da Administração, e exige da norma qualidade e legitimidade intrínseca?

Como também se sabe, a densidade e intensidade do princípio da legalidade é variável. Isso depende, desde logo, de haver ou não reserva de lei, o que tem resposta na Constituição da República Portuguesa. Em certos casos, compete à lei estabelecer todo o regime jurídico substantivo (reserva de lei em sentido próprio); noutras situações, a Constituição exige apenas que a lei estabeleça os princípios fundamentais, deixando tudo o resto para a Administração; noutros casos ainda, a Constituição não estabelece qualquer exigência de densidade legislativa, podendo a lei limitar-se ao mínimo, definindo apenas a competência subjetiva e objetiva da atividade administrativa. É, precisamente, o que sucede com a atividade administrativa regulamentar da Administração autónoma e regional (cfr. artigo 112.º/7 da CRP).

À legalidade urbanística deve exigir-se um diálogo permanente com os princípios da igualdade e da proporcionalidade, bem como a definição dos pressupostos, condições e modalidades do exercício de uma atividade administrativa com obrigações acrescidas de fundamentação e sujeita a um controlo judicial apreciável.

A legalidade no Direito Urbanístico é uma legalidade baixa (ver o contencioso das normas, especialmente o pedido de declaração de ilegalidade com efeitos circunscritos ao caso concreto), de "textura aberta" ou de "indeterminações significativas" e, por isso, condescendente para com a sua Administração, à qual reconhece uma liberdade de apreciação considerável, mais do que seria desejável, assumindo-se assim, na medida do seu excesso, como um modelo aberto, ponderativo de interesses e, neste sentido, imprevisível na sua concretização aplicativa. É esta debilidade ordenadora da lei que amplia a função constituinte da Administração na realização do Direito, com sacrifício dos valores da segurança e da certeza jurídicas ou da igualdade aplicativa da norma. Por outras palavras, estamos numa zona de diluição da legalidade, quer no tange à reserva de lei, quer quanto ao primado e procedência de lei (cfr. artigo 112.º/7 da CRP).

No Direito Urbanístico não é seguro que a lei seja a mesma para todos, como diz o artigo 6.º da Declaração Universal dos Direitos do Homem, quando a Administração tem o poder, com base na mesma norma, de conceder uma autorização que recusa a outro.

Poderá dizer-se, com acerto, que a discricionaridade de planeamento é necessária, que a atividade de planificação pressupõe a maleabilidade e a adaptabilidade às condições de cada caso concreto, que esta é, como toda a discricionaridade administrativa, uma discricionaridade de meios, vinculada quanto ao fim, o interesse público urbanístico, prejudicialmente definido e qualificado pela lei, fundamento da atividade administrativa e limite positivo do ato. E poderá sempre dizer-se que, como ensina *Giannini*, a discricionaridade administrativa deve servir a melhor realização do interesse público essencial, normativamente definido.

Nada mais acertado. De facto, a atividade administrativa e, particularmente, a atividade administrativa discricionária não pode, como se sabe, prescindir do fim enquanto razão justificativa do agir administrativo. Mas no Direito Urbanístico esse vínculo teleológico definido pelo legislador — o interesse público urbanístico primário — é consideravelmente poroso, abstrato e, por isso, permeável à ponderação dos interesses secundários, públicos e privados, trazidos ao procedimento por via da (legítima) participação coconstitutiva dos interessados, e, raras vezes, isto é, menos do que as desejáveis, por via da participação dialógica, desinteressada, em defesa dos interesses difusos, definindo, qualificando e compondo o interesse público primário, quando, de facto, a consideração dos interesses públicos secundários e dos legítimos interesses dos particulares deveria apenas servir para conferir razoabilidade, proporcionalidade e justiça material à solução administrativa.

No final do procedimento, o interesse público primário definido insuficientemente pelo legislador e hiperponderado pela Administração já não é tão público, nem tão primário. No limite, interesses particulares convolam-se, por vezes, em interesses públicos urbanísticos, desviando o poder discricionário primariamente atribuído pelo legislador à Administração para servir a melhor realização do interesse público essencial. Por outras palavras, espreita o perigo do que passaremos a designar por *heterogénese do fim* dos planos urbanísticos.

A compensação, espera-se, vem de um controlo contencioso mais intenso, de um ativismo judicial não raras vezes tardio e exíguo, e, por isso, inútil, para a salvaguarda das situações jurídicas (e dos direitos) que dependem do funcionamento da justiça administrativa [357].

Em face desta flexibilidade e diversidade material da legalidade urbanística, conseguirá o contencioso dos planos proteger a posição do particular contra o que a Administração considera ser o interesse público urbanístico? Qual a proteção do interesse público urbanístico perante os descuidos e desmandos da sua Administração? Deverá a justiça administrativa permitir a consolidação de uma construção ilegal tendo por base interesses públicos preponderantes?

4. 2. Os problemas levantados pela legalidade urbanística são, de facto, diversos e complexos, a começar pela natureza jurídica dos planos e pelas questões postas pela

---

[357] Neste sentido, seria interessante saber qual o sucesso ou insucesso do contencioso urbanístico, em particular dos planos. Tememos que vença a segunda hipótese.

sua natureza regulamentar (cfr. artigo 112.º/5/6/7 da CRP), que envolve um problema da reserva de lei em matéria de direitos, liberdades e garantias e direitos fundamentais de natureza análoga (cfr. artigo 165.º/1/b) da CRP).

Ora, sobre a natureza jurídica dos planos já se disse muito, apesar do problema se manter dogmaticamente aberto. Sem prejuízo do seu conteúdo heterogéneo, o plano urbanístico configura-se como um instituto complexo, ato e norma simultaneamente, o que pressupõe a consideração da atividade planificatória como uma atividade administrativa a meio caminho entre ação e regulação.

Se o plano produz efeitos próprios tanto dos atos como das normas administrativas, é natural que a atividade administrativa se desdobre em duas dimensões: na primeira, relativa ao procedimento, complexo, de formação do plano, sobressaem vários atos que podem assumir uma feição discricionária; já a segunda, normativa, que resulta da natureza regulamentar do plano, é ela que verdadeiramente molda e conforma o direito de propriedade, sendo certo que o grau de discricionaridade da entidade planificatória dependerá da classificação ou tipo de regulamento administrativo.

Precisamente porque os Planos Municipais de Ordenamento do Território tocam profundamente o conteúdo e não apenas os limites do direito de propriedade, discute-se se não haverá violação do princípio da reserva de lei imposta pela alínea b), do n.º 1, do artigo 165.º da CRP, uma vez que o direito de propriedade é um direito fundamental de natureza análoga aos direitos, liberdades e garantias e que os planos municipais contêm frequentemente prescrições que constituem verdadeiros atos ablativos — expropriações do plano. A quem advogar uma noção exigente e restrita de reserva de lei, como AFONSO

QUEIRÓ, colocam-se sérias dificuldades, admitindo apenas regulamentos de execução.

Já outra parte da doutrina (VIEIRA DE ANDRADE, por exemplo) defende que a autonomia regulamentar das autarquias locais (e, portanto, dos Municípios), sendo uma expressão do princípio constitucional da autonomia local (cfr. artigos 235.º e segs e 241.º da CRP) e de um poder normativo democrático, pode mesmo justificar uma certa capacidade de intervir em matéria da reserva da competência legislativa da Assembleia da República, incluindo no que respeita à regulação dos direitos, liberdades e garantias [358].

Vencendo as resistências constitucionais (relevantes, aliás) e assumindo como aceitável a classificação dos planos municipais como regulamentos delegados ou autorizados, o que pressupõe um entendimento elástico da reserva de lei e uma relativização do direito de propriedade, os planos municipais realizam, não uma função de mera complementaridade da vontade legislativa (até pela sua autonomia constitucional), mas de manifestação de uma vontade própria, não exclusiva, é certo, do Município, que, não se reconduzindo inteiramente ao comando da lei, se expressa essencialmente na liberdade de determinação do conteúdo do plano e respetiva prognose. É por isso que o planificador local pode atribuir um tipo de destino diferente a cada parcela do solo, cabendo-lhe, em larga medida, eleger as fronteiras entre o solo urbanizável e o solo não urbanizável ou prever uma maior ou menor superfície para equipamentos coletivos e zonas verdes e decidir até em que direção se deve expandir a cidade.

---

[358] Em bom rigor, a legalidade dos planos é uma legalidade procedimental, tendo pouco de legalidade material.

Acresce a duplicidade contraditória da planificação urbanística, sobretudo, do Plano Diretor Municipal, que, apesar de configurado como plano estratégico de ordenamento do território [359], desmente a sua vocação ordenadora ao classificar e qualificar o solo de forma impessoal e indiferente ao estatuto do lugar, e, por isso, conformando excessivamente o direito de propriedade do solo [360], numa bipolaridade planificatória permeável aos impulsos do mercado e da renda fundiária, que contribuiu, paradoxalmente, para a devastação dos recursos ambientais, florestais e agrícolas.

Daí a proposição de um novo paradigma, sem que tal implique a promoção de qualquer ideia desregulamentadora ou a adesão ao plano mínimo do tipo *Nozick*: uma planificação modesto-situacional, sem soluções rígidas e prescritivas, que não impõe uma visão apriorística e que tem no princípio da vinculação situacional o princípio estruturante da planificação urbanística.

Dito de outra maneira, o Plano Diretor Municipal deve fundamentalmente conformar-ordenar o território, à luz de princípios como o da vinculação situacional (reserva agrícola, reserva ecológica ou mesmo as zonas especiais de proteção dos imóveis classificados como monumentos, conjuntos e sítios), e não tanto a propriedade, o que é fonte de desigualdades iníquas entre os proprietários. Deve, em suma, ser mais estratégico, considerando a natureza e potencialidades do solo. O zonamento plurifuncional não

---

[359] Cfr. artigos 84.º/1 e 86.º/1/b) do DL n.º 380/99, de 22 de setembro, sucessivamente alterado.

[360] Cfr. artigos 3.º/2, 71.º, 72.º, 73.º, 84.º/1/ 2, 85.º/ e)/ f)/ h)/ l)/ n)/ q)/ s) e 88.º/ a)/ b)/ c) e d) do DL n.º 380/99, de 22 de setembro, sucessivamente alterado.

como um fim em si mesmo mas como um meio de revelação da essência do território. Em suma, um Direito Urbanístico sustentado e sustentável.

Face ao amplíssimo poder discriminatório da planificação urbanística, de certo modo incontornável, porque fazer urbanismo significa necessariamente diferenciar, o caminho a seguir não se pode confinar às medidas corretoras das desigualdades criadas pelo plano, mas estará sobretudo na limitação das próprias desigualdades, condicionando o poder conformador e expropriativo do plano ao estatuto natural e jurídico dos lugares.

Como a legalidade planificatória é, no essencial, uma legalidade secundária, impõe-se uma maior densificação legislativa através da definição de pressupostos, condições e modalidades do exercício da atividade administrativa e com a previsão de limites e de *standards* urbanísticos e ambientais quantitativos e, sobretudo, qualitativos, concretos, embora flexíveis, que tenham em consideração as necessidades sociais e territoriais de cada município. Em síntese, uma maior densificação do procedimento de elaboração do plano urbanístico com eficácia plurisubjectiva. Só uma legalidade material permite fiscalizar juridicamente de forma eficaz o *modo de exercício do poder administrativo*. Não basta uma base legal para legitimar o exercício do poder público, é necessário ainda que a intervenção da Administração se faça num quadro jurídico estável e não contraditório, que permita efetivamente a proteção dos particulares. Note-se que o princípio da legalidade não se esgota na disciplina normativa do poder e que esta não é um fim em si mesmo, uma vez que a legalidade-juridicidade não divorcia a disciplina do poder da constituição, modificação ou extinção da relação jurídica com o particular.

Há ainda o dever acrescido de fundamentação dos planos, quer dos atos praticados ao longo do procedimento, quer do elemento estático, final, que é a norma administrativa municipal. Está em causa não só a especial intensidade que deve assumir aqui a fundamentação, como a importância dos documentos dos planos, especialmente o Relatório, enquanto elemento obrigatório e qualificado do plano para a compreensão do sentido e alcance das suas determinações (cfr. artigo 86.º/2/b) do DL n.º 380/99, de 22 de setembro, sucessivamente alterado – RJIGT).

Intrinsecamente discriminatório e excessivamente conformador do direito de propriedade do solo, o plano deverá ser fundamentado, na medida do necessário, para, no caso, se mostrar apto a revelar a um destinatário normal as razões de facto e de direito que determinaram aquela decisão planificatória, habilitando-o a reagir eficazmente. Pelo que a sua falta ou insuficiência determinará a invalidade das determinações do plano ou do próprio plano. Será, porventura, um dos poucos casos em que a ausência ou deficiente fundamentação (do plano urbanístico) deverá apontar para a invalidade mais radical, visto que, em regra, a sanção de incumprimento desta formalidade essencial se faz através da anulabilidade. De facto, e apesar da generosidade do legislador, os mecanismos de participação-ponderação não são aqui especialmente eficazes, atendendo, nomeadamente, à complexidade técnica da matéria, sendo que a defesa da tese da nulidade se fica a dever, sobretudo, à anormal discricionaridade planificatória que poderá degenerar em arbitrariedade na ausência ou deficiência da fundamentação.

Outra sugestão seria a existência de um cadastro atualizado e devidamente digitalizado dos terrenos.

4. 3. Estando, como estamos, num domínio de altíssima discricionaridade administrativa, dir-se-á que a última palavra compete à Administração e não ao juiz. De facto assim é e assim tem sido com base na separação, mais ou menos cortante, entre a *norma de conduta* e a *norma de controlo*. Tem-se defendido tradicionalmente uma certa assimetria e até divergência entre a norma que regula a atividade administrativa (*Verhaltensnormen*) e a norma de controlo do juiz (*Kontrollnormen*), da norma que este utiliza na fiscalização da Administração. Nesta perspetiva, a norma de controlo apenas permitiria fiscalizar certos aspetos da atividade administrativa (vícios de forma, procedimentais, erro de facto, erro manifesto de apreciação), sendo que o desvio de poder já não seria tão facilmente detetável.

Dito de outra forma, a doutrina e a jurisprudência, parecem admitir, em regra, uma assimetria entre a norma de conduta (administrativa) e a norma de controlo (judicial), permitindo ao juiz sindicar apenas alguns aspetos da atividade administrativa. Para além destes aspetos, caberia à Administração a última palavra, em obséquio ao princípio da separação de poderes.

O contributo novo desta perspetiva teorética é, precisamente, o de reduzir o campo de divergência entre a norma de conduta e a norma de controlo, permitindo um controlo jurisdicional mais intenso nos domínios em que a Administração goza de liberdade de decisão ou de apreciação.

Bastaria começar, como faz a jurisprudência alemã, por confrontar a discricionaridade administrativa com os direitos fundamentais (neste caso, o direito de propriedade), reduzindo a extensão e a intensidade daquela quando o ato administrativo discricionário incide sobre um direito fundamental. Da análise comparada de várias pronúncias do *Bundesverfassungsgericht* emerge a ideia de que a atribuição normativa de um poder de *Ermessen* ou de *Bearteilungsspielraum* à Administração é incompatível com a garantia constitucional dos direitos fundamentais. Nestes casos, uma limitação da tutela jurisdicional do direito de um particular só se pode justificar à luz da exigência de um contemporâneo envolvimento de direitos fundamentais (de igual força axiológico-normativa) de outros sujeitos e da irrepetibilidade processual da valoração-avaliação feita pela Administração (JESCH).

Daí que o juiz deva começar por observar os limites a que a Constituição sujeita a liberdade constitutiva do legislador na atribuição do poder discricionário à Administração, controlando, desde logo, a densidade legislativa com que a lei disciplina a planificação urbanística, em particular, os subprincípios da reserva de lei e da precedência da lei (cfr. artigo 112.º/6/7 da CRP).

Com efeito, o princípio da legalidade (nas vertentes assinaladas) cobra um duplo sentido: *formal* (lei habilitante) e *material*, a exigir uma determinada *densidade regulativa* daquela.

O que se pretende com este discurso breve é reconduzir, tanto quanto possível, a questão da intensidade do controlo jurisdicional da atividade administrativa à exigível densidade regulativa imposta pela Constituição em matéria de discricionariedade administrativa, sobretudo quando esta incide e se confronta com os direitos fundamentais.

Em extrema síntese, para a *normative Ermächtigungslehre*, as *normas de conduta* dirigidas à Administração são também *normas de controlo* endereçadas ao juiz, sendo que a intensidade do controlo jurisdicional depende, proporcionalmente, da densidade da disciplina positiva que regula os poderes discricionários da Administração.

O problema está em saber se a questão relativa aos limites dentro dos quais a Constituição permite a atribuição de poderes discricionários é (ou deve ser) uma questão *prévia* (se a atribuição legislativa dos referidos poderes é excessiva ou não à luz da Lei Fundamental) ou se só se pode detetar depois de analisada a estrutura lógico-formal da norma que outorga tais poderes e quais os limites intrínsecos do controlo jurisdicional.

Por agora deixamos as duas hipóteses em aberto, sabendo, em todo o caso, que a via hermenêutica e jurídico-metodológica são decisivas. A nossa proposta é, por conseguinte, a de reduzir a divergência ou a distância entre a norma de conduta e a norma de controlo, o que passará, entre outros aspetos, pela tipificação legal de novos vícios, como os vícios de ponderação procedimental e respetivas consequências jurídicas, consagração de *standards* urbanísticos e ambientais quantitativos e qualitativos ou a de saber (reforçar) qual a força jurídica da participação no procedimento. Como também deve caber à Administração o ónus de demonstrar que seguiu um justo procedimento de ponderação que suporte e legitime a sua decisão.

Em síntese, determinar o que deva ser (ou não) um controlo jurisdicional efetivo é uma tarefa que se deve colocar numa perspetiva jurídico-metodológica. O problema dos limites constitucionais da atribuição de poderes discricionários é, antes de mais, o problema de como delimitar os respetivos campos de atuação e decisão entre o legislador e a Administração. Isto é, como se determina a densidade normativa da planificação urbanística constitucionalmente exigida e permitida. Só depois se delimita o âmbito funcional da Administração e da jurisdição. Este problema conforma o objeto da investigação (prévia) jurídico-metodológica sobre os limites intrínsecos do controlo jurisdicional.

O modelo constitucional (cfr. artigos 20.º e 268.º/4/5 da CRP) de controlo jurisdicional não afasta o respeito da reserva da Administração, mas sem deixar de acentuar a necessidade de potenciar todas as possibilidades materiais e processuais de uma tutela jurisdicional efetiva.

Em resumo, a norma de conduta dirigida à Administração é simultaneamente a norma de controlo dirigida ao juiz, verificando-se, assim, uma inevitável correlação entre a densidade normativo-regulativa dos planos e a intensidade do controlo jurisdicional.

Nesta medida, é importante não confundir a discricionaridade administrativa propriamente dita com a problemática dos conceitos jurídicos relativamente indeterminados. Afastamos, por isso, a conceção unitária e integrada do poder discricionário, para privilegiar os trilhos dogmáticos intermédios, como a teoria da margem de livre apreciação de BACHOF ou a teoria da sustentabilidade de ULE. A vantagem está precisamente em limitar a liberdade de decisão da Administração, obrigando-a a densificar o conceito jurídico relativamente indeterminado, precisando o seu sentido até onde for possível e, desta forma, ampliando e intensificando o controlo do juiz administrativo.

4. 4. O dogma da nulidade na planificação urbanística (cfr. artigos 102.º e 103.º do DL n.º 380/99, de 22 de setembro, sucessivamente alterado, e artigo 74.º do CPTA) começou por se centrar nos vícios materiais, incompetência e forma (externa) de manifestação dos regulamentos administrativos. Daí que WALTER JELLINEK afirmasse que "o regulamento leva inscrito o vício na frente", uma vez que os vícios de incompetência e de conteúdo são facilmente detetáveis a partir do texto da norma, o que já não sucede, em regra, com os vícios procedimentais.

Atualmente, o dogma da nulidade parece ser a outra face da simplificação administrativa.

Diríamos que um dos méritos da nossa conceção do plano urbanístico como ato-norma está precisamente em esbater o dogma da nulidade, ao conferir centralidade ao procedimento de formação do plano urbanístico. Neste âmbito, recupera todo o sentido a distinção entre nulidade e anulabilidade, estabelecida há muito por OTTO MAYER.

É certo que também aqui deparamos com o paradoxo de, por um lado, se reconhecer a relevância do procedimento para a atividade administrativa e, por outro, se verificar uma tendência crescente para diminuir a relevância jurídica dos vícios formais e procedimentais, sacrificados no altar da bondade substancial da atuação administrativa.

Sem cair na *caça ao vício,* entendemos que é importante e necessário densificar legislativamente o procedimento de elaboração da planificação plurisubjetiva, sobretudo do Plano Diretor Municipal.

Distinguindo os vícios inerentes ao procedimento dos vícios inerentes ao resultado, ver-se-á que a bomba atómica da nulidade perde (em parte) sentido e alcance. A densificação (substantiva) do procedimento administrativo de elaboração dos planos urbanísticos tem ainda o mérito de aproximar a norma de conduta da Administração da norma de controlo judicial, reforçando ou compensando algum défice de tutela jurisdicional em matéria de discricionariedade planificatória. Constatar a violação do princípio da igualdade imanente (ao plano) não só não é fácil, sem a necessária densificação material-procedimental, como o caminho para o controlo jurisdicional será muito acanhado e difícil (desvio de poder, erro de facto, erro manifesto e pouco mais).

Aliás, em tese geral, a densificação legislativa do procedimento deve ser proporcional ao grau e intensidade do poder discricionário. Um outro critério é o da gravidade com que podem ser afetados os direitos subjetivos e interesses legalmente protegidos dos particulares. Quanto maior é a gravidade ou relevância axiológico-normativa do direito em causa, maior é a necessidade de tutelar e proteger o seu titular através de uma rede procedimental suficientemente formalizada. Numa palavra, reunir e não separar a legalidade procedimental e da legalidade material.

Em suma, a vulnerabilidade e a importância dos direitos fundamentais dos cidadãos não só devem constituir um limite à discricionaridade administrativa, como devem permitir um controlo jurisdicional adequado e efetivo das referidas posições jurídicas.

Repare-se que a forma atualmente mais visível e relevante do princípio da legalidade é o procedimento administrativo previamente disciplinado pela lei. Ou há legalidade procedimental na planificação urbanística ou há muito pouca legalidade e de baixa intensidade. Não se pretende com isto contribuir para o fracasso judicial dos planos urbanísticos, mas sim contribuir para um controlo jurisdicional adequado através de uma maior aproximação e simetria entre a norma de conduta e a norma de controlo.

Para isso é importante conceber as disposições legislativas como uma regulação de direito substantivo (e não apenas procedimental) relativa às consequências jurídicas dos diferentes vícios que podem afetar os regulamentos, favorecendo o seu controlo jurisdicional e o princípio da tutela jurisdicional efetiva.

Como assinala HOPPE, o princípio da ponderação e a estruturação do procedimento administrativo planificatório tem por objetivo ampliar o limitado controlo jurisdicional dos planos. Outra limitação do controlo jurisdicional tem a ver com o facto da jurisprudência se centrar no resultado, nos vícios de resultado, e não nos vícios de ponderação inerentes ao procedimento, estendendo o momento discricionário aos pressupostos de facto e diminuindo o controlo jurisdicional.

Mesmo que se questione, em matéria discricionária, o dogma da melhor solução para o caso concreto (aquela que provavelmente o legislador tomaria), também não é satisfatória a conceção de poder discricionário que permite à Administração escolher, na situação concreta, uma de entre várias soluções (igualmente legítimas). Atenção, as soluções podem ser *legalmente* indiferentes, mas não são *juridicamente* indiferentes, porque uma coisa é a lei, outra o Direito.

Importa também ter presente a ideia de que o dogma da nulidade administrativo-regulamentar e os seus vícios (na ausência de um limite temporal) deveria(m) ir perdendo gravidade com o tempo transcorrido entre o momento que o plano se torna eficaz e o momento da sua impugnação contenciosa.

Esta ideia cobra ainda mais sentido se entendermos, como entendemos, que o plano urbanístico é uma *norma jurídica atípica,* aplicável num âmbito territorial delimitado (municipal) e só aí conformando o direito de propriedade.

Digamos que a legalidade débil dos planos urbanísticos é compensada com o tipo de invalidade mais grave (a nulidade), sendo que haveria, provavelmente, que distinguir entre vícios geradores de anulabilidade e vícios geradores de invalidade perpétua (nulidade), permitindo, também assim, empalidecer o dogma da nulidade. Parece-nos, aliás, que a anulabilidade nunca deveria pôr globalmente em perigo o plano.

Resumindo, se, no início, os vícios de conteúdo, de incompetência e de forma (externa) geravam a sua nulidade, atualmente as coisas parecem não ter mudado muito.

Se olharmos o direito comparado, vemos que têm sido ensaiadas várias soluções, ainda que não satisfatórias. Creio que a resolução deste problema passa por uma perspetiva jurídico-metodológica que permita eleger a melhor técnica jurídica, sendo que esta não deve ficar refém do mito da eficácia ou da relativização dos vícios procedimentais.

De acordo com o dito anteriormente, além do binómio nulidade-anulabilidade, talvez fosse de tipificar um tipo de invalidade intermédia, que bem poderia ser, descontando a alienação semântica de outros ordenamentos jurídicos, a nulidade relativa, uma nulidade temporalmente relativa, como aliás já sucede no regime jurídico da urbanização e edificação (cfr. artigo 69.º/4 do Decreto-Lei n.º 555/99, de 16 de dezembro, sucessivamente alterado).

4. 5. Se no ponto anterior aludimos ao dogma da nulidade das normas regulamentares e, por conseguinte, dos planos urbanísticos, cabe agora analisar o reverso da medalha. Referimo-nos ao que podemos designar por invalidade superveniente dos atos de aplicação de um plano urbanístico declarado nulo.

Em princípio, e em boa teoria, a anulação de um plano urbanístico (por exemplo, o PDM) deveria desencadear a invalidade dos planos (PU ou PM) e dos atos administrativos que lhe dão aplicação (autorizações). Anulado o PDM, as normas (planos) e os atos administrativos que o desenvolvem ficam sem cobertura normativa, ficando privados do título jurídico que os legitima. Alude-se à doutrina dos atos encadeados ou ao efeito cascata que se produz com a invalidade do plano urbanístico superior. Em síntese, a nulidade do plano (PDM) deveria *comunicar*, por violação do princípio da hierarquia na vertente da conformidade, a sua invalidade aos planos que o desenvolvem e concretizam (PU e PM) e aos atos de aplicação (atos urbanísticos).

Se assim for, configura-se, a nosso ver, um novo tipo de nulidade, por falta de cobertura normativa, nulidade essa distinta dos casos que vêm expressamente previstos na lei (artigo 133.º do CPA e artigos 102.º e 103.º do DL n.º 380/90), e que deve ser declarada por um tribunal administrativo.

Repare-se, no entanto, que o artigo 76.º/3 do CPTA afirma expressamente que "a retroatividade da declaração de ilegalidade não afasta os casos julgados nem *os actos administrativos* [361] que entretanto se tenham tornado inimpugnáveis...". Sustenta-se, em regra, que o fundamento desta disposição é o princípio da segurança jurídica, ainda que a conservação e estabilização de atos anuláveis não os torne válidos. Face à consolidação de atos administrativos que estão em desconformidade com o plano invalidado, o artigo 76.º/3 do CPTA parece querer significar que o legislador concede mais relevância à eliminação da disposição legal para o futuro do que aos efeitos que ela produziu, o que não deixa de ser anómalo.

Mas o nosso ordenamento urbanístico vai mais longe (artigo 102.º/2 do DL n.º 380/90), ao admitir que a declaração de ilegalidade do plano ou de algumas das suas determinações não implica a anulação ou a declaração de invalidade das licenças ou autorizações emitidas sob o manto do plano, mesmo quando a sentença produz efeitos *ex tunc,* como em regra acontece (artigo 76.º/1 do CPTA), e aqueles (atos) ainda não se tenham tornado inimpugnáveis.

---

[361] O sublinhado é nosso.

Mas será este o significado do artigo 102.º/2 do RJIGT, como sustenta boa parte da doutrina? Salvo melhor opinião, o intérprete pode optar por uma de duas soluções: a) constatada a nulidade do plano, esta comunica-se automaticamente ao ato administrativo que lhe dá concreção, o que, em puridade, não é sequer, ou tão só, uma invalidade superveniente mas uma invalidade originária. Poderia, inclusive, questionar-se da utilidade da invalidade do plano urbanístico se as consequências da ilegalidade seguem de pé, tanto mais que a nulidade do plano se deveria traduzir na não produção de efeitos jurídicos (artigo 134.º do CPA). Se é relevante a eliminação da ordem jurídica da disposição ilegal, mais importante ainda é proteger o interesse público que as licenças ilegais põem em causa; b) outra hipótese, afastado o efeito em cascata, seria a do juiz obrigar à cumulação de pedidos (artigos 4.º, 5.º, 21.º e 47.º do CPTA), sob pena do Tribunal não poder declarar inválido o ato administrativo que concretiza o plano. Deixando o ato administrativo de ter a cobertura normativa do plano declarado nulo, ele encontra-se só perante o resto do ordenamento urbanístico vigente, o que pode significar que o ato é nulo, anulável ou mesmo válido. Seguramente o mais adequado seria, como defendem alguns, uma posição como a do direito urbanístico francês em que intervêm outros fatores em análise, tais como a afetação do ambiente ou o possível amparo do ato autorizativo numa lei ou num plano anterior (repristinação de um plano anterior, desde que legal).

Outro caminho poderia ser o de entender que, tratando-se de atos nulos, por falta de cobertura normativa, não se lhes aplicariam as disposições vertidas, respetivamente, no n.º 3 do artigo 76.º do CPTA e no n.º 2 do artigo 102.º do RJIGT, que têm subjacentes apenas os atos anuláveis. Com o argumento, além dos já expostos, de que a segurança jurídica não tem sentido nem pode prevalecer em situações marcadas por graves ilegalidades.

Poder-se-ia ainda aduzir que o ato administrativo consolidado não significa presunção de legalidade e validade indestrutível, de modo que não impede que, sendo nulo, ainda que não tenha sido declarada, a nulidade não se possa fazer valer.

Outra situação complexa de que cabe chamar a atenção é aquela que se cria com a falta de publicação do plano urbanístico, que é requisito de eficácia (artigos 148.º e 149.º do RJIGT). Por distintas razões, este dever nem sempre é cumprido pelos Municípios, dando lugar à elaboração de planos inferiores e à prática de atos administrativos sem o devido título jurídico. Como dissemos anteriormente, a doutrina e a jurisprudência decantam-se pela qualificação da publicação do plano como requisito de eficácia. Mas o mesmo plano constitui um requisito de validade do plano hierarquicamente inferior, como o é também de um ato administrativo que lhe dá aplicação concreta (autorização). O problema complica-se se entendermos que ao nível dos PMOTs vigora o *princípio da necessidade* [362], uma vez que, mesmo na situação prevista no artigo 91.º/3 do RJIGT, não se pode prescindir da disciplina previamente consagrada no plano diretor municipal, em especial a da classificação e qualificação do solo (artigos 72.º, 73.º e 84.º/3 do RJIGT).

O que acontece juridicamente a estes planos e atos administrativos sem o devido título jurídico? No nosso entendimento pecariam por invalidade (por incompetência do autor), com o fundamento de que o requisito da publicação dos planos urbanísticos constitui uma condição de valida-

---

[362] Note-se que, por imperativo legal (artigo 84.º/4 do RJIGT), o PDM é de elaboração obrigatória.

de das respetivas atuações administrativas dos Municípios em sede urbanística.

Como se vê, não é tão clara a distinção entre validade e eficácia, como se poderia pensar.

4. 6. Para concluir, se entendermos que o Estado de Direito não é o Estado de qualquer Direito ou do Direito apenas, importa ter em consideração a qualidade normativa, mas também a qualidade constitucional e democrática da norma.

A pergunta posta no título deste ponto é provocatória mas, como vimos, tem todo o sentido.

5. O mérito, esse objeto jurídico não identificado

5.1. O problema do problema

É de mediana clareza a exemplaridade da experiência germânica num domínio tão espinhoso do direito administrativo como o da discricionaridade [363]. O problema maior da discricionaridade administrativa e do seu resultado (que já iremos ver qual seja) é o respetivo controlo jurisdicional, perspetiva de fundo claramente dominante na doutrina e jurisprudência alemãs, ainda que tenha ficado isolada a tese de quem defende a inexistência, na decisão individual e concreta, de qualquer âmbito discricionário subtraído ao pleno controlo jurisdicional [364].

O ponto de partida e a ideia de fundo da doutrina alemã permanece o princípio da tutela jurisdicional efetiva

---

[363] Se bem que tudo parece ter começado com EDMUND BERNATZIK (*Rechtsprechung und materielle Rechtskraft*, Wien, 1886), o direito administrativo austríaco não apresenta diferenças dignas de nota em relação ao modelo germânico. Cfr., por todos, M. BULLINGER, "Verwaltungsermessen im modernen Staat", in *Landesberichte und Generalbericht der Tagung für Rechtsvergleichung*, Baden-Baden, 1985, p. 131 e ss. Depois de MUSIL (no seu majestoso *O Homem sem Qualidades*), sabemos que, frequentemente, as piores obras se inspiram nos melhores modelos. Estamos, por isso, avisados, como avisados ficam os nossos leitores menos avisados.

[364] H. RUPP, *Grundfragen der heutigen Verwaltungsrechtslehre. Verwaltungsnorm und Verwaltungsrechtsverhältnis*, Tübingen, 1965 (2.ª ed. 1991), pp. 195 a 201.

no confronto com toda a atividade administrativa, inclusive aquela de natureza discricionária.

É igualmente certo que o debate dogmático evoluiu a partir da década de cinquenta-sessenta, para dar conta que o legislador renúncia crescentemente a ditar uma disciplina detalhada e precisa da atividade administrativa. Sobressai então a convicção de que o controlo jurisdicional efetivo e pleno sobre o facto e os pressupostos do ato deve sofrer algumas limitações. O juiz administrativo, ao confrontar-se agora com um ato unilateral de autoridade de contornos discricionários, ganha consciência de que tem de resolver um problema novo, o da intensidade do controlo jurisdicional, sob pena de invadir a esfera reservada da Administração [365]. Apesar da relevância dos princípios do Estado de Direito e da separação de poderes, a reflexão jurídica de inspiração alemã começa a admitir, ainda que a título excecional, uma limitação da tutela jurisdicional.

Se nos é permitido avançar uma hipótese explicativa, creio que tal se deve, entre outros fatores, à dificuldade de compreender a relação entre discricionaridade administrativa (propriamente dita) e mérito [366]. Este problema é

---

[365] O tema da intensidade do controlo jurisdicional marca sempre presença no debate doutrinal na Alemanha. Cfr., entre outros, F. OSSENBÜHL, "Gedanken zur Kontrolldichte in der verwaltungsgerichtlichen Rechtsprechung", in B. BENDER / R. BREUER / F. OSSENBÜHL / H. SENDLER, *Rechtsstaat zwischen Sozialgestaltung und Rechtsschutz. Festschrift für Konrad Redeker zum 70. Geburtstag*, München, 1993, p. 57.

[366] Afastamos, como se notará mais adiante, a ideia, muito comum entre nós, de que a jurisdição administrativa (os Tribunais) não controla o mérito da ação administrativa, remetendo o "mérito" para o campo do não-Direito, das regras não jurídicas de boa administração (conveniência, oportunidade, eficiência, economicidade...). Se assim fosse, na verdade, o juiz administrativo não poderia fiscalizar a atividade discricionária da Administração, que teria que ver com o mérito

comum a toda a doutrina administrativa europeia, inclusive à doutrina portuguesa.

Sem a mínima pretensão de oferecer uma solução a este tormentoso problema, que perdura há mais de um século, limitar-me-ei a avançar uma simples proposta hermenêutica que submeto ao juízo crítico do leitor [367].

A existência de um vício lógico não significa necessariamente que o ato administrativo seja errado ou que não prossiga corretamente o interesse público. Com efeito, no processo lógico bem podem existir vícios de sinal contrário que acabem por se neutralizar reciprocamente, pelo que um procedimento lógico viciado pode bem ser concluído com uma decisão exata e justa. Porém, uma vez que não cabe, em regra, ao juiz alterar a decisão ou substituir-se à Administração, na presença de um vício lógico-aristotélico, aquele deve presumir que a escolha final está errada e, portanto, é ilegal, anulando o ato administrativo. Ilogicidade manifesta, contraditoriedade, erro, falso pressuposto

---

(da atividade administrativa). Só controlaria o exercício do poder discricionário, mas já não o seu resultado – o mérito. Se é jurídico o exercício do poder administrativo, não faz sentido que o não seja (também) o seu resultado.

Julgamos que este posicionamento doutrinário (e jurisprudencial) assenta, entre outros fatores, numa distinção rígida e positivista entre *legalidade imediata* e *legalidade mediata,* mais conhecida por *juridicidade* (da ação administrativa), conduzindo inevitavelmente à distinção (igualmente rígida) entre legalidade e mérito, entre juízo de legalidade e juízo de mérito. Para esta doutrina, o juízo de legalidade identifica-se com a conformidade da ação administrativa às normas jurídicas que a regem, enquanto o juízo de mérito se pautaria por regras meta-jurídicas (correção, eficiência, economicidade, etc.), concluindo que só o primeiro pode ser objeto de controlo jurisdicional.

[367] Este audacioso esboço apela não tanto à benevolência do leitor como à sua memória. Há quanto tempo não se diz nada de novo sobre este assunto?

de facto são outros tantos indícios de vícios de legalidade, mas também (e simultaneamente) vícios de mérito.

Dito isto, estamos agora em condições de tentar traçar a distinção entre poder discricionário e mérito. Trata-se, a nosso ver, de conceitos próximos e estreitamente conexos, mas que gozam de uma certa autonomia entre si, que se constata socorrendo-nos de um critério descritivo e ao mesmo tempo lógico-temporal: o poder discricionário surge num momento que antecede o mérito, precisamente no momento do exercício do poder administrativo que, sendo dinâmico, deve respeitar certas regras procedimentais e princípios fundamentais (artigo 266.º da CRP). Já o mérito é o *resultado final* do exercício do poder administrativo discricionário, ou seja, a escolha, a qual pode ser considerada, ou não, adequada à prossecução do interesse público [368].

Em síntese, o mérito é o que tradicionalmente se designa por discricionaridade administrativa.

Creio que a nossa proposta dogmática tem pelo menos a vantagem de permitir um controlo jurisdicional

---

[368] Neste ponto, procuramos, pensando, recordar-transcrever uma conversa primaveril no *studio* de MASSIMO SEVERO GIANNINI, a meados da década de oitenta do século passado, em que o Mestre, entre outras coisas, nos chamava a atenção que a temática da discricionaridade administrativa é um caminhar dogmático de alta montanha e, por isso, extremamente penoso e difícil. É praticamente impossível imaginar tanta sabedoria e simplicidade reunidas numa só pessoa. Não está entre nós mas isso não importa porque certas pessoas existirão sempre enquanto nós existirmos.

Comparável à sua extraordinária sabedoria só a sua esplêndida afabilidade. Não deixou Escola nesse sentido acanhado de temor reverencial. Deixou apenas uma obra extraordinária que tem imensos seguidores livres. Que saudade imensa! Para sermos escrupulosos, parece-nos que esta ideia não é indiferente a FRANCO BASSI, em nossa opinião, o mais refinado discípulo de MASSIMO SEVERO GIANNINI.

direto sobre o exercício do poder discricionário e, contemporaneamente, um controlo indireto sobre o mérito administrativo, isto é, sobre a escolha final contida no ato administrativo impugnável [369].

Se assim for, como julgamos que é, então o próprio mérito é sindicável pelo juiz administrativo, por violação dos referidos princípios fundamentais que regem a atividade administrativa [370]. Já não se trata de apurar vícios lógico-formais à maneira aristotélica, como acontece com o controlo jurisdicional do poder discricionário, mas de uma lógica substantiva de probabilidade que pode conduzir à existência de um vício material, violação de lei. Uma coisa é a *legalidade imediata,* outra a *juridicidade.*

Em resumo, atendendo à atual estrutura procedimental da Administração e do seu agir, o desvio de poder é sintomático do vício de violação de lei e este, por sua vez, é sintomático do vício de desvio de poder, objetivamente entendido [371]. Por outras palavras, a atividade administrativa discricionária é essencialmente sindicável por vícios

---

[369] Em bom rigor, a tutela de mérito é sempre uma tutela da relação jurídica. Por outro lado, o conhecimento do facto relativo ao ato administrativo implica necessariamente um exame da adequação desse mesmo ato ao fim prosseguido pela Administração.

[370] Especialmente os princípios da igualdade e da proporcionalidade em sentido amplo (artigo 266.º/2 da CRP e artigos 4.º e 5.º do CPA): vício-violação de lei, consequência jurídica-anulabilidade do ato administrativo.

[371] Quando a Administração atua o poder discricionário com base num motivo principalmente determinante que está em desconformidade com a finalidade da norma atributiva de tal poder, em regra, a consequência jurídica é também a anulabilidade. Em palavras mais atuais, quando a Administração pretere a prossecução do interesse público primário (definido pela lei) a favor de um interesse público secundário. Se este interesse secundário for um interesse privado, a consequência jurídica é a mais grave, a nulidade do ato administrativo.

formais e procedimentais, enquanto o mérito o será por vícios materiais.

Voltaremos ao assunto no final do estudo com uma hipótese hermenêutica que apelidamos de terapêutica, sabendo já que o problema não está em confundir a floresta com a árvore mas daquela impedir a visão desta.

5. 2. Da discricionaridade discricionária à discricionaridade não discricionária

A discricionaridade é atribuída pelo legislador, é uma concessão legislativa. Só há discricionaridade administrativa se e quando prevista na lei. Uma afirmação lapidar como esta não deve significar que o legislador diga sempre expressa e claramente quando se está em presença de discricionaridade administrativa.

De acordo com o modelo original, é até frequente que seja necessário perscrutá-la de forma indiciária na letra da lei, como também é usual a utilização pelo legislador de expressões como "pode" (*kann*), e de normas com medidas em alternativa (na estatuição) ou resultar ainda da *ratio* geral de um preceito [372]. Isto pode suceder quer quanto ao *an* da decisão, quer quanto ao *quid*, isto é, relativamente à escolha entre várias alternativas diversas e legítimas — *Auswahlermessen* — ou até relativamente ao *quando* ou ao *quomodo*. Como se vê, a discricionaridade administrativa pressupõe uma técnica legislativa própria, distinta do poder vinculado. Enquanto na competência vinculada a

---

[372] Cfr., por exemplo, H. MAURER, *Allgemeines Verwaltungsrecht*, op. cit., § 7; O. SEEWALD, "Die Gestaltungsfreiheit der Verwaltung – Ermessen und unbestimmter Rechtsbegriff", in *Jura*, 1980, p. 180.

verificação da hipótese legal implica necessariamente um determinado conteúdo do ato administrativo, o previsto na estatuição legal, no poder discricionário, ao invés, a lei deixa em aberto, em maior ou menor medida, o conteúdo da estatuição. Numa palavra, em vez de impor uma certa consequência na hipótese em causa, a norma administrativa deixa em aberto a estatuição legal [373].

Segundo a construção teorética de VON LAUN [374], a discricionaridade é uma concessão legislativa, apontando como limite externo do poder discricionário o vínculo posto pela lei, isto é, o interesse público primário. Do ponto de vista interno, a discricionaridade está também sujeita a limites definidos por um conjunto de princípios jurídicos fundamentais. Daí a sua distinção entre limites externos e limites internos (*äußere und innere Schranken*).

Do ponto de vista estritamente normativo, a violação dos limites externos consiste na inobservância ou na incorreta interpretação da norma jurídica. Os limites internos são, por sua vez, constituídos, como diríamos hoje, pelos direitos fundamentais e pelos princípios jurídico-constitucionais que regem a atividade administrativa (discricionária), em particular a proibição do excesso (*Übermaßverbot*). Tais limites são correntemente referidos pelo

---

[373] Temos, também, aquelas hipóteses que se situam entre a atividade administrativa vinculada e a atividade administrativa discricionária. Nestes casos, a Administração deve, em princípio, atuar de certo modo, mas pode afastar-se do comando legislativo em situações excecionais. Estamos, então, em presença do que a doutrina apelida de *Soll-Vorschriften*, expressão que indica a solução desejável, mas não claramente prescrita pela lei (*Soll-Stand*). Cfr. COLAÇO ANTUNES, "O direito do ambiente como direito da complexidade", in *Rev. Jur. Urb. Amb.*, n.º 10, 1998, p. 39 e ss.

[374] R. VON LAUN, *Das freie Ermessen und seine Grenzen*, Leipzig, Wien, 1910, p. 262.

ordenamento jurídico germânico através da expressão *pflichtgemäßes Ermessen*.

Com base na dualidade estrutural da norma jurídica, a doutrina reconheceu, desde há muito, por razões de oportunidade ou de conveniência, uma considerável liberdade de decisão à Administração, ainda que nos limites postos pelo princípio da legalidade. Estava-se, então, na presença do que a doutrina alemã tradicionalmente define como *freies Ermessen* (discricionaridade livre) ou "discricionaridade discricionária", para utilizar a expressão tautológica alemã (*diskretionäres Ermessen*) [375].

Já agora, para explicar melhor o sentido deste estudo, fazemos referência também à tese de WALTER JELLINEK [376], que distingue entre discricionaridade aparente (que nós apelidamos de discricionaridade não discricionária, em referência aos conceitos jurídicos relativamente indeterminados) e discricionaridade verdadeira, discricionaridade propriamente dita.

Apesar dos avanços e dos obstáculos da tese de LAUN [377], importa sublinhar o relevo atribuído à vontade

---

[375] Teoria elaborada por VON LAUN, *Das freie Ermessen...*, op. cit., p. 57 e ss.

[376] WALTER JELLINEK, *Gesetz, Gesetzesanwendung und Zweckmäßigkeitserwägungen*, Tübingen, 1913, p. 190; WALTER JELLINEK, *Verwaltungsrecht*, 3.ª ed., Berlin, 1931, p. 30 e ss.

[377] Em abono da teoria de VON LAUN importa recordar que no início da era constitucional, o âmbito do (sub)princípio da reserva de lei era bastante restrito, pelo que fora deste domínio e quando não existisse lei a regular a sua atuação, a Administração era livre de atuar, traduzido na ideia que ela podia fazer tudo o que não estivesse legalmente proibido. Este espaço de livre atuação ou de atuação livre do Direito consistia no poder discricionário da Administração, entendido como um poder originário (nas condições anteriormente descritas). Cfr. COLAÇO ANTUNES, *Para um Direito Administrativo de Garantia do Cidadão e da Administração*, op. cit., p. 54.

do agente administrativo [378]. É de notar que para VON LAUN a norma atributiva de poder discricionário permite à Administração determinar o fim *imediato* da atividade

---

[378] Pensamos que a distinção entre Administração consultiva (conceito da autoria de M. HAURIOU, *Précis de Droit Administratif*, Paris, 1924) e Administração ativa não é indiferente ao pensamento de VON LAUN, "Kategorische und disjunktive Normen", in *AöR*, 1915, p. 162, que atribui o poder discricionário apenas aos órgãos ativos.

Já que estamos com a "mão na massa", julgamos que seria advertido rever a catalogação dos pareceres em facultativos e obrigatórios e vinculativos e não vinculativos (artigo 98.º do CPA), uma vez que nos parece ainda demasiado subordinada ao modelo inicial, de cunho voluntarístico e privatista. Relativamente aos primeiros pareceres (facultativos e obrigatórios) não vemos grande diferença; esgotada a discricionaridade do órgão ativo quanto ao *an* (pedir ou não o parecer facultativo), não vemos qualquer razão lógico-jurídica para o órgão ativo agir em desconformidade com o parecer facultativo.

Também o significado jurídico do parecer vinculativo nos parece demasiado inflacionado se tivermos em consideração as alterações introduzidas pelo CPTA (artigo 66.º e ss.) em matéria de ato silente negativo (eliminando-o). O não decidir equivale agora a *não ter ainda decidido*.

O parecer vinculativo reforça o dever de decidir da Administração, mas não impede o órgão ativo de avaliar os termos do parecer manifestado, chamando, se necessário, a atenção do órgão consultivo para o reexame ou ajustamento do parecer (vinculativo) à luz de factos supervenientes.

Em síntese, não nos parece satisfatório conceber a distinção entre órgãos ativos e órgãos consultivos apenas com base na vontade ou autoridade do órgão; estes são atualmente qualquer coisa de diverso e complexo. Defendendo uma indispensável permeabilidade das competências e elasticidade das suas combinações, P. HÄBERLE, "Grundrechte im Leistungsstaat", in *VVDStRL*, 1972, p. 58, que fala de "neuer (flexibler) Handbungsformen, Verfahren und Instrumente und damit zu neuartigen Funktionsproblemen". Para uma visão equilibrada, compósita e garantística da organização administrativa, E.-W. BÖCKENFÖRDE, *Die Organisationsgewalt im Bereich der Regierung. Eine Untersuchung zum Staatsrecht der Bundesrepublik Deutschland*, 1998, p. 39.

administrativa, enquanto a lei reserva para si a definição e qualificação do fim *mediato* [379]. De certa forma, poderíamos dizer que a construção de VON LAUN tem algumas ressonâncias jurídico-políticas [380]. No entanto, ao procurar detetar a *essência* do poder discricionário, o Autor não esquece que o poder do órgão administrativo tem um conteúdo jurídico [381].

A tese de VON LAUN parece ter encontrado eco em HERRNRITT [382], que liga a discricionaridade à possibilidade atribuída à Administração de procurar definir o escopo (o fim) quando este não resulta diretamente da norma jurídica atributiva de poder discricionário, procura essa que viria a coincidir, em última instância, com o interesse geral (do Estado).

Atributivas de um espaço autónomo de apreciação são as cláusulas gerais, mais conhecidas por conceitos jurídicos indeterminados (*unbestimmte Rechtsbegriffe*). Impõe-se fazer aqui uma pontualização. Privilegiamos apenas os

---

[379] VON LAUN, *Das freie Ermessen...*, op. cit., p. 162 e ss.

[380] A interpretação que vem sendo feita entre nós por certa doutrina (Escola de Coimbra) sobre a distinção entre interesse público primário e interesses públicos secundários parece colher aqui, ainda que implicitamente, uma certa inspiração ao conceptualizar de forma abstrata e geral o interesse público essencial.

[381] Esta construção é de extraordinária atualidade no âmbito da discricionaridade planificatório-urbanística. Com a adoção de um plano urbanístico, *maxime* o PDM (Plano Diretor Municipal), trata-se, com efeito, de puro exercício do poder administrativo e de um momento criativo imenso (no qual a lei não se aplica como nos ensinaram), permitindo, face à extrema vaguidade do interesse público primário definido pela lei, que os órgãos autárquicos definam praticamente o que consideram "interesse público" num dado momento, pelo menos o chamado "interesse público imediato" de VON LAUN.

[382] R. H. HERRNRITT, *Grundlehren des Verwaltungsrechtes*, Tübingen, 1921, p. 290 e ss.

conceitos jurídicos *relativamente* indeterminados [383], afastando, por isso, tanto os conceitos classificatórios (por não serem verdadeiramente indeterminados), como os conceitos absolutamente vagos ou imprecisos, por constituírem verdadeiras atribuições de poder discricionário à Administração [384].

Os conceitos jurídicos indeterminados vêm tradicionalmente situados pela doutrina alemã na hipótese legal (*Tatbestand*), em obséquio, de certo modo, à univocidade da interpretação jurídica [385]. Com os conceitos jurídicos

---

[383] Como, por exemplo, quando se refere a possibilidade de uma medida "afetar manifestamente a estética de uma povoação ou bairro de uma cidade", "jurista de mérito reconhecido", "filme de qualidade".

[384] Como já ficou insinuado, os conceitos jurídicos indeterminados não têm todos a mesma espessura, pelo que não representam uma categoria homogénea. Deteta-se, por isso, um nível de indeterminação variável que passa pela distinção entre conceitos empíricos ou descritivos (*empirische oder deskriptive Begriffe*) e conceitos normativos ou de valor (*normative Begriffe oder Wertbegriffe*), sendo que estes (últimos) são mais voláteis quanto ao seu sentido e significado. Nestes casos, o processo de subsunção não conduziria a uma única solução. Para ULE os conceitos jurídicos indeterminados não são aplicáveis sem um juízo de valor integrativo. Cfr. C. H. ULE, *Verwaltungsprozeβrecht*, München, 1987, p. 10. Muito recentemente, H. A. WOLFF, in H. SODAN/ / J. ZIEKOW, *Verwaltungsgerichtsordnung. Groβkommentar*, München, 2010, § 144, p. 365 e ss.

Em suma, se temos, por um lado, conceitos jurídicos indeterminados suscetíveis de uma densificação capaz de conduzir a uma única interpretação, por outro lado, existem conceitos de tal modo imprecisos que podem oferecer à Administração várias alternativas de decisão (*Handlungsspielraum*), sendo, por isso, verdadeiras concessões--atribuições de poder discricionário. Quando não há apenas uma solução correta, cada uma das decisões possíveis pode ser considerada racional e, portanto, legítima. Temos ainda as hipóteses intermédias, que julgamos mais idóneas, tanto do ponto de vista dogmático como da tutela jurisdicional.

[385] Cfr. C. H. ULE, *Verwaltungsprozeβrecht*, op. cit., p. 9.

(relativamente) indeterminados estamos confrontados com uma categoria jurídica distinta da discricionaridade administrativa, que, sendo fruto de uma manifestação de vontade do legislador ou não, se projeta externamente no âmbito das consequências jurídicas (*Rechtsfolgen*).

Para as conceções intermédias, presididas por BACHOF, os conceitos jurídicos relativamente indeterminados têm uma estrutura híbrida, na medida em que, por um lado, são passíveis de densificação conceptual e, por outro, dispõem de uma faceta ou dimensão irredutível a qualquer esforço interpretativo, para além da qual a Administração recupera a liberdade de apreciação na decisão administrativa.

Neste contexto dogmático, surge o contributo inovador de BACHOF, segundo o qual perante um conceito relativamente indeterminado, o intérprete deve, desde logo, fixar os limites externos (o que não cabe no conceito) para depois fixar os limites internos (o que lá cabe) [386]. Na base da análise estrutural da norma jurídica, o Autor sugere como *Ermessen* apenas o poder de escolha das consequências jurídicas a adotar na presença de determinados pressupostos e como *Beurteilungsspielraum* (margem de livre apreciação) o poder de reconduzir a situação concreta à hipótese prevista na lei, subsunção essa que o juiz administrativo não controla, a não ser que viole os limites do conceito apurado em sede interpretativa.

Em síntese, considera que nas hipóteses de subsunção da situação de facto a uma hipótese legal, marcada pela indeterminação jurídico-conceptual, é possível configurar uma exceção à regra da tutela jurisdicional efetiva e ao dogma da única decisão legítima.

---

[386] O. BACHOF, "Beurteilungsspielraum, Ermessen und unbestimmter Rechtsbegriff im Verwaltungsrecht", in *JZ*, 1955, p. 97 e ss.

Esta tese de BACHOF teve várias projeções na doutrina alemã, a começar por ULE, com a sua teoria da *defensabilidade*, ao admitir que a haver alguma liberdade de apreciação por parte da Administração esta verificar-se-ia apenas ao nível da subsunção, considerando que o juiz a deve acolher se esta se revelar aceitável ou defensável [387]. No fundo, ULE generaliza as conclusões a que chegou primariamente BACHOF [388].

Diversa, ainda que longamente influenciada por BACHOF, é a perspetiva de JESCH, para quem não é a formulação indeterminada da norma a autorizar o intérprete a reconhecer à Administração uma reserva ou margem de livre apreciação, mas a *irrepetibilidade* de uma determinada situação em sede processual. Por outras palavras, a impossibilidade de reconstruir a situação de facto em sede

---

[387] Na verdade, a construção de ULE, *op. cit.*, p. 31 e ss., conhecida como *Vertrebarkeitslehre* (doutrina da sustentabilidade ou defensabilidade), retoma os argumentos originários de HECK (PH. HECK, *Gesetzesjurisprudenz*, Tübingen, 1914) e, depois, desenvolvidos por JESCH, segundo os quais o conceito jurídico indeterminado apresenta um núcleo central (*Begriffskern*) e um núcleo neutro (*Begriffshof*), com base no qual a Administração recupera a liberdade de decisão (ou pelo menos a liberdade de apreciação), por forma a poder adotar uma entre diversas soluções igualmente legítimas.

[388] Outra manifestação da teoria de BACHOF, ainda que mais específica, é a chamada *Einschätzungsprärogative* (prerrogativa de avaliação), de autoria de WOLF, com pertinente aplicação no direito do ambiente e da planificação urbanística. Cfr. COLAÇO ANTUNES, *O Procedimento Administrativo de Avaliação de Impacto Ambiental...*, *op. cit*, p. 247 e ss. Nesta obra (que nem sempre tem sido suficientemente estudada) procurámos construir um conceito novo de discricionaridade objetiva, vinculada no meio e no fim, que teve pelo menos o mérito de esclarecer definitivamente os equívocos da chamada (impropriamente) discricionaridade técnica e do injustificado défice de controlo jurisdicional (*op. cit.*, pp. 269 e ss. e 276 e ss.).

processual constringe o juiz administrativo a reconhecer à Administração um poder de *Beurteilungsspielraum* [389].

Creio que a teoria de JESCH levou, em alguns casos, a associar a problemática dos conceitos jurídicos indeterminados à questão da "discricionaridade técnica", associação induzida por uma noção unitária e integrada de discricionaridade administrativa inspirada numa corrente doutrinária alemã minoritária que tem em BULLINGER e KOCH [390] duas das suas principais figuras [391].

À construção de BACHOF (e respetivas derivações) deve reconhecer-se o mérito de restringir a liberdade de decisão da Administração (própria da discricionaridade) e, simultaneamente, o de ter ampliado o controlo jurisdicional, o que não é pouco. Ao contrário das normas atributivas de poder discricionário, que pretendem conceder liberdade de escolha à Administração, ao utilizar conceitos jurídicos relativamente indeterminados, o legislador pretende comprimir a liberdade da Administração, "obrigando-a" a densificar o conceito indeterminado até onde for conceptual e interpretativamente possível. Para esta doutrina, os con-

---

[389] Cfr. D. JESCH, "Unbestimmte Rechtsbegriffe und Ermessen in rechtstheoretischer und verfassungsrechtlicher Sicht", in *AöR*, n.º 82, 1957, p. 164 e ss. Todavia, há quem sustente que este Autor reconduz a discricionaridade administrativa a um problema de interpretação.

[390] Assim, H. J. KOCH, *Unbestimmte Rechtsbegriffe und Ermessensermächtigungen im Verwaltungsrecht*, Frankfurt, 1979, p. 104.

[391] Para esta doutrina, os conceitos jurídicos indeterminados não são mais do que uma forma alternativa da lei confiar à Administração a escolha da melhor solução para o caso concreto. Por outras palavras, a conceção ampla e unitária de discricionaridade administrativa compreende também os conceitos jurídicos relativamente indeterminados, os quais seriam mais uma modalidade de liberdade de decisão da Administração. Esta corrente doutrinária é capitaneada, entre nós, por ROGÉRIO SOARES.

ceitos jurídicos relativamente indeterminados só equivalem a discricionaridade administrativa no que vai para além do que é determinável por via hermenêutica; isto é, naquela dimensão que se revela absolutamente indeterminável do ponto de vista jurídico-interpretativo.

Já OSSENBÜHL coloca o problema da discricionaridade no plano da separação de competências (de poderes) e da legitimidade jurídico-constitucional [392]. Neste sentido, propõe o abandono da via normativo-teorético-interpretativa, privilegiando antes o princípio constitucional da separação de poderes. Do ponto de vista metodológico, favorece-se um raciocínio jurídico sustentado positivamente que, ao reconhecer funções e atribuições exclusivas à Administração, se divorcia do paradigma dos limites do controlo jurisdicional.

Para esta doutrina, a estrutura do conceito jurídico indeterminado ou a irrepetibilidade da situação de facto em sede processual não fornecem indícios seguros para traçar a divisória entre a Administração e o juiz administrativo. À Administração devem caber todos os poderes de decisão e de apreciação para que está funcional e constitucionalmente legitimada [393].

Salvo melhor opinião, esta construção dogmática tem o inconveniente de alargar excessivamente o poder discricionário da Administração, incluindo aí o momento cognoscitivo dos pressupostos do ato e a apreciação e qualificação jurídica dos factos, como tentaremos demonstrar neste trabalho.

---

[392] F. OSSENBÜHL, "Zur Renaissance der administrativen Beurteilungsermächtigung", in *DöV*, 1972, p. 402.

[393] F. OSSENBÜHL, "Vom unbestimmten Gesetzesbegriff zur letztverantwortlichen Verwaltungsentscheidung", in *Deutsches Verwaltungsblatt*, 1974, p. 312.

Em resumo, afastamos as teses opostas e radicais: quer a visão unitária e integrada do poder discricionário (que engloba os conceitos jurídicos indeterminados), como a teoria do controlo total (que defende o dogma da única decisão legítima à luz da interpretação jurídica), advogando, em alternativa, a tese da *complementaridade terapêutica entre interpretação jurídica e discricionaridade administrativa*, que reataremos de forma sistemática no penúltimo ponto deste estudo.

Depois de termos apresentado alguns dos trilhos dogmáticos mais relevantes, é chegado o momento de expor a *normative Ermächtigungslehre* [394], doutrina a quem se deve um dos mais pertinentes tratamentos da problemática da discricionaridade e dos conceitos jurídicos relativamente indeterminados [395]. Doutrina que, bem vistas as coisas, não é alheia ao esforço teorético de BACHOF. Esta corrente doutrinária move-se, no confronto com a Administração, a partir da tutela judicial efetiva do que nós designamos por direitos subjetivos e interesses legalmente protegidos. O conceito jurídico relativamente indeterminado constitui um critério ordenador com base no qual o juiz administrativo pode sindicar plenamente o ato administrativo. Este princípio lógico-jurídico permite, inclusive,

---

[394] Cfr. COLAÇO ANTUNES, *A Teoria do Acto e a Justiça Administrativa*, op. cit., p. 183 e ss.

[395] SCHMIDT-AßMANN, "Art. 19.º/4 (Rechtsschutzgarantie)", in T. MAUNZ / G. DÜRIG, *Grundgesetz Kommentar*, p. 97; P. BADURA, "Gestaltungsfreiheit und Beurteilungsspielraum der Verwaltung bestehend aufgrund und nach Maßgabe des Gesetzes", in *Festschrift für Otto Bachof zum 70. Geburstag*, München, 1984, p. 169 e ss. Contra, F. OSSENBÜHL, "Gedanken zur Kontrolldichte in der verwaltungsgerichtlichen Rechtsprechung", in B. BENDER / R. BREUER / F. OSSENBÜHL / H. SENDLER, *Rechtstaat zwischen Sozialgestaltung und Rechtsschutz*, op. cit., p. 62 e ss.

ao tribunal apreciar as normas que pressuponham ou reenviem para apreciações estritamente pessoais, de natureza técnico-científica ou envolvam juízos de prognose, no que se avizinha da teoria da "prerrogativa de avaliação" (*Einschätzungsprärogative*).

Esta posição de princípio não invalida que a lei atribua excecionalmente à Administração a reserva de poder necessário para decidir sobre a subsistência (ou não) da situação de facto descrita na previsão legal.

Para a corrente teorética em análise, a fronteira entre a Administração e a jurisdição é determinada pela posição jurídica do particular atribuída pela lei. Assim, a lei, na medida em que dispõe das posições jurídicas dos particulares, tem a possibilidade de determinar indiretamente a relação jurídica e atribuir à Administração um poder discricionário ou um poder exclusivo de apreciação no caso concreto [396]. A atribuição dos referidos poderes não é vista, no entanto, como uma exceção à regra da tutela judicial efetiva, mas como uma diversa maneira de tutelar a posição jurídica do particular. Recorre-se ao argumento de que a *Grundgesetz* (artigo 19.º/4) [397], embora pressuponha as situações jurídicas dos particulares, não as atribui diretamente, garantindo, isso sim, um patamar de tutela jurisdicional que o legislador não pode defraudar [398].

---

[396] Cfr. SCHMIDT-AßMANN, "Die gerichtliche Kontrolle administrativer Entscheidungen im deutschen Bau – Wirtschafts – und Umweltverwaltungsrecht", in J. SCHWARZE / SCHMIDT-AßMANN, *Das Ausmass der gerichtlichen Kontrolle im Wirtschaftsverwaltungs und Umweltrecht. Vergleichende Studien zur Rechtslage in Deutschland, Frankreich, Griechenland und in der EG*, Baden-Baden, 1992, p. 29.

[397] Cfr. P. BADURA, "Gestaltungsfreiheit und Beurteilungsspielraum der Verwaltung...", *op. cit.*, p. 187.

[398] COLAÇO ANTUNES, *A Teoria do Acto e a Justiça Administrativa*, *op. cit.*, p. 184. É nossa opinião que esta teoria influenciou

Numa palavra, a separação entre Administração e jurisdição é posta pela posição jurídica reconhecida [399] pelo legislador dentro da liberdade constitutiva permitida pela Lei Fundamental, resultando daí que a lei, nos limites em que decide sobre situações jurídicas, pode atribuir à Administração uma margem de livre apreciação, desde que não viole os parâmetros constitucionais da tutela judicial efetiva.

Nesta perspetiva, os critérios postos pela doutrina precedente são úteis, na medida em que são indicativos da vontade do legislador: a presença de conceitos jurídicos relativamente indeterminados [400], a necessidade de operar através de juízos técnico-científicos ou de prognose têm agora um valor heurístico e não de atribuição de competências [401]. Embora reconheça aos critérios funcionais uma certa importância, esta teoria, ao contrário de OSSENBÜHL, não lhe atribui uma relevância decisiva ou exclusiva. Decisiva para a determinação da intensidade e amplitude do controlo jurisdicional é a atribuição normativa do poder [402].

---

aqueles que, entre nós, defendem uma justiça administrativa subjetivista de tipo mitigado, louvando-se numa interpretação semelhante do artigo 268.º/4 da CRP.

[399] SCHMIDT-AßMANN / TH. GROß, "Zur verwaltungsgerichtlichen Kontrolldichte nach der Privatgrundschul – Entscheidung des BVerfG", in *NVwZ*, 1993, p. 618 e ss.

[400] SCHMIDT-AßMANN, "Die Kontrolldichte der Verwaltungsgerichte: Verfassungsgerichtliche Vorgaben und Perspektiven", in *Deutsches Verwaltungsblatt*, 1997, p. 283 e ss.

[401] SCHMIDT-AßMANN, / TH. GROß, "Zur verwaltungsgerichtlichen Kontrolldichte...", *op. cit.*, p. 621.

[402] Como poderá ser o caso da lei atribuir a uma comissão científica independente o poder de decidir certos casos. Cfr., mais uma vez, SCHMIDT-AßMANN,"Die Kontrolldichte der Verwaltungsgerichte...", *op. cit.*, p. 287.

Chegados aqui, *a doutrina da atribuição normativa da competência para adotar a última decisão* oferece-nos um contributo que reputamos decisivo em matéria de controlo jurisdicional.

Tem-se defendido tradicionalmente uma certa assimetria e até divergência entre a norma que regula a atividade administrativa (*Verhaltensnormen*) e a norma de controlo do juiz (*Kontrollnormen*), da norma que este utiliza na fiscalização da Administração [403]. Nesta perspetiva, a norma de controlo apenas permitiria controlar certos aspetos da atividade administrativa discricionária (vícios de forma, procedimentais, erro de facto, erro manifesto de apreciação, sendo que o desvio de poder já não seria tão facilmente detetável).

Dito de outra forma, a doutrina e a jurisprudência, em regra, parecem admitir uma certa assimetria entre a norma de conduta (administrativa) e a norma de controlo (judicial), permitindo ao juiz sindicar apenas alguns aspetos da atividade administrativa discricionária. Para além destes aspetos, caberia à Administração a última palavra, em obséquio ao princípio da separação de poderes.

O contributo novo da teoria em análise é, precisamente, o de reduzir o campo de divergência entre a norma de conduta e a norma de controlo, permitindo um controlo jurisdicional mais intenso nos domínios em que a Administração goza de maior liberdade de decisão ou de apreciação.

---

[403] Sobre a distinção entre *normas de conduta* e *normas de controlo*, cfr., entre outros, J. SIECKMANN, "Beurteilungsspielräume und richterliche Kontrollkompetenzen", in *Deutsches Verwaltungsblatt*, n.º 2, 1997, p. 109.

Em extrema síntese, para a *normative Ermächtigungslehre* (*Letztentscheidungsbefugnis*) [404], as *normas de conduta* dirigidas à Administração são tendencialmente *normas de controlo* endereçadas ao juiz, sendo que a intensidade do controlo jurisdicional depende, proporcionalmente, da densidade da disciplina positiva que regula os poderes da Administração [405].

O problema está em saber se os limites dentro dos quais a Constituição permite a atribuição normativa de poderes de decisão e de apreciação à Administração é uma questão *prévia* (se a atribuição legislativa dos referidos poderes é excessiva ou não à luz da Lei Fundamental) ou se só se pode detetar depois de analisada a estrutura lógico-formal da norma que outorga tais poderes e quais os limites intrínsecos do controlo jurisdicional.

Por agora, deixamos as duas hipóteses em aberto, sabendo, em todo o caso, que a via hermenêutica e jurídico-metodológica são decisivas [406].

---

[404] Mesmo no caso de atribuição legal expressa à Administração do poder de dizer a última palavra, isso não invalida o momento interpretativo e, assim sendo, o papel do juiz administrativo, uma vez que o texto normativo não oferece, apesar da aparência, uma resposta definitiva e unívoca à questão da *Letztentscheidungsbefugnis*.

[405] SCHMIDT-Aßmann, "Art. 19.º/4 (Rechtsschutzgarantie)", *op. cit.*, p. 178 e ss.

[406] Mais recentemente, um setor importante da doutrina alemã tem avançado com o princípio da ponderação como critério reconstrutivo da doutrina unitária da discricionaridade administrativa, procurando, desta forma, esbater a sua individualidade face aos conceitos jurídicos indeterminados. Neste sentido, E. PACHE, *Tatbestandliche Abwägung und Beurteilungsspielraum*, Tübingen, 2001, p. 479 e ss.

Ainda que se possa reconhecer que vivemos numa espécie de *Abwägungstaat*, parece-nos, salvo melhor opinião, que o direito administrativo não se pode resumir a um Direito de equilíbrios entre princípios constitucionais hipoteticamente contrapostos. Se assim fosse,

5. 3. A Escola de Viena: interpretação e discricionaridade administrativa

Agora um desvio até Viena, que já não visitamos há algum tempo.

A Escola de Viena e, em particular, KELSEN, na "esteira" de MERKL [407], sustenta que a interpretação jurídica é uma atividade criativa de tipo discricionário. Par-

---

em última instância, o direito administrativo, ao ficar permanentemente exposto ao efeito de irradiação das normas constitucionais (*Austrahlungswirkung*), deixaria de ser constituído por normas jurídicas, esvanecendo-se, porventura, a distinção entre princípios e normas. Elevar o princípio de ponderação a *sismógrafo espiritual* (HABERMAS) do direito administrativo pode ser uma moda mas não é convincente do ponto de vista dogmático.

Outro perigo espreita, o da corrente doutrinal do *Law and Economics* ou mesmo da matematização (em doses excessivas) dos princípios fundamentais do direito administrativo, como se estes fossem comensuráveis. Cfr., por exemplo, O. ASHENFELTER, "Measuring the Value of a Statistical Life: Problems and Prospects", in *The Economic Journal*, n.º 116, 2006, pp. 10 e 11.

Numa palavra, o princípio da ponderação não se deve confundir com o princípio da proporcionalidade. A natureza do primeiro princípio não é, de facto, interpretativa, ao invés do segundo princípio. Em segundo lugar, o princípio da ponderação revela-se essencialmente como método de decisão, enquanto o princípio da proporcionalidade se manifesta também como critério de controlo da decisão. Outra diferença está em que este princípio, ao contrário do ponderativo, não visa hierarquizar axiologicamente os princípios colidentes.

[407] Dizemos na "esteira" de MERKL porque, como o próprio KELSEN reconhece (ainda que mais tarde o tenha negado), aquele Autor funcionou como *Mitbegründer* da formulação kelsiana da interpretação jurídica e até da célebre *Stufenbaulehre*. A. MERKL, *Die Lehre von der Rechtskraft*, Leipzig-Wien, 1923, pp. 201-223; A. MERKL, "Prolegomena einer Theorie des rechtlichen Stufenbaues", in A. VERDROSS, *Gesellschaft, Staat und Recht. Untersuchugen zur Reinem Rechtslehre*, Wien, 1931, pp. 252-294. Este estudo está agora mais acessível in A. J. MERKL, *Gesammelte Schriften*, vol. I, Berlin, 1993, pp. 437-492.

tindo do pressuposto que a interpretação jurídica é um processo mental, KELSEN entende que permanece uma certa margem de discricionaridade, reforçando a ideia com o argumento da incompletude da relação entre a norma superior e a norma inferior [408], incompletude que deve ser preenchida pela interpretação criativa do agente. É a célebre *Stufenbautheorie*.

Para o Mestre de Viena duas notas caracterizam a normatividade jurídica: primeiro, o ser esta expressão do *sollen* em sentido amplo, englobando o *dürfen* e o *können,* e, segundo, a previsão da imposição de uma coação, de carácter sancionatório ou não. A norma, enquanto norma, vem definida por um *sollen* e, enquanto jurídica (diferentemente dos demais tipos de normas) pela coatividade [409].

Diz este Autor que a norma jurídica representa apenas a moldura no interior da qual se colocam múltiplas possibilidades de interpretação igualmente compatíveis com a norma jurídica [410]. Pelo que entendemos, KELSEN divorcia a interpretação jurídica da *applicatio* da norma, o que lhe permite formular a possibilidade do intérprete escolher entre diversas soluções igualmente legítimas. O paralelismo da interpretação jurídica com o fenómeno da discricionaridade é manifestamente evidente, como fizemos notar a algum tempo [411]. Para este Autor, grande Autor, o momento normativo e axiológico não está estritamente subordinado à norma jurídica ou a uma qualquer

---

[408] H. KELSEN, *Teoria Pura do Direito*, trad. port., Coimbra, 1979, p. 393.

[409] H. KELSEN, *Teoria Pura do Direito, op. cit.*, p. 65.

[410] H. KELSEN, *Teoria Pura do Direito, op. cit.*, pp. 95 e 392.

[411] COLAÇO ANTUNES, *O Procedimento Administrativo de Avaliação de Impacto Ambiental..., op. cit.,* p. 250, nota 593.

solução já presente na ordem lógico-jurídica contida na norma [412].

Na conceção de KELSEN, a discricionaridade perderia o seu significado juridicamente relevante e autónomo, para se identificar com a interpretação jurídica que acompanharia o exercício de aplicação da norma jurídica superior (*Stufenbau*). Esta tese é tão surpreendente que parece questionar a própria coerência da metodologia seguida pela sua *Teoria Pura do Direito,* se bem que esta não vem identificada com o ordenamento positivo [413] mas é antes confecionada abstratamente como uma teoria geral [414]. Como também nos parece algo claudicante a distinção entre interpretação e discricionaridade baseada apenas no momento axiológico-normativo [415].

Se bem compreendemos o pensamento de KELSEN, a interpretação jurídica (na sua dimensão volitiva) é de tipo integrativo-sistémico, pelo que a sua vinculação não se coloca em relação à norma jurídica *stricto sensu,* mas em relação à coerência e racionalidade lógica do sistema jurídico na sua globalidade [416]. Vem a propósito recordar que é

---

[412] H. KELSEN, *Teoria Pura do Direito, op. cit.,* p. 382.

[413] Daí o equívoco de CARRÉ DE MARBERG, a que nos referiremos mais adiante.

[414] Salvo opinião mais autorizada, a construção normativa de KELSEN deve-se também ao facto de já por essa altura se verificar uma certa reificação da linguagem jurídica. Começava então o fenómeno imparável de economização do Direito.

[415] Muito crítico, O. WEINBERGER, *Normentheorie als Grundlage der Jurisprudenz und Ethik. Eine Auseinandersetzung mit Hans Kelsen. Theorie der Normen,* Berlin, 1981, esp. p. 79 e ss.

[416] Num breve parêntesis, a teoria de KELSEN, como é próprio das grandes narrações dogmáticas, propicia leituras diversas ou mesmo contraditórias, como aquela que sustenta (com base no argumento de que o momento axiológico se refere ao sistema jurídico e não propriamente à norma jurídica) que a interpretação jurídica, como pura

da autoria de KELSEN a resposta, porventura mais sofisticada, oferecida pela teoria do Direito ao estatuto das normas contrárias ao Direito. Referimo-nos à teoria da *cláusula alternativa tácita* tão duramente criticada [417]. Aparentemente, um direito contrário ao Direito ou uma norma contrária a uma norma seria uma contradição nos termos, que pulverizaria, inclusive, qualquer ideia de *Stufenbau*.

Se assumirmos a ideia de que as normas se identificam com o texto interpretado, face à variedade de interpretações possíveis, a resposta definitiva só pode vir pela via institucional, seja através da interpretação autêntica ou, mais canonicamente, pelo juiz das leis, o Tribunal Constitucional [418]. Só desta forma se poderá estabelecer juridicamente tanto as relações de hierarquia como a expressão de juízos de validade de certas normas. Encerra-se, em suma, a fase criativa-interpretativa [419].

A construção de KELSEN, que parece caracterizar toda a atividade administrativa (e jurisdicional) como criativa de direito, dilui necessariamente as fronteiras entre as figuras da interpretação e da discricionaridade, pelo que,

---

operação silogística, só permite determinar a vontade única do enunciado normativo, consentindo, deste modo, uma só interpretação, uma só execução e uma só aplicação em sede judicial.

[417] H. KELSEN, *Teoria Pura do Direito, op. cit.*, p. 272 e ss.

[418] Perpassa por esta teoria de KELSEN, que parece institucionalista, a célebre tese de SANTI ROMANO segundo a qual a instituição é a essência do Direito.

[419] H. KELSEN, *Teoria Pura do Direito, op. cit.*, p. 279. Numa lógica kelsiana, dizemos nós, até que o tribunal administrativo competente declare o contrário, o ato administrativo, qualquer que seja o seu vício, produz efeitos jurídicos. Mas, ao contrário de KELSEN, a nulidade não se encontra fora do Direito. Veja-se, *infra*, "O mistério da nulidade do acto administrativo: morte e ressurreição dos efeitos jurídicos", p. 357 e ss.

salvo melhor opinião, o Autor atribui à interpretação jurídica um papel decisivo em toda a atividade administrativa, tanto vinculada como discricionária [420].

Na verdade, a tese de que toda a atividade administrativa é de algum modo discricionária funda-se na convicção (que não é apenas de KELSEN) de que toda a norma jurídica deve ser interpretada, na medida em que nenhuma norma jurídica pode ser considerada de *per si* unívoca e estritamente vinculante [421].

Em abono da tese de KELSEN poderia sustentar-se que a interpretação no direito administrativo é, em regra, o exercício de um poder. Se me fosse consentido dar uma opinião mais íntima, diria que, em rigor, KELSEN renuncia a uma doutrina da interpretação jurídica [422].

O problema da relação-separação na continuidade entre as duas figuras — interpretação jurídica e discricionaridade administrativa — é extremamente complexo e teve, como vimos, desenvolvimentos opostos na doutrina, especialmente no domínio dos conceitos jurídicos indeterminados. Se alguns optaram por questionar a distinção entre atividade vinculada e atividade discricionária da Administração, outros, apelando a um conceito unitário de discricionaridade, estão mais próximos, ainda que por

---

[420] Tese semelhante foi por nós defendida noutro tempo, COLAÇO ANTUNES, *O Procedimento Administrativo de Avaliação de Impacto Ambiental...*, op. cit., p. 251 e ss., esp. p. 253.

[421] Neste sentido, H. KELSEN, "Casualty and Imputation", in *Ethics*, vol. LXI, 1950, p. 71 e ss.

[422] Salvo outra opinião, esta parece ser uma das conclusões a retirar da sua obra póstuma, H. KELSEN, *Allgemeine Theorie der Normen*, Wien, 1979, esp. p. 195 e ss.

É pelo menos aceitável sustentar que para a teoria *formal* e *normativa* do Direito de KELSEN, a interpretação jurídica assume um caráter secundário na teoria geral.

razões diferentes, da tese de KELSEN e de MERKL. Outros ainda, acentuando o caráter intelectivo da interpretação, vêem apenas excecionalmente uma liberdade de apreciação-atuação da Administração na subsunção do facto à norma. É a posição daqueles que defendem teses intermédias, como BACHOF ou ULE.

Outros ainda, como nós, sustentam, sem prejuízo da sua autonomia, uma relação de continuidade entre interpretação jurídica e discricionaridade administrativa, que vai, precisamente, no sentido inverso ao seguido por KELSEN e se aproxima ao pensamento de BACHOF.

5. 4. Hermenêutica, legalidade e mérito

5. 4. 1. Considerações introdutórias

Se até aqui o trabalho assumiu tonalidades mais sistémicas do que inovatórias, a partir de agora o esforço é mais esgotante, porque mais problemático.

É tempo de aludir à hipótese terapêutica — a hermenêutica (jurídica) — e de explicar os seus méritos para a ciência jurídica, bem como para o tormentoso problema que temos entre mãos.

A perspetiva hermenêutica é muito interessante a vários títulos para a ciência jurídica. Antes de mais, a hermenêutica reflete sobre bases ontológicas. A universalidade teórica da hermenêutica, como estrutura de todo o compreender, põe-se como pressuposto de solução de qualquer temática da ciência jurídica [423]. Desta perspetiva, a hermenêutica sublinha a coessencialidade do *compreender*

---

[423] P. RICOEUR, *Le Conflit des Interprétations. Essais d'Herméneutique*, Paris, 1969, p. 222 e ss.

e do *ser,* configurando-se como uma forma extremamente eficaz de conhecer o objeto da ciência jurídica. Numa palavra, a compreensão do Direito pressupõe a compreensão das modalidades segundo as quais o Direito se autocompreende [424].

Depois, a hermenêutica é muito versátil sob o ponto de vista metodológico, por forma a compreender e a descrever os procedimentos e as técnicas jurídicas. Se o jurista não toma consciência das suas pré-compreensões é muito difícil distanciar-se dos pré-juízos de que é portador, esvaindo-se em leituras radicalmente subjetivas.

Posto em primeiro lugar pela hermenêutica jurídica, o elemento da pré-compreensão, entendido como elemento que delimita o fluxo das interpretações, permite ao intérprete desfazer-se dos pré-juízos mais (substancialmente) irracionais e inconsistentes. A noção de pré-compreensão, para ser aceitável, tem de ser racional, compreensível e razoável [425]. A melhor garantia das escolhas do intérprete está na sua capacidade de se pôr em diálogo com o outro e com o texto. A estrutura do *Vorverständnis* não ignora a historicidade do objeto a interpretar como elemento intrínseco do conhecer [426].

---

[424] P. RICOEUR, *Le Conflit des Interprétations...*, op. cit., p. 229.

[425] Cfr. CASTANHEIRA NEVES, "O actual problema metodológico da interpretação jurídica", in *RLJ,* esp. os n.ᵒˢ 3911 e 3912, 2000, p. 34 e ss. Todavia, J. ESSER, *Vorverständnis und Methodenwahl in der Rechtsfindung,* Frankfurt, 1972, p. 115, reforça a ideia de uma aceitação tácita e precipitada do *Vorverständnis*: "Dieses Vorverständnis wird aber problematesiert, sobald die fallsituation die Fragwürdigkeit einer eindentigen zielsetzung zeigt".

[426] H. GADAMER, "Hermeneutik und Historismus", in *Philosophische Rundschau,* 1961, p. 250 e ss. De forma mais pregnante, A. KAUFMANN, "Durch Naturrecht und Rechspositivismus zur juristischen Hermeneutik", in *Juristenzeitung,* 1975, p. 341.

O interpretar juridicamente pressupõe o conhecer e só depois vem o explicar (juridicamente). Também o explicar depende das condições do compreender. Seja qual for o campo da ciência jurídica, o intérprete não pode partir do zero e, portanto, ignorar toda a elaboração dogmática precedente, porque só assim pode renovar a ciência jurídica [427].

Em terceiro lugar, a hermenêutica jurídica não é um puro descrever do evento interpretativo, mas é antes um critério que coloca o problema dos parâmetros que lhe permite compreender se uma interpretação é ou não correta. Deste ponto de vista, a hermenêutica (jurídica) pode ser entendida como um *método* que, ao permitir várias antecipações de sentido, funda a justa compreensão da norma jurídica [428]. Um método que, ao sujeitar a pré-compreensão ao controlo racional representado pelo confronto do texto com o facto, consente a passagem de uma compreensão provisória a uma compreensão fundada.

O intérprete, graças à pré-compreensão, esboça um projeto inicial de sentido que vem sucessivamente confrontado e corrigido. Juridicamente, a pré-compreensão não esgota o processo interpretativo, agindo especialmente no âmbito do chamado *contexto de descoberta*, isto é, a hipótese interpretativa inicial é confrontada com outras hipóteses de solução do caso concreto, aquilo que se designa por *contexto de justificação,* no âmbito do qual se encontram as

---

[427] Com alguma incoincidência, CASTANHEIRA NEVES, "O actual problema metodológico da interpretação jurídica", in *RLJ*, n.ᵒˢ 117 e 118, 1984-85, p. 129 e ss.

[428] H. GADAMER, *Wahrheit und Methode. Grundzüge einer philosophischen Hermeneutik,* Tübingen, 1965. Sobre alguns pontos mais complexos utilizámos também a tradução francesa *Vérité et Méthode,* Paris, 1996, p. 135 e ss.

razões que fundamentam a escolha de uma possibilidade interpretativa [429].

É aqui que a dogmática assume um papel relevante. A dogmática reassume um papel considerável e autónomo na relação estreita com o caso concreto. Com efeito, uma vez reconhecida a centralidade hermenêutica à contínua e necessária adaptação da norma jurídica às circunstâncias concretas e atuais, a dogmática, distinta e complementar em relação à interpretação, conserva uma irrenunciável função reflexiva ordenadora e de controlo da interpretação. A dogmática é decisiva para estabelecer um relacionamento sistemático entre as normas (com todo o sistema jurídico) e destas com as situações práticas da vida. Tudo isto para um controlo fundamental de coerência na relação entre o passado e o presente e da perspetiva do dever de decidir sucessivamente outros casos [430].

Neste novo horizonte hermenêutico, a circularidade da relação entre interpretação e dogmática tem como consequência o reenvio para os resultados da interpretação jurídica e a complexidade do mundo da vida de relação. A função estabilizadora e integradora da dogmática jurídica é tanto mais relevante quanto percebamos que vivemos hoje num sistema jurídico marcado por um pluralismo niilista e pouco homogéneo.

Uma vez concluído o processo hermenêutico, como poderemos demonstrar a adequação e correção da interpretação jurídica levada a cabo?

---

[429] Cfr. J. RAZ, "Why Interpret?, in *Ratio Juris*, 1996, p. 353 e ss.

[430] Repare-se que para GADAMER, na esteira de HEIDEGGER, o *Verstehen* não é uma simples dimensão cognitiva, mas um verdadeiro poder-ser do *Dasein*. Cfr. H. GADAMER, *Vérité et Méthode*, op. cit., p. 231.

Um ponto essencial para responder à pergunta anteriormente formulada é o termo "verificabilidade", normativamente entendido. Por isso, mais do que uma verificação ou demonstração da justeza do processo interpretativo e dos seus resultados, trata-se de uma *não-falsificação* (à POPPER) [431]. Por outras palavras, depois de testada a antecipação de sentido a casos semelhantes, impõe-se provar que estamos em condições de aplicar a interpretação jurídica. Para a ciência jurídica, a pré-compreensão condiciona a (pré-)definição do objeto e acompanha, passo a passo, todas as fases do processo interpretativo [432].

Em síntese, o núcleo filosófico da hermenêutica não se encontra na interpretação mas no compreender, compreender que constitui o verdadeiro lugar do sentido e, portanto, da interpretação jurídica. Em bom rigor, o sentido (da norma) compreende-se e não se interpreta.

A questão metodológica da correção da interpretação está, assim, subordinada à hermenêutica das condições de possibilidade da (pré-)compreensão do texto jurídico.

5. 4. 2. Hermenêutica, interesse público e mérito

Um dos principais contributos da hermenêutica *iusfilosófica* foi o convencimento de que a interpretação de um texto (jurídico), isto é, a sua compreensão, não pode ser entendida na perspetiva da reprodução do sentido originário posto por um legislador imaginário, como se o intérprete se visse obrigado a percorrer preteritamente o

---

[431] COLAÇO ANTUNES, *O Procedimento Administrativo de Avaliação de Impacto Ambiental...*, op. cit., p. 276 e ss.
[432] Cfr. J. STELMACH, *Die hermeneutische Auffassung der Rechtsphilosophie*, Ebelsbach, 1991, p. 181 e ss.

caminho seguido pelo autor do texto [433]. Ao invés, o distanciamento reflexivo do intérprete é uma possibilidade positiva do compreender: o limite entre o qual se move o intérprete é constituído pelo objeto, ainda desconhecido, da procura de sentido [434].

Ora isto quer dizer que o interesse público específico é o resultado da concretização do escopo da norma jurídica atributiva de poder (discricionário) à luz de uma situação da vida real que pode não estar necessariamente predeterminada na norma. No processo de individualização do interesse público específico abstratamente predeterminado na previsão legal assume relevância a investigação, na situação concreta, de quais sejam os factos determinantes que desencadeiam a intervenção da Administração.

A previsão na hipótese legal de factos ou categorias de factos aptos a justificar o exercício do poder administrativo (os factos-pressupostos de que falava a doutrina tradicional) não autoriza, salvo melhor opinião, a concluir que factos diversos dos compreendidos na previsão normativa não sejam idóneos a concretizar o interesse público específico.

Na verdade, nem sequer as circunstâncias de facto referidas na lei (tradicionalmente, os pressupostos hipotéticos do ato) são dados aprioristicamente pela norma, cuja identificação pelo intérprete resulta do confronto do facto com o enunciado normativo e vice-versa, até que seja possível atingir o grau de certeza necessário da referência do facto à norma jurídica [435]. De modo que este círculo

---

[433] Cfr., *infra*, "O mistério da nulidade do acto administrativo: morte e ressurreição dos efeitos jurídicos", p. 366 e ss., nota 549.

[434] H. GADAMER, *Vérité et Méthode, op. cit.*, p. 291 e ss.

[435] K. ENGISCH, *Introdução ao Pensamento Jurídico*, trad. port., Lisboa, 1977, p. 87.

hermenêutico não se resolve simplesmente na tradicional subsunção do facto na previsão da norma [436].

Com efeito, a descoberta gradual da imprescindível relação entre facto e proposição normativa configura-se como uma espécie de primeiro ato da complexa fase de definição das premissas da decisão final que, se for correta, permite prefigurar justamente as respetivas escolhas a levar a cabo pela Administração. Para clareza do leitor, o conteúdo do juízo qualificatório dos factos não comporta qualquer valoração de tipo discricionário, no sentido de que a introdução de uma situação real, não contemplada na previsão legal, ou a qualificação jurídica de um facto no enunciado impreciso da norma não constitui, por si mesmo, o resultado de qualquer escolha discricionária [437]. A resposta dada pela norma sobre a relevância ou não de um facto para efeitos de determinação do interesse público específico não diz (ainda) nada sobre o conteúdo da decisão final [438]. A escolha só poderá ser assumida e concretizada quando a Administração tenha apurado, entre os factos postos pela situação concreta, aqueles que a norma jurídica considera relevantes para efeito da decisão, sem

---

[436] H. GADAMER, *Vérité et Méthode*, op. cit., p. 215 e ss., esp. p. 341.

[437] COLAÇO ANTUNES, *A Teoria do Acto e a Justiça Administrativa*, op. cit., p. 161 e ss.

[438] Numa perspetiva silogística nova, J. ESSER, *Vorverständnis und Methodenwahl...*, op. cit., p. 43 e ss; cfr. também W. CANARIS, *Pensamento Sistemático e Conceito de Sistema na Ciência do Direito*, trad. port., Lisboa, 1996. Dizemos *nova* porque para estes Autores o aspeto metodológico decisivo inerente à subsunção é precisamente o da preparação das premissas, aspeto ignorado pelo modelo silogístico do iuspositivismo. A complexidade da sua preparação implica o recurso inelutável a juízos axiológicos, "um andar cá e lá do intérprete entre norma e circunstâncias de facto". Precisamente assim, K. ENGISCH, *Introdução ao Pensamento Jurídico*, op. cit, p. 79.

prejuízo da entidade administrativa ter perspetivado anteriormente uma série de hipóteses ou projetos de solução tendentes a satisfazer o interesse público primário.

Esta determinação teleológica, e este é um ponto essencial da nossa tese, é o resultado de uma operação intelectiva que não apresenta qualquer conotação discricionária, na medida em que a qualificação jurídica dos factos não comporta qualquer escolha entre as soluções possíveis e legítimas, porque igualmente reconhecidas pela norma jurídica [439].

No nosso entendimento, a aquisição e qualificação jurídica dos factos determinantes para a determinação do interesse público específico consiste numa operação interpretativa da norma atributiva de poder, em diálogo com a situação concreta da vida [440]. O que está em causa é a elaboração do critério jurídico que preside à escolha — o interesse público primário — critério que iluminará posterior e autonomamente a liberdade de decisão da Administração [441].

Temos, assim, dois momentos distintos: o momento da elaboração das premissas definitórias do interesse

---

[439] COLAÇO ANTUNES, *A Teoria do Acto e a Justiça Administrativa*, op. cit., p. 172.

[440] Cfr. ainda J. ESSER, *Vorverstandnis und Methodenwahl...*, op. cit., p. 38.

Para este Autor, a interpretação jurídica representa a estrutura circular da pergunta e da resposta. O texto não se deixa interpretar se não parte de uma experiência de vida ou de um problema, op. cit., p. 34. Em suma, não há compreensão sem pré-compreensão. Esta diz ao intérprete quando um caso carece de solução (*regelungsbedürftig*) e diz também quando uma norma é relevante para a decisão (*entscheidungsrelevant*). Cfr., mais uma vez, J. ESSER, op. cit., p. 37.

[441] COLAÇO ANTUNES, *O Direito Administrativo e a sua Justiça...*, op. cit., p. 58 e ss.

público específico e o momento (posterior) da adoção da escolha discricionária, sublinhando, por um lado, que o âmbito em que opera a escolha é delimitado pela determinação normativa do escopo e, por outro, que o referido âmbito é condicionado pelo conjunto de operações que incidem sobre os factos e criam conexões entre si e com a norma jurídica. Tudo isto num contexto de formação (procedimental) da decisão ainda incerto e precário, mas no qual já se manifestou o contributo criativo do sujeito, do intérprete [442].

Numa palavra, o interesse público específico constitui o critério para ordenar e prefigurar as escolhas possíveis e legítimas da Administração. Pode objetar-se a subjetividade deste entendimento ou que a aquisição e seleção dos factos relevantes se resolve inevitavelmente na subsunção dos pressupostos de facto na hipótese legal.

A esta argumentação, baseada na lógica subsuntiva, poderíamos retorquir que ela se deve a um certo furor simétrico entre lei e Administração ou entre norma jurídica e circunstâncias concretas, de modo que aquela (norma) absorveria completamente a situação de facto [443].

A ideia de uma reserva de apreciação administrativa relativa aos factos deriva do dogma da aplicação do direito

---

[442] COLAÇO ANTUNES, *A Teoria do Acto e a Justiça Administrativa*, op. cit., p. 188 e ss. Para maiores desenvolvimentos, COLAÇO ANTUNES, *O Procedimento Administrativo de Avaliação de Impacto Ambiental...*, op. cit., p. 250 e ss., onde se faz referência à incompletude do vínculo jurídico *a priori*, refutável sempre que a Administração, na sua função de aquisição e qualificação jurídica dos factos, formule um vínculo *a posteriori* suscetível de verificação pelo juiz administrativo. Cfr. ainda COLAÇO ANTUNES, *O Procedimento Administrativo de Avaliação de Impacto Ambiental...*, op. cit., p. 253.

[443] G. ZACCARIA, "Trends in Contemporary Hermeneutics and Analytical Philosophy", in *Ratio Juris*, 1999, n.º 3, esp. p. 279 e ss., que salienta a importância e o regresso da teoria geral contemporânea aos problemas da interpretação jurídica.

pela Administração implicar a subsunção dos factos numa proposição normativa mais ou menos detalhada. Dito de outra forma, a previsão pela norma das circunstâncias através de conceitos indeterminados deixaria à Administração uma liberdade de apreciação na qualificação e subsunção dos factos na hipótese legal. Em suma, a não subsunção do facto no limite da interpretação fixada, em função da imprecisão ou vaguidade da norma jurídica, conferiria à Administração o poder exclusivo de qualificação do facto real. Esta hipótese, brilhantemente defendida por boa parte da doutrina alemã, parece-nos insustentável e, por isso, nos afastamos aqui da tese de BACHOF.

O raciocínio de que a aplicação do direito responde sempre ao esquema e lógica subsuntiva pertence a um instrumentário conceptual de derivação positivista e pandectística, que a moderna hermenêutica jurídica sujeitou a uma dura crítica [444].

Para esta corrente jurídico-filosófica, a interpretação jurídica participa na formação do Direito, na medida em que assume um papel criador [445]. Com base nesta reflexão jurídica e filosófica é possível demonstrar que o nexo que liga o facto à norma não pode ser enquadrado numa redutora compreensão da figura da subsunção de tipo silogístico. Postula, isso sim, uma aproximação problemática da compreensão e uma participação ativa do intérprete que vai para lá da simples apreciação subjetiva dos factos e dos interesses envolvidos no procedimento.

Segundo a forma hermenêutica de interpretar, para levar a cabo uma completa e racional compreensão da norma jurídica, a função (criativa) do intérprete é fundamen-

---
[444] J. ESSER, *Vorverstandnis und Methodenwahl...*, op. cit., p. 175 e ss.
[445] H. GADAMER, *Vérité et Méthode*, op. cit., pp. 345 e ss. e 395.

tal ao pôr em diálogo o horizonte de sentido da norma com o horizonte factual do objeto de interpretação, sendo que esta fusão de horizontes epistemológicos constitui simultaneamente o resultado do processo interpretativo-compreensivo e da aplicação da norma [446]. Não há compreensão da norma que não se conforme ao modo de manifestação da coisa, ou seja, da situação concreta. Através deste processo, o intérprete, que lê um texto, participa e aplica-o na medida em que percebe o significado colhido da *fusão de horizontes* entre o passado e presente, entre facto e norma, entre eu e alteridade [447] [448].

---

[446] Como é facilmente intuível, do ponto de vista jurídico, a hermenêutica filosófica carece de adaptações, pelo que não subscrevemos inteiramente a ideia de H. GADAMER, *Vérité et Méthode, op. cit.*, p. 231, quando afirma que "la compréhension est une participation immédiate a la vie, sans médiation intellectuelle du concept".

[447] H. GADAMER, *Vérité et Méthode, op. cit.*, p. 394 e ss., esp. p. 376.

[448] Se assim é, a interpretação atualista não é em si mesma uma forma ou um método de interpretação do Direito, mas, pelo menos em alguns casos, um aspeto ou elemento necessário a uma interpretação sitemático-teleológica.

Em segundo lugar, a evolução a considerar não é tanto a da norma jurídica como a do ordenamento jurídico. Com efeito, na esteira de SANTI ROMANO, o que evolui e se renova verdadeiramente não são as leis mas o próprio sistema jurídico, sendo que este não é um conjunto de leis mas de normas jurídicas.

Se entendermos que o ordenamento jurídico é um sistema dinâmico, poder-se-á afirmar que a interpretação atualista é uma forma da interpretação sistemática.

As normas e as disposições que as contêm *estão no tempo*. O ordenamento (jurídico) é o Direito *no tempo*. Utilizamos intencionalmente a expressão *ordenamento jurídico* para expressar este fenómeno que, aliás, nos parece mais "significativo" do que a correspondente expressão alemã *Rechtsordnung*, porque o Direito todo não é tanto uma *ordem* como um *ordenamento*, não é tanto um estado como um processo vivo e temporal de ordenação da vida de relação.

De outra forma, o legislador seria permanentemente solicitado a alterar o texto normativo originário [449].

Se a isto adicionarmos o método tópico [450], a técnica do pensar problematicamente como instrumento indispensável da compreensão da pré-compreensão, será mais fácil entender o processo interpretativo, desde as antecipações de sentido, à luz da situação real da vida, ao enunciar de

---

Ganhando inspiração em HEIDEGGER, *o tempo é o lugar do ser*. O *Dasein* só existe, só pode existir historicamente, porque é temporal no fundo do seu ser.

[449] Neste sentido, a problemática dos conceitos jurídicos indeterminados, além de valorizar o papel da lei, é também uma forma de abertura do Direito ao tempo (jurídico), tempo esse que engloba o lugar e as suas circunstâncias concretas. Todavia, tal não significa a redução da *applicatio* da norma ao modelo ideal da subsunção, mas, ao invés, a necessidade de um complexo processo hermenêutico que permita ao intérprete retirar todas as consequências ínsitas na lei.

Advirta-se, no entanto, que o tempo não é apenas um meio de realização do Direito, do direito administrativo. Em síntese, é a materialização dos fins legais no tempo que se deve considerar como valor jurídico. Não se trata de uma mera aceleração do tempo, essa sim instrumental aos fins postos pelo Direito, mas de ver o tempo como elemento intrínseco do Direito. Daí que não seja suficiente a interpretação de uma disposição constitucional (artigo 20.º/5 da CRP) reconduzida ao sentido de uma rápida decisão judicial no termo de um processo adequado. O tempo, como valor jurídico, não é o do procedimento seguido mas o dos bens jurídicos carecedores de tutela, a começar pelos direitos, liberdades e garantias pessoais. O tempo é um elemento *constitutivo* destes direitos fundamentais.

[450] Os *topoi* são, em regra, propostas de solução de problemas, mas não soluções de problemas. Cfr. M. KRIELE, *Theorie der Rechtsgewinnung entwickelt am Problem der Verfassungsinterpretation*, Berlin, 1976, p. 157. Esta metodologia teve uma grande influência sobre os administrativistas, como GARCÍA DE ENTERRÍA através de T. VIEHWEG. Cfr. COLAÇO ANTUNES, "Laudatio" (pronunciada na investidura do Professor Eduardo García de Enterría como Doutor *honoris causa* pela Universidade do Porto), in *Revista de Administración Pública*, n.º 179, 2009, p. 283 e ss.

projetos de solução que orientam o intérprete na compreensão do texto.

Antecipando ilações, uma primeira conclusão é a de que o processo de formação da decisão discricionária não pode prescindir da pré-compreensão do interesse público específico predeterminado pela lei e que ela visa realizar [451].

Uma segunda ideia é a de que a determinação do interesse público específico representa o elemento constitutivo do dever da Administração atuar e que tal processo de individualização do interesse público deve resultar quer das indicações fornecidas pela norma atributiva de poder, quer dos elementos de facto que resultam relevantes na hipótese legal.

Este processo interpretativo permite, por um lado, a fixação do interesse público específico através da compreensão material do vínculo teleológico posto pela norma jurídica e, por outro, o desenhar das alternativas resultantes do confronto entre o interesse público específico e a situação concreta da vida [452].

---

[451] COLAÇO ANTUNES, *A Teoria do Acto e a Justiça Administrativa*, op. cit., p. 190.

[452] Problema interessante e complexo, que não podemos tratar aqui com a desenvoltura necessária, é o que resulta da interpretação dos *atos administrativos transnacionais* (como, por exemplo, a autorização para a comercialização, no espaço europeu, de um novo produto alimentar, autorização ditada por um órgão administrativo de um Estado membro). Este tipo de atos administrativos, cujos efeitos jurídicos (externos) irradiam para outros ordenamentos jurídicos (nacionais), coloca em xeque, desde logo, o entendimento tradicional que define a eficácia territorial do ato pelo âmbito (territorial) da competência do órgão administrativo que o praticou (sob pena de incompetência relativa e respetiva anulabilidade do ato).

A dificuldade maior levantada pelos chamados atos administrativos transnacionais está, como vimos, quando a sua eficácia jurídica

Em extrema síntese, o interesse público específico assume o papel de critério, o papel decisivo de regra, na base do qual a Administração fixa as hipóteses de solução, para, na base de um comportamento racional, realizar o fim concreto da atividade administrativa.

A referida regra resulta diretamente da norma atributiva do poder ou, dito de outra forma, é a norma atributiva do poder discricionário no momento da sua aplicação, cujo conteúdo normativo consiste em vincular a Administração e as suas escolhas à realização do interesse público específico previamente determinado pela lei. Isto é, o horizonte da decisão discricionária deve ser dirigido à satisfação do interesse público específico, porque tal é a vontade da lei [453]; a *voluntas legis,* fruto da interpretação jurídica, resulta da norma atributiva de poder em relação à hipótese real (situação concreta que deve corresponder ao fim posto pela lei) [454].

Precisamente um dos principais contributos da hermenêutica jurídica foi o de dar suficiente relevo à *applicatio*

---

se estende para lá do próprio âmbito da *norma* (nacional) *aplicada,* e não propriamente a sua "eficácia internacional", que é, aliás, a sua característica mais visível. Como se interpreta a norma material aplicada, quando ela, na sua estatuição, consente espaços de liberdade decisória à Administração? Qual o tribunal competente, o do Estado emissor do ato ou o tribunal do Estado recetor?

Problema idêntico pode colocar-se nos Estados federais quando um órgão de um Estado federado (ou mesmo de um ente infraestadual com autonomia político-administrativa) dita um ato cuja eficácia ultrapassa os limites territoriais da entidade em que está inserido o respetivo órgão administrativo.

Para maiores desenvolvimentos, *vide* supra, p. 147 e ss.

[453] COLAÇO ANTUNES, *A Teoria do Acto e a Justiça Administrativa, op. cit.,* p. 182.

[454] Tradicionalmente designados pressupostos reais ou concretos do ato administrativo.

da norma jurídica, enquanto elemento constitutivo do processo interpretativo da lei [455]. Numa palavra, a aplicação representa, a par da compreensão, um elemento constitutivo da interpretação jurídica unitariamente considerada. Mas dizer que interpretar e compreender um texto normativo passa pela sua aplicação não basta. É preciso demonstrá-lo. A demonstração vem através do recurso ao conceito de círculo hermenêutico. Ponto de partida da interpretação jurídica não é imediatamente o texto da norma mas o problema concreto que formula as perguntas à lei. A norma jurídica vem interrogada, sendo que a própria norma jurídica põe problemas e perguntas ao intérprete que este deve ouvir e entender, por forma a poder receber correctamente as antecipações de sentido do conteúdo do preceito jurídico em relação ao caso concreto. Resposta que a norma jurídica dará no termo do processo hermenêutico [456].

Uma das teses fundamentais desta corrente doutrinária assenta na ideia de que o texto normativo não se deixa compreender por si mesmo ou com o recurso a métodos de análise da linguagem que, sendo necessária, é insuficiente à completa inteligibilidade do significado normativo [457]. A aplicação do direito é, portanto, parte constitutiva do processo de compreensão, de modo que a legitimação do intérprete resulta da "autorização" que o sistema jurídico oferece ao intérprete de definir e qualificar o interesse público primário, mesmo na presença de pressupostos mais ou menos imprecisos.

---

[455] K. LARENZ, *Metodologia da Ciência do Direito*, trad. port., Lisboa, 1978, p. 187 e ss.

[456] COLAÇO ANTUNES, *A Teoria do Acto e a Justiça Administrativa, op. cit.*, p. 201.

[457] Como dizia WINDSCHEID, as palavras não são o pensamento, mas apenas sinais do pensamento.

É no circuito dialógico que se estabelece entre norma e facto e entre intérprete e objeto de interpretação que se insere a pré-compreensão de um texto jurídico, pré-compreensão entendida como operação intelectual irrenunciável e prejudicial à própria compreensão.

A pré-compreensão, diretamente aplicada à interpretação jurídica (sobretudo judicial), releva que a compreensão da norma, objetivo de toda a operação hermenêutica, não é possível ou pensável sem uma antecipação devidamente controlada dos possíveis sentidos.

Em suma, a individualização e definição do interesse público específico (posto pela norma atributiva de poder) é o resultado da operação hermenêutica [458].

A pré-compreensão do interesse público específico definido normativamente assume o papel de parâmetro da relevância dos factos determinantes juridicamente interpretados, ou seja, do interesse público real ou concreto. Numa palavra, a Administração deve captar os factos essenciais, sendo que tal aquisição se alcança através da interpretação-qualificação jurídica dos factos, de modo que a emergência dos interesses públicos secundários pressupõe um critério iluminante da sua relevância, critério que não pode deixar de ser o interesse público primário [459].

---

[458] H. KELSEN, *Teoria Pura do Direito*, op. cit., p. 199.

[459] É indiscutível que o facto, mesmo que complexo, é objeto de um controlo pleno e exaustivo pelos tribunais administrativos alemães. Neste sentido, SCHMIDT-AßMANN, "Art. 19.º/4 (Rechtsschutzgarantie)", op. cit., pp. 116 e 117, que faz referência a uma jurisprudência abundante. Sobre a recente jurisprudência do Tribunal Administrativo Federal, consultar a revista *Deutsches Verwaltungsblatt*, 2008, esp. p. 662 e ss. É de notar que a jurisprudência alemã é ainda mais afoita do que a doutrina.

A não ser assim, e recorrendo à tradicional técnica de subsunção do facto na previsão legal, corre-se o risco de *heterogénese do fim*, nomeadamente quando a norma jurídica peca por indeterminação ou vaguidade. Daí a atualidade do pensamento de VON LAUN. Não haverá o perigo da recessão do interesse público primário ou até a sua substituição por um interesse público secundário?[460] Como evitar uma discricionaridade administrativa quanto aos fins, especialmente em domínios de alta discricionaridade, como a atividade planificatória no direito urbanístico?[461]

De acordo com a técnica subsuntiva, a liberdade de escolha, como a liberdade de apreciação, não incidiria, como se tem dito, sobre a decisão administrativa propriamente dita, mas sobre o próprio fim da atividade administrativa, com o inconveniente da sua insindicabilidade. O mérito deslocar-se-ia então do resultado do exercício do poder discricionário para o parâmetro normativo que preside à escolha — o interesse público específico — o que é inconcebível.

Ora, no nosso entendimento, só não é *plenamente* sindicável, do ponto de vista jurisdicional, o mérito. Tudo o mais é objeto de controlo do juiz, desde a correta interpretação jurídica do interesse público primário até à apreciação e qualificação jurídica dos factos, com a consequente justiciabilidade do mérito administrativo. De outra forma,

---

[460] Com todo o respeito, creio que a noção de discricionaridade administrativa de MASSIMO SEVERO GIANNINI cede à tentação de eleger o interesse público primário como resultado da ponderação (procedimental) entre os vários interesses públicos secundários. Cfr. COLAÇO ANTUNES, *O Direito Administrativo e a sua Justiça*, op. cit., p. 47 e ss., esp. p. 61, bem como a nota 96.

[461] Ainda que noutro domínio, cfr. T. MAYEN, "Das planungsrechtliche Abwägungsgebot im Telekommunikationsrecht", in *NVwZ*, 2008, p. 838 e ss.

é praticamente impossível evitar e controlar judicialmente a convolação de um interesse público secundário no interesse público primário. Não seria regressar a VON LAUN e à distinção entre *fim mediato* e *fim imediato*?

5. 5. Ideias finais

Em resumo, o nível de (in)determinação do preceito legal pode constituir uma condição necessária para a sua correta interpretação, mas não é suficiente para limitar o controlo jurisdicional da sua aplicabilidade ao caso concreto [462].

O juiz administrativo, como temos vindo a sustentar, pode substituir-se plenamente à Administração na qualificação jurídica dos factos sem com isso se constituir em juiz do mérito administrativo, ainda que o conceito jurídico possa ser relativamente indeterminado [463]. Se bem que a técnica da subsunção representa, nos países de cultura jurídica alemã, um reflexo da teoria normativa de KELSEN fundada na construção formalista da interpretação jurídica como pura operação silogística, o que em rigor determinaria uma vontade única do enunciado normativo, consentindo, assim, uma só interpretação, uma só execução e uma só aplicação em sede jurisdicional. Todavia, isto só é assim se esquecermos que para KELSEN o momento axiológico-normativo não está subordinado à norma ou à solução presente na ordem lógico-jurídica da própria norma

---

[462] Assim, M. JESTAEDT, "Maßstäbe des Verwaltungshandelns", in H. U. ERICHSEN / D. EHLERS, *Allgemeines Verwaltungsrecht*, Berlin, 2005, p. 304.

[463] COLAÇO ANTUNES, *A Teoria do Acto e a Justiça Administrativa, op. cit.*, p. 183 e ss.

mas ao *sistema jurídico* e se omitirmos também, como fez CARRÉ DE MALBERG, que para KELSEN a sua *Teoria Pura do Direito* é uma teoria geral do Direito que não se reconhece no ordenamento jurídico positivo, seja ele qual for [464].

Confirma-se, assim, o dogma do controlo judicial pleno dos conceitos jurídicos relativamente indeterminados, com a exceção óbvia daqueles conceitos absolutamente vagos que remetem claramente para juízos discricionários.

Note-se, no entanto, que nestes casos, a insindicabilidade do conceito indeterminado não resulta da (não)qualificação jurídica do facto mas da sua concreção como exercício do poder discricionário, sobretudo quando a previsão legal atinge uma elevada complexidade, como nas *Mischtatbestände* [465]. Isto é particularmente evidente no ordenamento jurídico alemão onde nos últimos anos se tem afirmado indiscutivelmente a plena sindicabilidade do facto em relação à norma indeterminada (relativamente), salvo as referidas exceções.

Uma das eventuais vantagens deste nosso caminhar hermeneuticamente seria o de redimensionar e reinterpretar a noção de *mérito,* uma das noções mais misteriosas do direito administrativo, tradicionalmente entendida negativamente. Discricionaridade administrativa e mérito coincidem ou são coisas diferentes? Voltamos ao início e à relação entre os dois conceitos, sendo que é hoje clara a distinção entre facto (e respetiva qualificação jurídica) e mérito.

Se assim é, e julgamos que é, o controlo jurisdicional pleno do facto e da sua qualificação jurídica não se pode

---

[464] R. CARRÉ DE MALBERG, *Confrontation de la Théorie de la Formation du Droit par Degrés*, 1933, reeditado em 2007, Paris, esp. pp. 115 e 155 e ss.

[465] Nota-se, no entanto, nestas hipóteses (mistas), um certo regresso às teses de BACHOF.

confundir, como se tem feito, com o (não) controlo jurisdicional do mérito [466]. Esta relutância atávica da nossa jurisprudência deve-se, segundo cremos, ao facto de se confundir a qualificação jurídica do facto com a lógica subsuntiva aparelhada com os conceitos jurídicos indeterminados e a chamada (impropriamente) "discricionaridade técnica" e, mais longinquamente, a uma visão normativista e kelsiana da relação entre facto e Direito, ou ainda à permanência da centralidade do ato administrativo [467].

O mérito, para nós, é apenas o resultado do exercício do poder discricionário, a escolha operada pela Administração, e, assim sendo, sindicável pelo juiz administrativo.

O drama-devaneio do jurista contemporâneo é o de imaginar a possibilidade de se viver normativamente como se lê e não como se interpreta o Direito. No fundo, expulsar a realidade... do mundo do Direito.

Com esta reflexão não pretendemos alcandorar-nos a uma espécie de *Aufhalter* do *System-Denken* germânico para melhor legitimar as nossas ideias. Modestamente,

---

[466] O facto ou é um facto normativamente entendido ou então pura e simplesmente não existe para o Direito, é juridicamente irrelevante. Cfr. COLAÇO ANTUNES, *A Teoria do Acto e a Justiça Administrativa, op. cit.*, p. 23 e ss. Como se afirma na p. 24 da obra citada, "no direito administrativo a dialética facto-direito serviu historicamente para legitimar a liberdade da Administração na aplicação da norma..., permitindo, deste modo, contrariamente ao que sucede no direito civil, tolerar um controlo jurisdicional limitado do poder discricionário".

[467] Talvez não menos decisivo seja o facto de, na análise da discricionaridade administrativa, não se distinguir o seu significado na estrutura da norma jurídica das condições e limites intrínsecos que o seu exercício implica para o controlo jurisdicional; ou ainda do alcance com que a Constituição atribui à Administração poder discricionário.

Parece-nos que, se estes três níveis fossem suficientemente distintos, se ganharia em purificação teorética e, sobretudo, no tratamento da tutela jurisdicional (efetiva).

creio que faltava uma síntese que colasse em termos, senão novos, pelo menos diferentes, a complexa e misteriosa relação entre discricionaridade administrativa e mérito. De resto, o Direito não esgota toda a experiência jurídica.

Para concluir, três teses fundamentais: primeira, o problema atual da ciência jurídica é o de conhecer-compreender o Direito; segunda, mais chegada ao tema, não basta que seja "direito" o exercício do poder (discricionário), é igualmente necessário que seja "direito" o (seu) resultado (o mérito); terceira, de natureza metodológica, a complementaridade entre interpretação jurídica e discricionaridade administrativa, ressalvando, no entanto, que nesta pontifica um momento dispositivo (em sentido próprio) que não se verifica na interpretação.

6. O dogma da anulação administrativa

6.1. Clarificação conceptual

Desde há algum tempo que me venho confrontando com o desassossego de figuras jurídicas fundacionais ou estruturantes do direito administrativo apresentarem uma forte problematicidade. Uma dessas figuras é a anulação administrativa, sendo que prevaleceu quase sempre a resistência de entrar de novo num tema que parecia esgotado.

Recentemente, ao pensar em voz alta numa aula de direito administrativo sobre a eficácia do ato, dei-me conta da relevância de uma distinção que não é habitual fazer-se entre nós. Refiro-me à diferença entre *eficácia interna* e *eficácia externa* do ato administrativo [468]. Já antes, ao falarmos das garantias impugnatórias, dei por mim a pensar se o recurso hierárquico necessário não seria uma forma indireta de autotutela contenciosa e, nessa medida, excessiva à luz de parâmetros constitucionais (artigos 20.º, 204.º e 268.º/4 da CRP), sendo que a Administração dispõe da anulação administrativa. Por outras palavras, a atual dupla possibilidade de autorreconsideração dos atos ilegais não constituirá, à luz do direito constitucional admi-

---

[468] A doutrina dominante na Alemanha distingue entre estes dois tipos de eficácia. Cfr. H. MAURER, *Allgemeines Verwaltungsrecht*, op. cit., p. 224.

nistrativo, um reforço excessivo dos poderes da Administração?

Outra questão que nos levou de novo a pensar a figura da anulação administrativa foi a chamada ilegalidade superveniente do ato administrativo, que abordámos no Curso de Mestrado. Terá sentido falar de ilegalidade superveniente do ato ou de ineficácia superveniente do ato? Deverá aplicar-se a figura da revogação ou da anulação?

A resposta dependerá, como veremos oportunamente, do diferente objeto e fim da revogação e da anulação e não tanto da explanação dos motivos que determinam uma e outra, como é usual pensar-se.

Como já temos vindo a fazer noutras circunstâncias, o filão dogmático não será o mais recente mas o clássico ou mesmo fundacional. É aí que se encontra a nossa fonte de inspiração e, porventura, a maior novidade na renovação construtiva do direito administrativo face às suas imensas transformações.

Novos problemas, soluções antigas? Talvez [469].

Antes de tentarmos dar resposta a esta e a outras questões que a figura da anulação administrativa coloca, começaremos, sem repetições tópicas, esta breve reflexão com a delimitação conceptual entre revogação e anulação administrativas.

É de bom-tom iniciar o nosso estudo com uma clarificação semântica das figuras da revogação e da anulação, clarificação que se colocou em quase todos os ordenamentos jurídicos e naturalmente também no nosso [470].

---

[469] Como diria MONTESQUIEU, *Cartas Persas*, quando elegemos a leitura de livros antigos não temos motivo para preferir os novos.

[470] Sobre os problemas postos pelo tratamento unitário da revogação e da anulação administrativas, cfr. VIEIRA DE ANDRADE, "A 'revisão' dos actos administrativos no direito português", in *Legislação (Cadernos de Ciência de Legislação)*, n.os 9/10, 1994, p. 190 e ss. Na

Com efeito, o CPA (artigo 138.º e segs.) ao tratar a revogação de uma forma ampla e unitária (*Aufhebung*) não deixa de distinguir a revogação propriamente dita, revogação de atos válidos (*Widerruf*), da revogação anulatória ou anulação administrativa (*Rücknahme*)[471]. Posição semelhante verificou-se também nos ordenamentos jurídicos alemão[472] e italiano, em que se distingue entre *annulamento d'ufficio* (anulação) e *revoca* (revogação).

A figura da anulação administrativa, mais complexa, tem despertado maior interesse da doutrina, como se depreende do respetivo caudal bibliográfico. Outra explicação pode estar no regime jurídico restritivo da revogação (artigo 140.º do CPA), o que lhe confere um papel residual na *praxis* administrativa. O mesmo já não se passa com a anulação administrativa, figura de grande espessura dogmática e, por isso, com enormes refrações na teoria da invalidade dos atos administrativos ou nas garantias administrativas impugnatórias ou mesmo ao nível dos princípios da legalidade e da justiciabilidade. Será legítimo manter, ainda que excecionalmente, o recurso hierárquico necessário, quando a Administração dispõe do poder de afastar da ordem jurídica os atos inválidos através da anulação?

A argumentar-se a inconstitucionalidade do recurso hierárquico necessário, este resultaria da sua configuração como autotutela contenciosa indireta (em violação dos

---

doutrina portuguesa, por todos, ROBIN DE ANDRADE, *A Revogação dos Actos Administrativos*, Coimbra, 1985.

[471] Só na década de sessenta se obteve alguma pacificação na doutrina alemã no que se refere à distinção entre revogação e anulação. Cfr., por todos, F. OSSENBÜHL, *Die Rücknahme fehlerhafter begünstigender Verwaltungsakte*, Berlin, 1965, p. 3 e ss.

[472] Cfr. COLAÇO ANTUNES, *A Teoria do Acto e a Justiça Administrativa*, op. cit., p. 266.

artigos 20.º, 204.º, 212.º/3 e 268.º/4 da CRP), argumento que, apesar da sua pertinência, não recordo ter sido esgrimido.

Note-se que a especialidade do direito administrativo não se faz apenas de privilégios e poderes exorbitantes da Administração pública; faz-se também dos mecanismos de controlo e das garantias procedimentais e processuais dos cidadãos.

Como se vê, os problemas que esta figura coloca não são poucos nem tão pouco menores. A finalidade deste estudo não é tanto resolver todas as questões que coloca, como refletir, recorrendo aos clássicos, sobre uma categoria jurídica básica do direito administrativo, tornando-a, se possível, mais compreensível e sólida.

Creio, portanto, que a revogação, em sentido amplo, explica em boa medida a verdadeira natureza do ato administrativo: a sua mutabilidade [473]. É esta mutabilidade que está na base da essência do ato administrativo, a autoridade. O poder administrativo é um poder que sobrevive ao seu exercício [474]. Na verdade, como diz GIANNINI [475], a autoridade do ato administrativo tutela "la volontà in quanto disposizione non in quanto decisione".

6. 2. Eficácia interna e eficácia externa do ato administrativo

Um ato administrativo é válido quando reúne os requisitos formais e materiais exigidos pelo ordenamento

---

[473] Assim, M. S. GIANNINI, "Atto amministrativo", in *Enc. dir.*, vol. IV, Milano, 1959, p. 193.
[474] Cfr. G. CORSO, *L'attività amministrativa*, Torino, 1999, p. 185.
[475] M. S. GIANNINI, "Atto amministrativo", *op. cit.*, p. 187.

jurídico para a sua existência. Em poucas palavras, a validade do ato equivale à sua plena conformidade com o Direito.

Já a eficácia do ato administrativo refere-se às consequências jurídicas dos atos administrativos, o que é algo diferente e porventura mais complexo. Como dissemos atrás, impõe-se a distinção, pouco usual entre nós, entre eficácia interna ou intrínseca (a que a doutrina alemã chama *innere Wirksamkeit*) e eficácia externa (*äussere Wirksamkeit*) do ato [476]. Esta dá conta dos efeitos externos que se produzem como resultado da fase integrativa da eficácia do procedimento administrativo e implicam que o ato seja uma realidade jurídica que deve ser tomada em conta pelo destinatário. É a partir daí que se cria e estabelece a relação jurídica entre o ente público e o particular. Efeitos externos dos atos administrativos mais relevantes são, por exemplo, além da relação jurídico-administrativa, a possibilidade da Administração anular os seus próprios atos ou ainda a capacidade de fixar o momento a partir do qual o ato se torna (in)impugnável administrativa e contenciosamente. Trata-se de consequências jurídicas nascidas e relacionadas com a prática do ato administrativo.

A eficácia jurídica (externa) é um pressuposto da executoriedade do ato, sendo que o CPA, influenciado

---

[476] Neste sentido, R. SCHMIDT-DE CALUWE, "Die Wirksamkeit des Verwaltungsakts. Zur Neubestimmung der Regelung des § 43 VwVfG", in *VerwArch*, 1999, p. 49 e ss., esp. pp. 62 a 64, ainda que este Autor negue a existência de vários momentos quanto à produção de um e de outro tipo de eficácia (o que no fundo implicará *reconhecer* apenas um tipo de eficácia). Pela nossa parte, mantemos a diferença entre a existência do ato e os efeitos jurídicos que ele produz, bem como a distinção entre eficácia interna e eficácia externa.

por uma doutrina antiga, tenda a confundir executoriedade com eficácia (artigo 150.º); o mesmo sucedia com a LPTA (artigo 25.º/1), deslocando a executoriedade para um terreno que não era o seu ao considerá-la um requisito de recorribilidade contenciosa do ato administrativo [477]. Em rigor, a eficácia não quer dizer exatamente entrada em vigor dos efeitos jurídicos do ato, mas antes um pressuposto jurídico desta, de modo que o ato resulta obrigatório ainda que os efeitos sejam diferidos no tempo, como acontece com as cláusulas acessórias de natureza suspensiva [478].

Realidade jurídica diferente é a eficácia interna do ato administrativo, que tem a ver com a força obrigatória do conteúdo regulador do ato, com a vinculação da regulação imposta pelo ato administrativo. A noção de eficácia interna do ato administrativo refere-se agora a uma eficácia material, reguladora do ato, que se expressa na obrigatoriedade jurídica do conteúdo regulador do ato administrativo como condição da sua existência [479].

É verdade que os dois tipos de eficácia jurídica se produzem geralmente de forma simultânea com a notificação ou publicação do ato administrativo, mas nem sempre sucede assim [480]. É o que acontece quando o ato adminis-

---

[477] Neste sentido, ROGÉRIO SOARES, *Direito Administrativo*, op. cit., p. 199.

[478] Assim, H. BRONNENMEYER, *Der Widerruf rechtsmässiger begünstigender Verwaltungsakte nach §49 VwVfG*, Berlin, 1994, p. 191.

[479] Cfr., mais uma vez, H. MAURER, *Allgemeines Verwaltungsrecht*, op. cit., pp. 65 e 231 e ss.

[480] O problema densifica-se nas relações jurídico-administrativas poligonais, em que os atos administrativos se apresentam *mit Doppelwirkung und Drittwirkung*, com refrações na incoincidência da eficácia do ato poligonal. Sobre esta matéria, recentemente, COLAÇO ANTUNES, *Direito Público do Ambiente...*, op. cit., p. 109 e ss.

trativo está sujeito a condição ou termo, situações em que o ato administrativo adquire imediatamente eficácia externa mas carece de eficácia interna, na medida em que o seu conteúdo não é ainda obrigatório por não se terem produzido os efeitos jurídico-materiais a cujo cumprimento se presta a regulação que incorpora. Quando se defende que o "ato condicionado" não é, em princípio, impugnável contenciosamente [481], não é porque lhe falte eficácia externa, mas porque carece de eficácia interna, ficando, assim, demonstrada a utilidade desta distinção. Poderá, é certo, argumentar-se que a norma que fixa um momento distinto da notificação ou da publicação para o início da produção de efeitos jurídicos do ato é, em si mesma, parte do conteúdo material e regulador do ato administrativo, de forma que o momento em que se produziriam os dois tipos de eficácia (interna e externa) seria precisamente o mesmo [482].

Creio, todavia, que esta tese não é a melhor se analisarmos o caso dos atos feridos de nulidade. Repare-se que os atos nulos poderão ser externamente eficazes (desde que devidamente notificados) mas o que nunca possuirão é eficácia interna [483]. O artigo 134.º do CPA, sob pena da norma perder parte do seu sentido a alcance, refere-se à eficácia interna do ato administrativo e não à sua eficácia externa, sendo que de outra forma se confundiriam os efeitos jurídicos com os efeitos reais (do ato).

Por outro lado, não se pode deixar de esclarecer a autonomia das regras que presidem à eficácia interna do

---

[481] Cfr. o artigo 54.º/1/b) do CPTA.

[482] Neste sentido, B. ERBGUTH, *Der Rechtsschutz gegen die Aufhebung begünstigender Verwaltungsakte. Zugleich ein Beitrag zu Systematik des §43 VwVfg*, Baden-Baden, 1999, p. 111.

[483] B. ERBGUTH, *Der Rechtsschutz gegen die Aufhebung begünstigender Verwaltungsakte...*, op. cit., p. 100 e ss.

ato, das normas sobre a sua consolidação ou caso decidido, que, obviamente, se relacionam com a eficácia externa do ato. Ora, os atos nulos não são suscetíveis de consolidação e, portanto, não formam caso decidido, o que se compreende face à gravidade dos vícios de que padece o ato administrativo, observando-se, assim, um efeito (formal) da nulidade semelhante ao da ineficácia interna.

Com efeito, a relação dos conceitos de validade e de eficácia dos atos administrativos são independentes, de tal forma que um ato válido pode não ser eficaz e um ato inválido pode ser eficaz, como sucede com os atos anuláveis. Como sabemos, não acontece o mesmo com os atos nulos, em que se verifica uma estrita vinculação entre nulidade e (in)eficácia interna do ato administrativo, de modo que o ato nulo não é eficaz internamente e, por isso, é ineficaz *ab initio*. Numa palavra, a regulação contida no ato nulo não é, em caso algum, juridicamente obrigatória, pelo que também não tem sentido a sua anulação administrativa ou a sanação dos seus vícios (artigos 137.º/1 e 139.º/1/a) do CPA).

A autonomia entre a *eficácia interna* (e a eficácia externa) e a (in)validade dos atos administrativos encontra o seu limite nos atos nulos. Neste sentido, não surpreende que o regime jurídico vertido no artigo 134.º do CPA se insira na melhor tradição europeia, de que é exemplo o § 43/3 da VwVfG, onde se afirma com clareza que um ato nulo é ineficaz (*Ein nichtiger Verwaltungsakt ist unwirksam*) [484].

Daí que o ato nulo não careça de ser revisto (artigo 139.º/1/a) do CPA), podendo ser ignorado por qualquer cidadão, órgão administrativo ou Tribunal administrativo.

---

[484] Como dizem os civilistas, *quod nullum est, nullum parit effectum*.

O mesmo sucede no direito administrativo francês e italiano, ainda que o primeiro se refira à inexistência e não à nulidade do ato administrativo. Nada diferente é a solução do direito administrativo da União Europeia, onde a nulidade dos atos administrativos aparece inequivocamente associada à ineficácia (interna), que utiliza, como o direito francês, o conceito de inexistência [485].

A dúvida que aqui nos assalta é a de saber se a situação do ato nulo é exatamente igual à do ato inexistente, o que passaria pela negação da eficácia externa aos atos nulos [486]. Ora, estes produzem efeitos jurídicos externos, que podem, aliás, ser objeto de uma declaração de nulidade e, cumulativamente, de um pedido de condenação à reparação dos prejuízos (artigos 37.º/2/f), 46.º/2/a), 47.º/1 e 4.º/2/f) do CPTA) [487]. Por outro lado, interrogamo-nos se a

---

[485] Cfr. o Acórdão do Tribunal de Justiça de 15 de junho de 1994. Veja-se ainda a célebre sentença *Alpha Steel,* de 9/03/78, em que o TJ acolhe uma noção unitária de revogação administrativa. A jurisprudência comunitária tem adotado crescentemente o modelo germânico de anulação administrativa, sobressaindo, como *leading case,* a sentença *De Compte,* de 17 de abril de 1997. Para maiores desenvolvimentos, cfr. S. ALTEMEYER, *Vertrauensschutz im Recht der Europäischen Union und im deutschen Recht*, Baden-Baden, 2003, esp. p. 121 e ss.; COLAÇO ANTUNES, *A Teoria do Acto e a Justiça Administrativa, op. cit.*, p. 266 e ss.

[486] Cfr., entre outros, B. ERBGUTH, *Der Rechtsschutz gegen die Aufhebung begünstigender Verwaltungsakte..., op. cit.*, p. 85 e ss.

[487] Esta matéria é extraordinariamente controvertida na Alemanha, sendo que a doutrina maioritária reconhece eficácia externa ao ato nulo. Na doutrina portuguesa, o debate sobre as figuras da inexistência-nulidade do ato administrativo é assaz vivo, sendo que uma boa parte da doutrina parece inclinar-se para a distinção entre as duas figuras. Cfr. FREITAS DO AMARAL, *Curso de Direito Administrativo*, vol. II, 2.ª ed., Coimbra, 2011, p. 451 e ss.; SÉRVULO CORREIA, *Noções de Direito Administrativo*, vol. I, Lisboa, 1982, p. 350 e ss.; já VIEIRA DE ANDRADE, "Validade do acto administrativo", in *DJAP*, VII, p. 582, sustenta a posição inversa.

aparência jurídica dos atos inexistentes, quando estes produzem efeitos reais lesivos da esfera jurídica do particular, não devem ser combatidos com as mesmas armas que se utilizam para os atos nulos, sobretudo se percebermos a inexistência do ato como uma forma de nulidade por natureza (artigo 133.º/1 do CPA) [488]. Estamos, assim, com aqueles (autores) que advogam, nestes casos, também a possibilidade de uma ação de natureza puramente declarativa para fazer frente aos efeitos que o ato inexistente tenha produzido [489].

Em síntese, a ineficácia interna deve entender-se como ausência de obrigatoriedade do caráter regulador do ato, sendo que os atos nulos produzem, pelo menos, *alguns* efeitos (jurídicos) que constituem a chamada eficácia externa, o que não é despiciendo para efeitos de impugnação administrativa e contenciosa como manda o princípio constitucional da tutela jurisdicional efetiva.

6. 3. Fundamento, limites e implicações da anulação administrativa

Sem deixar de precisar o alcance e os limites com que entendemos a anulação administrativa, nomeadamente através da sua relação com as impugnações administrativas necessárias, parece desejável à sua melhor compreensão indagar do seu fundamento, se é que o tem.

---

[488] Sobre este assunto, cfr., ROGÉRIO SOARES, *Direito Administrativo*, op. cit., p. 233 e ss.

[489] Cfr. W.-R SCHENKE, *Verwaltungsgerichtsordnung*, 12.ª ed., München, 2000, p. 221 e ss.

Sem questionar a vigência da anulação administrativa [490], é pertinente, num Estado de Direito, interrogarmo-nos sobre o fundamento do poder que é reconhecido à Administração de proceder à anulação dos seus próprios atos (ilegais) sem o auxílio dos Tribunais administrativos. Este esforço é tanto mais meritório quanto a doutrina se tem consumido num tratamento exegético desta figura capital do direito administrativo.

Trata-se, sem dúvida, de uma prerrogativa que a lei reconhece à Administração, poder que se explica não tanto por razões históricas como pela natureza das coisas: o privilégio da autotutela. Parece ser este o fundamento e justificação da anulação administrativa quando a ninguém mais é reconhecido o poder de fazer justiça pelas próprias mãos (salvo os casos de legítima defesa).

A primeira e decisiva ideia que o conceito de autotutela revela é a possibilidade de um sujeito público fazer justiça por si próprio sem acudir ao juiz para a resolução da sua pretensão. Em síntese, à regra geral da proibição de autotutela impõe-se a exceção quando falamos de Administração pública, o que realça o seu caráter de privilégio.

Impõe-se, assim, fazer uma pequena pesquisa sobre o conceito de autotutela, para o que nos socorreremos do estudo exemplar de BENVENUTI com o mesmo título [491]. Este Autor parte de uma noção ampla de autotutela [492],

---

[490] Coisa diferente é a manutenção das impugnações administrativas quando não sejam potestativas.

[491] F. BENVENUTI, "Autotutela", in *Enc. dir.*, vol. IV, 1959, p. 537 e ss.

[492] Talvez por isso, M. S. GIANNINI, *Diritto amministrativo*, vol. II, *op. cit.*, p. 1263, critica a posição de BENVENUTI, especificando que o *centro dogmático* da figura da autotutela é a noção de imperatividade (do ato).

noção essa que está na base tanto da anulação administrativa como da decisão que decide o recurso hierárquico (necessário). Pensamos que esta intuição é certa e permanece certa, pois o interesse que justifica uma e outra é, no essencial, o mesmo, como iremos ver.

BENVENUTI esclarece que se trata de uma autotutela decisória ou declarativa, autotutela essa materialmente jurisdicional mas formal e substancialmente administrativa [493]. Apesar de se tratar de uma autotuela levada a cabo pela Administração e no seu próprio interesse, a tutela jurisdicional constitui um limite ao âmbito de aplicação da autotutela. Configurada a autotutela como um privilégio da Administração, os seus limites não podem exceder os limites da tutela jurisdicional, o que vale por dizer que os atos praticados nesta sede não podem deixar de ser uma manifestação genuína do Direito e não um momento de mera força ou arbítrio [494].

Não surpreende, portanto, que os atos administrativos anulatórios gozem de uma *retroatividade natural* ou por natureza, em obséquio ao princípio da legalidade que rege toda a atividade administrativa (artigo 266.º/2 da CRP e artigo 3.º do CPA). A possível existência de limites ou exceções não deve iludir a presunção de retroatividade deste tipo de atos, no sentido de uma interpretação a favor da atribuição de eficácia para o passado em caso de omissão legislativa sobre o momento em que o ato começa a produzir efeitos jurídicos [495]. Numa pala-

---

[493] F. BENVENUTI, "Autotutela", *op. cit.*, p. 539 e ss.
[494] F. BENVENUTI, "Autotutela", *op. cit.*, p. 541.
[495] Não é, naturalmente, o que se passa no nosso ordenamento (artigos 145.º/2 e 128.º/2/b) do CPA), o que supõe reconhecer que a anulação (e o ato que decide o recurso administrativo) tem efeitos retroativos, porque de outro modo o ato que substitui o ato anulado não poderia ter esse efeito; veja-se ainda o artigo 128.º/1/b) do CPA,

vra, o silêncio legislativo deve interpretar-se a favor da retroatividade.

A admissibilidade de atos retroativos distintos dos previstos na lei obriga a estabelecer limites à retroatividade, por forma a evitar a lesão desproporcionada de outros interesses públicos ou privados dignos de proteção jurídica [496], em obséquio aos princípios da boa-fé, da proteção da confiança legítima e da proteção dos direitos adquiridos [497].

A ideia essencial de autotutela (administrativa), o que nem sempre é posto em evidência, é não a destacar do exercício do poder em benefício do sujeito que atua. Se é certo que a lei outorga à Administração o poder de atuar sobre os seus próprios atos (ilegais), anulando-os, sem recorrer aos tribunais, também é certo, como ficou dito, que a Administração não pode deixar de agir com o mesmo alcance e limites com que os tribunais realizam a tutela jurisdicional, eliminando da ordem jurídica os atos administrativos ilegais. Como veremos, no entanto, a anulação administrativa não se consome na eliminação da mera ilegalidade objetiva. É preciso algo mais para justificar a anulação, o interesse público. Veremos mais adiante qual a exata posição jurídica da Administração.

---

sendo que neste caso (salvo a exceção aí prevista) a retroatividade vem imposta pela sentença, pelo que a retroatividade se deve imputar mais à sentença do que ao ato administrativo.

[496] Deveria ser este o sentido do disposto na alínea a) do n.º 2 do artigo 128.º do CPA, sob pena desta disposição se revelar demasiado restritiva e garantística, na medida em que obriga à existência dos pressupostos justificativos da retroatividade no momento a que se pretende fazer remontar a eficácia do ato.

[497] De igual modo, não creio que a anulação administrativa, ainda que legitimada pela lei, possa ter um alcance superior ao que a equidade ou boa-fé obrigariam.

Com a finalidade de lograr uma adequada e sistemática compreensão da figura da anulação, impõe-se aprofundar o conceito de autotutela que está na base da figura da anulação administrativa ou revogação anulatória, por forma a estabelecer se o fundamento do poder de decidir recursos administrativos é o mesmo (que preside à anulação).

Ao tentarmos saber se o poder da Administração anular os seus atos ilegais é um poder discricionário ou vinculado, devemos esclarecer se o fundamento da anulação se consubstancia na mera ilegalidade objetiva dos seus atos ou se é necessário a existência de um interesse público à anulação [498]. A doutrina que se inclina para a tese da obrigatoriedade da anulação administrativa entende que basta a mera ilegalidade objetiva dos atos para fundar a sua anulação [499]. Ao invés, a doutrina que defende a exis-

---

[498] Em qualquer caso, o procedimento de revisão do ato passa por duas fases: a *revisão informal*, destinada a verificar se o ato padece de vícios, e a *revisão formal*, que consiste no cumprimento dos trâmites procedimentais legalmente impostos, com destaque para a audiência prévia. Neste sentido, o clássico estudo de LAVILLA ALSINA, "La revisión de oficio de los atos administrativos", in *RAP*, n.º 34, 1961, p. 87 e ss. O sentido desta distinção mantém-se válido, sendo que os requisitos do procedimento de anulação não se resumem hoje à ilegalidade do ato ao incluírem também a presença do interesse público.

[499] Neste sentido, H. MAURER, "Die Rücknahme rechtswidriger belastender Verwaltungsakte", in *DöV*, 1966, p. 477 e ss. Superada alguma perplexidade, a aplicação analógica de institutos processuais à anulação administrativa só será válida se esta figura for compreendida como expressão de uma função materialmente jurisdicional levada a cabo pela Administração. A tese de MAURER é tanto mais surpreendente quanto provém de um ordenamento jurídico alérgico à analogia. Acresce, salvo melhor opinião, que a doutrina alemã dominante se inclina para a tese da discricionariedade, a não ser que a manutenção do ato ilegal seja absolutamente *insuportável* por razões de ordem pública, boa fé, de equidade ou de paridade de tratamento. Neste caso,

tência de um poder discricionário afirma a necessidade da concorrência de um interesse público concreto e atual à anulação. Esta posição é sustentada, em geral, pela doutrina italiana [500], com base em considerações de equidade e de proteção das posições jurídicas favoráveis dos particulares adquiridas na sequência dos atos praticados pela Administração e que esta pretende anular. Esta tese é compreensível num sistema jurídico, como o italiano, em que, ao contrário de outros [501] (como o nosso, artigo 141.º do CPA), a lei não prevê um prazo para a anulação administrativa.

Esta leitura é, no entanto, suscetível de críticas, uma vez que a exigência de um interesse público concreto e atual à anulação do ato pode comportar a confusão entre legalidade e oportunidade da atividade administrativa, ao

---

obviamente, a discricionaridade dá lugar à vinculação na eliminação do ato ilegítimo. Esta é, segundo a jurisprudência, a melhor interpretação da *ratio* do §48 VwVfG.

[500] Sobre as várias teses, cfr. COLAÇO ANTUNES, *A Teoria do Acto e a Justiça Administrativa*, op. cit., p. 260 e ss.

[501] No direito francês, o prazo para a anulação tem coincidido com o prazo de interposição do recurso contencioso de dois meses. A posição francesa, aparentemente jurisdicionalizante, como acontece entre nós, complica-se se se tem em consideração a noção restritiva de ato constitutivo de direitos, tradicionalmente utilizada pela jurisprudência francesa. Cfr., por exemplo, A. BOCKEL, "Sur le retrait des actes administratifs unilatéraux", in *RDP*, n.º 1, 1974, esp. p. 138 e ss.

No direito alemão, o prazo é de um ano a contar do momento em que se tenha conhecimento dos factos que justificam a anulação, prazo estabelecido no §48/4/1 VwVfG, o que tem desatado um apaixonante debate na doutrina alemã. Entre outros, cfr. D. EHLERS, "Das Verwaltungsverfahrensgesetz im Spiegel der Rechtsprechung", in *Die Verwaltung*, n.º 1, 1998, p. 53 e ss., esp. p. 72. Ver ainda U. KNOKE, *Rechtsfragen der Rücknahme von Verwaltungsakten*, Berlin, 1989, p. 242 e ss.

condicionar a legalidade da anulação do ato à sua oportunidade. Ora, a principal objeção dogmática é a de que a Administração não goza de discricionaridade na eleição do interesse público (primário) a prosseguir, que até pode não existir [502].

Em nossa opinião, a melhor doutrina é aquela que defende que a exigência de um interesse público como fundamento da anulação procede do próprio conceito de anulabilidade dos atos administrativos (artigo 135.º e segs. do CPA), independentemente de se tratar de atos favoráveis [503] ou de atos desfavoráveis [504]. Com uma

---

[502] Cfr. COLAÇO ANTUNES, *O Direito Administrativo e a sua Justiça..*, op. cit., p. 47 e ss.

[503] Creio que o princípio da segurança jurídica (em relação aos atos favoráveis) se deve entender e realizar dentro do princípio da juridicidade, sem se divorciar, obviamente, das consequências sobre a segurança jurídica dos princípios da boa fé e da proteção da confiança legítima. Cfr., entre outros, B. PACTEAU, "La sécurité juridique: un principe qui nous manque?", in *AJDA*, n.º esp., 1995. Especificamente sobre o princípio da proteção da confiança legítima, cfr., S. SCHÖNBERG, *Legitimate Expectations in Administrative Law*, Oxford, 2000, p. 39 e ss.

[504] A doutrina alemã clássica parece ter sido inicialmente sensível a esta distinção, evoluindo depois no sentido de abranger os dois tipos de atos administrativos, muito por força da polémica em torno dos atos administrativos com *Mischwirkung*, isto é, atos com efeitos duplos em relação ao mesmo destinatário. Cfr., entre muitíssimos, U. KNOKE, *Rechtsfragen der Rücknahme von Verwaltungsakten*, op. cit., p. 56 e ss.

A nossa posição não é inteiramente coincidente neste ponto com a doutrina alemã dominante, uma vez que entendemos que o essencial da anulação não está na natureza favorável ou desfavorável do ato (a anular), mas nos efeitos que a anulação tem para o destinatário do ato. Em síntese, o que nos parece decisivo para a anulação (como também para a revogação) é o caráter favorável ou desfavorável que reveste para o particular o *contrarius actus* e não a natureza do ato que se pretende eliminar.

precisão, não basta o genérico interesse público à reposição da legalidade, que sempre existirá quando a Administração procede à anulação de atos ilegais, nem um interesse público concreto e atual, que comporta a confusão entre legalidade e oportunidade na revisão do ato, *mas o interesse público que ditou a prática do ato administrativo*.

Se entendermos a anulação como um poder que a lei outorga à Administração, em obséquio ao interesse prático de fazer cessar a eficácia do ato ilegal, parece que o poder de anulação dos atos administrativos está condicionado à existência de uma lesão efetiva da posição jurídica sustentada pela Administração. Dito de outro modo, permanece a exigência de um interesse público à anulação do ato administrativo ilegal. Sem a lesão do interesse público não há poder de anulação, na medida em que não há um fundamento legítimo que possa fazer-se valer para provocar a relevância jurídica da anulabilidade do ato ilegal. Se não é possível fazer valer a ilegalidade do ato, não há, de facto, qualquer atribuição de poder, que sempre se terá de medir nos atos favoráveis pela bitola do princípio da proporcionalidade em face das posições jurídicas dos particulares (artigo 266.º/2 da CRP e artigos 4.º e 5.º do CPA). O ato anulatório seria mesmo ilegal, por incompetência [505] ou desvio de poder, como decorre também do que se dirá a seguir.

Na doutrina francesa, recentemente, J. BOUCHER / BOURGEOIS-MACHUREAU, "Retrait des actes administratifs: un équilibre délicat entre intérêt de la légalité et protection des droits acquis" in *AJDA*, 2008, p. 338 e ss.

[505] Numa leitura purista e judicialista, tratar-se-á de carência de poder ou do vício de usurpação de poder, com as consequências jurídicas expressas pelo artigo 133.º/1/2/a) do CPA.

O que queremos evidenciar é que a reintegração da ordem jurídica pressupõe a existência de um interesse público à anulação do ato, que não pode deixar de ser o mesmo interesse público que presidiu à prática do ato administrativo e que a Administração pretende anular [506]. Fica assim eliminada a discricionaridade da Administração na anulação do ato, enquanto, por outro lado, os interessados podem fazer valer, com todas as garantias, as suas posições jurídicas subjetivas. Creio mesmo que esta interpretação é a que melhor se ajusta ao atual regime jurídico de anulabilidade dos atos administrativos, que estabelece, em regra, um prazo semelhante para os particulares e para a Administração (artigo 141.º do CPA), tanto mais que, se o poder de anulação aparece ligado à ilegalidade dos atos, a ineficácia dos mesmos não pode deixar de ser provocada pela presença (e lesão) do interesse público que ordenou a prática do ato.

Em extrema síntese, a autotutela, a tutela de posições jurídicas próprias, consiste, precisamente, na possibilidade da Administração proceder (através da anulação) sem necessidade de recorrer aos Tribunais administrativos. Se para a tutela prestada pela jurisdição administrativa é necessário, em princípio, a lesão de uma posição jurídica subjetiva (artigos 9.º/1 e 55.º/1/a) do CPTA e 268.º/4 da CRP), sem a qual ficaria (parcialmente) sem objeto, o mesmo deve dizer-se a respeito da autotutela, com a precisão de que se trata do interesse público prosseguido pelo ato que se pretende anular (ou, no mínimo, do mesmo tipo de interesse público). Só desta forma se impede, num domínio de rigorosa legalidade, a entrada em

---

[506] COLAÇO ANTUNES, *A Teoria do Acto e a Justiça Administrativa, op. cit.*, pp. 267 e 275 e ss.

cena de considerações de oportunidade por parte da Administração.

Visto o fundamento da anulação administrativa, é tempo agora de verificarmos se se trata do mesmo pressuposto que preside ao poder da Administração de decidir recursos administrativos, bem como das relações ou implicações entre estas figuras.

A primeira questão a colocar é a de saber se o poder da Administração de decidir recursos administrativos não consubstancia um poder materialmente jurisdicional, sobretudo se entendermos, como parece que tem sido feito entre nós [507], que este poder está confecionado para a defesa e garantia dos direitos e interesses legalmente protegidos dos particulares (artigos 158.º e segs., especialmente os artigos 166.º e segs., todos do CPA) [508]. Se assim fosse, a anulação administrativa e o poder de decidir recursos consubstanciariam poderes distintos da Administração e o seu fundamento seria igualmente diferente. Na anulação, a autotutela, a defesa dos interesses próprios da Administração, enquanto na segunda hipótese se trataria de um poder conferido à Administração para defesa das posições jurídicas dos particulares.

Ora, a nossa opinião é a de que o poder de decidir impugnações administrativas não só não é uma consequência dos poderes de anulação administrativa, em que o

---

[507] Cfr., recentemente, M. REBELO DE SOUSA / A. SALGADO DE MATOS, *Direito Administrativo Geral*, Tomo III, Lisboa, 2007, p. 207 e ss.

[508] Cfr., entretanto, o artigo 59.º/4/5 do CPTA. PAULO OTERO, "Impugnações administrativas", in *CJA*, n.º 28, 2001, p. 53, nota 6, sustenta mesmo que o CPTA revogou parcialmente o n.º 1 do artigo 141.º do CPA.

O debate sobre esta questão já foi feito noutra sede, de modo que não nos repetiremos nem maçaremos o leitor.

particular atuaria em *substituição* da Administração como também não tem como único ou principal escopo e fundamento a defesa dos direitos e interesses legalmente protegidos dos particulares. A nosso ver, independentemente do particular poder obter tutela dos seus direitos por esta via, as impugnações administrativas são mais do que um instrumento de tutela e garantia dos particulares, se entendermos, como entendemos, que os recursos administrativos, quando necessários, se outorgam em benefício da Administração. Estes apresentam, portanto, uma dupla faceta: servem tanto para defesa da Administração e dos seus interesses (públicos) como dos direitos e interesses legalmente protegidos dos cidadãos.

Se assim é, o seu fundamento, a autotutela, não é substancialmente diferente, com a particularidade de nos recursos a Administração estar obrigada a decidir em função da iniciativa mas não da pretensão do recorrente, o que consubstancia uma forma de autotutela contenciosa indireta (artigo 174.º/1 do CPA)[509]. Os recursos administrativos, ainda que comportem algumas vantagens (artigos 159.º e 167.º/2 do CPA), quando são obrigatórios (ou necessários), constituem mais um ónus para o particular do que um instrumento de tutela, de modo que quando são facultativos perdem, em boa medida, utilidade ao permitir o ataque (direto) jurisdicional ao ato administrativo[510].

---

[509] O facto da Administração não estar limitada pelo pedido do recorrente (salvas as exceções previstas na lei), reforça a ideia de que, em conjugação com o artigo 56.º do CPA, o fundamento do recurso hierárquico (necessário) é, no essencial, o mesmo, o interesse público.

[510] COLAÇO ANTUNES, *A Teoria do Acto e a Justiça Administrativa, op. cit.*, p. 281, em que se reenvia para outros trabalhos sobre o tema.

Em extrema síntese, trata-se, em ambos os casos, de poderes praticamente iguais, com a mesma finalidade, com o mesmo fundamento e pressupostos. A diferença essencial radica em que na anulação a Administração tutela diretamente os seus próprios interesses, enquanto na impugnação administrativa o faz na pendência do pedido de um particular.

Sendo o seu pressuposto a ilegalidade do ato administrativo, somos levados a pensar que, não tendo a Administração o dever de fiscalizar a legalidade (e a constitucionalidade) das normas e dos atos jurídicos que diretamente disciplinam a sua atividade, se trata de uma função materialmente jurisdicional que deverá constitucionalmente pertencer aos Tribunais (artigos 202.º, 204.º e 212.º/3). Se à luz da Lei Fundamental (artigos 20.º e 268.º/4) e da nova justiça administrativa (artigos 50.º e segs. e 59.º/4/5 do CPTA) a regra parece ser a do recurso administrativo potestativo, não será excessiva e desproporcionada a dupla possibilidade da Administração reconsiderar e rever os atos ilegais que pratica segundo o seu próprio interesse?

Não será um reforço excessivo dos poderes da Administração, à luz do princípio da tutela jurídica adequada e efetiva do particular?[511]

---

[511] Dizemos tutela jurídica e não tutela jurisdicional porque o princípio da tutela efetiva das posições jurídicas do particular tem também uma dimensão procedimental e não apenas jurisdicional; como também se verificam limites-pressupostos em ambos os campos, nomeadamente a necessidade de interesse procedimental (apesar da lacuna legislativa, veja-se, no entanto, o artigo 83.º do CPA) e interesse processual, respetivamente.

Em extrema síntese, creio que o disposto nos artigos 20.º e 268.º/4 da CRP são também de aplicação procedimental.

6. 4. Ilegalidade ou ineficácia superveniente do ato administrativo?

A ilegalidade superveniente (do ato) vem habitualmente associada aos atos administrativos que criam uma relação jurídica continuada e duradoura [512]. Pode suceder que a situação jurídica criada pelo ato administrativo resulte posteriormente contrária à ordem jurídica, devido, entre outros fatores, à alteração da lei, das circunstâncias ou até ao incumprimento do beneficiário do ato [513].

Para esta doutrina, que parece dominante, a ilegalidade dos atos administrativos tanto pode ser originária como derivada, o que tem como consequência a aplicação da anulação administrativa (e não da revogação) do ato atingido por uma ilegalidade posterior ao momento em que foi praticado.

Recorrendo, mais uma vez, à doutrina clássica [514], a dúvida que gostaríamos de colocar é a de saber se a ilegalidade do ato não pode ser apenas originária, na medida em que referida ao momento do nascimento com vida (jurídica) do ato administrativo. Esta tese assenta na ideia de que o ato administrativo tem uma existência instantânea,

---

[512] Deve-se a SANTI ROMANO, "Osservazioni sulla invalidità successiva degli atti amministrativi", in *Scritti minori*, II, *Diritto amministrativo*, Milano, 1950, p. 353 e ss., a introdução no direito administrativo da figura da invalidade superveniente, ao afirmar que um ato administrativo válido pode converter-se num ato inválido quando um dos elementos necessários do ato desaparece com o tempo, deixando de se conformar com o ordenamento jurídico.

[513] COLAÇO ANTUNES, *A Teoria do Acto e a Justiça Administrativa*, op. cit., p. 55 e ss.

[514] Cfr. A. DE VALLES, *La validità degli atti amministrativi*, Roma, 1986 (reimpressão), p. 16 e ss.

extinguindo-se depois de praticado [515]. O que permanece não é o ato administrativo propriamente dito, mas os seus efeitos jurídicos, isto é, as situações e relações jurídicas por ele criadas [516]. Esta ideia fundamental deve conjugar--se com uma outra já referida, a da eficácia interna do ato administrativo. Nesta perspetiva, a alteração do quadro normativo ou das circunstâncias não ditaria a ilegalidade do ato mas a ineficácia superveniente da situação jurídica a que deu lugar, decaindo, portanto, os efeitos jurídicos do ato e da relação jurídica por ele instaurada [517]. Aliás, não é assim tão surpreendente que os requisitos de validade do ato administrativo se transformem com o tempo em requisitos de eficácia, sobretudo se entendermos os requisitos em relação à continuidade das relações jurídicas produzidas pelo ato. A vocação do ato administrativo para perdurar é indispensável, no sentido em que perduram os seus

---

[515] A. DE VALLES, *La validità degli atti amministrativi*, op. cit., p. 49 e ss.

[516] Para P. GASPARRI, *L'invalidità successiva degli atti amministrativi*, Pisa, 1939, p. 6, a invalidade superveniente de um ato administrativo é contraditória e imprópria. Já M. S. GIANNINI, "Atto amministrativo", *op. cit*, pp. 180 e 181, defendia que a invalidade superveniente era uma *stranea creatura* imposta pela autoridade de SANTI ROMANO. Sustentava M. S. GIANNINI que era mais apropriado utilizar o conceito de *inutilità sopravvenuta*.

[517] Outra hipótese seria a de considerar e admitir para estes casos uma ilegitimidade superveniente, na medida em que o ato e os seus efeitos deixariam de ter a cobertura do ordenamento jurídico. De todo o modo, parece-nos mais apropriado o conceito de ineficácia superveniente, uma vez que as situações ou relações jurídicas criadas pelo ato podem permanecer, ainda que contrárias ao ordenamento jurídico.

Parece-me, aliás, ser este o sentido das palavras de E. GARCÍA DE ENTERRÍA / T. RAMÓN FERNÁNDEZ, *Curso de Derecho Administrativo*, I, 12.ª ed., Madrid, 2004, p. 673, quando sustentam que o ato revogatório implica ou produz uma ineficácia superveniente.

efeitos. Dito de outra forma, o que existe e perdura são as situações e relações jurídicas criadas pelo ato administrativo, mesmo que terminologicamente se confunda o ato com os seus efeitos jurídicos. Note-se que a autotutela declarativa não se resume a uma autotutela sobre os atos administrativos, existindo também outra espécie de autotutela declarativa que tem por objeto as relações jurídicas. A consequência lógica deste entendimento aponta não para a anulação do ato mas para a sua revogação, ainda que medida pela salvaguarda proporcionalística dos direitos (adquiridos) e dos interesses legalmente protegidos.

Esta tese obrigaria a confecionar de outra forma a revogação propriamente dita e a anulação administrativa. O que as distinguiria agora não seriam tanto os motivos ((in)oportunidade e (i)legalidade) mas fundamentalmente o seu objeto e fim. Na revogação, o objeto seriam os efeitos jurídicos criados pelo ato, enquanto na anulação o objeto seria o próprio ato administrativo (inválido).

Outra diferença essencial estaria no interesse público que preside a uma e outra figura. Na anulação administrativa, o interesse público que presidiu à prática do ato, na revogação, um interesse público concreto e atual [518].

Numa palavra, é o entendimento da revogação como extinção dos efeitos do ato que explica verdadeiramente que esta tenha uma eficácia *ex nunc,* enquanto a anulação tem uma eficácia *ex tunc* [519]. Ainda que se utilize habitual-

---

[518] Se entendemos bem, esta solução foi intuída por ORLANDO DE CARVALHO, "Contrato administrativo e acto jurídico público. Contributo para uma teoria do contrato administrativo", in *Escritos. Páginas de Direito,* I, Coimbra, 1998, p. 244.

[519] Cfr. R. ALESSI, *La revoca degli atti amministrativi,* Milano, 1942, p. 68.

De resto, a anulação administrativa provaria demais com a sua inerente retroatividade natural (*ex tunc*).

mente o critério dos motivos para distinguir a revogação da anulação, creio, como ficou dito, que a verdadeira distinção entre estas figuras está no seu diferente objeto e fundamento.

Uma outra nota distintiva entre revogação e anulação pode estar na distinção entre eficácia interna e eficácia externa do ato administrativo. Na revogação, a eficácia interna do ato existe sempre (pelo menos inicialmente), já na anulação administrativa pode não existir, como acontece com os atos sujeitos a condição ou a termo, além de que a eficácia tem densidades diferentes numa e noutra figura consoante se trate de atos constitutivos de direitos ou de interesses legalmente protegidos [520].

Em síntese, a adotarmos a solução defendida, a "ilegalidade-ineficácia superveniente" não afeta a validade do ato, que só pode ser originária. O que acontece é a *ineficácia interna superveniente* de um ato válido, cujos efeitos, ao contrariarem a ordem jurídica, não se podem manter [521]. Daí a utilização da revogação em vez da anulação, com a vantagem de, não se constatando os limites temporais que definem a última figura, os efeitos do ato poderem ser removidos administrativamente a todo o

---

[520] A expressão "atos constitutivos de direitos ou interesses legalmente protegidos" parece inspirada na noção francesa de *actes créateurs de droits*. Ora, esta expressão é profundamente convencional, querendo significar que o direito que o ato administrativo cria é o direito à manutenção do ato. Saliente-se ainda que a ideia primitiva de direitos adquiridos assentava num forte vínculo aos direitos subjetivos. Assim, M. FROMONT, "Le principe de sécurité juridique", in *AJDA*, n.º esp., 1996, p. 180.

[521] O problema da responsabilidade administrativa é outro problema, mas, em tese geral, poder-se-ia afirmar que, em condições de razoabilidade e boa-fé, o lesado terá direito a uma indemnização adequada à natureza, por vezes ablativa, da perda da situação jurídica resultante do ato revogatório.

tempo, permitindo-se igualmente a utilização da via jurisdicional através da ação administrativa comum (artigo 37.º e segs. do CPTA)[522].

Se esta tentativa dogmática não resultar de todo convincente, poderíamos repetir outro argumento epistemológico. O que nos parece decisivo no momento de fixar o sentido da revogação ou da anulação é a natureza do *actus contrarius* para o particular, e não a natureza (favorável ou desfavorável) do ato inicialmente praticado.

6. 5. Epílogo

Será razoável exigir conclusões líquidas e certas a um trabalho que não tem como objetivo esse resultado? Façamos, apesar disso, um modesto exercício.

Podemos, pelo menos, concluir que os construtores do direito administrativo continuam a ser um repositório de sabedoria que constituirá, como temos vindo a fazer há algum tempo, o campo de eleição para pensar as profundas transformações que o direito administrativo está a viver a nível legislativo. Não vemos outra forma melhor e uma melhor inspiração.

Em segundo lugar, estas transformações não são meramente quantitativas e exigem a compreensão que elas afetam, inclusive, a natureza e as funções dos principais institutos do direito administrativo. Mesmo assim, como vimos, a doutrina clássica (e até a mais antiga) continua a

---

[522] COLAÇO ANTUNES, *A Teoria do Acto e a Justiça Administrativa, op. cit.*, p. 27 e ss. Esta construção tem os mesmos efeitos práticos (administrativos e contenciosos, artigo 134.º/2 do CPA e artigo 58.º/1 do CPTA, respetivamente) de uma nulidade superveniente, com a diferença do pedido processual ser outro.

dispor de um arsenal dogmático e conceptual de excecional utilidade.

Em terceiro lugar, o grande desafio que cabe à doutrina não é ceder à sedução mercantil do direito privado, mas antes reconstruir a sacralidade pública do direito administrativo.

Em quarto lugar, no direito administrativo o fim é princípio de todas as coisas, o que explica, no essencial, a "revisão da matéria lecionada".

Por último, temos uma dívida de gratidão para com os Mestres do Direito Administrativo que só se pode ir amortizando com trabalho, com muito trabalho e reflexão.

Aprendemos que o trabalho se faz trabalhando, como se fazia nas oficinas artesanais da reflexão e do pensamento, algo que vai deixando de existir mesmo onde sempre existiu.

Ao analisarmos a figura da anulação administrativa pudemos constatar, de forma relacional, que no direito administrativo a principal novidade dogmática está na releitura profunda e atual da biblioteca jurídica fundacional. Os juristas mais inovadores são aqueles que possuem um conhecimento sólido da teoria geral do Direito.

Para novos problemas, velhas soluções é, porventura, o caminho mais sábio e profícuo. Como diz um autor consagrado, os juristas, como os arqueólogos, cometem erros, mas é consolador verificar que os críticos cometem mais.

Como afirmava OTTO MAYER, uma coisa é certa, o ato administrativo (e as figuras que o envolvem) continua a ser um elemento constitutivo do Estado de Direito, porque define uma relação jurídica essencial do poder administrativo com o cidadão.

Ao invés do declínio de um grande apelido, os Wittgenstein, o ato administrativo "mudou-se" para os palácios da União Europeia e da sua Administração.

O ato administrativo é, porventura, das poucas figuras fundacionais, aquela que não cedeu ao "direito administrativo do inimigo", a esse grande *quase* direito público.

De resto, como se disse no início, não se trata de retirar ilações mas de perceber melhor a figura em análise; nem sequer de expressar aquela intuição jurídica que SANTI ROMANO reservava aos verdadeiros juristas.

Tratou-se, tão-só, de fazer o *ponto* (em sentido náutico) da figura em causa.

Em suma, uma breve história de quase nada.

O Direito transforma o tempo, porque tem necessidade de existir num presente que é passado.

Um dos problemas fundamentais do Direito administrativo é o de saber se há apenas *um* tempo para cada instituto — como *Mozart, Bach* ou *Beethoven* para cada peça — ou se são possíveis tempos *diferentes* — como nas obras de *Wagner, Mahler* ou *Strauss*.

Como dizia o nosso ESPINOSA, na sua *Ética*, *"Não sabemos ao certo que nada seja bom ou mau, a não ser aquilo que nos leva verdadeiramente a compreender, ou que pode impedir que compreendamos"*.

7. O mistério da nulidade do ato administrativo: morte e ressurreição dos efeitos jurídicos

7.1. Introdução

Escrevemos pouco, muito pouco, porque aprendemos que não se pode dizer muito com textos gordos.

O objeto desta pequena reflexão é a nulidade do ato administrativo, interrogando-nos se a diferença ou distinção em relação ao ato inexistente é apenas terminológica. Será o ato inexistente um não-ato, como sustenta boa parte da doutrina alemã? [523]

As nossas reflexões são exclusivamente de teor dogmático e prático, como se verá.

A nulidade do ato administrativo tem sido tradicionalmente vista pela doutrina e pela jurisprudência pelo lado da excecionalidade, apresentando-se como regra de invalidade do ato a anulabilidade. Esta ideia deriva não só da necessidade do direito administrativo se autonomizar do direito civil e do seu regime jurídico típico de invalidade — a nulidade —, como também da influência original do

---

[523] Em geral, a doutrina alemã afirma a eficácia externa ou formal do ato nulo como elemento distintivo do ato inexistente. Cfr. B. ERBGUTH, *Der Rechtsschutz gegen die Aufhebung begüngstigender Verwaltungsakte. Zugleich ein Beitrag zum Systematik des §43 VwVfG (Wirksamkeit und Umwirksamkeit von Verwaltungsakten)*, Baden-Baden, 1999, p. 883 e ss.

direito administrativo francês, baseado no princípio *pas de nullité sans texte* [524].

Repare-se que até à entrada em vigor do CPA, vigorava entre nós o princípio da tipicidade dos atos nulos, regra que foi quebrada essencialmente [525] com o estabelecimento de uma cláusula geral (artigo 133.º/1 do CPA), a chamada nulidade por natureza ou virtual, cláusula essa de nítido sabor civilista. Não surpreende, portanto, que até então, embora com diferentes ressonâncias na doutrina (uns a favor outros contra) [526], se tenha verificado a absorção da inexistência pela nulidade do ato administrativo. Por outras palavras, a inexistência jurídica era e é equiparada, nos seus efeitos jurídicos, à figura da nulidade do ato administrativo.

Solução legal e doutrinária que, aliás, nos parece contraditória com a necessidade de superar a rigidez da regra *pas de nullité,* nomeadamente com a criação de um espaço normativo próprio para a figura da inexistência do ato administrativo.

Com o CPA verificou-se não apenas um alargamento da invalidade como também a sua normalização, ao contemplar no artigo 133.º dois tipos de nulidade: a nulidade por natureza (artigo 133.º/1 do CPA) e a nulidade por determinação legal (artigo 133.º/2 do CPA). O alargamento

---

[524] MARCELLO CAETANO, *Manual de Direito Administrativo*, I, 10.ª ed., Coimbra, 1980, p. 512 e ss.

[525] Veja-se também a enumeração exemplificativa do n.º 2 do artigo 133.º do CPA.

[526] Cfr. M. REBELO DE SOUSA / A. SALGADO DE MATOS, *Direito Administrativo Geral*, Tomo III, *op. cit.*, pp. 140 e ss. e 160 e ss.; FREITAS DO AMARAL, *Curso de Direito Administrativo*, vol. II, *op. cit.*, p. 451 e ss.; PAULO OTERO, *Legalidade e Administração Pública...*, *op. cit.*, p. 975 e ss.

da nulidade administrativa também não é alheio ao teor desta disposição, que optou por uma enumeração exemplificativa ("são designadamente atos nulos"), sem que os atos nulos por determinação legal deixem de ser (na maioria dos casos) nulidades por natureza.

O problema da nulidade administrativa prende-se igualmente com a questão da distinção entre eficácia interna e eficácia externa do ato, que foi objeto recentemente da nossa atenção [527]. Com efeito, quando o artigo 134.º do CPA diz expressamente que "o ato nulo não produz quaisquer efeitos jurídicos, independentemente da declaração de nulidade", está, como então sustentámos, a referir-se à (in)eficácia interna do ato administrativo e não à sua eficácia externa, que sempre existirá, quanto mais não seja para efeitos processuais ou contenciosos [528].

Para que nos compreendamos e compreendamos o legislador e o regime jurídico da nulidade administrativa, impõe-se distinguir entre o plano do dever-ser e o plano do ser. O legislador português, como aqueles que culturalmente lhe são próximos (como o legislador germânico), situou-se no plano do dever-ser quando nega qualquer eficácia jurídica aos atos administrativos nulos [529].

---

[527] COLAÇO ANTUNES, "Anulação administrativa ou *nulla annullatio sine juditio?*", *op. cit.*, p. 3 e ss.

[528] Para o legislador, como o ato nasceu *morto*, não só não pode produzir consequências jurídicas como não deve produzi-las nunca, pelo que se torna impossível a sua sanação e daí também a natureza declarativa da ação e da respetiva sentença. Ora, a natureza declarativa de uma e de outra não depende tanto do vício como da situação criada pelo ato inválido. Neste sentido, SANTAMARÍA PASTOR, *La Nulidad de Pleno Derecho de los Atos Administrativos*, Madrid, 1975, p. 179.

[529] Também a doutrina que se coloca no plano do *dever-ser* pode enfermar de uma contradição, ao não poder desmentir que a existên-

Dito isto, não creio que o legislador, ao retirar *ab initio* eficácia jurídica ao ato nulo, tenha querido dizer que o ato nulo não produza efeitos jurídicos formais (ou externos) [530] e até *efeitos práticos* (ou efeitos de facto lesivos), efeitos estes que têm relevância jurídica, como iremos ver.

A distinção entre *relevância* e *eficácia* jurídicas é importante, inclusive para individualizar a figura da inexistência do ato face à nulidade.

Como não existe uma relação automática e ontológica entre validade e eficácia também não existe uma tal relação entre invalidade e inexistência [531].

Se não fosse assim, se não se reconhecesse relevância jurídica aos efeitos do ato nulo, não se compreenderia a possibilidade do lesado propor pedidos suspensivos da eficácia do ato nulo (artigo 112.º/2/a) e segs. do CPTA) [532]. O que o legislador estabeleceu foi simplesmente uma qualificação jurídica. O equívoco da doutrina, mesmo da melhor doutrina, é saltar do dever-ser para o terreno do ser, enquanto o legislador permanece no campo do dever-ser.

---

cia do vício de que padece o ato nulo, ou pelo menos a sua aparência, se coloca no plano do *ser* para o destinatário do ato.

[530] Boa parte da doutrina defende esta solução. Cfr., entre muitos, B. ERBGUTH, *Der Rechtsschutz...*, *op. cit.*, p. 85 e ss.; U. KNOKE, *Rechtsfragen der Rücknahme von Verwaltungsakten*, Berlin, 1989, p. 81.

[531] SANTAMARÍA PASTOR, *La Nulidad...*, *op. cit*, p. 160.

[532] Apela-se, inclusive, à teoria, não certamente recente, de G. HAUPT, *Über faktische Vertragverhältnisse*, Leipzig, 1941, p. 57 e ss. O mérito deste Autor foi o de ter sido um dos primeiros a enunciar a teoria das *relações contratuais de facto*, chamando a atenção que um contrato ferido de nulidade poder produzir efeitos jurídicos.

7. 2. Nulidade e inexistência do ato administrativo. Uma distinção inútil?

As posições doutrinárias [533] têm sido díspares em relação a este tormentoso problema de direito administrativo, dividindo-se fundamentalmente entre aqueles que reconhecem a distinção entre as duas figuras e aqueles que absorvem a inexistência na nulidade [534].

Ao alinharmos com os primeiros autores, o que porventura significa uma alteração da perspetiva epistemológica, reconhecemos, mais uma vez, um enorme futuro à doutrina do passado, seguindo de perto um estudo de MASSIMO SEVERO GIANNINI. Referimo-nos a um artigo publicado em 1961 e que aparentemente nada tem a ver com o tema em análise [535].

Não ignoramos que o conceito de resultado [536] envolve alguma incerteza conceptual e que a teoria de GIANNINI surgiu da necessidade de reconduzir ao mundo da juridicidade alguns factos organizativos que de outra forma escapariam ao Direito [537]. Por outro lado, não podemos ignorar que a moderna doutrina administrativa reconhece rele-

---

[533] Cfr., recentemente, VIEIRA DE ANDRADE, "A nulidade administrativa, essa desconhecida", in *RLJ*, n.º 3957, 2009, p. 333 e ss., esp. p. 334 e ss., com amplas referências à doutrina portuguesa.

[534] Cfr., por todos, R. CARANTA, *L'inesistenza dell'atto amministrativo*, Milano, 1990. Para este Autor são sinónimos, cfr. esp. p. 5, nota 4.

[535] M. S. GIANNINI, "Organi di mera erogazione ed organizzazione impropria", in *Studi in memoria di L. Mossa*, II, Padova, 1961, p. 391 e ss.

[536] Cfr. a obra notável de G. SCOCA, *Contributo sul tema della fattispecie precettiva*, Perugia, 1979, esp. p. 43 e ss.

[537] M. S. GIANNINI, "Organi di mera erogazione ed organizzazione impropria", *op. cit.*, p. 394 e ss.

vância jurídica à atividade administrativa globalmente disciplinada pelo Direito, na ótica da objetivação dos resultados, ao ponto dos efeitos de facto não poderem ser ignorados em termos de validade ou de invalidade.

Se inicialmente a reconstrução do *resultado* foi tratada através de algumas categorias clássicas como o fim do ato ou mesmo o interesse público abstratamente entendido, depois do contributo de GIANNINI tem prevalecido a consciência da relevância jurídica do resultado como epílogo da procedimentalização da atividade administrativa. Nesta linha de pensamento, o que antes se consideravam meras consequências práticas (juridicamente irrelevantes) do ato administrativo devem ser hoje entendidas como consequências jurídicas da atividade administrativa, de toda a atividade, inclusive executória. Acresce que a apreciação e valoração jurídica do resultado é efetuada por órgãos diversos, especialmente jurisdicionais, que fazem aplicação de parâmetros distintos ou pelo menos mais complexos dos utilizados pela Administração [538].

A via metodológica por nós seguida é a de partir da relevância jurídica dos factos (que a experiência apresenta) para a elaboração de uma teoria que nos permita distinguir entre nulidade e inexistência [539]. Procuramos,

---

[538] M. D'ORSOGNA, *Il problema della nullità in diritto amministrativo*, Milano, 2004, p. 70 e ss.

[539] Em França, a nulidade administrativa leva o nome de inexistência do ato. Cfr. M. LONG / P. WEIL / G. BRAIBANT / P. DEVOLVÉ / B. GENEVOIS, *Les Grands Arrêts de la Jurisprudence Administrative*, 14.ª ed., Paris, 2006, p. 539.

A inexistência, em França, é uma construção empírico-jurisprudencial, própria de uma jurisdição pretoriana, sem prejuízo de uma precoce elaboração doutrinal da figura da inexistência. Cfr. E. LAFERRIÈRE, *Traité de la Juridiction Administrative et des Recours Contentieux*, I, Paris, 1896, p. 478 e ss.

apesar das dificuldades teoréticas, dar resposta a um problema (maior) que é o de qualificar as consequências práticas produzidas por um ato nulo que, por definição, não produz efeitos jurídicos.

Como já se disse, cabe a GIANNINI o mérito de ter chamado a atenção sobre os *efeitos de facto* de um ato jurídico nulo. Nesta doutrina, o ato administrativo nulo produz efeitos jurídicos aparentes, que levam a partir de agora a designação de resultados, e que, sendo desfavoráveis, lesam a esfera jurídica do destinatário do ato inválido, isto

---

Em bom rigor, trata-se de uma noção instrumental ou funcional que, segundo P. WEIL, "Une résurrection: la théorie de l'inexistence en droit administratif", in *Recueil Dalloz.Chronique*, n.º 9, 1958, p. 54, funcionaria como "válvula de escape" que permitiria iludir a aplicação das regras de caducidade do recurso por "excesso de poder" quando não fazê-lo seria demasiado chocante. Esta posição não é muito diferente da de E. LAFERRIÈRE, *Traité...*, op. cit., p. 470, que justificava a figura da inexistência na necessidade de evitar que os atos administrativos gravemente viciados adquirissem estabilidade e obrigatoriedade uma vez vencido o prazo de impugnação. Por outras palavras, a inexistência justificava-se naqueles ordenamentos jurídicos em que a impugnação contenciosa do ato está (sempre) sujeita a prazo, a um limite temporal, independentemente da gravidade do vício ou do tipo de invalidade. Daí também a mesmíssima solução adotada tradicionalmente no contencioso comunitário (artigo 263.º/§6 do TCE, agora com outra designação).

Em resumo, a inexistência do ato cumpre aí fundamentalmente duas funções: é uma exceção à teoria dos direitos adquiridos, uma vez que permite que o ato seja "revogado" (*retrait*) em qualquer momento; e facilita a impugnação (recurso) contenciosa do ato ao contornar e evitar a preclusão dos prazos no exercício da respetiva ação. Cfr. M. C. BERGÈRES, "La théorie de l'inexistence en droit communautaire", in *RTDE*, 1989, p. 409 e ss.

Não por acaso, pelas razões expandidas, a categoria da inexistência do ato não teve grande êxito em ordenamentos jurídicos como o do país vizinho ou o alemão, onde os atos que padecem de vícios mais graves leva a chancela da nulidade (de pleno direito ou absoluta), atos esses que são impugnáveis, tal como entre nós, a todo o tempo.

é, nulo [540]. A preocupação e o mérito do Autor transalpino estão no relevo dado à análise da imputação de resultados, sem a qual ficariam por explicar alguns fenómenos que a teoria jurídica remetia para a vala comum do pré--jurídico [541].

Com a teoria da imputação de resultados [542], o Autor antecipa magistralmente a novíssima problemática da Administração de resultados.

Em crítica aberta às posições tradicionais da doutrina de inspiração civilista, GIANNINI reconhece relevância jurídica aos efeitos práticos de atos em teoria improdutivos de efeitos jurídicos [543]. Para esta doutrina, da produção de resultados derivam consequências jurídicas, consequências que não podem ser consideradas como um mero *quid facti* juridicamente irrelevante. Numa palavra, trata-se de uma atividade administrativa que, embora não produza efeitos jurídicos, não pode deixar de ter consequências jurídicas [544].

---

[540] M. S. GIANNINI, "Organi di mera erogazione ed organizzazione impropria", *op. cit.*, p. 405.

[541] Para uma leitura com ressonâncias causalistas e, por isso, incoincidente, cfr. A. BARTOLINI, *La nullità del provvedimento nel rapporto amministrativo*, Torino, 2002, p. 69 e ss. Para este Autor, o objeto do juízo valorativo do ordenamento jurídico é o facto, enquanto para nós é o efeito instrumental (de facto) do ato nulo, mais exatamente a pretensão da Administração expressa na nulidade administrativa.

[542] Posteriormente desenvolvida no célebre *Diritto amministrativo* de 1970, obra que constitui uma das grandes sínteses contemporâneas do direito administrativo. Cfr. M. S. GIANNINI, *Diritto amministrativo*, I, Milano, 1988, p. 125 e ss.

[543] Para cimentar este entendimento, socorremo-nos aqui do estudo clássico e iluminante de HANS-MARTIN PAWLOWSKY, *Rechtsgeschäftliche Folgen Nichtiger Willenserklärungen*, Göttingen, 1966, p. 25 e ss. e 101 e ss.

[544] M. S. GIANNINI, *Diritto amministrativo, op. cit.*, p. 137.

O contributo deste Mestre, a que nos ligam laços afetivos, foi o de pôr em novas bases teoréticas uma (diversa) explicação do fenómeno da dinâmica jurídica, retendo que a hipótese juridicamente relevante não é apenas aquela que produz efeitos jurídicos mas também a que produz resultados. No quadro conceptual gianniniano, a causalidade do ato não vem limitada aos factos produtivos de efeitos jurídicos, mas inclui também aqueles que determinam resultados, os quais, não sendo qualificáveis como efeitos jurídicos (constitutivos, modificativos ou extintivos), são efeitos de facto suscetíveis de valoração jurídica [545].

A tese de GIANNINI, aplicada à nulidade administrativa, comporta outra visão dos efeitos jurídicos, na medida em que assenta numa diferente perceção da causalidade jurídica, em geral, e do ato administrativo, em particular. Uma das deficiências da teoria causalista, que configurou inicialmente o ato como um negócio jurídico de direito público, foi o de equiparar a nulidade à inexistência do ato.

No discurso de GIANNINI, o ato administrativo nulo, embora não produzindo efeitos jurídicos, comporta consequências de facto que são juridicamente relevantes. Por outro lado, o ato inexistente não só não produz efeitos jurídicos como não tem consequências práticas, ou seja, resultados lesivos para o destinatário do ato inválido [546].

O nosso Autor não se ficou pela teoria da relevância jurídica, teoria de inspiração civilista que procurou, sem o conseguir, superar as suas contradições, sustentando justamente que o ato nulo não pode ser confundido ou absorvido pela figura da inexistência, apelando a uma conceção

---

[545] Neste sentido, A. BARTOLINI, *La nullità del provvedimento nel rapporto amministrativo*, op. cit., pp. 98 e 99.
[546] M. S. GIANNINI, *Diritto amministrativo*, op. cit., p. 126.

realista da relevância (jurídica) e, portanto, da existência do ato administrativo nulo [547]. Em suma, esta corrente doutrinária não consegue explicar a razão pela qual o ato nulo consegue reentrar na dinâmica jurídica. Ao invés, a teoria da imputação de resultados, segundo GIANNINI [548], contaminando a doutrina pandectística da causalidade, oferece o meio de compreender como os atos relevantes, mas privados de efeitos jurídicos, como os atos nulos, podem alterar reflexamente a realidade jurídica tocada pelo facto.

A tese do resultado e da sua imputação obriga-nos a conceptualizar a relação entre efeitos de facto (ou resultados) e efeitos jurídicos [549].

A relação entre efeitos jurídicos e efeitos de facto é um tema muito trabalhado pela doutrina, sobretudo civilista, especialmente no âmbito da amplíssima problemática da natureza do negócio jurídico como facto e como norma [550]. Na doutrina civilista, sustenta-se que entre efeito jurídico e resultado se estabeleceria um indiscutível nexo etiológico, na medida em que o efeito jurídico reconhecido pelo ordenamento tem em vista o resultado pretendido pelas partes [551].

Para esta doutrina, a nulidade do ato é o instrumento jurídico através do qual o Direito torna irrelevante o resultado não compatível com o sistema jurídico. Em outros

---

[547] A. BARTOLINI, *La nullità del provvedimento nel rapporto amministrativo*, op. cit., p. 109.

[548] M. S. GIANNINI, *Diritto amministrativo*, op. cit., p. 127 e ss.

[549] Cfr., mais uma vez, HANS-MARTIN PAWLOWSKY, *Rechtsgeschäftliche Folgen...*, op. cit., p. 184 e ss., esp. p. 193 e ss.

[550] Neste sentido, C. A. MOTA PINTO, *Teoria Geral do Direito Civil*, 3.ª ed., Coimbra, 1991, p. 616, nota 1.

[551] Assim, R. SCOGNAMIGLIO, *Contributo alla teoria del negozio giuridico*, Napoli, 1969, p. 52.

termos, os efeitos de facto provocados pelo ato nulo são juridicamente irrelevantes, estão fora do Direito, logo, são inexistentes do ponto de vista jurídico [552]. Em resumo, o ato jurídico nulo, ainda que materialmente existente, seria juridicamente ineficaz e inexistente. Sendo assim, o resultado não seria o vetor que torna relevante a nulidade porque, ao invés, é a nulidade a assumir o papel de instrumento que torna juridicamente irrelevante o resultado. O resultado é visto como insuficiente para projetar a nulidade para além da fronteira da irrelevância jurídica e, consequentemente, da inexistência [553].

Salvo outra opinião, o erro está em pensar que os efeitos práticos se reconduzem à atividade administrativa executória, o que privaria o ato exequendo de título legitimante da execução do ato administrativo. Assim sendo, a execução do ato administrativo resumia-se a uma atividade material, assumindo apenas relevância jurídica ao nível da ilicitude, na medida em que o ato nulo, como não é eficaz, não pode ser licitamente executado.

Para o olhar do administrativista, no caso do ato administrativo nulo estamos perante um ato que não produz efeitos jurídicos mas é produtivo de resulta-

---

[552] Neste sentido, F. VON HIPPEL, *Das Problem der rechtsgeschäftlichen Privatautonomie*, Tübingen, 1936, p. 42.

[553] A nulidade, enquanto invalidade contratual, parece assumir a veste de uma *nulidade-função,* ou seja, uma nulidade em direta e imediata relação de congruência com uma determinada composição de interesses em que prevalece a natureza desses interesses e a posição específica das partes. A nulidade metaboliza-se numa invalidade de proteção de algumas categorias de interesses que, em alguns casos, se poderiam identificar com as posições de uma das partes contraentes. Isto é, a nulidade-sanção dá lugar à nulidade-proteção sempre que o interesse de uma das partes seja elevado pelo ordenamento jurídico à categoria de valor constitutivo do sistema.

dos [554]. Ora, o que diferencia a nulidade da inexistência do ato é que a primeira figura produz resultados mas não efeitos jurídicos, enquanto a inexistência é improdutiva de efeitos jurídicos e de efeitos práticos.

Se entendemos bem a teoria de GIANNINI, o vetor explicativo está no conceito de resultado. Não se trata de um efeito prático *tout court* mas de uma consequência da atividade administrativa que tem relevância jurídica ao desencadear as medidas previstas no ordenamento (jurídico). O conceito determinante em que se baseia a noção de resultado é precisamente a valoração jurídica a que é sujeito o resultado [555]. Dito de outra forma, o efeito de facto assume relevância jurídica como resultado no momento em que desencadeia uma reação por parte do ordenamento jurídico, nomeadamente uma reação jurisdicional [556].

Em extrema síntese, na teoria gianniniana, o momento da juridicidade do facto é transferido da produção de efeitos jurídicos ao momento precedente (do ponto de vista lógico) do juízo levado a cabo pelo ordenamento jurídico. Assim sendo, assume relevância e, portanto, é jurídico o efeito prático objeto de valoração e reação por parte do sistema jurídico. Repare-se que para GIANNINI o objeto do juízo realizado pelo ordenamento jurídico não é o facto propriamente dito mas a consequência prática do facto, o que não nos deve conduzir à confusão com o conceito de

---

[554] Tese que procuraremos mais adiante sustentar com exemplos da vida da relação jurídica administrativa.

[555] Cfr. M. D'ORSOGNA, *Il problema della nullità in diritto amministrativo*, op. cit., p. 67 e ss.

[556] Também neste sentido mas com alcance mais radical, P. WEIL, "Une résurrection: la théorie de l'inexistence...", *op. cit.*, p. 50 e ss.

executoriedade do ato [557]. Para esta teoria, a nulidade administrativa não é a porta de saída do sistema jurídico mas a porta de entrada, sob pena desta realidade se consumir no mundo metajurídico. Utilizando a metáfora de KELSEN, como o Rei Midas, também o Direito converte em jurídico tudo o que toca.

Podemos então concluir, mesmo que provisoriamente, que a nulidade administrativa parece assumir a forma e o meio de reação do ordenamento jurídico em relação a um resultado inválido, porque desconforme com o Direito. Por outras palavras, a nulidade administrativa é a medida prevista pelo ordenamento administrativo que impede o resultado de se converter em efeito jurídico, na medida em que não é compatível com a previsão normativa.

A nulidade administrativa não é o meio que torna irrelevante o resultado mas a medida prevista pelo ordenamento administrativo para impedir que o ato nulo possa produzir efeitos jurídicos. A nulidade não coloca fora do ordenamento jurídico os efeitos práticos (o resultado); ao invés, considera o resultado, convertendo-o em objeto de um juízo jurídico, para desta forma o incluir no mundo da relevância jurídica, declarando-o inválido sem lhe reconhecer ou conferir a dignidade de efeito jurídico [558].

É neste contexto que mais para a frente analisaremos a reação típica do ordenamento jurídico-administrativo (processual) — a suspensão da "eficácia" do ato nulo —, que, como tem sido entendida, constitui um verdadeiro paradoxo.

---

[557] M. D'ORSOGNA, *Il problema della nullità in diritto amministrativo*, op. cit., p. 63.
[558] R. CARANTA, *L'inesistenza dell'atto amministrativo*, op. cit., p. 153 e ss.

Em suma, para a teoria de GIANNINI, que nós adotamos no essencial, o elemento determinante da nulidade administrativa são os efeitos de facto enquanto imputação de resultados, ou seja, imputação dos efeitos práticos produzidos pela atividade jurídica [559]. Neste sentido, a questão da relação-diferença entre inexistência e nulidade administrativa passa pela relevância jurídica do resultado da atividade administrativa. Se a nulidade administrativa tem consequências práticas juridicamente relevantes mas não produz efeitos jurídicos, a inexistência não produz efeitos jurídicos nem efeitos práticos (resultados).

Nesta perspetiva, o momento da juridicidade do ato (nulo) não está na produção de efeitos jurídicos (que não pode ter), mas no juízo realizado pelo ordenamento sobre o resultado pretendido pela atividade administrativa. O que tem relevância jurídica, o que é jurídico, é o efeito de facto objeto de valoração pelo Direito [560].

---

[559] M. D'ORSOGNA, *Il problema della nullità in diritto amministrativo*, op. cit., p. 57.

[560] Para melhor compreensão da nossa tese, vejamos o exemplo académico do *capitão de Köpenik*. O caso do capitão de Köpenik foi divulgado por W. JELLINEK, *Der fehlerhafte Staatsakt und seine Wirkungen: eine verwaltungs und prozessrechtliche Studie*, Tübingen, 1908 (utilizamos a reimpressão de 1962, da editora Scientia), p. 45, e K. KORMANN, *System der Rechtsgeschäftlichen Staatsakte: Verwaltungs und prozessrechtliche Untersuchungen zum allgemeinen Teil des öffentliche Rechts*, Berlin, 1910 (utilizamos a reimpressão da mesma editora de 1974), p. 242. Este "capitão", como no romance de GOETHE (*Wahlverwantschaften*, 1808/09), não tem nome, mas se lhe pudesse dar um nome do presente português dar-lhe-ia o nome em que o leitor está a pensar. O caso do proverbialmente conhecido capitão de Köpenik configura-se juridicamente como usurpação de funções públicas. O "célebre" capitão mais não era do que um ousado sapateiro que, um belo dia se veste de capitão e, aproveitando o prestígio do uniforme, mandou parar uma patrulha de soldados que o escoltaram até ao

7. 3. Continuando a desbravar o *Holzweg* doutrinário

Nos termos propostos, o ato nulo é um ato que produz *efeitos jurídicos aparentes,* efeitos que levam o nome de *resultados,* resultados esses que lesam o destinatário do ato inválido e, nessa medida, são juridicamente relevantes.

Município para aí se apoderar do respetivo cofre, declarando executar ordens superiores.

Servimo-nos deste extraordinário caso para colocar a seguinte questão: trata-se de um ato nulo ou de um ato inexistente?

Para uns trata-se de um ato inexistente ou da aparência de um ato jurídico, um não-ato, sem qualquer efeito, mesmo que provisório (A. DE VALLES, *La validità degli atti amministrativi,* Roma, 1986 (reimpressão), p. 4, nota 3). Para outros, nem sequer se pode falar de ato administrativo, na medida em que é fruto de uma vontade meramente privada que, de resto, não pode ser sequer qualificado como um ato jurídico público porque lhe falta administratividade.

Se aplicássemos a teoria de inspiração gianniniana ao caso do capitão de Köpenik as suas ordens ou comandos tanto podiam ser considerados um ato nulo como um ato inexistente. O ato seria inexistente sempre que a atividade do usurpador de funções públicas não tivesse produzido resultados, o que aconteceria se os destinatários se tivessem dado conta de que o capitão de Köpenik era um falso ou pseudo-funcionário sem título legítimo. Diversamente, tratar-se-ia de um ato nulo se os destinatários acreditassem que estavam perante um funcionário de pleno direito, verdadeiro, descobrindo mais tarde que tinham sido objeto de um ato aparente. A apropriação (indevida) do cofre e a aquisição provisória de poderes de autoridade são indiscutivelmente efeitos práticos da atividade do pseudo-agente de autoridade, que assumem relevância jurídica no momento em que são objeto de um juízo, de um desvalor por parte do ordenamento jurídico.

Todavia, como atos praticados por um pseudo-funcionário são simplesmente negócios jurídicos unilaterais nulos imputáveis ao particular, responsável por ter criado uma situação de ilícita aparência. Neste caso, a nulidade resultaria da indisponibilidade do objeto que, sendo público, está reservado à Administração.

Cabe agora dar conta de uma pista dogmática recentíssima [561]. Como dissemos antes, o ato administrativo nulo goza de uma ineficácia primária ou interna mas não deixa de ter uma eficácia externa, ainda que limitada, que esta teoria traduz por efeitos jurídicos indiretos (eficácia indireta). Para este desenvolvimento doutrinário a força da relevância jurídica da nulidade administrativa impõe-se como aparência de eficácia jurídica e, nesse sentido, como capacidade do ato nulo causar efeitos de facto lesivos [562]. Se vemos bem, os efeitos indiretos ou eficácia indireta são o produto da cisão entre a ineficácia (primária ou essencial) do ato administrativo nulo e a sua capacidade de se impor na realidade jurídica. O ato nulo não deixa de ser para o ordenamento jurídico-administrativo um ato juridicamente relevante que importa gerir convenientemente, escolhendo entre conservar ou remover o resultado produzido na ordem jurídica por via administrativa ou jurisdicional. Numa palavra, o ato nulo, ainda que incapaz de exprimir a sua eficácia interna ou primária, releva como elemento constitutivo de efeitos indiretos da sua execução (ilícita), efeitos estes que podem ser conservados ou removidos juntamente com o ato que os gerou [563]. De todo o modo, como é bom de ver, estamos muito longe da regra de absoluta ineficácia do ato nulo, afastando-se, assim, a tese panprivatista da absoluta ineficácia e inexecutoriedade do ato administrativo nulo.

---

[561] Referimo-nos ao estudo de F. LUCIANI, *Contributo allo studio del provvedimento amministrativo nullo. Rilevanza ed efficacia*, Torino, 2010.
[562] F. LUCIANI, *Contributo allo studio...*, op. cit., p. 165.
[563] F. LUCIANI, *Contributo allo studio...*, op. cit., p. 165.

Dizer que o ato administrativo nulo é ineficaz e não executório constitui uma afirmação correta mas que ao mesmo tempo peca por defeito, uma vez que a relevância jurídica do ato tem a força necessária para cindir o momento da eficácia do momento da execução. A ineficácia do ato é um princípio que diz respeito ao efeito jurídico, mas perde significativo quando ao ato nulo se dá execução, ainda que indevidamente. A partir desse momento, a regra da ineficácia interna ou primária permanece válida, mas deve saber conviver com a contrarregra da eficácia indireta que o ato nulo produz quando é executado [564].

Como no negócio jurídico, o ato administrativo ferido de nulidade é incapaz de exprimir a sua eficácia interna ou primária; não obstante, o ato nulo, como ato juridicamente relevante, pode ser executado e, nessa medida, está em condições de produzir efeitos jurídicos indiretos, efeitos (estes) que não se podem confundir com o que nós apelidámos de resultados juridicamente relevantes. Nesta construção, a execução *sine titulo* constituiria verdadeiramente o objeto do pedido de suspensão da eficácia do ato nulo [565] [566].

Para esta doutrina, que nos parece de inspiração civilista, o que é determinante no ato administrativo nulo é a sua execução ou não, o que tem refrações várias, inclusive a nível jurisdicional. Se houve execução do ato nulo, que sempre produz alguns efeitos externos (artigo

---

[564] F. LUCIANI, *Contributo allo studio...*, op. cit., p. 143.
[565] F. LUCIANI, *Contributo allo studio...*, op. cit., p. 152.
[566] O que dizer então da invalidade de normas administrativas quando estas, para efeitos processuais, só parecem conhecer a nulidade administrativa (artigos 74.º e 130.º do CPTA)?

134.º/3 do CPA)[567], então não parece de todo acertado e inevitável que o pedido de declaração de nulidade seja imprescritível[568], o que, a nosso ver, só se verificaria se não tivesse havido execução do ato nulo (artigo 151.º/3/4 do CPA)[569]. É certo que em parte alguma é dito que os atos nulos não são executórios, podendo, todavia, por via interpretativa e *a contrario sensu* tal solução ser deduzida do artigo 149.º/1 do CPA[570].

Apesar da aparente contraditoriedade entre ineficácia, que é apenas a ineficácia interna, e execução do ato administrativo nulo e da sua eventual atipicidade, para esta doutrina não há objeções inultrapassáveis de natureza científica que impeçam a executoriedade do ato para além da mera anulabilidade. Não surpreende, portanto, que o *objeto* da suspensão da eficácia seja constituído pelos efeitos jurídicos indiretos resultantes da execução do ato administrativo nulo[571]. A nossa crítica é que isso significaria regressar à velha teoria da causalidade, onde a suspensão do ato se fundava na ideia da relevância jurídica como eficácia potencial do ato (nulo) para produzir quase-efeitos jurídicos, quase-efeitos que aspiram a converter-se em efeitos jurídicos em sentido próprio, ainda que indiretos. Ora, salvo melhor opinião, ou há efeitos jurídicos ou não há efeitos jurídicos; o que não há seguramente são quase-efeitos.

---

[567] COLAÇO ANTUNES, "Anulação administrativa ou *nulla annullatio sine juditio?*", *op. cit.*, p. 4 e ss.

[568] Como diz o artigo 58.º/1 do CPTA, que equipara erroneamente o ato nulo ao ato inexistente.

[569] Cfr. PROTO PISANI, *Lezioni di diritto processuale civile*, Napoli, 2002, p. 185.

[570] Cfr., no entanto, o artigo 150.º do CPA, que bem poderia ser mais pedagógico e explícito.

[571] F. LUCIANI, *Contributo allo studio...*, *op. cit.*, p. 157.

7. 4. Ressurreição dos efeitos jurídicos do ato nulo em sede cautelar?

Abordemos um caso prático para melhor compreensão da dogmática sugerida ao leitor. Imaginemos que José foi objeto de um ato ablativo nulo e propõe a medida cautelar típica. Pergunta-se qual o seu objeto, visto que parece absurdo pedir a suspensão da eficácia de um ato que não produz efeitos jurídicos *ab initio*. Dever-se-ia então concluir pela impossibilidade da suspensão da eficácia do ato administrativo nulo.

No entanto, a doutrina, como a lei e a jurisprudência, defende, com naturalidade, que nestes casos é até mais fácil o decretamento da providência cautelar, em obséquio à gravidade e evidência do vício. Bastará ao juiz aplicar um dos critérios para o decretamento da providência cautelar, o *fumus boni iuris* (artigo 120.º/1/a) do CPTA), acrescentando a doutrina que não há sequer que tomar em consideração os outros critérios (*periculum in mora* e ponderação dos interesses públicos e privados envolvidos) porque seria, obviamente, sarcástico admitir que a Administração pública possa prosseguir o interesse público através de atos nulos [572]. Em suma, em caso de nulidade administrativa, os juízes decretam tranquilamente "a suspensão da eficácia do ato nulo", ato esse que não produz quaisquer efeitos jurídicos (artigo 134.º do CPA).

Dogmaticamente, não pode deixar de se perguntar qual é então o objeto do pedido cautelar (suspensivo). Louvando-nos na doutrina que adotámos, o objeto do pedido suspensivo é constituído pelo resultado ou efeitos de facto

---

[572] VIEIRA DE ANDRADE defende esta tese desde os primórdios das suas *Lições de Justiça Administrativa*.

produzidos pelo ato (nulo) impugnado. O que o juiz do processo cautelar faz é suspender o efeito prático correspondente àquele juridicamente pretendido pela Administração. No caso do ato declarativo de utilidade pública nulo, para além da autotutela privada, que envolve riscos e incertezas [573] [574], o que o lesado deve fazer é pedir ao juiz administrativo a suspensão do ato ablativo para impedir a lesão da sua esfera jurídica, suspensão que incidirá sobre a pretensão administrativa que comporta uma lesão para o destinatário do ato administrativo, isto é, o resultado.

Na situação descrita do ato ablativo nulo, a suspensão pode ser apreciada sob dois aspetos distintos, segundo o resultado querido ou o resultado (já) produzido [575]. A distinção entre *resultado pretendido* e *resultado produzido* tem interesse para a nossa questão, na medida em que a relevância jurídica do ato (nulo) deriva ou pode derivar da (in)coincidência com a previsão normativa de um dos dois termos (pretendido ou produzido) da relação de divergência que investe o *facto*. Ou seja, se ao menos o resultado *pretendido* ou o resultado *produzido* corresponde a uma hipótese contemplada pela norma jurídica, sendo que

---

[573] VIEIRA DE ANDRADE, "A nulidade administrativa, essa desconhecida", *op. cit.*, p. 346 e ss.

[574] Note-se que a nulidade do ato é uma qualificação jurídica sobre o mesmo, sendo que não se pode esquecer que o ordenamento administrativo dota de valor a qualificação correta levada a cabo pelo cidadão antes do juiz se pronunciar em sede cautelar ou em sede de processo principal, o que já não acontece quando estamos perante um ato meramente anulável, cuja desobediência antes da anulação do ato é ilegal e, portanto, punível. Neste sentido, F. E. SCHNAPP, "Die Nichtigkeit des Verwaltungsakts – Qualität oder Qualifikation?", in *DVBl*, n.º 3, 2000, pp. 249 e 250.

[575] A. BARTOLINI, *La nullità del provvedimento...*, *op. cit.*, p. 121.

não nos parece despicienda a relação entre vontade e resultado [576].

Como se disse anteriormente, o resultado prático vem cronologicamente antes do momento jurídico e tem uma vida própria, competindo ao ordenamento jurídico reconhecer ou não a validade dos efeitos de facto. Dito assim, o *resultado pretendido* deve entender-se como o efeito prático-instrumental que o agente administrativo queria atingir através da produção do correspondente efeito jurídico: exemplificando, aquisição da propriedade do bem – efeito de facto – resultante da eficácia ablativa do ato – efeito jurídico [577]. O *resultado produzido* prende-se com a realização efetiva da pretensão a que é dirigido o ato ablativo, isto é, a apropriação do imóvel [578]. Importa, por isso, distinguir entre *efeitos finais,* que são imediatamente satisfeitos pelo interesse público prosseguido pelo ato administrativo e que correspondem à vontade do autor do ato, e *efeitos instrumentais* que, não sendo suficientes para realizar o interesse da Administração, constituem uma fase do procedimento de realização do interesse público, procedimento que se conclui quando venham verificadas as transformações na realidade factual [579].

Voltando à questão de partida e essencial, o objeto do pedido cautelar de suspensão dirigido ao juiz é constituído racional e teleologicamente pela pretensão da autoridade administrativa ou pelo efeito-resultado-instrumental produzido pelo ato expropriativo nulo. No caso da suspensão

---

[576] G. CORSO, *L'efficacia del provvedimento amministrativo*, Milano, 1969, p. 443.
[577] A. BARTOLINI, *La nullità del provvedimento...*, op. cit., p. 123.
[578] Adjudicação ou posse administrativa conforme se trate de uma expropriação normal ou de uma expropriação urgente.
[579] G. CORSO, *L'efficacia del provvedimento...*, op. cit., p. 437.

do *resultado pretendido,* o ato administrativo, privado de efeitos jurídicos, não pode ser executado pela Administração, podendo o lesado utilizar, sem riscos de maior, a autotutela (privada) passiva. Confrontado com o *resultado já produzido,* o particular não se deverá limitar ao pedido (principal) de declaração de nulidade, devendo juntar-lhe ou cumular um pedido de condenação da Administração para reconstituir a situação que existiria se o ato inválido não tivesse sido praticado (artigo 47.º/2/b) do CPTA). Em relação ao pedido cautelar ele deverá ter por objeto os efeitos de facto produzidos pelo ato nulo, cumulando também o pedido de intimação para a abstenção da conduta lesiva (artigo 112.º/2/f) do CPTA).

Rigorosamente, o objeto da providência cautelar suspensiva é constituída pela executividade da pretensão da Administração e não do ato propriamente dito que, sendo ineficaz, não pode produzir efeitos jurídicos e, nessa medida, não é suscetível de ser executado. Note-se que a executoriedade não é um atributo indefetível da eficácia do ato administrativo, como o demonstra a existência de atos administrativos sem força executória própria, pelo que, também por esta razão, se devem autonomizar os conceitos de eficácia e de execução [580]. A execução, o ato de execução não é o efeito de um ato mas antes um novo ato jurídico que encontra nos efeitos do ato exequendo o elemento de qualificação e de legitimação [581]. Em palavras acertadas, a autotutela executiva não é tanto uma característica do ato administrativo como *a* expressão do poder administrativo (poder este que pode, inclusive, prescindir do ato

---

[580] G. CORSO, *L'efficacia del provvedimento...*, op. cit., p. 438.
[581] Cfr. K. LARENZ, *Methodenlehre der Rechtswissenschaft*, Göttingen, 1960, p. 151 (há tradução portuguesa).

de execução), ainda que o poder de autotutela seja dirigido à satisfação do interesse público prosseguido pelo ato administrativo [582].

Em extrema síntese, a teoria gianniniana, tal como a interpretamos, parece poder superar as aporias e os paradoxos atuais da nulidade administrativa, ao apontar uma explicação racional e fenomenológica de situações ilógicas, quando sustenta que o objeto do pedido da suspensão do ato nulo não são os efeitos jurídicos, que não tem, mas os resultados juridicamente relevantes que ele provoca.

Numa interpretação literal e desatenta, a grande angústia e dificuldade desta construção, ao propor que a suspensão incidirá sobre o elemento que comporta a lesão do destinatário do ato, o resultado, é a de poder conduzir à confusão de que o objeto do pedido cautelar suspensivo é a execução do ato, o que nos aproximaria da velha doutrina do ato administrativo (definitivo e) executório. Ainda que se possa reconhecer que a executoriedade, atendendo ao fim a que está ordenada, é uma característica natural de um certo tipo de atos (artigo 149.º/2 do CPA), a nossa tese é subtilmente diferente. Como sustentámos anteriormente, o *objeto* da providência cautelar típica do ato nulo é *a executividade da pretensão do agente administrativo* e não a executoriedade do ato nulo, que não goza desse privilégio. Ora esta ideia impõe uma reinterpretação do pedido de suspensão dos atos nulos, sob pena de não ter objeto, ditada, inclusive, por razões de certeza e lógica jurídicas, de forma a evitar a execução da pretensão da Administração.

Em Portugal, como na Alemanha [583], a executoriedade (*Vollzieharkeit*) do ato pressupõe a sua eficácia. Se o ato

---

[582] Em sentido incoincidente, cfr. A. BARTOLINI, *La nullità del provvedimento...*, op. cit., p. 118 e ss.

administrativo nulo só pode ser executado ilicitamente, então o objeto do pedido de suspensão do ato é a executividade da pretensão da autoridade administrativa [584]. A certeza da não executoriedade *ipso iure* do ato nulo ajuda a explicar que na Alemanha a aplicação da respetiva suspensão seja relativamente reduzida (§ 80 VwGO), o que não impede o reconhecimento de alguma eficácia externa ao ato administrativo nulo [585]. Para nós, o problema tem ainda outra explicação, se entendermos, como entendemos, necessária a distinção entre a *evidência* do vício, que é uma questão de fundo, e a existência de uma ilegalidade *prima facie,* que é um conceito mais amplo e cuja utilização é naturalmente mais fácil no momento do juiz decretar a providência cautelar adequada. Isto não invalida, como é óbvio, que a evidência não seja a mesma para o juiz e para o cidadão-médio-ignorante-ideal.

7. 5. A nulidade administrativa e as suas circunstâncias

Não há dúvida que a privatização formal ou mesmo a despublicização do direito administrativo abalou seriamente a nulidade administrativa. Se o paradigma constitucional contribuiu para enobrecer a nulidade adminis-

---

[583] G. SADLER, *Verwaltungsvollstreckungsgesetz. Verwaltungszustellungsgesetz. Kommentar anhand der Rechtsprechung*, 5.ª ed., Heidelberg, 2007, p. 319.

[584] Esta posição é claramente assumida pela doutrina alemã. Cfr., entre outros, W. WEISS, "Gibt es einen Rechtswidrigkeitszusammenhang in der Verwaltungsvollstreckung?", in *DöV*, n.º 7, 2001, p. 278 e ss.

[585] Cfr. C. KRÄMER, *Vorläufiger Rechtsschutz in VwGO – Verfahren*, Freiburg/Berlin/München, 1998, p. 78.

trativa, não é menos certo que as recentes "reformas administrativas" vieram, de certo modo, privatizar e ampliar a nulidade.

Referimo-nos à crescente importância do princípio da subsidiariedade horizontal e das liberalizações, com a inevitável privatização formal da Administração nas suas formas organizativa e procedimental. A forma mais vistosa do que acabámos de dizer tem a ver com a chamada simplificação (administrativa) e a celeridade da atividade administrativa. Alguma doutrina chega a invocar um direito à certeza do tempo da atividade administrativa para legitimar o recurso à nulidade pela violação do prazo de conclusão do procedimento administrativo [586].

Sem dúvida que a posição jurídica do particular surge reforçada, mas parece-nos manifestamente excessivo e desproporcionado apelar à violação do princípio da certeza do tempo procedimental para justificar uma sanção tão radical, como é a nulidade do ato administrativo. Há outros meios mais adequados para resolver a inércia ou morosidade administrativas, como, por exemplo, suprimir (em vez de ampliar) o designado deferimento tácito [587] ou alargar, por via interpretativa, o âmbito da ação de condenação à prática de ato legalmente devido (artigo 66.º/1 do CPTA), como já sustentámos, sem violentar o espírito e

---

[586] A regra geral está contida, como se sabe, no artigo 58.º do CPA. Felizmente esta doutrina é pouco representativa ou mesmo marginal.

[587] Como notava há muito F. LEDDA, *Il rifiuto di provvedimento amministrativo*, Torino, 1964, p. 39, o silêncio, qualquer silêncio, não produz efeitos jurídicos, a não ser eventualmente o efeito de extinguir o procedimento administrativo. Em bom rigor, o ato tácito é um ato inexistente.

a letra da referida disposição [588]. Perder-se-ia, inclusive, com a sanção radical, o justo equilíbrio entre a necessidade e a imperatividade da Administração pública prosseguir o interesse público e a tutela efetiva dos direitos e interesses legalmente protegidos do particular. Numa palavra, cai redondamente o princípio da proporcionalidade.

No que se refere à simplificação administrativa (um dos nomes por que é conhecida a privatização formal ou mesmo a despublicização da Administração), ela é particularmente notada no Direito Urbanístico com o abaixamento do controlo administrativo prévio das atividades requeridas pelos particulares. A nulidade é utilizada, neste ramo do saber jurídico, como forma alternativa do controlo preventivo de legalidade e, nessa medida, como forma de simplificação administrativa [589].

A privatização do ato administrativo está na ordem do dia. Por um lado, com a privatização da função administrativa, convolando o ato administrativo em negócio jurídico; por outro, com a privatização da atividade administrativa. Qualquer destes aspetos comporta consequências sobre a figura da nulidade. Com a privatização do ato administrativo, o ordenamento jurídico transforma o poder discricionário em poder de direito privado, comportando inelutavelmente a privatização do sistema dos vícios do ato e das regras de invalidade, com predomínio para a nulidade e secundariedade para a anulabilidade. Por exemplo, com a privatização do ato administrativo, o vício de

---

[588] COLAÇO ANTUNES, *A Teoria do Acto e a Justiça Administrativa*, op. cit., p. 221 e ss.; e já antes COLAÇO ANTUNES, "A acção de condenação e o direito ao acto", in COLAÇO ANTUNES / SÁINZ MORENO, *O Acto no Contencioso Administrativo (Tradição e Reforma)*, Coimbra, 2005, 215 e ss.

[589] Cfr., por exemplo, o artigo 103.º do DL n.º 380/99, de 22 de setembro, sucessivamente alterado.

violação de lei do ato (meramente anulável) transforma-se no vício civilístico de violação de normas imperativas, com a consequente sanção de nulidade do ato privatizado.

Em poucas e modestas palavras, há uma raça de doutrina que pretende que o direito administrativo deixe de ser o direito privilegiado da Administração [590].

A nulidade ganha terreno com a privatização do direito administrativo mas este perde sacralidade e publicidade. O direito administrativo nasceu da necessidade de explicar e de legitimar a subjetividade pública do Estado; com a parábola terminal deste, criou-se o trágico equívoco do regresso ao direito privado.

7. 6. Exegese final

Com as devidas ressalvas, a construção por nós desenvolvida implica uma reinterpretação dos artigos 133.º e 134.º do CPA, com refrações na distinção entre nulidade e inexistência do ato administrativo. O n.º 1 do artigo 133.º do CPA avança com a técnica da cláusula geral, de clara inspiração privatística, crismada habitualmente pela doutrina como nulidade por natureza (nós preferimos a expressão nulidade virtual), seguida, no n.º 2, da nulidade por determinação legal. É nosso entendimento que estas disposições carecem de um esforço exegético considerável, uma vez que a teoria da invalidade foi construída pelo legislador com base numa visão estrutural do ato administrativo [591].

---

[590] Neste sentido, M. S. GIANNINI, "Diritto amministrativo", in *Enc. dir.*, XII, 1964, p. 864.

[591] Aludimos à necessária especificidade da interpretação jurídica no direito administrativo, tanto mais necessária quando o prin-

cípio da legalidade parece oscilar entre o direito público e o direito privado. Apesar de um dos primeiros estudos sistemáticos sobre a interpretação no direito administrativo ter já setenta anos (referimo-nos à obra de M. S. GIANNINI, *L'interpretazione dell'atto amministrativo e la teoria giuridica generale dell'interpretazione*, Milano, 1939), a verdade é que estamos apenas no início desta questão de teoria geral. Por isso, na medida em que nos for possível, pensamos brevemente voltar a dar a nossa melhor atenção a este tema. Cfr. COLAÇO ANTUNES, *O Direito Administrativo sem Estado, op. cit.*, p. 38 e ss. De todo o modo, vai já afirmada a especificidade da interpretação jurídica no direito administrativo, inclusive com uma codificação própria. Basta pensar na figura da analogia, que deve ser interpretada restritivamente face à tipicidade do ato administrativo e às exigências postas pelo princípio da legalidade. Para dar outro exemplo, a interpretação evolutiva ou atualista, que parece ser própria da interpretação da lei, não se aplicará à lei-medida, que tem natureza concreta, podendo, ao invés, ser recuperada no âmbito dos contratos administrativos ou até de um ato administrativo geral. Outra particularidade tem a ver com o problema de saber se o poder (administrativo) do órgão interpretar o seu próprio ato se pode transferir ao superior hierárquico. A nossa tese é de que se trata de uma competência exclusiva do autor do ato administrativo.

Ainda outra tentativa de problematização mais geral. A interpretação restritiva ou extensiva não é apenas baseada no argumento que o legislador havia dito de mais ou de menos do que queria dizer. Agora, a interpretação de uma norma, que implica sempre a aplicação de todo o sistema jurídico (CAPOGRASSI e BATISTA MACHADO) é também determinada pela regra invisível da hierarquia; uma norma é interpretada de modo extensivo ou restritivo à luz do que vem estabelecido pela norma hierarquicamente superior que disciplina a matéria ou matéria análoga.

O vínculo da hierarquia entre as normas comporta também consequências sobre a interpretação de normas hierarquicamente relacionadas com a norma desaplicada, imaginemos, por inconstitucionalidade. Tais efeitos dependem da natureza geral ou especial da norma em causa. Se se tratar de *normas gerais,* as consequências sobre a sua interpretação tem a ver com o facto da norma geral hierarquicamente superior (e) desaplicada ter sido interpretada de modo extensivo ou restritivo (o que, provavelmente, a par de outros motivos, determinou a sua desaplicação). Ora, o facto da norma superior, de que havia uma interpretação, ter sido desaplicada implica consequências relevantes para a interpretação das normas inferiores que o intérprete não pode ignorar. Se se tratar de *normas especiais,* o facto da norma geral hierarquicamente mais relevante ter sido desaplicada comporta, como é óbvio, limitadas consequências para a sua interpretação.

Considerando agora a hipótese da norma superior desaplicada ser uma *norma especial,* as consequências sobre a interpretação das normas inferiores são diversas, variando em função da sua natureza *geral* ou *especial,* sendo que as consequências serão mais sentidas no caso da norma hierarquicamente inferior ser uma norma especial.

Para se ter uma ideia da importância deste tema de teoria geral, percorrer a história da ideia da *interpretação jurídica* e dos significados que a esta expressão têm sido atribuídos, significaria refazer a própria história da ciência jurídica. O Direito é o direito interpretado pelos juristas, sendo o enunciado normativo o ponto de partida do intérprete, pelo que existe sempre uma linha de continuidade entre a norma positiva (não interpretada) e a norma que nasce da interpretação.

Ao contrário do que suscitam as teses positivistas, com a interpretação, o jurista não *faz dizer* à norma aquilo que a *norma queria dizer*, conjugando o resultado do processo hermenêutico com a *ratio legis*. Neste sentido parece ir LARENZ, *Methodenlehre, op. cit.,* p. 337, ao afimar: "Auslegen ist ein vermittelndes Tun, durch das der Auslegende den Sinn eines Textes, der ihm problematisch geworden ist, zum Verständnis bringt". Segundo esta conceção, o intérprete limitar-se-ia a reproduzir ou a descobrir o já pensado.

Se é verdade que o intérprete não pode ser um mero executante ou um notário da lei, também é verdade que o jurista não pode interpretar livremente o texto normativo. O que se lhe pede, com a interpretação, é que ele desenvolva um processo hermenêutico de tipo dialético entre o enunciado normativo e a realidade (a que este se aplica), nascendo o resultado da sua operação científica da coerência do(s) critério(s) através do qual atribui significado ao texto legal, em consonância com a imanente racionalidade histórica do sistema jurídico, de todo o sistema jurídico.

Como diz um autor francês, "le pianiste ne doit pas négliger non plus le présent, c'est-à-dire les attentes esthétiques de l'auditoire d'aujourd'hui".

Densificando o problema ao nível da ciência jurídica, se olharmos para a experiência alemã da segunda metade do século passado até aos nossos dias, podemos detetar três modos de interpretar e entender a relação ciência jurídica-direito positivo (veja-se G. TEUBNER, *Standards und Direktiven in Generalklauseln*, Frankfurt am Main, 1991, p. 48).

Na primeira fase, que podemos definir *iusnaturalista,* a preocupação maior é a de combater o *gesetzliches Unrecht* e a inversão de valores *(Umwertung von Werten).* Assim sendo, a procura de um *übergesetzliches Recht* teve como consequência a renovação inevitável da secular tradição do direito natural, que assume nas décadas de cinquenta e de sessenta uma enorme relevância. Não por acaso, o *Bundesverfassungsgericht* apelou nessa altura a uma ordem ontológica de valores absolutos, universal e imutável.

Já numa segunda fase, parece instalar-se uma posição *iustecnicista,* com o debate a centrar-se na discricionariedade do juiz ou na legitimação democrática do *Richterrecht.* Caem os grandes temas da fase anterior, como o da *Natur der Sache* ou das *sachlogische Strukturen,* dando lugar à centralidade da relação juiz-lei. Muda, inclusive, o modo de entender a interpretação-aplicação da lei, em obséquio à *social engineering,* tão cara ao *Estado equitativo* ou ao *Estado de justiça.* O *pathos* antipositivista assume as vestes da negatividade ao normativismo formalista, assumindo igual relevo a tópica ou *Problemdenken* (protagonizada por VIEHWEG e nada simpática a CANARIS) ou ainda o modo de pensar tipológico (HASSEMER, LARENZ), frequentemente em contraposição com o modo de pensar conceptual (ESSER, KAUFMANN ou HRUSCHKA).

Temos, por último, uma terceira fase, que arranca numa tentativa neo-sistemática e neo-dogmática, encabeçada por CANARIS e FLUME (e até LUHMANN). Atualmente, o debate em torno da metodologia (jurídica) não se apresenta claramente decantado para permitir um juízo mais ou menos conclusivo. Ao que julgamos saber, uma das preocupações dogmáticas é a de racionalizar o processo axiológico, por forma a dotá-lo de maior rigor metodológico e teórico.

Num ambiente algo difuso, parece perfilar-se uma reorientação para a problemática dos valores, sendo que esta vem inserida (do ponto de vista jurídico) na reflexão metodológica e não fora dela (cfr. W. FIKENTSCHER, *Methoden des Rechts in vergleichender Darstellung,* III, Tübingen, 1995, p. 427).

Para concluir, é muito difícil ao jurista encontrar ou desvendar um caminho seguro se não regressar à mais extrema solidão da forma. O eterno retorno a um direito conceptual axiologicamente orientado é o grande desafio de hoje, confrontados como estamos com um direito

Em primeiro lugar, a interpretação da cláusula geral deve ser subsidiária em relação ao n.º 2 do mesmo artigo 133.º, tanto mais por se tratar de uma enumeração exemplificativa. O intérprete só deve ser chamado a aplicar a cláusula geral depois de ter verificado a falta dos pressupostos para aplicação da referida disposição, até porque a quase totalidade das situações aí previstas são também elas nulidades por natureza.

No que tange à cláusula geral, que nos parece compreensível como técnica ou forma de delimitar a nulidade do ato administrativo, ela deve ser lida no sentido de incluir não apenas os vícios graves relativos aos elementos estruturais do ato administrativo mas também aqueles vícios que estão em desarmonia com os valores fundamentais plasmados na Constituição e no próprio sistema jurídico [592]. Um ato administrativo que viole estes princípios e valores imanentes do Direito torna-se insuportável para o ordenamento jurídico e, assim sendo, impõe-se a invalidade radical desse ato.

---

legal-positivo torrencial e uma dramática fragmentação do sistema conceptual.

Se nos é permitido um desabafo, quando caminhamos para o último ciclo académico da nossa vida académica, o que parece prevalecer é a morte de qualquer ideia de Direito e de Justiça.

O jurista-jurista, como o professor-professor, é uma espécie raríssima.

A utilidade desta nota, se a tiver, é a de chamar a atenção para coisas tão diferentes, mas tão próximas e tão distantes, como a interpretação e a hermenêutica ou a teoria geral e a dogmática; tudo isto sem derrapar numa espiral hermenêutica.

[592] Apelamos, como parece óbvio, à construção da *Evidenztheorie*, que reúne cumulativamente os critérios da *evidência* e da *gravidade* da infração. A presença de apenas um deles não é suficiente para desencadear a nulidade do ato administrativo. Face à exuberância doutrinal, veja-se, entre muitos, G. ERBEL, *Die Unmöglichkeit von Verwaltungsakten*, Frankfurt, 1972, p. 106 e ss.

Note-se, no entanto, que, para este efeito, nem sempre é decisivo o nível do ato normativo violado, o que significa que a violação da Lei Fundamental ou das normas comunitárias, mesmo que primárias, não determina de *per si* a nulidade do ato administrativo [593]. Deve tratar-se de um vício que em termos de lesão e gravidade seja equiparável aos indicados no n.º 2 do artigo 133.º do CPA (nulidades por determinação legal). Está em causa a violação de proibições imperativas (*Zwingende*) ou deveres e princípios de ética jurídica ou de lógica jurídica — expressão de valores fundamentais [594]. Por exemplo, determinados vícios formais podem gerar a nulidade do ato sempre que a dinâmica procedimental viole grosseiramente a estrutura e deontologia do procedimento administrativo.

A fase de metaestabilidade normativa em que vivemos é apenas uma passagem mal frequentada para algo de melhor que não pode ser alheio ao reencontro do direito administrativo com uma sacralidade que é própria de tudo que é de todos. Por outras palavras, tudo o que diz respeito a um bem verdadeiramente comum deve ser prosseguido pelo Direito Administrativo.

A raça de doutrina a que pertencemos não é a de justificar o presente-existente, mas o de contribuir para a construção de um ordenamento jurídico-administrativo intrinsecamente racional e justo [595]. Não pertencemos ao

---

[593] Neste sentido, F. O. KOPP / U. RAMSAUER, *Verwaltungsverfahrensgesetz. Kommentar*, München, 2000, p. 896.

[594] Cfr. F. O. KOPP / U. RAMSAUER, *Verwaltungsverfahrensgesetz*, op. cit., p. 899.

[595] Embora façamos parte de uma *tradição-destino*, o fracasso da rebelião da nossa geração confirma a dificuldade de conciliar a explicação com a compreensão e a ontologia com a epistemologia, acreditando numa *objetividade ideal* que se dissolveu às primeiras e sedutoras investidas do sucesso.

grupo daqueles que, depois do triunfo da privatização e da desformalização, entendem que a ciência jurídica está morta de qualquer ímpeto construtivo, remetendo-se comodamente à proteção de uma *jurisprudência angustiada e neutralizada*.

Com este contributo sobre a nulidade administrativa pretendeu-se tão-só chamar a atenção para as consistentes incertezas e marginalidade que rodeiam ainda esta figura jurídica. As suas circunstâncias não ajudam a uma discurso neo-sistemático mas as causas da escassa consistência dogmática da nulidade administrativa são outras.

Serão essas mesmas causas que determinarão se a nulidade administrativa está condenada a viver mais nas bibliotecas ou no mundo da vida.

Nada do que uma ideia falsa tem de positivo é suprimido pela presença do verdadeiro, enquanto verdadeiro.

BENTO ESPINOZA, *Ética*

8. O enigma da eficácia do ato administrativo

8.1. Uma breve sinopse

Depois de cumpridos todos os trâmites e fases destinadas a preparar a decisão, o órgão competente está em condições de praticar o ato final do procedimento, em regra, o ato propriamente dito.

Por princípio, o procedimento conclui-se com um ato administrativo expresso praticado por escrito (artigo 122.º do CPA), com as menções previstas no artigo 123.º e devidamente fundamentado, nos termos do artigo 124.º e seguintes do CPA.

Está, assim, concluída a fase constitutiva do procedimento administrativo, o que, segundo a liturgia normal, quer dizer que o ato está pronto e perfeito. Mas falta-lhe ainda alguma coisa para que ele (o ato) esteja preparado para produzir imediatamente os efeitos para que tende. Ora, por vezes, é necessária a prática de atos que, diz-se, não acrescentando nada ao conteúdo e à validade do ato principal, vão permitir que ele produza os respetivos efeitos jurídicos externos.

Estamos agora, conforme a semântica preferida pelos autores, na chamada fase complementar ou integrativa da eficácia, que se segue, em regra, à fase constitutiva do procedimento administrativo. Para que o ato se torne eficaz, produtor de efeitos jurídicos externos, é necessário um ato instrumental que permita a produção dos efeitos para que ele tende, limitando-se a remover os obstáculos à operatividade externa do ato administrativo: tais atos são principalmente a notificação, a publicação, a aprovação ou a comunicação do ato administrativo. Só depois de praticados estes atos, em regra instrumentais, o ato principal está em condições de produzir efeitos jurídicos externos e de se tornar efetivamente vinculativo para os seus destinatários.

Tais atos designam-se habitualmente como atos integrativos da eficácia e são, em regra, da responsabilidade da Administração, mas podem incumbir também aos particulares. Nos atos integrativos da eficácia que cabem à Administração deparamos com os chamados atos de controlo preventivo, de que se destacam os vistos e as aprovações, quando necessárias, sendo que os primeiros cabem ao Tribunal de Contas (e não à Administração) que tem a específica competência de "fiscalização da legalidade das despesas públicas e do julgamento das contas que a lei lhe manda submeter (artigo 214.º da CRP). Tanto uns como outros têm por função fiscalizar a legalidade e, no caso das aprovações, a conveniência e a oportunidade do ato administrativo, embora sem acrescentar nada ao seu conteúdo.

Depois temos a comunicação do ato administrativo aos interessados, isto é, a sua notificação ou publicação, conforme os casos, sendo que a primeira é normalmente entendida como uma forma de publicidade pessoal, oficial e formal do ato administrativo aos seus destinatários (artigo 66.º e segs. do CPA). Em bom rigor, a notificação do ato é mais do que isso, porque torna efetivo, pelo destinatário, o conhecimento do ato; já a publicação é mais estática, visando apenas tornar cognoscível o ato administrativo aos seus destinatários plurais, o que exige alguma iniciativa da sua parte para terem acesso efetivo ao conteúdo do ato administrativo, o que não acontece com a notificação.

Parte II – Interpretação e dogmática no direito administrativo 393

Ora, é neste contexto que se coloca o problema maior do nosso estudo, o de saber qual a relevância jurídica a atribuir à comunicação (sob as formas legalmente previstas) do ato administrativo aos respetivos destinatários.

Sem entrar ainda no núcleo duro do mérito da questão, fazemos notar que, nos termos do artigo 268.º/3 da CRP, "os actos administrativos estão sujeitos a notificação aos interessados, na forma prevista na lei..." [596]. Depois de termos lido esta disposição constitucional parece que a notificação será sempre obrigatória, cabendo apenas à lei definir a forma como a mesma se materializa. Lemos depois o artigo 66.º do CPA, que dita expressamente os tipos de atos administrativos sujeitos a notificação, e o artigo 67.º do mesmo diploma que refere os casos em que a notificação é dispensada [597]. De resto, mesmo quando

---

[596] Etimologicamente, o vocábulo notificar provém dos termos latinos *notum facere*, isto é, *dar a conhecer algo*.

[597] O sistema das notificações administrativas está configurado pela lei como uma garantia do administrado, ao permitir-lhe conhecer exatamente o ato e, se assim entender, impugná-lo, como também deve ser interpretado e aplicado desde esta perspetiva. Assim, a falta de notificação (ou publicação) em devida forma do ato administrativo congela a sua eficácia quando seja suscetível de causar algum dano ao destinatário. Em resumo, uma vez que os atos administrativos não se consolidam quando recorridos no prazo devido, pode afirmar-se que da validade da notificação depende também a firmeza do ato. Cfr. E. GARCÍA DE ENTERRÍA / T. RAMÓN FERNÁNDEZ, *Curso de Derecho Administrativo*, Tomo I, Pamplona, 2006, p. 587 e ss.

Em suma, a notificação constitui não só uma garantia para os particulares mas também para a Administração, pois se aqueles têm que conhecer exatamente, sob pena de denegação de justiça, o ato administrativo que os lesa e poderem reagir contra ele, a Administração também deve saber com o que conta, já que da notificação depende (pelo menos nos atos que mais lhe interessam) a eficácia e a estabilidade do ato se não é impugnado tempestivamente (dentro do prazo).

obrigatória, a notificação pode ser substituída, em certos casos, pela publicação, através de edital ou anúncio no Diário da República ou noutras publicações (artigo 70.º/1/d) do CPA) [598].

Se a publicação é obrigatória quando exigida por lei (artigo 130.º, sempre do CPA), a notificação deve incluir as menções referidas no artigo 68.º, nomeadamente o texto do ato, o autor, a data e a indicação do órgão competente para apreciação da impugnação administrativa (agora, em geral, facultativa) e o prazo para esse efeito. Discute-se se a notificação deve conter todos os elementos referenciados no artigo 123.º que, por sua vez, têm de constar no caso de publicação (artigo 131.º). O prazo para a notificação é de 8 dias (artigo 69.º), contados nos termos do artigo 72.º do CPA.

Para a publicação, sempre que a lei que a imponha seja omissa, o prazo é de 30 dias (artigo 131.º), devendo incluir todos os elementos referidos no artigo 123.º, entre os quais o autor do ato, os destinatários, a fundamentação, o

---

[598] Ainda que seja um meio de comunicação legalmente admissível, só deve ser utilizado como último recurso, como meio de natureza residual, ao qual só se deve acudir quando se tenham esgotado razoavelmente as possibilidades de uma notificação pessoal e formal e se verifiquem os pressupostos legais que habilitem a Administração a utilizar tão singular e irreal meio de notificação.

Não é, portanto, admissível acudir a este meio subsidiário (a notificação edital) quando se tenha tentado praticar a notificação (pessoal) uma só vez ou não se realize o mais pequeno esforço para comprovar se, efetivamente, o domicílio em que se tenta praticar a notificação é ou não o do interessado ou ainda quando não se leve a cabo outra ação, por mínima que seja, para averiguar de outro lugar onde poderia ser notificado o recorrente. De todo o modo, a segunda notificação não deve ser feita imediatamente, isto é, sem deixar decorrer pelo menos vinte quatro horas.

conteúdo, a data e a assinatura, cuja omissão tem consequências jurídicas diversas.

Ensina-se habitualmente que, independentemente da forma, a comunicação aos interessados é condição de eficácia do ato administrativo quando este afeta negativa e desfavoravelmente a posição jurídica dos interessados, ao impor deveres ou encargos ou mesmo a negação de pretensão ou a compressão de direitos e interesses legalmente protegidos.

Literalmente, o artigo 130.º/2 afirma que "a falta de publicidade do ato, quando legalmente exigida, implica a sua ineficácia" e o artigo 132.º prescreve que os atos administrativos que não tenham de ser publicados e que sejam desfavoráveis aos particulares só produzem efeitos a partir da sua notificação. Parece que o legislador consagrou a teoria dos atos receptícios, ao estabelecer que os atos que impõem deveres ou encargos (cuja execução precisa da colaboração dos destinatários) só são eficazes depois de terem sido levados ao conhecimento dos seus destinatários (artigo 132.º/1/d), todos do CPA). Os restantes atos não são receptícios pelo que não carecem do conhecimento do particular para produzir os seus efeitos.

Nestas circunstâncias, advoga-se e ensina-se a desnecessidade de comunicação do ato administrativo para a produção dos respetivos efeitos jurídicos, sem que tal invalide que a mesma comunicação seja condição de oponibilidade aos efeitos desfavoráveis, uma vez que só com a referida comunicação o interessado está em condições de conhecer o ato e só a partir daí poderá reagir administrativa ou contenciosamente. Ora, isto é muito relevante porque só a partir da comunicação do ato se começa a contar o prazo para o particular exercer os seus direitos de defesa, *maxime* o direito de impugnar contenciosamente o ato administrativo.

8. 2. O enigma da eficácia jurídica

O conceito de eficácia jurídica e, em particular, a eficácia dos atos administrativos é um problema mais da dogmática, que não tem sido suficientemente valorado ao remeter-se este tipo de atos para a fase integrativa da eficácia do procedimento administrativo. A nossa abordagem irá um pouco para lá das margens do direito administrativo.

O termo eficácia jurídica, em sentido estrito, significa a aptidão *concreta* do ato para produzir efeitos jurídicos (externos) ou o conjunto de efeitos jurídicos quando se adote um ponto de vista retrospetivo e se incluam os efeitos jurídicos já produzidos. Referimos a expressão *aptidão concreta* para designar a eficácia (externa) do ato administrativo, uma vez que o ato válido tem já a aptidão para produzir os efeitos jurídicos estabelecidos pela norma, que qualificamos de *aptidão abstrata* para produzir efeitos jurídicos [599]. No fundo, retomamos aqui [600] a distinção, de inspiração alemã, entre eficácia interna e eficácia externa do ato administrativo. Em poucas palavras, se o conceito de eficácia interna significa a obrigatoriedade do conteúdo regulador do ato como condição da sua existência e vinculatividade, já a eficácia externa do ato administrativo dá conta dos efeitos externos que se produzem com a notificação ou a publicação, o que tem como consequência que o ato é uma realidade jurídica que deve ser tida em conta pelo(s) destinatário(s).

Antes de continuar, importa fazer uma breve suspensão reflexiva para distinguir o conceito de eficácia do con-

---

[599] M. S. GIANNINI, *Diritto amministrativo*, Milano, 1969, p. 3.
[600] COLAÇO ANTUNES, "Anulação administrativa ou *nulla annullatio sine juditio?*", *op. cit.*, p. 3 e ss.

ceito de relevância jurídica. Quanto a este conceito, ele designa, no plano dogmático, a situação particular de uma posição jurídica tomada em consideração pelo Direito, no sentido de lhe garantir (juridicamente) a sua conservação e proteção [601], mas não, ao invés da eficácia, a sua realização. Distinguem-se, portanto, pelo diverso conteúdo, sendo que, estando estritamente ligados, a relevância jurídica vem preordenada em função da eficácia, na medida em que não poderia reconhecer-se qualquer significado à relevância do interesse ou do facto jurídico que o constitui se se ignorasse que ela representa a premissa necessária da eficácia, qual momento em que o interesse pode encontrar realização.

Dito isto, a noção de eficácia jurídica remete imediatamente para outra noção, o efeito jurídico, o qual, por sua vez, põe o problema do antecedente causal e da sua realização com o próprio efeito jurídico. Tal antecedente vem normalmente identificado como a norma jurídica ou com um facto jurídico ou mesmo um ato jurídico, ato esse que desempenha um papel qualificatório [602].

Ora, este efeito jurídico consiste num *quid novi* introduzido pelo ato administrativo em aplicação da norma jurídica — eficácia interna — ou pelo facto ou ato jurídico no caso de eficácia externa, funcionando, assim, como *condicio iuris* da eficácia do ato administrativo [603]. Numa palavra, na eficácia interna do ato, a causalidade jurídica

---

[601] A. FALZEA, "Efficacia giuridica", in *Enc. dir.*, XIV, 1965, p. 484.

[602] Cfr. A. THON, *Rechtsnorm und subjektives Recht*, Weimar, 1978, p. 338.

[603] G. CORSO, *L'efficacia del provvedimento amministrativo*, op. cit., pp. 15 e 16.

é, em princípio, simultânea, eliminando a existência de um intervalo temporal, o que já não sucede com a eficácia externa do ato, que implica uma causalidade jurídica diferente baseada no facto ou no ato jurídico que, por sua vez, implica a existência de um lapso temporal (cfr., por exemplo, o artigo 69.º do CPA).

Em suma, a lógica do *Tatbestand* é uma lógica deontológica e axiológica [604]. O *Tatbestand* constitui uma entidade jurídica e não uma realidade do mundo material, o que explica a referida causalidade axiológica. Na verdade, a constatação de uma situação de facto não produz, por si só, um efeito jurídico. No mundo do Direito, não há uma correspondência unívoca entre causa e efeito, podendo os efeitos jurídicos ser diversos [605].

Recorrendo à dogmática civilista, podemos descortinar três tipos de eficácia jurídica que se podem (sub)dividir em três subespécies [606]. Temos, em primeiro lugar, a eficácia constitutiva do ato administrativo, em que a situação jurídica posta pela norma e concretizada pelo ato

---

[604] J. RIEZLER, "Naturgesetz und Rechtsordnung", in *Arch. für Recht und soz. Phil.*, n.º 1, 1941, 148.

[605] A dificuldade de compreender este tipo de causalidade jurídica (norma-facto-efeito jurídico) está, segundo creio, na própria noção de *Tatbestand,* que tem a sua origem na expressão latina *facti species* (figura do facto), onde se indicava um facto paradigmático. Pelo menos foi esta conceção a utilizada pela doutrina penalista alemã para chegar inicialmente ao conceito de *corpus delicti* (KLEIN, *Grundsätze des gemeinen deutschen peinlichen Rechts*, Halle, 1796, p. 57, citado por HALL, *Die Lehre vom corpus delicti*, Stuttgart, 1933, p. 74 e ss.). Na sua evolução, uma vez perdido o seu significado processual, veio a designar o conjunto de circunstâncias (causas) ao qual a lei ligava a cominação de uma sanção penal. Na aceção de causa de efeitos jurídicos, o termo *Tatbestand* veio a estender-se a todos os ramos de Direito.

[606] A. FALZEA, "Efficacia giuridica", *op. cit.*, p. 489 e ss.

diverge da situação jurídica preexistente, constituindo, modificando ou extinguindo a situação jurídica. Esta forma de eficácia corresponde à eficácia interna do ato resultante do seu caráter regulador e obrigatório. Podemos dizer, com GIANNINI [607], que o ato administrativo, à exceção dos atos declarativos, tem sempre eficácia constitutiva, podendo acrescentar-se-lhe, por vezes, a eficácia preclusiva. Na eficácia declarativa, que apresenta uma natureza particular, a situação jurídica estatuída pela norma e concretizada pelo ato converge com a situação jurídica preexistente, movendo-se no âmbito das certezas juridicamente relevantes.

Por último, no âmbito da eficácia preclusiva, em que a situação jurídica estatuída pela norma surge independentemente da conformidade ou desconformidade da situação jurídica existente, distingue-se uma eficácia preclusiva que remove a incerteza devida ao tempo (para dar exemplos civilistas, usucapião ou prescrição) e uma eficácia jurídica preclusiva que remove a incerteza devida à tempestiva contestação (caducidade dos prazos, caso julgado). Este tipo de eficácia é própria da eficácia externa dos atos administrativos, fixando os prazos a partir dos quais o ato é impugnável ou se torna inopugnável.

Ao contrário dos outros tipos de eficácia jurídica, que respondem a uma exigência de continuidade no tempo da realidade jurídica, a eficácia preclusiva que, na sua vertente procedimental e processual, se identifica com a perda ou extinção ou até consumação de uma faculdade procedimental-processual, satisfaz outra exigência decisiva e

---

[607] M. S. GIANNINI, *Diritto amministrativo*, op. cit., pp. 600 e 601.

essencial, a descontinuidade das situações jurídicas, por forma a evitar processos até ao infinito [608].

Se o nosso raciocínio estiver certo, creio que podemos configurar a eficácia externa do ato como *condicio iuris*, figura esquecida ou que não tem merecido o apreço devido pela doutrina. Embora não seja fácil entender o que seja a *condicio iuris*, a verdade é que era já utilizada pelo direito romano e os seus juristas, com profusão, aliás, de expressões como *tacita condicio, condicio supervacua, tacite inserta, quae tacita inest, quae vi ipsa inest.*

Neste ponto é importante o contributo de OERTMANN, o primeiro autor a estudar em profundidade e de forma sistemática esta figura, que define como "um pressuposto de eficácia que, não subsistindo no momento da conclusão do negócio, é, todavia, recuperável" [609], contrapondo-a aos pressupostos já realizados e aos não realizáveis. A relevância desta noção consistia no facto de ela atribuir ao negócio jurídico, ainda não plenamente eficaz, uma eficácia intermédia ou mínima que, sendo necessária, não era suficiente para se poder falar de negócio sujeito a *condicio iuris*. Como vimos, esta noção de *condicio iuris* é importante sobretudo no que se refere à eficácia interna do ato administrativo, na medida em que a chamada relevância mínima ou eficácia intermédia fazia já parte da essência reguladora do ato administrativo e da própria relação jurídico-administrativa. Já a chamada eficácia plena consumava-se, segundo nós, com a eficácia externa do ato administrativo.

---

[608] G. CORSO, *L'efficacia del provvedimento amministrativo*, op. cit., p. 135.

[609] R. OERTMANN, *Die Rechtsbedingung. Untersuchungen zum bürgerlichen Recht und zur allgemeinen Rechtslehre*, Leipzig, 1968, p. 28.

A *condicio iuris,* ao contrário da condição voluntária, ao pertencer à zona da norma jurídica, permite ao *Tatbestand,* isto é, ao ato jurídico por ela condicionado, que ele possa produzir efetivamente os seus efeitos, isto é, que o ato seja tomado em devida consideração pelos destinatários. Até aí, ainda que o ato esteja já perfeito, falta-lhe qualquer coisa que o torne percetível ao particular, inclusive para efeitos contenciosos. A *condicio iuris* substitui, no direito administrativo, a condição voluntária ao explicar e legitimar a retroatividade dos efeitos ao momento em que o ato administrativo é praticado (artigo 127.º do CPA). Em suma, a *condicio iuris* é retroativamente eficaz, a não ser que subsista uma vontade contrária do legislador (artigo 128.º/1/b) do CPA), porque o ato já é eficaz internamente a partir do momento em que foi praticado, isto é, já é obrigatório e vinculativo [610].

De modo que, neste contexto, não nos parece relevante a habitual atribuição à *condicio iuris* de uma circunstância futura e incerta, nem a referida contraposição, entre condição voluntária e condição legal, porque no direito público são ambas atraídas pela zona da norma, pelo Direito [611].

Em resumo, a construção da figura da comunicação do ato administrativo como *condicio iuris* não nos deve conduzir precipitadamente à conclusão de que se trata de um elemento estranho, sucessivo e secundário ao núcleo central do *Tatbestand,* já de si perfeita. O nosso argumento decisivo para afastar a autonomia (e secundariedade) do conceito de *condicio iuris* baseia-se na ideia de que é,

---

[610] G. CORSO, L'efficacia *del provvedimento amministrativo, op. cit.,* p. 8.

[611] E. ESPOSITO, *La validità delle leggi,* Padova, 1934, p. 75 e ss.

em grande medida, impossível operar, no âmbito do *Tatbestand,* uma distinção entre elementos necessários e essenciais à produção de efeitos, atos e factos jurídicos constitutivos da própria previsão normativa.

O que se pretende pelo menos discutir é a conceção do *Tatbestand* compreensiva da eficácia (inclusive da *condicio iuris*), reportando esta à categoria de elemento constitutivo do ato (eficácia interna), numa espécie de formação progressiva do efeito jurídico que se tornava perfeito quando o ato administrativo vem notificado ou publicitado (eficácia externa do ato).

8. 3. Atos receptícios e atos integrativos de eficácia: uma problematização singular

Relativamente ao caráter receptício (ou não) dos atos administrativos, a generalidade dos autores defende que a comunicação dos atos administrativos não é um requisito (essencial) da eficácia do ato. Para a teoria da receção, noção complexa e não muito feliz, a que parece ter aderido o legislador (artigo 132.º do CPA), seriam receptícios apenas aqueles atos administrativos que, criando obrigações e encargos e, portanto, carecendo da colaboração dos destinatários, precisam de um subprocedimento publicitário (notificação ou publicação) que os leve ao seu conhecimento como condição de eficácia do ato administrativo [612].

Ainda que omitindo o problema delicado da teoria da receção (sendo certo que é muito mais pertinente no

---

[612] Cfr. M. S. GIANNINI, *Corso di diritto amministrativo*, Roma, 1960, p. 961. O Autor destaca o papel negativo da alienação semântica nesta matéria.

direito privado) [613], importa apenas precisar que o critério em que se apoia a distinção entre atos receptícios e atos não receptícios nada tem que ver, fundamentalmente, com os destinatários, mas com a natureza do ato (lesivo ou não), no sentido de que tratando-se de um ato desfavorável e lesivo das pretensões dos particulares, a comunicação parece assumir uma importância decisiva como elemento constitutivo essencial do efeito jurídico [614]. Numa palavra, o conhecimento do ato pelos interessados surge, em dadas hipóteses, com um facto jurídico concretizador do *Tatbestand*.

Em síntese, para efeitos de qualificação jurídica, o ato não produz efeitos se não tiver sido levada a cabo uma certa forma de atividade publicitária (notificação ou publicação), de modo que parece subsistir um vínculo jurídico preciso entre esta última atividade e a eficácia do próprio ato administrativo. Vínculo que funcionando sob a forma de *condicio iuris* torna a comunicação do ato constitutiva do *Tabestand,* da qual resultariam as respetivas consequências jurídicas.

Por outro lado, em ordem à atribuição do referido caráter constitutivo do dever da Administração levar ao conhecimento ou à cognoscibilidade do interessado o ato, pode argumentar-se que o problema é uma simples questão de direito positivo [615].

---

[613] Cfr. M. S. GIANNINI, *Corso di diritto amministrativo, op. cit.*, p. 1011.

[614] Sobre esta temática continua a ser de grande utilidade a obra (clássica) de OTTAVIANO, *La comunicazione degli atti amministrativi*, Milano, 1953, onde, entre outras coisas, fomos beber o título deste texto. Com uma posição diversa, DANIELE, "L'atto amministrativo ricettizio", in *Riv. trim. dir. pubbl.*, 1953, p. 820 e ss.

[615] Sobre a distinção entre notificação e publicação, cfr. OTTAVIANO, *La comunicazione..., op. cit.*, p. 245 e ss., fazendo notar que

Parece certo, todavia, um certo declínio da teoria dos atos receptícios, pelo menos no que se refere ao ónus da comunicação. Com efeito, vem constantemente excluída a consequência anulatória para o ato administrativo não comunicado, sancionando-se a falta de comunicação do ato com a sua ineficácia (artigos 130.º/2 e 132.º/1 do CPA) para os atos lesivos; já para os atos favoráveis e ampliativos da esfera jurídica dos particulares tal requisito da eficácia deixa de o ser, podendo utilizar-se, em caso de silêncio, a ação de condenação à prática de ato legalmente devido (artigo 66.º e segs. do CPTA) ou até para os atos genericamente pretensivos [616].

Em termos puramente teóricos, pode continuar a discutir-se se o ato administrativo se deve considerar ou não

---

na primeira (notificação) seria determinante a ação do agente administrativo, enquanto na segunda (publicação) o papel essencial caberia aos destinatários, a quem tenha interesse conhecer o ato administrativo.

Sobre esta problemática, cfr., entre nós, M. FERNANDA MAÇÃS, "Há notificar e notificar, há conhecer e impugnar", in *CJA*, n.º 13, 1999, p. 22 e ss., bem como as referências bibliográficas aí indicadas. Mais recentemente, ainda que no âmbito da relação jurídico-administrativa poligonal, PAES MARQUES, *As Relações Jurídicas Administrativas Multipolares*, Coimbra, 2011, p. 402 e ss., cujas posições, em diálogo constante com a doutrina, parecem bem alicerçadas. Neste sentido, subscrevemos uma interpretação jurídico-constitucional (artigo 268.º/3) suficientemente ampla de interessado, de modo a exigir a notificação de qualquer sujeito cuja posição jurídica venha a ser tocada ou afetada pelo ato administrativo no âmbito de uma relação jurídica poligonal.

[616] Como se vê com este exemplo, tem todo o sentido que a ação de condenação à prática do ato devido inclua no seu seio o silêncio positivo.

Já quando a notificação (ou publicação) são deficientes ou defeituosos, o recorrente deve utilizar o requerimento previsto no artigo 60.º/2/3 (do CPTA) ou, se necessário, pedir a correspondente intimação judicial, nos termos previstos nos artigos 104.º e ss. do CPTA.

um ato jurídico receptício, sendo que, salvo melhor opinião, a comunicação deve ser vista como um dever da Administração que, embora ontologicamente não faça parte da natureza de ato administrativo, consubstancia um efeito procedimental [617] relevante para a defesa administrativa e contenciosa do particular.

Seria, aliás, estranho e contraditório que um Código de Procedimento Administrativo como o nosso, que estabelece uma variedade imensa de comunicações procedimentais, não contemplasse a comunicação do ato final, do ato administrativo constitutivo [618]. Neste sentido, creio que o CPA deveria ter ido mais longe, em consonância com a CRP (artigo 268.º/3) e a deontologia procedimental desenhada pelo legislador, consagrando a comunicação como um dever geral para todos os atos, portanto obrigatória, ainda que a mesma comunicação não incida na perfeição ou validade do ato. Desta forma, mantinha-se inalterada a distinção entre validade e eficácia do ato administrativo.

Passando agora ao tema e à teorética dos atos integrativos da eficácia, o primeiro que se pode dizer é que a doutrina parece ter desvalorizado o seu valor e importância. De que modo? Referimo-nos à ideia repetidamente feita de que o ato integrativo da eficácia não importa particulares modificações jurídicas. Este enquadramento teórico está na base da ideia que imputa ao ordenamento jurídico as suas consequências, com o fito de tornar conhecidos os atos pelos destinatários, sem que a sua omissão se possa projetar sobre a legalidade do ato final do procedimento. A sua função seria meramente processual, delimi-

---

[617] M. S. GIANNINI, *Corso di diritto amministrativo*, op. cit., p. 67.

[618] Por exemplo, a comunicação oficiosa do início do procedimento (artigo 55.º/1), artigos 66.º, 69.º e 101.º/1 do CPA, etc.

tando os prazos para a respetiva impugnação administrativa ou contenciosa.

Creio que pode haver outra explicação para a menoridade deste tipo de atos, que se prende com o entendimento tradicional, já visível em relação aos atos preparatórios, de que os atos instrumentais, incluindo os atos integrativos da eficácia, se destinam a preparar ou a tornar perfeito o ato principal em torno do qual gravita todo o procedimento administrativo. Visão esta que omite a possibilidade dos atos complementares ou integrativos da eficácia poderem ser autonomamente impugnados contenciosamente, devido, precisamente, à sua exterioridade e lesividade, mantendo-se, é certo, a ideia de que a irregularidade da comunicação não afeta a legalidade do ato principal e, assim sendo, não o invalida. Alguns autores vão ao ponto de afirmar que a fase integrativa da eficácia é uma fase não necessária à estrutura do procedimento administrativo [619].

Em síntese, o facto de se ter reservado para esta categoria de atos um papel meramente acessório e subordinado em relação ao ato principal do procedimento, justifica a sua relevância reflexa, sem que se lhe reconheça qualquer capacidade para produzir alterações originais no plano das relações jurídico-administrativas substantivas. Tais alterações seriam, pese a necessidade de um ato integrativo da eficácia, imputáveis exclusivamente ao ato final.

Recorda-se, a propósito, que os efeitos se reportam ao momento da emissão do ato administrativo (artigo 127.º do CPA), salvo as exceções previstas nesta disposição. Interrogamo-nos se o legislador, que parece influenciado pelo

---

[619] M. S. GIANNINI, *Corso di diritto amministrativo*, op. cit., p. 67.

modelo formalista de procedimento [620], não terá desvalorizado a relação causal e concatenada da série de atos do procedimento e sobretudo a sua capacidade para produzir autonomamente um determinado efeito jurídico (do ato). Não sendo a regra, o ato endoprocedimental pode ter efeitos jurídicos externos e ser autonoma e diretamente impugnado contenciosamente.

Numa palavra, está ainda subjacente a este entendimento secundário e auxiliar dos atos integrativos da eficácia uma leitura não só formal do procedimento, mas também cronológica, segundo a qual a uma fase seguir-se-ia uma outra [621]. Ora, acontece frequentemente, quando a atividade administrativa tem conotações discricionárias, que a decisão vem materialmente tomada ou pelo menos substancialmente construída na fase instrutória, de modo que a fase constitutiva adquire uma dimensão meramente reflexa ou mesmo notarial. Se assim é, pese embora as virtualidades pedagógicas e lógicas da visão formalista do procedimento, vale a pena pensar se não será, por vezes, fictícia a separação das várias fases do procedimento administrativo e, se assim for, temos de deduzir que a distinção entre ato instrumental e ato principal se torna materialmente árdua e menos evidente.

A distinção entre as diversas fases do procedimento é certamente correta, mas isso não nos deve impedir de ver que a arrumação e periodização formal do procedimento pode, em alguns casos, oferecer uma visão ou uma solução

---

[620] Com efeito, o artigo 1.º/1 do CPA parece refletir a conceção de SANDULLI sobre o procedimento administrativo. Posição que parece ser seguida, entre nós, por ROGÉRIO SOARES, *Direito Administrativo*, op. cit., p. 141 e ss.

[621] Sobre esta problemática, cfr., utilmente, ROGÉRIO SOARES, *Direito Administrativo*, op. cit., pp. 174 e ss. e 180 e ss.

simplificada e até parcial da realidade. É que ao lado da separação das diversas fases há também integração entre elas, atendendo ao *unicum* representado pelo procedimento administrativo. Dito de maneira simples, o intérprete deve saber distinguir aquilo que se considera o aspeto formal do procedimento, em relação ao *Tatbestand* e ao plano da eficácia, e o aspeto material diretamente ligado à relevância jurídica da função e do poder que é um *prius* em relação ao qual todo o ato jurídico é um *posterius*.

Perspetiva que, no plano dogmático, acolhe a ideia de que o procedimento não é um processo rígido e logicamente sequencial, mas antes um processo dinâmico em que os atos procedimentais interagem entre si, de modo que também os atos de comunicação estão dirigidos à melhor realização do interesse público e à tutela das posições jurídicas dos particulares, construindo, assim, o prolongamento natural do processo decisional. Há autores, como GIANNINI [622], que referem a existência de um *efeito procedimental*, cuja relevância jurídica se repercutiria no próprio ato principal do procedimento. Para dar um exemplo, nos casos em que a publicação do ato é obrigatória (artigo 130.º do CPA) e integra a eficácia do ato, estabelece-se uma relação com o ato final ou principal. É claro que, nesta conceção, a função administrativa vem entendida em sentido amplo, na medida em que não se confina à fase constitutiva, funcionando como elemento de conexão entre as diversas fases do procedimento administrativo.

Se a função é a forma do exercício e do desenvolvimento do poder, então, para esta perspetiva, os atos *de quo* fazem parte a pleno título da função administrativa, são momentos importantes do *iter* de realização do poder,

---

[622] M. S. GIANNINI, *Corso di diritto amministrativo*, op. cit., p. 876.

pelo que a este tipo de atos deve ser reconhecido um papel particular na realização (procedimental) do interesse público [623].

De facto, é pertinente a observação de que a menoridade comummente reconhecida aos atos integrativos da eficácia tem muito a ver com a sua colocação posterior à fase constitutiva, à perceção do ato final do procedimento, salientando-se, ao invés, que aqueles atos apresentam uma relevância que vai para lá da sua secundariedade, dado que, se reportados ao exercício do poder administrativo, que é claramente finalizado no ato administrativo, estes apresentam certas características e efeitos não muito diferentes de alguns atos preparatórios ou mesmo dos atos constitutivos.

No fundo, a leitura a que damos acolhimento pretende salientar que reduzir os atos complementares a uma atitude servil e sucessiva do ato principal nem sempre evidencia de forma adequada como a chamada atividade integrativa da eficácia engloba uma atividade (mesmo que instrumental) que ajuda a criar certezas jurídicas [624].

Para concluir este ponto, que se pretendeu problematizador, deu-se eco a uma doutrina e a uma leitura do problema dos efeitos do ato administrativo que permite considerar perfeito o ato que esteja em condições de produzir efeitos jurídicos externos, em condições, portanto, de ser efetivamente realizado como fonte de direitos e de obrigações [625].

---

[623] F. BENVENUTI, "Funzione amministrativa, procedimento, processo", in *Riv. trim. dir. pubbl.*, 1952, p. 119 e ss.

[624] Esta é a posição sustentada por M. S. GIANNINI ao longo da sua obra.

[625] Creio que só com estes fundamentos colhe sentido e legitimidade a obrigação da notificação do ato incluir os elementos referidos no artigo 123.º do CPA.

Em síntese, o ato não comunicado (não publicado ou não notificado) existe e a sua validade intrínseca não vem diminuída, mas isso não afasta a enorme relevância dos atos de comunicação ao determinarem (frequentemente) a entrada em vigor do ato (eficácia externa) e a sua subsunção no mundo da relevância jurídica, garantindo temporalmente o exercício das garantias administrativas e contenciosas.

8. 4. Comunicação do ato administrativo, eficácia e prazo impugnatório

Pretendemos agora dar conta da problemática coabitação entre a comunicação dos atos administrativos como condição da sua eficácia e a comunicação do ato como momento a partir do qual começa a decorrer o prazo para a sua impugnabilidade.

Se analisarmos mais atentamente o dilema posto, verificamos que a questão se desloca da eficácia do ato administrativo para o problema da impugnabilidade, configurando uma espécie de abandono da teoria dos atos receptícios e, sob alguns aspetos, da questão da existência de uma norma que imponha a comunicação como requisito da eficácia do ato administrativo. Com efeito, em muitos destes casos a atenção do juiz centra-se praticamente no efetivo conhecimento do ato para fins impugnatórios. Parece, assim, existir uma sobreposição entre tutela pro-

---

Bem entendido, é na notificação do ato administrativo e não neste (ato) onde deve fazer-se referência às indicações prescritas pela referida disposição legal. Numa palavra, a notificação é um ato de comunicação distinto do ato notificado, com um conteúdo próprio e até autónomo. Em suma, este conteúdo não faz parte do ato administrativo notificado mas do ato administrativo de notificação.

cessual e dever de comunicação do ato como pressuposto da sua eficácia.

Todavia, tanto a doutrina como a jurisprudência [626] só concebem uma sobreposição parcial entre eficácia e inopugnabilidade do ato. Quando não existem dúvidas sobre a natureza receptícia do ato, este, em regra [627], só se torna eficaz com a comunicação-notificação e, portanto, não é impugnável antes da materialização deste requisito da eficácia (e daí que não haja lesividade) como pressuposto para o decurso do prazo impugnatório [628].

A comunicação constitui, por outro lado, uma operação neutra relativamente à qualificação do ato e à sua eficácia, funcionando como garantia externa do particular para efeitos de tempestiva impugnação administrativa e sobretudo contenciosa, sob pena de ver lesada a sua esfera jurídica.

Trata-se, em suma, de uma garantia processual em relação à qual falta um adequado debate doutrinário em relação ao problema do prazo. Com efeito, sobre o problema do conhecimento do ato e o respetivo decurso do prazo

---

[626] Acórdãos do STA (Pleno), de 6 de Junho de 2002, Processo 039459; (Pleno), de 23 de janeiro de 2003, Processo 048168; (Pleno), de 4 de fevereiro de 2003, Processo 040952; (Pleno), de 9 de março de 2004, Processo 01509/02; (1.ª Subsecção), de 11 de novembro de 2004, Processo 0504/04; (2.ª Subsecção), de 15 de novembro de 2006, Processo 779/06. Acórdãos do TCA Norte (1.ª Secção), de 21 de janeiro de 2010, Processo 00492/06.4BECBR; (1.ª Secção), de 18 de novembro de 2010, Processo 00223/06.9BEMOL. Acórdãos do TCA Sul (2.º Juízo), de 19 de maio de 2011, Processo 01754/06; (2.º Juízo), de 14 de dezembro de 2011, Processo 02895/07.

[627] Cfr., no entanto, o artigo 54.º do CPTA.

[628] Esta matéria é uma das mais confusas e que não vemos esclarecida pela doutrina, pelo que optamos por uma leitura pessoalíssima. Outra coisa são os pressupostos epistemológicos de que partimos e já foram enunciados em páginas anteriores.

de impugnação não se têm verificado grandes avanços na doutrina, podendo constatar-se facilmente que, apesar da ampliação e reforço da tutela jurisdicional efetiva, o ato administrativo continua a ser o elemento central do ataque processual e, em grande medida, objeto e limite do processo administrativo.

Na verdade, os problemas relacionados com o prazo impugnatório são fundamentalmente os seguintes: o primeiro prende-se com a relação entre publicidade e conhecimento do ato; o segundo diz respeito à relação entre a comunicação individual (notificação) e a norma que fixa o prazo de impugnação a partir do momento em que o destinatário toma conhecimento dos elementos essenciais do ato administrativo (artigos 68.º e 123.º do CPA) e, por conseguinte, da sua eventual lesividade.

Poríamos ainda o problema relativamente à forma de comunicação do ato administrativo com diversos e plurais destinatários (artigo 130.º do CPA), para efeitos do início do prazo impugnatório ou até do ato silente [629]. Parece que nestes casos o prazo só deve começar a correr a partir do conhecimento efetivo do conteúdo do ato pelos interessados. Ou dito de uma forma mais precisa, o prazo para a reação judicial deve começar a contar a partir do conhecimento dos efeitos lesivos do ato administrativo, em conexão com a natureza essencial dos seus efeitos e do poder por ele exercitado, e não (apenas) da cognoscibilidade da sua ilegalidade.

A este argumento poderá opor-se a ideia de que o caráter receptício não é um cânone indefetível do direito público e que a sua natureza de exceção à imediata executi-

---

[629] Outra hipótese é recorrer à notificação prevista no artigo 70.º/1/d) do CPA.

vidade do ato é mais um fenómeno descritivo (ou mesmo positivo) do que um elemento essencial da teoria geral do ato administrativo.

Creio que o escopo do legislador (artigos 130.º/2 e 132.º/1 do CPA) foi o de realizar uma tutela substantiva (ineficácia) que se combine com a tutela processual (impugnabilidade), obviando à hipotética maliciosidade da Administração que se esqueceu de comunicar o ato. Seria desejável, no entanto, que no futuro o CPA viesse a positivar o dever de comunicar todos os atos administrativos, uma vez que o artigo 132.º/1 do CPA só parece permitir a interpretação que exclui o dever de comunicar os atos favoráveis ou pelo menos não lesivos, não fazendo coincidir (para todos os atos) a tutela substantiva com a tutela processual. O legislador parece ter-se esquecido dos contra-interessados.

Outra coisa é a possibilidade da própria Administração suspender a executividade do ato como forma de exercício de poderes implícitos, mas isso corresponde apenas à exigência de boa administração e não à tutela do particular.

8. 5. Consequências jurídicas da violação do dever de comunicar o ato aos interessados

Apesar do artigo 132.º/1 do CPA e da sua correta interpretação excluir, *a contrario,* a necessidade de comunicar os atos favoráveis ou não lesivos, optamos, na esteira da Constituição (artigo 268.º/3), pela necessidade de um dever geral, que incumbe à Administração, de comunicar todos os atos administrativos, independentemente da sua natureza lesiva ou ampliativa da esfera jurídica dos destinatários.

Vejamos os fundamentos e corolários constitucionais (artigo 268.º/3) do dever de comunicar todo e qualquer ato administrativo.

Antes de mais, parece deduzir-se do artigo 268.º/3 um direito fundamental de natureza análoga aos direitos, liberdades e garantias, o que vem a significar o dever de comunicar o ato final e constitutivo mesmo na ausência de uma norma expressa. Tal dever de comunicação dos atos administrativos é também uma expressão relevante dos princípios constitucionais da imparcialidade, da boa fé e do direito fundamental à tutela judicial efetiva do particular (artigos 20.º e 268.º da CRP). Só a ideia de que a comunicação do ato é um instrumento de defesa do particular justifica por si só a existência do dever de comunicação do ato, independentemente da existência de uma disposição expressa em tal sentido.

Diga-se, aliás, que os princípios constitucionais devem ser considerados como a máxima expressão do direito positivo, não impondo a necessária transposição em normas administrativas. Por outro lado, não se vislumbra um princípio que legitime suficientemente a omissão da Administração de comunicar o ato administrativo, de qualquer ato administrativo. Que razões se podem aduzir para o incumprimento da operação banalíssima de comunicar o ato? Não subsistindo razões juridicamente válidas para sustentar a legitimidade da omissão da referida operação pela Administração de comunicar um ato praticado, poderá levantar-se a suspeita da existência de uma vontade dolosa da Administração, no sentido de impedir ou dificultar o acesso do particular ao ato e à respetiva tutela. Poderá, inclusive, a falta de comunicação do ato constituir um elemento sintomático do vício de desvio de poder, contenciosamente sindicável.

Resumindo, independentemente da (mera) ineficácia do ato lesivo, à luz da CRP estaremos sempre perante um comportamento antijurídico da Administração.

O que varia, nos termos do CPA, são as consequências jurídicas e os respetivos remédios processuais. A qualificação de tal dever de comunicar como dever procedimental parece resultar, antes de mais, da neutralidade dos atos de comunicação em relação ao ato comunicado, mas não já a sua exterioridade. Em segundo lugar, os vícios do ato administrativo (comunicado) não se refletem na validade da comunicação. Note-se que o ato ilegal (anulável) corretamente comunicado (notificado ou publicado), decorrido o prazo de impugnação, acaba por estabilizar na ordem jurídica, conferindo-se-lhe o crisma da inopugnabilidade. Como também os vícios do ato de comunicação não se refletem, em regra, no ato administrativo final [630],

---

[630] Ainda que a eficácia do ato nem sempre dependa da sua notificação, não deixa de depender dela a produção de certos efeitos para os interessados (dever de fazer, início dos prazos para recorrer, etc.) De acordo com GONZÁLEZ PÉREZ e GONZÁLEZ NAVARRO, *Comentarios a la Ley de Régimen Jurídico de las Administraciones Públicas y Procedimiento Administrativo Común*, Tomo I, Pamplona, 2007, p. 1671, há que distinguir entre efeitos materiais e efeitos processuais. Começando pelos primeiros, um ato invalidamente notificado não produz qualquer efeito material desfavorável ao interessado. Por conseguinte, nos atos ditados no âmbito de poderes sujeitos a um prazo de exercício (sanções, medidas urbanísticas, etc.), esse prazo compreenderá não só a prática do ato mas também a sua correta notificação. Daí que a falta de uma válida notificação do ato administrativo tenha como consequência que não se interrompa a caducidade.

Quanto aos efeitos processuais, a falta de notificação ou a defeituosa notificação do ato dá lugar a que os prazos para reagir contenciosamente contra o mesmo não comecem a correr. É como se estes ficassem indefinidamente abertos até que se produza corretamente a notificação. Com duas exceções: em primeiro lugar, a interposição do recurso-impugnação por parte do interessado sana a notificação defeituosa; em segundo lugar, esta regra afeta apenas os destinatários ou sendo que, por vezes, a violação do princípio da publicidade pode invalidar o ato administrativo propriamente dito [631].

Uma interpretação literal do n.º 1 do artigo 132.º do CPA poderia induzir que a única consequência jurídica da omissão (ou atraso) da comunicação dos atos desfavoráveis ou lesivos seria o da ineficácia (do ato administrativo), o que, segundo este entendimento, seria suficiente para tutelar os destinatários, em consequência do prazo para a respetiva impugnação administrativa e contenciosa só começar a contar a partir da notificação do ato. Mas não é assim, porque se o ato não comunicado é ineficaz, este é insuscetível de produzir efeitos tanto na esfera jurídica do destinatário como na da Administração.

Salvo melhor opinião, o ato não é eficaz para uns, a Administração, e ineficaz para outros, os destinatários.

---

interessados (em geral), mas não a Administração autora do ato. Para esta, os prazos para a anulação administrativa começam a contar desde o dia seguinte àquele em que foram praticados, com independência de quando se notifiquem aos interessados.

Quando a Administração leva a cabo duas notificações do mesmo ato administrativo, o cômputo dos prazos para recorrer começa a partir da última das notificações, pois só se pode compreender que se façam duas notificações (comunicações) diferentes na base da ideia de que a primeira não era válida (e, portanto, eficaz).

A sanação de uma notificação defeituosa pode resultar do facto do interessado ter praticado atos que suponham objetivamente o conhecimento do conteúdo do ato administrativo (deficientemente notificado), como também a solicitação por parte do interessado de uma notificação em forma legal não elimina as carências de uma notificação defeituosa, sob pena de se violentar o princípio da tutela judicial efetiva. Neste sentido, RAÚL BOCANEGRA, *Lecciones Sobre el Acto Administrativo*, Pamplona, 2004, p. 162.

[631] Estamos a pensar nos casos em que as propostas num concurso público venham conhecidas em sede reservada, inquinando a bondade do ato final do procedimento pré-contratual.

Tratando-se de um ato regulador, os efeitos (constitutivos, modificativos ou extintivos) ou se produzem para todos ou não se produzem.

Outro aspeto a analisar prende-se com as consequências jurídicas resultantes do atraso (pela Administração) da comunicação do ato, quando obrigatória. Se nos parece excessivo e desproporcionado que tal circunstância extinga o poder da Administração, já nos parece razoável exigir que a Administração proceda ao reexame da situação na hipótese de ato desfavorável ou de parecer negativo de natureza vinculativa (artigo 98.º/1 do CPA) não comunicado tempestivamente.

Se o ato administrativo adotado torna certa a situação jurídica por ele disciplinada, parece poder deduzir-se que a falta de notificação do ato (sobretudo quando se prolonga no tempo) contém implicitamente a ideia de que o interesse público não fosse indispensável; em consequência, os princípios da eficácia e da proporcionalidade impõem o reexame do ato e a sua eventual alteração à luz das circunstâncias supervenientes, podendo, como já foi dito, a falta de notificação do ato funcionar como elemento sintomático de desvio de poder [632].

Vejamos agora a hipótese de falta ou atraso da comunicação de atos favoráveis ou ampliativos da esfera jurídica dos destinatários do ato administrativo. Dir-se-á que,

---

[632] Veja-se o seguinte exemplo: a Administração revoga uma concessão (ou impõe a perda de um benefício) sem que seja comunicado tempestivamente o ato revogatório. Sucessivamente, depois da Administração atribuir a concessão ou o benefício a outro particular, o ato vem comunicado. *Quid iuris?*

M. REBELO DE SOUSA / A. SALGADO DE MATOS, *Direito Administrativo Geral*, Tomo III, *op. cit.*, p. 52, parecem sustentar a invalidade do ato subsequente.

em princípio, e ao invés dos atos lesivos, o problema da comunicação do ato administrativo não coloca o problema da tutela jurisdicional. No caso dos atos favoráveis (à pretensão do particular), a falta de comunicação do ato suscitaria, como já foi referido, o recurso à ação de condenação à prática do ato, na medida em que se entenda que, ao contrário dos atos lesivos, os atos favoráveis não são receptícios porque lhes corresponde um silêncio positivo.

Não nos parece, porém, que os atos favoráveis e ampliativos estejam excluídos da lógica da ilicitude, uma vez que a sua comunicação tardia e intempestiva pode provocar danos aos beneficiários de tais atos, ressarcíveis através da ação de responsabilidade civil extracontratual por atos de gestão pública, sem excluir a responsabilidade disciplinar do respetivo funcionário. Parece-nos que a incerteza temporal configura pelo menos um dano emergente.

Apesar de ser entendimento geral que os atos favoráveis são eficazes e prescindem da respetiva notificação, as coisas não são tão simples.

Faça-se notar que nem sempre é fácil distinguir os atos administrativos lesivos daqueles que o não são. Pense-se na imposição de exigências técnicas e económicas de tal modo complexas e gravosas que tornam a atividade industrial devidamente autorizada praticamente inviável ou extremamente onerosa; ou a realização de uma obra (pública) incompatível com as exigências e tempos técnicos impostos pela natureza da obra. Ou seja, um ato aparentemente favorável e ampliativo pode revelar-se na realidade lesivo da expectativa do requerente ou do beneficiário do ato.

Como a relação jurídico-administrativa tem, frequentemente, uma natureza poligonal, pode bem suceder que o ato seja simultaneamente favorável para o seu beneficiário e lesivo para terceiros. Se o regime jurídico da comunicação fosse diferenciado, como parece ser, teríamos como consequência que um mesmo ato deveria ser comunicado aos contrainteressados (destinatários dos efeitos lesivos) mas não necessariamente ao interessado, destinatário dos efeitos favoráveis do ato. Seria um paradoxo lógico e jurídico, na medida em que ambos são destinatários do ato administrativo, ainda que os efeitos sejam opostos.

8. 6. Reflexão final

A nossa preocupação foi a de elencar a problemática da comunicação do ato administrativo (aos interessados) ao nível da teoria geral, problematizando o entendimento dominante que reconhece a este tipo de atos apenas uma relevância jurídica auxiliar e secundária. O texto nem sempre é linear porque os caminhos e hipóteses dogmáticas são várias e complexas, tornando-se difícil definir uma estrada retilínea.

Mais uma vez, fomos surpreendidos pela complexidade de um tema que, à partida, nos parecia relativamente plano. O direito administrativo revela-se, cada vez mais, como um ramo de direito público extremamente complexo, mesmo quando pensamos pisar terreno sólido.

Uma outra ilação que se pode retirar é a de que a distinção entre (in)validade e (in)eficácia do ato administrativo não é assim tão nítida como se poderia pensar, pelo menos no que tange aos atos meramente anuláveis, que são a regra.

O problema da eficácia jurídica parece-nos, aliás, mais complexo do que o tema da validade do ato, que, pelas razões aduzidas no texto, não tem merecido a devida atenção da doutrina, ao invés da (in)validade.

Poder-se-á também concluir que o direito público não elaborou uma teoria autónoma dos atos jurídicos receptícios, o que vem dificultar muito o trabalho do administrativista.

Nota-se ainda uma certa desconformidade da disciplina constitucional (artigo 268.º/3) da comunicação dos atos em relação à disciplina substantivo-procedimental (artigos 66.º e segs. e 130.º e segs. do CPA), a que seria de bom tom pôr termo.

Em jeito de síntese, diríamos que a doutrina, na variedade de teses elaboradas pelos Autores, entende que a comunicação do ato não faz parte dos requisitos de legalidade (validade) do ato administrativo. Também a violação do ónus da Administração, nas hipóteses em que a comunicação do ato administrativo é obrigatória por determinação legal, não incidirá sobre a legalidade do ato [633], mas sobre a sua eficácia, sendo tal operação distinta e separada do ato propriamente dito e dos requisitos de validade. Neste sentido, no plano fásico-descritivo do procedimento administrativo, a comunicação do ato situa-se na fase integrativa da eficácia, após a fase constitutiva.

Por último, não pretendemos ser exaustivos, mas tão só levantar alguns problemas suscetíveis de abrir um ou outro caminho para a dogmática e para o legislador, fazendo notar que a comunicação dos atos não é alheia à forma do ato administrativo e, nessa medida, vem atraída pela lógica estrutural do ato, não sendo de excluir que, pelo

---

[633] Ressalvando os casos de decurso de prazos perentórios (exceto se o interessado tenha tido conhecimento dos elementos essenciais do ato), que podem determinar a extinção do poder administrativo, mas não a ilegalidade do ato.

menos nos atos receptícios, a notificação possa ser vista como um elemento constitutivo (do efeito jurídico) do ato administrativo.

Como se nota, a conclusão é cautelosa, não traduzindo a problematização que foi levada a cabo, mas isso deve-se à dimensão pedagógica que, embora não a absorva, perpassa por esta obra.

9. O pecado original da definitividade competencial do ato administrativo. Um mito estafado

9.1. Apresentação do problema

Apesar do ato administrativo constituir a manifestação mais clássica e relevante da atividade administrativa, a sua definição continua a ser objeto de dúvidas e controvérsia na doutrina e na jurisprudência.

A conceção tradicional partia de uma noção substantiva ampla para, depois, a restringir excessivamente a nível adjetivo ou processual, isto é, a noção de ato para efeitos contenciosos apresentava-se bastante restrita. Creio que a esta noção de ato não é indiferente uma noção substancialista de procedimento administrativo. A chamada teoria do ato-procedimento, ao ignorar qualquer relevância jurídica externa dos atos endoprocedimentais, elegia o ato final do procedimento como o ato suscetível de comportar uma lesão efetiva das posições jurídicas substantivas favoráveis dos particulares (direitos subjetivos públicos e interesses legalmente protegidos).

Esta noção tradicional de ato administrativo foi alvo de crítica por parte da doutrina [634]. No que tange ao conceito substantivo, por se entender demasiado amplo, ao englobar atos com características muito diferentes reve-

---

[634] Cfr, por todos, VASCO PEREIRA DA SILVA, *Em Busca do Acto Administrativo Perdido*, Coimbra, 1995, p. 573 e ss.

lava-se, por isso, imprestável a uma construção dogmática de ato. O seu interesse prático era também praticamente nulo, na medida em que permitia a recondução de várias formas de atuação da Administração a tal noção.

No que se refere ao conceito restrito de ato administrativo para efeitos contenciosos, é manifestamente confuso por nem sequer distinguir realidades tão diversas como as suas dimensões procedimentais, materiais e competenciais. Esta construção, só compreensível num ordenamento jurídico sem uma lei de procedimento administrativo e autoritário, ignorava completamente que alguns atos procedimentais (em número crescente) podem também produzir efeitos jurídicos externos e, portanto, serem lesivos da esfera jurídica dos particulares.

Propôs-se então (e bem), na esteira doutrina alemã, um conceito unitário e integrado de ato administrativo que, sendo mais restrito do que o tradicional sentido amplo e menos acanhado do que o conceito processual, refletisse o interesse prático do conceito e a sua pureza dogmática, que é o de representar as principais manifestações desta forma de agir da Administração e o de determinar os atos suscetíveis de receber o manto e a garantia constitucional (artigo 268.º/4 da CRP) da tutela jurisdicional (efetiva).

Um dos principais méritos desta construção foi o de distinguir o ato administrativo propriamente dito (o ato regulador) dos atos instrumentais (preparatórios e complementares) que sendo atos jurídicos da Administração não produzem, em regra, efeitos jurídicos externos e, nessa medida, não são direta e autonomamente impugnáveis em sede contenciosa.

Debruçando-nos agora sobre a definitividade do ato, para a conceção tradicional, o ato administrativo definitivo para efeitos processuais teria de preencher cumulativamente três tipos de definitividade: procedimental (horizontal), material e vertical (competencial).

Esta doutrina *démodé*, de todos conhecida, foi objeto de crítica da corrente doutrinária que faz apelo a uma noção restrita de ato administrativo, a que já fizemos referência, e que, a seguir, vai ser objeto da nossa atenção.

Para esta corrente dogmática, protagonizada por ROGÉRIO SOARES, não tem sentido um conceito tão amplo e confuso de definitividade [635]. Antes de mais, a definitividade material é absorvida na própria noção de ato administrativo, uma vez que o ato é, por definição, materialmente definitivo, na medida em que produz efeitos jurídicos externos, regulando a situação jurídica tutelada pelo direito administrativo. Tendo o ato administrativo eficácia externa, define inevitavelmente a situação jurídica do particular face à Administração, condicionando, inclusive, a situação jurídica de terceiros.

Relativamente à definitividade horizontal (procedimental), também esta é, em boa medida, absorvida pela noção de ato administrativo ao estabelecer a linha divisória entre atos procedimentais (instrumentais) e ato administrativo propriamente dito. Como já foi dito, os atos instrumentais, embora alguns possam ter eficácia externa (a exclusão de um candidato a um concurso público antes de ser tomada a decisão final), servem essencialmente para preparar ou desencadear a eficácia do ato final (ainda que não o último) do procedimento. Este ato é, por natureza, o ato administrativo, aquele que contém o comando unilateral destinado a produzir imediatamente efeitos jurídicos externos.

---

[635] ROGÉRIO SOARES, "O acto administrativo", in *Scientia Iuridica*, n.ᵒˢ 223/228, 1990, p. 25 e ss.

A imprestabilidade da noção de definitividade horizontal resulta evidente pelo facto de existirem atos procedimentais que, não concluindo o procedimento, produzem efeitos jurídicos externos e afetam, portanto, a esfera jurídica dos particulares. Assim sendo, estes atos são suscetíveis de serem direta e autonomamente impugnados junto de um tribunal administrativo. Esta possibilidade é, aliás, cada vez mais frequente, em virtude da crescente complexidade dos procedimentos administrativos ao conferirem uma notória autonomia e força jurídica aos atos que encerram cada uma das fases do procedimento.

Em suma, por todos estes motivos, a conceção crítica defende apenas a existência de definitividade do ato administrativo no sentido vertical ou competencial. Como iremos ver, é esta construção que vai ser objeto da nossa atenção reflexivo-crítica, sendo que antes procederemos à sua explicitação.

Para esta conceção, que defende apenas a definitividade vertical, para determinar se um ato é ou não definitivo (competencialmente), temos de saber quem é o autor do ato e no uso de que tipo de competência o pratica. Se se tratar de um órgão administrativo que está no topo da hierarquia da pessoa coletiva pública em que está inserido, o ato é sempre definitivo; se o autor do ato for um órgão subalterno, teremos de saber primeiro o tipo de competência que o referido órgão está a exercer. Se praticou o ato no exercício de uma competência exclusiva (própria), o ato será definitivo, o que já não sucederá se o ato for praticado no exercício de uma competência concorrente com o superior hierárquico.

Para esta teoria, a definitividade vertical ou competencial trata de um problema relacionado com o tipo de competência que está a ser exercida pelo órgão (subalterno) que pratica o ato administrativo.

Tratando-se de uma competência exclusiva, o ato do órgão subalterno é diretamente impugnável contenciosamente. Se assim não for, por se tratar de uma competência concorrente, o ato, antes de ser impugnado contenciosamente, deve ser previamente reapreciado pelo superior hierárquico para se tornar definitivo, atualizando-se a seguir a respetiva tutela jurisdicional. Quer dizer, para esta doutrina, existem apenas regimes diferentes quanto ao momento da sua impugnação contenciosa: os atos definitivos verticalmente são passíveis de ataque contencioso direto e imediato, enquanto os atos não definitivos verticalmente estão sujeitos previamente a recurso hierárquico necessário ou obrigatório, depois do qual se atualiza a reação judicial.

Apreciada sinteticamente a controvérsia doutrinal entre nós, o ponto seguinte é o de desmontar a chamada conceção crítica de ato administrativo que sustenta apenas a definitividade vertical ou competencial do ato administrativo. É a partir daqui que verdadeiramente o nosso contributo se inicia e que, esperamos, seja útil e profícuo.

9. 2. Crítica à noção crítica de definitividade competencial

Cumpre-nos agora fazer uma advertência. O nosso esforço é puramente dogmático, pelo que não referiremos os argumentos jurídico-constitucionais já expressos pela doutrina e por nós mesmo relativamente à imprestabilidade da chamada definitividade vertical ou competencial. Os argumentos são novos, assim o esperamos, com referência especialmente à expressão de *competência exclusiva* e à relação de definitividade (do ato) com a hierarquia administrativa.

a) Repetimos, o pecado original da definitividade vertical ou competencial e, portanto, do recurso hierárquico necessário é a razão da sua existência, que não é, no essencial, o de se constituir num meio de tutela da posição jurídica do particular, porque é sempre autotutela (do interesse público da Administração) [636].

Na verdade, autotutela e definitividade vertical têm o mesmo fundamento e materializam-se no mesmo momento: resolver conflitos atuais e potenciais da Administração com outros sujeitos em função da sistemática defesa das posições jurídicas da Administração. O resto é secundário, ao invés do que reiteradamente se pensa, porque de outra forma não se compreenderia que fosse obrigatório-necessário o recurso administrativo.

Do ponto de vista dogmático, o problema põe-se deste modo e não de outro, se se adotasse uma perspetiva descritiva ou cognoscitiva. Tanto é assim que o órgão competente para apreciar o recurso administrativo não está sujeito sequer ao pedido do recorrente (artigo 174.º/1 do CPA).

Nem sequer cabe o argumento das vantagens da impugnação administrativa relativamente à tutela jurisdicional no que tange ao mérito [637]. Com efeito, poder-se-ia

---

[636] COLAÇO ANTUNES, "Anulação administrativa ou *nulla annullatio sine juditio?*", *op. cit.*, p. 7 e ss.

[637] Uma das primeiras vantagens das garantias administrativas (em relação às garantias contenciosas) habitualmente referidas prende-se com a ideia de a Administração (artigos 159.º e 167.º/2 do CPA), ao contrário dos tribunais, não se limitar a apreciar as questões de legalidade, podendo reapreciar as suas decisões também segundo critérios de oportunidade e conveniência (mérito). Argumento que já foi desmontado anteriormente, no n.º 4 da Parte II. Outra vantagem é a de que a Administração, para além de poder anular ou declarar a nulidade, pode ainda revogar, modificar ou substituir os seus próprios atos, enquanto os tribunais administrativos só excecionalmente se

argumentar com a ideia de que não seria razoável nem legítimo privar o particular do reexame do mérito do ato e dos seus vícios (de mérito), o que não lhe seria permitido, do ponto de vista contencioso. Pensamos que este argumento não colhe, entre outras razões, por enfatizar excessivamente um aspeto do recurso hierárquico necessário que, no plano prático, se tem revelado de escasso ou nulo relevo. De facto, para além de não corresponder, em regra, à causa de pedir do recurso, bem poucos têm sido os casos de provimento do recurso administrativo necessário com base em vícios de mérito do ato administrativo (inoportunidade ou inconveniência do ato).

Como também não nos parece que haja qualquer relação lógico-jurídica da noção de definitividade vertical com a posição suprema do órgão administrativo ou com a ideia de competência exclusiva do órgão subalterno. Note-se que a definitividade vertical do ato também não se deve confundir com o recurso administrativo necessário. Este justifica-se por si próprio, como remédio ou garantia das posições da Administração e menos como remédio ou garantia das situações jurídicas do particular. Outra coisa é a definitividade como efeito (ulterior) da decisão em sede de impugnação administrativa, embora os pressupostos sejam os mesmos num ordenamento jurídico munido de uma lei geral do procedimento administrativo que, em bom rigor, torna desnecessário e imprestável para o particular o referido recurso administrativo.

---

podem substituir à Administração, alterando ou substituindo os seus atos. Em terceiro lugar, é usual referir a simplicidade, informalidade e quase gratuitidade das garantias impugnatório-administrativas, bem como a desnecessidade de patrocínio judiciário ou ainda a celeridade e acessibilidade.

b) Diz-se, frequentemente, que o ato administrativo praticado pelo órgão situado no topo da hierarquia da pessoa coletiva pública em que aquele se insere é um ato definitivo por natureza, uma vez que não há um órgão superior que possa rever a decisão. Até um certo ponto, é óbvio e indiscutível. Mas, pondo de parte que não seria impensável um recurso (hierárquico) impróprio, por exemplo, ao Governo, a doutrina tem-se demitido de ver que aquela impossibilidade técnica é aparente e que, no fundo, é expressão de algo mais profundo e essencial: a competência do órgão superior da hierarquia traduz a ideia de modelar (neste caso) a definitividade vertical do ato administrativo pela importância e intensidade do interesse público. O facto da competência vir atribuída *ex lege* ao órgão do cume da hierarquia e não a um órgão subalterno, nem sempre depende de genuínas razões de oportunidade ou de conveniência, sendo que frequentemente tem a ver com a relevância e a intensidade do interesse público a ser prosseguido pelo ato administrativo.

Em resumo, parece-me que é mais a hierarquia a sofrer a influência do conteúdo do ato administrativo e não vice-versa. O que significa, em boa razão, que a posição da autoridade administrativa em relação a uma determinada disciplina normativa implica pelo menos uma modelação dos poderes exercitados, uma vez que tal posição-competência corresponde a uma série de pressupostos e de circunstâncias que influenciam diretamente a atividade administrativa. A relação entre estruturas organizativas e atividade administrativa efetua-se através da competência, de modo que esta não pode ser indiferente aos referidos pressupostos do poder administrativo, isto é, à captação por parte da competência do próprio modo de ser do interesse público primário [638] e à relevância que ele representa numa determinada atividade administrativa.

Problema conexo com este é o do recurso hierárquico impróprio (recurso esse facultativo ou potestativo, artigo 176.º do CPA). O facto de faltar uma relação hierárquica entre os órgãos pode inicialmente fazer pensar que estamos perante uma competência perfeita, completa, como acontece com os atos emanados pelos órgãos supremos da hierarquia. Esta presunção pode, no entanto, decair quando o poder exercitado se insere num particular ordenamento de competências. Renovamos a interrogação se ao recurso hierárquico seja verdadeiramente necessário um determinado tipo de hierarquia que afaste, por exemplo, a sua aplicação às soluções interadministrativas ou a relações interorgânicas mais lassas, como sucede nas relações entre as entidades que compõem a Administração direta e a Administração indireta do Estado ou de qualquer pessoa coletiva pública territorial. Isto para dizer que, pelo menos à luz da relevância do interesse público em causa, a qualificação do ato como definitivo deveria permanecer alheia à natureza hierárquica na qual a garantia impugnatória se poderia suscitar. De resto, os recursos hierárquicos impróprios previstos no ordenamento administrativo não são excecionais, nem sequer do ponto de vista quantitativo. Isto, aliás, é fomentado pelas formas de desconcentração e de descentralização administrativa imprópria ou por serviços, tradicionalmente designada por devolução de poderes e a que não obsta a cápsula da personalidade jurídica das entidades dependentes ou instrumentais. Para além de

---

[638] Segundo E. FORSTHOFF, "Die Kompetenz verbindet die einzelnen Verwaltungsobligennheiten mit den einzelnen Behörden", in E. FORSTHOFF, "Verwaltungsorganisation", in *Die Verwaltung*, Heft 13, p. 16.

uma certa labilidade conceptual na demarcação dos tipos de hierarquia ou da falta dela, como acontece com a figura da delegação de poderes (artigo 35.º e segs. do CPA). Note-se que o ato praticado pelo órgão subalterno ao abrigo de uma delegação de poderes é definitivo se o ato quando praticado pelo delegante fosse definitivo e vice-versa.

O que queremos sublinhar é que tanto a construção tradicional como a noção crítica afirmam a regra geral da impugnação administrativa necessária, deixando subentender que o recurso hierárquico impróprio (tal como outros remédios atípicos) pertence a uma ordem lógica derrogatória da norma geral. Ora, a nós parece-nos que esta definitividade do ponto de vista competencial não se afasta de uma definitividade que se qualifica por um determinado conteúdo e que qualifica a própria competência exercitada [639].

No fundo, tal como sucede com a competência exclusiva, trata-se de um problema de interpretação jurídica, tanto mais que esta competência se convola, em grande medida, numa definitividade implícita.

Em extrema síntese, do caudal argumentativo podem extrair-se ao menos duas ilações. A primeira é dada pelo facto de na perspetiva do intérprete, no que respeita à definitividade, não existir uma diferença radical entre a hierarquia própria e a hierarquia imprópria. Em todo o caso, acertada a existência de uma determinada ordem de

---

[639] Noutras palavras, o recurso hierárquico impróprio ou atípico pode indicar um diverso modo de entender as competências e as suas relações. O procedimento constitui uma unidade dinâmica e, dentro desta unidade dinâmica, perfilam-se relações entre competências que superam os condicionamentos estruturais implicados na ligação da competência com o órgão e do órgão com a pessoa jurídica pública.

relações capaz de conter a possibilidade de reexame dos atos do subalterno, o intérprete não deve apenas indagar se a lei contempla a possibilidade de um órgão poder conhecer e decidir o recurso hierárquico (im)próprio, devendo sobretudo apreciar e analisar se as características do ato administrativo e o modo de ser do interesse público justificam (ou não), tendo presente a recíproca posição estrutural das autoridades, o referido recurso.

Por outro lado, a competência em ordem à decisão do recurso tem sempre aspetos de especialidade que se manifestam na própria decisão, sendo que mesmo em relação ao recurso (próprio) necessário não é verdadeiramente a hierarquia em si mesma a caracterizá-lo mas o poder suscitado em relação aos interesses contrapostos no ato originário impugnado, o que abona a favor, sob vários aspetos, da parificação dos dois tipos de recursos e de decisões.

Aliás, os recursos administrativos sempre funcionaram, por razões ligadas ao défice procedimental, mais como preparação da tutela contenciosa do que propriamente como fecho da ação administrativa.

c) Vejamos, por último, a problemática da competência (do órgão subalterno) que, como iremos ver, se convola numa espécie de definitividade implícita do ato administrativo.

Com efeito, se investigarmos um pouco a disciplina jurídica, se procurarmos reconstruir a vontade normativa, verifica-se que ela é dirigida não tanto a estabelecer uma competência exclusiva, quanto a impedir simplesmente o recurso hierárquico. Ao que julgamos, para deduzir da vontade da lei o intento de definir uma competência exclusiva não cremos que seja suficiente a qualificação de definitividade dada ao ato administrativo como resultado do exercício de tal competência (exclusiva); é necessário sobretudo que a exclusividade da competência constitua uma consequência de um determinado ordenamento jurídico e organizatório referido a um determinado setor, ainda que mínimo, da atividade administrativa. Ainda que se reconheça que a anulação administrativa não é um privilégio apenas do órgão que decide o recurso hierárquico (facultativo), bastará a referência aos persistentes poderes ordenadores e de direção do superior hierárquico para configurar uma competência não exclusiva do órgão subalterno, ainda que a lei diga que estamos na presença de um ato definitivo vertical.

Em boa verdade, a noção de competência exclusiva é das noções jurídico-administrativas menos seguras do nosso ordenamento [640], porque contém em si mesma uma limitação devida ao facto de, apesar de legalmente qualificada como competência exclusiva (absoluta), ela ser relativa, uma vez que admite sempre um recurso administrativo potestativo.

Para além de no campo da organização administrativa ser muito discutível uma competência por graus, parece-nos mais ou menos evidente que este tipo de organização de tipo burocrático não adere convenientemente à realidade da distribuição dos poderes pelos órgãos de uma organização administrativa. Uma competência deste género é mais compreensível na ordem judiciária. No campo da organização administrativa tem escasso significado falar de competência por graus no momento em que os poderes que o órgão superior exercita sobre o órgão subalterno carecem de uma credencial legal expressa, mas sobretudo

---

[640] Como reconhece explicitamente ROGÉRIO SOARES, *Direito Administrativo, op. cit.*, p. 63, sobretudo quando falta uma disposição concreta.

porque se trata de poderes muito diversos dos exercitados com o ato administrativo originário.

Em bom rigor, a noção de competência exclusiva não tem sentido se referida ao ato administrativo, mas apenas quando reportada a uma relação ou a uma dada matéria. Assim sendo, diz-se exclusiva a competência se a atividade, dirigida a estabelecer uma série de relações materialmente definidas, é imputável apenas a um órgão administrativo. Como também é possível o inverso, estabelecendo-se a possibilidade de sobre a mesma matéria incidirem diversos poderes.

Na medida em que todo o exercício de poder representa uma competência, poder-se-ia dizer que toda a competência é tendencialmente exclusiva e que a competência não exclusiva (concorrente) é elíptica, indicando na realidade que sobre uma determinada matéria podem incidir diversas competências. Daí que, em relação à hierarquia, uma competência não exclusiva pretenda indicar que o superior hierárquico pode, exercitando uma ou várias competências, atuar sobre o mesmo interesse ou pretensão a respeito do qual o ordenamento jurídico prevê a competência inicial do órgão subalterno, e agir, com consequências diretas, sobre o ato emanado por este último.

Numa palavra, uma competência exclusiva em sentido absoluto é provavelmente impossível de decifrar, tal como não será impossível negar um certo grau de exclusividade a toda a competência. Todas as vezes que existe um superior hierárquico (de acordo com o modelo hierárquico) é sempre possível que esteja legitimado a exercer poderes sobre os atos dos órgãos subalternos, nem que sejam poderes extraordinários. A definitividade vertical, pela natureza das coisas, não afasta esta possibilidade, como também não afasta essa hipótese a competência exclusiva. É verdade também que toda a competência é exclusiva, no sentido de conter o limite dos interesses manifestados no ato administrativo, limite que opera também em relação ao superior hierárquico em sede de reexame.

Parece-nos, em suma, que o critério da exclusividade (da competência) na relação hierárquica não se apresenta idóneo para resolver o problema da definitividade do ato administrativo através do exercício de uma certa competência. Portanto, a incerteza permanece, daí que, em boa medida, tal competência exclusiva se confunda com uma definitividade implícita do ato. Há ainda o perigo da analogia com outros procedimentos quanto aos efeitos dos respetivos atos e aos interesses em jogo, critério analógico que deve ser desatendido porque todo o tipo de procedimento corresponde a um tipo de poder e a aparente semelhança do modo de atuação do próprio poder e dos efeitos jurídicos do ato administrativo não se traduz necessariamente numa semelhança de relações entre a competência e os interesses coenvolvidos no procedimento administrativo.

Em resumo, tanto o problema da competência exclusiva como o princípio do recurso hierárquico necessário parece ser uma questão interpretativa, a conjugar, eventualmente, com outros critérios.

Mas se se trata de um critério interpretativo, pergunta-se, interpretar o quê? As normas jurídicas inerentes à definitividade ou as normas que atribuem poderes e modelam as competências relativas ao exercício de tais poderes? A doutrina e a jurisprudência têm-se decantado pela segunda hipótese, mas não se pode ignorar que a definitividade não se resolve apenas num problema de hierarquia ou de competência. Na prática, a aplicação da norma jurídica sobre a definitividade vertical do ato confunde-se com a aplicação da norma sobre o recurso hierárquico, mas é também evidente que antes de reconhecer o recurso é necessário decidir se o ato administrativo é ou não definitivo. Mesmo admitindo a generalidade do recurso administrativo, isso não elimina a referida decisão (apreciação) preliminar e, assim sendo, talvez possamos afirmar que o princípio da generalidade do recurso e, conjuntamente, da competência exclusiva, funcionam como critérios interpretativos do sistema normativo da definitividade. Todavia, sempre que a regra geral do recurso hierárquico necessário seja elevada a norma soberana do sistema, como até há pouco acontecia entre nós (cfr., entretanto, o artigo 268.º/4 da CRP e o artigo 59.º do CPTA), eliminando as incertezas sobre a definitividade competencial, os problemas de confronto entre o referido princípio e a definitividade vertical diminuiriam, mas os direitos das pessoas seriam sacrificados no altar da Administração.

9. 3. Conclusão definitiva

Quando o procedimento administrativo é hoje o modo de permitir a introdução e a ponderação de todas as posições jurídicas relevantes das partes, parece-nos que se torna inútil estabelecer positivamente o recurso hierárquico necessário ou obrigatório como condição de definitividade do ato administrativo e pressuposto processual da ação administrativa. Não só inútil como contraproducente porque poderia prejudicar a ponderação e o equilíbrio dos interesses coenvolvidos no procedimento administrativo em desfavor do particular.

Como já noutra altura dissemos [641], o problema da definitividade é mais um conceito empírico do que dogmático.

---

[641] COLAÇO ANTUNES, *A Teoria do Acto e a Justiça Administrativa*, op. cit., p. 281.

Para ter um sentido útil no atual ordenamento administrativo e processual português, a definitividade hoje quer dizer estabilização do ato administrativo, o que só se consuma decorridos os prazos de impugnabilidade contenciosa do mesmo (artigo 58.º/2/3/4 do CPTA). Numa palavra, definitividade do ato administrativo equivale hoje à inopugnabilidade do ato. É certo, contudo, que a consolidação do ato (anulável) não significa a sua convalidação, como é sabido, e resulta, agora, explicitamente da lei (cfr. artigo 38.º do CPTA). Os limites de ambas figuras, definitividade e inopugnabilidade confundem-se tendencialmente, por força do disposto nos artigos 51.º e 59.º/4/5 do CPTA, sistematicamente entendidos. Inopugnabilidade compreendida como facto de eficácia preclusiva (direta), como garantia de estabilidade (relativa) da relação administrativa e do seu produto, o ato (anulável) e a sua eficácia jurídica. Numa palavra, a inopugnabilidade como incontestabilidade direta dos efeitos jurídicos de um ato administrativo (anulável).

Em extrema síntese, o jurista tem de se libertar da canga da velha cultura jurídica administrativa para poder dar sentido e utilidade à figura da definitividade vertical do ato administrativo.

Mas isto pode não bastar, pelo que se convoca o legislador para dar uma solução positiva e clara a este problema que não pode ficar na dependência da habilidade hermenêutica do jurista.

Em conclusão, do ponto de vista dogmático, não tem sentido falar de duas categorias substancialmente diferentes de atos administrativos: os atos definitivos (que admitem uma reação judicial imediata) e os atos não definitivos (que não a admitem). Qualquer ato administrativo que seja como tal qualificado é um ato suscetível de ser impugnado contenciosamente, decaindo para o nível potestativo o recurso administrativo.

10. A subvenção pública: um lugar especial na tipologia dos atos administrativos

10.1. Tentativa de delimitação da figura da subvenção no âmbito nacional e europeu

O estudo desta categoria de atos administrativos coloca várias e complexas dificuldades, a começar pelo conceito de subvenção administrativa. É igualmente problemática a natureza do ato administrativo de subvenção, como também não é fácil decantar os contornos da sua revogação.

Depois, como o título deixa entrever, trata-se de uma figura poliédrica, com um âmbito pouco definido (Decreto-Lei n.º 67/2008, de 26 de agosto, artigo 1.º/1/2), mas que sem dúvida apresenta uma relação crescentemente económica e patrimonial no contexto europeu (comunitário). Esta figura adquire, inclusive, uma vertente negativa dominante quando se traz à colação a noção de ajudas do Estado (artigo 107.º e segs. do TFUE).

Em bom rigor, a noção de subvenção administrativa a nível interno não tem o mesmo alcance no âmbito comunitário, mesmo ao nível da respetiva natureza jurídica. Se os ordenamentos jurídicos nacionais, com maior ou menor dificuldade, têm procurado fornecer uma noção jurídica de subvenção, já o mesmo não se passa com o direito comunitário. Com efeito, o TFUE trata da figura no contexto das ajudas do Estado, mais precisamente da sua proibição, em obséquio ao mercado interno europeu, sem que venha fornecida qualquer noção jurídica de subvenção administrativa. Trata-se, no essencial, de procurar estabelecer limites e proibições às ajudas do Estado à luz do correspondente fenómeno económico (mercado interno), descurando o seu enquadramento jurídico. Ainda que a figura das ajudas do Estado possa compreender algumas variantes da subvenção, na verdade os dois conceitos são distintos. Segundo a jurisprudência comunitária [642], o conceito de ajuda do Estado é mais amplo do que o conceito de subvenção, entendimento que não subscrevemos, como se deduzirá do que diremos mais adiante.

Mesmo que a atribuição de uma quantia em dinheiro ou de outro tipo de vantagens económicas por parte de um Estado a uma empresa, concedendo-lhe uma posição preferencial, com refrações no mercado e nas suas regras, possa constituir uma expressão da subvenção administrativa, as figuras em questão não devem ser confundidas. Apesar da conformação do direito administrativo comunitário, não nos parece que seja possível à doutrina nacional definir estritamente a noção jurídica de subvenção administrativa. De facto, faz parte do ato administrativo de subvenção qualquer ato cujo efeito jurídico consiste na atribuição gratuita, sem restituição, de uma soma em dinheiro ou de um bem de valor económico.

---

[642] Cfr. as sentenças do TJUE, de 20 de setembro de 1990, Processo C-5/1989, *Alemanha vs. Comissão*, de 14 de janeiro de 1997, Processo C-169/1996. Mais recentemente, as sentenças do Tribunal Geral (antigo Tribunal de Primeira Instância), de 15 de junho de 2010, Processo T-177/07, *Mediaset SpA vs. Comissão* — sentença muito interessante, uma vez que exclui o princípio da confiança legítima, mesmo quando se trata de uma ajuda indireta — e de 1 de julho de 2010, Processo T-62/08, *Thyssenkrupp vs. Comissão*.

Como já ficou dito, as normas do TFUE não configuram uma noção *tout court* de ajuda de Estado, mas tão-só uma noção de ajuda que seja incompatível com o mercado interno europeu e, nessa medida, incida negativamente nas relações e trocas comerciais intracomunitárias. Com base no artigo 107.º e seguintes do TFUE, nem toda a medida estatal que tenha como destinatário uma empresa é proibida, constatando-se outros critérios e condições cumulativamente presentes para determinar a (in)compatibilidade da ajuda do Estado com o direito comunitário. Em suma, o que é determinante para o direito europeu não é a concessão da ajuda (do Estado) nem a sua gratuitidade ou ausência de custos, mas a capacidade da medida proporcionar uma vantagem económica à empresa em causa sem com isso afetar as relações de mercado entre os Estados-membros [643].

Tradicionalmente, a noção jurídica de subvenção administrativa é estruturada pela doutrina à luz do interesse público a prosseguir através desta figura. Ainda que as modalidades variem, tal como pode variar o procedimento a seguir ou até os efeitos jurídicos secundários, mantém-se sempre a ligação da subvenção com o interesse público a realizar. É claro que sendo variadas as finalidades a realizar, mudam também os interesses públicos a prosseguir com esta categoria de atos administrativos. Em síntese, na variedade de formas que pode assumir a subvenção administrativa, o denominador comum é o interesse público específico e concreto a atingir (artigo 1.º/2 do DL n.º 167/2008, de 26 de agosto).

Ora, é precisamente esta variedade de subvenções, apesar da unidade do escopo, que tem dificultado uma

---

[643] Cfr. A. ESTOA PÉREZ, *El Control de las Ayudas de Estado*, Madrid, 2006, p. 54 e ss.

noção unitária de subvenção administrativa [644]. A classificação do ato administrativo de subvenção acaba por ser determinado pela finalidade sectorial ou interesse público específico a prosseguir. Assim sendo, a subvenção pode arrumar-se, no essencial, em três tipos: as subvenções como instrumento de intervenção sobre a iniciativa económica dos particulares; as subvenções no setor dos serviços públicos, que, em puridade, são prestações administrativas; as subvenções prestadas para resolver situações de aberta crise económica ou social. Esta tipologia pode, depois, diversificar-se em cada um dos tipos de subvenção. Por exemplo, no que respeita à primeira categoria, a subvenção pode assumir a forma de isenção fiscal, subsídio ou de acesso a crédito mais barato. A subvenção pode ainda revestir formas indiretas de intervenção dos poderes públicos no tecido económico e social, como sucede nos serviços públicos ou no setor das obras públicas [645]. Outra forma indireta de intervenção económica é baixar as exigências em matéria ambiental ou das tecnologias ditas limpas. Outras tantas manifestações da figura da subvenção podem ser, por exemplo, a atribuição de bolsas de estudo ou as medidas destinadas a incentivar a investigação científica. Como se vê, a capacidade expressiva desta figura é enorme.

Regressando ao espaço europeu, pode dizer-se que o escopo (o fim) não tem grande relevo, salvo o de manter concorrencial o mercado interno europeu. Diríamos que, no âmbito comunitário, estamos confrontados com uma

---

[644] Recentemente, D. AGUS, "Gli ausili alle imprese tra dispersione degli interventi e frammentazione delle competenze", in L. TORCHIA, *Il sistema amministrativo italiano*, Bologna, 2009, p. 111 e ss.

[645] Cfr. B. LUBRANO, *Le sovvenzioni nel diritto amministrativo*, Torino, 2008, p. 71 e ss.

subvenção de resultado (económico), posto que o que releva são os efeitos económicos das medidas sobre o mercado. Neste sentido, a subvenção é, em boa medida, absorvida pela noção de ajuda do Estado, nos termos regulados pelo direito administrativo da concorrência. O que está em causa, reafirma-se, é garantir o normal funcionamento do mercado único europeu, que é, porventura, o principal objetivo da União Europeia. Curiosa e paradoxalmente, a subvenção administrativa privatiza-se no âmbito do espaço jurídico europeu, sendo que, face ao primado e ao efeito direto do direito comunitário, esta tendência tende a propagar-se ao espaço jurídico dos Estados--membros [646].

Em resumo, se a subvenção administrativa de caráter prestacional teve os seus dias de glória no Estado Social de Direito, hoje, com o regresso da ideia de Estado mínimo, a subvenção tende a economizar-se e a privatizar-se, ao menos no que ao seu regime jurídico diz respeito. Noutras palavras, a subvenção deixa de ser (no essencial) uma obrigação pública para passar a ser uma obrigação privada [647], assumindo esta configuração uma modelação obrigacional de tipo civilístico. Digamos que o interesse público tende a desvanecer-se na fase privatística e na relação obrigacional estabelecida entre o ente público e o beneficiário (privado) da prestação. Referimo-nos à privatização parcial e substantiva da relação jurídica, já que no plano processual se mantém a competência dos tribunais administrativos (cfr. o artigo 4.º/1 /e) /f) do ETAF). Uma coisa é a obrigação pública do ponto de vista procedimen-

---

[646] B. LUBRANO, *Le sovvenzioni nel diritto amministrativo*, op. cit., p. 76.

[647] Cfr., por todos, M. S. GIANNINI, *Le obbligazioni pubbliche*, Roma, 1964, p. 8 e ss.

tal e processual, outra, a obrigação privada do ponto de vista substantivo.

Uma outra noção próxima do conceito de subvenção é a de prestação administrativa [648]. Numa primeira aproximação, diríamos que a prestação administrativa é o caso típico de uma obrigação pública regida pelo direito administrativo. Referimo-nos às prestações que têm como destinatários os cidadãos no âmbito dos serviços públicos. Serviços que podem ser de natureza educativa, assistencial, sanitária ou de beneficência pública. A reconstrução da noção de prestação administrativa apresenta alguma dificuldade, prevalecendo, em última instância, uma relação típica de direito público própria do Estado Social. Para ser mais preciso, tenderíamos a identificar com a noção de prestação administrativa os vários tipos de atuação dos serviços públicos. Neste sentido, o conteúdo da prestação administrativa ganha uma certa especificidade, na medida em que diz respeito ao conteúdo próprio do exercício de um verdadeiro serviço público com caráter permanente e dotado de uma complexa organização de serviços. Em suma, à variedade de conteúdos e de finalidades da subvenção (pelo menos tradicionalmente), opõe-se um conteúdo específico próprio de um serviço público. Serviço público entendido em sentido restrito. Um outro dado distintivo das figuras da subvenção e da prestação administrativa é que nesta, ao invés da primeira, não há, em princípio, qualquer traço de discricionaridade administrativa [649].

Apesar da riqueza conceptual das figuras jurídicas em causa ser um dado irrefutável, acrescentaríamos que a

---

[648] M. S. GIANNINI, *Le obbligazioni pubbliche*, op. cit., p. 50.
[649] M. S. GIANNINI, *Le obbligazioni pubbliche*, op. cit., p. 52. Mais recentemente, C. IRELLI, *Diritto privato dell'amministrazione pubblica*, Torino, 2008, p. 8 e ss.

subvenção administrativa apresenta, em regra, a natureza de uma obrigação patrimonial, ao contrário do que sucede com a prestação administrativa. Nesta figura, a patrimonialidade dilui-se no dever (público) de prestar um serviço público, sendo que a sua inevitável incerteza conceptual conduz, por vezes, a uma certa confusão com a atividade material e concreta levada a cabo pela Administração de prestação, como objeto da obrigação pública. Na prestação administrativa, o financiamento (público) é feito ao serviço público e não a um ou vários destinatários individualizados, como sucede com a subvenção administrativa.

Em resumo, estamos num domínio conceptual de grande labilidade, labilidade conceptual que é acentuada pelas profundas alterações que se estão a verificar ao nível das funções das pessoas coletivas públicas primárias e à sua substituição pelo fenómeno da supranacionalidade, entendido como lugar e forma histórica dos atuais ordenamentos jurídicos de fins gerais.

Sintetizando, a figura da obrigação pública é mais ampla, podendo ter como hipóteses típicas quer as subvenções administrativas [650] como as prestações administrativas. O que define a obrigação pública é que ela abrange um espetro amplo de relações jurídicas entre a Administração e os particulares, relação jurídica que ora é caracterizada pela patrimonialidade-economicidade, como sucede com a subvenção administrativa, ora é marcada pela prestacionalidade existencial, como se verifica com as prestações administrativas. Também a obrigação pública pode ter uma fase pública (procedimental) e uma fase privada, de caráter obrigacional, como se nota crescentemente no direito comparado. Os contornos mais publicísticos ou

---

[650] Pelo menos algumas das suas expressões mais relevantes.

privatísticos devem-se à política legislativa que, nos últimos tempos, se tem decantado preferencialmente pelos instrumentos jurídicos civilísticos.

10. 2. Natureza do ato administrativo de subvenção

A natureza jurídica dos atos de subvenção (como categoria ampla capaz de absorver diversas modalidades de financiamento e ajuda) é a questão dogmática a que procuraremos dar resposta.

Nos termos do artigo 11.º do Decreto-Lei n.º 167/2008, de 26 de agosto, a subvenção pode assumir a forma de ato ou de contrato administrativo [651]. Para esclarecimento do leitor, a análise centra-se no ato administrativo como fonte objetiva da subvenção. Que tipo de ato administrativo é este?

Para início das hostilidades, afasta-se a ideia de que o ato gratuito em que se consubstancia a subvenção administrativa possa configurar uma liberalidade da Administração, não só por razões teoréticas e legais, mas também com base no argumento de que o *animus donandi* (a existir) está inteiramente submetido à realização do interesse público concreto tido em vista. Com efeito, é o interesse público a conformar este tipo de ato administrativo, bem como a consequente relação jurídica estabelecida entre a Administração e o beneficiário do auxílio [652].

---

[651] Cfr. igualmente o Acórdão do STA (2.ª Secção), de 21 de outubro de 2009, Processo 0462/09, que remete para o artigo 5.º do referido Decreto-Lei.

[652] Ainda que a natureza da relação jurídica possa variar de ordenamento jurídico para ordenamento jurídico.

Acresce ainda que o comportamento do destinatário do ato é determinante para a realização do interesse público concreto e específico. É o que se passa, por exemplo, com o financiamento de determinado setor de atividade (exportações) ou no caso de medidas destinadas a estimular a iniciativa económica privada ou ainda com a renovação-inovação das empresas nos termos da cláusula de progresso técnico-científico (defesa do ambiente).

Regressando mais especificamente à natureza do ato administrativo de subvenção, impõe-se colocar sobre a mesa dogmática a questão da tipologia dos atos administrativos. Trata-se, antes de mais, de um ato administrativo de primeiro grau, isto é, de um ato que incide diretamente sobre determinadas situações da vida. Seguindo uma tipologia clássica dos atos administrativos, temos, por um lado, atos que provocam situações de desvantagem (atos ablativos, atos impositivos) e atos que criam ou provocam situações de vantagem, ou seja, que conferem ou ampliam situações de vantagem ou eliminam ou reduzem encargos.

Dentro dos atos que conferem ou ampliam vantagens vamos encontrar a subvenção administrativa, a autorização administrativa, a delegação de poderes e os atos de concessão. Na categoria das concessões, em que está em jogo o exercício de uma atividade pública, podem apontar--se dois grandes tipos: as concessões translativas e as concessões constitutivas. Este aspeto é importante, porque uma das vias seguidas pela doutrina europeia e pelo legislador para classificar a natureza jurídica do ato de subvenção é precisamente a figura da concessão.

Na hipótese da concessão translativa verifica-se a transmissão para o concessionário de poderes administrativos já existentes na titularidade da Administração concedente. É o que acontece com a concessão de serviços públicos. Neste caso, a Administração abre mão de uma tarefa pública que fica entregue à capacidade e diligência de um particular, ainda que sujeita a um poder de controlo e fiscalização da atividade administrativa correspondente.

No que respeita às concessões constitutivas, a entidade concedente cria poderes ou direitos de que a Administração não pode ser titular, mas que só ela pode criar em favor de terceiros, implicando, em princípio, uma compressão dos poderes públicos. O exemplo característico de uma concessão constitutiva é o da concessão de uso privativo do domínio público [653]. Trata-se de um ato administrativo através do qual a Administração confere a um particular a possibilidade de utilizar, em proveito próprio e com compressão dos poderes da Administração, bens pertencentes aos bens dominiais, desde que isso não ponha em causa a realização do interesse público. Como exemplo ilustrativo do que se acaba de dizer, podem citar-se as concessões que facultem a um particular a ocupação de uma fração de uma praça pública para instalação de um quiosque ou de uma esplanada.

Depois desta breve exposição sobre a tipologia dos atos administrativos, creio ser mais avisado qualificar a subvenção como um ato administrativo autónomo e distinto da categorização levada a efeito, tendo presente, em especial, o seu conteúdo e os respetivos efeitos jurídicos [654]. Ao invés da concessão translativa, não se verifica qualquer

---

[653] ROGÉRIO SOARES, *Direito Administrativo*, op. cit., p. 108.

[654] Esta posição não põe em causa a sua qualificação como ato administrativo que cria uma situação de vantagem para o respetivo beneficiário-destinatário (ROGÉRIO SOARES, *Direito Administrativo, op. cit.*, p. 107), que integra a subvenção na categoria de atos que desencadeiam benefícios para terceiros.

transmissão de poderes para os particulares, como também não há, como acontece com a concessão constitutiva, qualquer compressão de poderes públicos, embora haja em comum com esta figura a criação *ex novo* de direitos de que a Administração, em regra, não pode ser titular. Com o ato administrativo de subvenção criam-se direitos (nomeadamente de crédito) de que beneficiam os particulares, é certo, mas como já ficou dito, o objetivo desta figura não é tanto o de criar vantagens ou benefícios para o particular como o de realizar um determinado interesse público.

Como se vê, há aqui uma diferença notória em relação à concessão constitutiva, cuja filosofia e escopo é o de permitir a satisfação de interesses particulares, desde que não ponha em causa a realização de finalidades públicas. Já com a subvenção administrativa, ainda que se criem direitos ou benefícios na esfera jurídica dos particulares, o objetivo é realizar o interesse público primário posto pela lei das subvenções públicas. É isto, a nosso ver, que explica a posição jurídica do beneficiário do ato administrativo de subvenção. Se inicialmente o ato é constitutivo de direitos, depois esta posição jurídica degrada-se em interesse legítimo de acordo com o cumprimento de cláusulas acessórias postas pelo ato de subvenção, afastando, assim, o limite definido pelo artigo 140.º/1/b) do CPA. Saliente-se, mais uma vez, que o comportamento do destinatário do ato de subvenção é determinante para a realização do interesse público específico tido em vista pela Administração com este tipo de ato administrativo. Se o ato administrativo de subvenção é constitutivo, na medida em que, reunidos determinados pressupostos, visa a produção de determinados efeitos jurídicos, quando aqueles requisitos não se fazem presentes ou deixaram de sê-lo o ato administrativo perde natureza constitutiva para passar a assumir uma natureza meramente declarativa. Nesta perspetiva, sustentamos que as cláusulas acessórias (artigo 121.º do CPA) fazem parte de núcleo duro do ato administrativo de subvenção. A nosso ver, não existe nada de acessório no conteúdo (in)cumprido do ato de subvenção, mas, ao invés, o (in)cumprimento é justamente o essencial, o conteúdo que justifica a adoção do ato de subvenção e, posteriormente, a sua revogação. Estamos, assim, com aqueles que sustentam que a condição faz parte do conteúdo do ato administrativo, o que permite explicar o incumprimento do fim como algo equivalente ao incumprimento de uma condição, ainda que a revogação não seja necessariamente automática, antes devendo pautar-se pelo princípio da legalidade e da proporcionalidade [655]. Em suma, o ato só fica perfeito com o cumprimento das cláusulas acessórias.

O que verdadeiramente está em causa com a subvenção administrativa é o cumprimento do interesse público primário, o que nos leva, ainda que excecionalmente, a excecionar a regra geral de proibição da revogação de atos administrativos favoráveis e constitutivos de direitos e interesses legalmente protegidos. Note-se que no ordenamento jurídico-administrativo alemão, que tanto nos inspirou em matéria procedimental (e processual), vem contemplada, em sede procedimental, uma exaustiva regulação das cláusulas acessórias [656], que (confundindo mais do que aclarando as coisas) não afasta a possibilidade, por incumprimento dos modos, da exceção à regra geral da proibição de revogação de atos administrativos favoráveis [657].

---

[655] Cfr. H. MAURER, *Allgemeines Verwaltungsrecht*, op. cit., p. 343.

[656] O que implica entrelaçar conceitos jurídico-privados com um instituto clássico de direito administrativo.

[657] Cfr. o § 49/3 da Lei alemã do Procedimento Administrativo — *Verwaltungsverfahrensgesetz* (*VwVfG*). Este preceito é uma norma

Em bom rigor, todo o ato de subvenção cumpre dois (tipos de) fins: um fim primário, que é o interesse público específico prosseguido pela Administração ao estabelecer a subvenção e cujo incumprimento deveria levar a entidade administrativa competente a alterar o ato pela sua fáctica ineficácia. E um segundo fim, secundário, que consiste na realização da atividade tal como foi redesenhada pelo ato de subvenção com base na lei habilitante; por conseguinte, o incumprimento pelo beneficiário da subvenção do objetivo estabelecido justifica a recuperação do auxílio prestado pela Administração e a revogação do ato [658].

Exemplificando, se a Administração concede uma subvenção a uma empresa para que esta ofereça um curso de línguas aos seus trabalhadores, de modo a fomentar as exportações, a referida ajuda ficará subordinada à efetiva realização do referido curso, mas o fim primário é o de fomentar as exportações de um determinado produto industrial. Na puridade dos factos, a delimitação entre os dois fins nem sempre é clara, ainda que seja necessário deixar afirmado que a revogação do ato de subvenção só procederá verdadeiramente por incumprimento de um objetivo determinado quando a subvenção se concedeu precisamente para atingir o fim, fim esse que não foi realizado. Note-se, no entanto, que, com frequência, o ato de subvenção se limita a exigir um determinado comportamento, sem que os fins que se prosseguem com tal comportamento

---

especial em relação ao n.º 2 do § 49 da VwVfG, que estabelece outras causas legítimas de revogação, o que não significa que um ato de subvenção não possa ser revogado com base nestes fundamentos, embora sem caráter retroativo. Cfr., recentemente, F. O. KOPP / U. RAMSAUER, *Verwaltungsverfahernsgesetz. Kommentar*, op. cit., p. 100.

[658] Cfr., entre muitos, M. RODI, *Die Subventionsrechtsordnung*, Tübingen, 2000, p. 50 e ss., com amplas referências bibliográficas.

tenham relevância no momento de decidir a revogação do ato ou a reintegração do auxílio financeiro. Por exemplo, não teria sentido revogar o ato de subvenção concedido para uma investigação clínica se não foi descoberto qualquer fármaco para a enfermidade em causa. Neste caso, o risco de não alcançar o fim primordial recai, em regra, sobre a Administração.

O que nos parece decisivo do ponto de vista jurídico é que a atividade ou a sua omissão e sobretudo o fim a atingir com a subvenção fique clara e explicitamente determinado no ato administrativo de subvenção. O incumprimento do interesse público primário, definido claramente, é o motivo (principal) que determina a revogação do ato de subvenção, ainda que a realização do referido fim recaia no âmbito da responsabilidade do beneficiário, e constitui, assim mesmo, a verdadeira causa do ato administrativo.

Acompanhando a doutrina alemã [659], o risco e a responsabilidade pelo cumprimento do fim primário cabe ao beneficiário do ato, sem que isso obste à possibilidade da Administração poder vir a partilhar o risco e a responsabilidade, em especial quando se verifica uma alteração abrupta e imprevista das circunstâncias. Nesta hipótese, haverá lugar a uma espécie de "reequilíbrio da subvenção" [660]. Não obstante, a melhor doutrina perfilha o entendimento de que deve ser o beneficiário do ato de subvenção a assumir, em regra, o referido risco e responsabilidade, pelo menos quando se tenha determinado com pre-

---

[659] F. O. KOPP / U. RAMSAUER, *Verwaltungsverfahrensgesetz*, op. cit., p. 95 e ss.

[660] Cfr. P. WEIDES, *Verwaltungsverfahren und Widerspruchsverfahren*, München, 1993, p. 369 e ss.

cisão o fim primário a atingir com a subvenção e o risco esteja adequadamente previsto e calculado [661].

Pode colocar-se aqui uma situação interessante. Imaginemos que o interesse público específico foi primorosamente cumprido, ainda que o beneficiário não tenha adotado o comportamento estabelecido ou tenha até desenhado um projeto distinto. Neste caso haverá lugar à revogação do ato e à correspondente restituição da prestação? Em nossa opinião, em obséquio à legalidade material e à Administração de resultados (de que a subvenção, em certa medida, é um instrumento), mas sobretudo à realização do fim primário, não deve haver lugar à revogação do ato de subvenção ou a qualquer restituição do que tenha sido recebido pelo beneficiário do ato. Naturalmente, desde que o comportamento, ainda que diferente do estabelecido, seja tipicamente legal.

Repare-se que o exemplo apresentado adquire especial relevância quando a subvenção é outorgada num domínio tão competitivo como é o da concorrência econômica. Neste caso pode perguntar-se se, quando a Administração tenha baseado a sua decisão nos modos ou nas formas por que irão ser cumpridos os fins públicos, procede o mesmo entendimento. Já com base na distinção entre o fim e as obrigações impostas ao beneficiário, o cumprimento do fim por um terceiro não justifica, obviamente, a manutenção do ato de subvenção.

Outra situação configurável é a do cumprimento parcial das obrigações impostas pelo ato administrativo de subvenção. Nesta situação, como o interesse público primário não foi plenamente atingido, deve jogar um papel decisivo o princípio da proporcionalidade, no sentido de vingar ou não a hipótese do ato revogatório. Vejamos mais

---

[661] M. RODI, *Die Subventionsrechtsordnung*, op. cit., p. 763.

um exemplo. Admitamos que a subvenção foi dada tendo em atenção a criação de um certo número de postos de trabalho, o que só veio a acontecer parcialmente. Nestes casos, o intérprete deverá analisar se a subvenção é divisível (ou não), o que pode justificar a revogação parcial do ato e a recuperação parcial da ajuda, sempre à luz do princípio da proporcionalidade [662].

Imaginemos ainda outra situação da vida, o cumprimento extemporâneo das obrigações do beneficiário da subvenção. Agora, à semelhança do direito alemão (§ 49/a/4 VwVfG), melhor seria cobrar juros de mora em vez de revogar o ato de subvenção, que me parece excessivo [663] quando a dilação temporal não é relevante.

10. 3. A revogação do ato administrativo de subvenção

Uma das questões que se coloca é a de saber se é possível à Administração recuperar a ajuda prestada ao beneficiário sem revogar o ato de subvenção. Com efeito, uma das hipóteses hermenêuticas passa por sustentar que a recuperação da ajuda implica e exige a revogação do ato de subvenção, portanto, a extinção da sua eficácia jurídica. Não deixa, no entanto, de ser pertinente o argumento de que a referida restituição do auxílio não só não afetaria a validade e a eficácia do ato de subvenção, como até a res-

---

[662] Neste sentido, F. O. KOPP / U. RAMSAUER, *Verwaltungsverfahrensgesetz*, op. cit., p. 1002. Admite-se, no entanto, uma subtil matização, que é a de reconhecer ao órgão competente o poder discricionário de decidir, não obstante o princípio da proporcionalidade, pela revogação total ou parcial do ato de subvenção.

[663] Neste sentido, F. O. KOPP / U. RAMSAUER, *Verwaltungsverfahrensgesetz*, op. cit., p. 1002.

tituição por incumprimento das condições impostas pressuporia a eficácia do ato administrativo de subvenção.

É claro que esta discussão só tem sentido se a análise da questão se centrar apenas numa das causas possíveis da recuperação pela Administração da respetiva ajuda, precisamente a não realização fim que se tinha em vista com a subvenção.

O problema que se põe é o de saber se é tecnicamente possível configurar a restituição da quantia prestada como uma consequência da eficácia do ato administrativo de subvenção. A questão é complexa se tivermos em conta que a eficácia interna do ato administrativo consiste na obrigatoriedade do conteúdo regulador do ato [664], o que na subvenção se assume como o reconhecimento do direito (subjetivo) do particular a receber da Administração a referida ajuda.

Quando o beneficiário incumpre o fim posto pelo ato de subvenção, a consequência natural é o particular perder o direito à prestação sem que o *actus contrarius* afete, neste caso, a validade do ato em questão ou a sua eficácia externa, uma vez que o ato continua a produzir efeitos procedimentais. Outra coisa é se o dito incumprimento afeta o conteúdo regulador do ato (eficácia interna), determinando a extinção *ex nunc* (artigo 145.º/1 do CPA) dos efeitos jurídicos do ato de subvenção. Creio que nesta situação haverá lugar à revogação do ato de subvenção por inoportunidade ou inconveniência em relação ao fim de interesse público que o ato visava realizar. Sem uma causa de interesse público que a justifique não há revogação possível, pelo que deve ficar explícito na fundamentação do ato revogatório o respetivo motivo.

---

[664] Cfr. COLAÇO ANTUNES, "Anulação administrativa ou *nulla annullatio sine juditio?*", op. cit., p. 6.

Ressalva-se, desde já, que as causas de revogação do ato administrativo de subvenção não esgotam todas as possibilidades de extinguir a sua eficácia, ficando de pé as causas de antijuridicidade do próprio ato de subvenção, como também deve ficar esclarecido que a revogação-sanção pode incluir o incumprimento de obrigações acessórias à finalidade prosseguida pelo ato administrativo de subvenção. Como também nos parece oportuno pontualizar que a restituição das "prestações" por incumprimento do beneficiário só pode integrar uma das causas de revogação do ato, notoriamente aquela que se prende com a irrealização do objetivo que se prosseguia com a subvenção, excluindo-se a revogação ditada pela inconveniência do ato quando não esteja em causa o conteúdo regulador do ato.

A revogação do ato administrativo de subvenção, na medida em que é um ato desfavorável, ou mesmo um ato contrário às pretensões do interessado, assume aqui uma particular delicadeza, visto a lei das subvenções públicas (artigo 11.º) admitir que o ato possa ser praticado com base numa norma regulamentar. Se já se tratava de uma exceção ao artigo 140.º/1/b) do CPA, o problema complica-se quando a "norma habilitante" é uma norma administrativa, suscitando mesmo a questão da legalidade e constitucionalidade da referida disposição, tanto mais que a revogação pode assumir as vestes de sanção administrativa. Note-se, a possibilidade de estabelecer modos no ato de subvenção deve ficar subordinada a uma dupla condição: que os mesmos, como já ficou dito antes, tenham uma relação essencial com o caráter regulador do ato de subvenção, no sentido de que são necessários para realizar o fim e a própria juridicidade do ato de subvenção [665]; em segundo

---

[665] Neste sentido, H. MAURER, *Allgemeines Verwaltungsrecht*, op. cit., p. 343.

lugar, que exista cobertura legal para o *plus* que pode ser imposto pelo modo, *plus* que deve ser orientado pelo princípio da proporcionalidade [666].

Em síntese, o modo, que deve ser legal, deve revelar-se essencial para o cumprimento do fim prosseguido pela Administração, sob pena do ato pecar por inoportunidade. De maneira que nem toda a obrigação acessória pode condicionar um ato válido, mas apenas aquela que se revele como requisito da validade e oportunidade. Deixar nas mãos da Administração (o que pode suceder pela via regulamentar) a imposição de obrigações acessórias com efeitos revogatórios é atingir e violar os princípios fundamentais que regem a atividade administrativa (artigo 266.º da CRP e artigo 3.º e segs. do CPA). Vamos mesmo mais longe, para além da violação do princípio da legalidade e da proporcionalidade, constatar-se-ia a violação do princípio da proteção da confiança legítima (cfr. o artigo 6.º-A do CPA) [667].

Vistas as causas e as situações que podem levar à revogação do ato administrativo de subvenção, impõe-se agora observar as causas (privadas e públicas) da anulação administrativa ou revogação anulatória, com especial relevo para o direito comunitário.

É nossa convicção que, em matéria de subvenções administrativas, uma das causas principais, não imputáveis à Administração, sucede quando o beneficiário incorre num comportamento (ativo ou passivo) de caráter doloso. Numa palavra, quando tenha obtido a subvenção com base

---

[666] Creio que todas estas observações se justificam, face à natureza definitória em matéria de tutela da lei das subvenções públicas (cfr. o artigo 8.º/f) e g) do DL n.º 167/2008, de 26 de agosto).

[667] Para evitar a reprodução do texto, cfr. as páginas seguintes relativas a este princípio.

em dados falseados, sabendo que não reunia os requisitos necessários para a sua atribuição [668].

Mas o caso a que gostaríamos, nesta sede, de dar mais atenção, é o da revisão das ajudas do Estado ilegítimas, porque violadoras do direito comunitário, inclusive primário (artigo 107.º e segs. do TFUE).

O objetivo não é o de fazer uma exegese dos requisitos postos pelo artigo 107.º do TFUE, mas o de analisar alguns aspetos que nos parecem pertinentes do ponto de vista da tutela das posições jurídicas do particular [669]. Neste sentido, a Comissão Europeia carece de qualquer margem de discricionaridade no que respeita aos tipos de ajudas compatíveis com o Tratado (artigo 107.º/2). Trata-se de um ato declarativo que constata simplesmente que estamos na presença de um ajuda compatível com o Tratado (TFUE), impossibilitando qualquer pretensão de declaração da mesma como contrária ao direito comunitário. É verdade que alguns dos preceitos utilizam conceitos jurídicos relativamente indeterminados, no entanto, a Comissão deve concretizar o sentido do conceito indeterminado para cada caso concreto, o que parece excluir o exercício de poder discricionário [670].

Já o n.º 3 do artigo 107.º do TFUE, tal como o artigo 108.º/2, suscitam maiores dificuldades interpretativas, sendo que nestes casos a Comissão goza, respetivamente, do poder discricionário de decidir no caso concreto se as

---

[668] Para maiores desenvolvimentos, cfr. o que já ficou dito relativamente à anulação administrativa.

[669] Deve acrescentar-se, aliás, que este dispositivo legal é hoje objeto de uma interpretação generosa à luz da gigantesca crise económico-financeira que vivemos.

[670] Cfr. E. STAEBE, *Rechtsschutz bei gemeinschaftswidrigen Beihilfen vor europäischen und deutschen Gerichten*, Berlin, 2001, p. 37 e ss.

medidas são ou não compatíveis com o TFUE ou até do poder para fixar dispensas em casos igualmente concretos. Nesta última hipótese é preciso ter em conta a amplitude do conceito de ajuda do Estado utilizada pelo direito comunitário; se se trata de uma ajuda financeira direta, em caso de dúvida tenderá a entender-se que a medida falseia as regras do mercado, *maxime* a lei da concorrência; outro aspeto a ter em conta é o montante da ajuda [671].

Deve ainda advertir-se que o prazo estabelecido no artigo 141.º do CPA para a Administração poder anular o ato administrativo de subvenção não tem grande relevância (para não dizer nenhuma) em matéria de ajudas do Estado ilegais, porque a referida disposição cede perante as exigências do Direito da União Europeia e da sua jurisprudência, que são concludentes no sentido de não se aplicarem (e, portanto, não serem invocáveis) os prazos próprios do Direito interno contra a eficácia de um ato comunitário de restituição da ajuda. É como se o ato administrativo fosse nulo, embora isso coloque dificuldades de vária ordem, em especial a de se estar a criar uma figura de nulidade sem base jurídica suficiente (não basta invocar a violação dos artigos 107.º e segs. do TFUE e muito menos uma norma de direito derivado), à margem do conceito de nulidade existente no direito comunitário e no direito nacional. A seu favor apenas se pode argumentar que uma tal interpretação é a que melhor defende o efeito útil do Direito da União Europeia [672].

O que se acaba de dizer não viola necessariamente as garantias dos particulares (sobretudo empresas), porque

---

[671] Cfr. o Regulamento n.º 1998/2006 da Comissão, de 15 de dezembro, relativo à aplicação dos artigos 107.º e 108.º do TFUE.

[672] Cfr. A. ESTOA PÉREZ, *El Control de las Ayudas de Estado*, op. cit., p. 55 e ss.

sempre poderão recorrer do ato administrativo da Comissão para o TJUE. Poderá, isso sim, alegar-se que a deslocação do poder administrativo de decisão para níveis supranacionais, bem como a correspondente tutela judicial, pode enfraquecer as garantias procedimentais e processuais dos particulares. Se bem que este argumento não colhe quando se trata de grandes empresas, cujo nível de diligência e conhecimento do Direito aplicável está muito acima do mínimo exigível ao cidadão comum. Este argumentário é importante porque não colhe invocar o princípio da protecção da confiança legítima. De resto, a jurisprudência comunitária é muito restritiva quanto ao acolhimento deste princípio quando está em causa uma decisão da Comissão que venha retirar uma ajuda do Estado ilegal.

Em síntese, as decisões da Comissão são atos que só podem ser "revistos" pelo próprio Tribunal de Justiça e que se não forem impugnados tempestivamente se consolidam e se tornam inopugnáveis, momento a partir do qual o Estado e o interessado devem cumprir o que não foi discutido em tempo e forma adequados [673].

Particularmente restritiva foi a orientação defendida pelo TJ na sentença *Alcan II*, na qual se pode ler: "A tarefa das autoridades nacionais consiste em dar execução às decisões da Comissão. Considerada a inexistência de discricionaridade da autoridade nacional, ainda que esta tenha deixado expirar o prazo estabelecido pelo direito nacional para a anulação da decisão de concessão, o beneficiário da ajuda ilegitimamente atribuída deixou de estar

---

[673] Sentença *Alcan*, 2008. Cfr. A. ESTOA PÉREZ, *El Control de las Ayudas de Estado*, op. cit., p. 195. Mais especificamente, H. PÜNDER, "Der praktische Fall: Aufhebung einer Subentionsbewilligung", in *VR*, 2001, p. 129.

numa situação de incerteza a partir do momento que a Comissão adota a decisão que declara a incompatibilidade da ajuda e imponha a restituição". Ora, isto significa que se fosse impugnado tempestivamente o ato anulatório (interno) mas não a decisão comunitária de restituição da ajuda concedida (possibilidade, aliás, remota), o juiz nacional dificilmente teria tempo para interpor o recurso prejudicial (artigo 267.º do TFUE), face à consolidação do ato administrativo comunitário (pertinente à recuperação da ajuda).

10. 4. O princípio da proteção da confiança legítima como limite à anulação do ato administrativo de subvenção

Referindo-nos à possibilidade de anulação da subvenção administrativa, deve ter-se em conta o princípio da proteção da confiança legítima como principal limite à revisão do ato. Este princípio poderá impedir a anulação e, em casos excecionais, a declaração de nulidade do ato administrativo de subvenção, sempre e quando se possa reconhecer ao particular ou entidade interessada uma situação de confiança legítima tutelável. Esta hipótese depende de várias condições que passaremos a analisar depois de uma pequena pausa reflexiva sobre o princípio da proteção da confiança legítima.

Este princípio é um conceito a que os juristas alemães gostam de atribuir a paternidade, princípio que irradiou para o direito comunitário [674]. Analisando com atenção o princípio da proteção da confiança legítima, constata-se

---

[674] Cfr, entre outros, K.-A. SCHWARZ, *Vertrauensschutz als Verfassungsprinzip*, op. cit., pp. 26 e 295 e ss.

uma natureza ambivalente [675]. Por um lado, o princípio é visto, em conexão com o princípio maior do Estado de Direito como fazendo parte do fundamento e essência do próprio Direito; por outro lado, como um princípio metajurídico suscetível de disciplinar o pensamento jurídico e de obrigar a uma maior transparência argumentativa na interpretação e aplicação da norma [676]. Creio que é esta alteridade que marca definitivamente o princípio da proteção da confiança legítima. Ora, este conceito de alteridade é um elemento fundamental do Direito de que o referido princípio é uma manifestação quase-ideal.

Com esta aceção do referido princípio, alicerçada no conceito de alteridade, pode e deve relacionar-se a noção dificilmente traduzível de *Rechtsfrieden,* que exprime a possibilidade e a tendência das situações ilegais a consolidar-se, com a consequente perda de relevância jurídica dos vícios do ato administrativo.

Numa aceção algo diferente, o princípio declina-se na ideia recorrente de *Selbstbindung der Verwaltung* e de *einheitliche Verwaltungspraxis,* isto é, de estabilidade e previsibilidade da atividade administrativa no tempo [677]. Nesta perspetiva, como autolimitação ou autovinculação, o princípio obriga a Administração a tratar de modo uniforme situações análogas, particularmente quando subsista alguma discricionaridade. Numa palavra, no âmbito da atividade administrativa, o princípio da proteção da confiança legítima exprime a dialética (e a tensão) entre a

---

[675] K.-A. SCHWARZ, *Vertrauensschutz als Verfassungsprinzip*, op. cit., p. 25.

[676] Cfr. F. OSSENBÜHL, "Vertrauensschutz im sozialen Rechtsstaat", in *DöV*, 1972, p. 26.

[677] Cfr. T. MAUNZ, "Selbstbindungen der Verwaltung", in *DÖV*, 1981, p. 497.

necessária constância no tempo dos atos administrativos e o poder de revisão que a lei atribui à Administração.

Salvo melhor opinião, o princípio da proteção da confiança legítima deve ser visto como *topos* essencial dos princípios da justiça e da equidade, com uma função de guia hermenêutico na procura da melhor solução jurídica [678]. Já de forma mais específica e setorial, em relação à Administração de prestações, o princípio da proteção da confiança legítima pode configurar-se como o reflexo de um *status positivus socialis*. Na Alemanha, o princípio desempenha constitucionalmente o papel de uma norma programática que exprime um objetivo essencial da ação do Estado (*Staatszielbestimmung*), como uma diretiva orientadora da ação dos poderes públicos [679].

Trata-se, com efeito, de um princípio basilar do ordenamento administrativo que entronca nas fundações do direito administrativo e o seu princípio ontológico, o princípio da legalidade, no sentido da tipicidade e previsibilidade da atividade administrativa. O que o princípio veio trazer de novo é a tutela da constância no tempo (*Bestandsschutz*) [680], num duplo sentido: imodificabilidade de situações jurídicas consolidadas e previsibilidade do agir (futuro) da Administração [681]. Assim sendo, o princípio em apreço tutela o particular de alterações de rota (injustificadas) que poderiam prejudicá-lo. Em suma, o

---

[678] H.-J. BLANKE, *Vertrauensschutz im deutschen und europäischen Verwaltungsrecht*, Tübingen, 2000, p. 12 e ss.

[679] Sobre esta matéria, cfr. K.-P. SOMMERMANN, *Staatsziele und Staatszielbestimmungen*, Tübingen, 1999, esp. p. 71 e ss.

[680] Cfr. a segunda secção da lei alemã do procedimento administrativo, designada *Bestandskraft von Verwaltungsakten*.

[681] Cfr. J. SCHWARZE, *Europäisches Verwaltungsrecht*, Baden--Baden, 2005, p. 168.

princípio da proteção da confiança protege o particular de possíveis intervenções da Administração suscetíveis de incidir desfavoravelmente na sua esfera jurídica.

Regressemos, de novo, à subvenção administrativa e às condições que obstam à sua revogação anulatória. Este ato administrativo parece configurar um *actus contrarius*, à luz da chamada *Kehrseitentheorie* [682], segundo a qual a anulação administrativa, sendo um ato de segundo grau, atua sobre um ato precedente de cariz contrário.

Em primeiro lugar, que a ilegalidade do ato administrativo não recaia na esfera da responsabilidade do interessado ou do seu legítimo representante, o que ocorrerá nas seguintes hipóteses:

a) quando o ato administrativo tenha sido adotado como consequência de fraude, intimidação ou qualquer outro tipo de atuação fraudulenta ou intimidatória do interessado (ou do seu representante);

b) quando o ato administrativo seja uma consequência de informações falsas, inexatas ou incompletas fornecidas pelo interessado.

Em segundo lugar, é necessário que o interessado desconheça a ilegalidade da atuação administrativa e que não tenha agido de forma manifestamente negligente ao ignorar a referida ilegalidade do ato de subvenção. Este requisito é particularmente coerente com o fundamento do princípio da proteção da confiança legítima, que só tutela quem esteja legitimamente convencido da juridicidade da atividade administrativa e desde que tal convicção se mantenha no tempo [683].

---

[682] Cfr. U. SOLTÉSZ, "Beihilfeförderung nach 'Kvaerner Art' – Tatsächlich ein Erdutsch?", in *EuZW*, n.º 21, 2006, p. 641.

[683] Cfr. H.-J. BLANKE, *Vertrauensschutz im deutschen und europäischen Verwaltungsrecht, op. cit.*, p. 203.

Numa palavra, este requisito é essencial para o correto funcionamento do princípio da proteção da confiança legítima, uma vez que apela ao seu sentido último: dar segurança a quem confiou legitimamente. Naturalmente que o nível de diligência exigível dependerá do tipo de pessoas a que pertence o interessado, não sendo exigível o mesmo nível de diligência, por exemplo, a uma grande empresa ou a um cidadão em situação de risco social e a quem se reconheceu proteção social.

Em terceiro lugar, é igualmente exigível a existência de uma manifestação de confiança, por exemplo, quando o beneficiário do ato ilegal de subvenção tenha tomado decisões com base na confiança depositada no ato (de subvenção) que já não possa reverter ou só o possa fazer à custa de um sacrifício desproporcionado. Com esta exigência dá-se cumprimento ao princípio da legalidade, que impedirá reconhecer uma situação de proteção de confiança baseada numa conduta ilegal da Administração, mas que não se opõe ao referido reconhecimento quando o particular afetado, ao ter adotado as suas decisões baseadas na relação de confiança, ficar numa situação pior do que aqueles em relação aos quais a Administração não agiu ilegalmente [684].

Por último, a jurisprudência comunitária exige uma ponderação entre o interesse do beneficiário da manutenção do ato e o interesse público que a Administração alega para a sua anulação.

10. 5. Concluindo

Estamos perante uma figura pobre que se revela rica nas suas dimensões poliédricas e cuja evolução atesta bem

---

[684] Cfr. F. OSSENBÜHL, *Die Rücknahme fehlerhafter begünstigender Verwaltungsakte*, op. cit., pp. 87 e 88.

as fases por que tem passado o direito administrativo. Somos também levados a pensar, paradoxalmente, que a europeização desta figura levou à sua economização e até à sua privatização, o que, em última instância, coloca o problema de saber se estamos perante uma obrigação pública ou perante uma obrigação privada. Esta dúvida acentua-se quando alguns ordenamentos jurídicos, como o alemão, admitem uma relação jurídica a dois níveis (graus), em que o primeiro é representado pelo ato autorizativo (da subvenção) e um segundo grau que se materializa num contrato de direito privado (disciplinado pelo Código Civil). É também visível a teoria de dois pesos e duas medidas no que se refere aos financiamentos comunitários e às ajudas do Estado.

Como se vê também aqui (com a subvenção administrativa), o direito administrativo europeu comporta fisiologicamente (pelo menos) uma reinterpretação do direito administrativo nacional.

11. A aceitação do ato: um passado desinventado

Advirta-se, trata-se ainda de uma tentativa de compreender a figura "original" da aceitação do ato e as suas implicâncias substantivas e processuais (artigo 56.º do CPTA).

Iniciamos a nossa reflexão recuperando e problematizando o contributo de GEORG JELLINEK sobre os direitos subjetivos públicos [685].

A ideia fundamental é a de que o direito público poria situações, presumivelmente favoráveis, não apenas no interesse do particular mas sobretudo em obséquio ao interesse público, pelo que o cidadão não poderia dispor livre e autonomamente deste direito. Ao direito subjetivo público seria conatural também uma posição de dever, cabendo ao ordenamento jurídico estabelecer a relação entre as posições jurídicas individuais e o interesse público e, nessa medida, consentir a renúncia sem prejuízo do fim posto pela lei.

Com efeito, da teoria dos direitos subjetivos públicos podemos retirar ensinamentos ou pelo menos a dúvida (metódica) da tese-(im)possibilidade de renúncia ao *direito objetivo,* salvo especial autorização da lei. De todo o modo, não se trataria de uma renúncia do particular mas de uma renúncia consentida pelo ordenamento jurídico.

---

[685] G. JELLINEK, *System der subjektiven öffentlichen Rechte*, 2.ª ed., Tübingen, 1905, p. 43 e ss. Cfr. igualmente SCHOENBORN, *Studien zur Lehre vom Verzicht im öffentlichen Recht*, Heidelberg, 1908.

Pressuposto teórico desta construção seria a convicção de que os direitos subjetivos públicos não são inteiramente posições jurídicas individuais, mas situações pertencentes à inteira coletividade [686]. É precisamente esta ideia que torna inconfigurável, para esta tese, a diminuição da posição jurídica e das respetivas faculdades processuais.

Se esta construção parece hoje insustentável do ponto de vista das situações jurídicas dos particulares, já não o será tanto na perspetiva do cidadão como titular de posições jurídicas pluri-individuais. Se entendermos que os direitos subjetivos públicos não se fundam em normas permissivas, poderíamos ser levados a pensar que existe uma conexão dos interesses difusos com o interesse público prosseguido pela Administração e previamente definido e qualificado pela lei. Ora, é precisamente esta conexão que qualifica o sujeito portador-titular dos interesses difusos [687]. Nesta perspetiva, o direito ao ambiente bem pode ser um direito subjetivo público do cidadão [688].

Nas palavras de JELLINEK, nos direitos subjetivos públicos, a posição jurídica do particular está intimamente ligada ao interesse público, sendo reconhecida sobretudo (pelo ordenamento jurídico) em função do interesse comum [689]. Aquilo que relativamente ao sujeito representa um direito, constitui ao mesmo tempo um fim do Estado e, portanto, um dever de direito público. Precisamente por

---

[686] Neste sentido, A. THON, *Rechtsnorm und subjektives Recht*, Weimar, 1978, p. 127 e ss.

[687] COLAÇO ANTUNES, "O equívoco da discriminação plurisubjectiva na tutela de um mítico personagem...", *op. cit.*, p. 27 e ss.

[688] Parece ser esta a tese de VASCO PEREIRA DA SILVA, *Verde Cor de Direito — Lições de Direito do Ambiente*, Coimbra, 2002, p. 91 e ss.

[689] G. JELLINEK, *System der subjektiven öffentlichen Rechte*, *op. cit.*, p. 55.

esta razão, o Autor germânico entende irrenunciável o *status*, salvo quando a lei expressamente o permite: aquele é um elemento constitutivo da própria personalidade do sujeito.

Esta doutrina não afasta modernamente que, nas relações com o Estado, o cidadão disponha de direitos a prestações ou situações de liberdade ou até de pretensões contra o Estado, como também desaparece a relação de menoridade do cidadão (face ao Estado) e a natureza reflexa da posição jurídica pública [690].

De todo o modo, ficou claro que a doutrina clássica e originante dos direitos subjetivos públicos influenciou fortemente a problemática da aceitação do ato administrativo [691], doutrina que, embora parcialmente ultrapassada, não perdeu todo o seu significado e importância para a nossa temática.

Vejamos agora a tese da aceitação do ato como renúncia à posição jurídica.

Referimo-nos à elegante construção de MARRAMA [692], entre nós representada, no essencial, por RUI MACHETE [693], sendo que, de certo modo, aquele Autor segue a doutrina de VIRGA [694].

---

[690] Como BERGER inicialmente sustentava, ao afirmar que o direito de domínio (*Herrschaftsrecht*) do Estado se articula com uma série de *direitos funcionais do indivíduo*.

[691] Assim, G. TREVES, "Il problema della rinuncia nel diritto amministrativo", *op. cit.*, p. 375 e ss.

[692] R. MARRAMA, *Rinuncia all'impugnazione ed acquiescenza al provvedimento amministrativo. Vicende dell'interesse legittimo*, vol. I, 2.ª ed., Napoli, 1979, p. 120 e ss.

[693] RUI MACHETE, "Sanação (do acto administrativo inválido)", in *DJAP*, vol. VII, 1996, p. 336 e ss.

[694] P. VIRGA, *L'acquiescenza al provvedimento amministrativo*, Palermo, 1948.

O estudo parte da crítica às teses que viam na figura da aquiescência (ao ato) uma espécie de reconhecimento de validade do ato administrativo ou da consequente aceitação do regime jurídico posto pelo ato. Refiro-me especialmente à tese inicial de GIANNINI que, prescindindo da disponibilidade da situação jurídica, vê na aquiescência um ato de efeito preclusivo: uma espécie de auto-obrigação do interessado a reconhecer a eficácia do ato, assumindo conscientemente toda uma série de efeitos impeditivos de natureza processual e extraprocessual. Na verdade, GIANNINI [695] acrescenta uma pequena palavra que faz toda a diferença "dichiarazione *non* necessaria in funzione di garanzia della efficacia" [696].

Apesar da sólida argumentação de GIANNINI que, numa segunda leitura, adota a teoria do ato de disposição das situações jurídicas [697], não há dúvida, para a tese em apreço, que a Administração conserva a disponibilidade da relação jurídica administrativa, podendo, inclusive, revogar ou alterar o ato, mesmo que tenha sido prestada a aceitação do ato. Em boa verdade, em regra, a validade e a eficácia do ato administrativo não dependem da vontade do particular.

Para MARRAMA, a aquiescência ou aceitação do ato só assume relevância jurídica quando este produz efeitos desfavoráveis para o particular; depois, ocorre que se trate de uma situação de potencial reação processual contra o ato decorrente da legitimidade e interesse processual; a aceitação do ato desfavorável consubstancia-se na autonomia da renúncia à posição jurídica, de que resulta refle-

---

[695] M. S. GIANNINI, "Acquiescenza", in *Enc. dir.*, I, 1958, p. 507.
[696] O sublinhado é nosso.
[697] M. S. GIANNINI, *Diritto amministrativo,* Milano, 1970, p. 615.

xamente a renúncia à impugnabilidade do ato administrativo ou ao direito de ação; por último, a doutrina, assim concebida, admite a possibilidade, dentro de certas condições, do particular prestar procedimental e preventivamente a (sua) aceitação ao ato. A última tese assenta na ideia de que os princípios da boa-fé e da proteção da confiança envolvem as partes do procedimento numa relação de reciprocidade que a ambas obriga.

Retendo o que anteriormente dissemos, põe-se aqui um problema essencial de direito público. Demonstrada a autonomia da renúncia à posição jurídica, relativamente à renúncia ao direito de ação, a questão desloca-se para a compatibilidade do ato "negocial" renunciativo com o objeto e natureza da situação jurídica e, portanto, com a situação de vantagem atribuída ao titular da posição jurídica (que pode até não existir) [698].

Em extrema síntese, se a situação de vantagem permanece íntegra mesmo depois da aceitação do ato, a única *deminutio* respeita à perda do direito de impugnar o ato, que, na doutrina em análise, permanece, pelo menos teoricamente, estranha à posição jurídica; assim sendo, a aceitação do ato, não implicando diminuição da situação de vantagem, não pode comportar a renúncia à posição jurídica subjetiva.

---

[698] Esta dificuldade transparece na tese de MARRAMA, *Rinuncia all'impugnazione...*, op. cit., p. 96 e ss., como na leitura de RUI MACHETE.

Há ainda o limite "perverso" do interesse legítimo: a inexistência de proteção normativa direta e imediata do bem. É o interesse legítimo apenas o interesse à legalidade? Onde está então a situação jurídica subjetiva? Como pode haver uma situação jurídica de vantagem do particular se a referida posição de vantagem está relacionada com um bem na disponibilidade da Administração?

Apesar da diferente natureza (jurídica) das posições jurídicas, somos de opinião que os argumentos a favor da irrenunciabilidade do direito subjetivo cabem também, pela sua natureza, para o interesse legítimo. Dito o que ficou dito, chegou o momento de aprofundar as diferenças essenciais entre a renúncia às posições jurídicas e a aceitação do ato.

Numa breve suspensão reflexiva convém, desde logo, compreender que a aceitação do ato não é, em bom rigor, um ato negocial mas antes o efeito gerado pela manifestação de vontade do interessado na aceitação expressa. Esta declaração expressa de aceitação pode ser vista, então, como uma promessa unilateral, o que não nos afastaria muito da aceitação do ato.

Se assim for, o ato volitivo que determina a aceitação do ato distingue-se, obviamente, da renúncia à posição jurídica subjetiva, na medida em que não tem como objeto típico nem como consequência direta e imediata a diminuição da posição jurídica de que o interessado é titular, o que pode ter consequências ao nível dos artigos 38.º e 161.º do CPTA. O ponto de contacto revela-se, ainda que por diferentes razões, na preclusão do direito de ação [699].

Outras notas distintivas podem ver-se no facto do destinatário do ato poder renunciar à sua posição jurídica em qualquer momento, a partir do início do procedimento administrativo. Já no caso da aceitação (do ato), não vemos como seja possível antes da emanação do ato administrativo regulador da situação jurídica do particular face à Administração, a não ser que se admita que a vontade administrativa possa ser predeterminada ou conhecida antes do ato final. Estamos a pensar em certos procedimentos administrativos complexos ou até na existência

---

[699] STELLA RICHTER, *L'inoppugnabilità*, Milano, 1970, p. 147 e ss.

de pareceres vinculativos (artigos 98.º e 99.º do CPA) ou mesmo em pré-decisões em que se anuncia prévia e perentoriamente o conteúdo do ato administrativo. Outra possibilidade de aceitação preventiva seria a que resulta do disposto no artigo 100.º/1 do CPA, quando é levado ao conhecimento do interessado o sentido provável da decisão. Por outras palavras, o interessado, ao conhecer o projeto de decisão, estaria em condições de manifestar a sua adesão de forma expressa.

Mesmo admitindo as hipóteses elencadas, sobrevive a diferença essencial, relativamente à renúncia (da posição jurídica), desta aceitação prévia (do ato) não poder ser tomada em qualquer fase do procedimento; pensamos que nunca antes de um momento adiantado da fase da instrução (artigo 86.º e segs. do CPA).

Outra diferença, aliás consequencial, está em que a aceitação do ato só opera depois de este ter sido notificado, uma vez que só desta forma o interessado pode manifestar conscientemente o seu consentimento. Deve tratar-se, contudo, de uma adesão livre, consciente e inequívoca do interessado, uma vez que uma adesão genérica não afastaria a dúvida da espontaneidade ou da reserva do interessado. Já não afastamos a possibilidade de uma aceitação parcial, ainda que o entendimento comum aponte em sentido inverso.

Em resumo, não nos parece de todo convincente a tese que equipara a aceitação do ato à renúncia da posição jurídica subjetiva, tanto do ponto de vista da estrutura como ao nível dos efeitos [700].

Uma das suas debilidades mais importantes está em que a posição do particular perante a Administração se

---

[700] Estamos, assim, em desacordo com R. MARRAMA, *Rinuncia all'impugnazione...*, op. cit., pp. 95 e 96.

reduz praticamente à faculdade de poder requerer (ou não) a anulação administrativa ou contenciosa do ato. De tal modo é assim que a diminuição da posição jurídica vem a coincidir substancialmente com o direito de ação e a sua renúncia. Dito de outro modo, a renúncia à posição jurídica acaba por se identificar com a renúncia ao direito de ação.

Um outro aspeto que nos parece menos persuasivo tem a ver com a ideia de que a aceitação do ato pressupõe necessariamente a existência de um interesse específico à impugnação do ato, numa paradoxal conceção processualista da aquiescência-aceitação do ato que conduz à assimilação da renúncia à impugnação do ato.

Não estamos igualmente certos que a aceitação pressuponha inevitável e necessariamente um ato desfavorável. Uma reflexão particular é devida à *aceitação tácita do ato* prevista no artigo 56.º/2 do CPTA.

Apelamos aqui a uma conceção da aceitação tácita (do ato) como mero facto a que o ordenamento jurídico liga, ainda que não diretamente, efeitos preclusivos.

Como sublinhava GIANNINI [701], a aceitação é de per si um facto ou, mais exatamente, um *evento*. O ilustre Autor esclarecia, no entanto, que tal evento é sempre reconduzível a um ato voluntário do interessado. Convocando os princípios da boa fé e da proteção da confiança, permitimo--nos discordar do entendimento de GIANNINI.

Baseamos o nosso raciocínio na ideia de que a aceitação tácita do ato administrativo não resulta tanto da manifestação implícita de vontade do interessado como no facto da sua conduta ter gerado na Administração (ou terceiros) o razoável convencimento de que o inte-

---

[701] M. S. GIANNINI, "Acquiescenza", *op. cit.*, p. 507.

ressado não tinha qualquer intenção de contestar o ato adotado.

Como temos sustentado repetidamente, não é apenas a Administração que está obrigada a agir com correção e coerência mas também o particular [702].

É nossa convicção, em suma, que a natureza tácita da aceitação do ato merece um tratamento diferente da aceitação expressa, ganhando relevo o tratamento dos factos concludentes. Temos para nós, que, no caso da aceitação tácita, resulta forçada e talvez fictícia a referência à vontade do indivíduo, numa apologia do dogma da vontade já não inteiramente coincidente com os postulados da vida quotidiana e da doutrina. A nossa dúvida amplia-se se tivermos em consideração que o seu conteúdo juridicamente relevante vem definido no âmbito de uma relação publicístico-ambiental.

Pelas próprias características do direito administrativo, a condescendência ou colaboração do particular pode não querer significar um real e concreto propósito de aceitar o ato ou de renunciar ao direito de o impugnar. Basta pensar na executoriedade do ato, mesmo que interpretada restritamente, para se pensar que o comportamento do interessado, antes mesmo de expirar o prazo de impugnação (artigo 58.º/2 do CPTA), não possa ser entendido como aceitação do ato ou renúncia da sua posi-

---

[702] Cfr. VIEIRA DE ANDRADE, "A aceitação do acto administrativo", in *BFDUC (Separata de Volume Comemorativo)*, 2002, p. 10 e ss., nota 19.

Como ensina VIEIRA DE ANDRADE, o comportamento ilícito do beneficiário do ato não é imune à invalidade do ato, podendo, nesse caso, falar-se de revogação-sanção, com implicações no alargamento dos prazos impugnatórios (administrativos e contenciosos) e da própria revogação anulatória.

ção jurídica ou ainda ao direito de reagir administrativa e contenciosamente.

Um outro argumento para sustentar a nossa tese está na disciplina processual (artigo 66.º e segs. do CPTA) do silêncio negativo, onde vem entendido como simples inércia ou mero facto e não como um ato expressivo de uma vontade implícita ou tácita da Administração.

Na verdade, o regime posto pelo artigo 56.º do CPTA permite-nos pensar que a aceitação não é de per si um ato jurídico mas um evento que se verifica em duas distintas situações: ou como efeito de uma declaração formal, digamos assim, com a qual o autor aceita expressamente o ato emanado; ou então como consequência de determinados comportamentos do interessado que, independentemente das suas valorações pessoais ou intenções, resultam objetiva e legalmente incompatíveis com a vontade de contestar o ato administrativo [703].

Seguindo esta interpretação da nossa figura, não creio que se possa confecionar a figura da aceitação do ato quando o particular viole ou desrespeite deveres impostos por lei ou o seu comportamento seja desconforme e contraditório com comportamentos anteriores ou tenha sido determinado ou induzido pela Administração.

No nosso modo de ver as coisas, não subsistem obstáculos de natureza técnica ou dogmática que impeçam a vinculação aos princípios da boa-fé e da proteção da confiança do destinatário do ato administrativo [704].

---

[703] Se não estamos em erro, VIEIRA DE ANDRADE defende uma posição próxima à sustentada no texto. Cfr. "A aceitação do acto administrativo", *op. cit.*, p. 13.

[704] Neste sentido, E. FERRARI, "Acquiescenza", in *Dig. disc. pubbl.*, I, 1987, p. 83 e ss.

Em conclusão, a aceitação do ato, tal como está definida pelo legislador, é um facto jurídico de que resulta um efeito processual. Na aceitação expressa, tal efeito é querido voluntariamente pelo sujeito em consequência de um ato dispositivo. Na aceitação tácita, a preclusão da impugnação do ato não resulta da vontade, sendo antes uma consequência imposta pelo ordenamento jurídico em resultado do comportamento do interessado suscetível de criar na Administração e nos terceiros uma convicção razoavelmente fundada de que o autor não só aceita o ato praticado como renuncia à sua contestação administrativa e judicial.

Na nossa hipótese doutrinal, a aceitação tácita do ato constitui uma forma de aplicação dos princípios da boa-fé e da proteção da confiança.

Ainda que o exercício de direitos subjetivos fundamentais seja autorrenunciável, desde que se mantenha intocável o seu núcleo essencial [705], interrogamo-nos, por último, se esta curiosa figura da aceitação do ato não constitui uma reminiscência semântica do direito civil e do seu processo (artigo 681.º do CPC).

Um direito entende-se sempre reconhecido no interesse do respetivo titular, sendo que a posição jurídica ambiental tem contornos distintos pela coexistência de um dever e da sua íntima relação com o interesse público, mesmo quando vem configurado como um direito subjetivo primário (artigo 66.º da CRP) [706] ou dever fundamental.

---

[705] VIEIRA DE ANDRADE, *Os Direitos Fundamentais na Constituição Portuguesa de 1976*, 2.ª ed., Coimbra, 2001, p. 319.

[706] GOMES CANOTILHO, "Procedimento administrativo e defesa do ambiente", in *RLJ*, n.º 3802, 1991, p. 9.

O problema densifica-se, quando se reconhece a inequívoca natureza de direito, liberdade e garantia ao direito de ação popular (artigo 52.º/3 da CRP) para prevenir ou reprimir atividades lesivas do ambiente [707].

Poderíamos acrescentar que a renúncia indireta ao direito subjetivo, através da renúncia à ação processual, equivalerá, por um lado, a impor àquele que não tem intenção de renunciar à sua posição jurídica também o exercício do direito de ação e, por outro, a impor a quem queira renunciar à sua posição jurídica a renunciar também ao direito de ação, o que, para além do mais, contrastaria com a natureza declarativa da renúncia e o caráter inapropriável do bem objeto de tutela.

Para concluir, parece-nos avisado que os tribunais administrativos sejam ainda mais severos no reconhecimento de situações de aceitação tácita [708]. Tenha-se presente que comportamentos aparentemente colaborativos, após a adoção do ato administrativo, podem ser ditados mais por razões de evitar consequências danosas resultantes da execução do ato ou de medidas sancionatórias do que propriamente com o sentido da aceitação do ato e dos seus efeitos desfavoráveis.

Em resumo, no direito público do ambiente, vemos a aceitação do ato como muito improvável face à natureza

---

[707] Neste sentido, claramente, RUI MEDEIROS, "O ambiente na Constituição", in *RDES*, 1993, p. 398.

[708] Cfr., por exemplo, o Acórdão do STA (1.ª Subsecção), de 7 de maio de 1992, Processo 027662, in *Apêndice do DR*, de 16 de abril de 1996, p. 2850 e ss., e o Acórdão do STA (Pleno), de 27 de junho de 1995, Processo 023196, in *Apêndice do DR*, de 10 de abril de 1997, p. 408.

Mais recentemente, vejam-se os seguintes Acórdãos do STA: (1.ª Subsecção), de 22 de fevereiro de 2006, Processo 0699/05; (2.ª Subsecção), de 23 de novembro de 2010, Processo 0985/09.

plurisubjectiva do objeto da relação jurídico-administrativa e das respetivas posições jurídicas.

Não seria mesmo de considerar esta norma como não escrita em relação ao ator popular? Porque de outra forma a renúncia à ação extinguiria também reflexamente o interesse público ou, dito de outra forma, colocar-se-ia um pressuposto para a produção de um efeito impeditivo da realização e tutela do interesse público (protagonizado pelo autor popular). Como se pode excluir alguém que aceitou o ato, quando se admite o recurso a quem quer que pertença ao círculo de interessados?

12. Responsabilidade civil e prejudicialidade administrativa

12. 1. Tudo parece ter começado com o Acórdão *Blanco*, de 8 de fevereiro de 1873, proferido por um Tribunal de conflitos. Este Acórdão transformou-se num mito demiurgo do direito administrativo francês e, de certo modo, de todo o direito administrativo [709]. De resto, o modelo francês de responsabilidade civil extracontratual por atos de gestão pública (responsabilidade administrativa), na sua simplicidade, ao assentar na distinção entre hipóteses de responsabilidade *avec faute* (responsabilidade subjetiva, com culpa) e hipóteses de responsabilidade *sans faute* (responsabilidade objetiva, sem culpa), é um modelo extraordinário. É um modelo extraordinário porque tem, entre outros aspetos, a sabedoria de assentar, não tanto sobre categorias jurídicas, mas sobre o equilíbrio pontual entre o direito do particular (de não sofrer danos indevidos) e o papel da Administração, incumbida pela lei de realizar o interesse público.

A disciplina jurídica da responsabilidade administrativa estava até há pouco tempo contida no Decreto-Lei n.º 48051, de 21 de novembro de 1967, um diploma sábio

---

[709] Esta tese foi considerada um erro histórico por alguns autores, pressupondo uma conceção do direito administrativo como direito de privilégio da Administração pública. Neste sentido, P. M. EISEMANN, *Cours de Droit Administratif*, I, Paris, 1982, p. 17.

para o seu tempo e contexto, de inspiração francesa, elaborado por AFONSO QUEIRÓ. Diploma que veio a ser revogado pela Lei n.º 67/2007, de 31 de dezembro, que mantém (artigo 4.º) o princípio de conculpabilidade e de corresponsabilidade, no sentido de que a conduta processual omissiva ou negligente do lesado releva no plano da culpa, com a consequência da possibilidade de redução ou exclusão da indemnização devida. O regime anterior contemplava o mesmo princípio no seu célebre artigo 7.º.

A jurisprudência (STA) seguiu inicialmente o ensinamento de MARCELLO CAETANO, interpretando a segunda parte desta disposição como uma exceção perentória do exercício do direito de ação, conferindo desta forma à ação de responsabilidade uma natureza subsidiária à impugnação (antes recurso) contenciosa do ato administrativo lesivo e ilegal. Noutras palavras, consagrava a doutrina da prejudicialidade do então chamado recurso contencioso de anulação em relação à ação indemnizatória.

Posteriormente, a doutrina, pela voz de AFONSO QUEIRÓ [710], veio defender que o referido segmento normativo estabelecia um regime de diminuição ou mesmo exclusão de responsabilidade (indemnização) quando se constatasse que a negligência processual do lesado, na falta ou na inadequação do meio processual escolhido, com destaque para a ausência da medida cautelar adequada (pedido de suspensão da eficácia do ato administrativo), tivesse contribuído para a causação ou agravamento dos referidos danos.

Esta doutrina foi também adotada por MARGARIDA CORTEZ, defendendo que a ressalva contida na 2.ª parte do artigo 7.º do Decreto-Lei n.º 48051 permitia autonomizar a

---

[710] "Anotação ao Acórdão do STA, de 14 de outubro de 1986", in *RLJ*, ano 120, n.º 3763, p. 307 e ss.

ação de responsabilidade do recurso contencioso de anulação do ato ilegal (e não tempestivamente impugnado), reconhecendo, isso sim, a possibilidade de um concurso de culpa do lesado que poderia influenciar o montante da indemnização [711].

Quanto à disciplina contida no artigo 4.º da Lei n.º 67/2007, mantendo o mesmo princípio, ela veio clarificar que a conduta negligente do autor quanto à não utilização da via processual adequada à eliminação do ato ilegal e lesivo interfere apenas na determinação do *quantum* indemnizatório, explicitando que o referido comportamento (processual) culposo implica uma situação de concorrência de culpas (entre o lesado e a Administração) [712].

Assim estão as coisas pelo lado do direito substantivo, importando agora ver como se conjuga o artigo 4.º da Lei n.º 67/2007 com o artigo 38.º do CPTA, cujo alcance, à primeira vista, parece ficar substancialmente diminuído pela disciplina contida na Lei n.º 67/2007, mais precisamente no seu artigo 4.º.

Como se sabe, o artigo 38.º/1 do CPTA permite, nos casos em que o direito substantivo o admite, designadamente no âmbito da responsabilidade administrativa por atos ilegítimos, que o Tribunal possa conhecer, a título incidental, da ilegalidade de um ato administrativo que se tenha tomado inopugnável (pelo decurso do prazo), ressalvando, no entanto (artigo 38.º/2), que a ação administra-

---

[711] MARGARIDA CORTEZ, "Responsabilidade civil da Administração pública", in *Seminário Permanente de Direito Constitucional e Administrativo*, vol. I, Braga, 1999, p. 70 e ss., esp. p. 79 e ss.

[712] CARLOS ALBERTO CADILHA, *Regime da Responsabilidade Civil Extracontratual do Estado e Demais Entidades Públicas*, Coimbra, 2008, p. 88.

tiva não pode ser utilizada para obter o mesmo efeito que resultaria da anulação do ato (inopugnável) [713].

Antes de mais, para abordar a questão delicada da prejudicialidade administrativa, que via inicialmente o recurso contencioso de anulação como um pressuposto processual da ação de responsabilidade, impõe-se ler o novo quadro jurídico, substantivo e processual, à luz do princípio da tutela jurisdicional efetiva (artigo 20.º da CRP e artigo 2.º do CPTA).

A seguir não podemos esquecer que as situações da vida são muito variadas e os meios de atuação da Administração também. Pode ser um ato administrativo positivo ou negativo, como também pode ser uma norma jurídica (regulamento administrativo) ou até um contrato administrativo. Naturalmente que o pedido processual adequado varia em consonância com o tipo de atividade administrativa e com a natureza do ato administrativo. Como já ficou dito, se o ato administrativo tem um conteúdo positivo, o pedido processual adequado deve ser a ação administrativa especial sob a forma de pedido de impugnação, pedindo a nulidade ou a anulação do ato [714]. Se o ato administrativo tem um conteúdo negativo (ato silente negativo, pelo menos), então o pedido deve ser a ação de condenação à prática do ato legalmente devido ou mesmo a sua cumulação (artigos 4.º, 5.º, 21.º e 47.º do CPTA).

Por falar no princípio da cumulação de pedidos, creio que ele vem agravar a prejudicialidade administrativa.

---

[713] M. E. OLIVEIRA / R. E. OLIVEIRA, *Código de Processo nos Tribunais Administrativos*, vol. I, Coimbra, 2004, p. 278. Cfr. igualmente AROSO DE ALMEIDA / CARLOS ALBERTO CADILHA, *Comentário ao Código de Processo nos Tribunais Administrativos*, 2.ª ed., Coimbra, 2007, p. 226 e ss.

[714] CARLOS ALBERTO CADILHA, *Regime da Responsabilidade Civil Extracontratual do Estado...*, op. cit., pp. 89 e 90.

Não só os "meios processuais" são agora muito mais abundantes (antes tínhamos, para este efeito, o recurso contencioso de anulação e o pedido de suspensão da eficácia e não havia o princípio da cumulação de pedidos), tanto a nível principal como acessório (providências cautelares que são agora de tipo conservatório e antecipatório, artigo 112.º do CPTA), como também o recorrente passou a dispor desta arma extremamente eficaz que é a cumulação de pedidos.

De todo o modo há que proceder com cautela e por fases na nossa argumentação. Em primeiro lugar, é indispensável saber se a conduta processual do recorrente é uma *causa* da produção do dano ou do seu agravamento. Em todo caso, mesmo que se verifique uma relação causal e se dê por adquirida a intervenção culposa do lesado, o tribunal deverá determinar, segundo o princípio da proporcionalidade, a quota (parte) de responsabilidade das partes, de acordo com a intensidade da culpa e das respetivas consequências. Em segundo lugar, poderão existir situações (atos precários, por exemplo) em que manifestamente a impugnação contenciosa não é de grande serventia, por não permitir uma sentença temporalmente adequada e em tempo útil, pelo que, nessas situações, a ação de responsabilidade deve ser considerada pelo juiz administrativo como o pedido processual adequado e necessário, sobretudo quando não seja possível obter uma restauração natural [715]. Em terceiro lugar, há que ponderar se o interessado que não pretenda obter o restabelecimento da situação jurídica anterior à prática do ato ou mesmo a reconstrução da situação hipotética atual, queira apenas obter o respetivo ressarcimento. Contudo, nestes casos, o juiz não pode ignorar a possibilidade de um recorrente

---

[715] Cfr. CARLOS ALBERTO CADILHA, *Regime da Responsabilidade Civil Extracontratual do Estado...*, op. cit., p. 91.

astuto e desleal se "esquecer" de impugnar tempestivamente o ato administrativo ilegal como causação de danos emergentes de que mais tarde vem a pedir a respetiva indemnização, até porque uma hipótese destas tem aparentemente a cobertura do artigo 38.º do CPTA.

Em suma, o tribunal deve ser minucioso e estar atento, por forma a distinguir as situações em que não poderá ser imputada ao lesado qualquer negligência processual, daquelas outras em que a conduta do concorrente pode ser vista como causa do dano ou da sua ampliação ou até, como vimos, aquelas outras situações em que o recorrente propõe a ação de responsabilidade para obter uma reparação a que não tinha direito, pelo menos na sua plenitude.

A nosso ver, há que conjugar sabiamente a faculdade do particular de usar ou não determinado pedido processual (ou até a cumulação de pedidos) com os danos que isso pode provocar ao erário público. É neste equilíbrio entre o direito do particular e o papel da Administração (a quem compete prosseguir e defender o interesse público) que está a melhor solução para a problemática da prejudicialidade administrativa. Imaginemos que um cidadão de um município, destinatário de um ato administrativo ilegal, pede o ressarcimento respetivo; porque a pessoa coletiva pública em causa é apenas um *nomen*, o cidadão pede um ressarcimento a todos e cada um dos municípes e até a si próprio, ainda que numa ínfima parte.

O problema agrava-se num sistema de responsabilidade administrativa que assenta, tal como o processo administrativo, em posições jurídicas diversas, que vão do direito subjetivo público ao interesse legítimo. O problema seria diferente se ele assentasse, como o francês, apenas no dano ou então se ele se apoiasse apenas na categoria dos direitos subjetivos, como acontece no ordenamento jurídico germânico.

12. 2. Tentemos agora a *pars construens* [716], isto é, captar argumentos novos para a decadência da prejudicialidade administrativa e a favor da recíproca autonomia das duas ações (sem prejuízo da respetiva cumulação de pedidos).

Para início de argumentação poderíamos sustentar que as posições jurídicas em que se baseiam as respetivas ações (anulatória e ressarcitória) podem não ser coincidentes e frequentemente não são. Na ação anulatória pode subsistir um mero interesse legítimo, em função da natureza discricionária do ato administrativo, enquanto na ação ressarcitória há pelo menos um interesse legalmente protegido (que é um interesse subjetivado), sendo que frequentemente assiste ao autor um direito subjetivo público.

Nesta linha de pensamento, poderíamos aduzir que a pretensão anulatória e a pretensão ressarcitória correspondem a lógicas diferentes e têm finalidades distintas. A impugnação contenciosa, mesmo à luz da subjetivação do contencioso administrativo, é inspirada essencialmente na tutela do interesse público, mesmo que não deixe de reconhecer os efeitos constitutivos e conformadores da sentença anulatória, sendo que se trata de um resultado posterior e não necessário em relação àquele que é o incontornável produto da ação anulatória: a demolição do ato administrativo ilegal, dirigido a satisfazer em via prioritária a tutela de um interesse público e só em via subsidiária a pretensão do recorrente. Daí a necessidade de

---

[716] A partir daqui estamos por nossa conta, pelo que não contamos com o amparo de qualquer sustento doutrinário. Acolhemos aqui uma sugestão de LOCKE, que vai no sentido de que olhar pelos óculos dos outros nem sempre garante uma visão melhor.

cumulação de pedidos e o espírito compreensível (mas também criticável) do artigo 51.º/4 do CPTA.

Independentemente de qualquer outra consideração, que não deixaremos de fazer, tal diversidade de pretensões, de fins e de lógicas é já por si indicativa da autonomia das ações que se movem em planos axiológicos distintos.

Um elemento (forte) a favor da recíproca autonomia das ações pode também extrair-se do argumento segundo o qual o ilícito civil da Administração pública (e, portanto, a injusta lesão da esfera jurídica do particular) vem sempre reconhecida independentemente da bem fundada expetativa do cidadão à satisfação dos próprios interesses materiais com base na impugnação do ato administrativo ilegal. Desta tese resulta a fundamental irrelevância do ato administrativo na reconstrução da responsabilidade aquiliana da Administração, responsabilidade que se reporta ao comportamento global da Administração, enquanto contrário ao *jus* e não só à *lex* (relativamente ao ato administrativo). Para demonstrar, exemplificando, admitamos a hipótese de um ato administrativo favorável ser praticado com injustificado atraso. Prescindindo das persistentes dúvidas que pessoalmente nutro sobre a qualificação (jurídica) das posições jurídicas, o argumento exposto parece-me convincente. Veja-se que no caso imaginado e imaginário, o ato administrativo favorável, não há qualquer dano tutelável pelo meio impugnatório, de modo que faltaria o pressuposto do interesse processual e, portanto, a ação anulatória não poderia ser proposta. Tudo isto é certo, mas sempre se poderá argumentar com a cumulação de pedidos (pedido anulatório e condenatório) ou dizer ainda que o exemplo não é suficiente para sustentar o fim da prejudicialidade administrativa e a consequente autonomia dos meios processuais, para utilizar uma linguagem clássica. Também é verdade que pode subsistir responsabilidade da Administração independentemente da justeza da expetativa do particular a uma decisão favorável ou da adoção concreta de tal medida.

Em síntese, desta(s) consideração deduz-se apenas que a ação ressarcitória não pode estar sempre condicionada pela prévia impugnação do ato administrativo, mas não se demonstra, pelo menos suficientemente, a recíproca autonomia das duas ações quando seja propriamente o ato administrativo a constituir a lesão do particular.

Pegando nesta última hipótese, creio ser possível sustentar que a prejudicialidade administrativa encontre fundamento na natureza do interesse legítimo que, enquanto interesse reflexo e instrumental em relação ao interesse público visado, encontra fisiologicamente tutela em mecanismos de tipo repristinatório e não tanto nos mecanismos ressarcitórios; ou seja, num mecanismo de reconstituição da mera possibilidade de realização da sua pretensão, em conjugação com o correto (re)exercício do poder administrativo, reconstituição que não pode prescindir do ataque ao ato ilegal.

Esta tese tem o dom da coerência, mas só é praticável sob duas condições. A primeira é a de consentir um substancial esvaziamento da prejudicialidade administrativa, ainda que de forma diferente, ao deixar sem objeto a ação ressarcitória, uma vez que ele vem substituído e ocupado pelo efeito repristinatório da anulação do ato inválido, que faz perder sentido e utilidade à ação de responsabilidade. A segunda é a de redesenhar o quadro das posições jurídicas substantivas favoráveis (do particular) e qualificar, à moda alemã, como direitos subjetivos grande parte daqueles que vêm habitualmente considerados interesses legítimos ou interesses legalmente protegidos.

Se no plano substantivo nada parece opor-se a esta tese, já não no plano da tutela processual subsistem alguns problemas, sobretudo em função do diverso tipo de atuação da Administração e da diversa natureza jurídica das posições dos particulares. Este último aspeto constitui, aliás, um dos grandes contributos das reformas que se têm feito, tanto ao nível do procedimento como do processo administrativo, tornando, paradoxalmente, mais difícil a tutela da esfera jurídica do particular.

Prescindindo do exasperante problema definitório das posições jurídicas dos particulares, podemos, com relativa segurança, afirmar que a falta (ou rejeição da ação demolitória e respetiva providência cautelar) conduz à consolidação do ato e dos interesses estabelecidos por este, ao tornar-se processualmente intangível (pelo menos diretamente) para o lesado.

A ação de responsabilidade não resulta condicionada pela expetativa mas no *petitum*: sendo inquestionável a arrumação dos interesses traçados pelo ato administrativo, o recorrente já não poderá pedir a reintegração natural do dano sofrido, mas pedir apenas uma reparação compensatória por equivalente.

12. 3. Caminhando para o fim da reconstrução teorética deste complexo tema do direito administrativo, parece-nos que, no fundo, seja precisamente esta situação a inspirar a doutrina que, com mais ou menos matizes, sustenta a prejudicialidade administrativa, sobretudo quando não foram utilizadas pelo recorrente as respetivas providências cautelares: a necessidade de contestar adequadamente a composição de interesses em que se materializa o ato administrativo ilegal vem defendida com o argumento de evitar que o dano sofrido pelo particular assuma dimensões exorbitantes, retirando qualquer liberdade à Administração quanto à forma de indemnização (restauração natural ou indemnização compensatória).

Reaflora aqui (claramente) o sentido profundo e originário da tutela anulatória, mais dirigida ao interesse público do que à proteção do recorrente, sendo que na atual justiça administrativa as coisas já não são assim tão simples. Ao invés, a tutela anulatória é já uma tutela subjetivista e garantística.

Mas mesmo que assim não fosse, tal não determinaria a necessidade de subordinação da ação ressarcitória em relação à ação impugnatória, isto por duas ordens de razões. É certo que, em linha de princípio, a reconstituição natural representa não só e não tanto um *prius* mas sobretudo um *melius* para o particular, a que dificilmente renunciará. Neste sentido, ações ressarcitórias autónomas da ação anulatória são previsíveis apenas quando o ato ilegal se tenha tornado inopugnável, uma vez que nenhum recorrente quererá renunciar *a priori* à restauração natural dos seus interesses materiais e que só a anulação ou provisoriamente a suspensão do ato consente.

As coisas complicam-se quando configuramos a hipótese, já referenciada, de um autor astuto e desleal não impugnar tempestivamente o ato para vir, depois, a perceber uma indemnização a que não tinha direito, tanto mais que os poderes de autotutela da Administração têm alguns limites severos (artigo 141.º do CPA) [717]. Curiosamente, a

---

[717] Apesar de criticável a solução posta por este preceito, não acompanhamos a doutrina (PAULO OTERO, "Impugnações administrativas", *op. cit.*, nota 6, p. 53) que advoga a revogação pelo CPTA da parte final do artigo 141.º/1 do CPA. Outra coisa é entender teoricamente que nada impede a Administração de intervir sobre o ato (impugnado) durante a pendência do processo impugnatório.

tese da convalidação do ato poderia aqui ser útil à Administração, porque assim poderia vir a revogá-lo para lá do referido prazo de caducidade; depois colhia o argumento que o *quantum* indemnizatório (artigo 4.º da Lei n.º 67/2007) poderia ser reduzido ou até excluído em função da concorrência de culpa do interessado, que teria atuado negligentemente ou até com má-fé.

Os argumentos decisivos, que deixámos propositadamente para o fim, para combater a necessária prioridade do pedido anulatório em relação ao pedido indemnizatório vão no sentido de tentar demonstrar que a prejudicialidade administrativa pode ter consequências mais graves tanto para o particular como para a Administração pública do que aquelas que pretendiam evitar, como antes ficou exuberantemente demonstrado.

No que diz respeito ao cidadão, há, desde logo, o obstáculo do prazo de impugnação contenciosa do ato administrativo ilegal ser bastante acanhado (artigo 58.º/2/b) do CPTA), o que em alguns casos pode ser insuficiente para articular uma defesa bem alicerçada, sobretudo na hipótese de cumulação de pedidos. O decurso do prazo determina para o recorrente a consumação do próprio interesse à anulação do ato ilegal, como também, em menor medida, do próprio "direito" ao ressarcimento do dano. Creio que esta pode ser uma das consequências mais vistosas do regime atualmente previsto no artigo 4.º da Lei n.º 67/2007, dificultando as condições de defesa do particular. De facto, a subordinação da ação de responsabilidade à eliminação do ato jurídico lesivo através da via processual adequada dificulta a possibilidade de deslocar para o plano ressarcitório a tutela dos interesses tutelados no plano impugnatório. Pensemos nos atos administrativos com vícios formais, que a doutrina entende não serem anuláveis, quando a preclusão ou a violação de uma formalidade essencial não afete o conteúdo do ato, que só poderia ser aquele que a Administração determinou ou o ato administrativo é materialmente bom e justo. Como se vê, nestes casos, não há qualquer vantagem no pedido impugnatório, até porque a Administração pode renovar o ato, eliminando o vício formal, como pode não ajudar a obter a necessária indemnização.

Tudo somado, o artigo 4.º da Lei n.º 67/2007, não só parece diminuir o alcance processual do artigo 38.º do CPTA, como também parece ir contra uma exigência de flexibilidade e adequação axiológica de que o recorrente deve dispor na utilização dos diversos "meios processuais" que o ordenamento processual põe hoje à sua disposição.

O problema fundamental da prejudicialidade administrativa parece ser o de não ter em conta a complexidade substancial da natureza das diversas pretensões dos particulares face à Administração, impedindo a sua tutela efetiva através de esquemas e vias processuais diferenciados e até autónomos e não através de um modelo obrigatório e rígido de pedido impugnatório, mais pedido ressarcitório.

Assim como existem pretensões adequadamente tuteláveis através do pedido impugnatório, mais o meio acessório, existem outras tantas hipóteses em que a tutela ressarcitótia autónoma é a mais adequada e outras tantas situações em que o melhor caminho processual é a cumulação de pedidos, impugnatório e ressarcitório.

Pedido impugnatório e pedido ressarcitório devem ser hipóteses juridicamente viáveis, ora na base da livre escolha e discernimento do interessado, determinando o tipo de tutela que melhor lhe convém, ora segundo um modelo de prejudicialidade administrativa, desde que não obrigatório, conjugado com o princípio da cumulação de pedidos.

Diga-se, para concluir, que o regime estabelecido no artigo 4.º da Lei n.º 67/2007 parece revitalizar conotações objetivistas ligadas ao tradicional entendimento da figura de interesse legítimo.

A palavra ao juiz administrativo.

Poderia ainda argumentar-se que a Lei n.º 67/2007 (artigo 9.º) parece distinguir, e bem, o ressarcimento do dano (só) para um *facto ilícito* considerado contra *ius,* do facto meramente ilegal, chamado *non iure,* como acontece com os atos praticados pela Administração, que são naturalmente permitidos pelo ordenamento jurídico (e são, portanto, lícitos), mas que podem não ser dirigidos à satisfação de um interesse público ou lesarem as posições jurídicas dos particulares e, por isso, ilegais. Em suma, a letra não bate com a caneta, o que obriga a uma interpretação sistemática moderadora do velho espírito do artigo 4.º.

O direito administrativo cresceu mentalmente com a fenomenologia do espírito de HEGEL e ganhou corpo com a economia keynesiana, mas a batalha entre autoridade e liberdade mantém-se e manter-se-á enquanto houver direito administrativo.

Tudo seria mais fácil e correto se aprendêssemos com a experiência francesa, onde a temática da responsabilidade civil extracontratual se realiza sem a necessária mediação das situações subjetivas. Em bom rigor, a responsabilidade administrativa não postula a lesão de uma posição jurídica do particular e, portanto, não requer a procura ou a invenção de uma posição jurídica qualificada lesada pela atuação ou omissão da Administração. Postula apenas e simplesmente um prejuízo, um dano e nada mais. A sabedoria está na simplicidade das soluções.

É nossa convicção que a responsabilidade pública das instituições seja uma das fontes da sua legitimação, porque, tornando responsável a Administração pública perante os cidadãos, contribui para realizar mais intensamente uma justiça material e a ideia de Estado de Direito. Somos ainda de opinião que o regime substantivo em vigor (Lei n.º 67/2007) delega no juiz administrativo uma margem de discricionariedade (e de responsabilidade) que nos parece desproporcionada, sem grandes vantagens para a tutela do particular e da Administração.

Uma nota final para fazer referência à jurisprudência comunitária em matéria de responsabilidade civil extracontratual.

O Tribunal de Justiça, numa primeira fase, configurou as duas ações de anulação e de responsabilidade, em termos de prejudicialidade, assumindo uma posição restrita ao afirmar que "um ato administrativo que não tenha sido anulado não pode de per si constituir um ilícito, nem causar um dano aos administrados" [718].

A jurisprudência sucessiva parece ter consolidado um entendimento distinto, preocupando-se mais em definir uma "coordenação de tutelas do que uma coordenação de ações" [719]. Segundo a jurisprudência comunitária, a existência de uma decisão, de um ato administrativo consolidado e, portanto, inopugnável, não pode obstar à ação de responsabilidade porque o juiz comunitário afirma e admite a possibilidade de sindicar incidentalmente a legalidade do ato (impugnável) [720].

---

[718] Cfr. a famosa sentença *Plauman*, Processo 25/62, in *JOCE*, de 13 de julho de 1963.

[719] Cfr. a sentença *Lütticke*, Processo 4/69, in *JOCE*, de 28 de abril de 1971; Processo 5/71, *Aktien-Zuckerfabrik Schöppenstedt*, in *JOCE*, de 2 de dezembro de 1971. Mais recentemente, o Processo 87/89, caso *Sonito*, in *JOCE*, de 17 de maio de 1990.

[720] Cfr. o Processo 175/84, caso *Krohn*, in *JOCE*, de 26 de fevereiro de 1986.

A mesma jurisprudência comunitária, à semelhança da solução prevista no artigo 38.º/2 do CPTA, exclui, todavia, que a ação ressarcitória possa ser usada para obter o (mesmo) resultado que se obteria com a ação anulatória [721].

Se não estamos em erro, a jurisprudência comunitária parece querer abandonar, ao menos implicitamente, a tese da prejudicialidade administrativa.

---

[721] Cfr. o Processo T-514/93, *Cobregaf SA*, com sentença de 15 de março de 1993. Nestes casos a jurisprudência comunitária seguiu a experiência alemã. Cfr. também o caso *Plug*, Processo T-165/89, com sentença de 27 de fevereiro de 1992.

Todavia, na sentença de 5 de março de 2002, Processo T-241/00, *Azienda Agrícola "Le Canne"*, o juiz comunitário entendeu que, no caso de contextual proposição da ação anulatória e da ação de responsabilidade, acolhida a primeira, a segunda pode resultar inadmissível porque a pronúncia do juiz sobre o eventual dano poderia "prejudicar o mérito de uma nova decisão".

PARTE III

O DIREITO ADMINISTRATIVO DE GARANTIA

1. Relação jurídica e jurisdição administrativa: um critério em declínio ou a tentação do direito privado?

Entre o branco e o negro está o cinzento, como entre o dia e a noite está o crepúsculo. Mas o cinzento não retira nada à diferença entre o branco e o negro, nem o crepúsculo à diferença entre a noite e o dia. Uma imagem para ilustrar as profundas transformações ocorridas nos últimos decénios, cujo elemento marcante é representado pela miscigenação do direito privado com a disciplina (pública) da estrutura e da função administrativas.

É verdade que a síntese perfeita entre estrutura e função, entre sujeito e regime de atividade do sistema administrativo foi sempre mais ideal do que real, tal como a rígida separação entre direito público e direito privado. Só que agora não se trata de uma mera evolução ou adaptação, para passar a significar uma mudança de paradigma do sistema administrativo, que se consuma numa irresistível e estrutural atração dos sujeitos e dos instrumentos da Administração na órbita do direito privado. Isto ocorreu através de dois concorrentes processos de privatização: dos sujeitos, isto é, a transformação de muitas pessoas coletivas públicas em pessoas jurídicas privadas, privatização das formas de organização administrativa[722] ;

---

[722] Se quiséssemos delinear uma periodização histórica, diríamos que o processo de privatização das formas de organização admi-

e através da privatização das relações jurídicas entre a

nistrativa passou por três fases. Numa primeira fase assistimos à transformação dos entes públicos económicos (empresariais) em sociedades por ações. A privatização formal das pessoas coletivas públicas começou por aqui. Desde há muito que se distingue entre institutos públicos administrativos e institutos públicos económicos (empresariais). A razão desta distinção deve-se à diferença de regime jurídico de cada uma dessas modalidades, sendo que a última categoria está normalmente sujeita a um regime de direito privado (regime laboral, regime contratual, regime financeiro...).

O processo seguinte consistiu em desagregar os institutos públicos empresariais da categoria de instituto público, autonomizando uma categoria própria de empresas públicas, os entes públicos empresariais (empresas públicas com estatuto e personalidade de direito público, mas sujeitas, no essencial, ao direito privado).

No final dos anos oitenta, estas empresas públicas começaram a ser transformadas em sociedades de capitais públicos, ao abrigo das sociedades comerciais, tendo em vista a sua privatização (DL n.º 558/99, de 17 de dezembro, sucessivamente alterado). Este tipo de empresa tornou-se, entre nós, no modelo comum das empresas públicas. São, em tudo, pessoas jurídicas privadas, tanto no que se refere à sua personalidade jurídica como ao direito ordenador da sua atividade.

A segunda fase do processo de privatização das pessoas coletivas públicas consiste na transformação de uma boa parte do setor público administrativo em fundações de direito privado. Frequentemente a lei menciona estas pessoas jurídicas como fundações, mas tal qualificação é mais descritiva do que técnica. Por vezes, trata-se de entes de base associativa, outras vezes de entes sem qualquer base associativa, operando na base do seu património e sobretudo com base em contributos financeiros do Estado. O que é certo é que se trata de transformação de pessoas coletivas públicas (que integram o núcleo duro do setor administrativo) em pessoas jurídicas privadas (em sentido formal).

Uma terceira fase deste processo, recheado de inovações anacrónicas, refere-se à transformação em sociedades por ações de entidades públicas não económicas. É difícil, por enquanto, definir os contornos da terceira vaga de privatização da Administração pública, mas é, sem dúvida, a fase hodierna da "guerra" entre o direito público e o direito privado.

Do que não há dúvida é que se trata de entes societários que operam no âmbito de políticas públicas próprias do Estado.

Administração e os particulares, ou seja, pela crescente utilização de instrumentos privatísticos, privatização das formas de atividade administrativa [723].

Em extrema síntese, à atipicidade do ordenamento jurídico das entidades administrativas veio a juntar-se uma nova atipicidade, ligada à criação de pessoa jurídicas privadas ou de pessoas jurídicas de formato híbrido quanto ao regime jurídico e composição, o que nós designamos por publicidade débil.

Numa palavra, estamos perante uma nova e profunda combinação entre direito público e direito privado no seio dos modelos administrativos. Esta peculiar fluidez da publicidade, que atingiu mais recentemente as formas de organização administrativa, coloca uma interrogação vital em relação à cláusula geral prevista na Constituição (artigo 212.º/3), como critério delimitador da jurisdição administrativa. A questão é pertinente porque o que podíamos designar de *publicidade natural* da Administração e da sua atividade deu lugar a uma *publicidade hermafrodita*, o que, saliente-se mais uma vez, põe o problema da utilidade do critério da relação jurídico-administrativa para achar a competência dos tribunais administrativos.

O que é novo, e até estranho, é a aparente fungibilidade-substituibilidade entre formas de organização e de atividade públicas por formas de organização e de atividade privadas, o que nos leva a perguntar se o critério da capacidade jurídica não se está a substituir ao critério da personalidade jurídica na qualificação da relação jurídica. Quando não há fungibilidade, há pelo menos complementaridade entre direito público e direito privado. A decisão e o procedimento são públicos, mas as formas de relação e

---

[723] Este direito privado é *um direito de meios*, enquanto o direito público é *um direito de fins*.

execução são privadas, como vimos, por exemplo, em relação à subvenção pública. É, aliás, esta complementaridade que faz as delícias da teoria germânica da *Zweistufentheorie* (teoria dos dois níveis) como orientação para delimitar a jurisdição administrativa da chamada jurisdição comum, com base, precisamente, na distinção entre direito público e direito privado.

Característica desta nova forma de publicidade, que deixa de ser unitária, é precisamente a de à qualificação como pública ou privada de uma relação jurídica não corresponder uma disciplina jurídica única (organizativa e funcional) do sujeito. Uma das consequências mais vistosas é claramente o sentimento de insegurança do particular quando tem de recorrer à tutela judicial das suas pretensões.

Sabe-se que o caminho seguido pela doutrina e pela jurisprudência [724] tem sido o de valorizar a cláusula geral, o critério da relação jurídica administrativa. A dúvida que nos assalta é se, no atual estado de coisas, a cláusula geral serve ainda de candeia que ilumina a separação de jurisdições. Sabe-se também que a técnica aditiva seguida pelo legislador no n.º 1 do artigo 4.º do ETAF pretende dar conta deste novo fenómeno de contaminação e complementaridade entre o direito público e o direito privado. Para esse efeito, o legislador recorre a expressões como "poderes administrativos" ou "regime de direito público" nas alíneas relativas a atos jurídicos praticados por sujeitos privados (alíneas d) e f) do n.º 1 do artigo 4.º do ETAF); noutros casos parece privilegiar o sujeito, o objeto ou mesmo o con-

---

[724] Só para dar nota dos Acórdãos mais recentes do Tribunal de Conflitos, *vide* os Acórdãos de 4 de julho de 2006, Processo 011/06; de 11 de março de 2010, Processo 028/09; de 17 de junho de 2010, Processo 030/09; de 20 de setembro de 2011, Processo 03/11.

teúdo da atividade [725] para delimitar a jurisdição administrativa (artigo 4.º/1/f) do ETAF).

Neste aspeto, a (nova) justiça administrativa recebe e secunda as profundas transformações operadas no mundo das relações jurídicas entre a Administração e os particulares, com a tendencial sobreposição subjetiva e objetiva de Administração.

Será o juiz administrativo o *juiz natural* da Administração e das suas relações jurídicas? Cremos que sim, ainda que não o único.

O desafio é o de reencontrar o sentido profundo da jurisdição administrativa (e da sua especialidade). Se a atual configuração legal da jurisdição administrativa reflete a convergência das dimensões objetiva e subjetiva da noção de Administração, creio que a utilidade da cláusula geral (relação jurídico-administrativa) será a de distinguir as hipóteses de direta relevância da autonomia público-funcional da Administração daquelas outras hipóteses em que não é relevante juridicamente a posição de autonomia pública e funcional do ente administrativo. Isto significa que uma parte das relações disciplinadas pelo direito privado venha atraída pela jurisdição administrativa, mas só quando se verifique uma relação direta com a peculiar posição de autonomia funcional (fim) da Administração. Fora deste limite, as relações entre a Administração e os particulares disciplinadas pelo direito privado devem caber à jurisdição comum.

Por outro lado, não é nada improvável que as profundas alterações ilustradas, como o módulo societário (para o setor público empresarial) ou o módulo fundacional (para o setor público administrativo) possam determinar simul-

---

[725] COLAÇO ANTUNES, *A Teoria do Acto e a Justiça Administrativa*, op. cit., pp. 28 e ss. e 58 e ss.

taneamente uma progressiva reapropriação da parte do juiz ordinário do poder de interpretar e julgar relações jurídicas que coenvolvam uma parte pública, isto é, de fazer uma ampla aplicação de normas e princípios publicísticos.

O que dissemos até aqui seria cientificamente suficiente e prudente, todavia razões pedagógicas obrigam-nos a dizer algo mais, a começar pela tentativa de definir (à luz da atual complexidade público-privado) um conceito útil de relação jurídica administrativa.

Relação jurídica administrativa será então aquela relação jurídica que envolva (pelo menos) um titular de poderes públicos e normas e princípios públicos que, sem prejuízo da utilização de módulos privatísticos, prevejam poderes e deveres diretamente relacionados com a autonomia funcional do ente público [726]. Também por motivos pedagógicos, damos conta, ainda que resumidamente, das várias teorias, doutrinárias e jurisprudenciais, que na Alemanha se vêm desenvolvendo para decantar a jurisdição competente. Para além da já referenciada *Zweistufentheorie*, recorda-se ainda a teoria subjetiva (*Subjekstheorie*), baseada na distinção entre sujeitos de imputação de direito privado e sujeitos de imputação de direito público (titulares de um poder público). Outra teoria relevante é a da subordinação (*Subordinationstheorie*), fazendo assentar a natureza pública ou privada da relação jurídica na relação de subordinação ou de equiordenação do particular face à Administração [727].

---

[726] Este conceito, embora original, inspirou-se em S. DETTERBECK, *Allgemeines Verwaltungsrecht mit Verwaltungsprozessrecht*, München, 2009, p. 13.

[727] Cfr., recentemente, H. POSSER / H. A. WOLF, *Verwaltungsgerichtsordnung*, München, 2008, p. 98 e ss.

Porém, a teoria mais sufragada parece ser a *teoria dos dois níveis,* sempre com base na distinção entre direito público e direito privado (que na Alemanha, como acontece entre nós, é um pressuposto indispensável).

Esta teoria revela-se, num primeiro nível, de direito público, que se materializa num procedimento que culmina num ato administrativo; e um segundo nível, de direito privado, relativo ao *quomodo,* isto é, pertinente à forma jurídica em que se concretiza (parcialmente) a relação jurídica.

Por sua vez, a *teoria dos dois níveis* tem sido o objeto de várias interpretações, sendo que uma delas não afasta a existência de um fenómeno unitário apesar das relações serem de tipo diferente. Neste sentido, a prevalência do conteúdo publicístico da relação jurídica viria a absorver a fase de direito privado no âmbito do direito público, com a consequência de atribuir ao juiz administrativo a competência para decidir sobre toda a relação jurídica, ultrapassando, portanto, o limite do ato administrativo pressuposto [728].

Para esta teoria, a relação jurídica entre a Administração e o particular pode ser disciplinada em parte pelo direito público e em parte pelo direito privado.

É, aliás, interessante, para a solução do problema da delimitação de jurisdições, o princípio segundo o qual, em casos de incerteza, prevalece um critério de presunção a favor do direito público e da jurisdição administrativa, com o efeito de incluir a fase de direito privado no controlo do juiz administrativo.

Em resumo, o *critério de presunção de publicidade* para afirmar a competência da jurisdição administra-

---

[728] W. R. SCHENKE, *Verwaltungsprozessrecht*, Heidelberg, 2007, p. 38 e ss.

tiva nos casos de dúvida sobre a natureza da relação jurídica [729]. Esta corrente jurisprudencial de presunção, em via interpretativa, da natureza pública da relação jurídica baseia-se no princípio liberdade de escolha das formas (de atividade) administrativas para realizar fins tidos em vista pela Administração, de que, aliás, a *Zweistufentheorie* é expressão. Outras vezes, a jurisprudência traz ainda à colação os princípios da segurança jurídica e da certeza do direito [730].

Numa palavra, a *consequência jurisdicional,* isto é, a jurisdição competente, depende da qualificação (pública ou privada) da relação jurídica.

Como se vê, o problema da cláusula geral (artigo 212.º/3 da CRP e artigo 1.º do ETAF) não se põe no ordenamento germânico como se tem posto entre nós, em relação ao seu sentido jurídico, isto é, o de saber se se trata (ou não) de uma reserva material absoluta de jurisdição atribuída aos tribunais administrativos. Também na Alemanha o problema é um verdadeiro problema, mas não uma questão hermenêutica.

Para concluir, o conceito clássico de relação jurídica administrativa é, em grande medida, imprestável para traduzir corretamente a relação hermafrodita entre a Administração e o particular dos dias que vivemos. Não se trata de uma questão de interpretação jurídica mas de um problema de alta dogmática. Não por acaso, a jurisdição administrativa vê o seu campo de ação ampliar-se quando, paradoxalmente, o direito administrativo substantivo sofre uma cura de emagrecimento preocupante.

---

[729] Cfr., mais uma vez, S. DETTERBECK, *Allgemeines Verwaltungsrecht mit Verwaltungsprozessrecht, op. cit.,* p. 26.

[730] Cfr. A. GERN, *Deutsches Kommunalrecht,* Baden-Baden, 1997, p. 335.

Não se trata de direito administrativo privado, como diz a doutrina alemã, mas de direito administrativo público-privado.

2. Brevíssimas notas sobre a fixação de uma *summa gravaminis* no processo administrativo

2.1. Uma nova figura no contencioso administrativo. Complexidade disfarçada de simplicidade processualística

A ora novidade das alçadas e do valor das causas no direito processual administrativo [731], que o não é tanto noutros ramos do Direito, apesar da sua modéstia e discrição, pode revelar-se de uma importância transcendental na nova justiça administrativa, particularmente no seu *processo*. Basta pensar, para além do disposto no n.º 2 do artigo 31.º do Código de Processo nos Tribunais Administrativos, nas refrações ao nível do processo administrativo, desde o seu início até à fase executiva, passando pelas providências cautelares, a merecerem aqui a nossa atenção.

Esta figura — o valor da causa — intercede também com os soberanos princípios da tutela jurisdicional efetiva e da igualdade dos cidadãos perante a lei, limitando-os no que toca ao recurso jurisdicional (alçada), sem esquecer o seu papel no que se refere à harmonização do princípio do dispositivo (ou autorresponsabilidade das partes) com o princípio do inquisitório (ou da verdade material) ou ainda o princípio da congruência.

---

[731] Cfr., entre outros, os artigos 31.º e ss. e 142.º do CPTA e o artigo 6.º do ETAF.

Pontualize-se que, nos termos do artigo 142.º/1 do CPTA, o recurso jurisdicional das decisões proferidas em primeira instância que tenham conhecido do mérito da causa só é admitido nos processos de valor superior à alçada do Tribunal Administrativo de Círculo (por princípio). Mesmo admitindo que esta *summa gravaminis* não toca o princípio da tutela jurisdicional efetiva, até por não ser exigido pelo texto constitucional o recurso jurisdicional em relação a todos os processos e decisões judiciais, a verdade é que se trata de uma técnica legislativa muito discutível no processo administrativo.

Com efeito, parece-nos de todo inconveniente que o legislador venha a permitir que os litígios de menor relevância económica não sejam suscetíveis, em regra, de recurso jurisdicional, pondo em causa a unidade da jurisprudência e, por conseguinte, da própria ordem jurídica [732].

Apesar do pertinente dispositivo do artigo 142.º do CPTA, sempre haverá a possibilidade de estarmos confrontados com sentenças que apliquem erroneamente a lei. Não colhe, obviamente, argumentar que a diversidade das respostas judiciais se considera legítima à luz do princípio da independência dos tribunais. A situação complica-se se se entender, como é previsível, elevar o valor da alçada.

Convém ainda recordar que a tendência no processo civil (Itália) tem sido a de eliminar tal limitação (desde a Lei de 18 de outubro de 1977) [733] ou substituí-la, como acontece em França, por uma sanção por utilização abusiva do recurso jurisdicional. Trata-se, deste modo, de evitar recursos meramente dilatórios que impeçam, nomeadamente, a execução da sentença impugnada. Haverá

---

[732] Cfr., todavia, os artigos 93.º, 148.º, 150.º, 152.º, 154.º e ss. e 161.º do CPTA.

[733] Cfr. o artigo 360.º do *Codice di procedura civile*.

Parte III - O direito administrativo de garantia 511

ainda que pontualizar e esclarecer se o direito ao recurso jurisdicional se refere ao valor da causa ou ao valor do dano sofrido pelo autor. Em extrema síntese, revela-se muito discutível considerar, na esteira de CALAMANDREI, a introdução desta *summa gravaminis* em razão do interesse público dos tribunais superiores, particularmente do Supremo Tribunal Administrativo.

Estamos postos, desde logo, perante a natureza jurídica desta figura. Pressuposto processual de ordem pública? Qual o momento para a determinação do valor da causa? Será sempre no início do processo? Domínios e dificuldades onde se espera uma intervenção sensata e criativa da jurisprudência administrativa.

Outra das repercussões tem a ver com o próprio objeto do processo administrativo, na medida em que o valor da causa se configura agora, por regra, como o conteúdo económico do objeto do processo ou, mais literalmente, "a utilidade económica imediata do pedido" (artigo 31.º/1 do CPTA).

Diga-se, desde já, que o que está sob apreciação é (no essencial) a ação administrativa especial.

A senda *civilizadora* do processo administrativo tem aqui um dos seus epicentros, como resulta claramente do artigo 31.º/4 do CPTA, ao prescrever que é aplicável o disposto na lei processual civil quanto aos poderes das partes e à intervenção do juiz na fixação do valor da causa.

Para esclarecimento definitivo do leitor, este não é o nosso modelo. Assim sendo, o escopo deste estudo é sobretudo o de viabilizar uma construção (doutrinal e jurisprudencial) autónoma.

Se deitarmos um breve olhar sobre esta disciplina jurídica, em conjugação com o disposto no CPTA (artigos 31.º e segs. e 78.º/2/i)) parece concluir-se pela aparente secundarização do papel do juiz na fixação do valor da causa, na medida em que, embora o Código de Processo Civil, no seu artigo 467.º/1/f), pareça impor ao autor (tal como também estabelece o CPTA, artigo 78.º/2/i), a declaração do valor da causa [734], valor a atender nomeadamente para efeitos de saber se cabe recurso da sentença proferida em primeira instância e que tipo de recurso (artigo 31.º/2/c) do CPTA), a verdade é que no seu artigo 315.º/1 o Código de Processo Civil permite ao juiz, findos os articulados, fixar o valor da causa quando entender que o que foi acordado entre as partes está em flagrante oposição com a realidade [735].

Parece, portanto, apontar-se para uma conceção dinâmica do valor da causa.

Volta-se, assim, a questionar qual a natureza jurídica desta figura, a que procuraremos dar resposta mais adiante. Importa ainda refletir da justeza de tal figura no âmbito da justiça administrativa. Embora sejam perfeitamente compreensíveis as razões que estão na base da sua génese e consagração legal, que vão desde a celeridade da justiça até a um mais conveniente posicionamento do Supremo Tribunal Administrativo como Tribunal Supremo, a verdade é que não me parece o melhor dos critérios para resolver os problemas que diariamente se põem no contencioso administrativo. Na introdução desta *summa gravaminis* ecoa o ensinamento de CALAMANDREI, que justificava tal restrição ao recurso jurisdicional em razão do

---

[734] Cfr. igualmente os artigos 305.º e ss. do CPC. Quanto ao momento da determinação do valor da causa, dispõe o artigo 308.º do mesmo Código. Como se vê também no seu artigo 312.º, nem tudo o que reluz é patrimonial no direito processual civil.

[735] Cfr. também os n.ᵒˢ 2 e 3 do mesmo artigo, bem como as disposições sucessivas, artigo 316.º e ss. do CPC. Quanto aos poderes das partes, *vide* o artigo 314.º do CPC.

interesse público que preside à atividade dos tribunais superiores, *maxime* do (nosso) Supremo Tribunal Administrativo.

Tem, aliás, um forte inconveniente (*malgré* o já mencionado artigo 142.º do CPTA, com especial ênfase para o seu n.º 3), que é precisamente o da centralidade do dinheiro na concreção do princípio da efetiva e plena tutela jurisdicional, visto que assim o direito ao recurso jurisdicional aparece (fortemente) limitado numa jurisdição que mantém, no essencial, duas instâncias [736]. Por outro lado, sem preconceitos classistas, não parece nada avisado confundir a densidade jurídica com o valor (económico) da causa, tanto mais que não é de todo infrequente um *processo pobre* apresentar uma *aurífera dificuldade* técnico-processual.

A maior consensualidade (teoria do auditório) não lhe confere maior rigor e justiça, sem que tal signifique que a opção por um outro critério, mais conforme com os ditames do direito de acesso ao Direito e aos tribunais, seja tarefa fácil ou cómoda. De todo modo, num terreno como o Direito Administrativo, sempre diríamos que melhor seria atender a critérios como os valores em presença ou à dimensão axiológico-normativa dos direitos em jogo, quer do lado do interesse público, quer do lado dos direitos e garantias dos particulares ou ainda e conjugadamente à relevantíssima questão da uniformização da jurisprudência.

Mesmo deixando de lado, mais uma vez, as implicações da fixação desta *summa gravaminis* sobre a plenitude

---

[736] Cfr., entre outros, os artigos 6.º, 24.º, 37.º e 44.º do ETAF e os artigos 150.º e 151.º do CPTA, sendo que no penúltimo artigo se prevê excecionalmente um recurso para o STA de decisões proferidas em segunda instância pelo TCA.

do princípio da tutela jurisdicional efetiva, não nos parece uma política legislativa de todo acertada para o processo administrativo. Resulta particularmente inconveniente, se se tem em conta que a tarefa de unificação da jurisprudência deve projetar-se sobre todo o universo do ordenamento jurídico e da sua jurisprudência, mesmo admitindo a qualidade e a oportunidade normativa de disposições como a do artigo 93.º do CPTA. Supõe, por isso, um certo conformismo com a impossibilidade de lograr a plena tutela do *ius constitucionis*.

As maiores asperidades da figura do valor da causa no processo administrativo, como veremos imediatamente, prendem-se com a sua *dupla dimensão* e *natureza*: 1) como conteúdo (económico) do objeto do processo (e respetivos critérios de valoração), logo da respetiva pretensão e, nessa medida, ficará, no essencial, nas mãos das partes (em particular do recorrente); 2) ou como elemento processual determinante da competência do juiz administrativo.

2. 2. Natureza jurídica

Começaríamos este ponto por referenciar que não nos parece a melhor solução em matéria de política legislativa remeter despreocupadamente aspectos centrais da nossa figura, o valor da causa, para a disciplina do processo civil, como já anotámos anteriormente.

O processo administrativo tem particularidades próprias que o contradistinguem do processo civil, nomeadamente a presença do interesse público (primário) qualificado e definido pelo legislador e prosseguido pela Administração, como parece, aliás, resultar da Lei Fundamental (artigo 266.º). Este "senhor" do processo administrativo não pode ser menorizado, sob pena da nossa disciplina se converter sobretudo naquilo que não é nem deve ser — um processo civil especial. A paridade de armas não obriga a tanto.

Por isso, não poderá deixar de caber ao juiz administrativo, até por respeito aos princípios da justiça e da igualdade, uma intervenção corretiva do valor da causa proposto pelo autor, como, aliás, acontece noutras paragens processuais.

Dito isto, impõe-se uma construção autónoma para a justiça administrativa. Em bom rigor, superando equívocos, nunca o poderia ser apenas pelo recorrente-autor, uma vez que um processo de partes obrigaria sempre a uma composição do valor da causa participada pela entidade demandada e até por terceiros, portanto, pelas partes (cfr. o artigo 314.º/1 do CPC).

Esclareça-se ainda, que, em consonância com o anteriormente dito, o objeto do processo, mesmo numa leitura subjetivista, nunca se poderia reduzir à pretensão esgrimida pelo autor, antes englobando (também) a pretensão do sujeito passivo (normalmente a Administração), bem como as posições jurídicas dos contrainteressados.

Pensamos, assim, que a fixação ou pelo menos a correção do valor da causa pelo juiz administrativo se tem de ver como uma limitação ao princípio do dispositivo, em harmonia, aliás, com o estipulado nos artigos 85.º/3/4 e 95.º/2 do CPTA. Nesta linha de pensamento, o valor da pretensão-objeto do processo administrativo deve ser compreendido como a combinação, nos limites do pedido, do objeto (mediato) do processo e da causa de pedir.

Em resumo, o valor da causa apresenta-se como a dimensão quantitativa da pretensão processual, o seu valor--conteúdo económico. Por outras palavras, o valor do que se pede em conexão com os motivos do pedido.

No nosso modesto entendimento, o valor da causa deve ser visto como um pressuposto processual de natureza pública, debaixo, portanto, do olhar do juiz administrativo, afastando, assim, a hipótese de tal tarefa vir apenas encomendada legalmente às partes. A sê-lo, repetimos, seria a ambas as partes do processo e não apenas a uma delas, o recorrente, como parece resultar literalmente do disposto nos artigos 78.º/2/i) e 80.º/1/c) do CPTA, relativos aos requisitos e recusa da petição inicial. Não é, salvo melhor opinião, uma faculdade (exclusiva) do demandante a afixação do valor da causa, mas igual e determinantemente uma incumbência do juiz, ouvidas necessariamente as partes, em obséquio aos princípios da tutela jurisdicional efetiva, da igualdade e do contraditório. A não ser assim, corre-se o risco de processos idênticos serem distintamente valorados, precludindo injustamente o acesso ao tribunal de recurso ou admitindo-o sem justificação séria e ponderada.

Como se sabe, para além do problema do recurso jurisdicional, há outras refrações processuais, como são a forma do processo na ação administrativa comum e, na ação administrativa especial, a questão do processo ser julgado em tribunal singular ou em formação de três juízes (artigo 31.º/2 do CPTA).

A sua fixação, como decorre, inclusive, do Código de Processo Civil, começa por ser feita, no início do processo, no momento em que a ação é proposta (petição inicial), não em momento posterior, sem prejuízo de alguma correção imposta, entre outras razões, por alterações de facto e de direito entretanto ocorridas ou até por força de elementos probatórios decisivos para a determinação do valor da causa (cfr. o artigo 308.º do CPC).

Apresentada a petição inicial, podendo ser recusada pela secretaria, nos termos do artigo 80.º/1/c) do CPTA, deve caber ao juiz administrativo convidar o autor a corrigir a omissão do valor da causa ou, tendo-o feito, nada impede o tribunal de proceder à correção do mesmo (pelo menos em caso de erro grosseiro), ouvindo para tanto as partes envolvidas e consultando os peritos que o caso justifique, como resulta, senão da letra, pelo menos do espírito dos artigos 82.º, 88.º e 89.º do CPTA, bem como dos artigos 2.º, 6.º, 7.º, 8.º, 13.º e artigos 27.º, 31.º e seguintes (todos do CPTA) e ainda os artigos 5.º a 7.º do ETAF.

Aliás, nada obsta a que, competindo ao autor fixar inicialmente o valor da causa na petição inicial, seja finalmente o juiz, no âmbito dos seus poderes de cognição e de pronúncia a determiná-lo definitivamente. Em minha opinião, o tribunal não poderá ficar vinculado ao montante apresentado na petição inicial pelo recorrente. Isto, pela simples razão de que o valor (económico) da pretensão do autor não pode desfigurar a real materialidade da questão litigiosa. Isto implica que o valor da causa tenha uma dupla natureza: por um lado, conteúdo económico do objeto do processo [737], e daí a faculdade do autor, mas também pressuposto processual de ordem pública, de cujo montante depende, entre outras coisas, a possibilidade de interpor recurso jurisdicional e de que tipo (ver artigos 149.º e segs., especialmente o artigo 151.º do CPTA).

De todo o modo, porque estamos no terreno do direito processual administrativo, em que pontificam interesses e direitos privados, mas também interesses públicos,

---

[737] Conteúdo económico *normativamente entendido,* em função da aplicação dos respetivos critérios valorativos postos pelo CPTA (artigo 32.º e ss.).

justifica-se, a meu ver, uma atuação criativa por parte do juiz administrativo nesta importantíssima problemática. Impõe-se mesmo uma intervenção principal do juiz ou do tribunal na fixação do valor da causa. Neste sentido, o juiz não pode ficar vinculado pelo pedido do autor ou das partes. Trata-se, com efeito, de uma matéria de ordem pública, mesmo que se trate de uma alteração do valor da causa.

Argumentos há, naturalmente, em defesa de uma ou de outra tese, como é próprio e legítimo em toda a questão de Direito.

Pode, assim, argumentar-se que cabe às partes, à luz do princípio do dispositivo, a fixação do valor da causa, uma vez que são elas os senhores do objeto do processo e, mais exatamente, das suas pretensões. Nesta perspetiva, é legítimo pensar-se que quando um particular se dirige ao tribunal administrativo obtenha aquilo que entende caber-lhe, nomeadamente quanto à valoração económica da sua pretensão.

Por outro lado, sempre a dupla natureza desta figura, pode aduzir-se que a fixação do valor da causa deve competir, pelo menos em última instância, ao tribunal administrativo, visto tratar-se de um *pressuposto processual de ordem pública* de que derivam importantes consequências processuais e, muito especialmente, as exigências postas pelo direito a uma tutela jurisdicional efetiva, no respeito dos princípios da justiça e da igualdade e do direito de acesso ao Direito e aos tribunais (artigos 20.º e 268.º/4/5 da CRP).

Tal postura não invalida que seja, numa primeira fase, o recorrente, através de petição inicial, a fixar a pretensão, logo, o pedido e o respetivo *quantum*. Não teria, aliás, sentido que, nos termos do artigo 33.º/a) do CPTA, fosse desde logo o juiz administrativo a fixar o valor da pretensão quando está em causa a autorização ou o licenciamento de uma obra particular.

Em síntese, a nossa proposta hermenêutica vai no sentido de reconhecer e manter a especificidade do direito processual administrativo e daí o reconhecimento de uma legítima ampliação dos poderes do juiz, no âmbito do princípio do inquisitório, em obséquio aos interesses superiores do direito de acesso ao Direito e à justiça administrativa. Portanto, não se trata de uma visão-qualificação meramente formal-processual, mas de uma questão substancial, não sendo, por isso, razoável que fique na disponibilidade das partes, e particularmente do autor, a possibilidade de aceder ao recurso jurisdicional, podendo, inclusive, conduzir a situações iníquas e desiguais ou até a um enriquecimento sem causa. Trata-se, no fundo, de encontrar uma solução que dê guarida aos princípios e direitos que estão em causa no contencioso administrativo, pelo que não cabe aqui também o entendimento formalista da figura em estudo como pressuposto processual arbitrariamente entendido pelo juiz administrativo. Em suma, a combinação das duas vertentes parece-me essencial para encontrar o justo perfil-equilíbrio substancial-processual desta figura tão discreta como essencial.

Tal não significa, repetindo-nos, qualquer arbítrio do juiz ou menoridade das partes, que sempre disporão da faculdade da sua indicação e discussão ao abrigo do princípio da autorresponsabilidade das partes ou do contraditório.

Outro problema difícil a resolver prende-se com o *momento* da fixação do valor da causa, questão que tem obviamente relação com o que problematizámos anteriormente em relação à natureza jurídica da nossa figura.

À primeira vista parece que, independentemente da tese sufragada, a fixação do valor da causa deveria ser estabelecida logo na primeira fase, no momento da propositura da ação (*vide*, inclusive, os artigos 308.º e 315.º do CPC), se bem que se julgue aparentemente menos adequada à tese que vimos defendendo. Mais atentamente, vista a sua refração nas várias fases do processo, que se estendem até à execução das sentenças, alvitramos que seria mais prudente fixá-la substancialmente a partir da fase instrutória-probatória, altura em que o processo fornece já os elementos necessários (artigo 87.º e segs. do CPTA). Esta tese é naturalmente alicerçada na estrutura e andamento do processo administrativo, sem prejuízo do juiz poder e dever intervir antes – atentas as implicações do artigo 31.º/2 do CPTA — sobretudo quando, nos processos cautelares (processos urgentes, artigos 36.º/1/e)/2 e 112.º e segs. do CPTA), o tribunal opte pelo seu não decretamento e haja, assim, que determinar a possibilidade de recurso jurisdicional (artigos 32.º/6, 122.º, 143.º/2 e 147.º do CPTA).

Para concluir este ponto, quando haja cumulação de pedidos, prescreve o artigo 32.º/7 do CPTA que o valor da causa "é a quantia correspondente à soma dos valores de todos eles", sendo que "cada um deles é considerado em separado para o efeito de determinar se a sentença pode ser objeto de recurso e de que tipo".

De todo o modo, a cumulação aparente parece ser a regra, uma vez que o CPTA considera a cumulação de pedidos possível quando entre eles se verifique uma relação de prejudicialidade (artigos 4.º/1/a), 4.º/2 e 47.º/2/4/a)).

Aos processos de valor indeterminável cabe aplicar o artigo 34.º do CPTA, com particular relevo, pelas suas consequências processuais, para os números 3 e 4 do referido normativo.

2. 3. Algumas refrações processuais menos notórias

Neste ponto incidiremos principalmente sobre as providências cautelares, pela sua aparente invisibilidade neste campo (artigo 112.º e segs. do CPTA) e sobre alguns aspetos do processo impugnatório de normas (artigo 72.º e segs. do CPTA), como decorre do objeto do nosso estudo.

Para início do debate creio que o decretamento das providências cautelares, apesar da visão essencialmente garantística da nova justiça administrativa, não pode ser entendido como a regra (a seguir), sob pena de desequilíbrio quanto à tutela do interesse público e dos interesses de terceiros.

Os critérios para o decretamento das medidas cautelares são o *fumus bonis iuris e o periculum in mora,* a que se deve acrescentar a ponderação dos dois *fumus boni iuris,* acrescendo ainda o *princípio da proporcionalidade* na decisão da concessão. Debruçando-nos sobre os pontos mais sensíveis desta temática, diríamos que, relativamente ao *fumus boni iuris,* a doutrina tem dado preferencialmente atenção ao *fumus* do destinatário do ato, sendo que, em bom rigor, são dois os que se manifestam no processo administrativo, normalmente antitéticos. Por um lado, o do particular, titular da pretensão que pretende ver satisfeita em juízo e que se vê ameaçada pela eficácia-execução do ato administrativo; por outro, o da Administração, autora do ato, em busca da prossecução do interesse público (e dos contrainteressados). Sobre este último ponto, normalmente mais obscuro, como já se disse, no processo administrativo estamos perante a existência não de um, mas de dois *fumus boni iuris,* que o juiz administrativo deverá ponderar adequada e circunstanciadamente (artigo 120.º/2/5 do CPTA). A não ser, obviamente, que se verifique a hipótese menos frequente, configurada na alínea a) do n.º 1 do artigo 120.º. Neste caso, o *fumus* da pretensão principal é só por si suficiente para o juiz decretar a providência ou as providências cautelares, decaindo o *periculum in mora* (n.º 1, alínea b) do mesmo artigo) e o princípio da proporcionalidade (artigo 120.º/2/3).

Note-se, porém, que não se pode confundir o referido interesse público com a presunção de legalidade do ato (que podem ou não coincidir), porque se assim fosse, raramente se poderia decretar uma providência cautelar (por força da primariedade do interesse público). Caberá ainda à Administração participar na demonstração de que o dano sofrido pelo interesse público, em função da concessão da providência cautelar, é maior do que o que resultaria da sua recusa (n.os 2, 3 e 5 do artigo 120.º do CPTA).

A delicadeza e asperidade do critério do *fumus boni iuris* no processo administrativo está em que o juiz não só deve valorar convenientemente a pretensão subjetiva do recorrente, como também a de todos os interesses em conflito, destacando-se, entre eles, o não despiciendo *fumus* da pretendida juridicidade da conduta fundamentalmente actícia. Creio que em vez de se suprimir o clássico princípio da presunção de legalidade do ato, este ganha agora outro fôlego processual, ainda que ponderativo. Se a ponderação entre as pretensões e os interesses colidentes no processo for favorável à Administração, a providência cautelar não poderá ser decretada [738]. É, aliás, esta a razão

---

[738] Diz-nos agora o n.º 2 do artigo 120.º do CPTA que basta a existência de *danos superiores* para o interesse público (e dos contra-interessados) para que a providência cautelar não seja decretada. Se bem que se exija aqui (aparentemente, pelo menos) bem menos do que

pela qual a teoria sobre o *fumus* é agora construída, pelo menos parcialmente, de forma positiva: presume-se o *fumus* do recorrente, numa primeira análise, a exigir, apesar da evidência da pretensão (artigo 120.º/1/a) do CPTA), um juízo de probabilidade qualificado (sobretudo nos atos de natureza prestacional); isto é, que o ato pareça claramente ilegal (nulidade ou inexistência do ato, artigo 120.º/1/a)) ou seja manifestamente evidente a existência de um direito ou interesse legalmente protegido.

No que toca à aplicação do princípio da proporcionalidade às providências cautelares (artigo 120.º/2 do CPTA), exige-se não só que a medida seja a mais adequada para garantir a eficácia da pretensão do particular mas, simultaneamente, a menos restritiva do interesse público e de terceiros (artigo 120.º/3 do CPTA), logo que se produzam apenas os prejuízos (se forem inevitáveis) de direitos ou interesses estritamente indispensáveis à garantia da utilidade do recurso-ação e da efetividade da sentença.

Creio que é nesta linha de pensamento que se insere a célebre disposição do CPTA, o artigo 120.º/4, que configura uma verdadeira *contracautela*, com vista a garantir a eficácia da pretensão, sem deixar de prevenir os danos para terceiros e para o interesse público, resultantes da adoção da providência cautelar. Curiosamente, verifica-se aqui uma inversão de valores, de constitucionalidade duvidosa, pelo que implica de secundarização ressarcitória do interesse público, na medida que o prejuízo é visto numa ótica económica (ressarcitória), quando antes era esta a

---

prescreve o processo civil, tal obrigará a uma interpretação teleológica no sentido de apurar os resultados, os prejuízos reais, que podem resultar para os interesses em jogo da concessão ou não da respetiva providência cautelar.

perspetiva maioritária (criticável, aliás) seguida pela jurisprudência em relação ao autor, sendo que atualmente a filosofia dos processos cautelares é a de garantir, precisamente, a eficácia e a plena tutela da pretensão do recorrente e, por conseguinte, a efetividade da sentença, à luz do iluminado e iluminante princípio da tutela jurisdicional efetiva. E se o dano ao interesse público ou a terceiros não for traduzível ou reparável mediante indemnização pecuniária, não se justificaria ainda mais tal garantia? Mesmo não esquecendo o efeito equilibrador do artigo 126.º do CPTA, não deixa de ser surpreendente aquela contra-cautela, tanto mais que no processo executivo parece ter prevalecido a tutela restitutiva e não a tutela ressarcitória.

Como fizemos notar noutro estudo, tal como o *fumus* tem duas faces, o mesmo acontece com o mencionado princípio (tutela jurisdicional efetiva). Daí também a nossa incompreensão relativamente ao disposto no n.º 5 do artigo 120.º do CPTA, penalizando severamente a inércia da Administração. Creio que esta regra deverá ser objeto de interpretação restritiva ou mesmo corretiva.

Nos termos do n.º 4 do artigo 120.º, a contracautela pode consubstanciar-se "na prestação de garantia por uma das formas previstas na lei tributária". Como prescreve a referida norma, a garantia deve ser suficiente para responder pelos prejuízos, por forma a evitar ou a atenuar a lesão, desde que os danos para o interesse público ou para terceiros sejam integralmente reparáveis mediante indemnização pecuniária. Como se deduz, *a contrario*, do n.º 6 do artigo 120.º, a prestação da referida garantia não afasta a necessidade dos pressupostos enumerados no n.º 1 do mesmo artigo.

Não condicionando tal garantia o acesso ao processo mas tão-só a adoção da medida cautelar — para garantir e tutelar o interesse público em causa e os interesses de terceiros — o certo é que o valor de tal garantia não pode ser inferior, pelo menos manifestamente, ao *quantum* dos hipotéticos danos sofridos por aqueles.

Coloca-se aqui então o problema de saber quais são os critérios para a fixação do valor da contracautela. Serão os referidos nos artigos 32.º e seguintes do CPTA, que já não são fáceis? Basta pensar na hipótese em que se pretenda a anulação de um ato que tenha por destinatário um sujeito diferente do requerente, sendo que nesse caso o valor da causa poderá ser determinado em relação com o prejuízo sofrido. Serão os mesmos dos processos cautelares, tal como vêm definidos no n.º 6 do artigo 32.º, isto é, a quantia é determinada pelo "valor do prejuízo que se quer evitar, dos bens que se querem conservar ou da prestação pretendida a título provisório"?

Este é o ou, pelo menos, um dos problemas que se coloca(m) em matéria de providências cautelares.

Em que casos pensará o legislador quando admite que os prejuízos para o interesse público ou para terceiros sejam integralmente reparáveis mediante indemnização pecuniária? Como os tempos estão, corre-se o risco de uma compreensão extensivamente economicista do interesse público, o que obviamente não pode suceder numa jurisprudência de matriz constitucional.

Regressando estritamente ao tema que agora nos ocupa, como se devem calcular e quantificar os danos resultantes do decretamento da medida cautelar quando está em causa um interesse público primário? Será de valor indeterminável?

O juiz administrativo está posto perante uma dúvida dilacerante quando tem de proceder à referida avaliação- -quantificação. Por outras palavras, deve socorrer-se das normas previstas para a fixação do valor da causa do processo principal (artigo 32.º e segs. do CPTA, cujo escopo parece ser outro) ou deverá cingir-se apenas ao que se prescreve no n.º 4 do artigo 120.º, *in fine* ?

Bastará esta última solução para a suspensão da eficácia de um ato ou (sobretudo) de uma norma administrativa? Temos sérias reservas neste domínio.

Caberá, em todo o caso, ao tribunal verificar da adequação da garantia para tutelar efetivamente os interesses em causa: o interesse público e o dos contrainteressados, interesses estes que em certos casos não são mais do que uma outra forma (plurisubjectiva) do interesse público.

Para fecho deste ponto, segundo uma interpretação razoável do disposto no n.º 4 do artigo 120.º do CPTA, parece dever entender-se que esta contracautela não pode ser vista como um pressuposto determinante da concessão da providência cautelar. Assim, a sorte da contracautela não pode alhear-se do destino da providência cautelar e ambas da sorte do processo principal. Por outras palavras, se o autor obtém provimento no processo principal, devem desaparecer as duas; ao invés, se a sentença (deste) lhe é desfavorável, então a contracautela deve permanecer até permitir o justo ressarcimento dos danos sofridos pela Administração e pelos terceiros interessados.

Precisando, os prejuízos sofridos devem ser individualizáveis, efetivos e avaliáveis economicamente.

Mais uma pequena *nota*, agora sobre os reflexos desta *summa gravaminis* sobre os processos impugnatórios de normas (artigos 34.º e 72.º e segs. do CPTA).

Se em relação à impugnação indireta se poderá determinar o valor da causa, atendendo ao conteúdo económico do ato (artigo 33.º/a) do CPTA); a nosso ver, não é claro que havendo cumulação de pedidos — artigos 4.º/2/a) e b), 32.º/7 e 73.º/1 do CPTA — esta não se revele *aparente,* apesar das formalmente distintas utilidades económicas, em homenagem aos princípios da igualdade e da justiça (sobretudo no Direito Urbanístico), já na impugnação (direta) da norma o valor será indeterminado (artigo 34.º/1 do CPTA). Acrescente-se que não vemos como possa ser impugnada uma norma ou um plano de ordenamento do território (se excluirmos os PMOT's, que são planos urbanísticos, e os PEOT's, que são planos especiais, artigo 3.º/2 do DL n.º 380/99, de 22 de setembro) quando estas normas não atingem diretamente a esfera jurídica dos particulares (artigo 3.º/1, restará, todavia, a ação popular, artigo 7.º/1/a) do DL n.º 380/99, de 22 de setembro, sem esquecer a declaração de ilegalidade por omissão, artigo 77.º do CPTA). Sendo pela natureza dos planos normas programáticas, não só não se poderá determinar o valor da causa como não se poderão verificar as consequências assinaladas pelo artigo 31.º/2 do CPTA.

Uma observação-outra, para dizer que nem todas as causas que envolvem o contencioso dos planos urbanísticos têm ou podem ter valor indeterminável, como prescreve o artigo 34.º/1 do CPTA. Basta pensar nalguns casos de *expropriação do plano* (artigo 143.º do DL n.º 380/99, de 22 de setembro) para ver que assim não é, podendo e devendo funcionar aí o critério do conteúdo económico do ato, definido no artigo 33.º/a) do CPTA.

Pense-se ainda na hipótese configurada pelo n.º 2 do artigo 73.º do CPTA, em que os efeitos de uma norma se produzem imediatamente, sem dependência de um ato administrativo ou jurisdicional de aplicação, podendo o lesado obter a desaplicação da norma pedindo a declaração de ilegalidade com efeitos circunscritos ao seu caso (concreto). Seria, nesta situação, indeterminado o valor da causa? Não necessariamente. Creio bem que nesta hipótese o valor da causa deve poder ser determinado, uma vez que não há nada sob o ponto de vista lógico ou jurídico que impeça a sua quantificação concreta e exata. Em síntese, é perfeitamente avaliável em termos dos danos patrimoniais sofridos.

Falta agora debruçarmo-nos rapidamente sobre a novíssima questão da *cumulação de pedidos* (artigo 32.º/7 do CPTA).

A primeira observação é a de que quando sejam cumulados na mesma ação vários pedidos, o valor é a quantia correspondente à soma dos valores de todos os pedidos, sendo que cada um deles é considerado autonomamente para o efeito de determinar se a sentença pode ser objeto de recurso e de que tipo (artigo 32.º/7 do CPTA).

Quanto aos pedidos alternativos, atende-se simplesmente ao pedido de valor mais elevado, enquanto nos pedidos subsidiários prevalece o pedido formulado em primeiro lugar (artigo 32.º/9 do CPTA). Por exemplo, pedindo-se o cumprimento de uma obrigação ou em seu lugar a indemnização correspondente, o valor da causa será o do pedido mais elevado entre os dois. Podendo, entretanto, suceder que as pretensões se excluam ou sejam incompatíveis (tem de haver compatibilidade substantiva entre os pedidos cumulados), pois não tem sentido pedir a declaração de ruína de um imóvel, que implica uma ordem de demolição, e ao mesmo tempo solicitar um pedido de reabilitação. Ou ainda (outro exemplo) o pedido de anulação de um despacho que reconhece uma categoria funcional e o pedido de reconhecimento dessa mesma categoria (artigo 193.º/2 do CPC, que conduziria à ineptidão da petição inicial).

Há ainda os pedidos acessórios (artigo 32.º/8, sempre do CPTA), relativamente ao pedido principal, atendendo-se, aqui, apenas aos interesses já vencidos, como refere, *in fine*, a norma em apreço.

Por último, tratando-se de uma pluralidade de demandantes que deduzem uma só pretensão, o valor da causa será o valor da referida pretensão.

2. 4. Concluindo e não propondo

Trata-se, como se disse no início, de uma figura aparentemente ignorada e inestética, mas de uma relevância enorme no processo administrativo. Como se viu, ainda que parcialmente, as suas refrações estendem-se por todo o processo, tocando, inclusive, os princípios estruturantes da justiça administrativa e do seu Código. Reflexos que se estendem aos honorários dos advogados e às custas do processo.

Tentámos apenas e modestamente oferecer um pequeno contributo sobre esta figura, a que auguramos uma grande problematicidade e, com ela, a notoriedade que deve merecer à doutrina e à jurisprudência.

No fundo, as coisas simples são por vezes as mais complexas e interessantes. Mais um sinal dos tempos e marca indelével do novo contencioso administrativo.

Como também procurámos evidenciar, não nos parece o melhor critério para confecionar uma justiça administrativa de todos e para todos. Será porventura o mais consensual, mas não o mais justo e ainda menos original.

A nova justiça administrativa, de feição claramente garantística e subjetivista, podia e devia ter sido mais original neste ponto. A verdade é que as coisas simples e sóbrias são hoje praticamente invisíveis. Estando, pelo menos, em plena tensão com o princípio da tutela jurisdicional efetiva, ou os princípios da segurança jurídica e da igualdade, justificava-se plenamente ter-se ido mais longe, noutra direção.

Um sistema processual moldado pela ideia pós-moderna da velocidade, tantas vezes pela impensada urgência ou vertigem do fim da lide, bordeja nesta matéria a inconstitucionalidade.

Só não será assim pelo exíguo montante estabelecido pela lei para o valor da causa/alçada como pressuposto de procedibilidade do recurso jurisdicional.

Não creio, assim, que o aumento do valor da alçada seja uma boa técnica para imprimir rapidez ao processo ou desafogar os tribunais superiores. Pode até ter o efeito perverso de potenciar a desconfiança na justiça administrativa, sabendo nós que a juridicidade não é propriamente um sinal de identidade do português. Outra coisa é a sua neurótica tendência para a litigiosidade.

Cabendo ao recurso jurisdicional "eliminar" as sentenças dos tribunais inferiores (praticamente dos Tribunais Administrativos de Círculo) e garantir a certeza e a igualdade dos cidadãos perante a lei — através da unidade das decisões jurisdicionais —, não se pode esquecer, porque seria trágico, que uma interpretação ou resolução juridicamente monstruosa, porque injusta, tanto pode verificar-se nos litígios que envolvam quantias elevadas como naqueles em que é irrisória.

Uma pausa reflexiva para advogar uma tese intermédia quanto ao objeto e qualificação do recurso jurisdicional. Recurso de revisão ou recurso de reexame dependerá (nomeadamente) de se tratar de *errores in procedendo* ou *errores in judicando* da sentença proferida pelo tribunal *a quo*. O *judicium rescindens* (eliminação da sentença da primeira instância) tem sentido quando o recorrente é a Administração ou um contrainteressado. Não será bem assim quando o recorrente-apelante não obteve provimento, pelo que só poderá ver satisfeita a sua pretensão se o juiz do recurso jurisdicional decidir sobre o mérito da causa — *judicium rescissorium*. A eliminação da sentença recorrida deixa, assim, de ser o único (e talvez o principal) objetivo do recurso jurisdicional.

A fixação desta *summa gravaminis* pode até favorecer interpretações jurídicas menos objetivas, sabendo que não é possível o recurso jurisdicional. Não se pode omitir que a jurisprudência serve de orientação aos cidadãos e aos juízes — *auctoritas rerum similiter iudicatorum*.

Sabemos, por outro lado, que o legislador pretendeu elevar a qualidade doutrinal das sentenças dos tribunais superiores, sem desmerecer a uniformização da jurisprudência, mas aquele interesse público não pode sobrepor-se de forma desproporcionada ao também e mais relevante interesse público primário que constitui o direito de acesso ao Direito e aos tribunais e à certeza e igualdade perante a lei. Apesar da prudência manifestada pelo legislador, a que fizemos atempadamente referência. A incerteza na aplicação do Direito poderá criar receios perante a justiça administrativa, face ao risco de obter decisões díspares em processos idênticos.

Acresce que o direito processual administrativo tem particularidades e peculiaridades que o individualizam do direito processual civil. Neste sentido, o estabelecimento da *summa gravaminis* deveria ter sido mais refletida e apoiada em argumentos sólidos, o que não se verificou.

Mais uma vez, a razão política impôs-se à aconselhável razão técnica.

O tubo digestivo ditou a sua lei. Mas não só, há também alguma-muita beatificação dos direitos fundamentais (= a direitos humanos). Aos juízes caberá agora uma gigantesca tarefa na busca de um tratamento mais justo e igualitário a todos os que se dirijam aos tribunais.

Questão interessante, mas que não cabe aqui, é o da originante problemática da natureza jurídica da sentença sujeita a recurso. Recorda-se o amplíssimo debate doutrinal e as principais teorias que estiveram na génese da sistematização desta problemática processualista: ato sujeito a condição resolutiva (KOHLER); não é uma verdadeira semtença (CHIOVENDA); é um ato imperativo, ainda que não imutável (CARNELUTTI); é um ato sujeito a condição suspensiva (CALAMANDREI); é um ato perfeito com força obrigatória própria (ROCCO).

Face ao novo contencioso administrativo e ao princípio da livre cumulabilidade de pedidos, cabe ainda perguntar se tem sentido a distinção entre sentenças declarativas, constitutivas e condenatórias. A grande questão, tantos são os trilhos abertos pela nova justiça administrativa, está em que *o Direito é o que os juristas dizem ser o Direito*.

À jurisprudência caberá, portanto, um papel transcendente na miscigenação das virtualidades dos modelos objetivista e subjetivista do contencioso administrativo.

A dificuldade estará sobretudo na técnica legislativa seguida, que me parece ter cedido à importação de tudo o que lhe parecia garantístico. É visível, na confeção de vários institutos do novo contencioso, a influência do legislador alemão, espanhol e francês (inclusive do italiano, processos cautelares) e até da sua doutrina.

Isto que à primeira vista parece de todo recomendável, não o é. Por outro lado, tal modelação da justiça administrativa acaba por ceder em pontos vitais à inércia, oferecendo um quadro por vezes incompleto e até contraditório.

Se não houver bom senso e rigor hermenêutico poder--se-á cair facilmente numa justiça administrativa de tipo farmacogénico.

A globalização não é universalidade. Por outros dizeres, sem doutrina original não há Direito próprio e autónomo.
Definitivamente, temos de refletir se queremos ser criadores ou meros produtos de clonagem jurídica.
Justiça administrativa *glolocal* ou contencioso *local--universal?*
Confessamos que o CPTA exerce sobre nós um enorme fascínio, a sombra do que não compreendemos, sabendo que não compreenderemos nunca a linha de sombra de SANTO AGOSTINHO que torna (in)compreensível este Código processual.
Nem tudo o que *luz é património,* como sucede, em boa medida, no direito processual civil. De resto, o modelo atual de contencioso administrativo, ao patrimonializar e subjetivar a relação jurídico-administrativa, pode, no limite, fazer decair a tutela cautelar, na medida em que só penosamente (neste caso) se pode falar de prejuízo de difícil reparação ou irreparibilidade do dano.
A tutela ressarcitória, pedida cumulativa ou sucessivamente, seria, nesta ótica, perfeitamente alternativa da tutela cautelar. Isto é tanto assim quanto o visto bom do olhar privatístico conduz a uma rígida equiparação entre a violação do direito ou interesse legalmente protegido e o dano sofrido. Consequência, deixam de subsistir prejuízos ressarcíveis irreparáveis (o dano irressarcível é, por natureza, irreparável). Com a vantagem, para a Administração, do juiz poder optar pela solução financeiramente menos onerosa.
Tese esta reforçada sempre que o requisito da irreparibilidade venha interpretado à luz do princípio da subsidariedade, cedendo a tutela cautelar, que, aliás, só opera para o futuro, quando o recorrente disponha de outros instrumentos idóneos para circunscrever ou limitar

o dano. O perigo acresce se tiver havido negligência do autor, podendo, por maioria de razão, ser negada a providência cautelar.

Desgraçadamente, mas justamente, não se pode ter tudo por dois escudos (euros).

Talvez, por isso, não seja inoportuno lembrar as sábias palavras de OTTO MAYER:

> *"Na ciência jurídica não há inventores ou pelo menos não deveria havê-los".*

3. O juiz administrativo, súbdito da prova procedimental?

3. 1. Abrindo o texto

Tendo por inspiração uma jurisprudência recente do Supremo Tribunal Administrativo [739], este estudo iniciático tem por objeto uma aproximação dogmática à prova procedimental e à sua relevância processual.

Uma questão prévia tem a ver com a admissibilidade (ou não) de incorporar as técnicas processuais na prova procedimental. Parece-nos, à primeira vista, pouco adequado e até arriscado, uma vez que a doutrina processual sobre a prova foi elaborada fundamentalmente em torno de um tipo de processo, o processo civil, que responde a critérios complexos, porventura excessivamente formalistas, e, por isso, pouco concordes com a flexibilidade e dinamismo próprios da atividade administrativa e do seu procedimento [740].

---

[739] Referimo-nos aos Acórdãos de 15 de janeiro de 2004 (1.ª Subsecção), Processos n.os 0205/03 e 0224/03, bem como ao Acórdão de 11 de fevereiro de 2004 (3.ª Subsecção), Processo n.º 0170/03, com soluções discrepantes. Cfr. ainda os Acórdãos do STA (Pleno), de 9 de novembro de 2004, Processo 0248/03, e de 16 de junho de 2005, Processo 0189/03.

[740] Sobre esta questão, o magnífico estudo de GONZÁLEZ NAVARRO, "La prueba en el procedimiento administrativo", in *Procedimientos*

Salvaguardadas as notórias diferenças entre o procedimento administrativo e o processo administrativo, desde uma distinta composição subjetiva da controvérsia até à estrutura e desenvolvimento de ambos e, mais importante, a sua distinta vocação teleológica, creio poder decantar-se um entendimento autónomo da prova procedimental.

Resumidamente, superada a tese de MERKL do processo como categoria jurídica geral dos poderes públicos [741], somos de parecer que a prova procedimental apresenta algumas singularidades em relação à prova processual, mesmo que não coincidamos com o acerto das particularidades distintivas. Mas, o que nos parece mais relevante, a absorção da prova procedimental pela prova processual tem pelo menos uma consequência prática, mas também dogmática, de grande alcance — a perda de autonomia distintiva do *facto administrativo* — o que terá, depois, uma enorme repercussão a nível processual e da pronúncia do juiz [742].

O objeto da prova processual é outro, mais amplo, sendo que no procedimento administrativo não é tão nítida a relação com as "partes" controvertidas, pesando essencialmente a comprovação-valoração dos factos que presidiram à emanação do ato administrativo.

Precisar a essência da prova procedimental passa por reconhecer a sua natureza instrutória (do procedimento, artigos 86.º e segs do CPA, sem omitir os artigos 56.º, 57.º e 59.º, também do mesmo diploma), destinada a provocar o

---

Administrativos Especiales, 2.º vol., Madrid, 1969, sendo que o ilustre Autor opta pela solução inversa à defendida por nós no texto.

[741] O Autor nunca deixou, porém, de advertir para as diferenças notórias entre o procedimento administrativo e o processo. A. MERKL, *Allgemeines Verwaltungsrecht*, Wien, 1927 (há trad. espanhola).

[742] COLAÇO ANTUNES, *A Teoria do Acto e a Justiça Administrativa, op. cit.*, p. 23 e ss.

convencimento do órgão administrativo que toma a decisão administrativa. A prova procedimental é pois uma atividade comprobatória dos dados que foram carreados para o procedimento administrativo.

Uma outra distinção relevante entre dois tipos de prova, está em que na prova procedimental o princípio da imediação cobra uma dimensão original, com contornos mais mediatos e institucionais, sobretudo quando, nos termos do artigo 86.º do CPA, a direção da instrução não coincide com o órgão responsável pela decisão final.

Sem querer antecipar resultados, a prova procedimental existe e goza de autonomia face à prova processual. Outra coisa é a sua valoração processual, sendo que a tese redutora da pseudoprova procedimental [743] ou da natureza de meros atos investigatórios não comporta necessariamente a sua irrelevância processual, como não implica que o juiz fique prisioneiro da prova procedimental.

Em extrema síntese, nem o controlo do tribunal retira natureza probatória à prova procedimental, nem esta se impõe jurisdicionalmente. O tribunal poderá sempre apreciar segundo os seus próprios critérios quer a prova administrativa quer a prova processual propriamente dita.

3. 2. Facto administrativo opinável e controlo jurisdicional

Apesar da bondade urbanizadora que presidiu à reforma da justiça administrativa, o *facto* no direito administrativo apresenta características diferenciadoras em relação ao facto no direito civil ou mesmo no direito penal,

---

[743] GONZÁLEZ-CUELLAR SERRANO, *La Prueba en el Proceso Administrativo (Objeto, Carga e Valoración)*, Madrid, 1992, p. 18 e ss.

obtendo-se, processualmente, uma *verdade jurídica* que não coincide com a verdade formal nem com a verdade material. Conhecer do mérito é isso mesmo, obter uma verdade jurídica.

O *facto administrativo* é sobretudo uma criação normativa sem qualquer existência real. No direito administrativo é o Direito a gerar o facto, o que se explica, porventura, pelas origens jurisprudenciais e pelas características especiais deste ramo do direito, sendo que no direito administrativo a distinção entre facto e direito assumiu as vestes antinómicas, eventualmente patológicas, de legalidade e mérito [744]. Não fossem as razões anteriormente referenciadas, tornar-se-ia difícil compreender e explicar como a distinção direito-facto se convolou na distinção legalidade-mérito [745].

Precisamente a artificialidade do facto administrativo, enquanto produto da norma, deveria impedir que este caísse maioritariamente naquela parte jurisdicionalmente incontrolada da atividade administrativa. Trata-se de compreender como no direito administrativo a dialética facto-direito serviu historicamente para legitimar a "liberdade" da Administração na interpretação e aplicação da norma — o seu juízo sobre a correta aplicação da norma — permitindo, deste modo, contrariamente ao que sucede no direito civil, tolerar um controlo jurisdicional limitado [746].

---

[744] Cfr. J. RIVERO, "La distinction du droit et du fait dans la jurisprudence du Conseil d'État français", in *Le Fait et le Droit. Études de Logique Juridique,* Bruxelles, 1960, p. 138.

[745] Cfr. J.-M. WOEHRLING, "Le contrôle juridictionnel du pouvoir discrétionnaire en France", in V. PARISIO, *Potere discrezionale e controllo giudiziario,* Milano, 1998, p. 25 e ss., onde transparece uma certa confusão entre qualificação dos factos e poder discricionário.

[746] COLAÇO ANTUNES, *O Direito Administrativo e a sua Justiça...*, op. cit., p. 56.

Se, ao invés, pensarmos que o facto administrativo é criado pela norma jurídica ou que a juridicidade do facto está na sua relação criadora com a norma jurídica, poderíamos então compreender que a decisão jurisdicional não se pode resumir a um juízo sobre o juízo jurídico operado antes pela Administração. Se o facto administrativo é posterior à norma e a sentença sucede àquele, a decisão judicial pode, inclusive, adquirir natureza substitutiva [747].

A especificidade do direito administrativo está, então, que neste ramo do Direito público a relação facto-direito é substituída pela relação direito-facto, o que talvez explique, quando se trate de atividade administrativa vinculada ou de discricionaridade nula, a possibilidade substitutiva da sentença (artigos 167.º/6 e 179.º/5 do CPTA) [748].

Por outro lado, não se pode esquecer que o *fim* é um elemento constitutivo do ato administrativo, o que ajuda a compreender a traumatizante colocação do facto ou do não-facto no âmbito do vício de desvio de poder e, portanto, no momento discricionário, com a consequente redução do controlo jurisdicional [749].

Resta ainda uma outra complexidade no direito administrativo, quando a norma qualificante dos factos administrativos utiliza conceitos jurídicos indeterminados, o intérprete é chamado a um esforço suplementar de qualificação de factos, porventura imaginários ou artificiais [750].

---

[747] Cfr. G. CHIOVENDA, *Principi di diritto processuale civile*, Napoli, 1923, p. 298.

[748] Seguimos aqui, no essencial, o que escrevemos em *A Teoria do Acto...*, op. cit., p. 182 e ss.

[749] G. SCOCA, *Contributo sul tema della fattispecie precettiva*, op. cit., p. 26 e ss.

[750] J. RIVERO, "La distinction du droit et du fait...", op. cit., p. 142 e ss.

Também aqui, apesar das divergentes perspetivas, poder discricionário ou margem de livre apreciação da Administração, estamos confrontados com obstáculos a um controlo jurisdicional pleno da atividade administrativa. Daí que a ação administrativa não possa deixar de ser abstrata, apesar dos esforços subjetivistas atuais, até porque a natureza das posições jurídicas não é indiferente à natureza do poder administrativo exercitado.

Em extrema síntese, o facto jurídico é relevante para a discricionaridade administrativa na sua relação com a melhor realização possível do interesse público, mas nem sempre diretamente, como se verá. A juridicidade da discricionaridade está na juridicidade do facto, juridicidade esta que está na relação do facto com a norma jurídica. Por outras palavras, a juridicidade do facto evidencia-se na relação qualificante da realidade extrajurídica com a norma, o que é distinto da relação da norma-efeito e facto-efeito. Ora isto adverte-nos, desde logo, para a errónea deslocação do facto administrativo, lançando-o no limbo do desvio de poder.

O problema da prova procedimental e da sua relevância processual (também) passa por aqui.

Como é conhecido, a boa doutrina [751] distingue o procedimento administrativo do processo administrativo, Salientando a diversidade de funções de um e de outro. Curiosamente ou talvez não, esta doutrina, ainda na ausência de uma lei (Código) sobre o procedimento administrativo, contribuiu, mesmo que inconscientemente, para abrir as portas a um entendimento favorável à ampliação

---

[751] ROGÉRIO SOARES, "A propósito dum projecto legislativo: o chamado Código de Processo Administrativo Gracioso", in *RLJ*, ano 115, p. 295.

dos poderes instrutórios, compensando-se, assim, o défice procedimental. A referida doutrina, ao permitir uma certa contaminação da instrução processual pela fase correspondente procedimental, veio também interferir com o controlo judicial, na medida em que se confundiu a aquisição das fontes de prova com a logicamente distinta qualificação jurídica dos factos, com reflexos, nomeadamente, em matéria de ónus da prova.

A referida relação entre a instrução procedimental e a instrução processual está na base de um entendimento que, em boa medida, limita a possibilidade do juiz reconstruir autonomamente a "situação processual", diminuindo a função essencial da fase instrutória. Ora, o que se pretende com a instrução processual, em nossa opinião, é permitir ao juiz o acesso à verdade, ao facto lesivo, e depois ao direito do caso concreto. Se entendermos que a pretensão do autor inclui não só uma representação da realidade como uma qualificação jurídica dessa realidade factual, convenhamos que introduzir um limite ao conhecimento do facto através da instrução, negando que o juiz possa proceder à reconstrução global da situação jurídica, equivale a negar substancialmente a função jurisdicional.

Admitindo, em suma, que a instrução procedimental constitua um ponto de partida, tal não deve implicar, como é óbvio, que o juiz fique prisioneiro da "prova procedimental", impedindo-o de chegar a conclusões diversas das atingidas pela Administração através do ato impugnável [752]. Esta tese implica, é certo, dificuldades de natureza processual e substantiva. Sob o aspeto substancial, a sobreposição do conceito de prova do facto com o de "prova" da juri-

---

[752] G. VIRGA, *Attività istruttoria primaria e processo amministrativo*, Milano, 1990, p. 154 e ss.

dicidade do ato [753]. Descontada qualquer consideração sobre o conteúdo da correção e do bem fundado do ato impugnado, a delimitação da causa de invalidade não cabe na fase instrutória, porque pertence à fase decisória do juízo. Basta pensar que a representação de um ou mais factos, tal como resultava do procedimento, pode ser errónea e o ato ser absolutamente legítimo; vice-versa, os factos podem vir procedimentalmente bem representados e a sua qualificação jurídica apresentar-se de forma errónea, até porque a prova de legalidade pode não coincidir com a prova da completude e correção da representação dos factos (materiais). Sendo assim, a investigação instrutória levada a cabo pelo juiz não é feita apenas em torno da *história procedimental* como também da norma ou normas jurídicas cuja aplicação controvertida se discute.

Em suma, a instrução processual não pode vir condicionada pela dimensão procedimental do ato e da sua prova, a tal ponto que impeça o juiz de cumprir a função jurisdicional da procura da verdade e da melhor solução para o caso concreto. Isto é tanto mais relevante se não esquecermos que o processo administrativo tem sido historicamente um processo escrito, baseado na cultura do escrito, ao invés do processo civil [754].

Objeto de apreciação do juiz não é apenas o vício do ato e o respetivo controlo externo mas também e necessariamente a norma a aplicar para efeitos de uma diversa definição da relação jurídica controvertida; ou seja, a pronúncia deve decidir em ordem à pretensão posta em juízo, o que não é garantido por uma mera valoração negativa

---

[753] C. GALLO, *La prova nel processo amministrativo*, Milano, 1994, pp. 35 e 49 e ss.

[754] Cfr. Y. GAUDAMET, "La preuve et la conviction du juge en droit administratif", in *RJPIC,* 1988, p. 713.

sobre a logicidade e congruência das razões aduzidas pela Administração e a respetiva absorção dos motivos [755]. Daí a doutrina *le dossier suffit*, em manifesto prejuízo da instrução processual e das garantias contenciosas dos cidadãos [756].

Parecem-nos, portanto, evidentes os limites dogmáticos da tese que aponta para a insindicabilidade dos juízos valorativos ou qualificatórios, na medida em que a opinibilidade do juízo técnico (estético, cultural ou histórico) seria para esta perspetiva um sinal claro de reserva da Administração e até de uma implícita ponderação do interesse público.

O controlo jurisdicional sobre o facto é sempre de natureza qualificatória, o que permite ao juiz o controlo sobre o modo de apreensão valorativa do facto pela Administração, repetindo ou eventualmente corrigindo o processo hermenêutico seguido por aquela, o que nos remete para o âmbito da violação de lei e não para o desvio de poder [757]. Diferentemente do controlo (qualificatório) de violação de lei, o controlo através do desvio de poder não pode ser dirigido à individualização de um "erro" sobre a representação de um facto em que o órgão tenha incorrido no processo hermenêutico instrumental à qualificação jurídica do facto. Com efeito, não se trata verdadeiramente de um erro, na medida em que o objeto do controlo exercido sobre o vício de desvio de poder não é uma proposição jurídica judicada em termos de correção ou incorreção, mas

---

[755] C. H. ULE, *Verwaltungsprozßrecht*, op.cit., pp. 273 e 274.
[756] J. LEMASURIER, "La preuve du détournement de pouvoir", in *RDP*, 1959, p. 36.
[757] S. KTISTAKI, *L'Évolution du Contrôle Juridictionnel des Motifs de l'Acte Administratif*, Paris, 1991, pp. 286 e ss. e 298 e ss.

antes a escolha discricionária [758]. Aqui, o juiz não se pode substituir à Administração; neste caso, a função do juiz não é a de chegar à melhor solução, em substituição da operada pela Administração, mas tão-só a de avaliar se a decisão final é razoavelmente idónea e adequada à função administrativa de prosseguir o interesse público, proporcionalisticamente entendido.

Por um lado, o facto, como pressuposto do interesse público específico prosseguido pela Administração, é perfeitamente controlável e repetível; por outro, o facto constitui a forma material dos interesses vertidos no caso, com a consequência da apreciação administrativa constituir o exercício de poderes discricionários dirigidos à melhor realização do interesse público concreto por parte da Administração. Agora, ao invés da primeira hipótese, o juiz não pode substituir a sua valoração à da Administração [759].

Sempre que o juiz administrativo apure que as apreciações levadas a cabo pela Administração não dizem respeito à escolha operada, mas incidem antes sobre a qualificação de um facto com vista à concretização do seu valor normativo (em ordem a ordenar a escolha administrativa), deve ter consciência que a referida apreciação qualificatória é judicialmente substituível, malgrado a frequente renúncia do juiz [760]. Este controlo jurisdicional não incide no âmbito da discricionaridade administrativa nem sequer naquela esfera que o ordenamento jurídico

---

[758] F. LEDDA, "Potere, tecnica e sindacato giudiziario sull'amministrazione pubblica", in *Dir. amm.*, 1993, p. 493 e ss.

[759] COLAÇO ANTUNES, *O Direito Administrativo e a sua Justiça...*, op. cit., p. 59 e ss.

[760] Assim, G. CEZZI, *La ricostruzione del fatto amministrativo nel processo amministrativo*, Napoli, 2003, p. 49 e ss.

reserva à Administração sob a forma de margem de livre apreciação.

Tanto a Administração como o juiz são titulares de poderes interpretativos que consentem qualificar os factos à luz da sua recondução à norma jurídica, mesmo que esta aparentemente nem sequer de forma vaga os tenha em consideração. A diferença está em que, à qualificação feita pelo juiz, o ordenamento jurídico atribui uma força preponderante com vista à definição e controlo judicial da controvérsia, devendo, por isso, prevalecer o juízo qualificatório do juiz; já não assim no caso em que a Administração está habilitada legalmente a dizer a última palavra quanto à escolha da melhor medida (entre outras igualmente possíveis), em relação à qual a operação qualificatória assume uma relevância necessária mas instrumental. É nesta situação que o controlo jurisdicional sobre a atuação da Administração se restringe aos níveis mais baixos e débeis através do desvio de poder.

Seja qual for o grau de indeterminação da norma jurídica, tal não pode impedir o juiz de realizar o devido juízo de controlo, sempre que tal dever resulte da necessidade de concretizar, através do processo hermenêutico, o *dictum* normativo idóneo a render juridicamente relevante o *factum* real. Ora tal exigência de concretização pelo juiz representa o pressuposto imprescindível da função jurisdicional [761], sendo que o controlo de desvio de poder é manifestamente insuficiente, na medida em que apenas pode sancionar as disfunções evidentes no que tange à melhor forma de realização do interesse público. Mas já não pode é controlar o conteúdo das apreciações instrumentais à

---

[761] Assim, CASTANHEIRA NEVES, *Questão de Facto-Questão de Direito ou o Problema Metodológico da Juridicidade. A Crise*, Coimbra, 1967, p. 419.

concretização do interesse público. Este espaço está reservado à violação de lei [762].

O equívoco está, salvo melhor opinião, apesar da receção (entre nós) da teoria dos conceitos jurídicos indeterminados, em manter o vício de desvio de poder como vício da causa e dos motivos numa perspetiva subjetivista do exercício da função administrativa, com o gravíssimo inconveniente de equiparar, para efeitos de controlo jurisdicional, as apreciações valorativas (de facto e de direito) com as apreciações discricionárias ou, se se preferir, de mérito ou oportunidade.

Confrontado com a interpretação-aplicação de um conceito jurídico indeterminado pela Administração, à luz dos factos procedimentalmente adquiridos, o juiz encontra-se perante proposições jurídicas (provenientes da Administração) de dupla natureza: uma primeira categoria pertence ao grupo das apreciações qualificatórias, na base dos quais a Administração decantou um determinado interesse público específico; uma segunda categoria, relativa às apreciações pertinentes à melhor realização do interesse público. Sendo assim, a função preliminar do juiz deve consistir em distinguir entre as apreciações do primeiro das apreciações do segundo tipo, já que diverso é o respetivo controlo jurisdicional [763]. Isoladas as proposições pertinentes à primeira categoria, o problema do juiz está agora em apreciá-las de modo a chegar à conclusão se elas são normativamente corretas e se, portanto, o interesse público veio justa e normativamente bem individualizado ou não [764].

---

[762] G. CEZZI, *La ricostruzione del fatto...*, op. cit., pp. 204 e 235 e ss.
[763] G. CORSO, "Prova", in *Enc. giur. (Treccani)*, 1999, p. 4.
[764] S. KTISTAKI, *L'Évolution...*, op. cit., p. 422 e ss.

Se assim é, creio podermos afirmar que pertence ao juiz uma esfera reservada, em certa medida simétrica à da Administração quando esta exercita o poder discricionário. Para além da neutralidade do juiz e da sua função jurisdicional, o elemento distintivo entre as duas áreas de competência exclusiva, digamos assim, está em que, enquanto o ato administrativo é praticamente insindicável ou muito limitado o seu controlo quanto à eleição da melhor forma de realizar o interesse público, a decisão judicial é insindicável quanto às valorações expressas sobre a legitimidade do processo hermenêutico de "alta definição" do interesse público. Lembre-se que o senhor do interesse público, quanto à sua definição e qualificação, é a lei e não a Administração, daí a primariedade do juiz em relação à interpretação da norma individualizadora do interesse público [765].

Em síntese, tanto o juiz como a Administração aplicam previsões concretas e abstratas, no âmbito das respetivas atribuições, mas enquanto a Administração aplica o direito com vista à melhor realização do interesse público, o juiz tem em vista a definição da controvérsia, sendo que a tarefa interpretativa-integrativa do juiz pode pôr, inclusive, um limite à renovação do ato anulado.

A apreciação concreta e respetiva qualificação dos factos, como pressuposto indispensável para o juiz apreciar a escolha final operada pela Administração (ajudando a determinar a sua inadequação ou desrazoabilidade), acedendo também por essa via ao conhecimento e controlo dos motivos. Por outras palavras, o tribunal ao examinar o valor dos motivos controla também as apreciações

---

[765] Cfr. COLAÇO ANTUNES, *A Teoria do Acto e a Justiça Administrativa*, op. cit., p. 204.

qualificatórias da Administração sobre os factos determinantes [766].

Em síntese, o juiz administrativo é mais o juiz dos buracos e menos o juiz do queijo. Em discurso jurídico, o juiz administrativo não é um juiz de instrução mas a instrução do processo administrativo é uma parte essencial da sua função.

3. 3. Sentido e alcance da expressão "meios de prova admitidos em direito"

O artigo 87.º/1 do CPA afirma textualmente que "o órgão competente deve procurar averiguar os factos cujo conhecimento seja conveniente para a justa e rápida decisão do procedimento, podendo, para o efeito, recorrer a *todos os meios de prova admitidos em direito*" [767].

Com a expressão *meio de prova* pretende-se designar aquele elemento apto a provocar o convencimento do titular do órgão decisor sobre os factos procedimentais. Neste sentido, a chamada prova "pessoal" pode ser feita não apenas através da declaração prestada, como também por intermédio de uma *atuação de tipo material* realizada por uma determinada pessoa, reconstituição dos factos segundo a terminologia penal, ou também dita *perceção judicial imediata*. Lembremo-nos do célebre caso dos falsos *Vermeer*, em que um tribunal holandês ordenou ao presumível falsificador – Van Meegeren – que pintasse na sua presença um quadro no estilo de *Vermeer*.

---

[766] G. VEDEL, *Essai sur la Notion de Cause en Droit Administratif Français*, Toulouse, 1934, p. 19 e ss.

[767] Sublinhado nosso.

Uma das primeiras ideias a retirar da norma em análise é a de que o legislador consagrou uma considerável flexibilidade no que aos meios de prova (procedimental) diz respeito, permitindo ao órgão administrativo recorrer aos meios de prova previstos no Código Civil e no Código de Processo Civil. Em suma, consagra um sistema de *numerus apertus*. Dada a expressão contemplada no artigo 87.º/1 do CPA, parece poder utilizar-se qualquer meio de prova que não seja contrário à ideia de Direito.

Literalmente, salvaguardadas as especificidades de cada procedimento (com destaque para o procedimento disciplinar), podemos entender que os *meios admitidos* serão todos aqueles que não estão legalmente proibidos ou não resultem contrários à natureza e características do procedimento administrativo. A prova admissível será, então, a prova admitida pelo Direito, cabendo deduzir *a contrario* a ilegalidade de meios de prova não permitidos ou contemplados normativamente. Valoração que cabe ao órgão administrativo competente fazer, tendo em consideração o objeto do procedimento administrativo, a natureza da prova proposta e o que a singularidade normativa do caso possa ditar [768].

A ilação a retirar é a de que a prova (i)legal no procedimento administrativo é extremamente ampla, porventura mais alargada do que a prova processual, situando-se no plano da admissibilidade sem se resumir ao momento e à forma da prática da prova. A ilegalidade da prova procedimental produz um efeito dominó que se projeta, obviamente, na prova processual, sempre que esta assente naquela, o que, como veremos, não deverá suceder inevitavelmente. Em suma, em obséquio à Lei Fundamental e às

---

[768] GONZÁLEZ NAVARRO, "La prueba en el procedimiento administrativo", *op. cit.*, p. 62.

normas que regem o procedimento administrativo, o órgão administrativo não poderá deixar de valorar a licitude da prova *ex officio* ou por iniciativa dos interessados (artigo 88.º/2 do CPA), cabendo naturalmente aos tribunais administrativos o respetivo controlo jurisdicional.

Resumindo, a (i)legalidade da prova procedimental tem um duplo alcance. Desde logo, no plano da admissibilidade permitida pelo Direito em relação à natureza e especificidade do procedimento administrativo. Depois, ilegal será também a prova (procedimental) obtida de forma contrária ao Direito, nomeadamente em violação dos direitos fundamentais [769]. Por outras palavras, no essencial, a admissibilidade da prova contemplada no artigo 87.º/1 do CPA significa a exigência de que a prova procedimental seja uma prova permitida normativamente ou que não venha proibida por um qualquer preceito legal.

Apesar da amplitude da expressão relativa aos "meios de prova admitidos em direito", somos de opinião que esta não supõe a faculdade de fazer uso de qualquer meio de prova. Tal expressão, em nosso entender, não tem um caráter absoluto ou ilimitado, tal como resulta, aliás, da própria Constituição. Deve ter pelo menos por referência os meios de prova relacionados com o direito de defesa e os direitos fundamentais dos cidadãos. A prova a praticar no procedimento administrativo é aquela que contribua para aclarar os factos relevantes, por forma a saber se o órgão administrativo decidiu bem e de forma equitativa e proporcional (artigo 266.º da CRP) [770].

---

[769] BARRERO RODRÍGUEZ, *La Prueba en el Procedimiento Administrativo*, Pamplona, 2001, p. 250 e ss.

[770] Cfr. ESTEVES DE OLIVEIRA / PEDRO GONÇALVES / PACHECO DE AMORIM, *Código do Procedimento Administrativo (Anotado)*, 2.ª ed., Coimbra, 1997, p. 421.

Do que vem dito, a norma autorizativa (artigo 87.º/1 do CPA) parece reconhecer à Administração, através dos seus órgãos, uma certa liberdade de decisão sobre a pertinência dos meios de prova. Se é certo que os interessados gozam também de um amplo direito quanto aos meios de prova, tal não pode significar que a Administração os não possa recusar fundamentadamente quando os considere impertinentes ou desnecessários à luz do interesse público que lhe compete prosseguir. Não teria, aliás, sentido que o procedimento ficasse paralisado ou inquinado pela apresentação de provas que de antemão se sabe nada acrescentarem à verificação dos factos ou à procura da verdade procedimental. Neste sentido, não colhe, obviamente, qualquer ofensa ao direito à defesa dos interessados no procedimento. São, nomeadamente, provas improcedentes todas aquelas que não têm qualquer relação com o objeto do procedimento e desnecessárias as que são inidóneas para a aclaração dos factos procedimentais. Nestes casos, o órgão administrativo competente deve apreciar cuidadosamente tais meios de provas, juntando à decisão uma atenta e adequada fundamentação.

Questão conexa mas distinta da configurada no artigo 87.º/1 do CPA é o da ordenação e valoração das provas apresentadas pelos interessados, com especial relevo para a prova documental. Coloca-se, no entanto, o problema de saber se ela colide com a liberdade dos meios de prova configurada no referido preceito legal [771].

Será vedado à Administração ordenar a relevância dos meios de prova, atribuindo, por exemplo, caráter decisivo ou preferencial à prova documental ? O problema agudiza-se quando tal ordenação-redução dos meios de prova

---

[771] Cfr. ESTEVES DE OLIVEIRA e Outros, *Código do Procedimento Administrativo...*, op. cit., pp. 416 e 417.

vem efetuado por normas de nível inferior ou administrativas. Nesta hipótese, pode sustentar-se uma total impossibilidade da norma regulamentar restringir os meios de prova, tanto mais que o n.º 1 do artigo 87.º do CPA configura uma norma comum do procedimento administrativo.

Apesar da aparente clareza da questão e da univocidade da resposta dada pelos dois primeiros Acórdãos [772] que motivaram esta reflexão, devemos ainda refletir um pouco mais antes de declarar a ilegalidade das referidas normas administrativas (que aparentemente limitam os meios de prova).

Vejamos então outra interpretação já insinuada, agora no sentido de salvar a legalidade das disposições regulamentares limitativas dos meios probatórios e da sua liberdade previstos no artigo 87.º/1 do CPA [773]. A possível redução dos meios de prova coloca inevitavelmente o problema da sua compatibilidade com a regra geral da liberdade dos meios de prova. Poderíamos sustentar que tal incompatibilidade não existe sempre que possa entender-se que a ideia do legislador foi a de sugerir os meios de prova mais oportunos ou idóneos sem excluir os demais meios de prova. Noutros casos, porque se trataria de verdadeiras exceções à regra e, portanto, compatíveis com ela, sempre que venham admitidas em situações muito concre-

---

[772] Os Acórdãos em causa assentam no mito da *verdade material*, quando é certo que a sua antinomia com a *verdade formal* é fonte de um debate processualista intenso. A este propósito, cfr. B. CAVALLONE, *Il giudice e la prova nel processo civile*, Padova, 1991, p. 388.

[773] Veja-se a declaração de voto de vencido no Acórdão do STA (1.ª Subsecção), de 15 de janeiro de 2004, Processo n.º 0205/03. No mesmo sentido, o Acórdão do STA (3.ª Subsecção), de 11 de fevereiro de 2004, Processo n.º 0170/03.

tas em que subsista uma razão ou justificação plenamente adequada.

Por outras palavras, poderia colocar-se a possibilidade de configurar a norma regulamentar (autovinculação) como uma forma de concreção da cláusula geral do artigo 87.º/1 do CPA, afastando, assim, todos aqueles meios de prova improcedentes, desnecessários ou inúteis. Ou, o que é o mesmo, estabelecendo, para todos os procedimentos do mesmo tipo, as provas procedentes, em obséquio à concreta natureza do objeto do procedimento e dos factos necessitados de verificação [774]. Desta forma, a norma administrativa consubstanciaria uma operação que, em princípio e com caráter geral, conferiria ao órgão administrativo uma de duas possibilidades: a de determinar o tipo de prova idóneo para apurar os factos em causa, opção não de todo indesejável até pela segurança que comporta para os interessados [775]. Ponto essencial é o de que a norma inferior, que reduza os meios probatórios admissíveis em Direito, não ponha em causa, contrariando os princípios que regem a atividade administrativa, *maxime* discricionária (artigo 266.º/2 da CRP e artigo 3.º e segs. do CPA), a adequação entre o objeto de prova no procedimento e os meios probatórios previstos ou admitidos legalmente. Neste sentido, sempre que a norma administrativa acolha e reconheça todos os meios probatórios necessários e idóneos em relação aos factos a demonstrar, parece poder sustentar-se que se trata de uma forma normativamente admissível de concretizar a cláusula geral do artigo 87.º/1 do CPA.

---

[774] Cfr. ESTEVES DE OLIVEIRA e outros, *Código do Procedimento Administrativo...*, op. cit., p. 308.

[775] BARRERO RODRÍGUEZ, *La Prueba en el Procedimiento Administrativo*, op. cit., pp. 261 e 262.

Se, ao invés, a norma regulamentar exclui provas adequadas à aclaração dos factos que formam parte do objeto do procedimento administrativo, devemos concluir que a norma é ilegal por violação do princípio da legalidade ou da primazia da lei. Agora, não poderemos deixar de concluir que a norma administrativa viola a norma jurídica plasmada no artigo 87.º/1 do CPA ao não poder entender-se que se trata de uma forma legítima de concreção da cláusula geral. Outra coisa seria se tal limitação resultasse de uma norma especial com a mesma dignidade jurídica.

Nos Acórdãos em análise, face às situações concretas em apreço, parece concluir-se, em dois deles, na linha interpretativa última, pela limitação ilegítima do princípio da liberdade dos meios probatórios. A nossa interpretação, ao invés, vai no sentido do artigo 87.º/1 do CPA materializar uma norma atributiva de poder discricionário que deverá ser corretamente confrontada com os parâmetros postos pelos princípios fundamentais que regem a atividade administrativa. É também neste sentido, inexistindo norma proibitiva, que a autovinculação deve ser interpretada e avaliada juridicamente.

3. 4. Valoração processual da prova procedimental

Um aspeto relevante que escapa à atenção da jurisprudência comentada é o relevo processual da prova procedimental, a que dedicaremos as páginas seguintes.

O núcleo essencial da instrução do processo administrativo tem sido sobretudo o de garantir ao autor uma apreciação de mérito do ato impugnado e dos documentos relevantes, em regra na disponibilidade da Administração.

Dito de outra forma, o juiz é chamado tradicionalmente a exercitar o controlo jurisdicional sobre o correto exercício do poder administrativo, sendo que esta função passa pelo exame da instrução que conduziu ao ato impugnado. O problema está em que o controlo do juiz aparece conformado em muito pela representação e valoração procedimental dos factos por parte da Administração [776].

Esta forma de ver as coisas levanta algumas dificuldades de não fácil resolução: a apreciação do juiz raramente pode estender-se à pretensão deduzida pelo autor, sendo suficiente qualquer vício da instrução ou procedimental para acolher o recurso e para anular o ato. Solução não de todo satisfatória para quem pede justiça (cfr. o artigo 95.º do CPTA), uma vez que facilita à Administração a renovação do ato depois de sanar os referidos vícios; no plano estritamente probatório tal conceção limita muitíssimo os poderes do juiz, o qual seria chamado a uma mera verificação do material instrutório, em boa medida recolhido pela Administração, com a inconveniente limitação da tutela das partes no processo, na medida em que o juiz se veria impedido de acertar autonomamente o facto administrativo.

Na verdade, quanto menores são os poderes instrutórios do juiz, mais deficiente é a tutela oferecida aos interessados, poderes que viriam delimitados pelos motivos do recurso e pela impossibilidade do juiz ter acesso direto ao facto relacionado com o exercício da atividade

---

[776] É neste sentido, se entendemos bem, que VIEIRA DE ANDRADE, *A Justiça Administrativa (Lições)*, 11.ª ed., Coimbra, 2011, p. 440, chama a atenção para a eventual dificuldade na separação entre os elementos da causa de pedir e os elementos probatórios. Creio, no entanto, que o perigo é agora menor face à noção substancial do objeto do processo administrativo.

administrativa. Em suma, a verdade efetiva decai muito em função do controlo jurisdicional não conhecer da pretensão substancial do autor e da realidade metaprocedimental.

Agora, com a nova justiça administrativa material e efetiva (artigos 2.º e segs. e 7.º do CPTA), as coisas não se passam assim, em obséquio à conceção que faz da pretensão do autor o núcleo duro do objeto do processo administrativo, e também porque decaem as preclusões quanto à possibilidade de utilizar todos os meios de prova previstos no Código de Processo Civil, desde que adequados.

Os equívocos vão caindo um a um, senão vejamos: a total abertura do processo ao facto não significa qualquer interferência do juiz no mérito administrativo; uma instrução ampla não diminui o interesse público que o processo administrativo não pode ignorar; uma instrução ampla não torna desnecessário um exame aprofundado dos factos por parte do juiz que seria sobretudo confrontado com questões de direito [777]. Em extrema síntese, a jurisdição plena só existe quando o juiz tem acesso autónomo ao facto administrativo [778].

Como é de meridiana compreensão, a controvérsia pode ser facilmente resolvida pelo juiz sem que o facto administrativo se torne imprescindível, como será o caso dos vícios de violação de lei ou de incompetência. Já não será assim quando o juiz esteja confrontado com o vício de desvio de poder ou quando o caso exija um exercício penetrante dos poderes instrutórios e respetivos meios de prova.

---

[777] SPAGNUOLO VIGORITA, "Notazioni sull'istruttoria nel processo amministrativo", in *Dir. proc. amm.*, n.º 1, 1984, p. 14 e ss.

[778] COLAÇO ANTUNES, *A Teoria do Acto e a Justiça Administrativa*, op. cit., p. 189.

Mesmo no mero controlo de legalidade, a questão de facto pode revelar-se relevante quando o juiz é solicitado a indagar da existência dos pressupostos processuais. Por exemplo, se o recurso é improcedente por intempestividade ou por ausência de interesse processual.

Tendo presente a ambivalência objetivista-subjetivista do novo processo administrativo parece-nos acertado o modelo instrutório misto — princípios do dispositivo e do inquisitório — tanto mais que a apreciação do facto administrativo é atendível também para o interesse público e não apenas para a tutela efetiva das pretensões do recorrente.

Acresce que o espaço de apreciação deixado ao juiz administrativo é, em regra, mais restrito do que o do juiz comum.

Adiantaremos ainda que o reforço dos poderes de cognição do juiz no terreno probatório se justifica pela presença crescente de interesses plurisubjetivos e mesmo de direitos indisponíveis. Já não assim em presença de direitos disponíveis das partes, sendo que o CPTA dispõe até de soluções alternativas, como as que vêm consagradas no artigo 180.º e seguintes.

Perigo a evitar é o de uma indiscriminada exaltação do papel do juiz administrativo e do princípio da livre convicção do juiz, o que poderia comportar uma espécie de anarquia nas operações do juiz [779]. Por outras palavras, o livre convencimento do juiz implica alguma discricionaridade deste mas não pode significar nunca arbítrio subjetivo. O convencimento deve ser livre mas deve ser também racional e prudente [780].

---

[779] Neste sentido, M. TARUFFO, "Prova testimoniale", in *Enc. dir.*, vol. XXXVII, 1988, p. 754.

[780] Sobretudo a doutrina penalista (e do seu processo) tem vindo a evidenciar uma certa decomposição da matriz racionalista do prin-

Não é surpreendente que, por vezes, seja o recorrente a sofrer as consequências do exercício dos poderes instrutórios do juiz, sendo que a salvaguarda do interesse público não se pode sobrepor à garantia de uma tutela judicial efetiva. Acrescente-se que o exercício dos poderes instrutórios do juiz deve ter em devida consideração, nesta fase processual, a circunstância da Administração assumir frequentemente as vestes de recorrente e este a da entidade recorrida.

O alargamento dos poderes instrutórios do juiz não pode ainda ignorar que a prova procedimental não desenvolve o papel de prova preconstituída, sob pena de limitação do controlo jurisdicional e do princípio da tutela efetiva e plena [781].

Tentando ser mais incisivo, se admitirmos que só vale como prova processual a que se desenvolve no processo, no qual existe paridade de armas entre as partes (*Wafflengleiheit*), está criado um problema sério no processo administrativo. Referimo-nos à existência de uma prova procedimental preconstituída [782].

Mesmo não discutindo a natureza jurídica da prova procedimental (ou administrativa) ou a sua validade, põe-se o problema de saber qual a sua relevância para efeitos do processo administrativo e da sua prova.

Um dos grandes obstáculos ao reconhecimento do valor jurídico da prova procedimental radica na argumen-

---

cípio em causa. Cfr. B. CAVALLONE, *Il giudice e la prova...*, op. cit., p. 392. O livre convencimento do juiz necessita urgentemente da oralidade da audiência (artigo 91.º do CPTA), sob pena de sucumbir nos labirintos do processo escrito.

[781] C. GALLO, *La prova nel processo amministrativo*, op. cit., p. 48 e ss.

[782] GONZÁLEZ-CUELLAR SERRANO, *Curso de Derecho Procesal Administrativo*, 2.ª ed., Valencia, 1994, p. 386 e ss.

tação segundo a qual o processo regressaria ao seu caráter revisor-demolitório, pondo em causa o princípio da igualdade (de armas) e a natureza do processo administrativo como um processo de partes. Se é certo que estes argumentos nos sensibilizam, interrogamo-nos, apesar disso, se se pode sustentar que a prova procedimental é uma pseudoprova. Será que podemos resumir a prova procedimental a mero material instrutório?

Salvaguardada aquela parte da prova procedimental que não se pode pôr em causa, como os documentos públicos ou a prova pericial (embora não todos, uma vez que nem todos os atos dos funcionários têm a capacidade de outorgar fé pública aos documentos), incluindo os factos notórios e as *presumptiones hominis,* parece-nos avisado que, em princípio, a prova procedimental não poderá deixar de ser objeto de análise no processo administrativo para que o juiz possa formar livremente a sua convicção. Não seria mesmo de excluir da prova processual a atuação administrativa documentada no *dossier* procedimental, sem prejuízo, como antes dissemos, de no "processo" (artigo 1.º/2 do CPA) poderem existir documentos valoráveis como prova (preconstituída) pelo juiz administrativo [783].

Com efeito, o "processo administrativo" (*dossier* procedimental), ao estar integrado por documentos, goza do valor de prova documental, sendo que esta circunstância por si só não pode levar o Tribunal a considerar como provado qualquer facto neles descrito, porque, desde logo, tais factos hão de ser expressamente afirmados pelas partes nas alegações que venham a fazer. Por outro lado, não se

---

[783] BARRERO RODRÍGUEZ, *La Prueba en el Procedimiento Administrativo, op. cit.,* p. 381 e ss.

pode ignorar que os documentos públicos só fazem fé da sua causa e da data da sua expedição mas não da sua dimensão material [784]. Neste sentido, importa distinguir os documentos que podem fazer fé do seu conteúdo dos que carecem dessa força probatória. Em suma, há que determinar que documentos podem alcançar o privilégio de prova preconstituída.

A nosso ver, apenas alguns documentos, aqueles que cumprem alguns requisitos: desde logo, hão de descrever factos que pela sua fugacidade ou impossibilidade de reprodução possam pôr em perigo a prova em juízo [785]; depois, beneficiem da intervenção de autoridades imparciais; e em terceiro lugar, quando se tenha garantido ao interessado o direito de contraditar.

O problema não está tanto em reconhecer-lhe natureza probatória (meio de prova) no processo, mas sim em determinar a sua valoração em sede judicial.

Feitas as devidas ressalvas, é nossa opinião que o tribunal não se pode sentir vinculado pelo convencimento do órgão administrativo sobre os factos objeto de controvérsia, impedindo-o de chegar a resultados divergentes dos apurados na prova procedimental. Dar por assente processualmente a prova procedimental ou administrativa seria quase o mesmo que reafirmar a presunção de legalidade do ato e, porventura, violar o princípio fundamental da "presunção de inocência". Por outro lado, num processo administrativo de partes, como o nosso, parece de rejeitar, em obséquio ao princípio da paridade de armas e à própria natureza jurisdicional do processo administrativo,

---

[784] Penso ser este o entendimento de D. BRÜGGEMANN, *Judex statutor und Judex investigator*, Bielefeld, 1968, p. 368 e ss.

[785] K. SCHREIBER, "Das selbständige Beweisverfahren", in *NJW*, 1991, p. 2600 e ss.

que uma das partes — a Administração — possa gerar provas suscetíveis de determinar a premissa menor da sentença [786].

Se no processo administrativo, em homenagem ao princípio do inquisitório, o tribunal pode introduzir factos diversos dos carreados pelas partes, inclusive factos não discutidos no procedimento administrativo e decidir, *ex officio*, fazer prova sobre os mesmos, não será de excluir que possa igualmente apreciar a prova dos factos introduzidos pelas partes e aceites por estas, sobretudo quando se estime que tais factos não aconteceram nos termos em que as partes o afirmam (artigo 90.º do CPTA) [787].

Posta de novo a questão às partes, em obséquio ao princípio do contraditório, o juiz poderá fazer prova sobre os factos para melhor formar a sua convicção sobre a veracidade das afirmações das partes ou sobre o acerto da hipótese jurisdicional discrepante.

Como resulta dos princípios do inquisitório e da livre apreciação da prova, vale no processo administrativo um ónus da prova objetivo ou material (*objetive, materialle Beweislast* ou *Festellungslast*), pelo que fica afastado, em princípio, que o juiz só possa considerar os factos alegados e provados pelas partes [788]. Como o juiz administrativo não é propriamente um *convidado de pedra,* impassível perante o decurso processual, o ónus da prova apresenta uma natureza objetiva e material e, assim sendo, o incumprimento ou deficiente exercício do ónus da prova não conduz necessariamente a um estado de incerteza do julgador.

---

[786] G. CEZZI, *La ricostruzione del fatto...*, op. cit., p. 65.

[787] Cfr. C. H. ULE, *Verwaltungsprozeßrecht*, op. cit., p. 270 e ss.

[788] L. ROSENBERG, *Die Beweislast (reimpressão)*, München, 2001, p. 18 e ss.

Apesar disso, as partes devem ser naturalmente diligentes, sob pena do juiz, por qualquer razão atendível, não considerar necessário ou oportuno submeter a prova certos factos e, assim, verem irremediavelmente prejudicada a sua pretensão.

Vingando o caráter objetivo do ónus da prova, o juiz poderá contribuir oficiosamente para sanar as omissões e deficiências probatórias das partes. Discute-se, todavia, na doutrina alemã, se subsiste no processo administrativo um ónus da prova subjetivo ou formal, dado que a jurisprudência, na interpretação do parágrafo 86 da VwGO, tem reconhecido, para não serem lesadas, um ónus atribuído às partes, mais precisamente de colaboração com a atividade inquisitória ou de investigação do juiz (*Mitwirkungslast*) quando haja incerteza relativa a um facto ou este seja apenas do seu conhecimento [789]. Salvo melhor opinião, não é de difícil compreensibilidade a diferença entre o referido dever de colaboração com a atividade investigatória do juiz e o dever de diligência exigida às partes em matéria de prova.

Na distribuição do ónus da prova parece, dogmaticamente, indiscutível a existência de um ónus da prova objetivo ou material [790]. O problema da repartição do ónus da prova objetivo tem especial relevância quando a Administração goza de uma margem de livre apreciação ou quando exerce poderes discricionários. Nestas situações parece que o princípio da presunção de legalidade do ato e da veracidade dos factos não podem deixar de decair, cabendo

---

[789] W. BAUER, "Einige Bemerkungen zur beweislastverteilung im Verwaltungsprozeß", in *Festschrift für Otto Bachof zum 70 Geburstag*, München, 1984, p. 285 e ss.

[790] L. ROSENBERG, *Die Beweislast, op. cit.*, p. 99.

à Administração, no essencial, o ónus da prova, sem prejuízo dos poderes instrutórios e probatórios do juiz administrativo.

Tendo ficado patente que o tribunal não pode ficar refém da representação procedimental da prova e do "processo administrativo" (artigo 1.º/2 do CPA), que sempre há de figurar em poder do juiz por imposição legal (artigo 84.º do CPTA), põe-se sobretudo o problema da valoração processual da prova procedimental.

Admitindo que a prova no processo administrativo se rege, no essencial, pelos mesmos princípios que a orientam no processo civil, é nossa convicção que o princípio da apreciação conjunta da prova (procedimental e processual) não pode deixar de ultrapassar um alcance meramente subsidiário. Neste sentido, o juiz não é refém da prova procedimental e da apreciação dos factos feita pela Administração, mesmo admitindo, como já dissemos antes, a presunção de veracidade de algumas das provas operadas no procedimento administrativo. Aliás, se assim não fosse, o princípio da livre valoração da prova pelo juiz viria extremamente diminuído, o que reputamos normativamente inaceitável. Creio, aliás, que as partes, em regra, subestimam o conhecimento do juiz dos factos.

Havendo que esperar prudencialmente pelos resultados da jurisprudência, sem ignorar os já alcançados, sempre diremos que a nova justiça administrativa de matriz subjetivista aponta para uma interpretação restritiva do alcance probatório do processo (expediente) administrativo, logo da prova procedimental-administrativa.

Definitivamente, o problema do ónus da prova resume-se à necessidade de determinar sobre quem recai o risco originado pela falta de prova. Em suma, o que importa não é tanto determinar, na fase probatória, quem deve provar, mas saber na hora de ditar a decisão quem deveria ter provado o dado cuja prova não é realizada [791].

Talvez não seja inoportuno advertir para a necessidade de uma regulação autónoma no novo processo administrativo (CPTA) de alguns aspetos da prova processual, nomeadamente quanto à valoração da prova procedimental. Se não estivermos equivocados, as grandes dificuldades da prova no contencioso administrativo não estão no momento da sua propositura, na extensão da fase probatória, mas na sua relação-valoração com a prova procedimental. Não seria porventura inútil pôr mais algumas normas nesta matéria, tendo em atenção critérios diferenciados de valoração consoante a forma assumida pela prova no procedimento, distinguindo, desde logo, aquela que foi obtida com a participação das partes, daquela outra trazida unilateralmente para o procedimento por uma delas, *maxime* a Administração.

Tal entendimento teria, aliás, a vantagem de impedir a contaminação da tradicional presunção de legalidade do ato com a inclusão da demonstração dos pressupostos de facto do ato administrativo. Mesmo que se admitisse a presunção de legalidade do ato, ela nunca poderia amparar a falta de prova do pressuposto de facto quando o ónus corresponda à Administração.

Se a fase histórica do processo ao ato está encerrada e com ele o da mera tutela da legalidade objetiva, num processo administrativo dirigido para a tutela efetiva das pretensões dos recorrentes e da Administração, tem toda a serventia que o tribunal possa, inclusive, suprir a prova não praticada no procedimento. As matizações a admitir seriam apenas dirigidas à Administração em alguns proce-

---

[791] GONZÁLEZ NAVARRO, "La prueba en el procedimiento administrativo", *op. cit.*, p. 39.

dimentos administrativos, especialmente os sancionadores. Excetuando estas hipóteses, parece-nos que, em obséquio ao princípio da paridade de normas num processo de partes, também não poderão admitir-se interpretações que limitem a posição da Administração como parte processual. Note-se que a Administração, mesmo no processo, está vinculada à prossecução do interesse público predeterminado normativamente.

Para concluir, os vícios procedimentais em relação à prova, embora enquadráveis na reação antiformalista do novo Código de Processo nos Tribunais Administrativos, ou recorrendo a princípios como o da economia dos atos públicos ou do aproveitamento dos atos ou à expressão latina *utile per inutile non vitiatur* [792], podem conduzir a uma jurisprudência perigosamente desvalorizadora dos vícios de forma e até do próprio procedimento administrativo [793]. O perigo está em a jurisprudência resvalar, como tem feito, para um entendimento não invalidante, inclusive quando estão em causa formalidades essenciais.

Sendo uma matéria onde a jurisprudência tem um papel decisivo, somos, no entanto, dos que pensam que seria útil e prudente ao legislador (sem excessos formalistas e legiferantes) pôr alguns critérios (como acontece noutros ordenamentos jurídicos) quanto à valoração processual dos vícios formais e procedimentais (§§ 45 e 46 da VwVfG).

A natureza invalidante dos vícios de forma e procedimentais, depois de ter adquirido uma importância extre-

---

[792] Veja-se o Acórdão já citado, de 11 de fevereiro de 2004, particularmente a sua nota 17, onde se faz referência à jurisprudência não invalidante dos vícios formais e procedimentais — desde que a posição jurídica do recorrente não seja afetada.

[793] Para maiores desenvolvimentos, cfr. COLAÇO ANTUNES, *A Teoria do Acto e a Justiça Administrativa*, op. cit., pp. 137 e ss. e 255 e ss.

mada no passado, corre agora o risco de uma relativização excessiva. Porventura, um certo equilíbrio não seja má solução.

3. 5. Breves conclusões

Creio, para concluir, que é preciso passar algum tempo para se poder pisar tranquilamente o terreno da prova procedimental e da sua relevância processual.

A reflexão, realizada a partir da análise de jurisprudência recentíssima do STA, permite-nos antecipar uma certa autonomia da prova procedimental e, ao mesmo tempo, advertir para os riscos da incorporação das técnicas processuais à revelia das especificidades que moldam a atividade administrativa.

Depois, as generalizações são particularmente delicadas no nosso tema, devendo atender-se ao tipo e à complexidade do procedimento, sendo que nos procedimentos disciplinares tem mais sentido o recurso à técnica processual penal.

Chamámos igualmente a atenção para a natureza essencialmente instrutória da prova procedimental (sem que tal exclua uma atividade probatória anterior ou posterior), como também para as particularidades do facto administrativo (e do princípio da imediação procedimental) com largas repercussões práticas e dogmáticas ao nível do objeto do processo administrativo e dos poderes cognitivos e decisórios do juiz, particularmente quando o facto administrativo é opinável.

Procurámos igualmente saber do alcance da expressão "meios de prova admitidos em direito" (artigo 87.º/1, *in fine*, do CPA), abrindo vários caminhos dogmáticos para chegar a um entendimento prudente não inteiramente concordante com os Acórdãos que motivaram a nossa reflexão. A cláusula geral nem sempre é incompatível com formas de concreção que se limitem a afastar meios de prova desnecessários ou inidóneos ou que a situação dite a sua adequação tendo em conta o fim tido em vista.

Se em relação à temporalidade da prova rege, em princípio, o da máxima liberdade, vindo a preclusão, se admitida, muito atenuada, já quanto ao alcance e valoração da prova procedimental em sede processual, aspeto espinhoso e ao que sabemos sem trilhos hermenêuticos e jurisdicionais definitivos, somos de parecer que o novo contencioso administrativo é favorável a uma interpretação restritiva.

Por outras palavras, embora admitindo a existência e até a autonomia da prova procedimental, o juiz do processo e o princípio da livre apreciação da prova não podem ficar limitados ou vinculados pela prova administrativo-procedimental preconstituída.

A existência de um processo de partes verdadeiramente jurisdicional, centrado na justiça material das pretensões das partes e a queda do caráter revisor do contencioso administrativo de legalidade objetiva e dos seus princípios cardeais, como o princípio da presunção da legalidade do ato, impelem-nos a concluir como concluímos. A prova procedimental não pode deixar, assim, de constituir objeto de prova processual.

Resta-nos agradecer o privilégio de participar na homenagem ao Professor MARCELLO CAETANO. Deixou Escola e, por isso, preveniu o futuro, o que sendo raro só é possível aos que têm a grandeza de ter pensamento próprio.

Não basta ser pintor de batalhas, é preciso vivê-las.
É isso que distingue *Goya* de *Picasso*.

4. A ação de condenação e o direito ao ato

4.1. Modelos inspiradores e linhas interpretativas

A tutela dos interesses de natureza pretensiva é um problema universal que preocupa a generalidade dos sistemas de justiça administrativa. É natural que assim seja face ao crónico défice de proteção do modelo anulatório de inspiração francesa e à necessidade de vencer entre outros obstáculos o da infungibilidade do exercício do poder administrativo.

O reconhecimento em boa parte dos ordenamentos jurídicos de poderes de injunção ou de condenação do juiz administrativo corresponde, em diversas e diferentes escalas, ao objetivo de garantir o direito ao ato, especialmente nos casos de verdadeiro silêncio por parte da Administração.

Referimo-nos aqui especialmente à inércia da Administração configurada nos artigos 66.º e 67.º/1/a) do CPTA, ou seja, ao ato ilegalmente omitido.

A nossa atenção vai centrar-se sobretudo no silêncio, enquanto objeto da ação de condenação à prática de ato legalmente devido (artigo 66.º e segs. do CPTA).

O ordenamento processual-administrativo alemão [794] é o modelo de referência e mais conhecido entre nós,

---

[794] Cfr., entre outros, F. SCHOCH / SCHMIDT AßMANN / R. PIETZNER, *Verwaltungsgerichtsordnung, Kommentar,* München, 2001, p. 377 e ss.; F. HÜFEN, *Verwaltungsprozeßrecht,* 5.ª ed., München, 2003,

o que não significa uma menor influência e importância de outras experiências jurisdicionais, como é o caso evidente da austríaca. Com efeito, desde os anos sessenta que o legislador alemão, com a versão inicial da lei federal sobre o processo administrativo, configura um novo tipo de ação, a *Verpflichtungsklage* (§ 113 VwGO).

Num sistema de ações particularmente rico e articulado, com a correspondente tipologia de sentenças dotadas de uma peculiar capacidade de conformação da atividade administrativa sucessiva, esta *ação de obrigação ou de incumprimento* (conforme se prefira) está vocacionada para tutelar direta e autonomamente a obtenção do ato administrativo favorável requerido e que a Administração pura e simplesmente não praticou ou se recusou a emanar tempestivamente, condenando a entidade administrativa competente à sua emanação.

Assinale-se que o legislador alemão (e que o nosso legislador achou por bem seguir, artigo 67.º do CPTA) prevê um regime idêntico para os casos de silêncio (ou inércia, como o nosso legislador prefere) e de recusa expressa, com a diferença de no primeiro caso (de inércia da Administração Pública) o autor não estar dependente da conclusão do procedimento (*Vorverfahren,* condição geral de admissibilidade da ação impugnatória e da ação de cumprimento), bem como a ausência de prazo para o pedido condenatório no caso de silêncio, diversamente do que acontece quando haja ato expresso de recusa, em que o prazo é de um mês a contar da decisão que decida a impugnação administrativa necessária, § 74 VwGO [795].

---

p. 318 e ss.; W.-R. SCHENKE, *Verwaltungsprozeßrecht*, 5.ª ed., 1997, p. 71 e ss.

[795] Cfr. F. HÜFEN, *Verwaltungsprozeßrecht, op. cit.*, p. 69 e ss.

Curiosamente o tipo de controlo jurisdicional não diverge substancialmente da ação meramente impugnatória, na medida em que na ação de cumprimento se trata igualmente de um controlo sobre o uso do poder na sua conformidade à lei, com a diferença de, neste caso, intervir positivamente (e não negativamente, como no processo anulatório), definindo *a priori,* nos limites permitidos pela lei, as características do poder administrativo que virá concretamente exercitado.

É igualmente de destacar, para não haver equívocos, que a ação de cumprimento e correspondente sentença condenatória têm como objeto o ato pretendido ou desejado pelo autor, colocando-se a sentença como um fator condicionante e vinculante da atividade posterior da Administração [796].

Na ação de incumprimento, o objeto do processo não é primacialmente (mesmo no) o ato de recusa, relativamente ao qual a ação assume subsidiariamente um cariz anulatório, mas o ato que a Administração deveria assumir para satisfazer a pretensão do requerente. É este último ato, na definição dada na sentença de provimento da *Verpflichtungsklage* que a entidade administrativa deverá adotar. Não se trata, portanto, de eliminar um ato da ordem jurídica mas, inversamente, do direito a obter o ato requerido.

Assim sendo, a sentença determinará o conteúdo do ato a praticar pela Administração com o único limite do juiz não poder substituir-se à Administração quando esta está na posse e no exercício de poderes discricionários (§ 113 VwGO). Outro limite há e não menos relevante, que

---

[796] Assim, O. TSCHIRA / SCHMITT GLAESER, *Verwaltungsprozeßrecht,* Stuttgart, 1988, p. 214 e ss.

é, precisamente, do juiz não poder produzir sentenças substitutivas, mesmo no seio da atividade administrativa vinculada; o tribunal não pode emanar o ato, em substituição da Administração, podendo apenas condená-la a praticar o ato, juntando-lhe, se necessário, medidas pecuniárias compulsórias. Verifica-se, assim, uma enorme confiança na Administração, bastando para o efeito as referidas sanções pecuniárias.

Tratando-se de atividade administrativa vinculada ou suficientemente maturada para a decisão (*spruchreif*), a sentença ordenará diretamente à Administração a adoção do ato definido pelo tribunal [797]. Subsistindo algum poder de apreciação, a Administração será condenada a exercitar a discricionaridade no âmbito do quadro jurídico predefinido pelo juiz [798].

O legislador teve particulares cautelas quando admite que o juiz possa ordenar à Administração não só a prática do ato (ilegalmente omitido ou recusado) mas também *como* deve agir. Para não invadir a reserva da Administração do poder discricionário, a ação (alemã) de incumprimento pressupõe uma enorme e rigorosa capacidade de distinguir, antes do respetivo exercício do poder, a parte da atividade administrativa exclusivamente reservada à Administração, logo dos limites em que o juiz não pode intervir positivamente ou está mesmo excluído do seu controlo jurisdicional.

---

[797] Fala-se, neste caso, de *Vornahmeurteil*. Cfr. D. LORENZ, *Verwaltungsprozeßrecht*, Berlin, Heidelberg, 2000, p. 280 e ss.

[798] Especificamente, *Bescheidungsurteil*. Cfr. M. SCHRÖDER, "Bescheidungsantrag und Bescheidungsurteil", in *Festschrift für* CHRISTIAN-FRIEDRICH MENGER, Köln, Berlin, Bonn, München, 1985, pp. 487 e 488.

Isto significa distinguir com clareza e precisão o que é atividade administrativa vinculada e o que é atividade discricionária ou, dito de outra forma, os âmbitos vinculados e discricionários da atividade administrativa; as questões de facto das questões de direito; os vícios substanciais que incidem sobre o conteúdo do ato, dos vícios formais que, em regra, não impedem o reexercício do poder administrativo e, portanto, a adoção de um novo ato negativo.

Vejamos agora, ainda que resumidamente, o *modelo austríaco*, mais propriamente a *Säumnisbeschwerde* [799], porventura não menos interessante e influente do que a *Verpflichtungsklage*. Basta recordar que o incumprimento da Administração da ordem de prover emanada pelo juiz alemão dispõe apenas da reação das medidas de coação indireta já referenciadas, enquanto o juiz austríaco pode adotar, em via substitutiva, o ato legalmente omitido pela Administração.

Isto é assim quando a *Säumnisbeschwerde* seja concluída com uma sentença declarativa da obrigação de decidir (*Rechtsauffasung* do juiz) mas também quando o juiz, entendendo a questão madura para a decisão, declare a obrigação da entidade administrativa de praticar o ato requerido (*Vornahmeurteil*).

Sinteticamente, o modelo austríaco assenta na execução forçada e não em medidas pecuniárias compulsórias, como sucede com a experiência alemã, o que, desde logo, parece indiciar que o modelo contencioso português é com-

---

[799] Veja-se H. MEYER, *Das österreichische Bundes-Verfassungsrecht, Kurzkommentar*, Wien, 1997, p. 368 e ss. e 679 e ss. Cfr. ainda R. THIENEL, *Verwaltungsgerichtsbarkeit im Wandel*, Wien, 1999, p. 110 e ss.

pósito na medida em que concilia os dois aspetos (artigos 66.º, 71.º, 164.º/4/c)/d), 167.º/5, 169.º e 179.º/5 do CPTA).

Adicionemos mais algumas precisões.

A *Säumnisbeschwerde* recolhe-se na Constituição austríaca (artigo 132.º BVG) e vem disciplinada na lei do processo administrativo (artigos 36.º e 42.º VwGG), pressupondo que o superior hierárquico ou, sendo o caso, os *unabhängigen Verwaltungssenate* não tenham procedido num determinado prazo.

Nesta ação, tal como acontece entre nós (artigos 66.º e 71.º/1 do CPTA), o objeto do processo é a pretensão requerida à Administração, num sinal claramente subjetivista do processo administrativo [800]. Por outras palavras, há uma perfeita relação entre a alegada titularidade de uma posição jurídica subjetiva (direito subjetivo ou interesse legalmente protegido) e a titularidade do direito de ação (artigo 9.º/1 do CPTA). Esta leitura ganha pela confirmação no texto constitucional, como ressalta expressamente do artigo 268.º/4. A iniciativa processual da parte está diretamente relacionada com a tutela de posições jurídicas subjetivas qualificadas, previamente existentes na esfera jurídica dos atores processuais.

Verifica-se, assim, uma perfeita correspondência entre a titularidade da ação (em sentido técnico) e a titularidade do direito subjetivo ou interesse legalmente protegido deduzidos em juízo. Em suma, o princípio do pedido como instrumento (processual) de projeção da situação jurídica substancial no areópago jurisdicional.

Em sede de maior aproximação ao modelo austríaco, o tribunal administrativo, no âmbito de um processo preliminar, deve intimar a Administração a praticar o ato no

---

[800] R. WINKELHÖFER, *Säumnis von Verwaltungsbehörden,* Wien, 2002, p. 20 e ss.

prazo máximo de três meses, ressalvando a possibilidade da Administração ilustrar convenientemente os motivos, de modo que, segundo ela, não subsiste violação do dever de decidir. O prazo pode ser prorrogado uma vez só, sempre que a Administração fundamente com a impossibilidade de tempestivo (in)cumprimento.

Se o ato é emanado no referido prazo, o processo extingue-se. Não sendo assim, expirado o prazo para decidir, (re)abre-se o processo propriamente dito, ficando a Administração impedida a partir daí de emanar o ato devido [801].

Chegados a esta fase, abrem-se duas possibilidades ao juiz administrativo: ou decide de modo imediato e pleno, substituindo-se à entidade administrativa silente ou limita a sua decisão às questões de direito consideradas essenciais, condenando a Administração, no respeito do quadro legal definido pela sentença, a proceder no prazo (máximo) de oito semanas [802].

Nesta segunda hipótese, se a autoridade administrativa reincide em manter a inobservância da decisão judicial, o tribunal através de sentença substitutiva emana o ato devido.

Como resulta do artigo 42.º/4 VwGG, a prática do ato pode exigir o exercício de um poder discricionário originariamente atribuído por lei à Administração.

O direito processual administrativo coloca aqui uma delicada questão, que mereceria uma aturada reflexão, pelas suas implicações, inclusive constitucionais [803]. Posto

---

[801] Cfr. R. WINKELHÖFER, *Säumnis von Verwaltungsbehörden*, op. cit., p. 213 e ss.

[802] R. WINKELHÖFER, *Säumnis von Verwaltungsbehörden*, op. cit., p. 220 e ss.

[803] Assim, F. KOJA, *Allgemeines Verwaltungsrecht*, Wien, 1996, p. 70.

o problema, somos levados a interrogar-nos se a substituição do juiz no exercício do poder discricionário (outra coisa é a chamada redução a zero, de que falaremos adiante) corresponde a um fenómeno isolado ou patológico.

Como se vê, a experiência austríaca tem algo a dizer-nos quanto à liberdade constitutiva do nosso legislador. É o que procuraremos fazer imediatamente.

4. 2. O objeto da ação de condenação à prática do ato legalmente devido

A primeira ideia vai para a inexpressividade e neutralidade do dispositivo normativo (artigos 66.º, 67.º/1/a) e 71.º do CPTA), o que nos leva a incluir no âmbito da ação não apenas o silêncio negativo (indeferimento tácito) como também o silêncio positivo (deferimento tácito). As razões são várias e já as explanámos noutro momento [804], sendo que não tem sentido, num sistema de ações fortemente articulado, como agora acontece, manter a sobrevivência de construções privatísticas que levaram àquela ficção da inércia da Administração como ato tácito ou mesmo implícito.

A inadequação da reconstrução em termos actícios foi percebida pelo legislador (o que não deve, contudo, impedir a sua impugnação autónoma se tal for do interesse do recorrente), que entendeu e bem, embora não completamente, que *quanto menos valor for atribuído à inércia no plano substancial mais amplos são os poderes de cognição*

---

[804] Cfr. COLAÇO ANTUNES, *Para um Direito Administrativo de Garantia...*, op. cit., p. 57 e ss.; COLAÇO ANTUNES, *O Direito Administrativo e a sua Justiça...*, op. cit., p. 107 e ss.

e de pronúncia do juiz. Acresce ainda que, numa matriz claramente subjetivista, entendeu-se configurar a pretensão do autor como o objeto desta ação, o que tem implicações relevantes a nível processual, como tentaremos demonstrar.

A nível *procedimental,* atribuir natureza actícia ao silêncio da Administração comportaria a extinção do procedimento administrativo e, portanto, a impossibilidade da Administração proceder em momento sucessivo ao termo do procedimento (operado com o silêncio) ou à instauração da ação.

Ora não é isso que sucede, nos termos do artigo 70.º do CPTA, embora com natureza diferente (n.ºs 1 e 2), preservando a Administração o poder de decidir na pendência do processo, o que naturalmente vem reforçar o entendimento do silêncio como pressuposto processual e a pretensão do interessado como o objeto do processo.

O silêncio não vem entendido como ato (administrativo) de incumprimento, para o que bastaria a sua impugnação autónoma e direta (artigo 51.º e segs. do CPTA), nem como facto ilícito, que obteria resposta em sede de ação de responsabilidade (artigo 37.º/2/f)). Mais, se o silêncio ou inércia viesse considerado como um ato de incumprimento da obrigação de decidir (artigo 9.º do CPA), o juiz apenas poderia condenar a Administração a proceder, a emanar *um* ato administrativo [805]. O que já não poderia, face à natureza da atividade administrativa em causa (vinculada), era condenar a Administração à prática de um

---

[805] Esta relação, normalmente estabelecida pela doutrina portuguesa, parece-me contraditória com a lógica e deontologia estabelecida no CPTA. Cfr. AROSO DE ALMEIDA, *Manual de Processo Administrativo,* Coimbra, 2010, p. 316 e ss.

ato de conteúdo determinado ou ainda menos de um ato de determinado conteúdo [806].

Pelo que ficou dito, não nos parece que num processo de partes, de inspiração claramente subjetivista, o objeto do processo possa identificar-se com o ato de incumprimento (ou a violação) do dever de decidir (artigo 9.º requerido pelo particular. A obrigação de decidir viria declarada abstratamente, em prejuízo da satisfação da pretensão do interessado, o que, de resto, impossibilitaria não só uma condenação à prática de ato concretamente requerido pelo autor, como a sentença não poderia ter valor substitutivo (cfr. os artigos 109.º/3, que é um caso especial, mas sobretudo os artigos 164.º/4/c), 167.º/5 e 179.º/5 do CPTA). Se assim não fosse, poderia inclusive colocar-se em causa a legitimidade do recorrente.

Em extrema síntese, o objeto do processo é representado pelas posições jurídicas subjetivas qualificadas expressas previamente no procedimento administrativo e, portanto, pelo direito subjetivo à obtenção de um ato favorável.

Isto obviamente se se tratar de atividade estritamente vinculada (ou de nula discricionaridade). Neste caso, o controlo jurisdicional incidirá na análise dos pressupostos de facto e de direito necessários (e suficientes) ao provimento do pedido.

Se a sentença não contivesse alguma indicação positiva e conformadora do agir administrativo, o juiz não só não desenvolveria plenamente a sua função como a sentença se revelaria de certo modo inútil, uma vez que nada acrescentaria à vinculação legal de proceder.

---

[806] Cfr. N. ACHTERBERG, *Allgemeines Verwaltungsrecht*, op. cit., p. 201.

O problema não se resume à possibilidade de condenar a Administração a prover abstrata ou concretamente, mas também na extensão (mais limitada, como é óbvio) do controlo jurisdicional do juiz aos atos discricionários (artigo 71.º/2 do CPTA) [807].

Resumindo, o problema do objeto desta ação está na extensão da obrigação de proceder. Desenham-se aqui duas teses: uma configura o objeto da ação na obrigação de responder expressamente ao requerimento do particular, prescindindo-se, nesse caso, do conteúdo da resposta; a segunda vê o objeto do processo na pretensão substancial do cidadão e estende consequentemente o conteúdo da sentença à condenação da Administração a emanar um ato favorável ao particular, segundo os critérios e o quadro normativo definidos pelo juiz [808].

A nossa opinião inclina-se para a segunda hipótese. Não por razões de simpatia ideológica, mas precisamente devido ao disposto no direito positivo processual. Esta tese é também a que melhor se coaduna com os poderes de pronúncia do juiz em sede declarativa e executiva (artigos 71.º e 167.º/5 do CPTA).

É também esta leitura que permite, a meu ver, interpretar de forma mais adequada a norma prevista no artigo 51.º/4 do CPTA, permitindo ao autor limitar o próprio pedido à mera impugnação ou mesmo à simples condenação da Administração a pronunciar-se, sobretudo quando estão em causa vícios formais [809].

---

[807] Cfr. AROSO DE ALMEIDA, *Manual de Processo Administrativo*, op. cit., p. 94 e ss.

[808] Cfr. G. GRECO, *L'accertamento autonomo del rapporto nel giudizio amministrativo*, Milano, 1980, p. 60 e ss.

[809] Neste sentido, VIEIRA DE ANDRADE, *A Justiça Administrativa*, op. cit., p. 199 e ss.

Pensamos que este entendimento não só nos parece mais conforme com um contencioso atento ao princípio da tutela jurisdicional efetiva (artigos 20.º e 268.º/4 da CRP e artigo 2.º do CPTA), como também se aplica àqueles casos vulgarmente incluídos na chamada *redução a zero da discricionaridade administrativa*.

O que verdadeiramente está em causa com esta expressão é, na verdade, uma atividade administrativa verdadeiramente vinculada.

Por outras palavras, quando a norma habilitante da discricionaridade entra em colisão com outras normas e princípios jurídicos vinculantes que fazem com que uma decisão formalmente discricionária só possa comportar uma solução conforme ao direito e aos factos postos no caso concreto [810].

O que se pretende evidenciar é que a Administração está também aqui obrigada a uma atuação concreta e determinada, o que, sendo assim, permitirá ao juiz conhecer do fundo da causa e condenar a Administração à prática do ato com o conteúdo determinado pelo autor. Inversamente, se o juiz não estiver na posse de dados que lhe permitam concluir sobre a forma de exercer corretamente a discricionaridade conforme aos pressupostos de facto e de direito, resta-lhe condenar a Administração à prática de *um* ato administrativo sem poder determinar o seu conteúdo. Isto, obviamente, se subsistir vinculação quanto ao *an*.

---

[810] Em sentido crítico, na esteira da doutrina alemã, HUERGO LORA, *Las Pretensiones de Condena en el Contencioso-Administrativo*, Pamplona, 2000, p. 323 e ss.

4. 3. Sentido e alcance do regime processual

Uma das implicações (em sede processual) da tese sufragada está configurada no artigo 70.º/1/3 do CPTA, ao prever-se aí a superveniência de um ato expresso desfavorável ou parcialmente favorável. Se o objeto do processo não fosse precisamente a pretensão do interessado e o respetivo direito ao ato favorável com conteúdo determinado, não se explicaria facilmente a possibilidade prevista no n.º 3, em que se pode cumular o pedido de condenação à prática do ato com o pedido de anulação do ato sucessivo que não satisfaz plenamente a pretensão do interessado. Se assim não fosse, então a solução lógica seria a de prever simplesmente a impugnação autónoma desse ato expresso, dispondo, inclusive, de um prazo mais confortável (3 meses, artigo 69.º/2 do CPTA), ao invés do que sucede na referida norma, em que o prazo é de trinta dias.

Importa, todavia, distinguir as duas soluções previstas respetivamente nos n.ºs 1 e 3 do artigo 70.º, isto é, se o ato é favorável, ainda que parcialmente, do ato de indeferimento expresso [811]. É mais uma vez a ideia da relação processual acompanhar a globalidade da relação jurídico-administrativa que justifica o direito posto e a necessidade de dar plena tutela à posição jurídica do recorrente (cfr. ainda o artigo 90.º/3), numa evidente ampliação do objeto do processo.

Sendo o ato negativo (artigo 70.º/1 do CPTA), o mesmo não esgotará o juízo sobre a inércia da Administração,

---

[811] Sobre esta matéria, se bem que com uma leitura não inteiramente coincidente com a exposta no texto, cfr. AROSO DE ALMEIDA, *Manual de Processo Administrativo*, op. cit., p. 397 e ss.

podendo o autor alegar novos fundamentos e oferecer diferentes meios de prova em favor da sua pretensão. Isto é assim, porque o pedido sobre o silêncio (inércia), visto como pressuposto processual, à semelhança do modelo inspirador (alemão), não se esgota na obrigação de pronúncia da autoridade administrativa mas assenta antes na pretensão substancial esgrimida pelo autor. Tratando-se de motivos acrescidos e não de impugnações autónomas, os mesmos resultarão inseridos no processo, alargando a causa de pedir, sem que se altere o objeto da ação, obviando à sua transformação num corrente recurso anulatório sobre a legalidade do ato de indeferimento expresso, até porque a sua ilegitimidade resulta prejudicial em relação à bondade da apreciação da pretensão.

Outro elemento confirmativo da nossa tese está na previsão do artigo 68.º/2 do CPTA, onde se contempla a obrigatoriedade dos contrainteressados serem demandados no processo. Contrainteressados que, nos termos da norma em apreço, são aqueles "a quem a prática do ato omitido possa diretamente prejudicar ou que tenham *legítimo interesse* em que ele não seja praticado e que possam ser identificados em função da relação material em causa ou dos documentos contidos no processo administrativo" [812].

Segundo nós, perderia sentido, embora se note a ausência de uma fase instrutória específica, contemplar a presença dos contrainteressados se o objeto do processo fosse o ato de incumprimento do dever de decidir. Ao invés, como o objeto do processo é a pretensão do autor e como o provimento do pedido pode resultar prejudicial para outros sujeitos, estes poderão naturalmente fazer valer as suas pretensões contrapostas e apelar, como o autor,

---

[812] Sublinhado nosso.

da sentença sempre que esta seja total ou parcialmente favorável ao recorrente.

O problema está na circunscrição da figura dos contrainteressados nesta peculiar ação condenatória. Noção ampla ou noção restrita de contrainteressados?

Inclinamo-nos, face ao teor das pretensões contrapostas, que a sua legitimidade processual deverá assentar em posições jurídicas subjetivas substancialmente qualificadas.

Diria mesmo que é de exigir, quanto aos autores, face à turbulência conceptual da noção de interesse legalmente protegido, a titularidade de um direito subjetivo, sob pena de não se compreender como o juiz possa condenar a Administração à prática do ato devido ou mesmo produzir uma sentença substitutiva. Neste sentido, advogamos uma interpretação restritiva e exigente, nomeadamente da alínea a) do artigo 68.º/1 do CPTA.

Situação similar deve corresponder à figura do contrainteressado [813] que deverá ser titular de uma posição jurídica qualificada, como as referidas anteriormente para o autor.

Assim sendo, a título de exemplo, o indeferimento de uma licença de obras particulares, obras de urbanização ou loteamento não faz de todos os vizinhos contrainteressados para efeitos da ação de condenação. Quanto a nós, havendo violação das normas legais regulamentares, inclusive do plano urbanístico (PDM, por exemplo), relativa às normas sobre as distâncias entre os edifícios, os contrainteressados vêm individualizados na estrutura normativa das situações jurídicas.

---

[813] COLAÇO ANTUNES, "Esboço de uma teoria das partes no processo administrativo", in *CJA*, n.º 25, 2001, p. 4 e ss.

Exige-se, assim, uma situação jurídica diretamente definida pela lei para o reconhecimento da figura do contrainteressado. Outra coisa são os terceiros que podem agir processualmente, recorrendo a outros meios, mas essa é já outra história.

Mais uma vez adotamos uma interpretação cuidadosa e restrita de contrainteressado, referido no n.º 2 do artigo 68.º do CPTA. Obviamente que assim sendo, não resultará difícil a sua identificação pelo autor ou mesmo pelo juiz face ao referido dispositivo legal, o que me parece, aliás, em consonância com os artigos 78.º/2/f) e 89.º/1/f) do CPTA.

Em síntese, há que procurar a identificação dos contrainteressados com base em critérios objetivos e normativos, reportados à estrutura e contextualidade das situações.

4. 4. Nota conclusiva

O legislador, tal como *Ulrich*, protagonista de *O Homem sem Qualidades,* de MUSIL (para muitos, a melhor obra literária escrita em alemão no século XX, apesar de inacabada), movimenta-se igualmente com uma sensual naturalidade, descobrindo-nos um cidadão sistemático, amável e jovial. Tudo dentro de uma cómoda e banal existência pequeno-burguesa. O único ato verdadeiramente transgressivo, posto pelo legislador, que o não é verdadeiramente, está na relação amorosa do modelo subjetivista com o seu meio-irmão, modelo objetivista, que, tal como sucede na obra de MUSIL, se vai transformando no elemento simbólico de uma justiça administrativa sistematicamente dirigida a transcender as convenções exorbitantes que a Administração impõe aos cidadãos. Enquanto isso, este surge-nos como um verdadeiro homem sem qualidades e sem situação.

O problema hoje não está em não saber mas em não saber que não se sabe.

A obscuridade que nos inquieta não é a de não saber mas a de não compreender. O não compreender não é ignorar o nome das coisas mas o não compreender o seu sentido.

Aos juízes recomenda-se que não caiam na impaciência nem no absoluto, especialmente no que toca à função do controlo de legalidade no modelo subjetivista, como é o nosso, e na banalização da relação jurídico-administrativa.

A ilegalidade do ato é um pressuposto prejudicial à questão da lesividade da posição jurídica subjetiva do particular. Outra leitura mais conforme com os postulados subjetivistas é entender a ilegalidade (da atuação ou não atuação da Administração) como elemento intrínseco à lesão da esfera jurídica do recorrente. Para nós, reafirmamos, a existência da lesão da posição jurídica subjetiva encontra o seu fundamento na ilegalidade da atuação da Administração. A lesividade é, pois, mais um critério de legitimidade (processual) e menos um critério de impugnabilidade do ato.

Note-se que o entendimento mais aceitável do objeto do processo (impugnatório) é o que consiste na *afirmação* de uma posição jurídica subjetiva ou de uma relação de direito substantivo. Densificando, o objeto do processo não é diretamente a posição jurídica subjetiva deduzida pelo autor. Isto é assim porque se o pedido for infundado a posição jurídica não existe e, portanto, o processo estaria privado de objeto.

No fundo, julgamos que não é possível deixar de configurar abstratamente a ação e o seu direito, na medida em que a referida posição jurídica pode até não existir ou faltar, pelo que o objeto do processo não é a tal posição jurídica, mas a afirmação feita pelo autor, funcionando a alegação do recorrente como instrumento de realização da lide processual [814].

Em suma, deve distinguir-se entre a afirmação-alegação do direito ou interesse legalmente protegido, que constitui o objeto do processo, da respetiva qualificação jurídica que é obra do juiz. Impõem-se, assim, algumas distinções relativamente aos esquemas civilistas.

Por outro lado, isto não significa que o ato (e os seus vícios) seja o objeto do processo, como se entendia e continua a entender erroneamente. O problema é outro, pelo que não colhe a identificação do objeto do processo com a ilegalidade do ato, impondo-se algumas matizações. Hoje, à luz da reforma do contencioso administrativo, o objeto do processo vem igualmente referido ao conceito de ilegalidade do ato e da sua lesividade, sob a forma de alegação da titularidade de uma posição jurídica. Com efeito, por duas ordens de razões, a ilegalidade do ato não pode ser identificada diretamente com o objeto do processo. Desde logo, tal ilegalidade pertence à esfera do direito substantivo e necessita, portanto, de um perfil formal para poder constituir o centro do processo; em segundo lugar, o contraste entre o ato impugnado e o ordenamento jurídico apresenta-se apenas como hipotético no momento da propositura da ação, pelo que a manifestação de vontade do autor e a consistência da sua posição jurídica (eventualmente lesada) deve ser apreciada pelo juiz do (e no) processo. Por outras palavras, a consistência da afirmação do autor, isto é, a ilegalidade (ou não) do ato impugnado,

---

[814] Neste sentido R. VILLATA, *L'esecuzione delle decisioni del Consiglio di Stato*, Milano, 1971, p. 439 e ss.

naturalmente à luz das qualificações do direito substantivo e das respetivas posições jurídicas subjetivas.

O problema está em saber se hoje é possível compreender *Der Mann ohne Eigenschaften,* homem sem atributos particulares. É este o dilema da reforma da justiça administrativa e dos agentes judiciais.

Nem a impaciência nem o absoluto.

Para concluir, permanece uma certa ideia nebulosa do princípio da separação de poderes, depois das complexidades introduzidas pela teoria formal-substancial de LABAND e das complicações acrescidas pelas reconstruções sociológicas de LUHMANN (precedido pelas formulações de KELSEN), segundo as quais, embora com diferentes construções, a Administração e a jurisdição seriam ambas componentes do poder executivo.

A reforma (artigo 3.º do CPTA) introduziu-lhe ainda mais complexidade, esfumando-se, ao que parece, o interesse público primário num vago e ténue interesse geral.

Se pretendemos manter-nos fiéis ao Estado de Direito e garantir os princípios da certeza e da justiça, que devem presidir à atuação da Administração e do Tribunal, a sobrevalorização da noção de relação jurídica (de importação privatística) não deve inquinar o equilíbrio entre o *poder administrativo como poder discricionário* e as situações jurídicas subjetivas deduzidas em juízo.

> Ninguém consegue ser o que é... e a reforma da justiça administrativa também não.

5. A nova Diretiva-recursos e a tutela ainda mais urgente de terceiros: uma reflexão solitariamente trepidante

5. 1. Introdução

Estamos perante um ato legislativo comunitário interessante na medida em que a nova disciplina incide sobre um dos setores nevrálgicos do direito administrativo substantivo e processual, precisamente o dos contratos públicos [815]. Trata-se de uma intervenção recente do legislador comunitário — a Diretiva n.º 66/2007/CE, de 11 de dezembro (transposta para o nosso ordenamento jurídico pelo Decreto-Lei n.º 131/2010, de 14 de dezembro) —, que vem atualizar as chamadas Diretivas-recursos de 1989 e de 1992 [816]. Estas duas últimas Diretivas têm um conteúdo substancialmente idêntico. A distinção entre os setores considerados nas duas Diretivas, se deixa transparecer algumas diferenças importantes, não comporta qualquer consequência sobre a disciplina da tutela processual.

A Diretiva n.º 66/2007 deveria ter sido recebida no ordenamento jurídico português até 20 de dezembro de 2009

---

[815] Note-se que a Diretiva 2004/18/CE, de 31 de março, regula apenas quatro tipos de contratos. Cfr. o artigo 100.º/1 do CPTA, que deverá, por sua vez, adaptar-se à linguagem do CCP.

[816] Como esta matéria é bastante recente, quisemos ver pelos nossos olhos.

(artigo 3.º), havendo de notar um considerável atraso na sua transposição. A referida Diretiva é de extrema relevância no plano dogmático e conceptual, mas sobretudo no plano prático, face à centralidade da contratação pública na atividade administrativa dos nossos dias.

Por razões de economia discursiva, abordaremos alguns dos pontos específicos de maior espessura dogmática e prática.

A epígrafe da Diretiva n.º 66/2007/CE contém uma indicação transparente e ingénua: melhoria da eficácia do recurso em matéria de adjudicação de contratos públicos.

Ingénua porque pressupõe a existência uma disciplina normativa comunitária em matéria de tutela de urgência. Trata-se, por isso, de aperfeiçoar a disciplina sem introduzir uma redefinição radical do sistema, ainda que as alterações introduzidas melhorem a tutela de terceiros.

A exigência que se repete no preâmbulo da Diretiva, que se traduz em várias disposições legais, é a de garantir ou reforçar uma tutela preventiva, por forma a assegurar a correção das violações do direito comunitário antes de se passar à fase executiva da relação controvertida. A opção do legislador comunitário é, pois, a de prever um mecanismo centrado na exigência de prescrever um prazo adequado entre a conclusão do procedimento pré-contratual – a adjudicação – e a celebração do contrato. Com o propósito de abrir e fechar o contencioso pré-contratual num momento em que ainda não se iniciou a relação contratual. A Administração terá, assim, tempo para saber se existe contenciosidade e o tipo de contenciosidade, bem como as consequências expectáveis. A partir desse momento, a relação contratual poderá desenvolver-se de modo fisiológico e sem perturbações.

Um outro desiderato posto pela Diretiva, relacionado com uma tutela veloz, que não tem entre nós a relevância que pode assumir noutros ordenamentos, diz respeito à figura problemática da privação dos efeitos do contrato, assunto que retomaremos mais adiante.

5. 2. A cláusula *stand still*

Uma das novidades significativas contidas na nova Diretiva consiste na introdução do chamado *stand still period,* isto é, um prazo mínimo suspensivo dirigido a impedir, depois do ato de adjudicação, a celebração do contrato por um certo período de tempo.

Em bom rigor, os prazos suspensivos previstos pela nova Diretiva-recursos são três, sendo dois obrigatórios e um facultativo. É dada a possibilidade aos Estados-membros de preverem que os interessados que se sintam lesados possam propor uma impugnação contenciosa (recurso) da decisão adjudicante que, nos termos do n.º 5 do artigo 1.º, implica "a suspensão imediata da possibilidade de celebrar o contrato".

Por sua vez, é de receção obrigatória a introdução de dois períodos de *stand still* que, por comodidade e rigor expositivo, serão sucessivamente designados por *suspensão substantiva* e *suspensão processual*. Mais em detalhe, no que respeita à *suspensão substantiva*, esta deve durar por um período mínimo que começa a correr a partir do dia sucessivo à comunicação do ato de adjudicação aos interessados. No mínimo dez dias, se for comunicada de forma eletrónica; de pelo menos quinze dias da receção da notificação, se a comunicação é levada ao conhecimento dos interessados pela via tradicional (artigo 2.º-A).

Note-se que não basta a mera comunicação da decisão, devendo transmitir-se também uma relação sintética dos motivos pertinentes, com a "indicação exata do prazo suspensivo aplicável, nos termos das disposições de direito interno que transpõem o presente número" (artigo 2.º-A/2). Vale a pena notar que durante o decurso do prazo suspensivo se determina uma suspensão automática da possibilidade de celebrar o contrato. À primeira vista, a celebração do contrato não pode decorrer no *stand still period*. Por um lado, pode logicamente sustentar-se que a suspensão automática incidiria sobre a execução do ato de adjudicação. De facto, face à deficiente tradução portuguesa (considerando n.º 4, onde se diz expressamente que durante o *stand still* "a celebração do contrato fica suspensa"), é pertinente tal interpretação. No entanto, se recorrermos ao texto em inglês (o mesmo 4.º considerando da Diretiva) pode chegar-se a outra interpretação. Diz o referido texto: *"it is necessary to provide for a minimum stand still period during witch the conclusion of the contract in question is suspended, irrespective of whether conclusion occurs at the time of signature of the contract or not"*.

Da leitura do texto em inglês emergem dois aspetos muito importantes: por um lado, não é a celebração do contrato a ser suspensa, mas a conclusão do mesmo (*the conclusion of the contract in question is suspended);* por outro, a suspensão da conclusão do contrato opera ainda que o contrato tenha sido ou venha firmado pelas partes *(irrespective of whether conclusion occurs at the time of signature of the contract or not).*

Daí que tenhamos dito que é possível outra interpretação, que se consubstancia na ideia de que a suspensão automática não incide sobre a possibilidade de celebrar o contrato, o que pode acontecer durante a vigência da cláusula *stand still*. Assim sendo, o que neste período vem suspensa é a possibilidade de concluir o contrato, isto é, a possibilidade de dar execução ao contrato, tornando irreversíveis os seus efeitos. Assim, a proibição de concluir o contrato não incide sobre a executoriedade do ato de adjudicação mas sobre a execução do contrato, materializada durante o *stand still period*.

Note-se ainda que a *suspensão substantiva* não opera em alguns casos normativamente previstos: a) se a Diretiva 2004/18/CE não exigir a publicação prévia do anúncio do concurso no Jornal Oficial da União Europeia; b) quando o único proponente interessado... foi o adjudicatário do contrato e não houver outros candidatos interessados; c) quando o contrato esteja baseado num acordo-quadro (nos termos do artigo 32.º da Diretiva 2004/18/CE ou num sistema dinâmico de aquisição — artigo 2.º-B da Diretiva-recursos).

O período de suspensão substantiva é automaticamente prorrogado (ou renovado) na hipótese de proposição por parte do terceiro lesado (concorrente) de um recurso a um órgão independente (artigo 2.º/3), entenda-se a um tribunal (administrativo). Precisa-se, inclusive, que quando um órgão de primeira instância, independente da entidade adjudicante, recebe um recurso relativo a um ato de adjudicação, os Estados-membros devem assegurar que a entidade adjudicante não pode celebrar o contrato (ou como nos parece melhor, *concluir*) antes de a instância de recurso ter tomado uma decisão, quer sobre o pedido de medidas provisórias, quer sobre o pedido principal (mérito) de recurso.

Vem, pois, introduzida uma *suspensão processual* que dispara com a interposição do "recurso". Em palavras nossas, propositura da ação principal que, à semelhança da Alemanha, tem efeitos suspensivos. Trata-se de uma disposição extraordinariamente relevante, atendendo a que o direito comunitário é geralmente avesso à ideia de que a interposição de uma ação (principal) produza automaticamente o efeito suspensivo do ato impugnado [817]. Esta solução é, aliás, inovadora em relação aos direitos processuais de muitos países, inclusive o nosso (artigo 50.º/2 do CPTA). Não por acaso, a Diretiva (re)afirma (artigo 2.º/4) que, "salvo os casos previstos no n.º 3 do presente artigo (2.º) e do n.º 5 do artigo 1.º, o recurso não deve ter necessariamente efeitos suspensivos automáticos relativamente aos processos de adjudicação de contratos a que se refere".

Ora isto quer dizer que o efeito suspensivo automático resultante da propositura da ação (recurso) tem carácter excecional e, por conseguinte, deve ser limitado à impugnação do ato principal do procedimento pré-contratual — o ato de adjudicação. Claro, sempre se poderá sustentar que a introdução por parte dos Estados-membros da "suspensão automática processual" não é uma obrigação mas uma mera faculdade deixada aos legisladores nacionais. Em puridade, seja do teor dos considerandos, seja do texto da Diretiva, resulta que a receção da suspensão processual representa um ato devido [818].

Neste sentido, vem textualmente disposto no considerando n.º 12 que "deverá ser previsto um prazo suspensivo mínimo autónomo que não termine antes de a instância de recurso ter tomado uma decisão sobre o pedido". Tudo isto nos faz propender para uma introdução necessária do *stand still period* processual.

---

[817] Cfr. a sentença do TJ, de 10 de julho de 1990, Processo C-217/88, Comissão *versus* República Federal Alemã, caso *Tafelwein*.

[818] Não parece, todavia, ter sido este o entendimento do legislador ao transpor a Diretiva-recursos.

Os Estados-membros ao darem cumprimento a esta imposição jurídica comunitária deverão determinar a duração da respetiva suspensão processual automática. Contudo, a Diretiva parece deixar uma alternativa, no sentido de que o *stand still period* poderia ir até à decisão do juiz cautelar ou até à decisão de mérito (principal) do recurso, que no caso português poderia ser a decisão de mérito do juiz do processo principal urgente (artigo 100.º e segs. do CPTA).

Por outro lado, a mesma Diretiva especifica que a suspensão processual não cessa antes de cair o prazo suspensivo substantivo (artigo 2.º/3), pelo que a duração mínima da suspensão é fixada pelo menos em dez dias, podendo entender-se que a suspensão processual pode coincidir com a da suspensão substantiva e, portanto, antes da decisão do recurso por parte "do órgão independente" (para usar os termos do legislador comunitário). Uma tal interpretação não parece suficientemente persuasiva porque coloca em cheque o escopo primário da Diretiva, precisamente o de bloquear, no caso de propositura-recurso, a conclusão do contrato antes da decisão cautelar ou de mérito. Com efeito, se a suspensão processual do ato de adjudicação é interrompida num momento anterior à decisão do juiz administrativo, todo o sistema de *stand still* viria a ser posto em causa, uma vez que antes da decisão judicial se poderia estipular e até dar início à execução do contrato, reduzindo a possibilidade de uma tutela específica e efetiva.

Assim sendo, o prazo mínimo da suspensão processual não é, nem pode ser, de apenas dez dias, durando, ao invés, pelo menos até à decisão do juiz cautelar ou da decisão do juiz principal quando o processo é urgente.

Não é, portanto, indiferente entender e interpretar que a Diretiva prevê que a suspensão processual não pode cessar antes do termo do prazo substantivo ou entender (louvando-nos no considerando n.º 6) que o prazo suspensivo seja previsto de forma a que os interessados tenham tempo suficiente para "analisar a decisão de adjudicação e avaliarem a oportunidade de interporem recurso". Se assim for, como julgamos que deve ser, o período de suspensão substantivo impõe não apenas uma moratória no que diz respeito à possibilidade de concluir o contrato, como também uma moratória processual, na medida em que neste período de tempo não devem ser fixadas audiências ou discussões do eventual recurso, sendo um lapso de tempo dedicado ao estudo exclusivo da eventual lide. Razão pela qual a Diretiva esclarece que o prazo mínimo da suspensão processual (que deve durar pelo menos até à decisão cautelar ou principal quando o processo é urgente) decorre depois do *stand still period* substantivo. Numa palavra, o sentido da Diretiva parece ser o de impor a proibição de discutir e decidir a controvérsia durante o período de suspensão substantiva, prevendo que a decisão "cautelar" ocorra quando terminada a moratória de natureza substantiva. Salvo melhor opinião, os prazos postos pelo CCP são meramente ordenadores e inofensivos.

5. 3. Tutela urgente e cláusula *stand still*

A introdução da moratória contratual influi, naturalmente, no âmbito da operatividade da tutela urgente e preventiva.

Neste ponto, o legislador comunitário deixou alguma liberdade constitutiva ao legislador estadual quanto ao diverso modo de dosear as relações entre a cláusula *stand still* e as formas de tutela urgente, principal e cautelar. Como se viu, a Diretiva deixa aos Estados-membros a possibilidade de estipular a duração da suspensão processual (da fase contratual) entre um período mínimo, relativo à decisão cautelar, e um período máximo, pertinente à decisão de mérito (no processo principal). Sempre que o legislador nacional opte por esta última hipótese, o juízo cautelar revelar-se-ia praticamente inútil, operando automaticamente, sem necessidade de qualquer intervenção judicial, a suspensão da fase contratual [819].

Já não seria assim se o legislador nacional limitar a suspensão automática até ao momento em que o juiz cautelar toma a sua decisão, porque, em tal caso, o juiz teria dado a possibilidade de avaliar suficientemente se estão reunidos os pressupostos necessários à confirmação da suspensão da fase conclusiva contratual. Não por acaso, a Diretiva prevê no seu artigo 2.º (parágrafo 5.º) "que a instância responsável pelo recurso possa ter em conta as consequências prováveis da aplicação das medidas provisórias, atendendo a todos os interesses suscetíveis de serem lesados, bem como o interesse público, e decidir não decretar essas medidas caso as consequências negativas dos mesmos possam superar as vantagens". Para além da notória exigência do princípio da proporcionalidade, parece preferível que os ordenamentos jurídicos nacionais limitem a duração da suspensão processual até à decisão cautelar, condicionando-a à propositura pelo interessado do respetivo processo cautelar. Diríamos mesmo que uma

---

[819] A não ser que seja possível recorrer ao contencioso pré-contratual que, entre nós, constitui um processo principal (urgente) que decide definitivamente a lide.

excessiva dilatação temporal da suspensão processual automática (até à decisão de mérito) acabaria por penalizar excessivamente os interesses coenvolvidos, em divórcio manifesto com o escopo da Diretiva. Padeceriam nesse caso a Administração (adjudicante) e o cocontratante.

Somos, aliás, de opinião que a atual configuração do processo administrativo e da tutela cautelar no nosso ordenamento (artigos 112.º e segs. do CPTA) favorece este entendimento, permitindo sobretudo que o *fumus boni iuris* (artigo 120.º/1/a)) impeça a conclusão do contrato [820]. Não basta nas relações contratuais acelerar o processo principal, impondo-se a preclusão, senão da celebração, pelo menos da conclusão do contrato administrativo.

A opção do legislador não é, no entanto, tão dramática se atendermos às possibilidades do contencioso urgente pré-contratual (artigos 100.º e segs. e 132.º/7 do CPTA).

5. 4. A privação dos efeitos do contrato na Diretiva n.º 66/2007/CE. Sentido e alcance

Entre os aspetos mais significativos e inovadores da nova Diretiva-recursos é a disciplina da figura enigmática de *privação de efeitos do contrato* contida no artigo 2.º-D. Segundo esta disposição, "os Estados-membros devem assegurar que o contrato seja considerado desprovido de efeitos por uma instância de recurso independente da entidade adjudicante ou que a não produção de efeitos do contrato resulte de uma decisão dessa instância de recurso em qualquer dos seguintes casos": a) se a entidade (adjudicante) tiver adjudicado um contrato sem publicação prévia

---

[820] Cfr. ainda o artigo 132.º do CPTA, cujo âmbito de aplicação excede o do artigo 100.º (do mesmo CPTA).

de um anúncio de concurso no JOUE, sempre que tal seja permitido, nos termos da Diretiva 2004/18/CE; b) quando o contrato tenha sido celebrado, em violação da obrigação de *stand still*, de um dos três prazos de suspensão (previstos no n.º 1 do artigo 5.º, no n.º 3 do artigo 2.º ou no n.º 2 do artigo 2.º-A), se essa violação tiver privado o interessado de uma tutela eficaz antes da celebração ou da conclusão do contrato, de acordo com a nossa interpretação, e subsista uma violação da Diretiva 2004/18/CE que tenha afetado as hipóteses do proponente que interpôs o recurso obter ainda o contrato; c) nos casos a que se refere o segundo parágrafo da alínea c) do artigo 2.º-B da presente Diretiva, se os Estados-membros tiverem invocado a exceção à aplicação do prazo suspensivo para os contratos baseados num acordo-quadro e num sistema de aquisição dinâmico.

Em suma, estamos perante um tormentoso problema, debatido, aliás, pela doutrina nacional, que é o de saber a sorte do contrato após a anulação do (pressuposto) ato de adjudicação.

Com efeito, a expressão tecnicamente inofensiva de *privação de efeitos* utilizada pela Diretiva n.º 66/2007/CE descreve uma hipótese de ineficácia do contrato por vícios do procedimento que culmina no ato de adjudicação como ato principal e constitutivo; por outro lado, ressalvando as situações tipificadas na Diretiva que determinam a cessação dos efeitos do contrato, o legislador comunitário não oferece uma disciplina completa, remetendo para o direito interno a definição das consequências jurídicas substantivas do contrato considerado improdutivo de efeitos; em particular, se têm efeito retroativo ou *ex nunc*, limitando a anulação às obrigações que ainda não foram cumpridas, sendo que, nesta segunda hipótese, impõe, em alternativa, a aplicação de sanções (artigo 2.º-D, 2.º parágrafo e 21.º considerando).

Por maioria de razão, fora das referidas hipóteses de privação de efeitos (do contrato), a Diretiva precisa no parágrafo 7 do artigo 2.º que compete ao direito nacional determinar os efeitos da invalidade do ato de adjudicação sobre o contrato celebrado.

Com estas precisões, poderia entender-se que a ineficácia do contrato seja a prevista para os casos de violação mais graves do direito comunitário, traduzindo-se essencialmente nos atos de adjudicação por ajuste direto (considerando n.º 13), ou quando haja violação dos instrumentos de publicidade ou do prazo suspensivo. O problema está em saber qual é o tipo de invalidade comunitária, privilegiando-se, ao que parece, a sanção menos radical, a anulabilidade do ato principal do procedimento pré-contratual.

Importa sublinhar que o parágrafo 1 do artigo 2.º-D, ao prever a ineficácia do contrato, especifica que o mesmo "seja considerado desprovido de efeitos por uma instância de recurso independente ou que a não ponderação de efeitos do contrato resulte de uma decisão dessa instância de recurso...", ditando uma alternativa que, *prima facie,* evoca a distinção entre uma pronúncia (meramente) declarativa e uma pronúncia constitutiva.

Tal opção encontra confirmação no considerando n.º 13 da Diretiva, onde vem precisado que "a privação de efeitos não deverá ser automática, mas deverá ser confirmada por uma instância de recurso independente ou resultar de uma decisão dessa instância".

O sucessivo 17.º considerando acrescenta que "deverá ter acesso ao recurso pelo menos qualquer pessoa que tenha ou tenha tido interesse em obter um contrato em particular e tenha sido ou corra o risco de ser prejudicada por uma alegada violação", consentindo uma predeterminação dos sujeitos dotados de legitimidade processual ativa. Não pode, no entanto, omitir-se que a noção de legitimidade emergente da jurisprudência comunitária, ainda que ancorada na titularidade de uma posição jurídica lesada (pelo ato impugnado), se conjuga com uma ampla aceção de interesse em recorrer, de tipo essencialmente instrumental [821].

Ao mesmo tempo, o artigo 2.º-F da Diretiva prefigura os prazos para a propositura da ação (recurso) dirigida a fazer valer a ineficácia do contrato, fixando um prazo mínimo de trinta dias consecutivos a contar do dia seguinte à data da publicação do anúncio da adjudicação (que deve conter a motivação da decisão da Administração de adjudicar o contrato sem publicação prévia de um anúncio de concurso no JOUE ou da data em que a Administração tenha informado os proponentes e os interessados da celebração do contrato), prazo que, em todo o caso, não pode ser superior a seis meses contados do momento da celebração do contrato.

São, assim, visíveis na Diretiva aspetos de direito positivo que induzem a não reconduzir a ineficácia do contrato no âmbito da invalidade mais radical – a nulidade (contratual) –, inclusive pela natureza constitutiva da pronúncia, como de resto parece mais razoável e decorre também do 23.º considerando, onde se fala *apertis verbis* de *anulação do contrato*.

Já em sede de receção da Diretiva impõe-se meditar qual seja a sanção mais razoável correspondente à ineficácia de um contrato que reflete os vícios procedimentais ou, como mais modernamente se diz, do procedimento de avaliação comparativa concorrencial; pode entender-se,

---

[821] Acórdão do TJ, de 19 de junho de 2003, Processo C-249/01, caso *Hachermüller*.

inclusive em relação à hipótese delineada na alínea b) do artigo 2.º-D (1.º parágrafo), que descreve a patologia do contrato celebrado sem observância do termo suspensivo (o que levanta, desde logo, a dúvida se se trata de um vício próprio do contrato ou de um vício procedimental), que não é configurável uma alteração sinalagmática contratual [822], a qual consentiria determinar a ineficácia do contrato como resolução. Ainda em sede de receção da Diretiva, os Estados-membros podem prever que o juiz tenha a faculdade de não considerar um contrato privado de efeitos, apesar de estarem reunidas as condições previstas no parágrafo 1.º do artigo 2.º-E, ou subsistam exigências imperativas conexas a um interesse público. Mais especificamente, o parágrafo 3.º do mesmo artigo permite excluir a ineficácia (do contrato) quando "a existência de razões imperiosas de interesse público exijam a manutenção dos efeitos do contrato" (artigo 283.º/4 do CCP). Em tais casos é necessária, no entanto, a aplicação de sanções alternativas.

Mesmo que seja entendido que, nos termos do 14.º considerando, a privação de efeitos for o modo mais seguro para repristinar a concorrência e criar novas oportunidades de negócios para os operadores económicos que tenham sido ilegitimamente privados da oportunidade de concorrer, a disposição do parágrafo 3.º do artigo 2.º-D não deixa de contemplar "as exigências imperiosas do interesse geral" como limite de operatividade da privação obrigatória dos efeitos do contrato, consentindo na manutenção dos efeitos.

Ainda a este respeito, a disposição em causa precisa a forma de superar a indeterminação do conceito jurídico,

---

[822] A resolução é correntemente configurada como um defeito funcional superveniente do sinalagma contratual.

determinando, por um lado, de forma extensiva, que os interesses económicos possam ser tomados em consideração como razões imperativas se, em circunstâncias excecionais, a ineficácia (do contrato) conduzisse a consequências desproporcionadas; por outro lado, em sentido restritivo, que os interesses económicos ligados diretamente ao contrato (de que é feita uma enumeração meramente exemplificativa) não constituam exigências imperativas do interesse público (interesse geral).

Antes de avançarmos para o ponto seguinte, uma suspensão reflexiva (final) sobre a privação dos efeitos do contrato. O que é, juridicamente, esta ineficácia (contratual)? O problema poderá parecer um delírio académico, mas não creio que assim seja. É um problema de qualificação: é uma resolução? É uma nulidade superveniente?

Uma primeira questão é a da relevância da boa fé do terceiro. Quando se pronuncia a ineficácia do contrato, ocorre estabelecer em que termos se valora a posição do sujeito adjudicatário. Admitamos que a Administração cometeu um erro da sua inteira responsabilidade, como a de excluir (erroneamente) a oferta do recorrente, e que, portanto, tenha sido obrigada a readmiti-lo no procedimento, tendo este, inclusive, vencido o concurso. A boa fé do terceiro é motivo suficiente para obstar à pronúncia de ineficácia do contrato?

Outro caminho e outra solução tendo em consideração a qualificação da ineficácia. Se estamos perante uma ineficácia em sentido estrito, poderemos, provavelmente considerar que a boa-fé tenha um peso determinante: se, ao invés, devêssemos considerar a tese da nulidade, a boa fé não deveria ter grande relevo e, provavelmente, não deveria ter se seguíssemos a tese da resolução tipificada, por não se verificar pelo menos um dos pressupostos.

Na realidade, não tendo o legislador tipificado a natureza desta ineficácia, o que é mais preocupante é a falta de indicações ou reenvios precisos. Com uma consequência extremamente grave, a da imensa discricionaridade que é reconhecida ao juiz. É evidente que todos confiamos nos tribunais, a menos que queiramos aplicar a máxima de *Groucho Marx*: "Não gostaria de fazer parte de um clube que me aceitasse entre os seus membros".

5. 5. A privação facultativa dos efeitos e sanções alternativas. Um breve aceno

O artigo 2.º-E (da Diretiva) prevê três hipóteses de violações específicas das normas da Diretiva, que o 19.º considerando configura como "violação de requisitos formais": a) violação do prazo de suspensão pela possibilidade de celebrar o contrato até à decisão da Administração adjudicante sobre o pedido do interessado para que esta altere a decisão; b) violação do prazo de suspensão pela possibilidade de celebrar o contrato até à decisão do juiz cautelar ou do juiz de mérito; c) violação do prazo para a conclusão do contrato, sempre que não subsista um *vulnus* nas prescrições substantivas.

Nestes casos, a privação de efeitos do contrato é puramente formal, ou melhor, o legislador nacional pode escolher entre a privação de efeitos do contrato e a aplicação de sanções alternativas. Em especial, o 1.º parágrafo do artigo 2.º-E dispõe que a opção entre privação de efeitos do contrato e sanções alternativas possa ser efetuada em via geral e abstrata pelo legislador nacional ou remetida para a liberdade do juiz competente (ou outra entidade independente da entidade adjudicante). Nesta situação, o tribunal (em princípio) é chamado a valorar todas as circunstâncias relevantes (e não apenas a existência de razões imperiosas de interesse público), podendo, presumivelmente, em tal juízo, assumir relevo a boa fé do adjudicatário, que não é tão relevante, como vimos, no âmbito da operatividade da privação obrigatória dos efeitos do contrato.

Já o segundo parágrafo do artigo 2.º-E (cfr. ainda o considerando n.º 19 da Diretiva) disciplina as sanções alternativas (*alternative penalties*) e que são as seguintes: a) aplicação de sanções pecuniárias à entidade adjudicante; b) redução da duração do contrato. Trata-se de um nível mínimo de tutela, uma vez que o 20.º considerando reconhece aos Estados-membros a possibilidade de prever sanções mais severas. É inferível da referida disposição que as sanções não são cumuláveis entre si, devendo, isso sim, ser efetivas, proporcionais e dissuasivas.

Como já foi referido, um dos aspetos menos louváveis da Diretiva consiste em atribuir ao juiz uma considerável discricionaridade, cabendo-lhe apreciar aspetos tão relevantes como a gravidade da violação, o comportamento das partes (especialmente da Administração adjudicante) ou a duração do contrato. Perfila-se, enfim, uma linha hermenêutica (não propriamente fácil) no sentido em que qualquer dos aspetos elencados ou outros, de *per si* ou em conjunto, parecem conduzir para a convergência da natureza sancionatória das medidas em apreço, que impregna, inclusive, a medida da privação dos efeitos contratuais; confirmação que parece deduzir-se também do último parágrafo do artigo 2.º-E, onde se afirma textualmente que "a concessão de indemnização não constitui uma sanção adequada para fins do presente número".

Parece evidente a relevância do artigo 2.º-E, seja em termos sistemáticos, seja em termos procedimentais; sob o primeiro aspeto, a norma concorre, ao menos semanticamente, a caracterizar a natureza jurídica da privação de efeitos em termos sancionatórios, evidenciando mesmo a preferência por um remédio que não seja o ressarcitório. Não será, portanto, descabido sustentar que a Diretiva associe a caducidade-invalidade sucessiva do contrato mais a uma forte componente sancionatória (em prejuízo da Administração que errou) do que a uma função repristinatória da posição jurídica do sujeito lesado pela violação.

A privação de efeitos, como também as sanções alternativas, são caracterizadas como medidas punitivas que jogam o seu papel sempre que os remédios preventivos prefigurados, com são pragmatismo, pelo legislador comunitário (em particular, os mecanismos de *stand still*), não tenham tido sucesso e não tenha sido possível resolver a controvérsia numa fase antecedente à conclusão do contrato.

Se bem pensamos, apesar dos mecanismos processuais previstos no nosso ordenamento jurídico, inclusive a possibilidade de cumulação de pedidos se o contrato já tiver sido celebrado (artigos 4.º, 5.º, 21.º e 47.º/2/c) do CPTA que não foram aqui objeto de análise) ou até a preferível ampliação do objeto do processo urgente (artigo 102.º/4 do CPTA) à impugnação do contrato (ainda que limitada às invalidades derivadas do procedimento pré-contratual), impõe-se refletir sobre as implicações da aplicação destas medidas sancionatórias sobre a disciplina administrativa nacional.

De todo o modo, parece deduzir-se do regime comunitário uma diferença de fundo entre a privação de efeitos do contrato, que é assimilável, em certos aspetos, à redução da duração do contrato, e a sanção alternativa pecuniária: a primeira constitui uma solução objetiva, relativamente à qual o legislador nacional poderá pôr o problema da eventual extensão do âmbito de aplicação (em relação às hipóteses tipificadas e previstas no artigo 2.º-E), sem deixar de considerar o respeito pelo princípio da proporcionalidade e sobretudo o problema mais difícil de resolver, o da definição das consequências jurídicas.

Já as sanções pecuniárias põem sobretudo a necessidade de uma disciplina legislativa, incluindo a determinação do *quantum debeatur*.

Diga-se, para terminar este ponto, se no nosso ordenamento jurídico, como em tantos outros, parece fisiologicamente reconhecido ao juiz a legitimidade para decidir a privação dos efeitos do contrato ou, em alternativa, a redução da duração do mesmo, já parece questionável a atribuição (plena) ao juiz do poder (substancialmente administrativo) de cominar as sanções pecuniárias quando estas se revelam de montantes complexos e exorbitantes, sem qualquer auxílio de uma entidade especializada.

5. 6. Ainda a privação dos efeitos do contrato. Uma tentativa de conciliação entre a Diretiva e o direito interno

Para começar, o legislador doméstico, em matéria de invalidade (contratual) consequente de atos procedimentais inválidos (artigo 283.º do CCP) parece ter optado por um exercício mais profético do que exegético do direito comunitário, ao remeter a situação para os principais tipos de invalidade, consoante a gravidade dos vícios do ato, em especial do ato de adjudicação. No que respeita à invalidade consequente de atos procedimentais inválidos parece ter sido a reposta antecipada à figura enigmática de extração comunitária da "privação dos efeitos do contrato". Por outro lado, a transposição da nova Diretiva-recursos (n.º 66/2007) fez apenas uma adaptação casuística, ao alterar os artigos 77.º, 95.º, 104.º e 472.º do CCP e acrescentando os artigos 78.º-A e 283.º-A. Com esta norma, o legislador parece ter traduzido a privação dos efeitos do contrato pela anulabilidade do contrato, sem dar nota de qualquer esforço exegético das normas comunitárias.

É certo, poderá dizer-se que a "privação dos efeitos do contrato" referida na Diretiva seja uma definição *passe--partout* que deixa ao legislador nacional uma considerável margem de liberdade constitutiva. Seja como for, a fórmula comunitária, sem dúvida não muito clara, quererá significar a *ineficácia* do contrato, enquanto o legislador doméstico sublimou a ineficácia em *invalidade* do contrato. Ora (in)eficácia e (in)validade são figuras distintas, pondo-se, inclusive, a questão de saber se um contrato meramente anulável não é eficaz até ser invalidado. Trata-se de uma invalidade derivada, de uma invalidade superveniente ou de uma ineficácia superveniente?

O novo artigo 283.º-A/1 diz *expressis verbis* que "os contratos são designadamente anuláveis" quando tenham sido celebrados em determinadas situações, sendo que uma delas vem prevista no artigo 283.º-A/1/b): "antes de decorrido, quando aplicável, o prazo de suspensão previsto no n.º 3 do artigo 95.º ou na alínea a) do n.º 1 do artigo 104.º, conforme o caso".

Nos termos do artigo 104.º/1/a) do CCP (com as alterações introduzidas pelo Decreto-Lei n.º 131/2010, de 14 de dezembro), a outorga do contrato deve ter lugar no prazo de trinta dias contados da data da aceitação da minuta ou da decisão sobre a reclamação, mas nunca antes de decorridos dez dias contados da data da notificação da decisão de adjudicação a todos os concorrentes.

Posto isto, a *pars construens* do método exegético permite-nos algumas considerações.

A primeira é para dizer que não parece compatível com o direito comunitário a tese (civilista) da anulabilidade do contrato por vício da vontade ou da capacidade, porque tal interpretação implicaria a violação do escopo da Diretiva-recursos, que pretende precisamente alargar a legitimidade processual aos terceiros lesados (considerando n.º 17 da Diretiva n.º 66/2007/CE).

Em segundo lugar, se bem que o dado normativo seja opinável, da Diretiva parece deduzir-se a preferência por uma pronúncia constitutiva de privação dos efeitos do contrato, o que exclui, em princípio, a nulidade do contrato. De resto, parece difícil explicar, em boa lógica jurídica, como a violação da mesma norma determine a anulação do ato e funcione ao mesmo tempo como causa de nulidade do contrato.

As coisas complicam-se se recorrermos à tese da caducidade do contrato, ainda que o fenómeno da caducidade seja estruturalmente diverso da nulidade, aquela figura apresenta semelhanças com esta ao permitir a sua declaração *ex-officio,* consumando-se automaticamente (*ipso iure*) por efeito da invalidade do ato de adjudicação. Há ainda que operar a distinção entre invalidade (derivada) e efeito caducante, e invalidade e efeito viciante, baseada na intensidade da relação de pressuposição intercorrente entre o ato anulado e o ato sucessivo, sendo que não será necessário postular uma idêntica operatividade do instituto na relação entre ato e contrato, como no fundo demonstra a pluralidade de hipóteses de caducidade (em sentido amplo) que descrevem a incidência da anulação do ato de adjudicação sobre o contrato ou uma incidência sobre os efeitos que dele derivam.

Sempre que se considerar que o nexo de pressuposição incide sobre os efeitos do contrato, determinando a ineficácia sucessiva [823], é preciso ainda ponderar se estão ou não abrangidas as prestações já feitas e a tutela dos terceiros de boa fé. Esta hipótese hermenêutica explica a ineficácia em razão da superveniência de uma causa de inidoneidade funcional que se reflete sobre o contrato por incidência *ab externo* de interesses jurídicos incompatíveis com o interesse contratual das partes.

Outra hipótese interpretativa seria aquela que o legislador veio a consagrar no novo artigo 283.º-A do CCP (por força da transposição da Diretiva-recursos); hipótese percorrível sempre que se queira incidir sobre o contrato, anulando-o, nomeadamente, por violação do prazo suspensivo, que nos parece curto (alínea b) do n.º 1 do artigo 283.º-A). Em todo o caso, o legislador doméstico optou por uma qualificação técnica abstrata em vez de estabelecer normas operativas e pontuais respeitantes aos aspetos práticos mais relevantes da ação.

Resta ainda o problema da compatibilidade comunitária com a solução dualística oferecida pelo direito interno (artigo 283.º do CCP).

Por fim, uma última dúvida em relação à determinação do âmbito de operatividade da privação dos efeitos do contrato. Excetuando os casos previstos no artigo 2.º-D da Diretiva, devemos pensar que, segundo os *standards* comunitários, à anulação do ato de adjudicação se segue a cessação dos efeitos do contrato ou, ao invés, deve ser salvaguardada a estabilidade do contrato?

---

[823] Salvo melhor opinião, o problema da invalidade derivada não se resolve satisfatoriamente enquanto não soubermos, de ciência certa, o que significa juridicamente a chamada "privação dos efeitos do contrato". É claro que esta questão prévia se reflete nos remédios processuais.

Com a necessária cautela, parece correto afirmar que a *ratio* da Diretiva, tal como do contencioso pré-contratual (artigo 100.º e segs. do CPTA), é a de contemplar uma tutela preventiva dirigida a evitar a celebração ou a execução do contrato, tornando irreversíveis as consequências jurídicas do ato de adjudicação.

Mas para que isso efetivamente aconteça, impõe-se transpor corretamente (o que não parece ter sucedido) a suspensão processual automática prevista na nova Diretiva-recursos, porque só dessa forma se impede eficazmente a celebração ou execução do contrato [824]. Com o prazo previsto é praticamente impossível ao juiz cautelar tomar uma decisão útil e ainda menos ao juiz de mérito. Assim, ainda que com muitas excepções, tal como na Alemanha (§80 VwGO), o pedido principal deve ter efeitos suspensivos automáticos, sob pena do desiderato prosseguido pela nova Diretiva ficar pelo caminho, ao menos no que tange à impugnação do ato principal do procedimento (pré-contratual), o ato de adjudicação.

5. 7. Considerações finais

A complexidade da matéria tratada, densa de inter-relações no plano supranacional e nacional, aconselha a fazer uma breve sinopse dos resultados atingidos.

O espírito da Diretiva n.º 66/2007/CE vai no sentido de introduzir uma moratória da fase conclusiva do contrato que consinta ao recorrente (em caso de recurso), chegar a tempo de obter o contrato, reforçando o contencioso pré-

---

[824] A ser assim, adivinham-se algumas refrações significativas no CPTA, nomeadamente nos artigos 50.º/2, 101.º/4/5, 123.º, 131.º, 132.º e 143.º.

-contratual urgente vigente entre nós. Ao mesmo tempo, o ordenamento europeu preocupou-se em predispor um sistema sancionatório sempre que a Administração conclua o contrato em violação da suspensão da fase conclusiva do contrato. O mesmo mecanismo sancionatório aplica-se quando haja ajuste direto de contratos em domínios onde está prevista a obrigação de procedimentos concorrenciais.

Partindo das problemáticas postas pela consagração do *stand still period,* a Diretiva prevê que a fase conclusiva do contrato deve ficar suspensa pelo menos dez dias a contar da comunicação do ato de adjudicação (que deve conter os motivos do ato), prazos, ao que julgamos dilatórios ou ordenadores, semelhantes aos estabelecidos no CCP (artigos 104.º/1/a) e 283.º-A/1), o que terá possivelmente levado o legislador nacional a operar (neste domínio) uma modesta atualização do regime dos contratos públicos.

No caso de proposição de uma ação (recurso) está previsto expressamente que a mesma tenha eficácia suspensiva (automática) da fase conclusiva do contrato, como julgamos melhor e reiteramos (artigo 2.º/4 da Diretiva e considerando n.º 12).

A Diretiva deixa em aberto (aos Estados-membros) o prazo de tal moratória, podendo durar até à decisão cautelar ou de mérito, o que no caso português, pelo menos em alguns contratos (artigo 100.º do CPTA), não seria muito diferente.

Salvo melhor opinião, o espírito da Diretiva é o de agilizar a possibilidade de suspender, na pendência do recurso, *the race to signature.*

Por fim, a Diretiva impõe a obrigação de sancionar com a ineficácia o contrato concluído durante o período de *stand still* ou naqueles casos em que a Administração opta ilegalmente pelo ajuste direto em prejuízo do necessário concurso público (concorrencial).

Tivemos também oportunidade para sustentar que a chamada privação dos efeitos do contrato (ilegitimamente concluído) deveria ser declarada com uma pronúncia constitutiva, pelo menos quando o objeto do processo impugnatório venha alargado às invalidades consequenciais do contrato entretanto celebrado (artigo 283.º do CCP). Seria aconselhável ainda limitar os casos de privação dos efeitos (do contrato) aos previstos na Diretiva, sancionando com medidas alternativas (incluindo o ressarcimento dos danos) as restantes hipóteses. A propósito das sanções alternativas, chamamos a atenção para o perigo de, memorizando os vícios formais e procedimentais, elas virem a ter o seu *habitat* natural nesta sede.

Contra o espírito do legislador doméstico, é preciso fazer notar, para concluir, que a nova Diretiva-recursos vem inspirada na tutela do interesse público e, em particular, do interesse público comunitário da concorrência, o que nem sempre se conjuga bem com os interesses das partes e dos terceiros.

6. O artigo 161.º do Código de Processo nos Tribunais Administrativos: uma complexa simplificação

6. 1. Colocação sistemática

Não custa compreender as razões que motivaram a redação do artigo 161.º do novo Código de Processo nos Tribunais Administrativos, nem o seu âmbito. Se tivermos em consideração que mais de setenta por cento do contencioso administrativo incide sobre litígios da função pública (artigo 161.º/2), é natural que esta *reforma infinita* tenha tentado pôr cobro à saturação que assola(va) os tribunais administrativos, tantas vezes com questões repetitivas. Daí a redação do artigo 161.º/1 do CPTA, segundo o qual "Os efeitos de uma sentença transitada em julgado que tenha anulado um ato administrativo desfavorável ou reconhecido uma situação jurídica favorável a uma ou várias pessoas podem ser estendidos a outras que se encontrem na mesma situação jurídica, quer tenham recorrido ou não à via judicial, desde que, quanto a estas, não exista sentença transitada em julgado".

Tudo isto é perfeitamente compreensível ao comum dos mortais, juristas ou não, mas já o não é tanto a complexidade simplificadora do preceito em análise. Trata-se, isso sim, de uma das disposições mais densas e complicadas do novo CPTA, com a dificuldade acrescida de não ter sido objeto de maturação doutrinal, mesmo no ordenamento jurídico inspirador (artigo 110.º da LJCA espanhola) [825].

É mesmo um dos tais artigos que põe por terra as proverbiais e catedralícias afirmações de que o processo não tem densidade dogmática. Apesar de absurdo, tais teses eram escutadas com alguma frequência nos claustros mais antigos das Faculdades de Direito.

Colocam-se aqui muitas outras questões de respiro dogmático, para além das aqui sumariamente analisadas. Basta lembrar a distinção entre efeitos das sentenças (especialmente das constitutivas) e caso julgado e respetiva força jurídica; distinção entre efeitos processuais e efeitos substanciais ou materiais da sentença [826].

Como indicámos no nosso sumário, começaremos pela discutível colocação sistemática do artigo 161.º do CPTA.

---

[825] Utilizando o critério inspirador deste estudo destacaria, na doutrina espanhola, C. ROSENDE VILLAR, *La Eficacia Frente a Terceros de las Sentencias Contencioso-Administrativas*, Pamplona, 2002; PÉREZ ANDRÉS, *Los Efectos de las Sentencias de la Jurisdicción Contencioso-Administrativa*, Pamplona, 2000; MARTÍN CONTRERAS, *La Extensión de Efectos de las Sentencias en la Jurisdicción Contencioso-Administrativa en Materia Tributaria y de Personal*, Granada, 2000; A. B. GÓMEZ DIAZ, "La eficacia de las sentencias contencioso-administrativas: entre la dogmática y la ingeniería judicial", in *RAP*, n.º 144, 1997, p. 245 e ss.

Conexamente, na doutrina italiana (extremamente abundante) destaca-se a obra recente de ALESSANDRO LOLLI, *I limiti soggettivi del giudicato amministrativo (stabilità del giudicato e difesa del terzo nel processo amministrativo)*, Milano, 2002.

Na doutrina alemã, de inspiração civilística, igualmente generosa, merece-nos evidência, E. SCHILKEN, *Gerichtsverfassungsrecht*, Köln, 1990; B. KROPSHOFER, *Untersuchungsgrundsatz und anwaltliche Vertretung im Verwaltungsprozeß*, Berlin, 1981; A. BLOMEYER, *Zivilprozeß. Erkemtnisverfahren*, Berlin, 1985.

[826] Cfr. C. ROSENDE VILLAR, *La Eficacia Frente a Terceros...*, op. cit., p. 31 e ss.

É, aliás, de bom tom dogmático, ao abordar a natureza e densidade normativas de um preceito, estabelecer algumas considerações (ainda que breves) sobre a sua colocação sistemática no contexto da estrutura do CPTA. Assim sendo, o artigo 161.º faz parte do título VIII do Código, relativo aos processos executivos, com fortes laços, tal como decorre do n.º 4, *in fine,* do artigo 161.º, ao processo de execução das sentenças anulatórias de atos administrativos (artigo 176.º e segs.).

Em síntese, o referido preceito está enquadrado no âmbito dos processos executivos, com destaque para o processo de execução das sentenças de anulação de atos administrativos. Faz parte, portanto, do respetivo processo de execução das sentenças.

Um dos problemas que aqui se coloca é, desde logo, saber se a colocação sistemática do referido preceito molda definitivamente a sua natureza jurídica. No nosso entendimento inclinamo-nos a precisar que assim não pode ser, pelo que, pese o fascínio do modelo inspirador, se trata, como, aliás, é frequente, de uma norma que não está situada no seu devido lugar.

Embora a sua colocação normativa possa condicionar a respetiva natureza jurídica, concluímos pela sua não qualificação como incidente de execução de sentenças. Repare-se que o interessado pode apresentar, no prazo de um ano (contado da última notificação de quem tenha sido parte no processo em que a sentença foi proferida, artigo 161.º/3), um requerimento à entidade administrativa demandada, podendo acontecer que a sentença esteja já perfeitamente executada, dispondo para o efeito o CPTA de verdadeiros meios executivos (cfr. os artigos 169.º, 173.º e segs. e 176.º e segs. do CPTA, especialmente o 179.º).

Se a natureza jurídica do preceito sob observação dependesse da sua colocação sistemática, teríamos de admitir que a sentença não deveria estar executada até que houvesse decorrido o prazo de um ano após a última notificação de quem tenha sido parte no processo.

6. 2. O objeto do processo administrativo como questão prévia

O artigo 161.º/1 do CPTA consagra um dispositivo legal onde transparece claramente a ambiguidade do legislador no que toca ao objeto do processo administrativo. Diríamos mesmo que não foi aqui bem conseguida a miscigenação dos modelos subjetivista e objetivista do contencioso na medida em que reconhece e contempla duas situações distintas [827].

A primeira refere-se a uma sentença (transitada em julgado), que tenha anulado um ato desfavorável; a segunda, a uma sentença que reconheça uma situação jurídica favorável ao autor ou autores. Esta sim, de cariz subjetivista, tendo como objeto do processo a pretensão do autor. Na primeira hipótese parece configurar-se uma jurisdição objetiva que tem por objeto o controlo de legalidade dos atos, pelo que a sentença anulatória não poderá deixar de produzir efeitos *erga omnes,* incluindo, obviamente, os interessados [828].

Pretendendo sacar alguma utilidade da parte inicial da norma, diríamos que estão aqui em causa os atos administrativos plurais e gerais, pondo-se termo a uma

---

[827] M. S. GIANNINI, *La giustizia amministrativa,* Roma, 1963, p. 11 e ss.

[828] Cfr. GONZÁLEZ PÉREZ, "La eficacia de la sentencia", in *Jornadas de Estudio sobre la Jurisdicción Contencioso-Administrativa,* Coruña, 1998, p. 110 e ss.

série de processos iguais e repetitivos. Por outras palavras, na primeira das construções apontadas, o que parece estar em apreciação são sentenças meramente anulatórias (constitutivas) em sentido restrito, logo aquelas em que se solicita apenas a eliminação da ordem jurídica dos atos administrativos inválidos, eliminando os efeitos sobre essa realidade e a respeito de quaisquer pessoas, partes ou não no processo, sempre que as mesmas possam considerar-se afetadas pela atuação da Administração.

Não estão aqui em questão, no essencial, pretensões de plena jurisdição, isto é, decidir sobre a existência ou não de direitos ou interesses legalmente protegidos, o que exigiria um labor analítico prévio sobre a situação concreta. Ou seja, nesta hipótese não há, ao contrário da segunda — onde se verificam pretensões de plena jurisdição — uma declaração judicial prévia sobre a existência ou confirmação da "mesma situação jurídica".

Em função do que ficou dito, na situação em apreço hão de tratar-se de atos com destinatário plural ou indeterminado, pois, de outra forma, estar-se-ia a alargar os referidos efeitos não só subjetivamente — o que foi pensado pelo legislador — mas também objetivamente, o que permitiria a anulação de outros atos que não o que constitui o objeto da ação impugnatória.

Em suma, não cremos que o legislador tenha querido este alargamento objetivo dos efeitos da sentença anulatória, nem o podia fazer. Os efeitos que se obtêm nestes casos pela via da extensão dos efeitos da sentença só poderão alcançar-se por interessados afetados por outros atos, distintos do originariamente impugnado [829].

---

[829] P. DUBOUCHET, "La tierce-opposition en droit administratif", in *Rev. dr. publ.*, 1990, p. 727 e ss.

Relativamente à segunda situação, aquela em que a sentença tenha reconhecido uma posição jurídica favorável a uma ou várias pessoas, em que o objeto do processo é claramente a pretensão do autor, não podendo, salvo melhor opinião, haver uma extensão direta e imediata dos efeitos da sentença. Impõe-se aqui a tal declaração judicial prévia que verifique se as outras pessoas, os beneficiários da extensão dos efeitos, estão realmente na *mesma situação* jurídica do autor. Note-se que o legislador português utilizou uma expressão mais acanhada e exigente, uma vez que não fala de *situações idênticas* previstas no artigo 110.º da LJCA/1998 espanhola [830] — modelo inspirador e originante [831].

Só nesta hipótese se poderia admitir que a Administração ficasse impedida de ditar um novo ato com o mesmo conteúdo a respeito dos mesmos sujeitos, sem prejuízo, obviamente, do disposto no artigo 173.º/1 do CPTA, aqui aplicável.

Por tudo isto, entendemos há muito que nos processos impugnatórios o objeto do processo deve ser constituído pelo ato impugnado e pela pretensão subjetiva do autor, isto é, pela posição jurídica concreta. Só assim será possível uma interpretação homogénea do referido preceito, de modo a englobar os dois tipos de situações. A verdade, no entanto, é que esta interpretação não é de todo fácil face ao teor do preceito, deixando, mais uma vez, aos tribunais a complexa tarefa daquilo que deveria ter sido resolvido pelo legislador.

---

[830] Ley Reguladora de la Jurisdicción Contencioso-Administrativa – Lei 29/1998, de 13 de julho.

[831] Cfr. C. ROSENDE VILLAR, *La Eficacia Frente a Terceros...*, op. cit., p. 198.

Desenha-se, assim, uma função do juiz nomopoeietica de criação de um direito (contencioso-administrativo) jurisprudencial.

6. 3. Os pressupostos

O artigo 161.º/3 regula um procedimento administrativo prévio, qual pressuposto da interpelação contenciosa que vem a seguir (artigo 161.º/4). Este mecanismo tem todo o sentido e creio explicar a verdadeira intenção do legislador com a extensão dos efeitos das sentenças — o de evitar processos em massa desnecessários e o consequente enchimento dos tribunais administrativos (artigo 161.º/2).

A grande questão está, precisamente, em definir e comprovar de que se trata da *mesma situação* ou de *casos perfeitamente idênticos,* o que sempre ocorrerá a cargo do interessado-recorrente. Esta dificuldade será, prognosticamos, a principal causa do falhanço deste preceito legal, de tal forma que a "reclamação administrativa" não será suficiente para obstaculizar o recurso aos tribunais administrativos, a quem caberá, uma vez mais, a difícil tarefa de definir e tipificar jurisprudencialmente a linguagem do legislador.

Antes de mais, a *mesma situação jurídica* não é o mesmo de *idêntica situação jurídica* e esta não se pode confundir, por sua vez, com *situação similar ou parecida* [832]. Exigir-se-á, no mínimo, identidade de situações

---

[832] Sobre este ponto, cfr. PÉREZ ANDRÉS, *Los Efectos de la Sentencia...*, op. cit., p. 261, que assinala, apesar da atual regulação, estar-se a caminho de suprimir qualquer tipo de limitação material.

jurídicas e não apenas situações substancialmente iguais, o que implicará, como dissemos, uma análise e declaração prévias de "acertamento" por parte do juiz administrativo.

Por outro lado, abre-se uma porta, ainda que indireta, ao interessado, de ver estendidos os efeitos da sentença à sua situação jurídica, quando de outra forma não teria sido possível, por força do prazo de caducidade da ação impugnatória (recurso). E, neste sentido, estamos postos perante o enigmático problema do chamado "ato consentido" (cfr. o artigo 56.º do CPTA), de que falaremos mais adiante. Adivinha-se, portanto, uma relação complexa entre os artigos 56.º e 161.º do CPTA; adianto já que, no entanto, não se deve confundir a caducidade da ação com a prescrição do direito, o que justifica plenamente o importante e esclarecedor artigo 38.º do CPTA.

Descontada a referida dificuldade de saber a que situações jurídicas se referem as expressões "na mesma situação jurídica" ou de "casos perfeitamente idênticos", creio que este preceito goza de alguma incompletude para ser verdadeiramente eficaz a intenção do legislador. Refiro-me às sanções omitidas e a suportar pelo agente administrativo quando este se recuse a satisfazer a pretensão do interessado por razões censuráveis, atuando, por exemplo, com negligência grave ou má-fé. Esclareça-se que não julgamos de fácil aplicação o recurso a medidas pecuniárias compulsórias como aquelas que estabelece o artigo 169.º do CPTA, pela simples razão de que, tratando-se de uma sanção de natureza pessoal, não pode ser de aplicação imediata e muito menos mecânica. Não será de exigir um procedimento prévio apto a averiguar da culpa ou dolo do funcionário.

Indeferida a pretensão ou decorridos três meses sem decisão da Administração, o interessado pode e deve então recorrer à via judicial, solicitando ao tribunal que tenha proferido a sentença a extensão dos efeitos desta.

Na petição dirigida ao tribunal competente, o interessado deverá fazer prova de que se encontra na mesma situação do autor, apresentando para o efeito a respetiva fundamentação material e jurídica. Isto é, não basta um mero requerimento a manifestar o desejo de ver estendidos em seu benefício os efeitos da sentença favorável.

Daí que, em nossa opinião, não se trate efetivamente de um mero incidente de execução, mesmo que o tribunal competente seja o mesmo que ditou a sentença que serve de base ao seu pedido. Creio que cabe aqui realçar a importância da prova documental para aferir e acreditar da identidade de situações que legitimem a consequente extensão dos efeitos da sentença [833].

Em extrema síntese, o esforço probatório cabe ao "recorrente", sendo decisiva a prova documental para concluir da identidade existente entre as duas situações, o que nos leva a sustentar, repetimos, que não se trata de um mero incidente de execução da sentença.

Sendo o pedido e a causa de pedir (esta só mediatamente coincidente) e até os sujeitos diferentes, a identidade entre as duas situações jurídicas deverá assentar numa mesma posição jurídica e factual dos interessados face à Administração. Ou seja, a absoluta identidade deverá centrar-se na legitimidade (ativa) e no objeto material da pretensão, isto é, no objeto do litígio [834]. Identidade ou igualdade de situações jurídicas de índole extraprocessual

---

[833] V. DENTI, *La verificazione delle prove documentali*, Torino, 1957, especialmente as pp. 14 e 15.

[834] M. S. GIANNINI, "Contenuto e limiti del guidizio di ottemperanza", in *Atti del Convegno sull'Adempimento del Giudicato Amministrativo*, 1962, p. 145 e ss.

e, portanto, prévia. Deverá tratar-se, em suma, de uma categoria homogénea de interessados assente em circunstâncias comuns a todos eles. Só assim se justifica que uma sentença favorável a uma ou várias pessoas possa estender-se a outras, porque também titulares das mesmas relações jurídicas com a Administração, estando, por isso, legitimados a solicitar o mesmo por força da identidade dos fundamentos jurídicos e factuais.

Sem prejuízo do que ficou dito, creio que, em virtude da própria mobilidade e alterabilidade do ordenamento jurídico, o critério para determinar se as situações jurídicas são idênticas não pode ignorar a comparação entre as circunstâncias que concorreram para a formulação da pretensão principal e aquelas circunstâncias que se referem ao momento em que se formula a pretensão acessória de extensão dos efeitos da sentença favorável.

No que tange à competência jurisdicional, apesar do disposto no n.º 4 do artigo 161.º (que atribui a competência ao tribunal que ditou a sentença, sendo que, na verdade, se trata do juiz de execução, o que não é a mesma coisa — artigo 176.º/1 do CPTA), não vemos por que razão não se possa aplicar a regra geral ou qualquer outra relativa à competência territorial (artigo 16.º e segs. do CPTA), visto tratar-se de uma reação jurisdicional à decisão ou à falta dela, proferida pela entidade administrativa demandada. Não será excessivo, creio, admitir que qualquer tribunal administrativo, e não apenas o que decretou a sentença, está capacitado para determinar se existe ou não identidade de situações jurídicas. Dito de outro modo, se existe identidade ou não entre a pretensão incidental e a pretensão principal, o que não faz equivaler o procedimento estabelecido no artigo 161.º a um mero procedimento incidental de natureza declarativa (dentro da fase de execução das sentenças).

Assim sendo, talvez a melhor solução passe por admitir que o tribunal competente deverá ser o que tenha proferido a sentença em primeiro grau de jurisdição se o particular em causa tivesse reagido contenciosamente no momento adequado. Creio que esta interpretação é preferível à que se depreende literalmente do artigo 161.º/4, que parece identificar o juiz sentenciador com o juiz de execução da sentença.

Ainda que nos possamos repetir, tentando enlaçar o já dito com o que vem a seguir, o requisito de recorrer previamente à via administrativa, funcionando, assim, como pressuposto processual da interpelação judicial, solicitando à Administração o reconhecimento de um direito ou situação jurídica concreta (embora compreensível, como tivemos oportunidade de ver), esta não perderá a oportunidade de se escudar, com algum sentido, na enormíssima dificuldade posta pela figura da *aceitação do ato* ou, melhor dito, do ato consentido.

Passemos então a analisar esta complexa questão (artigo 56.º do CPTA) e as possíveis vias de harmonização com o problema que nos "trouxe aqui" – a extensão dos efeitos das sentenças (artigo 161.º do CPTA).

6. 4. O problema da aceitação do ato administrativo

A "doutrina" da extensão dos efeitos das sentenças coloca interessantes questões a propósito do ato consentido [835]. Poder-se-á até dizer que resulta mais vantajoso para o recorrente esperar, sem recorrer tempestiva-

---

[835] Sobre esta figura controversa, cfr., por todos, VIEIRA DE ANDRADE, "A aceitação do acto administrativo", *op. cit.*, p. 10 e ss.

mente, para depois reaparecer na fase de execução das sentenças, o que, em bom rigor, seria uma forma fraudulenta de contornar a lei.

Para esclarecimento de quem tem a bondade de nos ler, devemos esclarecer que não nutro qualquer simpatia pela figura da "aceitação do ato", que, nalguns casos, bordeja a inconstitucionalidade [836]. Na verdade, trata-se de uma figura sem qualquer sustento dogmático, apenas explicável por razões funcionais e de economia processual, assente frequentemente na confusão entre a caducidade da ação e a prescrição do direito.

Neste sentido, a prescrição do direito funcionaria como limite da possibilidade de extensão dos efeitos da sentença. De todo o modo, e apesar das nossas irrelevantes preferências, o problema coloca-se normativa e processualmente e, portanto, importa encontrar uma via de saída airosa para esta, pelo menos aparente, contradição nos termos. A contradição reforça-se se tivermos ainda em consideração as escapatórias oferecidas ao recorrente no artigo 58.º/4 do CPTA.

Podíamos dizer que, no mínimo, há aqui uma colisão de direitos, sendo que parece prevalecer (no texto da lei) o princípio da igualdade sobre o princípio do ato consentido, o que não deixa de comportar importantes refrações e inflexões processuais [837].

A tal escapatória a que antes fazíamos referência poderá estar na configuração de uma "ação administrativa" (especial) de condenação à prática de ato legalmente devido face à denegação do requerimento dirigido à Admi-

---

[836] VIEIRA DE ANDRADE, "A aceitação do acto administrativo", *op. cit.*, p. 20 e ss.

[837] Cfr. C. ROSENDE VILLAR, *La Eficacia Frente a Terceros...*, *op. cit.*, p. 169 e ss.

nistração. Por outras palavras, não estaríamos perante a impugnação de um ato, onde se aplicaria a teoria da aceitação do ato, mas de uma reação judicial adequada a um requerimento administrativo que não obteve uma resposta satisfatória por parte da Administração, mas nesse caso o pedido próprio seria a "ação administrativa comum" para o reconhecimento de direitos ou interesses legalmente protegidos idênticos.

A solução estaria, assim, em delimitar a teoria da aceitação do ato das pretensões anulatórias, resolvendo deste modo a tensão entre o mecanismo previsto no artigo 161.º do CPTA e a aceitação do ato (artigo 56.º do CPTA), na medida em que através do artigo 161.º se contempla "apenas" a extensão dos efeitos da sentença e não qualquer pretensão anulatória.

Pretendendo-se com o mecanismo contemplado no artigo 161.º estender os efeitos da sentença a casos perfeitamente idênticos e, portanto, merecedores do mesmo tratamento jurisprudencial, parece reforçar-se a tese de supremacia do princípio da igualdade perante a lei face à teoria da aceitação do ato [838].

A questão é ainda outra e contempla, pelo menos implicitamente, também aqui a tese da desvalorização do ato administrativo. Com efeito, parece aderir-se à tese de que a existência do ato consentido pode ceder perante a pronúncia que resolva situações juridicamente idênticas em obséquio ao princípio da igualdade. Neste sentido, a presença de um ato anterior que não tenha sido tempestivamente atacado judicialmente não pode configurar-se como um obstáculo à extensão dos efeitos da sentença, na medida em que não está em causa a impugnação do ato

---

[838] Cfr. C. ROSENDE VILLAR, *La Eficacia Frente a Terceros...*, op. cit., p. 173.

antes consentido, solicitando-se, ao invés, um tratamento igual para situações idênticas.

Na verdade, como recordávamos um pouco antes, está em causa – não só uma conceção desvalorizadora do ato (prévio) como pressuposto processual do meio impugnatório (conatural, aliás, a um sistema de ações, não fosse a sua confusa configuração) – mas a própria existência do ato, enquanto modo de atuação fundamental da Administração, como objeto do processo, em clara cedência à figura da pretensão do particular. Depois, para fechar esta abertura permissiva, acrescem os óbvios princípios da celeridade e da economia processual.

Ponto essencial é o de saber se esta novidade legislativa, que o não é tanto como se sabe, respeita as garantias constitucionais do processo e, em particular, das partes, pese embora os cuidados postos pelo n.º 5 do artigo 161.º em defesa dos contrainteressados.

Em tom argumentativo, poder-se-ia dizer, sem grande audácia, que o princípio da inimpugnabilidade do ato consentido e firme sofre aqui uma forte compressão ou entorse.

Note-se que a situação jurídica resultante da aceitação do ato, podendo contrastar com aquelas outras situações resultantes da execução das sentenças anulatórias, obtidas por aqueles que, sendo destinatários de atos idênticos, recorrem com êxito, tornam ainda mais difícil o termo de comparação entre as situações jurídicas.

Poder-se-ia, para terminar este ponto, (contra)argumentar que se a caducidade de um prazo prejudica o poder que nesse prazo (de caducidade) deve ser exercitado, o mesmo já não acontece com o direito que sustenta a pretensão processual. Que os direitos tenham um prazo de prescrição para o seu exercício tal não quer significar que estejamos sujeitos à guilhotina da caducidade dos prazos processuais. Outra coisa é quando o direito não está sujeito ao constrangimento da prescrição [839].

6. 5. Problematização final

O "processo" contemplado no artigo 161.º do CPTA não é verdadeiramente um incidente de execução. Como ensina CHIOVENDA [840], os incidentes têm vindo a converter-se, muito por força de leis especiais, num procedimento judicial genuíno e independente da classificação tradicional dos processos declarativos. Creio, assim, apesar do curto alcance das normas processuais administrativas (devendo, por isso, ser complementadas pela lei processual civil), não ser indefensável sustentar que o mecanismo previsto no artigo 161.º do CPTA tem substantividade própria, autónoma do processo principal.

Depois, o mecanismo da extensão dos efeitos da sentença só poderá ganhar coerência e eficácia se o objeto do processo administrativo englobar a pretensão do autor mas também o ato impugnado e os seus vícios. Assim deve ser porque o interesse público lesado pelo ato ilegal é também "parte" do objeto do processo administrativo. De outra forma, verificar-se-á uma fragmentação clara entre os meios impugnatórios e as ações para o reconhecimento de direitos e interesses legalmente protegidos, em consequência da diferente natureza dos pressupostos processuais. Neste sentido, a ambiguidade ou ambivalência terminoló-

---

[839] Neste sentido problematizador, PÉREZ ANDRÉS, *Los Efectos de las Sentencias...*, op. cit., pp. 281 e 285.

[840] C. CHIOVENDA, *Principi di diritto processuale civile*, II, 2.ª ed., Napoli, 1935, pp. 398 e 504 e ss.

gica utilizada pelo legislador pode ser fonte de fortes equívocos e dificuldades jurisprudenciais. Só desta forma, a jurisprudência, sem incoerência, pode compatibilizar o efeito *erga omnes* da sentença anulatória com a extensão *ultra partes* dos direitos ou situações jurídicas a terceiros que a decisão judicial tenha reconhecido a favor dos autores [841].

Como demonstra a complexidade desta aparente simplificação, a codificação do direito processual administrativo vai, contrariamente, tornar ainda mais jurisprudencial o nosso contencioso administrativo. Problema que pode ser agravado pela regionalização das competências dos tribunais administrativos, advogada por certo pensamento débil.

A especial complexidade deste preceito do CPTA é ainda, como vimos, particularmente visível quando contrastado com a teoria da aceitação do ato (artigo 56.º).

Mais uma vez, aderindo, primeiro às teses do Senhor RAWLS, o legislador teve, depois, que deitar trancas à porta (segunda parte do n.º 2 do artigo 161.º), diferindo para as calendas gregas a aplicação do mecanismo da extensão dos efeitos das sentenças. É caso para dizer, tanta inovação para tão pouco.

Reafirma-se, sempre que haja situações de plena jurisdição, o reconhecimento da identidade de situações jurídicas ou casos carece inevitavelmente de uma prévia declaração judicial cuidada e pronunciadora dessa identidade, estando a cargo do interessado-recorrente o respetivo ónus da prova, sob pena do princípio da tutela jurisdicional efetiva só valer para o autor e não para a entidade administrativa demandada, o que é inadmissível.

---

[841] ALESSANDRO LOLLI, *I limiti soggettivi...*, op. cit., pp. 187 e 188.

Para fechar, e em consonância com o que até aqui sustentámos, há que distinguir o caso julgado dos efeitos constitutivos da sentença. Se o caso julgado se reporta aos efeitos declarativos da sentença sobre o pedido de reintegração da ordem jurídica violada, já os efeitos constitutivos incidem sobre a própria alteração da realidade jurídica.

Inversamente do caso julgado, que tem, por regra, efeitos *inter partes,* a eficácia constitutiva da sentença, ao materializar uma alteração da ordem jurídica, tem eficácia *erga omnes,* visto que o ordenamento jurídico e a sua reintegração não pode ser diferente para uns e para outros mas igual para todos.

Quanto à extensão subjetiva dos efeitos da sentença, que é o que se pretende, explica-se, salvo melhor opinião, pela eficácia indireta dos efeitos constitutivos da sentença, desde que estejam preenchidos os pressupostos e âmbito previstos no artigo 161.º/2 do CPTA. Isto é, os efeitos da sentença anulatória estendem-se aos direitos e interesses legalmente protegidos de terceiros que estejam em situações jurídicas perfeitamente idênticas, o que, em bom rigor, só é possível se o objeto do processo administrativo tiver uma dimensão compósita — ato e pretensão jurídica do particular.

Em conclusão, tratámos de colocar alguma complexidade e interrogação a um mecanismo que, tendo um intuito claramente compreensível e positivo, não pode constituir um pretexto para permitir eternamente aberto o processo de execução da sentença, sobretudo àqueles que tendo podido recorrer oportunamente à via judicial o não fizeram, postergando demasiadamente a teoria do ato consentido. Para salvar a honra do convento e justificar a tutela dos terceiros, não será de ter aqui presente com grande intensidade o princípio da boa-fé processual, envolvendo um justo e rigoroso impedimento? Não será indispensável a *Treu und Glauben* para dar alguma lógica e coerência à tensão entre os dois preceitos (artigos 56.º e 161.º do CPTA)? Por mais que inexista um *hinterland* doutrinal, assim é, sobretudo, quando é o texto fundamental (artigo 266.º/2) a reconhecer e consagrar este princípio [842]. De outra forma não constituirá uma *temeridade* o instituto da extensão dos efeitos da sentença a terceiros? A palavra aos juízes administrativos.

Quanto à segunda parte do n.º 2 do artigo 161.º, parece ter a sua inspiração no *Musterverfahren* contemplado no § 93/a do WvGO, permitindo a desmassificação processual segundo o disposto no artigo 48.º do CPTA.

Para concluir, para além das dificuldades no que se refere à execução das sentenças, não vemos bem como a Administração possa dar de bom grado e com certeza visto bom ao requerimento do interessado (n.º 3 do artigo 161.º). A via administrativa funcionará, isso sim, como pressuposto processual do processo impugnatório, esboroando-se em boa medida a finalidade do preceito.

Acresce uma outra razão, esta de cariz jurídico-constitucional. O mecanismo previsto no artigo 161.º do CPTA implica estender a uma das partes, a Administração, sujeito de Direito a que são aplicáveis todas as garantias jurisdicionais e constitucionais no processo, os efeitos de uma decisão judicial que lhe foi desfavorável. Pergunta-se, sem um processo especial, que não parece reconhecer-se no artigo 161.º, onde estão as correspondentes garantias pro-

---

[842] Veja-se, de modo expresso, V. GÖTZ, "Bundesverfassungsgericht und Vertrauensschutz", in C. STARCK (coord.), *Bundesverfassungsgericht und Grundgesetz, Festgabe aus Anlass des 25 jährigen Bestehens des Bundesverfassungsgericht*, vol. II, Tübingen, 1976, p. 421 e ss.

cessuais da Administração e o respeito pelos princípios da tutela jurisdicional efetiva e da igualdade? Esta posição processual de menoridade da Administração não tem paralelo na outra parte, o recorrente [843].

Será possível, com a atual configuração do artigo 161.º, garantir que este "processo especial" não venha a reconhecer uma situação jurídica diferente da reconhecida pela sentença?

Também nesta matéria, a inovação da Reforma nos parece inversamente proporcional à sua extensão.

É para nós relativamente claro, até por influência do direito comunitário e da sua jurisprudência, que o alargamento da jurisdição administrativa constitui o reconhecimento de um dado extremamente relevante – a subordinação dos domínios ora incorporados ao interesse público em sede jurisdicional.

---

[843] Apesar de discutível, somos de parecer que assiste à Administração o direito fundamental à tutela jurisdicional efetiva. Trata-se de saber se os artigos 20.º e 268.º/4 da CRP conferem também um direito fundamental à tutela jurisdicional efetiva à Administração ou se para esta funcionam apenas como *princípios processuais objetivos* ou como *direitos fundamentais processuais*, como acontece na Alemanha — onde se estabelece uma nítida distinção entre o direito fundamental à tutela judicial efetiva (artigo 19.º/4) e os direitos fundamentais processuais (*Prozessgrundrechte*, artigo 103.º). Cfr. M. SACHS, *Grundgesetz Kommentar*, 2.ª ed., München, 2000, pp. 1830 e ss.

A nossa tese reforça-se se pensarmos que a Administração (no caso em análise) não exerce nem defende poderes ou prerrogativas, mas tão-só o direito de combater os argumentos dos pretensos beneficiários da extensão dos efeitos da sentença.

Descontextualizando, não será de reconhecer *um direito à imagem* da Administração e a correspondente ação de responsabilidade por danos resultantes de condutas negligentes ou dolosas dos seus funcionários ou mesmo de terceiros? Bastaria não ignorar os efeitos extremamente lesivos provocados pelo *clamor fori* e pela ressonância dos meios de comunicação de massas.

Por outros dizeres, talvez não seja o direito administrativo a ser recessivo, como se diz habitualmente, mas o direito privado.

Ou talvez melhor, à privatização do direito administrativo substantivo corresponde, curiosamente, uma publicização do direito processual administrativo e da sua justiça.

Consequentemente, amarrar o direito processual administrativo aos tradicionais esquemas processual-civilísticos, como parece suceder entre nós, pode bem comprometer a realização processual do interesse público. Este corre agora o risco de se tornar tão evanescente que pode vir a transformar-se num interesse *adespota.*

Deveríamos pelo menos interrogar-nos se em vez da processualização do processo administrativo não deveria ser antes o processo civil a sofrer uma processual-administrativização.

O tal esquecimento processual do interesse público de que falávamos (escrevendo) há algum tempo.

É óbvio que o legislador não foi brindado com a concepção publicística de BURCKHARDT, que na sua magnífica obra sobre o renascimento italiano colocava como ponto de chegada ideal *der Staat als Kunstwerk.*

Simplesmente este vem suicidando-se supranacionalmente.

Curiosamente, tantos são os poderes do pobre juiz administrativo que hoje, paradoxalmente, poderia tornar a dizer-se, com pertinência, que *julgar a Administração é ainda administrar* [844]

---

[844] Vejam-se, entre outros, os artigos 3.º, 51.º/4, 66.º e ss., 71.º, 79.º, 120.º/4, 132.º/7, 167.º/6, 169.º e 179.º do CPTA.

Acresce ainda um *ecumenismo (judicial) do juiz administrativo,* que dispensa e substitui até a qualidade do patrocínio judiciário [845].

> O mistério de *Bernini* esculpido no mármore pode não ser alheio à *Morte em Veneza,* como se o legislador desejasse a *pena* do juiz.

---

[845] Cfr. os artigos 4.º/3/4, 12.º/3/4, 47.º/5/6, 48.º, 51.º/4, 88.º/1/2, 89.º/2, 95.º/2, 120.º/3 e 161.º do CPTA.

7. O juiz administrativo, senhor do processo executivo: a execução substitutiva pela Administração na presença de discricionaridade

Como assinalava HAURIOU, a história da execução das sentenças é a história de um enorme lamento e de uma anomalia processual.

A reforma de 2002/2004 introduziu profundas alterações em matéria de execução das sentenças de que porventura não se retiraram ainda (doutrinária e jurisprudencialmente) todas as consequências. Dá-se, assim, a completa judicialização do contencioso administrativo. O novo modelo exige, no entanto, ao juiz três qualidades fundamentais: prudência, sabedoria, tenacidade e, porventura, uma nova cultura do processo executivo. Esta mudança de mentalidade parece-me essencial para se poder retirar toda a vantagem do esquema desenhado pelo legislador, sempre suscetível de aperfeiçoamentos, embora não seja esse o nosso desiderato.

É nossa convicção, portanto, que não faltam soluções legais, o que talvez não exista na medida necessária é uma cultura jurisprudencial da execução das sentenças.

Um dos expoentes da nossa literatura administrativa, VIEIRA DE ANDRADE [846], afirma a infungibilidade administrativa da execução subrogatória pelo juiz ou por terceiro sempre que estejamos perante o exercício de poderes dis-

---

[846] *A Justiça Administrativa*, op. cit., p. 369 e ss.

cricionários, que constituiria, assim, um limite à atividade judicial, enquanto expressão do princípio da separação dos poderes.

Se relativamente à execução-substituição direta pelo juiz estamos, obviamente, de acordo (cfr. os artigos 167.º/6 e 179.º/1/5) do CPTA), só possível havendo ato vinculado, já não estamos tanto no que se refere à execução indireta, entendida como execução substitutiva através da colaboração subrogatória de autoridades e agentes de outras entidades administrativas, que não a condenada (artigo 167.º/3, in fine, do CPTA) [847].

Primeiro, o problema da discricionaridade administrativa, que não é um mal, deve ser resolvido pontualmente (salvo autovinculação) com base em dados objetivos e não como um *problema de princípio,* o que, obviamente, dificultaria, desde logo, qualquer tentativa dogmática ou jurisprudencial.

À Administração, embora constitucionalmente vinculada à execução da sentença (artigo 205.º/2/3 da CRP), subsiste, frequentemente, alguma discricionaridade na execução, senão quanto ao *que* fazer, pelo menos ao *como* fazer, mesmo quando estamos confrontados com a inexecução ilegal da sentença [848].

Por outro lado, a Administração está sempre vinculada a uma *obrigação de resultado,* em consequência da sentença ditada e do seu efetivo cumprimento, uma vez que o resultado final da decisão está já predeterminado [849].

---

[847] Creio que a incompletude do artigo 174.º do CPTA não obsta ao nosso entendimento.

[848] BELTRÁN DE FELIPE, *El Poder de Sustitución en la Ejecución de las Sentencias Condenatorias de la Administración*, Madrid, 1995, p. 291.

[849] Cfr., antecipadamente, FREITAS DO AMARAL, *A Execução das Sentenças dos Tribunais Administrativos,* 2.ª ed., Coimbra, 1997,

O poder de substituição indireta ou subrogatória é um limite à discricionaridade da Administração, pelo que esta não pode ser um limite intransponível à execução da sentença administrativa.

Depois, no processo executivo (da sentença) há algumas diferenças essenciais relativamente ao processo declarativo, em relação ao problema da discricionaridade, sendo que a questão não é haver ou não controlo jurisdicional mas *até onde* pode ir o juiz administrativo [850].

Como já *não* estamos no âmbito administrativo ou mesmo no processo declarativo, na execução da sentença estamos apenas no âmbito judicial e a atividade administrativa nesta fase já *não* é exclusivamente uma atividade de natureza administrativa [851]. Nesta fase, importa mais a adequação dos atos a praticar (em execução da sentença) em conformidade com o direito posto pela sentença do que a vontade do órgão administrativo [852].

A liberdade de decisão ou de apreciação da Administração é mais circunscrita e limitada, na medida em que já estamos perante uma sentença que estabeleceu (definitivamente) o direito do caso concreto. Ainda que a discricionaridade permaneça (e, por vezes, permanece), não opera do mesmo modo na fase declarativa e na fase executiva.

Note-se, não é o mesmo decidir que controlar o que foi decidido, sendo que, no âmbito da execução da sentença

---

p. 35 e ss., destacando, contudo, as limitações de uma execução forçada no processo administrativo quando são as autoridades exequendas que detêm o poder de coagir.

[850] Neste sentido, já M. S. GIANNINI, "Contenuto e limiti del giudizio di ottemperanza", *op. cit.*, p. 151 e ss.

[851] Assim mesmo, BELTRÁN DE FELIPE, *El Poder de Sustitución...*, *op. cit.*, p. 415.

[852] Cfr. G. SCOCA, *Giustizia amministrativa*, Torino, 2003, p. 375.

já se decidiu e já se controlou jurisdicionalmente o anteriormente decidido. Portanto, os parâmetros constitutivos e conformadores do controlo jurisdicional já estão definidos e a eles não pode escapar a Administração.

Uma vez constatada e declarada a inexecução da sentença, a discricionaridade não pode constituir um privilégio da Administração que impeça a função executiva indireta. O problema não está tanto no controlo jurisdicional como no exercício de um dos poderes de execução que o ordenamento processual outorga ao juiz: o poder de substituir a Administração condenada no exercício do poder discricionário. Poderá, no entanto, haver um limite intransponível, que deverá ser excecional e, portanto, de interpretação restritiva. Refiro-me, desde logo, à hipótese do ordenamento jurídico impor que só a Administração condenada, através do órgão ou agente com competência para o efeito, possa executar a sentença. Será também o caso dos atos praticados por órgãos com uma componente política forte, por exemplo, do Governo reunido colegialmente em Conselho de Ministros. Aqui sim, poderá haver infungibilidade administrativa.

Feita a devida salvaguarda, ao juiz caberá verificar se a Administração executou ou não a sentença e, havendo inexecução, aplicar e fixar os meios de execução adequados para o efeito.

Como já estamos (apenas) em sede judicial e na fase executiva, não permanece aqui o sistema comum de distribuição de competências entre os órgãos administrativos [853]. Assim sendo, o juiz pode socorrer-se de outro órgão ou entidade administrativa (artigo 167.º/3 do CPTA)

---

[853] Neste sentido, COLAÇO ANTUNES, *A Teoria do Acto e a Justiça Administrativa*, op. cit., pp. 282 e 283.

para levar a cabo a atividade material e jurídica necessária ao efetivo cumprimento da sentença.

A discricionaridade opera como limite da técnica de execução substitutiva direta pelo juiz, mas não como limite intransponível da execução da sentença.

Dir-se-á, no entanto, que subsiste uma reserva constitucional a favor da Administração. Assim seria de todo se não estivéssemos, como estamos, agora no âmbito jurisdicional e não no âmbito da Administração. Se estamos no âmbito da execução de sentenças é porque a Administração violou o imperativo constitucional de cumprir as decisões judiciais ditadas contra ela e, por isso, foi ela, e não o juiz, a violar o princípio da separação de poderes ao invadir o território deste. Não se trata, portanto, de uma questão administrativa mas de uma questão judicial e de justiça administrativa [854].

Poder-se-ia ainda argumentar, por exemplo, que o artigo 179.º/1 do CPTA é aplicável à execução da sentença, quando haja discricionaridade, mas não ao incumprimento da mesma. Mas ir tão longe significaria convolar a discricionaridade administrativa em privilégio injustificado e criar uma zona de imunidade administrativa que escaparia ao Direito.

Poder-se-ia, por último, recorrer ao argumento tradicional de que só a Administração possui os elementos e meios necessários à execução da sentença. Creio que este argumento, a ser pertinente, não tem o alcance que se lhe reconhece habitualmente, na medida em que terá uma serventia limitada à execução substitutiva feita direta-

---

[854] Concordamos com R. VILLATA, "Riflessioni in tema di giuidizio di ottemperanza ed attività successiva alla sentenza di annullamento", in *Dir. proc. amm.*, n.º 3, 1989, pp. 395 e 396, na medida em que tudo depende da conceção do processo executivo.

mente pelo juiz. Relativamente à substituição subrogatória indireta por outra entidade administrativa, o argumento dilui-se imediatamente. Logo, esta técnica executiva não pode ser afastada pela discricionaridade administrativa, quando muito limitada, isso sim.

Aliás, como se reconhece e é sabido, o ordenamento jurídico não afasta a substituição da decisão discricionária por parte do juiz quando exista apenas uma solução justa e coerente para o caso.

Em síntese, não se trata, em boa verdade, de determinar se a discricionaridade permite ou impede a substituição da Administração condenada na execução da sentença, mas de determinar com que pressupostos e em que condições a lei e o Direito permitem ou impedem a substituição da Administração quando subsista discricionaridade no momento de executar a sentença.

Note-se que a CRP admite no artigo 202.º/3 que "no exercício das suas funções os tribunais têm direito à coadjuvação das outras autoridades".

A pergunta a fazer é a seguinte: como e quando o Direito permite a execução subrogatória de sentenças condenatórias que implicam o exercício de um poder discricionário por parte da Administração?

É certo que se poderia argumentar que o limite da discricionaridade está consagrado normativamente, como acontece no artigo 3.º/1 do CPTA. No entanto, este preceito refere-se à sentença, em obséquio à reserva da Administração e ao princípio da separação de poderes, e não à sua execução ou ainda à execução substitutiva ou subrogatória.

Em resumidas contas, não creio que a discricionaridade afaste a execução subrogatória e que esta constitua uma ingerência na esfera da Administração, até por ser esta a atuar, ainda que na veste de ente auxiliar do juiz de execução [855]. Não existe, portanto, uma exceção à separação de funções mas ao regime de distribuição de poderes ou competências administrativas, ao permitir ao juiz determinar o exercício de um poder discricionário a um agente distinto no âmbito da execução da sentença. O substituto deve, aliás, intervir com autonomia em relação à entidade inadimplente e no estrito respeito pelo estatuído na sentença, decaindo o princípio da hierarquia.

Somos, assim, de opinião que os casos em que o princípio da legalidade ou o interesse público requerem que não se excecione o regime de competências, através da execução da sentença por outra entidade ou órgão em substituição da autoridade incumpridora, deverão ser muito contados.

Um deles poderá ser o da condenação a elaborar uma norma administrativa ou regulamento (artigo 77.º do CPTA), sobretudo quando os seus elementos essenciais não se encontrem predeterminados ou estejamos no âmbito da Administração autónoma local e dos regulamentos independentes e autónomos.

Outra coisa é entender, como se deve entender, que a solução por nós propugnada deve ser a última *ratio*, face à

---

[855] Sobre a sua natureza e dos respetivos atos, a doutrina italiana divide-se. A. TRAVI, "L'esecuzione della sentenza", in *Tratatto di diritto amministrativo. Diritto amministrativo speciale*, V (coord. S. CASSESE), 2.ª ed., Milano, 2003, p. 3548, pronuncia-se no sentido da administratividade do ato praticado pelo ente substitutivo, enquanto, por exemplo, V. CAIANIELLO, *Manuale di diritto processuale amministrativo*, Torino, 2003, p. 1010, aponta para a sua natureza jurisdicional, sustentando que a entidade substituída não goza do poder de os anular, recorrendo aos meios de autotutela. No mesmo sentido, M. NIGRO, "Il giudicato amministrativo ed il processo di ottemperanza", in *Il giudizio di ottemperanza*, Milano, 1983, p. 97, partindo da natureza de órgão auxiliar do juiz, defende que se trata de atos jurisdicionais em sentido amplo.

panóplia de meios coercivos ao dispor do juiz, nomeadamente as sanções pecuniárias compulsórias (artigo 169.º do CPTA) ou até medidas tão severas como o crime de desobediência (artigo 167.º/4 do CPTA e artigo 348.º do Código Penal).

Parece-me, em suma, que a última palavra a deve ter o Direito e, neste caso, isso sucede duplamente: pela voz do legislador e do juiz administrativo.

Resumindo, o sistema jurídico-constitucional (artigo 268.º/4 da CRP) dotou os tribunais administrativos de poderes legítimos para dar execução efetiva às sentenças administrativas.

A discricionaridade pode ser, e é, um limite à execução substitutiva direta pelo juiz (sentenças substitutivas), mas não impede, por princípio, a substituição indireta por outra entidade administrativa ou agente (artigos 167.º/3 e 179.º/1 do CPTA).

As poucas exceções poderão ser aqueles casos em que o ordenamento jurídico não pretende que se produza uma exceção ao sistema de repartição de competências, em obséquio a outros princípios constitucionais, como pode ser o da autonomia local (artigo 235.º e segs. da CRP) [856]. Pode até acontecer que o juiz administrativo determine que deva ser uma certa entidade administrativa a dar execução à sentença incumprida.

Somos, portanto, de opinião que a normalização da justiça administrativa exige que se acabe com o obstáculo

---

[856] Ao invés de VIEIRA DE ANDRADE, na sua magnífica arguição, não creio que as situações de hierarquia ou superintendência pressuponham necessariamente que os órgãos convocados tenham poderes de substituição (por não ter sido esse o entendimento do legislador). Outra coisa é a sua (des)necessidade, postas as medidas sancionatórias compulsórias e outras sanções já referidas.

da discricionaridade administrativa quando esta não constitua o fundamento e o limite da prossecução do interesse público, mas antes um privilégio em que se escuda a Administração para justificar o incumprimento ilegítimo da execução da sentença. Por isso, não vemos que a execução subrogatória, adequada, obviamente, ao conteúdo da sentença condenatória, provoque a violação do princípio constitucional da separação de poderes [857].

Creio que se pode dizer que a Constituição e a Lei permitem uma dupla possibilidade substitutiva: *diretamente* pelo juiz, quando o ato é vinculado (artigos 167.º/6 e 179.º/5 do CPTA), e *indiretamente* por outra entidade (administrativa) quando se esteja em presença da discricionaridade administrativa (artigos 167.º/1/2/3, 174.º e 179.º/1 do CPTA).

Definitivamente, a discricionaridade administrativa não só existe como é necessária ao interesse público e ao Estado de Direito, sendo que este exige que, quando a Administração faz uso ilegítimo daquele instrumento, o juiz direta ou indiretamente leve a cabo a tarefa de dar pleno cumprimento à sentença.

Por último, uma advertência. O juiz não deve cair na tentação de um certo ativismo judicial ou ainda menos na discricionaridade judicial. O que se pede é sabedoria, prudência e tenacidade, o que não é pouco, convenhamos.

De resto, à Administração será sempre legítimo, em defesa inalienável e imprescritível do interesse público (artigo 266.º/1 da CRP e artigo 29.º do CPA), reagir contenciosamente contra os atos (eventualmente ilegais) ditados em execução da sentença (por outra entidade).

---

[857] Assim, BELTRÁN DE FELIPE, *El Poder de Sustitución...*, op. cit., p. 425.

Creio que a nova justiça administrativa exige, como nunca antes, uma qualidade jurisprudencial que nem sempre estará ao alcance dos juízes da 1.ª instância (TAFs), que têm, todavia, a seu favor o facto da maioria deles serem pós-constitucionais e, nesse sentido, sem o subconsciente dos mais velhos.

Um aspeto a melhorar talvez seja o mecanismo da unificação e articulação processual dos problemas ou incidentes da execução, incluindo todas as questões que se suscitem, nomeadamente, declarando nulos os atos desconformes com a sentença e anulando aqueles que mantenham, sem fundamento válido, a situação ilegal. De resto, a negação da Administração em executar a sentença constitui ela própria uma das formas de renúncia à titularidade e exercício da competência, punida com a nulidade (artigo 29.º do CPA).

A Administração pública, na fase de execução ou cumprimento das sentenças, está sujeita à atividade coativa do juiz administrativo. O poder sujeito ao poder, o grande paradoxo do Estado de Direito. Em bom rigor terminológico, deveria substituir-se a expressão *execução* por *cumprimento* da sentença, o que além do mais teria o mérito de aliviar os aspetos melodramáticos do processo executivo.

A perspetiva subjetiva do direito fundamental à execução efetiva e plena das sentenças não pode obscurecer outra dimensão relevante – a de contribuir para o correto funcionamento da Administração e da sua plena sujeição ao Direito.

Pode aqui colocar-se ainda a seguinte questão: quem responde pelos danos que o terceiro-substituto administrativo possa causar com a sua atuação? Responde solidariamente o Estado e demais entidades públicas (artigo 22.º da CRP), salvo se incorreu responsabilidade pessoal do titular do órgão, funcionário ou agente, nos termos em que a lei a contempla [858].

Em extrema síntese, toda a execução de sentenças coloca a necessidade de garantir um equilíbrio respeitoso e sábio da relação institucional entre a Administração e o poder judicial, de forma a garantir a plena satisfação da pretensão do particular sem comprometer a reserva da Administração na valoração de certas tarefas.

A administração substituta, sem deixar de ser Administração (e, por isso, mantém os respetivos poderes de apreciação e valoração), é simultaneamente um órgão auxiliar, ainda que especial, do juiz [859], em relação ao pleno cumprimento da sentença, atuando, por isso, sob o controlo estrito e atento daquele.

Neste sentido, como já se fez referência, talvez fosse de esclarecer melhor esta relação, bem como a sua natureza jurídica.

No fundo, um tribunal que não possa executar ou fazer executar as suas sentenças não é um verdadeiro tribunal. Em suma, nem um juiz tutor do cidadão, nem um juiz servo das prerrogativas da Administração.

---

[858] Cfr., atualmente, a Lei n.º 67/2007, de 31 de dezembro, especialmente o artigo 8.º e ss.

[859] V. CAIANIELLO, "Esecuzione delle sentenze nei confronti della pubblica amministrazione", in Enc. dir., vol. III, Milano, 1999, p. 622.

8. Diagnose e prognose da justiça administrativa: pressupostos para um debate

A vocação histórica das normas que no início do século XXI regulam a justiça administrativa é, naturalmente, a de oferecer uma tutela jurisdicional efetiva e temporalmente adequada. Este desiderato só parcialmente foi atingido, na medida em que um dos males de que padece o nosso contencioso administrativo é a lentidão. Lentidão que resulta, em grande medida, da massificação da litigiosidade, de uma litigiosidade em grande medida neurótica.

No que ao particular recorrente diz respeito há dois graves problemas, contraditórios entre si. Por um lado, temos um litigante furioso, porque as pessoas não têm civismo e, além disso, são psicanaliticamente cruas ou atípicas. Se se fizessem testes psicanalíticos, a maioria dos litigantes não passava no teste; por outro lado, temos o litigante silencioso, que não litiga porque a justiça é cara, excessivamente cara, e é lenta. Sabe que esta lentidão vai perturbar por largo tempo a sua forma de vida. Neste sentido, não creio que a solução para uma hiperlitigiosidade esteja no encarecimento da justiça a que temos vindo a assistir.

Dito isto, ficam, desde já, enumerados três dos problemas que põem em causa a eficácia da jurisdição e que deveriam ser objeto de debate: o dinheiro, a litigiosidade excessiva e a lentidão processual. Como também ficou insinuado, estas patologias geram outras, como, por exemplo, a insegurança jurídica.

Tratando-se de uma verdadeira reforma da justiça administrativa (2002-2004), o legislador deveria ter previsto algumas das (suas) consequências, como as que enumerámos antes. A verdade é que a reforma exigia um cidadão-médio-lúcido-ideal e não o que temos: um cidadão--médio-ignorante-ideal. Aliás, o problema é grave porque é uma ignorância sistémica.

Claro que estes problemas não resumem todas as questões que se colocam a uma justiça administrativa que pretende ser eficaz no papel e nos factos. Um deles é a deficiente preparação técnica e ética dos operadores jurídicos. Em boa verdade, não deveria ser advogado e, por maioria de razão, juiz quem quer mas quem pode e deve ser. A criação de novos tribunais, porventura ainda insuficientes, embate de frente com a preparação-especialização do juiz administrativo, dificuldade que se agrava se lembrarmos que se generalizou a primeira instância como instância de acesso à justiça administrativa.

Que modelo de juiz administrativo, que função, seleção e especialização queremos?

Isto para dizer que a justiça administrativa não se resume a um conjunto de questões estritamente processuais, como mero debate processual. Como é bom de ver, uma jurisdição administrativa capaz exige também uma Administração de qualidade. Uma Administração eficiente e atenta diminui também a litigiosidade. Uma Administração que se estribe na convicção de um estilo do género "eu não lhe dou razão, que o faça o juiz", naturalmente dentro de dois, três ou quatro anos, não ajuda nada.

Não se pode, por isso, esperar que a massificação e hiperlitigiosidade seja um problema do juiz, como se o legislador tivesse esgotado a sua responsabilidade com o ato legislativo. Se há colapso judicial, o problema é do juiz e só dele. Ora isto não se pode dizer com um mínimo de seriedade.

Outra questão de grande magnitude prende-se com a função do STA, reduzindo-se a dupla personalidade que ainda mantém em casos demasiados (artigos 24.º do ETAF). Este problema prende-se com um outro, também de grande delicadeza, o da garantia de segurança jurídica na interpretação e aplicação da lei, o que, porventura, deveria levar o legislador a reequacionar a força jurídica do precedente e o papel do STA na uniformização da jurisprudência. Não será de repensar a figura do Assento?

Impõe-se também encontrar resposta processual no que tange à legitimidade e interesse em agir para o litigante temerário, que tantas vezes acode ao Tribunal como forma de contornar (ilegitimamente) o cumprimento do devido, o que, obviamente, é extensível a uma Administração que recorre à via judicial para atrasar o inevitável. O litigante irresponsável deveria ser punido, seja quem for. Neste aspeto, o legislador tem uma particular responsabilidade, pois o atual sistema de justiça administrativa escancara as portas a todo e qualquer litigante desprovido do mínimo de boa fé [860]. Creio, aliás, que um dos problemas mais graves do atual contencioso administrativo é um considerável abuso do direito de ação, como temos vindo repetidamente a assinalar.

Naturalmente, como também já foi insinuado, há problemas graves a montante e a juzante da jurisdição administrativa. Um deles é que não temos uma cultura

---

[860] Cfr., no entanto, o artigo 8.º do CPTA.

administrativa adequada aos tempos em que vivemos. Por falar em cultura administrativa, o juiz deve interiorizar que aplica uma ordem jurídica (nacional e europeia). Este dado, da maior importância, está longe de estar adquirido pelos agentes jurídicos e pelas instâncias político-legislativas. Ainda não se percebeu inteiramente que as várias Administrações (estadual, regional e local) atuam frequentemente em função comunitária, particularmente a Administração do Estado. Para isso contribui muito o facto de continuarmos a lidar com um aparelho conceptual pretérito que dificulta a compreensão da realidade jurídica de um novo direito administrativo.

Em suma, é de primacial importância dar prioridade ao direito da União Europeia, porque esta exigência resulta da nova ordenação das fontes do Direito.

O problema é ainda mais fundo se não esquecermos o fenómeno da globalização do Direito. De facto, o juiz, qualquer juiz, está hoje confrontado com uma estrutura das fontes do Direito completamente diferente daquela a que estava até há pouco tempo habituado, com instrumentos e lógicas diferentes: por exemplo, sabemos que a norma interna incompatível com a Constituição é "anulada" pelo Tribunal Constitucional; uma norma interna incompatível com o TFUE pode ser desaplicada pelo juiz nacional; uma norma interna contrastante com a CEDH é denunciada ao Tribunal Constitucional, usando a CEDH como parâmetro do juízo de (in)constitucionalidade. Três regimes diferentes para o mesmo problema: o contraste da norma interna com a norma superior, a *Grundnorm* kelsiana. Como se vê, a relação entre Estado, Constituição e juiz já não é a mesma nem sequer a única ou a mais relevante.

O juiz move-se agora entre fontes de origem muito diversa e complexa. O juiz e, em geral, os juristas fazem algo de parecido ao *flâneur* de WALTER BENJAMIN e podem fazê-lo porque o ordenamento jurídico, na sua enorme fragmentação, oferece ao jurista, que não queira renunciar minimamente à *lex* e (sobretudo) ao *jus,* a possibilidade de passear entre as fontes do Direito como o *flâneur* passeia pelas ruas de uma cidade em contínua alteração. A cidade altera-se permanentemente, as fontes do Direito alteram-se continuamente, os ordenamentos jurídicos espraiam-se para lá do Estado, que perdem o domínio jurídico sobre o território, e os juristas podem navegar praticamente a mar aberto.

Neste novo espaço, o jurista dispõe de um instrumento, a linguagem jurídica. Linguagem que se concretiza em três dimensões: a dimensão dos valores (cultura), a dimensão dos princípios e a dimensão das normas jurídicas.

E chegamos ao tema do papel da jurisprudência. Eu creio que o papel da jurisprudência coincide com o tema da linguagem. A experiência jurídica é essencialmente uma experiência linguística.

Salvo outra opinião, é a linguagem, nesta visão tridimensional, a permitir o papel criativo da jurisprudência, a qual, num ordenamento jurídico multinível, está condenada a desempenhar uma função essencial e demiurga. A linguagem não goza de qualquer universalidade de significados, mas tem uma pluralidade de significados que depende do contexto cultural, contexto(s) que se apresenta(m) hoje interdependente(s) num mundo globalmente aberto. Também as técnicas de interpretação jurídica revelam esta criatividade e o próprio legislador o admite ao canonizar a ilusão de pôr regras à atividade interpretativa do jurista (artigo 9.º do Código Civil).

Está criada uma situação semelhante àquela dos grandes tribunais da Idade Média, em que o Direito ia para lá do território e se criava uma espécie de conflito entre jurisdições, como agora acontece. Existem tantos Tribunais numa ordem jurídico-constitucional multinível que ainda não se estabeleceu definitivamente qual o Tribunal que prevalece: no nosso entendimento, o Tribunal de Estrasburgo e o Tribunal de Justiça da União Europeia, cujo Direito da CEDH já foi plasmado e interiorizado a nível comunitário-europeu (artigo 6.º do TUE).

Em extrema síntese, para além da resposta aos problemas enunciados, as alterações que se venham a proceder no nosso contencioso administrativo devem ser pensadas numa dimensão multinível, sob pena de nos esquecermos do terceiro, do *Outro*.

Vivemos um tempo de limitações mas não de limites, que é preciso, com sabedoria e inteligência, definir. Os juízes deveriam, pela sua situação privilegiada, dar o pontapé de saída para este debate que a todos deveria envolver: cidadãos, professores, advogados e, claro, os juízes.

Ao juiz cabe mesmo o grande papel, a começar pelo seu regresso ao silêncio da lei e aos claustros do tribunal. O juiz, como todo o operador jurídico, deve ser sensato, discreto e sábio. Uma boa justiça requer um juiz que não se dê por ele. Isto é uma questão de cultura e de mentalidade. Um juiz visível e vistoso dificilmente contribui para fazer da justiça administrativa (ou outra qualquer) o que ela deve ser. A isto deveria juntar-se a exemplaridade pública do operador jurídico, de todo o operador jurídico. Bem sei que esta noção tem uma conotação elitista, mas não é de elites que estamos a falar? CÍCERO chamava-lhe uma *uniformidade de vida*.

Em suma, precisamos de professores-professores, de advogados-advogados e de juízes-juízes. O momento que vivemos é péssimo e não ajuda. É como se quiséssemos acender um cigarro e não soubéssemos de onde vem o vento. Mas temos de começar por algum lado, e esse algum lado bem pode ser exigir que cada um faça o seu trabalho o melhor possível, sem desculpas, exigindo-nos e exigindo aos outros, a começar pelo legislador. Se assim fizermos, o problema tem solução. O juiz deve aprender a sujar as mãos com a matéria do mundo, por forma a estar atento ao país que vive, que vibra, ao mundo vital das pessoas e da Administração.

Por tudo isto, o problema da justiça deveria ser encarado como uma empresa política nacional, o que em última instância, coloca o problema da legitimidade de um sistema político que não é capaz de justiça, de igualdade e de seriedade.

Em extrema síntese, o problema da justiça (administrativa ou outra) não é, no essencial, um problema jurídico-judiciário, mas uma questão política transcendente.

Enfim, todo o cidadão deveria ler *O discurso da servidão voluntária* de DE LA BOËTIE, publicado em 1576. O autor medita sobre o enigma dos "de baixo se empenharem em submeter-se aos poderosos, como se nisso residisse a sua salvação". Ou então ler o diálogo platónico *Protágoras*, versão política do mito de *Prometeu*.

Ao governante deveria exigir-se a leitura e a releitura da *Fenomenologia do Espírito,* de HEGEL.

Ao jurista talvez não ficasse mal ler *Os contos para um ano*, de PIRANDELLO, ou o eterno conflito entre a verdade e a aparência.

9. Um modelo inspirador: *hard look doctrine and public interest*

A análise, mesmo que acanhada [861], desta corrente jurisprudencial justifica-se pelas vantagens decorrentes do estudo comparatístico.

Vejamos então o que nos oferece de novo esta teoria que, em bom rigor, se integra na chamada jurisprudência teleológica dos tribunais norte-americanos [862].

O controlo da atividade discricionária é um tema transcendente em todos os sistemas jurídicos, do *civil law* ao *common law*. A dificuldade está numa composição equilibrada entre atividade administrativa discricionária, interesse público e direitos fundamentais do cidadão. Podemos dizer, desde já, que, em qualquer das grandes famílias jurídicas, a discricionaridade deixou de ser algo intangível.

A proposta originante do sistema jurídico norte-americano foi no sentido do controlo jurisdicional da discricionaridade administrativa incidir fundamentalmente sobre a atividade administrativa e não tanto sobre o ato admi-

---

[861] Para outros desenvolvimentos, cfr. COLAÇO ANTUNES, *O Procedimento Administrativo de Avaliação de Impacto Ambiental...*, op. cit., p. 427 e ss.

[862] Cfr. COLAÇO ANTUNES, *Poluição industrial e dano ambiental: as novas afinidades eletivas da responsabilidade civil*, Separata do vol. LXVII do BFDUC, 1992, p. 3 e ss., onde se expõem as várias orientações jurisprudenciais, com destaque para a *market-share-liability theory*.

nistrativo. A essencialidade do controlo recairia sobre a primeira, face à inexistência de centralidade sistémica do ato administrativo.

Segundo aspeto interessante, a *hard look doctrine,* conceptualização que utilizamos aqui por comodidade comunicativa, apesar de ser mais exato falar de *adequate consideration* dos interesses envolvidos na atividade administrativa [863], configura um controlo jurisdicional (*substantive review*) assente numa compreensão do fenómeno da discricionaridade que, curiosamente, nos faz lembrar a oferecida por GIANNINI, em Itália.

Vejamos a questão mais de perto, começando por precisar o conceito de discricionaridade administrativa na experiência norte-americana.

Inicialmente, a discricionaridade é vista como um simples dever posto pelo ordenamento jurídico à Administração, no sentido de que esta, em situações particulares, deve assumir decisões adequadas em relação aos fins postos pela norma. Por outro lado, foi-se desenvolvendo uma conceção de discricionaridade administrativa, sobretudo a partir dos anos sessenta [864], onde sobressai a atenção posta sobre os limites ao exercício dos poderes discricionários

---

[863] Ainda que a doutrina e a jurisprudência usem as duas expressões indistintamente para indicar a consideração dos interesses envolvidos na atividade administrativa, é mais correto referir a *adequate consideration* a um controlo substancial e qualitativo da ponderação dos interesses realizado pela Administração no caso concreto, enquanto a *hard look doctrine* tem mais a ver com o controlo da suficiência quantitativa dos interesses considerados ao nível do procedimento que conduz à decisão. Neste sentido, cfr. M. B. GARLAND, "Deregulation and Judicial Review", in *Harv. Law Rev.,* vol. 98, 1985, pp. 507 e 526-527.

[864] K. C. DAVIS, *Discretionary Justice,* Louisiana, 1969, p. 4 e ss., e, sobretudo, D. J. GALLIGAN, *Discretionary Powers. A Legal Study of Official Discretion,* Oxford, 1990, p. 125 e ss.

da Administração, incluindo a possibilidade deixada ao agente de optar por não tomar qualquer decisão. Mais recentemente [865], evoluiu-se para uma conceção de discricionaridade em termos de ponderação-comparação entre os vários interesses concorrentes e conflituantes que, como dissemos anteriormente, se assemelha à célebre tese de GIANNINI [866].

---

[865] Assim, R. B. STEWART, "The Reformation of American Administrative Law", in *Harv. Law Rev.*, vol. 88, 1975, p. 1667 e ss.

[866] M. S. GIANNINI, *Il potere discrezionale amministrativo della pubblica amministrazione: concetti e problemi*, Milano, 1939, p. 52, diz o seguinte: "Il potere discrezionale amministrativo ci sembra possa dirsi il potere di apprezzare in un margine determinato l'opportunità di soluzioni possibili rispetto alla norma amministrativa da attuare", acrescentando mais tarde, in *Diritto amministrativo*, vol. II, Milano, 1993, p. 50 e ss.: "Dire che la discrezionalità consiste in una scelta non spiega che una parte della vicenda... la scelta dell'autorità amministrativa spazia in un ambito circoscritto di norme; quando l'amministrazione agisce deve cercare l'interesse pubblico proprio della sua attribuzione o della sua competenza: dev'essere la più opportuna in ordine al pubblico interesse del caso concreto... la scelta dell'autorità dovrebbe corrispondere alla soluzione che comporta la massimizzazione di quell'interesse... La scelta è il risultato della discrezionalità, questa consta di una ponderazione comparativa di più interessi secondari in ordine all'interesse primario". Veja-se, a este propósito, COLAÇO ANTUNES, *O Direito Administrativo e a sua Justiça, op. cit.*, p. 49 e ss.

A diferença entre as duas teses comporta, obviamente, consequências distintas. Se na primeira o núcleo duro do conceito de discricionaridade se centra nos pressupostos do exercício do poder discricionário (com ênfase para os *standards* fixados normativamente, que podem ser mais ou menos indeterminados), na segunda ganham centralidade os interesses secundários (públicos ou privados) e respetiva ponderação, em ordem à melhor e mais oportuna realização do interesse público primário. Na primeira ganha relevo a relação da discricionaridade com a organização administrativa, na segunda destaca-se a sua dimensão procedimental e participativa, logo a atividade administrativa.

Postas as distinções mínimas e essenciais, deve esclarecer-se que, numa primeira leitura, o controlo jurisdicional da discricionaridade administrativa incide essencialmente sobre os pressupostos (e respetiva especificação) em que assentou o exercício do poder discricionário e, portanto, do ato, enquanto numa outra leitura, o controlo do juiz se preocupa com a representação-participação-ponderação dos interesses envolvidos no procedimento, aproximando-se neste caso da experiência alemã (princípio da ponderação e da completude do material instrutório), de que é, afinal, inspiradora.

É com esta última compreensão da discricionaridade administrativa que entra em jogo a *hard look doctrine*.

Antes disso, uma pontualização. O debate nos Estados Unidos sobre o controlo da atividade administrativa discricionária espraia-se em duas correntes essenciais: uma, privilegia o controlo procedimental-formal da atuação administrativa, outra, o controlo substancial-procedimental, considerando a primeira vertente insuficiente [867].

A favor do controlo judicial aduzem-se diversas razões, que vão da simples exigência de legalidade da atividade administrativa e, portanto, de conformidade aos fins postos pela lei, à garantia de que as decisões venham adequadamente tomadas na sequência de um procedimento administrativo justo e participado. Neste sentido, uma boa parte da doutrina e da jurisprudência, pese embora as limitações postas pelo ordenamento jurídico [868],

---

[867] Sobre as origens e o desenvolvimento do controlo judicial dos atos administrativos discricionários, cfr. F. P. LEE, "The Origin of Judicial Control of Federal Executive Power", in *Georg. Law Journ.*, n.º 36, 1948, p. 287 e ss.

[868] Neste contexto, além do §701, tem sido arduamente discutido o alcance do §706 (APA). Enquanto uns veem também aí um limite ao poder do juiz, outros admitem que é possível um controlo jurídico

sustenta, através do *substantial evidence test* e do *arbitrary and capricious test,* o controlo de razoabilidade (proporcionalidade) da decisão administrativa (normalmente das Agências). O desiderato desta posição doutrinal é o de que o controlo de razoabilidade engloba o controlo dos factos em que se baseou a decisão, sendo nesta perspetiva que se encaixa a primeira corrente doutrinal-jurisprudencial. Com efeito, esta corrente entende que o juiz se deve limitar ao controlo da atuação da Agência sob o ponto de vista formal-procedimental (embora abranja já os factos), na medida em que o respeito pelo procedimento e pelos *standards* assegura o grau de transparência e de legalidade necessárias a uma decisão racional e coerente. Estamos aqui, no essencial, no âmbito do contencioso de legalidade [869].

Em sentido diverso, o controlo *adequate consideration* (ou, como é habitual, *hard look doctrine),* que culmina na segunda corrente doutrinal-jurisprudencial, define o núcleo central do controlo judicial da discricionariedade na verificação da *hard look* levada a cabo pela Administração, aproximando-se a um controlo de juridicidade-mérito. Assim, a *adequate consideration* dos interesses em jogo e o chamado *reasoned decision-making* surgem agora como parâmetros de juridicidade da atuação da Administração, esbatendo sensivelmente os confins da *judicial review.* Nesta perspetiva, esta apresta-se para assumir as características de um controlo substancial da oportunidade ou

---

mais intenso da legalidade da atividade administrativa. Cfr. Q. M. CRAWFORD, "Chevron Deference to Agency Interpretations that Delimit the Scope of the Agency's Jurisdiction", in *Chicago Law Rev.,* vol. 61, 1994, p. 957 e ss.

[869] M. COMBA, "Riflessioni sul diritto al giusto procedimento negli Stati Uniti d'America", in *Dir. soc.,* 1992, p. 278 e ss.

conveniência administrativa, por forma a garantir a razoabilidade e a racionalidade do processo decisional das Agências, especialmente das que atuam na base de uma *broad and vague delegation.*

Com efeito, depois de uma longa deferência, os tribunais americanos começaram a afirmar o controlo da *adequate consideration* dos interesses envolvidos, que tem no caso *Overton Park* um dos seus momentos altos [870]. Mas antes, até aos anos sessenta, a jurisprudência norte-americana, apoiada nos limites postos pelo *Administrative Procedure Act,* mais exactamente do § 701, manteve o caráter *self restraint* que se acentuou até em alguns períodos [871].

Os tribunais limitavam-se, então, a constatar a existência de *jurisdiction,* no caso do ato ser legal e não enfermar de *excess of power.* Salvo algumas exceções, raramente se ia além disso. O controlo jurisdicional dos poderes discricionários estava, em princípio, precludido, bem como o juízo sobre os factos operado pela Administração, salvo nos casos de manifesta patologia do ato (como a *gratification of feeling of malevolence* ou a prossecução de *merely personal and selfish ends*) ou nas situações de manifesta insubsistência da prova (referimo-nos à presença de um *clear and unmistakable error* ou de factos *absolutely unsupported by evidence*) [872]. Houve mesmo situações em

---

[870] Sobre o tema, a bibliografia é extremamente abundante. Veja-se, no entanto, P. L. STRAUSS, "Revisiting Overton Park: Political and Judicial Controls over Administrative Actions Affecting the Community", in *UCLA Law Rev.*, vol. 39, 1992, p. 1251 e ss.

[871] Cfr., entre outros, nomeadamente quanto à legitimidade processual, K. SCOTT, "Standing in the Supreme Court. A Functional Analysis", in *Harv. Law Rev.*, vol. 68, 1984, p. 735 e ss.

[872] Cincinati, Hamilton and Dayton R. co., ICC, 206 U.S. 142, 1907.

que foi claramente abandonada a doutrina dos *jurisdictional facts* — factos previstos na lei como pressuposto necessário do ato, cuja autónoma apreciação se considerava ser da competência da Administração.

Mudando de rota, os tribunais norte-americanos começaram então a ser mais sensíveis a um *judicial activism*, sustentado normativamente no § 706.2A do APA, onde se diz que o ato *arbitrary, capricious, an abuse of discretion or otherwise not in accordance with law*. É já, portanto, no final da década de sessenta que os tribunais começam a exigir à Administração a demonstração de haver efetuado uma *adequate consideration* dos interesses procedimentalmente envolvidos, sob pena de invalidade do ato administrativo. A *hard look* dos interesses (ou, mais exatamente, *adequate consideration*) surge, cada vez mais, como requisito fundamental de juridicidade da atuação da Administração, modificando, assim, profundamente, o conteúdo e o alcance da *judicial review*.

O momento culminante (entendido como elemento propulsivo de um controlo *adequate consideration*) surge então, como já referimos, com o *leading case Overton Park* (*Citizens to Preserve Overton Park* v. *Volpe*) [873]. Sinteticamente, o caso diz respeito à legalidade de uma autorização do Ministro dos Transportes à época, relativa à construção de uma autoestrada que atravessaria um parque público junto à cidade de Memphis [874]. Alegam os recorrentes que tal autorização teria sido concedida ao arrepio de leis que

---

[873] Outros casos houve que não podem ser aqui analisados, que, inclusive, foram mais longe, nomeadamente no âmbito da *judicial review of general rules*.

[874] Veja-se a posição fundadora de H. LEVENTHAL, "Environmental Decision-making and the Role of the Courts", in *Penn. Law Rev.*, vol. 122, 1974, p. 511; COLAÇO ANTUNES, *O Procedimento Administrativo de Avaliação de Impacto Ambiental...*, op. cit., p. 431.

proíbem o recurso a fundos federais para a construção de vias de comunicação através de parques ou florestas quando existam itinerários alternativos *feasible and prudent,* que impõem, inclusive, na ausência de alternativas válidas, a adoção de todas as medidas indispensáveis a minimizar o impacto ambiental da obra [875].

Envolvendo uma valoração "técnico-discricionária" dos pressupostos (referimo-nos à apreciação da existência de um itinerário *feasible and prudent*), o ato em questão poderia ter sido facilmente reconduzido aos atos *committed to agency discretion,* para os quais o APA prevê expressamente a preclusão do controlo jurisdicional. Inversamente, o *Supreme Court* concluiu pela não subsistência dos requisitos da referida preclusão — dada a existência de parâmetros que a Administração deveria ter tomado em consideração (itinerário alternativo e minimização do controlo dos danos ambientais) — considerando que a exclusão do controlo do ato só faria sentido nos casos de poderes discricionários estruturados *in such broad terms that in a given case there is no law to apply.*

Estamos, de facto, perante uma clara acentuação do controlo de juridicidade da atividade discricionária, sendo que a fundamentação da sentença fez notar precisamente que a validade do ato (não se resumindo à conformidade com a lei) deve agora integrar a *consideration of the relevant factors.* A legalidade do ato passa, assim (não só quando inexiste um *record* documentado), a ser fiscalizada através de um controlo sobre os motivos [876].

---

[875] COLAÇO ANTUNES, *O Procedimento Administrativo de Avaliação de Impacto Ambiental...,* op. cit., p. 427 e ss., esp. a nota 140, pp. 428 e 429.

[876] Cfr. P. STRAUSS e OUTROS, *Administrative Law. Cases and Comments,* New York, 1995, p. 326.

A *hard look doctrine,* confinada numa primeira fase ao controlo da *consideração de fatores relevantes,* evoluiu, como assinalámos, para o controlo da suficiência quantitativa e qualitativa dos interesses procedimentalmente ponderados, por forma a verificar *se* e *como* se refletiram na decisão final. A extensão e intensidade do controlo jurisdicional da atividade administrativa discricionária teve sempre, no entanto, como limite *the merits (the court is not empowered to substitute its judgment for that of the agency).* Os avanços da jurisprudência reconhecem-se no facto de agora o controlo jurisdicional dos atos administrativos não se limitar a aspetos formais-procedimentais, dando lugar ao controlo das *razões efetivas* e à *adequate consideration* (dos interesses) que predeterminaram a decisão administrativa discricionária.

A reação do *Supreme Court* veio, num primeiro momento, com o caso *Vermont Yankee* (cfr. *Vermont Yankee Nuclear Power corp. v. Natural Resources Defense Council*) [877] e, sobretudo, depois, com o processo *Chevron (USA Natural Resources Defense Council)* [878], que segundo boa parte da doutrina adquiriu foros de deslegitimação da *hard look review.*

Em síntese, a *hard look doctrine,* como técnica de reexame judicial dos atos administrativos *(tout court),* identifica-se com o controlo de legalidade da suficiência *quanti-*

---

[877] Cfr., por exemplo, A. SCALIA, "Vermont Yankee, the APA, the D.C. Circuit ad the Supreme Court", in *Supreme Court Review,* 1978, p. 345.

[878] Cfr., entre vários, C. BYSE, "Judicial Review of Administrative Interpretation of Status: an Analysis of Chevron's Step Two", in *Admin. Law Journ.,* vol. 2, 1988, p. 255 e ss.; C. R. SUNSTEIN, "Constitutionalism after the New Deal", in *Harv. Law Rev.,* vol. 101, 1987, p. 465. Veja-se ainda P. J. SMITH, "Pennhurst, Chevron and the Spending Power", in *Yale Law Journ.,* vol. 110, 2001, p. 1187 e ss.

tativa dos interesses envolvidos; já no controlo *adequate consideration* (entendida como confronto de alternativas na realização do fim legal) sobressai a ponderação *qualitativa* dos bens, valores e interesses em juízo, implicando um controlo de proporcionalidade mais forte (razoabilidade) da atividade administrativa. Estas expressões, utilizadas por comodidade como sinónimos, na verdade têm, como sabemos, um sentido e alcance diferentes, sendo que só a última doutrina parece configurar um controlo de proporcionalidade da atividade administrativa (discricionária) *autónomo,* revelador de vícios próprios. O interessante é que a cláusula geral (de) *adequate consideration* permite um controlo da discricionariedade intenso e profundo, assente precisamente num entendimento da misteriosa figura da discricionariedade que se aproxima do oferecido por MASSIMO SEVERO GIANNINI.

Se entendemos bem, a *adequate consideration* consubstancia uma *substantive hard look* da participação- -ponderação dos interesses envolvidos no procedimento administrativo — à luz do princípio da razoabilidade (proporcionalidade entre nós) — configurando uma forma *própria, aberta e autónoma* de invalidade dos atos discricionários. Noutros casos, reconduzíveis à obrigação de *consideration of the relevant factors,* sem deixar de sobressair a dimensão procedimental [879], em obséquio à completude do material instrutório, o controlo do juiz apresenta-se mais incompleto. O elemento unificante reside na aquisição e ponderação de todos os interesses dignos de tutela

---

[879] Esta segunda dimensão teve o seu epicentro na jurisprudência dos *hybrid procedures,* sem que constitua o aspeto central da doutrina. Cfr. F. WILLIAMS, "Hybrid Rulemaking under the APA: a Legal and Empirical Analysis", in *Chicago Law Rev.,* vol. 42, 1975, p. 401 e ss.

e, portanto, capazes de influenciar a decisão administrativa [880].

A sabedoria desta experiência jurisprudencial comporta algumas reflexões que poderão ser úteis para a nossa vida jurídica.

Uma conclusão que me parece interessante, em consonância com o que temos vindo a defender noutros estudos [881], é que na experiência norte-americana, a par de uma menor rigidez e vinculação da atividade administrativa, existe um intenso controlo jurisdicional dos atos discricionários, onde os factos, mesmo que complexos, longe de serem postergados, são analisados em conexão com os interesses e a sua justa ponderação. O objeto do processo e do controlo de proporcionalidade são os factos e os interesses procedimentalmente ponderados, que, segundo parâmetros normativos e empíricos, devem reger racionalmente a atuação da Administração.

Como é, aliás, próprio da cultura anglo-saxónica, a determinação dos pressupostos empírico-jurídicos da atividade administrativa (*standards*), conjuntamente com a fixação de regras procedimentais, representa um momento crucial e penetrante do controlo jurisdicional dos poderes discricionários.

Quanto aos interesses e à sua correta ponderação, o que há de novo, creio, é sobretudo uma diversa cultura da Administração e do juiz, que permite a ambos, em momentos diferentes, ver na discricionaridade uma forma problemática, mas legítima, de fazer justiça, no respeito de

---

[880] Decisivo, na *hard look doctrine* (*tout court*), é o controlo de razoabilidade da atividade administrativa — assente no controlo dos *motivos*, entendidos como elementos substanciais da decisão.

[881] COLAÇO ANTUNES, *O Procedimento Administrativo de Avaliação de Impacto Ambiental...*, op. cit., p. 431.

standards não só formais-procedimentais mas também substanciais. Foi este entendimento que permitiu um controlo mais intenso da discricionaridade administrativa, nos limites da oportunidade e da conveniência.

Na verdade, o controlo *adequate consideration* [882] permite apreciar e fiscalizar se a Administração decidiu de modo equilibrado, sem valorar desproporcionadamente certos interesses em prejuízo de outros. O que está em causa é a *reasonableness,* o equilíbrio e a adequação da decisão administrativa, em harmonia com os interesses e factos considerados no caso concreto. A menor vinculação do fim vem, assim, sob a alçada do controlo de razoabilidade (proporcionalidade), compensada através de uma adequada participação-ponderação dos interesses em causa.

Caminhando para o epílogo, o controlo de proporcionalidade (razoabilidade) apresenta-se no ordenamento jurídico norte-americano como uma forma ou categoria autónoma e direta de invalidade do ato (com manifestações em diversas figuras de ilegalidade do ato), indo, portanto, para além de formas indiretas de controlo judicial como o vício de desvio de poder. Mais exatamente, reconhece-se aqui um limite-controlo ao exercício de poderes discricionários que se concretiza numa forma de invalidade *sans texte formel,* aberta à descoberta e individualização de novas situações patológicas da atividade administrativa.

É um caminho e uma experiência que não se devem ignorar, na linha de uma evolução doutrinal e jurisprudencial que tenha em devida conta a procedimentalização da atividade administrativa operada pelo Código do Proce-

---

[882] É o caso também do *leading case, Motor Vehicle Mfrs. Ass'n* v. *State Farm Mut. Auto Ins. Co.* (o célebre caso *State Farm*). Cfr. COLAÇO ANTUNES, *O Procedimento Administrativo de Avaliação de Impacto Ambiental..., op. cit.,* p. 434.

dimento Administrativo, sem deixar, no entanto, de afastar o equívoco da igualização procedimental-ponderativa dos interesses secundários, públicos ou privados, em relação ao interesse público essencial ou primário.

Com ou sem consciência disso, a atividade administrativa discricionária, na prossecução do interesse público, continua a ser, ao invés da atividade administrativa vinculada, senão a regra, o elemento distintivo do Direito Administrativo.

10. Reflexão final. O presente do direito público entre o passado posterior e o futuro anterior ou o direito administrativo jurisprudencial público e o direito administrativo positivo ex-público. A *qualificação jurídica* como a arte do jurista

Depois de termos assistido ao declínio do direito administrativo jurisprudencial em favor do direito administrativo escrito, parece-nos, senão inevitável, pelo menos defensável o regresso ao direito administrativo judiciário. No momento atual, este será sempre mais axiológico e normativo do que o direito escrito.

O direito administrativo escrito deixou-se seduzir pelo canto de sereia do direito privado e, deste modo, deixou-se instrumentalizar pelo mundo vital da economia, mundo esse absolutamente alheio aos valores que só o Direito pode fixar. É nossa convicção, como tentaremos demonstrar, que o atual guardião dos valores jurídicos está no direito jurisprudencial. O Direito administrativo escrito é, hoje, em grande medida, um direito advogatício sem alma, rendido à *performance* da economia e à codificação pragmática, como acontece com o Código dos Contratos Públicos.

A tarefa do direito jurisprudencial apresenta-se difícil porque não goza da comunicabilidade e da banalidade do direito escrito, visto até como uma espécie de colégio de nobres.

O Código dos Contratos Públicos, que não é verdadeiramente um Código, é o expoente máximo da ideologia contratual e da banalização jurídica do direito administrativo. Nota-se, inclusive, uma grande confusão semântica, que só a jurisprudência pode superar porque se move a um nível superior, o da *qualificação jurídica*.

Como a reserva do direito jurisprudencial é a reserva da *qualificação jurídica*, dá, por vezes, a ideia, a um leitor superficial, que viola o direito administrativo positivo-escrito, como aconteceu recentemente com o Acórdão do STA, de 2 de maio de 2010 [883].

Atualmente, só a jurisprudência parece compreender bem que o Direito é uma ciência de ficções, que o Direito não é uma simples *matéria*; é sobretudo uma *forma* de conhecimento da técnica jurídica como qualificação e interpretação do sistema jurídico, de todo o sistema jurídico.

Esta tarefa é tanto mais importante, quanto o direito administrativo é sobretudo direito administrativo europeu e o legislador comunitário é adverso a qualificações jurídicas para deixar imperturbada a aplicação subjetiva das suas normas [884].

Curiosamente, e com algum humor, o triunfo da moda contratual é acompanhada do sacrifício do modo e da forma contratual. O fascínio atual da doutrina pela contratualização lembra-nos o *slogan* da "eterna juventude" dos menos jovens.

---

[883] Acórdão do STA, de 20 de maio de 2010, Processo 1480/09, in *CJA*, n.º 84, 2010, p. 14 e ss. Embora não concordemos com a solução encontrada, o Tribunal supremo colocou bem o problema essencial — o da natureza jurídica do ente.

[884] Como é visível com a expressão e conceção do contrato público, que parece dispensar, em boa medida, qualquer preocupação quanto à natureza jurídica das entidades adjudicantes (cfr. o artigo 2.º do CCP).

Um primeiro paradoxo da "bricolage contratual": o contrato por objetivos. Que nós saibamos, o juiz administrativo ainda não se pronunciou sobre a sua natureza jurídica. Apesar da discutível atratividade dos contratos consigo mesmo do direito privado (que não são, em bom rigor, um contrato consigo mesmo, porque o vendedor-comprador atua em duas qualidades diferentes) parece-nos que não pode existir um contrato desta natureza no direito administrativo (como no direito privado), como o demonstra a jurisprudência comunitária sobre a relação *in house*.

De outra parte, a dificuldade do direito dos contratos públicos parece residir no facto do direito jurisprudencial não servir de quadro de referência ao direito escrito, ao invés do que se passa na União Europeia, onde o "acquis" jurisprudencial funciona como apreensão e compreensão do direito administrativo e, deste modo, se impõe ao legislador do direito escrito. O que explica, a nosso ver, o olhar impressionista dos comentadores da jurisprudência administrativa, incapazes de perceber que esta se fertiliza sobre noções fundamentais do direito administrativo, como as de serviço público e de interesse público. Um legislador e uma doutrina completamente submissos a uma cultura de resultado e da *performance* não são capazes de compreender o papel de uma jurisprudência que não pode deixar de se mover ao nível das grandes qualificações jurídicas do direito administrativo (público) [885].

---

[885] Por exemplo, só a jurisprudência pode chegar à qualificação do contrato administrativo e distingui-lo do contrato público de inspiração comunitária. O que distingue o contrato administrativo é o seu regime iuspublicístico ou a natureza desigual do contrato (artigo 302.º e ss. do CCP)? O CCP não é esclarecedor neste ponto (cfr. os artigos 1.º/5/6, 279.º, 280.º, 302.º e 338.º, todos do CCP), parecendo assentar na distinção entre colaboração subordinada e cooperação paritária. Mesmo que se entenda que uma coisa é o regime das relações jurídicas por

ele constituídas e outra a sua qualificação como contrato administrativo, o problema da qualificação jurídica mantém-se, como se mantém a dúvida (face à natureza inapreensível da alínea d) do n.º 6 do artigo 1.º do CCP) de saber quais são os contratos públicos que não são contratos administrativos.

Outra questão e outra dúvida. Se o contrato administrativo não é um contrato sob a forma de ato administrativo, é um ato sob a forma de contrato? Se não é nenhuma das duas coisas, o que é? *O que é, o que é?* Não é uma essência, é uma *qualificação jurídica*; diríamos nós, um *contractus lex*, cujo elemento principal de causação é o ato de adjudicação, ato que tem efeitos contratuais. Mas se se autonomiza, por razões processuais e de justiça, é certo, o ato de adjudicação, que sentido faz o automatismo da *invalidade derivada* sustentado por alguns? Tem sentido falar de *unidade do contrato* para justificar tal automatismo? Porque não também uma ilegalidade derivada (do ato procedimental) como consequência da invalidade do contrato? Parece que não, se não desconhecermos a regra de que a legalidade de um ato administrativo se aprecia lógica e normalmente à luz da situação de direito e de facto existente no momento em que se pratica o ato.

Ainda que a Diretiva 66/2007, com o seu célebre efeito suspensivo processual, venha limitar ou mesmo eliminar a possibilidade de uma invalidade derivada, o problema do ponto de vista conceptual e dogmático continua a colocar-se (cfr. o artigo 283.º do CCP), inclusive porque a Administração pode ser mais urgente do que o juiz urgente (artigo 100.º e ss. do CPTA). Neste caso, o objeto do processo pode ser alargado à impugnação do contrato (artigo 102.º/4 do CPTA), sem descartar a possibilidade de cumulação de pedidos. Já na perspetiva substantiva (artigo 283.º do CCP), a resposta parece depender do tipo de vício e de invalidade do ato procedimental, deduzindo-se a nulidade do contrato da nulidade daquele (cfr. o n.º 1 da referida disposição). Mas será automática?

Apesar da lógica que assiste à invalidade do ato ferir de morte o contrato, de que é prelúdio e suporte, há que convir que o contrato não é um ato administrativo e que, por isso, comporta, ao lado de elementos objetivos, um acordo de vontades das partes e, portanto, introduz no comércio jurídico elementos eminentemente subjetivos, próprios das partes e vinculados às suas vontades particulares.

Onde está a ficção, na autonomia do ato (de adjudicação) ou na autonomia do contrato? Da resposta a esta pergunta pode depender a solução a dar ao que se designa habitualmente de invalidade própria

Mais uma vez, o grande desafio de saber quem vence, se a morfologia ou a teoria geral e a dogmática? Dir-se-á que enquanto houver jurisdição administrativa haverá jurisprudência, direito jurisprudencial. Não estamos tão certos disso. Receamos mesmo que se a jurisprudência abandonar as alturas da qualificação jurídica e da teoria geral deixará de haver jurisprudência, o que haverá é uma engenharia jurisprudencial rendida ao mercado e aos seus (des)valores. Isto não significa que o juiz (e a sua jurisprudência) não deva ser compreensível, tornando legível o seu complexo raciocínio para uma melhor execução do caso julgado. Impõe-se decidir bem e explicar com toda a clareza o *porquê* da decisão.

O juiz administrativo enfrenta dificuldades extraordinárias com a recente codificação de matérias relevantes do direito administrativo, codificação que implica uma alteração morfológica do direito administrativo. Com efeito, esta codificação reflete uma visão tecnológica do direito administrativo propícia ao direito dos "experts", à engenharia jurídica, numa clara ocultação dos princípios e dos valores fundamentais do direito administrativo. Que dizer de um Código dos Contratos Públicos que é um exemplo de

---

(do contrato) e invalidade derivada (do ato procedimental). No entanto, é nossa convicção que a preocupação maior do legislador, sobretudo comunitário, é o de evitar que qualquer ilegalidade procedimental, ainda que venial ou formal, possa atingir o contrato, que simboliza a estabilidade da relação jurídica.

No fundo, o legislador comunitário, com a Diretiva-recursos, adotou e ampliou essa "joia" do direito administrativo francês, que é a teoria dos atos destacáveis, concebida *ab origine* como paliativo à inadmissibilidade do recurso por "excesso de poder" contra o contrato administrativo, inadmissibilidade que afetava essencialmente os terceiros.

incomunicabilidade pragmática? Da panóplia de palavras e da valsa de etiquetas? [886]

E chegámos onde queríamos chegar, ao instituto *in house providing,* ao "paradoxo" principal.

Como explicar que a jurisprudência comunitária sobre a relação *in house* [887] tenha considerado, com intenção generalizante, o *antagonismo genético* do interesse público com o interesse de que são portadores os particulares? É tanto mais surpreendente, segundo a lógica da contratação pública, quanto o direito administrativo europeu aponta para uma noção objetivante da pessoa jurídica pública através da figura do organismo de direito público.

Com efeito, a imposição da índole pública *absoluta* da entidade adjudicatária conduz a considerar que a relação desta com a entidade adjudicante não poderá jamais colocar-se em termos de *alteridade* mas simbolicamente de *identidade,* mesmo quando a Administração adjudicante não seja subjetivo-organicamente Administração. Impõe-se perguntar se é configurável uma relação *in house* quando o organismo *in house* constitua uma fundação, uma vez que a jurisprudência comunitária não parece distinguir, nas regras sobre a relação *in house,* a natureza jurídica do ente [888].

Como compreender a via hermenêutica do TJUE, que aparentemente conflitua com a Diretiva 2004/18/CEE, se

---

[886] Este Código é inaplicável sem uma alta jurisprudência assente na "qualificação jurídica".

[887] Referimo-nos às seguintes pronúncias do TJUE: *Teckal*, sentença de 9 de setembro de 1999; *Stadt Halle*, com sentença de 11 de janeiro de 2005, que implica uma alteração de rota; *Parking Brixen*, sentença de 13 de outubro de 2005; *Carbotermo*, sentença de 11 de maio de 2006; *Tragsa*, sentença de 19 de abril de 2007.

[888] Cfr. o artigo 2.º/1/e) do CCP.

esquecermos que o direito administrativo jurisprudencial se rege pelos grandes princípios do direito público?

Como explicar a insubsistência do critério do *controlo análogo* numa situação de participação simbólica (1%) do capital privado?

É verdade que a jurisprudência do TJUE, em matéria de *in house providing,* se tem revelado em permanente evolução, sem prejuízo de ter individualizado no *controlo análogo* um dos dois elementos qualificantes desta figura. Quando o organismo *in house* seja participado não apenas por um ente público mas por vários sujeitos públicos, o controlo análogo torna-se ainda mais problemático. Com efeito, é difícil imaginar que todos os "sócios" possam exercer *contemporaneamente* um controlo análogo ao exercitado sobre os seus próprios serviços.

Também aqui a jurisprudência comunitária é demiurga, estabelecendo a sentença *Tragsa* uma solução que revê o controlo análogo na possibilidade de cada um dos "sócios" públicos *ordenar* ao organismo *in house* o cumprimento de uma determinada atividade sem recurso à contratação. Tais casos pressupõem a prévia determinação, entre os entes públicos-sócios, das modalidades e das condições em que cada um deles pode utilizar o organismo *in house.*

Descrita nestes termos, a relação entre as entidades públicas e o organismo *in house* não parece facilmente assimilável à relação entre sócios e sociedade.

Como demonstra a experiência da relação *in house,* e a organização judiciária de uma justiça administrativa de pendor garantístico como a nossa, gostaríamos, para fechar esta obra, de fazer uma proposta: o reforço do controlo do STA das *qualificações jurídicas.*

Para começar, definiríamos a noção de "qualificação jurídica" como a operação intelectual do juiz que consiste em fazer entrar um objeto numa categoria jurídica preestabelecida (ou não), a fim de permitir a aplicação ao objeto assim qualificado do regime jurídico adequado à categoria em causa [889].

A descoberta da categoria jurídica não é um princípio do juiz, mas é a este que cabe construí-la, se entendermos que o Direito é o que os juízes (jurisprudência) dizem ser o Direito, mesmo que isso implique uma descida, de menor intensidade, é certo, do juiz supremo ao inferno e ao mistério dos factos. Demos o exemplo do erro manifesto de apreciação, sem com isso querer advogar a substituição do "juiz de mérito" pelo "juiz de direito". Como sabemos, a noção de "erro manifesto de apreciação" é uma criatura jurisprudencial que consiste (inicialmente) num erro de facto, mas que é também (ou pode ser) um erro da qualificação jurídica e um erro de direito.

Numa justiça administrativa como a nossa, será contraditório, ou até um casamento contranatura, introduzir e aprofundar esta técnica jurídica ao nível da nossa jurisdição administrativa suprema? É certo que o erro de direito existe ou não existe e não é suscetível de graduação como os factos.

Não se pretende, com esta proposta, banalizar o terceiro grau de jurisdição, mas apenas aprofundar os mecanismos postos pelo ordenamento processual ao serviço do juiz supremo [890].

A questão é esta: a situação de facto constatada soberanamente pelo juiz de mérito responde a uma qualificação jurídica precisa? O juiz deve responder a esta ques-

---

[889] Não existem categorias jurídicas imediatamente dadas. É o espírito jurídico que as constrói.

[890] Cfr., por exemplo, os artigos 93.º, 148, 150.º, 151.º e 152.º do CPTA.

tão através de um *sim* ou de um *não*. Ele não deve refugiar-se na hesitação ou no impressionismo, dizendo que o erro de direito é possível mas que ele não é manifesto. Sinceramente, não nos parece que ligar o erro manifesto à qualificação seja contranatura ou desaconselhável ao Tribunal Supremo, até porque o facto é aqui entendido normativamente, portanto, qualificado juridicamente [891].

Como sabemos que não sabemos que facto e direito não são coisas de mundos jurídicos diferentes?

A arte de uma jurisdição suprema está em pautar a sua intervenção por uma verdadeira utilidade para a interpretação e aplicação do Direito, o que significa que aquela não deve controlar todas as qualificações jurídicas do juiz de mérito mas apenas as que se revelem fundamentais à unidade do sistema jurídico. Sem concessões e sem banalidades jurídicas enfáticas.

Se todo o erro na qualificação jurídica dos factos ou dos atos constitui violação de lei, então toda a qualificação essencial deveria, em princípio, ser controlada pela jurisdição suprema e todo o erro do juiz de mérito deveria ser censurado.

O problema será como evitar a terceiro grau de jurisdição se se aceita que o STA deve controlar (e apurar) a qualificação jurídica e se nesse caso não se comportará como um juiz de mérito (ou até de mera apelação), aproximando-se de uma competência que não é sua. Mas não é isto que, ainda que a título excecional, proporciona o artigo 150.º do CPTA?

Não creio que assim seja, uma vez que a referida disposição tem apenas o efeito de uma jurisdição suprema

---

[891] Cfr. COLAÇO ANTUNES, *A Teoria do Ato e a Justiça Administrativa...*, op. cit., p. 23 e ss.

ideal, permitindo ao STA comportar-se, enquanto último escalão da ordem jurisdicional administrativa, como um tribunal de revisão, por forma a manter a unidade da "doutrina" jurisprudencial.

Como juiz de controlo da qualificação jurídica, o STA não examina *todos* os elementos do processo nem se substitui ao juiz do fundo da causa e ao seu poder de apreciação.

Com efeito, se o duplo grau de jurisdição é a regra, o triplo grau de jurisdição não traduz a realidade da organização judiciária administrativa e o juiz supremo, controlando apenas as qualificações jurídicas indispensáveis, não pretende ser um terceiro grau de jurisdição.

Em extrema síntese, é nossa convicção que, no estádio atual da justiça administrativa, não basta à jurisdição suprema um controlo do erro de direito, faltando-lhe um controlo da qualificação jurídica. Resumir o papel do STA a uma identificação e interpretação da norma jurídica é extremamente redutor, mesmo à luz da doutrina da uniformização da jurisprudência. O recurso de revista garante a unidade de *interpretação* (formal) das categorias jurídicas, mas não a unidade (material) da sua *aplicação*. Só o controlo da qualificação jurídica é capaz de garantir a adequação das técnicas jurídicas a utilizar, o que nunca pode ser atingido com recurso, mesmo que amplo, ao controlo de revista do erro de direito. Numa palavra, a jurisprudência suprema não cumprirá plenamente a sua função sem a utilização do controlo das qualificações jurídicas, porque só assim se dará cabal cumprimento à sua função uniformizadora da aplicação do direito e não apenas da sua interpretação. Só assim haverá lugar a uma jurisprudência indispensável e uniformizadora da mais alta instância judicial administrativa, o que exigirá uma outra conceção de si mesma.

Em resumo, no quadro da função jurisdicional, o controlo da qualificação jurídica ocupa uma função, uma só: assegurar a *aplicação* uniforme do Direito e não apenas da lei, o que exigirá, porventura, uma subida às alturas da teoria geral e, por vezes, uma descida ao inferno dos factos, exigida pela sua qualificação jurídica. É que a qualificação jurídica é o produto da interpretação e da apreciação. Se a qualificação jurídica procede da interpretação, o que equivale a fazer da interpretação uma condição de qualificação jurídica, do mesmo modo esta necessita da apreciação do objeto a qualificar.

A operação sobre o Direito e a operação sobre o facto são indissociáveis da qualificação jurídica. Ao mesmo tempo, a qualificação jurídica pode implicar consequências decisivas sobre a apreciação do objeto a qualificar e sobre a interpretação da categoria jurídica a aplicar.

O nosso raciocínio é mais percetível se acudirmos ao exemplo da "perturbação da ordem pública". Bastará para proibir um determinado espetáculo, sustentar que ele atenta contra a dignidade humana, quando nenhum dos elementos que compõem a categoria de "ordem pública" está em causa?

Terminamos simbolicamente com uma interrogação que o não é de todo.

Ao leitor, gostaríamos de deixar visível uma ideia que perpassa por esta obra. *Não há, ou nem sempre há, continuidade entre conceitos e institutos jurídicos.* Por vezes, há descontinuidade e até rutura, como sucede debaixo dos nossos olhos entre *Grundnorm* e sistema jurídico.

Não sabíamos, nem tínhamos esperança, até há pouco tempo, que as grandes narrações académicas poderiam assumir a forma de eterno retorno seletivo... do que deve repetir-se sem cessar.

Esta é a minha *dívida soberana* para com a jovem e dotada Colega que me acompanha neste caminhar fazendo caminhos.

BIBLIOGRAFIA JURISPRUDENCIAL

BIBLIOGRAFIA JURISPRUDENCIAL

1. O direito administrativo entre a pessoa jurídica pública e a pessoa jurídica privada: festa e tragédia

Acórdãos do STA
    de 18 de janeiro de 1990, Processo 025853;
    de 15 setembro de 1999, Processo 045375;
    de 3 de abril de 2001, Processo 047374;
    de 29 de junho de 2001, Processo 047674;
    (Pleno) de 18 de abril de 2002, Processo 045834;
    de 8 de outubro de 2002, Processo 01308/02;
    de 22 de janeiro de 2004, Processo 01957/03;
    (Pleno) de 24 de maio de 2005, Processo 0927/02;
    de 14 de março de 2006, Processo 0976/05;
    de 18 de maio de 2006, Processo 0146/06;
    de 30 de janeiro de 2007, Processo 0561/06;
    de 30 de setembro de 2009, Processo 0453/09;
    de 18 de novembro de 2009, Processo 0505/09;
    de 20 de janeiro de 2010, Processo 01110/09;
    (Pleno) de 20 de maio de 2010, Processo 01113/09;
    de 24 de maio de 2011, Processo 0149/11.

Acórdãos do TCA Sul
    de 1 de junho de 2006, Processo 1620/06;
    de 12 de fevereiro de 2009, Processo 03721/08;
    de 26 de abril de 2012, Processo 05524/09.

Acórdãos do TCA Norte
    de 23 de março de 2006, Processo 01506/04.8BEVIS-A;
    de 16 de outubro de 2008, Processo 01664/05.4BEPRT;
    de 22 de outubro de 2010, Processo 00569/2003-Coimbra.

1. 1. O organismo de direito público, uma figura hermafrodita

Acórdãos do STA
 de 5 de abril de 2005, Processo 0266/05;
 de 17 de janeiro de 2006, Processo 0980/05.

Acórdãos do TCA Sul
 de 2 de abril de 2009, Processo 04850/09;
 de 5 de maio de 2011, Processo 07303/11.

Acórdão do TCA Norte
 de 3 de julho de 2008, Processo 00955/07.4BEBRG.

2. A arte e a técnica da qualificação jurídica: discricionaridade administrativa, autovinculação e mérito

Acórdãos do STA
 de 6 de novembro de 1990, Processo 027682;
 de 24 de maio de 1994, Processo 032758;
 de 20 de novembro de 1997, Processo 039512;
 de 23 de maio de 2000, Processo 040313; (Pleno)
 de 26 de outubro de 2000, Processo 044848;
 de 29 de março de 2001, Processo 046939;
 de 20 de março de 2003, Processo 0401/03;
 de 14 de outubro de 2004, Processo 0220/04;
 de 23 de novembro de 2005, Processo 01112/04;
 de 17 de janeiro de 2007, Processo 01068/06;
 de 6 de março de 2007, Processo 01143/06;
 de 20 de fevereiro de 2008, Processo 0476/07.

Acórdãos do TCA Sul
 de 19 de fevereiro de 2004, Processo 12670/03;
 de 29 de abril de 2004, Processo 01154/98;
 de 7 de outubro de 2004, Processo 11137/02;
 de 7 de abril de 2005, Processo 00162/04;
 de 23 de junho de 2005, Processo 10728/01;
 de 6 de abril de 2006, Processo 10511/01;
 de 15 de abril de 2010, Processo 01865/06;
 de 22 de março de 2012, Processo 07555/11.

Acórdãos do TCA Norte
de 26 de julho de 2007, Processo 00648/04.4BEPRT;
de 4 de outubro de 2010, Processo 00700/04.6BEBRG;
de 7 de outubro de 2011, Processo 01277/08.9BEVIS.

3. A anulação administrativa e os seus amigos-inimigos

Acórdãos do STA
de 11 de junho de 1991, Processo 024782;
de 27 de abril de 1995, Processo 035431;
de 2 de julho de 1996, Processo 030778;
(Pleno) de 29 de outubro de 1997, Processo 028706;
de 18 de novembro de 1997, Processo 040079;
de 5 de novembro de 1998, Processo 043283;
de 9 de dezembro de 1998, Processo 031760;
de 19 de janeiro de 1999, Processo 043139;
de 3 de novembro de 1999, Processo 037910;
de 15 de março de 2000, Processo 045054;
de 8 de março de 2001, Processo 046326;
de 4 de outubro de 2001, Processo 046947;
de 27 de novembro de 2001, Processo 047706;
de 7 de fevereiro de 2002, Processo 046611;
de 9 de outubro de 2003, Processo 0727/03;
de 4 de fevereiro de 2004, Processo 02/04;
de 29 de novembro de 2005, Processo 01855/02;
(Pleno) de 18 de outubro de 2007, Processo 040141A;
de 27 de janeiro de 2010, Processo 01061/09.

Acórdãos do TCA Sul
de 24 de fevereiro de 2005, Processo 02061/98;
de 3 de maio de 2007, Processo 01532/06;
de 6 de março de 2008, Processo 06056/02;
de 14 de abril de 2011, Processo 02207/06.

Acórdão do TCA Norte
de 24 de fevereiro de 2012, Processo 00568/10.3BECBR.

4. A nulidade administrativa: realidade e transcendência

Acórdãos do STA
   (Pleno) de 27 de janeiro de 1982, Processo 012522;
   (Pleno) de 21 de março de 1991, Processo 019760;
   de 18 de abril de 1991, Processo 026364;
   de 17 de outubro de 1991, Processo 029369;
   (Pleno) de 30 de abril de 1992, Processo 025349;
   de 20 de maio de 1993, Processo 031520;
   (Pleno) de 17 de junho de 1993, Processo 024447;
   de 1 de julho de 1993, Processo 031594;
   de 6 de outubro de 1993, Processo 030463;
   de 12 de maio de 1994, Processo 030858;
   de 16 de março de 1995, Processo 034830;
   (Pleno) de 13 de julho de 1995, Processo 031129;
   de 5 de março de 1996, Processo 038732;
   de 17 de outubro de 1996, Processo 28237B;
   de 18 de março de 1997, Processo 040361;
   (Pleno) de 18 de fevereiro de 1998, Processo 035752;
   de 3 de março de 1999, Processo 041889;
   de 23 de março de 2000, Processo 044374;
   de 26 de outubro de 2000, Processo 046321;
   (Pleno) de 30 de maio de 2001, Processo 022251;
   de 19 de dezembro de 2001, Processo 046027;
   de 30 de janeiro de 2002, Processo 046135;
   de 5 de novembro de 2002, Processo 030247;
   de 21 de janeiro de 2003, Processo 044491;
   de 17 de junho de 2003, Processo 0666/03;
   de 17 de fevereiro de 2004, Processo 01572/02;
   (Pleno) de 22 de junho de 2006, Processo 0805/03.

Acórdãos do TCA Sul
   de 11 de maio de 2006, Processo 12088/02;
   de 12 de fevereiro de 2009, Processo 04727/09;
   de 1 de março de 2011, Processo 01001/06.

Acórdãos do TCA Norte
   de 25 de maio de 2006, Processo 00475/02 – Coimbra;
   de 26 de novembro de 2009, Processo 01548/06.9BEBRG;

de 18 de março de 2011, Processo 01333/07.0BEBRG;
de 27 de outubro de 2011, Processo 00695/06.1BEVIS.

5. A eficácia do ato administrativo e o seu dilema existencial

Acórdãos do STA
  de 14 de março de 1991, Processo 024486;
  de 28 de maio de 1991, Processo 025993;
  de 29 de maio de 1991, Processo 029122;
  de 21 de novembro de 1991, Processo 029261;
  de 19 de março de 1992, Processo 028607;
  de 9 de março de 1995, Processo 036150;
  (Pleno) de 1 de outubro de 1997, Processo 029575;
  de 20 de novembro de 1997, Processo 041719;
  (Pleno) de 26 de novembro de 1997, Processo 036927;
  de 25 de fevereiro de 1998, Processo 042561;
  (Pleno) de 31 de março de 1998, Processo 033602;
  de 24 de setembro de 1998, Processo 043835;
  de 9 de novembro de 2000, Processo 045390;
  (Pleno) de 6 de junho de 2002, Processo 039459;
  de 6 de novembro de 2002, Processo 0308/02;
  (Pleno) de 23 de janeiro de 2003, Processo 048168;
  (Pleno) de 4 de fevereiro de 2003, Processo 040952;
  de 22 de janeiro de 2004, Processo 01578/03;
  (Pleno) de 9 de março de 2004, Processo 01509/02;
  de 25 de maio de 2004, Processo 01568/02;
  de 11 de novembro de 2004, Processo 0504/04;
  de 29 de março de 2006, Processo 01399/04;
  (Pleno) de 6 de junho de 2007, Processo 01250/06;
  de 16 de abril de 2008, Processo 0743/07.

Acórdãos do TCA Sul
  de 29 de março de 2001, Processo 3011/99;
  de 4 de julho de 2002, Processo 10618/01;
  de 30 de junho de 2005, Processo 12716/03;
  de 19 de maio de 2011, Processo 01754/06;
  de 14 de dezembro de 2011, Processo 02895/07.

Acórdãos do TCA Norte
de 21 de janeiro de 2010, Processo 00492/06.4BECBR;
de 18 de novembro de 2010, Processo 00223/06.9BEMDL;
de 4 de maio de 2012, Processo 00544/07.3BECBR.

6. O princípio do aproveitamento do ato e a dramática (ir)relevância dos vícios formais

Acórdãos do STA
(Pleno) de 12 de julho de 1990, Processo 022906;
de 27 de abril de 1995, Processo 034743;
(Pleno) de 20 de março de 1997, Processo 027930;
de 1 de julho de 1997, Processo 041588;
de 23 de janeiro de 2001, Processo 045967;
de 13 de fevereiro de 2001, Processo 046658;
de 24 de outubro de 2001, Processo 047433;
de 7 de novembro de 2001, Processo 038983;
de 7 de fevereiro de 2002, Processo 046611;
de 26 de setembro de 2006, Processo 01273/05;
de 22 de maio de 2007, Processo 0161/07;
de 11 de outubro de 2007, Processo 01521/02;
de 28 de outubro de 2009, Processo 0121/09;
de 04 de novembro de 2009, Processo 0165/09;
de 26 de maio de 2010, Processo 0238/09;
de 26 de outubro de 2010, Processo 0473/10;
de 6 de setembro de 2011, Processo 0787/10.

Acórdãos do TCA Sul
de 30 de abril de 2009, Processo 00977/05;
de 13 de janeiro de 2011, Processo 01581/06;
de 5 de maio de 2011, Processo 03433/08.

Acórdãos do TCA Norte
de 22 de junho de 2011, Processo 00462/2000-Coimbra;
de 27 de outubro de 2011, Processo 00695/06.1BEVIS.

7. O recurso administrativo potestativo: quando o mal vem do céu

Acórdãos do Tribunal Constitucional
n.º 499/96, de 20 de março de 1996, Processo 383/93;
n.º 425/99, de 30 de junho de 1999, Processo 1116/98.

Acórdãos do STA
de 17 de novembro de 1994, Processo 034709;
de 12 de maio de 1999, Processo 044684;
(Pleno) de 24 de maio de 2005, Processo 01652/02;
de 19 de dezembro de 2006, Processo 0825/06;
de 28 de dezembro de 2006, Processo 01061/06;
(Pleno) de 22 de março de 2007, Processo 0848/06;
(Pleno) de 27 de fevereiro de 2008, Processo 0848/06;
de 16 de abril de 2008, Processo 0743/07;
(Pleno) de 4 de junho de 2009, Processo 0377/08;
de 6 de maio de 2010, Processo 01255/09.

Acórdãos do TCA Sul
de 27 de março de 2008, Processo 03297/07;
de 25 de junho de 2009, Processo 05104/09;
de 18 de novembro de 2010, Processo 06326/10.

Acórdãos do TCA Norte
de 2 de julho de 2009, Processo 00708/07.0BECBR;
de 28 de outubro de 2010, Processo 00064/09.1BECBR.

8. A responsabilidade administrativa entre tradição e reforma: o problema bicudo da prejudicialidade administrativa

Acórdãos do STJ
de 27 de novembro de 2007, Processo 07A3954;
de 10 de abril de 2008, Processo 08B845.

Acórdãos do STA
de 3 de março de 2005, Processo 0745/04;
(Tribunal de Conflitos) de 21 de março de 2006, Processo 0340;

de 12 de julho de 2007, Processo 0200/07;
de 9 de outubro de 2008, Processo 0319/08;
de 2 de dezembro de 2009, Processo 01088/08;
(Tribunal de Conflitos) de 20 de janeiro de 2010, Processo 025/09;
de 25 de fevereiro de 2010, Processo 01112/09;
(Tribunal de Conflitos) de 9 de junho de 2010, Processo 08/10;
de 21 de setembro de 2010, Processo 0468/09;
(Tribunal de Conflitos) de 20 de setembro de 2011, Processo 03/11;
(Tribunal de Conflitos) de 22 de setembro de 2011, Processo 05/11;
de 2 de novembro de 2011, Processo 0893/09;
de 23 de fevereiro de 2012, Processo 013/10;
de 28 de fevereiro de 2012, Processo 01077/11.

Acórdãos do TCA Sul
de 14 de fevereiro de 2011, Processo 07175/11;
de 13 de outubro de 2011, Processo 07594/11;
de 20 de outubro de 2011, Processo 04720/09;
de 23 de novembro de 2011, Processo 05112/09;
de 16 de fevereiro de 2012, Processo 02585/07;
de 1 de março de 2012, Processo 01361/06;
de 10 de maio de 2012, Processo 07403/11.

Acórdãos do TCA Norte
de 22 de novembro de 2007, Processo 02121/04.1BEPRT;
de 22 de outubro de 2009, Processo 00467/08.9BECBR;
de 8 de março de 2011, Processo 02035/06.0BEPRT;
de 27 de maio de 2011, Processo 01064/08.4BEVIS;
de 4 de novembro de 2011, Processo 00213/06.1BELLE;
de 27 de janeiro de 2012, Processo 00284/08.6BEPNF-A;
de 27 de janeiro de 2012, Processo 00357/05.7BEPRT.

9. A aceitação do ato: um futuro anterior

Acórdãos do STA
de 7 de maio de 1992, Processo 027662;
(Pleno) de 27 de junho de 1995, Processo 023196;
de 12 de maio de 2004, Processo 01002/02;
(Pleno) de 5 de maio de 2005, Processo 01002/02;
de 25 de janeiro de 2006, Processo 0111/03;
de 23 de novembro de 2010, Processo 0985/09.

Acórdãos do TCA Sul
de 7 de março de 2002, Processo 10544/01;
de 4 de março de 2010, Processo 02745/07.

10. A relação jurídica administrativa e a sua jurisdição administrativa ou as tentações de um legislador menor

Acórdãos do STA
de 8 de abril de 1997, Processo 036660;
de 14 de abril de 1998, Processo 043123;
de 28 de abril de 1998, Processo 020632;
de 14 de junho de 2000, Processo 045633;
de 31 de outubro de 2002, Processo 01329/02;
(Tribunal de Conflitos) de 8 de julho de 2003, Processo 01/03;
(Tribunal de Conflitos) de 18 de julho de 2003, Processo 012/02;
de 27 de janeiro de 2004, Processo 01116/03;
(Tribunal de Conflitos) de 23 de setembro de 2004, Processo 05/04;
de 11 de maio de 2005, Processo 01809/03;
(Tribunal de Conflitos) de 14 de março de 2006, Processo 021/05;
(Tribunal de Conflitos) de 23 de março de 2006, Processo 024/05;
(Tribunal de Conflitos) de 4 de abril de 2006, Processo 027/05;
(Tribunal de Conflitos) de 18 de maio de 2006, Processo 01618/06;
de 4 de julho de 2006, Processo 011/06;
(Tribunal de Conflitos) de 26 de setembro de 2006, Processo 014/06;
(Tribunal de Conflitos) 12 de junho de 2007, Processo 08/07;
(Tribunal de Conflitos) de 21 de maio de 2008, Processo 01/08;
(Tribunal de Conflitos) de 2 de outubro de 2008, Processo 012/08;
de 28 de outubro de 2009, Processo 0484/09;
de 16 de dezembro de 2009, Processo n.º 015/08;
(Tribunal de Conflitos) de 20 de janeiro de 2010, Processo 025/09;
(Tribunal de Conflitos) de 5 de maio de 2010, Processo 015/09;
(Tribunal de Conflitos) de 9 de junho de 2010, Processo 08/10;
(Tribunal de Conflitos) de 9 de junho de 2010, Processo 012/10;
(Tribunal de Conflitos) de 17 de junho de 2010, Processo 04/10;
(Tribunal de Conflitos) de 9 de dezembro de 2010, Processo 020/10;
(Tribunal de Conflitos) de 20 de setembro de 2011, Processo 03/11;
(Tribunal de Conflitos) de 22 de setembro de 2011, Processo 05/11;
(Tribunal de Conflitos) de 20 de outubro de 2011, Processo 013/11;
de 2 de novembro de 2011, Processo 0893/09.

Acórdãos do TCA Sul
   de 9 de dezembro de 2004, Processo 00254/04;
   de 22 de março de 2007, Processo 01545/06;
   de 22 de março de 2007, Processo 01237/05;
   de 28 de março de 2007, Processo 05041/00;
   de 21 de maio de 2009, Processo 03775/08.

Acórdãos do TCA Norte
   de 10 de janeiro de 2008, Processo 02062/07.0BEPRT;
   de 6 de maio de 2010, Processo 01566/08.2BEBRG;
   de 16 de dezembro de 2011, Processo 01757/08.6BEBRG.

11. O valor da ação e a complexidade de um processo pobre

Acórdão do STA
   de 20 de dezembro de 2011, Processo 0800/11.

Acórdãos do TCA Sul
   de 10 de setembro de 2009, Processo 05403/09;
   de 18 de novembro de 2010, Processo n° 06614/10;
   de 7 de dezembro de 2011, Processo 07958/11;
   de 12 de janeiro de 2012, Processo 08300/11.

Acórdãos do TCA Norte
   de 9 de novembro de 2006, Processo 01083/05.2BEBRG-A;
   de 16 de novembro de 2006, Processo 01147/05.2BEBRG;
   de 14 de fevereiro de 2007, Processo 00608/06.0BEPNF-A;
   de 1 de setembro de 2008, Processo 01110/05.3BEBRG;
   de 16 setembro de 2011, Processo 00638/11.0BEPRT.

12. O princípio da cumulação de pedidos: uma inovação inovatória

Acórdãos do STA
   de 15 de março de 2005, Processo 015/04;
   de 25 de novembro de 2009, Processo 0923/09;
   (Pleno) de 25 de março de 2010, Processo 0913/08.

Acórdãos do TCA Sul
   de 9 de junho de 2011, Processo 07228/11;
   de 13 de outubro de 2011, Processo 03693/08;
   de 23 de novembro de 2011, Processo 05117/09;
   de 15 de março de 2012, Processo 05963/10.

Acórdãos do TCA Norte
   de 30 de março de 2006, Processo 00922/05.2BEBRG;
   de 11 de maio de 2006, Processo 00038/04.9BEPRT;
   de 27 de setembro de 2007, Processo 00126/05.4BEPNF.

13. A recorribilidade dos atos administrativos: um caminho conceptual e dogmático nada linear

Acórdãos do STA
   (Pleno) de 1 de outubro de 2003, Processo 042521;
   de 14 de janeiro de 2004, Processo 01575/03;
   (Pleno) de 18 de abril de 2004, Processo 044067;
   de 12 de maio de 2004, Processo 01819/02;
   de 20 de maio de 2004, Processo 047123;
   de 7 de julho de 2004, Processo 06/04;
   de 17 de maio de 2005, Processo 0358/05;
   de 12 de julho de 2005, Processo 0510/05;
   (Pleno) de 6 de dezembro de 2005, Processo 0239/04;
   de 17 de janeiro de 2006, Processo 0670/03;
   de 12 de julho de 2007, Processo 01950/03;
   (Pleno) de 10 de abril de 2008, Processo 0544/06;
   de 16 de dezembro de 2009, Processo 0140/09;
   de 28 de outubro de 2010, Processo 0390/10.

Acórdãos do TCA Sul
   de 22 de setembro de 2004, Processo 12972/03;
   de 23 de fevereiro de 2006, Processo 07086/03;
   de 21 de fevereiro de 2008, Processo 01667/06;
   de 6 de março de 2008, Processo 00946/05;
   de 15 de novembro de 2009, Processo 04334/08;
   de 23 de setembro de 2010, Processo 06158/10;
   de 21 de outubro de 2010, Processo 06680/10;

de 31 de março de 2011, Processo 01217/05;
de 29 de setembro de 2011, Processo 07413/11.

Acórdãos do TCA Norte
de 16 de dezembro de 2004, Processo 00467/04.8BECBR;
de 20 de setembro de 2007, Processo 01503/05.6BEPRT;
de 28 de fevereiro de 2008, Processo 00068/07.9BEPRT-A;
de 25 de setembro de 2008, Processo 00614/06.5BECBR;
de 30 de outubro de 2008, Processo 00869/05.9 BEBRG;
de 18 de dezembro de 2009, Processo 00939/05.7BEBRG;
de 9 de junho de 2011, Processo 00277/10.3BEAVR;
de 9 de junho de 2011, Processo 01041/10.5BEAVR;
de 21 de outubro de 2011, Processo 01113/10.6BEBRG;
de 8 de março de 2012, Processo 01172/09.4BEPRT.

14. A ação de condenação à prática de ato devido e as devidas cautelas do juiz administrativo

Acórdãos do TCA Sul
de 26 de outubro de 2006, Processo 1844/06;
de 29 de novembro de 2007, Processo 02977/07;
de 17 de setembro de 2009, Processo 05122/09;
de 11 de março de 2010, Processo 02426/07;
de 18 de março de 2010, Processo 05780/09;
de 28 de outubro de 2010, Processo 05096/09;
de 9 de junho de 2011, Processo 07454/11;
de 10 de novembro de 2011, Processo 03951/08;
de 9 de fevereiro de 2012, Processo 05224/09;
de 1 de março de 2012, Processo 05821/10;
de 1 de março de 2012, Processo 03079/07;
de 26 de abril de 2012, Processo 08452/12.

Acórdãos do TCA Norte
de 28 de setembro de 2006, Processo 00121/04.0BEPRT;
de 4 de janeiro de 2007, Processo 01113/04.5BEPRT;
de 26 de julho de 2007, Processo 00648/04.4BEPRT;
de 4 de outubro de 2007, Processo 00281/05.3BEVIS;
de 29 de maio de 2008, Processo 00406/05.9BEPRT;

de 27 de maio de 2010, Processo 00240/08.4BEPNF;
de 5 de novembro de 2010, Processo 00558/09.9BEBRG.

15. A prova procedimental e a soberania do juiz administratitvo

Acórdãos do STA
 de 17 de março de 1994, Processo 031659;
 (Pleno) de 14 de janeiro de 1999, Processo 031654;
 de 18 de dezembro de 2003, Processo 0185/03;
 de 15 de janeiro de 2004, Processo 0205/03;
 de 15 de janeiro de 2004, Processo 0224/03;
 de 11 de fevereiro de 2004, Processo 0170/03;
 (Pleno) de 18 de maio de 2004, Processo 048397;
 (Pleno) de 16 de junho de 2005, Processo 0189/03;
 (Pleno) de 9 de novembro de 2004, Processo 0248/03.

Acórdãos do TCA Norte
 de 3 de abril de 2008, Processo 00543/06.2BEPNF;
 de 27 de janeiro 2011, Processo 00827/07.2BEPRT.

16. Os contrainteressados como partes principais no processo administrativo

Acórdão do STA
 de 1 de março de 2011, Processo 0416/10.

Acórdãos do TCA Sul
 de 25 de outubro de 2007, Processo 02955/07;
 de 15 de dezembro de 2010, Processo 02819/07;
 de 12 de maio de 2011, Processo 02676/07;
 de 26 de maio de 2011, Processo 07605/11;
 de 26 de janeiro de 2012, Processo 07771/11;
 de 26 de abril de 2012, Processo 08706/12.

Acórdãos do TCA Norte
 de 15 de dezembro de 2005, Processo n.º 01332/04.4BEPRT;
 de 9 de março de 2006, Processo 00048/05.9BECBR;

de 1 de junho de 2006, Processo n.º 00859/04.2BEBRG;
de 26 de junho de 2008, Processo 02527/05.9BEPRT;
de 18 de março de 2011, Processo 01262/10.0BEBRG;
de 25 de novembro de 2011, Processo 00213-A/03-Coimbra.

17. O contencioso pré-contratual cada vez mais urgente e principal

Acórdãos do STA
  de 24 de abril de 2002, Processo 044147;
  de 24 de novembro de 2004, Processo 0903/04;
  de 12 de abril de 2005, Processo 0368/05;
  de 3 de outubro de 2006, Processo 0598/06;
  de 29 de novembro de 2006, Processo 0843/06;
  (Pleno) de 12 de dezembro de 2006, Processo 0528/06;
  de 13 de março de 2007, Processo 01009/06;
  de 17 de dezembro de 2008, Processo 0841/08;
  de 30 de setembro de 2009, Processo 0634/09;
  de 7 de outubro de 2009, Processo 0823/08;
  de 16 de dezembro de 2010, Processo 0648/10;
  de 27 de janeiro de 2011, Processo 0850/10.

Acórdãos do TCA Sul
  de 13 de janeiro de 2005, Processo 00394/04;
  de 28 de outubro de 2010, Processo 06773/10;
  de 23 de março de 2011, Processo 07056/10;
  de 27 de outubro de 2011, Processo 07952/11;
  de 23 de fevereiro de 2012, Processo 08364/11;
  de 29 de março de 2012, Processo 08271/11.

Acórdãos do TCA Norte
  de 19 de maio de 2005, Processo 00616/04.6BECBR;
  de 3 de julho de 2008, Processo 00955/07.4BEBRG;
  de 26 de novembro de 2009, Processo 01159/06.9BEBRG;
  de 7 de outubro de 2011, Processo 00858/10.5BEAVR;
  de 27 de outubro de 2011, Processo 01105/10.5BELSB.

18. A tutela cautelar e o perigo da sua banalização

Acórdãos do STA
    de 15 de outubro de 1998, Processo 44171A;
    de 29 de fevereiro de 2000, Processo 45667A;
    de 18 de agosto de 2004, Processo 0801/04;
    de 24 de novembro de 2004, Processo 01011/04;
    de 13 de janeiro de 2005, Processo 01273/04;
    de 9 de agosto de 2006, Processo 0528/06;
    de 26 de outubro de 2006, Processo 01013A/06;
    de 29 de novembro de 2006, Processo 01143/06;
    (Pleno) de 6 de fevereiro de 2007, Processo 0598/06;
    de 6 de março de 2007, Processo 01143/06;
    de 20 de março de 2007, Processo 01191/06;
    de 13 de setembro de 2007, Processo 0675/07;
    (Pleno) de 11 de dezembro de 2007, Processo 0210/07;
    de 3 de abril de 2008, Processo 01079/07;
    de 12 de fevereiro de 2009, Processo 01070/08;
    de 19 de novembro de 2009, Processo 01273/04;
    de 22 de junho de 2010, Processo 01030A/08;
    (Pleno) de 25 de março de 2010, Processo 0821/09;
    de 16 de setembro de 2010, Processo 0658/10;
    de 12 de março de 2011, Processo 022/09;
    de 12 de janeiro de 2012, Processo 0857/11.

Acórdãos do TCA Sul
    de 31 de maio de 2001, Processo 05494/01;
    de 30 de setembro de 2004, Processo 00270/04;
    de 13 de janeiro de 2005, Processo 00393/04;
    de 17 de novembro de 2005, Processo 01129/05;
    de 13 de outubro de 2005, Processo 01041/05;
    de 20 de abril de 2006, Processo 01328/06;
    de 18 de janeiro de 2007, Processo 01959/06;
    de 25 de janeiro de 2007, Processo 02206/06;
    de 8 de março de 2007, Processo 02202/06;
    de 13 de março de 2008, Processo 03506/08;
    de 18 de março de 2009, Processo 04674/08;
    de 7 de maio de 2009, Processo 04970/08;
    de 14 de maio de 2009, Processo 04834/09;

de 18 de junho de 2009, Processo 05123/09;
de 28 de outubro de 2010, Processo 06556/10;
de 28 de outubro de 2010, Processo 06616/10;
de 14 de dezembro de 2011, Processo 08141/11;
de 16 de fevereiro de 2012, Processo 08360/11.

Acórdãos do TCA Norte
de 16 de setembro de 2004, Processo 00764/04.2BEPRT;
de 3 de fevereiro de 2005, Processo 00451/04.1BECBR;
de 3 de março de 2005, Processo 01011/04.2BEVIS;
de 19 de maio de 2005, Processo 00004/05.7BECBR;
de 12 de janeiro de 2006, Processo 00769/05.6BEBRG-A;
de 29 de novembro de 2006, Processo 00727/06.3BEPRT-A;
de 15 de março de 2007, Processo 00246/06.8BEMDL;
de 14 de fevereiro de 2008, Processo 01205/07.9BEVIS-A;
de 9 de outubro de 2008, Processo 02319/06.8BEPRT-A;
de 5 de fevereiro de 2009, Processo 01688/08.0BEPRT;
de 19 de fevereiro de 2009, Processo 00951/08.4BEVIS-A;
de 12 de março de 2009, Processo 00222/08.6BEVIS-A;
de 12 de março de 2009, Processo 02236/08.7BEPRT;
de 4 de outubro de 2010, Processo 01312/05.2BEBRG-C;
de 13 de janeiro de 2011, Processo 01885/10.8BEPRT;
de 8 de julho de 2011, Processo 00290/10.0BECBR;
de 15 de julho de 2011, Processo 00102/11.8BEPRT-A;
de 30 de setembro de 2011, Processo 00365/11.9BECBR;
de 9 de dezembro de 2011, Processo 00359/11.4BEPNF;
de 16 de dezembro de 2011, Processo 00322/11.5BEBRG.

19. A extraordinária criatura da convolação do processo cautelar em processo principal

Acórdãos do STA
de 31 de março de 2005, Processo 00634/05;
(Pleno) de 6 de fevereiro de 2007, Processo 0598/06;
de 28 de setembro de 2010, Processo 0457/10.

Acórdãos do TCA Sul
de 1 de março de 2007, Processo 02343/07;

de 26 de março de 2009, Processo 02088/06;
de 20 de maio de 2010, Processo 06050/10;
de 3 de novembro de 2011, Processo 07712/11.

Acórdãos do TCA Norte
de 1 de março de 2007, Processo 00683/06.8BECBR;
de 26 de julho de 2007, Processo 03160/06.3BEPRT;
de 6 de maio de 2010, Processo 00032/09.3BEAVR-A;
de 18 de março de 2011, Processo 01924/10.2BEPRT;
de 16 de dezembro de 2011, Processo 00322/11.5BEBRG;
de 8 de março de 2012, Processo 00685/11.2BEAVR.

20. A extensão dos efeitos da sentença a terceiros: uma simplificação tão amável quanto delicada

Acórdão do Tribunal Constitucional
n.º 370/2008, 2 de julho de 2008, Processo 141/08.

Acórdãos do STA
de 16 de novembro de 2004, Processo 01709B/02;
de 4 de outubro de 2005, Processo 0642/05;
(Pleno) de 3 de maio de 2007, Processo 046417A;
de 2 de outubro de 2007, Processo 0239B/05;
(Pleno) de 13 de novembro de 2007, Processo 0164A/04;
de 30 de outubro de 2008, Processo 0611/08;
de 17 de dezembro de 2008, Processo 0239A/05;
(Pleno) de 19 de fevereiro de 2009, Processo nº 048087A.

Acórdãos do TCA Sul
de 12 de maio de 2011, Processo 07383/11;
de 20 de outubro de 2011, Processo 05701/09.

21. Os processos executivos: uma novidade não totalmente executiva

Acórdãos do STA
de 11 de junho de 1996, Processo 26097A;
(Pleno) de 10 de novembro de 1998, Processo 034873;

de 28 de janeiro de 1999, Processo 028701;
(Pleno) de 13 de março de 2003, Processo 044140A;
de 22 de junho de 2004, Processo 045497B;
de 9 de dezembro de 2004, Processo 030373;
de 3 de março de 2005, Processo 041794A;
(Pleno) de 23 de novembro de 2005, Processo 032377A;
de 29 de novembro de 2005, Processo 041321A;
(Pleno) de 7 de fevereiro de 2006, Processo 048140;
de 6 de julho de 2006, Processo 032377A;
de 12 de abril de 2007, Processo 0291/06;
(Pleno) de 3 de maio de 2007, Processo 030373A;
de 23 de outubro de 2007, Processo 01270A/05;
de 14 de fevereiro de 2008, Processo 040673A;
(Pleno) de 2 de julho de 2008, Processo 01328A/03;
(Pleno) de 15 de outubro de 2008, Processo 028055A;
de 2 de junho de 2010, Processo 01541A/03;
de 24 de janeiro de 2012, Processo 040141A.

Acórdãos do TCA Sul
de 18 de março de 2010, Processo 03469/08;
de 8 de julho de 2010, Processo 05634/09;
de 3 de novembro de 2011, Processo 05615/09;
de 7 de dezembro de 2011, Processo 06921/10;
de 16 de fevereiro de 2012, Processo 04792/09.

Acórdãos do TCA Norte
de 19 de junho de 2008, Processo 00645-A/2001-Coimbra;
de 25 de fevereiro de 2011, Processo 00656-A/96-Porto;
de 25 de novembro de 2011, Processo 00213-A/03-Coimbra.

"Les miroirs feraient bien de réfléchir un peu plus avant de renvoyer les images".

Jean Cocteau

ÍNDICE

NOTA PRÉVIA 9
ABREVIATURAS E SIGLAS 11
INTRODUÇÃO 15

Parte I
METAMORFOSES DO DIREITO ADMINISTRATIVO

1. À procura de um conceito operativo de direito administrativo . 25
2. Novos e velhos modos de ser do direito administrativo 33
   2. 1. Introdução 33
   2. 2. As extraordinárias origens do direito administrativo 34
   2. 3. Continuidade e descontinuidade do direito administrativo 37
   2. 4. A parábola terminal do Estado e o direito administrativo atual 48
3. A circulação da consciência dogmática no direito administrativo: a revelação originária do contrato 55
   3. 1. Introdução 55
   3. 2. Imagens: o modelo e a realidade 56
   3. 3. A Administração como *legislateur au petit pied* na experiência francesa e italiana 61
   3. 4. Atualizações dogmáticas: equívocos eloquentes e a tentativa de os superar 75
   3. 5. Moral da história 91
4. Da *belle époque* à *mauvaise époque*: a propósito das neofundações legislativas 99

5. Existe um critério para a pessoa coletiva pública? O paraíso perdido do direito administrativo 117
   5. 1. A doutrina administrativa está hoje confrontada com um enorme desafio. Quem vence, a morfologia ou a dogmática? 117
   5. 2. Quando o Estado deixou de ser a medida de todas as coisas 123
   5. 3. *Semel publica administratio, semper publica administratio*: o paradigma supranacional do organismo de direito público 130
   5. 4. Uma hipótese merecedora de toda a atenção: a questão da legitimidade jurídico-constitucional do poder organizativo da Administração 135
   5. 5. Princípio da legalidade e autonomia pública 142
6. Da Administração transnacional ao ato administrativo transterritorial 149
   6. 1. Enquadramento geral 149
   6. 2. O conceito de ato administrativo transterritorial 151
   6. 3. O problema dos atos autorizativos poligonais com efeitos ambientais transfronteiriços 155
   6. 4. Ato administrativo transterritorial e défice da tutela jurisdicional do terceiro (estrangeiro). Uma via hermenêutica 158
7. O direito administrativo no espaço jurídico global 167
   7. 1. Esboço do quadro 167
   7. 2. O modelo gótico do "direito administrativo global" 170
   7. 3. Uma tentativa de resposta. Um *usus hodiernus Pandectarum*? 177
8. A conformação global do direito administrativo: um exemplo (in)salubre 183
   8. 1. Entrada na matéria 183
   8. 2. Alguns aspectos do regime procedimental 186
   8. 3. Os limites globais aos direitos administrativos nacionais 192
   8. 4. Paradigma de civilidade normativa ou imperialismo jurídico? 195

Parte II
INTERPRETAÇÃO E DOGMÁTICA
NO DIREITO ADMINISTRATIVO

1. A interpretação no direito administrativo 201
2. A competência administrativa, o ser e o tempo 209
   - 2. 1. O contributo surpreendente e original de *Georg Jellinek*. A competência como elemento de construção do Estado como pessoa coletiva pública 209
   - 2. 2. O princípio da legalidade da competência e a sua especialidade 213
   - 2. 3. A competência e o tempo 218
3. O princípio da legalidade. Um pessimismo leopardiano 223
   - 3. 1. O princípio da legalidade passa e o direito administrativo também 223
   - 3. 2. A atual complexidade do princípio da legalidade 229
     - 3. 2. 1. A legalidade comunitária e global 229
   - 3. 3. Poderes implícitos e princípio da legalidade 238
   - 3. 4. Princípio da legalidade e autovinculação administrativa 246
   - 3. 5. O dilema dos vícios formais. Algumas precisões 249
   - 3. 6. O princípio da legalidade como conjunto da autonomia pública e da autonomia privada? 253
   - 3. 7. O crepúsculo do princípio da legalidade? 258
4. O princípio da legalidade faz parte do direito urbanístico? 261
5. O mérito, esse objeto jurídico não identificado 283
   - 5. 1. O problema do problema 283
   - 5. 2. Da discricionaridade discricionária à discricionaridade não discricionária 288
   - 5. 3. A Escola de Viena: interpretação e discricionaridade administrativa 303
   - 5. 4. Hermenêutica, legalidade e mérito 308
     - 5.4.1. Considerações introdutórias 308
     - 5.4.2. Hermenêutica, interesse público e mérito 312
   - 5. 5. Ideias finais 325
6. O dogma da anulação administrativa 329
   - 6. 1. Clarificação conceptual 329

6. 2. Eficácia interna e eficácia externa do ato administrativo 332
6. 3. Fundamento, limites e implicações da anulação administrativa 338
6. 4. Ilegalidade ou ineficácia superveniente do ato administrativo? 350
6. 5. Epílogo 354
7. O mistério da nulidade do ato administrativo: morte e ressurreição dos efeitos jurídicos 357
   7. 1. Introdução 357
   7. 2. Nulidade e inexistência do ato administrativo. Uma distinção inútil? 361
   7. 3. Continuando a desbravar o *Holzweg* doutrinário 371
   7. 4. Ressurreição dos efeitos jurídicos do ato nulo em sede cautelar? 375
   7. 5. A nulidade administrativa e as suas circunstâncias 380
   7. 6. Exegese final 383
8. O enigma da eficácia do ato administrativo 391
   8. 1. Uma breve sinopse 391
   8. 2. O enigma da eficácia jurídica 396
   8. 3. Atos receptícios e atos integrativos de eficácia: uma problematização singular 402
   8. 4. Comunicação do ato administrativo, eficácia e prazo impugnatório 410
   8. 5. Consequências jurídicas da violação do dever de comunicar o ato aos interessados 413
   8. 6. Reflexão final 419
9. O pecado original da definitividade competencial do ato administrativo. Um mito estafado 423
   9. 1. Apresentação do problema 423
   9. 2 . Crítica à noção crítica de definitividade competencial 427
   9. 3. Conclusão definitiva 437
10. A subvenção pública: um lugar especial na tipologia dos atos administrativos 439
   10. 1. Tentativa de delimitação da figura da subvenção no âmbito nacional e europeu 439
   10. 2. Natureza do ato administrativo de subvenção 446

10. 3. A revogação do ato administrativo de subvenção 454
10. 4. O princípio da proteção da confiança legítima como limite à anulação do ato administrativo de subvenção 461
10. 5. Concluindo 465
11. A aceitação do ato: um passado desinventado 467
12. Responsabilidade civil e prejudicialidade administrativa 481

Parte III
O DIREITO ADMINISTRATIVO DE GARANTIA

1. Relação jurídica e jurisdição administrativa: um critério em declínio ou a tentação do direito privado? 499
2. Brevíssimas notas sobre a fixação de uma *summa gravaminis* no processo administrativo 509
 2. 1. Uma nova figura no contencioso administrativo. Complexidade disfarçada de simplicidade processualística 509
 2. 2. Natureza jurídica 514
 2. 3. Algumas refrações processuais menos notórias 521
 2. 4. Concluindo e não propondo 529
3. O juiz administrativo, súbdito da prova procedimental? 535
 3. 1. Abrindo o texto 535
 3. 2. Facto administrativo opinável e controlo jurisdicional 537
 3. 3. Sentido e alcance da expressão "meios de prova admitidos em direito" 548
 3. 4. Valoração processual da prova procedimental 554
 3. 5. Breves conclusões 566
4. A ação de condenação e o direito ao ato 569
 4. 1. Modelos inspiradores e linhas interpretativas 569
 4. 2. O objeto da ação de condenação à prática do ato legalmente devido 576
 4. 3. Sentido e alcance do regime processual 581
 4. 4. Nota conclusiva 584
5. A nova Diretiva-recursos e a tutela ainda mais urgente de terceiros: uma reflexão solitariamente trepidante 589
 5. 1. Introdução 589

5. 2. A cláusula *stand still* 591
5. 3. Tutela urgente e cláusula *stand still* 596
5. 4. A privação dos efeitos do contrato na Diretiva n.º 66/
/2007/CE. Sentido e alcance... 598
5. 5. A privação facultativa dos efeitos e sanções alternativas.
Um breve aceno 604
5. 6. Ainda a privação dos efeitos do contrato. Uma tentativa
de conciliação entre a Diretiva e o direito interno 607
5.7. Considerações finais 611
6. O artigo 161.º do Código de Processo nos Tribunais Administrativos: uma complexa simplificação 615
6. 1. Colocação sistemática 615
6. 2. O objeto do processo administrativo como questão prévia 618
6. 3. Os pressupostos 621
6. 4. O problema da aceitação do ato administrativo 625
6. 5. Problematização final 629
7. O juiz administrativo, senhor do processo executivo: a execução substitutiva pela Administração na presença da discricionaridade 637
8. Diagnose e prognose da justiça administrativa: pressupostos
para um debate 649
9. Um modelo inspirador: *hard look doctrine and public interest*. 657
10. Reflexão final. O presente do direito público entre o passado
posterior e o futuro anterior ou o direito administrativo jurisprudencial público e o direito administrativo positivo ex-
-público. A *qualificação jurídica* como a arte do jurista 671

BIBLIOGRAFIA JURISPRUDENCIAL 685